이 저서는 2020년 대한민국 교육부와 한국연구재단의 저술출판지원사업의 지원을 받아 수행된 연구임(NRF-2020S1A6A4047022)

This work was supported by the Ministry of Education of the Republic of Korea and the National Research Foundation of Korea(NRF-2020S1A6A4047022)

한글학

김슬옹 지음

경진
출판

이 책을 한글학의 뿌리 한글갈(1942)을
저술하신 외솔 최현배 선생님께 바칩니다.

글 김슬옹 글씨 청농 문관효

책을 펴내며

　1977년 한글학회 건물이 준공되던 해, 10월에 나는 한글학회 부설 전국국어운동고등학생연합회(한글나무)에 가입했다. 그때는 월간지가 유행하던 때인데 『학생중앙』이라는 잡지에 '국어순화운동에 관심 있는 고등학생을 모집한다'는 광고를 보고서였다. 나중에 알고 보니 학생중앙 학생기자로 활동하던 박덕영 벗(지금은 연세대학교 법대 교수)이 낸 짤막한 토막 기사였다.

　물론 이때는 '한글나무' 공간이 따로 없어 충무로에 있던 '외솔 회관' 7층에서 모임을 했다. 연합 동아리이므로 대략 20여 개 고등학교 학생들이 토요일마다 이곳에 모여 열띤 토론과 각종 계몽 운동을 벌였다.

　정확한 날짜는 기억이 안 나지만 처음 가던 날 탤런트 서갑숙(당시 숙명여고 2학년)이 부회장으로서 사회를 보고 있었다. 처음 갔으니 뜨거운 환대를 받았으나 열띤 토론에 끼어들 수는 없었다. 지켜만 보는데 어찌나 토론을 잘 하는지 기가 죽을 정도였다.

　어떤 토론이었는지 기억은 나지 않지만, 한글 전용 관련 토론이었던 것만은 분명하다. 토론이 끝나자 당시 지도교사로 대신고 국어선생님이셨던 오동춘 선생님(현 짚신문학회 회장)의 쩌렁쩌렁한 평과 지도 말씀이 계셨다.

40년도 넘은 옛 추억을 얘기하는 것은 이 책의 뿌리가 이때부터 시작되었음을 밝히고자 함이다. 우리는 토요일마다 모여 주제를 바꿔 가며 책을 읽고 자료를 조사하고 토론을 하고 그것을 작은 문집으로 펴내고 정말 알짠 동아리 활동을 이어갔다.

입시를 위한 도구로서 소논문 쓰기가 유행이 되고 사회 문제가 되었지만, 우리는 자발적으로 그런 작은 학술활동을 하며 뜨거운 사춘기를 보냈다. 그때 처음 접한 것이 외솔 최현배 선생의 『우리말 존중의 근본 뜻』·『한글갈』 등의 책이었다. 〈우리말본〉이 외솔의 대표 저서였지만 아마도 어려운 문법책이라 생각해 공부한 적은 없다.

물론 그때는 고등학생들이 볼 만한 책이 많지 않던 시절이었다. 그때나 지금이나 외솔 최현배 선생은 시민운동으로나 학문으로나 우상이었다. 『우리말 존중의 근본 뜻』은 한글 전용, 우리말 사랑의 당위성을 담은 문고판 수준의 책이었으므로 머리에 쏙쏙 들어왔다. 『한글갈』은 한글 역사를 총체적으로 정리한 책이지만, 고등학생 수준에서는 어려워 자세히 공부하지는 않았고 나중에 대학에 진학해서야 제대로 공부할 수 있었다.

고등학교 때 한 공부를 '학문' 수준으로 보기에는 어렵겠지만, 나름 한글에 관해 고민하고 탐구했으니 기본 학문의 바탕 훈련은 한 셈이다. 지금도 그때 공부하고 적바림(메모)했던 공책이 남아 있어 용광로와 같았던 청소년 시절을 증언해주고 있다.

나는 한글운동가이자 한글학자이다. 세종이 그랬고, 헐버트가 그랬고, 주시경이 그랬고, 최현배가 그랬다. 학문이 운동이고 운동이 학문이었다. 경계는 있으되 굳이 나눌 수 없는 융합의 길이다.

한글운동의 바탕이나 이념적 근거는 한글학이고 한글학이 제대로 되어 있어야 한글운동의 당위성과 가치가 빛난다. 학술연구재단의 후원에 힘입어 한글학의 이론을 온전히 세우게 돼 기쁘다.

이 책은 철도고 업무과 11기 벗들의 변치 않는 우정이 큰 힘이 되었다. 함께 현장에서 싸워준 고교 한글나무와 연세대학교 한글물결 동지들의 고마운 손길도 기억한다. 고등학교 때부터 한글의 힘을 가르쳐주신 오동춘 스승님, 대학교 한글운동의 큰 길을 보여주신 최기호 스승님, 한글운동의 이대로, 이봉원 대선배님들, 넷피아 이판정 대표님께 감사드린다.

실질적인 한글 연구와 한글 운동 터전을 마련해주신 국어문화운동본부의 남영신 회장님과 세종국어문화원의 서현정, 정성현, 한글닷컴의 차민아, 송두혁, 최준화, 임진택 식구들에게도 감사드린다. 한글학회 권재일 이사장님, 김주원 회장님께도 감사드린다.

연세대 교정에서 외솔의 뜻을 이어 가르치는 꿈은 이루지 못했지만, 외솔께 이 책을 바칠 수 있어 더없는 기쁨이 샘솟는다. 후학 양성의 길을 열어 주신 한국외국어대학교 교육대학원 임경순 교수님께도 감사드린다.

한글학 연구비를 후원해주신 한국연구재단과 최홍식 세종대왕기념사업회장님, 이기남 원암문화재단 이사장님, 이문호 훈민정음세계화재단 이사장님, 럭스나인(주) 김인호 대표님께 특별히 감사드린다.

인문학 출판 명가 경진출판 양정섭 대표님과 편집진 여러분, 멋진 제호를 만들어준 이유 한글새움 대표님, 문관효 한글예술원 원장님, 강수현, 양효정 한글맵시꾼들과 성명순 한말글 시인님의 고마운 손길을 기린다.

2023년 한글날을 앞두고
한글가온길 세종국어문화원 연구실에서 지은이 씀

차 례

1장 한글학의 개념, 필요성 그리고 주요 특성

1. '한글학'은 왜 필요한가?

한글학은 '한글' 문자에 대한 학문을 가리킨다. 당연히 '한글'에 대한 연구 또는 학문은 문자학이나 언어학, 개별 국어학에서 논의되어왔지만 이제는 '한글학'이란 독자적인 학문 체계로 세울 필요가 있다. 그러한 필요성은 이미 '한글'을 둘러싼 풍부한 담론과 가치, 독자적인 학문 체계로 묶어낼 수 있는 다양한 내용에 들어 있고 그것을 '한글학'이라는 통합적인 학문 체계로 풀어보자는 것이 이번 저술의 핵심 동기이자 목표이다.

학문은 이론 체계를 세우고 발전시켜 나가는 것도 중요하지만, 한글이 갖고 있는 문제를 좀 더 체계적으로 해결해 보고자 하는 실용적 동기 또한 중요하다. 이를테면 홍윤표(2014: 8)에서는 한글에 대한 문제는 해결되지 않은 것이 해결된 것보다 더 많은 것처럼 보인다고 지적하면서 다음과 같은 아홉 가지 과제를 제기한 바 있는데 8년이 흐른 지금도 똑같은 문제가 제기될 수 있다.

1) '한글'에 대한 문제 2) 문헌 『훈민정음』의 문제
3) 한글 자료의 문제 4) 한글 서예
5) 한글 디자인 6) 한글의 과학화
7) 한글 교육 8) 한글과 종교
9) 한글과 생활

_홍윤표(2014: 9~11)

이와 같은 현실적 동기 외에 한글이 가진 가치에 대한 동기도 중요하다.

한글은 그 지니고 난 민족주의적 바탕과 그 민주주의적 성격으로 말미암아 5백 년 동안 명맥을 유지해 왔다. 그러므로 우리 민족이 빛을 보게 되던 날, 우리나라에도 민주주의적 사상이 자유를 얻게 되는 날부터, 한글도 동시에 빛을 보게 된 것이다. 우리 민족의 진정한 민족으로서의 교육은 이때부터 시작되었다면 한글은 그 교육에 기반을 제공하고 있다. 우리 민족의 앞날의 문화 건설은 한글의 운영과 더불어 힘찬 발전을 거듭할 것을 우리는 믿어 의심하지 않는다.

_허웅(1974), 「머리말」

따라서 이 책의 주요 내용과 목표는 다음과 같다.

첫째, 한글학 정립을 위해 '한글'의 융합적 특성에 대한 학문적 체계

화를 할 것이다.

'한글'은 표준국어대사전의 "세종대왕이 우리말을 표기하기 위하여 창제한 훈민정음의 현대 이름"이라는 역사적 개념부터 "한국어를 적는 한국의 고유 문자 이름"이라는 정체성과 입말과의 연속성을 강조하는 개념은 누구나 공감하는 내용이다. 주시경(1910)의 '한나라말'은 이러한 한글의 역사성과 정체성, 입말과의 관계성이 잘 드러나 있다.

그러나 한글학에서의 '한글'은 이런 일반적 개념을 존중하면서 더 넓힐 필요가 있다. 한국어 외 말소리를 적는 보편 문자로서의 '한글'을 포함할 수도 있고, 단지 도형의 아름다움을 나타내는 멋스러운 글꼴로서의 한글도 있기 때문이다. 또한 하층민과의 소통을 강조한 한글의 반포 정신과 같은 주요 가치와 한글에 담긴 융합적 요소와 한글을 둘러싼 다양한 문화 현상으로 본다면, 한글을 소통과 융합의 문화 현상으로 볼 수도 있다. 이러한 '한글'에 대한 복합적인 개념과 '학문'에 대한 다양한 관점을 바탕으로 '한글학'의 다중 개념을 이끌어낼 수 있다.

둘째, 이번 저술을 통해 '한글학'이란 독자적인 학문 체계를 세울 것이다.

한글학이란 한글에 대한 학문 체계를 이르는 말이다. '학문'은 과정 측면으로서의 학문과 결과 측면에서의 학문이 있다. 과정 측면의 학문은 글자 그대로의 의미에 나타나 있다. '학문'은 학습(학)과 탐구(연구, 문)를 의미하기 때문이다. 이런 측면에서 본다면 끊임없이 탐구와 연구가 이루어질 수 있어야 학문으로서의 가치가 있다. 그렇다면 모든 것이 학문의 대상이 될 수는 있지만, 학습과 연구의 가치가 있어야 한다는 전제가 필요하다.

과정으로서의 학문 대상이 될 수 있다면 당연히 결과 측면에서의 학문의 위상으로 성립할 수 있다. 결과 측면의 학문은 그 결과물로서의 지식 체계를 갖출 수 있어야 하며 그러한 지식 체계는 합리성과 실증성을 갖추어야 함을 의미한다. 이때의 지식 체계는 고정성과 완결성을 의미하지는 않는다. '고정성'과 '완결성'을 강조한다면 그것은 끊임없이 학습과 연구가 가능해야 하는 과정으로서의 학문 방법론에 어긋나기 때문이다.

'한글학'이란 한글이란 문자에 대한 이론을 말한다. 학문의 바탕이 이론이므로 첫 번째 개념 전략과 크게 다를 바는 없지만 '학문'을 '이론' 측면에서 좀 더 구체화하여 인식하는 효과는 있다. 최현배는 『한글갈』 머리말(1942, 초판, 5쪽)에서 "훈민정음에 관한 일체의 역사적 문제와 한글에 관한 일체의 이론적 문제를 크고 작고를 망라하여 이를 체계적으로 논구하여 그 숨은 것을 드러내며, 그 어두운 것을 밝히며, 그 어지러운 것을 간추림으로써 정연한 체계의 한글갈을 세워, 위로는 신경준·유희의 유업을 잇고, 아래로는 주시경 스승의 가르침의 유업을 이루고자 하였다"라고 하였다.

'신경준, 유희'는 여기서 언급 안 된 최석정과 더불어 세종 이후 훈민정음 연구를 체계적으로 연구한 실학자들이기 때문이고, 주시경은 근대언어학에 기초한 과학적인 방법론으로 훈민정음과 우리말 연구를 하고 그것을 우리글로 저술한 학자이기 때문이다. 실학자들은 훈민정음 연구는 했지만, 저술은 훈민정음으로 하지 않았다. 또한 여기서 주시경보다 앞서 우리말과 한글을 체계적으로 연구하여 저술한 이로는 헐버트(Hulbert, 1889)가 있다.[1]

---

1) 김슬옹(2022), 「헐버트(Hulbert), "The Korean Language"(1889)의 한국어사·한국어학사적 의미」, 『한글』 337호, 한글학회, 929~962쪽.

혼히 학문을 순수학문(기초학문)과 응용학문(실용학문)으로 나누는 것은 근대과학의 주요 특성이자 부작용이다. 원래 동양의 전통 학문관은 학문(學)과 실천(行)이 밀접히 연관되어 있거나 철저히 일치시켜야 한다고 보았다. 그런데 서양의 근대적 학문이 수입되면서 방법론으로서의 객관성, 지식 체계로서의 객관성을 지나치게 강조하다 보니 그런 이분법이 강화되었다. 이제는 '기초학문'과 '실용학문'의 특수성을 인정하되, 맥락에 따라 조화와 융합을 추구하고 있으므로 한글학도 그런 흐름을 수용하면 된다.

2. '한글' 특성으로 본 한글학의 필요성

한글 특성은 뒤에서 다시 체계적으로 논의되므로 간단히 기술한다. 문화상대주의가 아니라 문자 보편주의 관점에서 보면 인류 문자는 차원별 4단계로 정리할 수 있다. 1차원의 문자는 '한자, 고대이집트 문자'와 같은 뜻문자(logographic letters)이다. 2차원의 문자는 일본 가나 문자나 아카드 문자와 같은 음절문자(syllabographic, syllabic letters)이고 여기에 모음문자가 없는, 아랍문자나, 히브리문자와 같은 자음문자(consonantal, abjad letters)도 해당한다.

3차원의 문자가 로마자나 키릴 문자와 같은 자모문자(alphabetic letters) 또는 음소문자이다.

4차원의 문자가 음소문자이면서도 여기서 한 단계 더 나아간 '한글'과 같은 자질문자(featural letters)이다. 4차원인 또 다른 이유는 자모문자이면서 다른 자모문자와 달리 음절자 단위로 모아쓰기 때문이다. 크리스타 뒤르샤이트, 김종수 옮김(2007: 147)에서 '알파벳 음절문자'

라는 독특한 용어를 사용하고 있는데 꽤 일리가 있다.

한글은 단순히 문자를 넘어 인간이 지향해야 할 문자 문화의 이상을 보여준다. 모든 문자가 독특한 언어문화 전통을 가지고 있지만, 한글에 담긴 문화적 전통은 한글학을 통해 제대로 정리되어야 한다.

한글은 예술이기도 하다. 한글은 문자 예술의 극치를 보여준다. 단순한 점과 직선과 원만으로 문자의 미학을 만들어냈다.

한글은 생활이다. 한글은 문자를 통해 소통하고 생각을 정리하고 정보와 지식을 나누는 자연스러운 언어생활의 중심에 놓여 있으므로 이러한 측면을 종합 정리 평가하고 더 나은 한글이 발전된 미래를 위해서도 학문적 체계화가 필요하다.

3. 한글학의 개념

한글학은 '한글' 문자에 대한 학문이다. 당연히 '한글'에 대한 연구는 문자학이나 언어학, 개별 국어학에서 논의되어 왔다. 그렇다면 그런 논의를 양적, 질적으로 확대하여 '한글학'을 개별 문자학으로 발전시켜 보자는 것이다. 이것은 문자학의 보편성을 전제로 다양한 문자에 관한 개별 학문이 있을 수 있으므로 전혀 문제 될 것은 없다. 곧 한글학을 문자학의 하위 분야로 설정하는 의도에는 한글에 대한 접근을 보편적 문자학으로 규명하면서도 한글의 특수성을 온전하게 밝혀 보자는 양면 전략이 담겨 있다.[2]

---

2) 더욱이 그동안의 문자학 논의 대부분은 '한자학'에 관한 논의였다. 한자가 문자사에서 차지하고 있는 매우 큰 비중으로 보면 당연하지만 그렇다고 문자학을 한자학이 독점할 필요도 없는 것이다. 개별 문자학에 대한 연구가 더욱 활성화되어야 한다.

물론 한글에 관한 연구를 굳이 '한글학'이란 독자적인 학문 체계로 세울 필요가 있느냐는 반론도 당연히 가능하다. 더 나아가 세울 필요가 있다면 그렇게 하는 의도와 가치, 이에 따른 학문 구성은 무엇이냐는 것이다. 그 답은 이미 '한글'을 둘러싼 풍부한 담론에 드러나 있다. 또한 한글과 한글학에는 독자적인 학문 체계로 묶어낼 수 있는 다양한 내용과 가치가 들어 있다는 것이며, 그것을 '한글학'이라는 학문으로 체계화시켜 보자는 것이다.3) 김하수(2010: 120)에서는 한글은 짧은 역사를 가졌음에도 "문자의 창제, 개혁, 언어와의 관계, 자형의 변천, 인접 문자와의 관계, 창제자와 사용자 집단의 사회사적 변화 등의 무궁무진한 '넓은 의미의 문자학적 요소들'을 풍부하게 품고 있다."라고 평가하였는데 이는 내용 측면에서 '한글' 문자학, 곧 '한글학'이 독자적인 학문 체계화가 필요하고 가능함을 지적한 것이다.

그동안 '한글학'이란 용어는 전문용어든 일반 용어든 자리 잡지 못했다. '개인심리학'과 같은 세부 학문 분야의 용어조차 실려 있는 표준국어대사전에 '한글학'이란 용어는 실려 있지 않다.4) 한글학회의 '우리말 큰사전'도 마찬가지다. 이러한 실정으로 보아 '한글학'이란 개별 문자학이 단순한 용어 차원이 아닌 좀 더 진지한 논의 구성이 필요함을 알 수 있다.

정리해 보면, 한글학이란 한글에 대한 학문 체계를 이르는 말이다.

---

3) 한국어학회(2008)의 『한글』(제2회 한국어학회 국제학술대회 논문집, 한국어학회) 발표집만 766쪽(일부 별지 제외)에 이른다. 실제로 '한글'이 핵심 주제였던 만큼 "세계와 한글, 한글과 문자, 한글의 글꼴과 디자인, 한글의 역사, 한글과 훈민정음, 한글과 세계화, 한글의 응용" 등의 분야에 대한 풍성한 논의를 보여주었다.

4) 표준국어대사전에서는 『한글갈』을 "1942년 국어학자인 최현배가 쓴 한글의 역사 연구서로 훈민정음에 관한 일체의 역사적·이론적인 문제를 총망라하여 체계적으로 고찰하였다."(온라인판)라고 책명으로만 기술하고 있다.

한글학이란 한글이란 문자에 대한 이론을 말한다. 한글학이란 한글의 의미와 가치를 보편적 관점에서 정리한 것을 말한다. 한글학이란 한글의 가치를 극대화하여 한글의 보편적 가치를 나누고자 하는 실천 지향의 학문이다.

4. '한글학'의 기원과 연구사

한글학은 온전한 학문 체계로서는 이미 1446년에 세종과 8인이 공저하여 간행한 '훈민정음'(해례본)이란 단행본으로 이룩된 것이다. 이 책은 단순한 문자 해설서가 아닌 문자 이론서로 성립할 수 있는 학문적 배경과 내용을 담고 있기 때문이다. 필자는 김슬옹(2008)에서 소쉬르의 근대 언어학과 탈근대 언어학[5] 학문의 기원이 되는 '일반 언어학 강의'(1916)와의 비교를 통해 『훈민정음』(1446)이 근대적 방법론과 탈근대적 방법론을 동시에 함의하고 있음을 입증하고 '훈민정음학'이란 말을 쓴 바 있다.

'훈민정음'(1446) 해례본의 세종 정음(서문과 예의) 편과 정인지 서문은 '세종실록'에 수록되어 전승되었으나, 그 책 자체는 꽤 이른 시기에 사라져 이 책이 담고 있는 학문 체계를 제대로 계승 발전시키지 못했다.[6] 이런 흐름 속에서 한글연구에 대한 독자적인 업적을 낸 것은

---

5) 탈근대 언어학은 과학적 체계 중심의 근대 언어학보다는 맥락과 담론, 그에 따른 의미 효과를 더 중요하게 여기는 방법론을 말한다. 필자는 이를 김슬옹(2009), 「담론학과 언어분석: 맥락·담론·의미」(한국학술정보)에서 '담론학'으로 풀어낸 바 있고, 김슬옹(2012), 「맥락으로 통합되는 국어교육의 길찾기」(동국대학교 출판부)에서 국어교육학에 적용한 바 있다.

6) 『훈민정음』 해례본이 언제부터 희귀본이 되었는지는 분명하지 않고 알 수 없다. 다만 훈민

실학자들과 주시경이였다.

실학 시대 연구로는 17세기, 최석정(16?)의 『경세훈민정음도설(經世訓民正音圖說)』, 18세기 신경준의 『훈민정음운해(訓民正音韻解)』, 19세기 유희의 『언문지(諺文志)』 등이 대표 저술들이다. 이들 저술은 『훈민정음』 해례본을 보지 못한 상태의 연구여서 주로 역학과 중국 운서를 참고로 연구해낸 업적들이다. 최현배는 『한글갈』(1942)을 펴내면서 이들 업적을 "훈민정음에 관한 일체의 역사적 문제와 한글에 관한 일체의 이론적 문제를 크고 작고를 망라하여 이를 체계적으로 논구하여 그 숨은 것을 드러내며, 그 어두운 것을 밝히며, 그 어지러운 것을 간추림으로써 정연한 체계의 한글갈을 세워, 위로는 신경준·유희의 유업을 잇고, 아래로는 주시경 스승의 가르침의 유업을 이루고자 하였다."(머리말)라고 높이 평가하였고 이에 대한 반론은 없었다.

한나라말

周時經

말은 사람과 사람의 뜻을 통하는 것이라
한 말을 쓰는 사람끼리는 그 뜻을 통하여 살기를 서로 도와 줌으로 그 사람들이 절로 한 덩이가 지고 그 덩이가 점점 늘어 큰 덩이를 일우나니 사람의 떼 일큰 덩이는 나라라
그러함으로 말은 나라를 일우는 것인데 말이 오르면 나라도 오르고 말이 나리면 나라도 나리나니라
이러함으로 나라마다 그 말을 힘쓰지 안이 할 수 없는 바니라
그 말을 담는 그릇이 없으면 자리를 반듯하게 잡아 굳게 선 뒤애야 그 말을 잘 직히나니라
글은 또 학 말을 닦는 긔계니 긔계를 몬저 닦은 뒤에 야 말이 잘 닦아지나니라
그 말과 그 글은 그 나라에 요긴함을 이로 다 말할 수가 없으나 다스리지 안이하고 묵히 면 덕거철어 나라도 점수 나리어 가나니라

〈사진 1〉 1910년 6월 10일 주시경 선생이 『보중친목회보』 제1호에 쓴 글 '한나라말'(영인본)

마찬가지로 『훈민정음』 해례본을 보지 못한 상태에서 '훈민정음' 또는 '한글'의 가치를 온전히 인식하고, '훈민정음·한글'에 대한 학문 논의를 이뤄낸 이는 주시경이였다. 독자적인 문자학으로 담아낸 것은

정음을 꽤 이른 시기에 언급한 성현(成俔, 1439~1504) 저술한 『용재총화』(간행 1525). 최세진(崔世珍, 1468~1542)의 『훈몽자회』(1527) 문헌 내용으로 볼 때 이들은 해례본을 보지 못한 듯하다. 곧 최소 16세기부터 희귀본이 되었음을 알 수 있다.

아니었지만 주시경은 학문과 운동과 교육을 통해 한글학의 토대를 쌓았다. 주시경은 '한글'에 대한 독자적인 책이나 논문을 남기지는 않았지만, 그의 한글에 대한 인식과 관점, 연구 방법론과 여러 저술에서의 논의 등을 종합해 보면 주시경을 '한글학'의 선구자로 보는 근거는 충분하다.

'훈민정음'(1446)을 바탕으로 하고 신경준·유희·주시경 등 선행 연구의 흐름을 살리고 더욱 발전시킨 독자적인 '한글학'은, 최현배에 의해 『한글갈』(1942)이란 단행본으로 집대성되었다. 1940년 『훈민정음』 (1446) 해례본이 발견되기 전부터 집필한 것이지만, 해례본의 발견으로 그 내용을 반영하여 더욱 체계적인 저술이 이루어졌다. '한글갈'의 부제목은 '정음학'이었고 '정음'은 '한글'의 역사적 명칭이고 '-갈'은 '-학' 또는 '-론'의 뜻(한글학회, 『우리말 큰사전』)이니 '한글갈'은 '한글

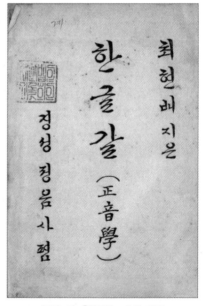

〈사진 2〉『훈민정음』 해례본 복간본(2015) 표지 　　〈사진 3〉『한글갈』 초판 표지

학'과 같은 명칭이다.[7]

'한글갈'의 '한글학'으로서의 위상에 대해서는 허웅(1991)에서 다음과 같이 밝혔다.

> 우리 민족의 "지적 산물 중 가장 중요한 것"이기 때문에 "지적 탐구의 가장 긴밀한 대상"이 되어야 하는 한글을 연구 체계화한 결과는 '한글갈'로 나타났다. 물론 '문자학'은 오래전부터 언어학의 한 가닥으로서 있어 왔고, 또 한글에 대한 연구도 김윤경, 방종현 두 선생의 저서나, 다른 분들의 논문들이 없지는 않았으나, 이것을 연구하는 학문을 국어학의 한 가닥으로서 체계화된 것은 이 '한글갈'이 처음이었고, 그 뒤에도 이 방면의 저서는 이를 따를만 한 것이 아직 나타나지 않고 있다. 실로 외솔 선생의 '우리말본'과 '한글갈'은 20세기 국어학의 크나큰 금자탑이다.
>
> ＿허웅(1991: 31), 「외솔 선생의 정신세계와 그 학문」

곧 문자학을 언어학의 한 갈래로 보고 '한글갈'은 한글을 연구 체계화한 문자학으로서 국어학의 하위 분야로 보았다. '한글학'이란 용어는 사용하지 않았지만 '한글갈'을 문자학으로 보았으므로 '한글학'을 국어학의 하위 분야로 설정한 셈이다. 이러한 분류 맥락을 존중하면서 '한글'이 갖고 있는 융합적 특성을 반영한 융합학으로서 '한글학'의 영역도 확장해야 한다. 그간 한글에 대한 위상도 높아지고 한글에

---

7) 최현배는 '한글학'이란 용어를 언급하지는 않았다. 이 용어 자체는 김선기(1932: 50~53)에서 「한글學의 先驅 周時經先生」(『東光』35, 東光社)과 같이 쓴 것이 최초이다. 조일영(1998)에서도 '중국의 한글학'이란 제목에서 '한글학'이란 용어를 쓴 바 있다. 김석득(2009: 482)에서도 '한글갈'을 소개하면서, "이론편은 최현배의 한글학설에 해당된다."라고 언급하였다. 문효근(1995: 1)에서는 한결 김윤경의 문자학을 소개하면서 '우리문자학(정음학)'이란 용어를 썼다.

대한 무수한 학문적 논의와 담론이 쏟아졌지만, '한글'에 관한 통합적 학문 차원의 체계적 논의는 거의 없었다.

'한글갈'(1942)이 나온 지도 80년이나 되었고 '한글갈'에 관한 학문적 평가는 여러 차례 이루어진 바 있지만 '한글학' 차원의 제대로 된 논의는 이루어지지 않았다.8) 다행히 한글을 문자학 차원에서 다룬 단행본으로는 권재선(1992)과 이 가운데 한글 세계화 부문을 확대 논의한 권재선(2002)이 있다. 권재선(1992ㄱ, ㄴ)은 한글의 역사적 맥락(제자 원리, 한글의 내력)을 밝히고 음소문자로서의 특성을 바탕으로 한글 세계 음성기호로서의 위상과 실제 한글 기호 체계를 내보이고 있다.

시정곤·최경봉(2018)은 과학문명사 관점에서 한글의 탄생과 역사, 그리고 확산 과정을 폭넓게 규명했다. 확산 과정에 대한 역사적, 과학적 배경을 일관되게 밝혀낸 기획 역작이나 한편으로는 그런 확산 과정에서 왜 한글이 주류 문자가 되지 못했는지에 대한 배경은 논증되지 않아 아쉽다.

김동언(2021)은 한글학에 대한 정통 연구서는 아니지만, 한글문화에 대한 연구를 한글학(59쪽)으로 보고, 한글의 토대, 한글의 창제, 한글의 성장, 한글의 정비, 한글의 규범 등을 다루고 있다. 김동언(2021)에서 김윤경(1938, 1948)·최현배(1942)·방종현(1948) 등을 한글학에 대한 종합적 이해를 다룬 업적으로 평가하였다. 그러나 이들 업적은 한글 역사에 대한 종합적 이해라고 할 수는 있으나 한글학에 대한 종합적 이해라고 보기는 어렵다.

이 책은 이런 선구 업적에 힘입어 통섭학 또는 융합학으로서의 한

---

8) '한글갈'에 대한 학술지 차원의 종합 평가는 '나라사랑'에서 1974년에, '새국어생활에서 1993년에 이루어진 바 있다.

글학에 초점을 두어 그런 학문 체계를 구성하기 위한 기본적인 논의와 구성 원리, 얼개를 간략히 밝힐 것이다.

더불어 '정음학'이나 '한글갈'과 같은 기존의 용어보다 '한글학'을 택한 것은 특별한 이유가 있는 것은 아니다. '정음'보다는 '한글'이 '-갈'보다는 '-학'이 현재와 미래 지향의 역사 측면에서 대중성과 일반성, 역동성을 띠고 있기 때문이다.

5. 한글학의 정립을 위하여

이제는 '한글'의 보편적·융합적 우수성과 가치를 해외 전문가들까지도 두루 평가하는 세상이 되었지만 '한글학'이라는 학문 정립 노력이 제대로 된 것은 아니었다.

5.1. 한글학의 학문적 특성 규명

한글학은 문자학이다. 다만 모든 문자가 문자학의 내용 요소가 될 수 있지만, 독자적인 문자학으로 성립할 수 있는가는 별개의 문제다. 한글은 문자 과학으로서 문자의 보편적 가치를 갖고 있다. 글말을 통한 소통에서 한글은 문자 학습과 기회의 평등성을 전제로, 쉽고 과학적인 문자의 기능성, 도구성이 매우 뛰어나 독자적인 문자학으로 구성될 수 있는 다양한 조건을 갖추고 있다.

한글학은 소통학이다. 글말을 통한 소통에서 한글은 신분 질서를 뛰어넘게 하고, 쉽고 과학적인 문자의 기능성, 도구성이 소통 측면에서 매우 뛰어나기 때문이다.

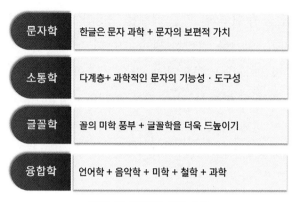

<그림 1> 한글학의 다중 특성

　한글학은 글꼴학이다. 한글은 꼴의 미학의 다양한 측면을 간직하고 있다. 한글학을 통해 이러한 글꼴학을 더욱 드높여야 한다.

　한글학은 융합학이다. 한글은 언어학 분야에 속하기도 하지만 한글은 음악적 요소, 미술적 요소 그리고 과학적 요소 등을 모두 가지고 있으므로 융합 접근을 통해 그 실체를 제대로 밝힐 수 있다. 최근 융합·통섭 등이 시대의 화두이기도 하고 이와 관련 융합학이 더욱 존중받고 있는데 한글은 융합학 그 자체이기 때문이다. 한글은 음악 문자로 세종은 음악가들과 더불어 기본 표준음을 만들고 그 표준음들이 서로 어울리어 무궁무진한 소리를 빚어내는 이치를 문자에 그대로 담았다. 한글은 철학의 문자이기도 해 음양오행의 동양 전통 철학뿐 아니라 하늘과 땅과 사람이 두루 조화되는 천지조화의 철학을 담았다.

　한글은 점과 원과 선만으로 이루어진 간결한 기하학적인 문자이면서도 발음기관을 관찰하고 분석한 과학을 반영한 과학의 문자이다. 과학은 보편적인 진리나 법칙의 발견을 목적으로 한 체계적인 지식으로서의 과학, 자연 현상을 연구 대상으로 하는 과학, 자연 현상 그 자체의 법칙을 탐구하는 수학·물리학·화학·생물학·지구 과학 따위,

이런 과학을 실생활에 응용하는 실용과학 등으로 나눌 수 있는데 이런 다양한 과학의 속성과 실체가 실제 한글에 반영되어 있다.

5.2. 한글의 융합적 가치 드러내기

이제 가장 중요한 것은 제대로 된 한글의 가치를 위해 한글 환경을 갖추는 일이다. 먼저 '한글'을 '한글학'이라는 학문으로 더 깊이 연구하고 발전시켜야 한다. 거꾸로 한글학을 세움으로써 한글은 제대로 된 가치를 드러낼 것이다.

한글은 한국어를 적는 문자이자 사람의 말소리뿐만 아니라 자연의 소리를 가장 잘 적을 수 있는 인류의 문자이다. 문자가 어려워 생기는 불평등 문제를 없애주는 평등 문자이며, 또한 창조성이 뛰어난 예술품이기도 하고 온갖 문화를 녹여내는 문화콘텐츠이며 상업용 글꼴과 디자인 등으로 경제 가치를 창출해내는 문화 상품이기도 하다.

이제는 한글의 보편적 우수성과 가치를 한글학이라는 학문으로 제대로 규명하고 드러내야 한다. 따라서 한글학은 철저한 이론을 세움으로써 한글의 가치와 한글학의 의미를 더욱 드높일 수 있다.

이를 위해 총체적 노력이 필요하다. 그간 한글에 대한 역사와 문제의식, 실용적 현상 등 다양한 분야를 집약해주는 한글학 정립을 통해 총체적으로 노력하자는 것이다. 이 모든 것을 통해 한글학은 한글의 가치 실현에 이바지해야 한다. 한글사랑의 최종 지향점이나 바탕은 한글학이란 학문 정립을 통해 제대로 이룩할 수 있다.[9]

---

9) 이 장은 단행본의 완결성을 위해 김슬옹(2014), 「한글학의 특성과 내용 구성 원리」(『한국어학』 64, 한국어학회, 35~58쪽)를 바탕으로 재진술하였다.

2장 한글학의 특성과 내용 구성 원리

1. '한글학'의 학문 체계를 위하여

한글학이 독자적인 학문 체계로 성립되기 위해서는 한글학의 특성에 따른 방법론과 내용 구성 원리가 필요하다. 따라서 이 장에서는 한글과 한글학의 내용과 특성에 따라 한글학의 내용 문제를 자리매김할 것이다.

한글학의 특성을 규명하기 전에 '한글' 개념 범위를 어떻게 잡을 것인가가 중요하다. '한글'이란 명칭은 논란은 있지만, 최소 1910년대 이후에 쓰인 말이기 때문이다. 따라서 전문가든 일반인이든 15세기 훈민정음을 한글이라 할 경우 마치 무지한 오용인 듯 힐난하는 사람들이 많다. 당연히 문자와 소리는 변화하기 마련이니 15세기 훈민정음과 20세기 한글은 다르다. 다만 연속성도 있으므로 '한글'을 넓은 뜻으로 쓸 때는 15세기 훈민정음을 아우르기로 한다. 다만 시대 변천이나 특정 시대의 사용 맥락을 논의할 때는 좁은 의미로 불연속성을 강조한 개념으로 쓰기로 한다.

한글학의 내용 구성 방법론이나 원리로는 맥락 탐구 방법론을 도입하기로 한다. 맥락은 학문 체계와 학문 내용 구성 문제를 거시적으로 틀을 잡거나 미시적으로 내용을 설정하는 원리고 최고의 탐구 방법론이기 때문이다.

2. '한글'의 역사적 배경

개념은 누구에게나 객관적으로 소통될 수 있는 보편적 의미를 뜻하지만, 이때의 보편성은 획일성을 의미하지는 않으므로 맥락과 관점에 따라 다중 개념으로 설정될 수 있다. 따라서 '한글'과 '한글학'의 개념도 여러 측면에서 설정할 수 있다.

'한글' 역사의 연속성을 강조하는 개념으로는 표준국어대사전의 "세종대왕이 우리말을 표기하기 위하여 창제한 훈민정음의 현대 이름"이라는 풀이를 들 수 있다. 이런 개념으로는 '한글'은 '훈민정음'과 동의어로 역사적 맥락을 같이 하여 "15세기 한글연구, 21세기 훈민정음 사용의 의미" 등과 같이 시·공간을 넘어 사용할 수 있다.

현재성을 강조하는 개념으로서의 '한글'은 1910년대 이후 주로 쓰인 용어로서의 개념으로 근대 또는 현대 한국어를 적는 고유 문자로 자리매김할 수 있다. 그리고 "한국어를 적는 한국의 고유 문자 이름"이라는 정체성과 입말과의 연속성을 강조하는 개념은 누구나 공감하는 내용이다. 이밖에도 미학 관점에서의 개념도 설정할 수 있고 그밖에 융복합 관점에서 다양하게 설정할 수 있다.

주시경(1910)의 '한나라말'은 이러한 한글의 역사성과 정체성, 입말과의 관계성을 잘 드러내줄 뿐만 아니라 더 주목할 점도 담고 있다.

한나라말 _ 주시경

말은 사람과 사람의 뜻을 통하는 것이라. 한 말을 쓰는 사람끼리는 그 뜻을 통하여 살기를 서로 도와줌으로 그 사람들이 절로 한 덩이가 되고 그 덩이가 점점 늘어 큰 덩이를 이루나니 사람의 제일 큰 덩이는 나라라. 그러하므로 말은 나라를 이루는 것인데 말이 오르면 나라도 오르고 말이 내리면 나라도 내리나니라.

이러하므로 나라마다 그 말을 힘쓰지 아니할 수 없는 바니라. 글은 말을 담는 그릇이니 이지러짐이 없고 자리를 반듯하게 잡아 굳게 선 뒤에야 그 말을 잘 지키나니라. 글은 또한 말을 닦는 기계니 기계를 먼저 닦은 뒤에야 말이 잘 닦아 지나니라. 그 말과 그 글은 그 나라에 요긴함을 이루 다 말할 수가 없으나 다스리지 아니하고 묵히면 덧거칠어지어 나라도 점점 내리어 가나니라. 말이 거칠면 그 말을 적는 글도 거칠어지고 글이 거칠면 그 글로 쓰는 말도 거칠어 지나니라. 말과 글이 거칠면 그 나라 사람의 뜻과 일이 다 거칠어지고 말과 글이 다스리어지면 그 나라 사람의 뜻과 일도 다스리어지나니라.

이러하므로 나라를 나아가게 하고자 하면 나라 사람을 열어야 되고 나라 사람을 열고자 하면 먼저 그 말과 글을 다스린 뒤에야 되나니라. 또 그 나라 말과 그 나라 글은 그 나라 곧 그 사람들이 무리진 덩이가 천연으로 이 땅덩이 위에 홀로 서는 나라가 됨의 특별한 빛이라. 이 빛을 밝히면 그 나라의 홀로 서는 일도 밝아지고 이 빛을 어둡게 하면 그 나라의 홀로 서는 일도 어두워 가나니라.

우리나라에 뜻 있는 이들이여 우리나라 말과 글을 다스리어 주시기를 바라고 어리석은 말을 이 아래 적어 큰 바다에 한 방울이나 보탬이 될까 하나이다. 말도 풀어 보려면 먼저 소리를 알아야 하는지라. 이러하므로 이 아래에 소리의 어떠함을 먼저 말하노라.

_한글학회(현대말로 옮김)

이 글에서 주시경은 글은 말을 담는 그릇이라는 일반적 기능론뿐만 아니라 글이 말을 닦는 기계라는 문자만의 독특한 적극적인 문자관을 피력하고 있다. 한글이 우리말을 제대로 담을 수 있는 문자임에도 오랫동안 비주류 문자로 배제되어 온 역사에 대한 성찰과 더불어 한글의 기능 의미와 가치 의미를 동시에 보여주고 있다.

이런 관점에서 한글학에서의 '한글'에 대한 개념을 더 넓힐 필요가 있다. 한국어 외 말소리를 적는 보편 문자로서의 '한글' 개념을 함께 써야 하고, 도형의 아름다움을 나타내는 멋스러운 글꼴로서의 한글 개념도 포함해야 한다. 또한 하층민과의 소통을 강조한 한글의 반포 정신과 같은 주요 가치를 비롯하여 한글에 담긴 융합적 요소와 한글을 둘러싼 다양한 융합의 문화 현상에 주목한 개념도 함께 다뤄야 한다.

따라서 우리는 이러한 '한글'에 대한 복합적인 개념과 '학문'에 대한 다양한 관점을 바탕으로 '한글학'의 다중 개념을 이끌어낼 수 있다.

첫째, 한글학은 한글에 대한 학문 체계를 이르는 말이다.

둘째, 한글학이란 한글이란 문자에 대한 이론을 말한다. 학문의 바탕이 이론이므로 첫 번째 개념과 크게 다를 바는 없지만 '학문'을 '이론' 측면에서 좀 더 구체화하여 인식하는 효과는 있다.

최현배의 '한글갈'(1942)에서는 이런 관점에 따라 책의 구성을 역사편과 이론편으로 나누고 이론편을 "『훈민정음』두루풀이, 없어진 글자의 상고, 갈바씨기의 세움(병서론), 한글의 기원, 한글의 세계 글자에서의 자리잡음, 견주는 한글갈" 등과 같이 여섯 장으로 나눠 기술하였다. '이론'에 접근하는 방법론이나 원리를 직접 밝힌 것은 아니지만 한글의 이론적 체계의 뿌리를 훈민정음 해례본에서 찾고, 먼저 이 내용을 자세히 기술한 뒤 다른 문자와의 비교를 통해 이론의 객관성을 높이고 있다. 또한 국제음성기호로서의 한글세계화까지 시도하여 이론의 실용화까지 보여주었다.

이러한 한글갈의 이론화는 이론과 실천의 이분법을 극복하고 실천 지향의 이론, 또는 알튀세르 식의 이론적 실천을 이룬 것이다. 또한 이런 이론 접근은 지난 연구 성과의 핵심(훈민정음 해례본)을 수용하고 발전시키면서 일제강점기의 시대적 과제에 부응하면서도 한글의 보편적 가치와 특수적 가치를 실현해 나가기 위한 미래 지향의 전망을 제시하기 위한 것으로 평가할 수 있다.

우리는 이러한 의도를 따르되 이론이 함의하고 있는 이론만의 완결성을 지향하면서도 이론의 단계적 연속성을 확보할 필요가 있다. 곧 이론을 이론답게 하기 위해서는 구성 요소의 개념이 명확해야 하고 지식의 체계성과 접근 방법론의 객관성을 확보하면서 '이론-전략-방법-실제(실천)'와 같은 상대적 관계 속에서의 이론적 구실을 발휘해야 한다. 이론은 주요 원리로서 전략으로 구성되고 전략을 바탕으로 좀 더 구체적인 방법이 도출되고 이것이 실천으로 이어져야 하며 실천은 이론의 검증 역할을 하면서 또 다른 이론 구성의 바탕이 될 때 개방적이면서 실천 지향적인 이론이 성립할 수 있다.

흔히 학문을 순수학문(기초학문)과 응용학문(실용학문)으로 나누는 것은 근대과학의 주요 특성이자 부작용이다. 원래 동양의 전통 학문관은 학문(學)과 실천(行)이 밀접히 연관되어 있거나 철저히 일치시켜야 한다고 보았다. 그런데 서양의 근대적 학문이 수입되면서 방법론으로서의 객관성, 지식 체계로서의 객관성을 지나치게 강조하다 보니 그런 이분법이 강화되었다. 이제는 실용과 융합을 강조하는 시대여서 '기초학문'과 '실용학문'의 특수성을 인정하되, 맥락에 따라 조화와 융합을 추구하고 있으므로 한글학도 그런 흐름을 수용하면 된다.

셋째, 한글학이란 한글의 의미와 가치를 주체적 관점에서 정리한 것을 말한다. 이것은 한국어와 연계된 '한글'의 특수성을 강조한 것이므로, '한글학'을 국어학의 하위 분야로 설정하는 개념이다. 이와 관련해서는 최현배(1942)에서 "한글(正音)은 조선 사람의 지적 산물 중 가장 중요한 것인 동시에, 또 지적 탐구의 가장 긴밀한 대상이 아니면 안 된다."(머리말)라고 강조한 바 있다. 한글과 한글 사용자의 자존감과 연구 가치를 강조하는 개념이다.[1]

이때의 한글학 성립 조건으로서의 한글의 가치가 꼭 긍정적 가치를 의미하지는 않는다. 한글학이 한글의 긍정적 가치에 더 주목하는 것을 숨길 수는 없지만, 그보다는 한글의 총체적 사용 양상에 대한 학문적 접근이 더 중요하다. 한글은 조선시대 내내 공식적으로는 이류 문자 취급을 당해 왔고 지금도 일부 주류 신문에서는 한글만 쓰기를 반대하고 있다. 특정 관점에서 이러한 현상을 비판할 수 있지만, 배제의 대상은 아니다. 이런 맥락에서는 한자 기호가 의사소통의 기능

---

1) 최현배의 문자론 차원에서 한글의 접근은 최현배(1927), 「우리 한글의 世界文字上의 地位」(『한글 동인지』 1(창간호), 조선어학회, 54~56쪽)에서 이루어졌고 이 내용은 한글갈(1942: 634~650)에 다섯째 가름(장)으로 수록되었다. 이 글에서 최현배는 한글의 가치와 장점을 네 가지로 정리했다. 곧 문자 발달사에서 인류의 250여 종의 문자 가운데 최고 단계의 문자이며 일시적으로 창조되었지만, 발음기관을 본뜬 문자인 데다가 하층민을 배려한 문자로서 가로쓰기까지 가능한 문자로 평가하였다.

중심의 기호라기보다 상징적 기호로 쓰이며 이런 취향에 담긴 한글 담론도 한글학의 내용으로 구성될 수 있는 것이다. 김민수(1984: 140 ~145)와 권재선(1992나: 495~502). 최정후·박재수(1999: 251~262)에서 지적하고 있는 한글의 문자론적 문제나 제약 등도 학문 차원에서의 천착이 더 필요하다.[2]

넷째, 한글학이란 한글의 보편적 가치를 나누고자 하는 실천 지향의 학문이다. 이제는 한글은 인류 문자 가운데 가장 발달되고 가장 체계화된 문자로 보편적 평가를 받고 있다.[3] 최근 저술물에서의 외국인 평가를 인용해 보면 다음과 같다.

지금까지 만들어진 것 중 최고의 문자 체계는 중국으로부터 배운 음절 접근법을 인도로부터 배운 자음-모음 접근법과 결합한 한국어, 한글 (Hangul)입니다. 한국어 메뉴판에서 당신은 간단한 중국 글자처럼 보이는 정사각형 모양들을 볼 것입니다. 그러나 그것들을 보다 자세히 보면 블록 (음절)으로 결합된 단지 40개의 간단한 문자들을 볼 것입니다. 조그만 공간에 엄청난 정보를 넣은 것입니다.

_E. M. Rickerson & Barry Hilton(2012);

릭커슨·배리 힐튼 엮음, 류미림 옮김(2013: 56~57)[4]

---

2) 김민수(1984)에서는 한글의 문제로 주로 자모 종류 규정, 배열 명칭부터 글자꼴까지 다루고 있고 김종택(1976ㄱ)에서는 생활 문자사 차원에서. 권재선(1992나)에서는 해례본의 참 글꼴에서 벗어난 글꼴 변천 문제를, 최정후·박재수(1999)에서는 문자 개혁 차원에서 문자수와 문자 형태에 대해 다루고 있다.

3) 한글학에서 다루는 내용은 한글의 특수성과 보편성을 모두 아우른다. 그럼에도 한글의 보편 가치를 강조하는 것은 한글학이 문자 우월주의 차원의 민족주의 담론으로 오해되거나 소통되는 것을 막기 위함이다.

4) 이밖에 한글과 세종에 대한 외국의 주요 평가에 대해서는 Sampson(1985), Gelb.(1963), John Man(2001), Margaret Thomas(2011) 등을 들 수 있다.

이러한 문화로서의 한글의 보편적 가치는 한글은 문자 예술의 극치를 보여준다는 점에서 더욱 주목받고 있다. 모든 문자가 예술적 가치를 지니고 있지만, 한글은 단순한 점과 직선과 원만으로 문자의 미학을 만들어내는 독특한 특성이 있다. 이러한 예술 특성도 한글의 보편적 문자로서의 가치를 보여준다.

더욱 중요한 것은 한글의 실천 지향적인 가치이다. 한글은 문자를 통해 소통하고 생각을 정리하고 정보와 지식을 나누는 자연스러운 언어생활에서 뛰어난 효용성을 발휘하고 있다. 이러한 측면을 종합 정리 평가하고 더 나은 한글의 발전된 미래를 위해서도 학문적 체계화가 필요하다. 이런 의미에서 각 분야의 한글 전문가가 더 나은 한글을 위한 고민을 모아야 한다고 주장한 한재준(1983, 2013)의 주장은 주목할 만하다.

3. 한글학의 특성

앞 절에서의 개념에 따른 내적 특성을 바탕으로 외적 특성을 어떻게 자리매김하느냐가 중요하다. 한글학은 당연히 문자학이다. 다만 모든 문자가 문자학의 내용 요소가 될 수 있지만, 독자적인 문자학으로 성립할 수 있는가는 별개의 문제다. 한글은 개별 문자이면서 문자의 보편적 가치를 갖고 있다. 글말을 통한 소통에서 한글은 쉽고 과학적인 문자의 기능성과 도구성이 매우 뛰어나 독자적인 문자학으로 구성될 수 있는 다양한 조건을 갖추고 있다.

한글학은 글꼴학이다. 한글은 꼴 미학의 다양한 측면을 간직하고 있다. 한글은 허경무(2006)에서 규명한 서체학에서 비롯된 전통적인 글꼴과 컴퓨터 발달로 인한 매체 글꼴의 발달로 글꼴 측면의 풍부한 학문적 배경을 지니고 있다. 한글학을 통해 이러한 글꼴의 역사와 현실의 다양한 맥락을 규명하여 한글학을 더욱 드높여야 한다.

글꼴학에 대해서는 송현(1985)의 『한글 자형학』(월간 디자인출판부)에서 바탕 연구가 이루어진 바 있고 안상수(1996)·한재준(1996) 등에서도 한글 글꼴의 문제를 학문 차원에서 끌어올리고 있다. 김진평(1998: 29)에서의 글자꼴에 대한 용어 분류는 유정숙(2008)에서와 같이 기본 용어 하나하나에도 학문적 담론이 필요함을 보여주고 있다.

〈그림 2〉 한글 글자꼴 기본 줄기 및 용어(김진평, 1998: 29)

한글학은 융합학이다. 한글은 언어학 분야에 속하기도 하지만 한글은 음악적 요소와 미술적 요소, 과학적 요소 등을 모두 가지고 있으므로 융합 접근을 통해 그 실체를 제대로 밝힐 수 있다. 최근 융합·통섭 등이 시대의 화두이기도 하고 이와 관련된 융합학이 더욱 존중받고 있는데 한글은 융합학 그 자체이다. 한글은 음악 문자로서의 특성도 갖고 있다.5) 세종은 음악가들과 더불어 기본 표준음을 만들고 그 표준음들이 서로 어울리어 무궁무진한 소리를 빚어내는 이치를 문자에 그대로 담았다. 한글은 철학의 문자이기도 해 음양오행의 동양 전통 철학뿐 아니라 하늘과 땅과 사람이 두루 조화되는 천지조화의 철학을 담았다.

한글은 수학과 과학의 문자로 한글은 점과 원과 선만으로 이루어진 간결한 기하학적인 문자이면서도 발음 기관을 관찰하고 분석한 과학을 반영한 과학의 문자이다. 과학은 보편적인 진리나 법칙의 발견을 목적으로 한 체계적인 지식으로서의 과학, 자연 현상을 연구 대상으로 하는 과학, 자연 현상 그 자체의 법칙을 탐구하는 수학·물리학·화학·생물학·지구과학 따위, 이런 과학을 실생활에 응용하는 실용과학 등으로 나눌 수 있는데 이런 다양한 과학의 속성과 실체가 실제 한글에 반영되어 있다.

4. 맥락 중심 분석론과 내용 구성 원리

보편적인 한글학 특성을 반영하면서도 개별 문자학의 특수성을 함께 규명하기 위한 학문 탐구 방법론이 중요하다. 한글학의 융합적

---

5) 한글의 음악 원리 적용에 대해서는 〈훈민정음〉 해례본(1446)의 제자해와 한태동(2003), 최종민(2013)의 연구 업적을 참조할 수 있다.

특성을 규명하기 위해서는 문자를 둘러싼 풍부한 요소를 통합적으로 규명하기 위한 맥락 접근 방법론이 필요하다.

맥락적 방법론은 김슬옹(2012)에서 체계화하였고 여기서 설정한 맥락 구성 요소를 종합하여 재구성하면 〈표 1〉과 같다.

이러한 맥락 내용 구성 요소를 한글학 내용 구성 원리로 삼고자 하는 이유는 두 가지다. 첫째는 '맥락'은 모든 언어가 가지고 있는 기본 요소일 뿐 아니라 김하수(2010)에서 지적한 문자의 사회적, 역사적, 문화적 함의 요소를 제대로 밝히기 위한 핵심 원리나 방법이 되기

〈표 1〉 맥락의 구성 요소

갈래			의미
상황 맥락 • 상황1: 실제 • 상황2: 텍스트 • 상황3: 가상	주체		상황 관련 사건 주체, 주체의 의도
	목적		사건이 일어난 구체적인 동기나 목적
	내용		사건의 현상, 사건의 주제
	시간		사건이 발생한 때
	공간		사건이 발생한 장소
사회·문화·역사 맥락	물리적 배경	국가, 권력 기관	한 나라의 정치 체제, 주요 국가권력기관
		제도	공공의 공식적인 행정 정책
		계층	사회를 구성하는 경제적, 정치적 동질 집단
		문화 매체	영화관, 전시물과 같은 물리적 문화 매체
	정신적 배경	이데올로기, 시대 이념	특정 사회 이념, 정치적 이념, 한 시대를 지배하는 핵심 이념
		권력	사회적 힘으로 작동되는 정치적 힘
		공동체의 가치	한 사회가 추구하는 바람직한 이념
		문화 행위	영화 보기와 같은 구체적인 문화 수용과 생산 활동
언어 맥락	분절적 언어 맥락		음운 맥락, 단어 맥락, 문장 맥락
	비분절적 언어 맥락		준언어(고저장단) 맥락, 몸짓언어 맥락
	문체 맥락		문어의 다양한 문맥 효과
	표현 양식 맥락		문어 맥락, 구어 맥락
	의미 맥락		언어 의미 맥락
자료와 매체 맥락	자료 맥락		언어 자료 맥락, 영상 자료 맥락 등
	매체 맥락		인터넷 매체 맥락, 전화 매체 맥락 등

때문이다. 둘째는 한글학의 내용 요소를 좀 더 체계적으로 풍부하게 이끌어내기 위해서 맥락 접근이 매우 유용하다. 실제로 필자가 설정한 맥락 구성 요소에 따라 내용 요소를 〈표 2〉와 같이 설정해 본 결과 한글학에서 다뤄야 할 거의 모든 요소를 아우르고 있음을 알 수 있다.

〈표 2〉 '맥락'에 따른 한글학 구성 원리와 내용 요소

한글학 구성 원리			한글학 내용 요소
상황 맥락		주체	1. 한글 창제/ 반포 주체론 2. 한글 발전/ 운동 주체론(인물론) 3. 한글 사용 주체론
		목표와 목적	1. 한글 창제/ 반포 목적론 2. 한글 발전/ 운동 목적론 3. 한글 사용 목적론
		내용 (주제)	1. 특수 주제(언어, 교육, 예술, 사회, 과학, 정보 처리) 2. 융합 주제
		시간 공간	1. 한글 창제와 반포의 역사적 배경 2. 한글 생활사 3. 한글의 현재적 의미 4. 한글 관련 사건의 시간적 공간적 의미
사회·문화·역사 맥락	물리적 배경	국가, 권력 기관	1. 한글과 국가 2. 한글과 민족
		사회 제도, 행정, 법	1. 한글과 제도 2. 한글 정책
		계층	1. 한글 계층별 사용 문제 2. 한글 소통
		문화 매체	1. 한글과 각종 문화 매체 2. 한글이 문화 매체에 끼치는 영향
	정신적 배경	이데올로기, 시대 이념	1. 한글과 주체성 2. 한글 이데올로기 3. 한글 철학
		권력	1. 한글과 권력 2. 한글과 한자의 권력 관계
		공동체의 가치	1. 한글과 정신, 한글 의식 2. 한글 보편주의/ 생태주의 3. 한글 운동론
		문화 행위	1. 한글과 문화 2. 한글과 예술 3. 한글 브랜드론

한글학 구성 원리		한글학 내용 요소
문자·기호 맥락	분절적 문자 맥락	1. 한글의 자음자와 모음자 2. 한글의 음절자 구성 3. 다른 문자와의 비교(한글의 계통적, 유형적 위치)
	비분절적 문자 맥락	1. 한글의 기호 효과 2. 한글 글꼴 3. 한글 멋그림(로고)
	문체 맥락	1. 한글 전용체와 국한문 혼용체 2. 한글 문체론
	표현 양식 맥락	1. 문어체 한글 2. 구어체 한글
	의미 맥락	1. 한글 자모음자의 의미 2. 한글 글꼴의 의미
자료와 매체 맥락	자료 맥락	1. 한글 문헌 2. 각종 한글 자료론
	매체 맥락	1. 한글과 인터넷, 디지털시대의 한글 문제 2. 한글의 정보처리, 한글 공학 3. 매체에 따른 한글 사용

상황 맥락은 한글 창제와 사용 주체를 중심으로 한 사건 중심의 맥락을 말한다. 상황 맥락을 구성하는 요소로는 주체, 목표와 목적, 내용(주제), 시간과 공간 등 네 요소가 있다. 이에 따라 논의될 수 있는 내용 요소는 주체 측면에서 보면, 한글 창제/ 반포 주체론(인물론), 한글 발전/ 운동 주체론, 한글 사용 주체론 등이 있고, 이러한 주체의 한글 창제/ 반포 목적론, 한글 발전/ 운동 목적론, 한글 사용 목적론 등과 이에 따른 다양한 주제론과 시간적 공간적 의미가 포함된다.

상황 맥락에서 중요한 시공간 의미를 더하면, "한글 창제와 반포의 역사적 배경, 백두현(2007)에서의 논의와 같은 한글 생활사, 한글의 현재적 의미" 등을 다룰 수 있다.

사회·문화·역사 맥락은 물리적 배경과 정신적 배경으로 나눠 구성 요소를 설정할 수 있다. 물리적 배경 요소로 국가를 비롯한 권력 기관 측면에서는 "한글과 국가, 한글과 민족" 등의 내용이, 사회제도, 행정,

법 측면에서는 "한글과 제도, 한글 정책", 계층 측면에서는 "한글 계층별 사용 문제" 등을 내용으로 구성할 수 있다. 물리적 매체 측면에서는 "한글과 문화 매체의 관계나 매체적 의미, 한글 기계화, 한글 공학, 디지털시대의 한글 문제" 등이 구성된다.

정신적 배경으로는 이데올로기나 시대 이념 측면에서 "한글과 주체성, 한글 이데올로기, 한글 철학" 등이 구성된다. 한글과 얽힌 시대 이념을 연구하기 위해서는 이상혁(2008), 「훈민정음과 한글의 언어문화사적 접근: 문자, 문자 기능의 이데올로기적 속성을 중심으로」(『한국어학』 41, 한국어학회)에서와 같은 문자와 이념, 역사성을 융합적으로 보는 것이 필요하다. 이러한 한글 역사에서는 고창수(2013: 43~61), 「정음음운학파에 대하여」(『한국어학』 60, 한국어학회)에서 제기했던 향찰 문제를 포함할 수 있다. 향찰이나 이두가 한자에 뿌리를 둔 것이지만 결국 우리말을 적기 위한 표기 문자로서 한글 창제에 직간접으로 영향을 미쳤고 각 시기별로 역사적 배경을 따져 보아야 할 것이다.

권력 측면에서는 "한글과 권력, 한글과 한자의 권력 관계" 등이, 공동체의 가치 측면에서는 "한글과 정신, 한글 보편주의" 등이 내용으로 구성될 수 있다.

언어 맥락은 문자 맥락으로 바꿔 분절적·비분절적 문자 맥락, 문체 맥락, 표현 양식 맥락, 의미 맥락 등으로 설정하였다. 분절적 문자 맥락은 "한글의 자음자와 모음자, 한글의 음절자 구성, 한글의 계통적 유형적 분류와 관련된 다른 문자와의 비교" 등이 여기에 해당되는 논의들이다. 비분절 문자 맥락은 문자의 기호 효과와 더불어 "한글 글꼴, 한글 멋그림" 등과 같은 글자의 디자인 요소를 다룰 수 있다. 문체 맥락에서는 한글 전용 문체와 국한문 혼용 문체 등을, 표현 양식 맥락에서 문어체에 쓰인 한글, 구어체에 쓰인 한글과 같은 전통 문체론6)을, 의미 맥락에서는 문자의 의미와 글꼴의 의미 등을 학문 내용으로 구성할 수 있다.

자료 맥락으로는 "한글 문헌, 각종 한글 자료론"을 다루는 것이며 매체 맥락은 "한글과 인터넷, 디지털시대의 한글 문제, 한글의 정보처리, 한글 공학, 매체에 따른 한글 사용" 등이 대표적인 예이다(고창수, 1998: 37~61).

지금까지 세밀한 내용 구성을 위해 분절적인 개별 원리를 제시하였지만 이들 요소들이 상호 복합적으로 구성될 수 있고 실제 한글 사용 양상도 대부분 그러하다. 〈사진 1〉은 공공도서관의 특정 공간 안내판이다. 이 공간의 고유 이름은 한글로 썼지만, 외국인 대상 알림글이 아님에도 도서관 이름은 아예 영어로만 표기하고 있다.

〈사진 1〉 ○○도서관 안내판

이에 대해 몇 가지 질문만 던져 봐도 한글학의 구성 원리에 해당되는 한글 문제가 복합적으로 얽혀 있음을 알 수 있다. 이 안내판 제작 주체의 문자 의식은 무엇이고 영어 문자에 대비된 한글의 가치, 권위 문제, 글꼴이 주는 의미와 효과, 소통 문제 등은 무엇인지, 던질 질문은 제한이 없다. 최소한 여기서 설정한 다양한 구성 요소나 문제를 분석하거나 읽어내야 사용 문자에 대한 통합적 해석이나 평가가 이루

---

6) 말하듯이 쓴 글, 곧 언문일치 정신을 반영한 문체가 구어체이고, 문어만의 특성이나 시대적 권위가 담겨 있는 문체가 문어체이다. 전형적인 학술 논문체가 문어체의 대표적인 보기다. 구어체와 문어체의 사용 맥락과 효과가 다르듯 구어체에 쓰인 한글과 문어체에 쓰인 한글의 가치와 의미는 다를 수 있다.

어질 수 있다.

이상의 내용을 집약하면 〈표 2〉와 같다.

5. '한글학'의 세움

학문은 진리를 탐구하는 과정이 중요하므로 진리를 향한 치열한 논쟁이 이루어질 때 학문의 역동성이 이루어진다. 따라서 우리는 객관적 진리를 목표로 삼고 보편적 방법론을 추구하지만, 그러한 과정은 다양한 관점과 맥락 속에서 이루어진다.

'한글학'이란 학문 또한 그런 범주 안에 있다. 오히려 그런 긴장이나 관점의 치열함 때문에 특정 학문으로서의 생산성과 탐구 가치가 있을 것이다. 이 글은 바로 한글에 대한 민족주의적 담론과 세계화 또는 보편화 담론이 치열하게 전개되고 있는 현 시점에서, '한글학'이라는 학문 담론을 통해 한글과 문자에 대한 또 다른 문제를 제기한 것이다.

한글은 한국(북한 포함)뿐 아니라 한국어를 전제로 한 개별 문자이면서도 인류의 문자 이상을 담고 있는 보편 문자이기도 하다. 그래서 문자학이라는 보편 학문의 틀 속에서 '한글학'을 세워야 한다는 것이며, 더불어 한글학이란 특수 학문을 통해서 문자학의 지형을 더욱 넓혀야 한다. 이러한 한글과 한글학의 다중 맥락을 위해 그 의미 또한 다양한 관점에서 구성하였고 그에 따른 한글학의 특성도 내적 특성과 외적 특성으로 나눠 살펴보았다.

개념과 관점, 특성의 복합성과 중층성을 전제로 한글학을 세우면서 그런 복합성과 중층성을 밝히는 것이 한글학의 목표이기도 하다. 이런 흐름을 밝히기 위해 맥락 중심 방법론을 통해 다채로운 내용 구성의 흐름을 짚어 보았다. 한글학의 다양한 내용 탐구를 통해 한글의 역사와 가치는 다시 한 번 제대로 논의되어야 할 필요성을 확인할 수 있었다.

한글학은 이미 한글 창제와 반포와 보급의 주체인 세종부터 열악한 조선시대의 한글학의 맥을 이은 최석정·신경준·유희 등과 근대 한글학의 길을 연 헐버트, 주시경과 이를 더욱 넓힌 최현배 등의 흐름이 있었다. 따라서 '한글학'을 문자학의 주요 분야로 세우는 일은 이러한 역사적 전통을 미래지향적 관점에서 더욱 살려가자는 길이다.[7]

---

7) 이 장은 단행본의 완결성을 위해 김슬옹(2014), 「한글학의 특성과 내용 구성 원리」(『한국어학』 64, 한국어학회, 35~58쪽)를 바탕으로 재진술하였다.

3장 한글 명칭론과 한글 관련 용어론

1. '한글' 명칭의 역사와 맥락

이 장에서는 '한글'이란 명칭이 언제부터 왜 생겼는지에 대한 논의와 한글을 포괄하고 있는 국어나 한국어 관련 명칭을 함께 살펴보고자 한다. '한글'은 1910년 이후에 쓰인 것만은 분명하지만, 언제 누구에 의해 작명되었고 사용되었는가는 아직도 명확하게 밝혀지지 않았다. 또한 작명 문제와 사용 문제는 다를 수 있다.

우리는 1장에서 '한글'의 개념을 근대 이후의 좁은 개념보다는 15세기 훈민정음을 아우르는 넓은 개념으로 쓰기로 했지만, 근대 이후 새 명칭으로서의 역사와 쓰임새는 정확히 밝혀야 할 문제이기도 하다.

'한글' 관련 용어나 명칭에 대한 자리매김은 '한글'의 개념 못지않게 한글학 구성을 위해 매우 중요한 문제다. 무릇 학문은 용어에 대한 엄밀한 개념과 이론적 체계로 이루어지기 때문이다. 의외로 한글 관련 용어들이 일상적으로나 학문적으로나 매우 혼란스럽게 쓰이고 있음을 알 수 있다. '한글'이 낱글자 명칭인지 아니면 문자 명칭의 통칭인지, 글말에 대한 명칭인지도 불분명하다.

따라서 이 장에서는 한글 명칭의 역사를 살펴보고 역사적 맥락에 따른 의미를 살펴보고자 한다. 다음으로는 다양한 한글 명칭의 맥락적 의미는 무엇이며 한글 명칭의 정확한 사용 전략은 무엇인가를 따져보고자 한다.

2. 연구사

한글 관련 명칭과 용어에 대한 연구사는 '한글' 작명론에 대한 연구와 '한글' 관련 역사적 명칭에 대한 연구, 낱글자와 글자 명칭에 대한 연구, 한국어나 국어 관련 명칭으로 나눌 수 있다.

2.1. '한글' 작명론

이윤재(1929), 「한글강의, 1강: 한글의 말뜻」, 『신생』 11, 14쪽.

박승빈(1935), 「朝鮮語學會 査定 '한글마춤법통일안'에 대한 批判(1)」, 『正音』 10, 朝鮮語學硏究會, 25~44쪽.

일성자(一聲子, 1938), 「'한글', '정음' 대립 소사」, 『사해공론』 39, 7쪽; 『歷代韓國文法大系』 3부 11책; 하동호 편(1986), 『한글 논쟁 논설집』 하, 탑출판사, 767~768쪽.

최남선(1946), 『조선상식문답』, 동명사; 최상진 해제(2007), 『조선의 상식』

(원제: 조선상식문답), 두리미디어.

이응호(1975), 『개화기의 한글 운동사』, 성청사, 19쪽.

고영근(1983), 「'한글'의 유래에 대하여」, 간행위원회 편, 『백석 조문제 교수 화갑기념 논문집』, 인하대학교 출판부, 31~42쪽; 고영근(1994), 『통일시대의 어문문제』, 길벗 재수록.

옥파기념사업회 편(1984), 『沃坡 李鍾一先生 論說集』 권1~권2, 옥파기념사업회.

안병희(1985), 「방송교재 '朝鮮語講座'에 대하여」, 『語文研究』 46·47, 한국어문교육연구회, 297~302쪽.

남광우(1989), 「훈민정음의 재조명」, 간행위원회 편, 『수여 성기열 박사 환갑기념논총』, 인하대학교 출판부, 595~606쪽.

임홍빈(1996), 「주시경과 '한글' 명칭」, 『한국학논집』 23, 계명대학교 한국학연구소, 21~41쪽.

고영근(2003), 「'한글'의 작명부는 누구일까: 이종일·최남선 소작설과 관련하여」, 『새국어생활』 13(1), 국립국어연구원, 131~159쪽.

임홍빈(2007), 「'한글' 명명자와 사료 검증의 문제: 고영근(2003)에 답함」, 『어문연구』 135, 한국어문교육연구회, 7~33쪽.

고영근(2008), 「우리의 언어·문자의 명칭에 관련된 자료(1880~1908)」, 『민족어의 수호와 발전』, 제이름씨, 175~177쪽.

김주필(2013), 「'한글'(명칭) 사용의 역사적 배경과 특징」, 『泮橋어문연구』 35, 泮橋語文學會, 35~64쪽.

'한글' 명칭에 대한 본격적인 논의는 이윤재(1929)에서 비롯됐다. '한글' 명칭 역사에서 주시경이 조선어강습소 명칭 대용으로 쓴 '한글 배곧'에서 처음 썼다고 밝혔다. 박승빈(1935)과 일성자(1938)는 최남선

설을 지지하고 있다. 정작 당사자인 최남선(1946)에서는 명확히 자신이 처음 지었다고 밝히기보다는 두루뭉실하게 기술하고 있다. 곧 1910년 조선광문회에서 한국어를 정리하는 과정에서 처음 나온 말로 공적으로는 1913년 신문관에서 발행하던 아동잡지 『아이들보이』에서 처음으로 쓰고 주시경 학파에서 널리 알린 것으로 보았다.

해방 이후 본격적인 논의는 이응호(1975: 7~24)에서 비롯됐다. 한글 이응호는 뜻넓이와 더불어 용어 계통을 다음과 같이 보았다.

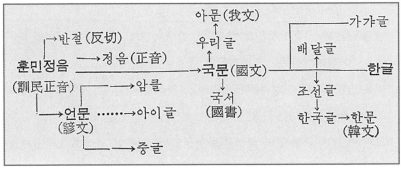

〈그림 1〉 이응호(1975), 『개화기의 한글 운동사』, 성청사, 19쪽

이와 더불어 주시경이 지었다는 주장, 최남선이 지었다는 주장을 관련 사료를 중심으로 상세하게 싣고 주시경설을 지지했다. 매우 중요한 연구사임에도 고영근, 임홍빈 논쟁에서 언급되지 않고 있다.

본격적으로 심층 접근한 것은 고영근(1983)에서이고 주시경설을 지지했다. 남광우(1989)에서 이종일설을 처음 제기했다. 임홍빈(2007)에서는 최남선 설을 지지했다. 이에 대한 고영근(2003)의 반박, 임홍빈(2007)의 재반박이 이루어졌다. 이러한 순환론적 논쟁으로 보아, 김주필(2013)은 작명자를 정확히 밝히는 것은 어려운 것으로 보고 그보다는 역사적 맥락을 정확히 밝히는 것이 중요하다고 보아, 안병희(1985)에 따라 '한글'은 '韓文'에서 온 것임을 주장했다.

2.2. '한글' 관련 역사적 명칭

'한글' 관련 역사적 명칭 관련 논의는 여러 논저에서 두루 언급되어 왔으나 핵심 연구 논저는 다음과 같다.

안자산(1938), 「언문명칭론」, 『정음』 26, 조선어학연구회, 4~5쪽.

이상혁(1997), 「우리 말글 명칭의 역사적 변천과 의미」, 일암 김응모 교수 화갑 기념 논총 간행위원회 엮음, 『한국어학의 이해와 전망』, 박이정, 793~812쪽.

임홍빈(1999), 「훈민정음의 명칭에 대한 한 가지 의문」, 세종성왕육백돌기념문집위원회 편, 『세종성왕육백돌』, 세종대왕기념사업회, 283~288쪽; 임홍빈(2005), 『우리말에 대한 성찰』 1, 태학사, 745~753쪽 재수록.

김슬옹(2004), 「조선시대 諺文의 비칭성과 통칭성 담론」, 『겨레어문학』 33, 겨레어문학회, 5~30쪽.

백두현(2004), 「한국어 문자 명칭의 역사적 변천」, 『문학과 언어』 26, 문학과언어학회, 1~16쪽.

김슬옹(2006), 「'훈민정음'의 명칭 맥락과 의미」, 『한글』 272, 한글학회, 165~196쪽.

이상혁(2006), 「훈민정음, 언문, 반절, 그리고 한글의 역사적 의미: 우리글 명칭 의미의 어휘적 함의를 중심으로」, 정광 외, 『역학서와 국어사 연구』(솔미 정광 교수 정년퇴임 기념 논문집), 태학사, 444~ 487쪽.

홍현보(2012), 「우리 사전의 왜곡된 '언문' 뜻풀이에 관한 연구」, 『한글』
298, 한글학회, 51~105쪽.

김영미(2015), 「훈민정음·정음·언문의 명칭 의미」, 『인문과학연구』 44, 강
원대학교 인문과학연구소, 211~233쪽.

안자산(1938)의 논의는 조선어학회와 대척점에 있던 조선어학연구
회 관점에서 쓴 최초의 '언문' 명칭론이다.[1] 그는 조선어학회의 '한글'
명칭 반대쪽에서 조선어학연구회를 이끈 박승빈 입장에 따라 '정음'
명칭을 지지했다. 안자산은 '언문'도 비칭이 아닌 통칭임을 주장했다.
이러한 '언문' 명칭의 통칭설은 이상혁(1997, 2006). 홍현보(2012)로 이
어졌다. 김슬옹(2004)에서는 통칭설과 비칭설을 균형 있게 다뤘다.

해방 후 역사적 명칭에 대한 종합적 논의는 이상혁(1997)에서 논의
되어 백두현(2004)으로 이어졌다. 김슬옹(2006)은 훈민정음 명칭 맥락
을 창제 동기와 목적 측면에서 통합적으로 규명했다.

2.3. 한글 낱글자(낱자) 명칭

한글 자음자와 모음자 낱글자 명칭에 대한 주요 논의는 다음과 같다.

전재호(1961), 「'한국자모' 명칭에 대한 몇 가지 문제」, 『국어국문학』 24,
국어국문학회.

도수희(1971), 「한글 자모 명칭의 연원적 고찰」, 『어문연구』 7, 어문연구학

---

1) 안자산의 본명은 '안확'이며 두 이름 모두 사용하여 학술활동을 했다. 안자산(안확)의 한글
연구 전반에 대한 검토는 안병희(2003), 「안확의 생애와 한글연구」(『어문연구』 117, 한국어
문교육연구회, 321~344쪽) 참조.

회, 109~126쪽.

김민수(1973/1984), 『국어정책론』, 학연사.

리의도(1996), 「현대 한글의 낱자와 글자에 대한 고찰」, 『교육연구』 14, 춘천교육대학교 초등교육연구소.

왕문용(2002), 「한글 자음의 명칭 개정을 제안함」, 『국어교육』 108, 한국국어교육연구학회, 241~262쪽.

홍윤표(2003), 「훈민정음 명칭과 제자 원리에 대한 새로운 해석」, 『북경 국제학술대회 발표문』, 이중언어학회.

이승후(2003), 「한글 字母의 명칭에 대하여: 자모 명칭에 대한 인식 정확도 조사 결과를 중심으로」, 『새국어교육』 66, 한국국어교육학회, 211~235쪽.

리의도(2003), 「한글 낱자에 관한 통시적 고찰」, 『한글』 259, 한글학회, 65~114쪽.

유형선(2009), 「한글 자모의 명칭과 순서에 관한 연구」, 『(순천향)인문과학 논총』 23, 순천향대학교 교수학습개발센터, 75~102쪽.

리의도(2012), 「한글 관련 용어 '자모·낱자'와 '글자'의 사용 실태: 초등학교 국어과 교육을 중심으로」, 『한국초등국어교육』 54, 101~157쪽.

전재호(1961)에서는 한국 자음 명칭은 언어학적 관점에서 '그느드' 방식이 가장 적절하다고 보았다. 도수희(1971)에서는 "기역, 리을"과 같은 명칭은 최세진이 처음 지은 것이 아니라 통용되던 여러 방식 가운데 하나를 정리한 것으로 보았다. 리의도(1996, 2003)는 한글의 음절자 단위로는 '글자'를, 자음자와 모음자 개별 명칭으로는 '낱자'로 구별해야 하는 맥락을 밝혔다. 홍윤표(2003)·이승후(2003)·유형선(2009) 등은 남북 통일안을 다뤘다.

2.4. 한국어 명칭

한국어는 말과 글을 아우르는 명칭이다. 그렇다고 한글 유의어는 아니지만 한글을 아우르는 명칭이므로 살펴볼 필요가 있다. 한국어 명칭 전반에 걸친 연구는 다음과 같다.

백두현(2004), 「우리말[韓國語] 명칭의 역사적 변천과 민족어 의식의 발달」, 『언어과학연구』 28, 언어과학회, 115~140쪽.

조규태(2007), 「배달말이란 무엇인가」, 『배달말』 41, 배달말학회, 1~32쪽.

이상혁(2009), 「'한국어' 명칭의 위상 변천과 그 전망: 언어 환경 변화에 따른 'Korean language' 명칭 변화를 중심으로」, 『國際語文』 46, 국제 어문학회, 165~188쪽.

오새내·이영제(2015), 「21세기 신문 말뭉치로 분석한 '한국어(Korean language)' 명칭 어휘의 실제 사용 양상」, 『한국어 의미학』 47, 한국 어의미학회, 83~106쪽.

백두현(2004)에서는 고대의 '辰言, 加羅語, 扶餘俗語, 麗語'와 같은 명칭어부터 중국 한어(漢語)에 대비되는 우리말을 가리키는 '方言, 方音, 鄕言, 俚言, 俚語', 『훈민정음』 해례의 '諺'과 '諺語', 민족과 국가에 대한 관념을 강하게 반영하는 용어로 '國語, 한말, 배달말' 등을 들었다.

조규태(2007)에서는 배달말의 유래를, 이상혁(2009)에서는 우리말 명칭어 사용 맥락을 다음과 같이 밝혔다.

<표 1> 한국어 명칭의 위상 변천과 전망(이상혁, 2009: 181쪽)

조선시대	근대계몽기	일제강점기	해방공간	한국전쟁 이후	미래
조선어	국어	조선어1	한국어(국어)	국어	우리말(Urimal)
				한국어	
		조선어2	조선어1	조선어3	
		국어(일본어)		변경 조선어4	

3. '한글' 작명과 의미

'한글'이란 용어를 누가 언제 처음 만들었는지 아직도 정확히 밝혀진 바가 없다. 이에 대해서는 연구사에서 밝힌 이종일설, 최남선설, 주시경설이 있지만, 주시경, 최남선 공동 확정설이 가장 타당함을 밝히고자 한다.

현재는 고영근의 주시경설과 임홍빈의 최남선설이 맞서 오랜 논쟁 중에 있다. 두 논쟁의 공통점은 이종일설을 부정한다는 점이다. 물론 그 맥락은 다르다.

고영근은 다음과 같이 작명은 이종일이 1898년에 최초로 언급한 것은 맞지만 그것이 공개되고 이어져 오늘날의 '한글' 명칭이 된 것이 아니기 때문이라고 주장한다.

1898.7. 然則한글專用爲主發刊決定也矣, 純國文(한글)
(이종일의 『묵암비망록』)

이러한 주장은 이종일이 이 명칭을 실제 쓰지 않았다는 점에서 설득력이 있다. 임홍빈은 "묵암비망록" 기록 자체를 믿을 수 있으며 오늘날 전하는 "묵암비망록"은 후대에 가필 되었다고 주장하고 있다. 이 기록이 사실이라면 이종일 최초 작명설은 부정될 수밖에 없기 때문이다. 물론 이 사실을 모르고 누군가가 다시 만들었다고 볼 수는 있을 것이다.

이렇게 보면 주시경 설과 최남선 설만 남는다.

두 설을 비교하여 주시경 설을 지지한 논의는 이응호(1975)에서이다.

① 〈주시경〉의 설을 지지한 글들

가. 1929.09.01. 이윤재, 「한글 강의(한글의 말뜻)」, 『新生』 2~9, 14쪽.

나. 1936.08.15. 임규, 「周時經論」, 『正音』 15, 조선어학연구회, 34~36쪽.

다. 1938.01.25. 김윤경, 『朝鮮文字及語學史』(초판), 653쪽;

　　1946.09.30(3판), 740쪽.

라. 1942.05.21. 최현배, 『한글갈(正音學)』, 70쪽.

② 〈주시경〉이 아니라는 글들

1938.07.01. 일성자(一聲子), 「한글·正音對立小史」, 『四海公論』 89(4-7), 73쪽.

_이응호(1975: 19)

주시경설을 지지한 핵심 근거는 각종 증언이다. '한글' 명칭을 반대하던 정음학파 쪽(임규)에서 주시경 설을 증언하고 있음을 들었다. 이에 반해 최남선 설을 주장한 글(일성자)은 익명성과 불확실성의 특성이 있다.

사실 최남선 설을 부정한 이는 최남선이나 다름없다. 자신이 확실히 지었다면 많은 증언들에 대해 긍정하든 부정하든 해야 하는데 두루뭉술하게 대처하고 있다.

1910년 조선광문회에서 조선어정리에 대하여 계획할 때에 조선 문자를 조선어로 칭하자면 무엇이라 함이 적당하냐는 문제가 생겨 마침내 세계 문자 중의 가장 거룩한 왕자란 뜻으로 '한글' 이라고 부르자 하는 말이 가장 유력하니 '한'은 대 大를 의미함과 함께 한韓을 표시하는 데 따른 것입니다 그래서 그 뒤 1913년 신문관에서 발행하던 아동잡지 『아이들보이』에 '한글난欄'를 넣은 것이 이 이름을 공적으로 쓴 시초며 동시에 한글난은 자모분해에 의한 횡서식의 조판을 처음 시행하였습니다. 무릇 한글이란 말은 본래 조선 문자를 조선어로 부르는 새 이름으로 생긴 것인데 그 이름의 쓰임이 아직 넓어지지 못하고 뒤에 주시경 계통의 조선어학그룹이 이 이름을 선전하기에 힘써서 드디어 그 계통에서 나온 철자법과 문법을 쓰는 조선어문의 명칭 비슷하게 바뀌어 심지어 '한글식式' 이라는 국한적인 말이 생겼습니다.

_최남선(1946); 최상진 해제(2007: 271)

최남선의 이와 같은 기술은 1935년의 박승빈 주장과 거의 일치하고 있다.

崔南善氏 經營 光文會內에서 周詩經氏가 朝鮮語를 硏究하든 當時에 周氏는 漢字 全廢論者로서, 또 朝鮮文을 尊崇하고자 하는 成情으로 〈諺文〉의 名稱을 버리고자 하야 그 代用語를 考索하는 中에 崔氏로브터 〈한글〉이라고 命名하야 周氏도 이에 贊同하야 爾後로 使用된 말이라. 그 思想은 可하나 그 方法은 贊同하기 어렵다

_박승빈(1935), 「朝鮮語學會 査定 '한글마춤법통일안'에 대한 批判(1)」,
『正音』10, 朝鮮語學硏究會, 25~44쪽. *표기법은 당시 그대로임.

좀 더 풀어보면, 최남선 씨가 경영하는 광문회 안에서, 주시경 씨가 조선어를 연구하던 당시에 주씨는 한자 전폐론자로서, 또 조선문을 존숭하고자 하는 성정으로 〈언문〉의 명칭을 버리고자 하여 그 대용어를 힘써 찾는 중에 최씨가 〈한글〉이라고 명명하니 주 씨도 이에 찬성하여 이후로 사용된 말이지만, 그런 생각은 가능하지만 그 방법은 찬성하기 어렵다는 것이다.

곧 '언문' 대안어를 찾으려는 이는 주시경이지만 '한글' 아이디어는 최남선이 냈다는 것이다. 이런 정황을 존중한다면 아마도 조선광문회 집단 회의에서 주시경과 최남선의 합의에 의해 확정된 명칭임은 거의 확실하다.

이렇게 보면 작명자를 특정할 수 없는(김주필, 2013) 것이 아니라 공동 확정을 인정하되 적극적으로 쓴 주시경을 주요 작명자로 설정하는 것이 더 합리적이다. 그렇게 보는 이유는 첫째, 일단 작명설의 주인공인 당사자들이 뚜렷한 증거를 남기지 않았다. 셋 중에 최남선(1946)의 증언이 있으나 그 증언 역사를 명확히 입증할 수가 없다. 둘째는 이종일·최남선 등이 작명했다 하더라도 정작 적극적 사용으로 이어지지 않아 진정성 차원에서의 입증도 어렵다. 셋째는 '한글' 명칭 자체가 특정인의 작명만으로 볼 수 없는 시대적 특수성을 반영하고 있다는 점이다. 넷째로 주시경만이 이 용어를 적극적으로 사용하고 이어갔다.

'한글' 명칭의 어원이나 의미에 대해서는 명칭 탄생의 역사적 맥락에 주목하자는 김주필(2013)의 견해는 일리가 있으나, 문제는 안병희(1985)의 주장인 '韓文' 유래설을 좀 더 심층적으로 밝혔을 뿐이다. 따라서 '한글'을 역사적 맥락보다는 일종의 다의어 쪽으로 보는 것이 더 합리적이다. '한'이 한자어에서 왔다 하더라도 음으로만 쓰여 그 유래를 정확히 알 수 없고 그런 만큼 다양한 계열의 의미가 부여될 수 있다. 이를테면 똑같은 '韓-'에서 왔다 하더라도 '韓文'에서 따왔다고 할 수도 있고 '韓-나라'에서 따왔다고 할 수도 있기 때문이다.

이렇게 '한'의 다의성에 주목한 이는 이윤재(1929)의 「한글강의, 1강: 한글의 말뜻」(『신생』 11, 14)에서이다.

두 글자의 뜻은 이러합니다. 역사(歷史)를 상고하면 조선 고대민족이 환족(桓族)이며 나라의 이름이 환국(桓國)이었습니다. 〈환〉의 말뜻은 곳 〈한울〉입니다 조선사람의 시조 단군(檀君)이 한울로 붙어 나와 오시었다는 뜻으로 모도(모두: 옮긴이) 한울로써 명칭이 된 것입니다. 그래서 〈환〉은 〈한〉과 같은 소리로 한울의 줄인말이 되었고 그만 '한'이란 것이 조선을 대표하는 명칭이 된 것입니다. 고대에 삼한(三韓)이란 명칭도 이에서 난 것이요 근세에 한국(韓國)이란 명칭도 또한 이에서 난 것이었습니다. 또 〈한〉이란 말의 뜻으로 보아도 〈크다〉(大)〈하나〉(一)라 〈한울〉(天)이란 말로 된 것입니다 이러한 의미로 우리글을 한글이라 하게 된 것입니다. 한글은 〈한〉이란 겨레의 글, 〈한〉이란 나라의 글 곳 조선의 글이란 말입니다.

요사이에는 한글이라 하면 흔히 문법식(文法式)으로 쓰는 글에만 한하여 쓰는 명칭이 된 것 같으나 실상은 그런 것이 아니요 예전에 언문이니 반절이니 하던 명칭의 대용(代用)으로 하는 조선글의 명칭이 된 것임을 알아야 할 것입니다.

　　　　_박승빈(1935), 「朝鮮語學會 査定 '한글마춤법통일안'에 대한 批判(1)」,
　　　　『正音』 10, 朝鮮語學研究會, 25~44쪽

이윤재(1929)의 「한글강의」는 한글이 쓰이기 시작한 1913년 이후 16년 만의 글이다. 여기서 '한울'에서 비롯된 것으로 보고, '크다, 하나,

한겨레의 한, 한나라의 한' 등의 의미를 부여했다.

4. 한글 관련 명칭들

폭넓게 보면, '훈민정음', '언문', '한글' 모두 1443년에 창제되고 1446년에 반포한 우리나라 고유의 문자 이름이다. 조선시대에는 주로 '언문(諺文)'이라고 부르던 것을 일제강점기 이후 '한글', 북한은 조선글이라고 부른다.

'훈민정음'은 백성을 가르치기 위한 바른 소리 문자이자 창제 동기와 목표를 담은 문자 이름이다. 그런데 사전에서는 창제자 문제를 같이 기술하고 있는데 일부 사전들은 잘못된 것으로 판명된 공동 창제설을 기술하고 있다(다음, 연세한국어).

〈표 2〉 '훈민정음' 사전 뜻풀이 비교

표준국어대사전	『언어』 백성을 가르치는 바른 소리라는 뜻으로, 1443년에 세종이 창제한 우리나라 글자를 이르는 말. 늑정음.
다음(DAUM)	조선시대, 1443년에 조선의 4대 왕 세종이 집현전 학자들의 도움을 받아 창제한 우리나라 글자
보리국어사전	초판 1쇄(2008): 조선 세종 때 세종이 집현전 학자들과 만든 우리나라 글자-백성을 가르치는 바른소리라는 뜻으로, 홀소리 11자와 닿소리 17자로 되어 있다. 유네스코에서 세계기록유산으로 지정하였다 3판 2쇄(2020): 훈민정음 (訓民正音) 1. 조선 세종 때(1443년) 세종이 만든 우리나라 글자. '백성을 가르치는 바른 소리'라는 뜻으로, 홀소리 11자와 닿소리 17자로 되어 있다. 2. 조선 세종 때(1446년) 훈민정음을 널리 알리려고 펴낸 책. 유네스코에서 세계기록유산으로 지정하였다. 국보 제70호, 갈)훈민정음해례, 훈민정음해례본.
연세한국어	4판 3쇄(2020): 1443년에 세종이 한국 집현전 학자들의 도움을 얻어 처음 만든 한국 글자로, 모음 11자와 자음 17자로 되어 있음.
연세초등국어	훈민정음(訓民正音)[훈:민정음] 명 1443년에 세종이 집현전 학자들의 도움으로 처음 만든 입 한글 글자. 홀소리 11자와 닿소리 17자로 되어 있다.

'언문'이란 명칭은 통칭이냐 비칭이냐 논란은 있지만, 역사적으로 보면 두 측면의 의미가 모두 있다. 결국 역사적 맥락에 따라 다양한 의미를 지닌다. 첫째 사전적 의미로는 전하는 말이나 사람들이 주고 받는 말을 그대로 옮기어 적을 수 있는 문자를 말한다. 둘째 통칭으로서의 역사적 의미로 세종대왕도 이 이름을 사용한 기록이 있다. 셋째는 비칭으로서의 역사적 의미다. 지배층과 양반 사대부들이 한자를 주류 문자, 한글을 비주류 문자로 여기는 바람에 비칭으로 쓰여 왔다.

'국문'은 1894년 갑오개혁 이후 고종의 국문 칙령에 의해 일반화된 명칭이다. 한글을 주류 문자로 인정한 첫 번째 공식 명칭이다.

'한글'은 '한나라글' '오직 하나의 큰 글, 한나라 글'이라는 의미로 1910년 이후에 주시경 선생과 제자들에 의해 널리 퍼졌다.

주시경 선생은 1913년 3월 23일 조선언문회(朝鮮言文會, 지금의 한글학회) 총회에서 '배달말글몯음'을 '한글모'로 바꾸기로 결정하였다. 1914년 4월에는 '조선어강습원'을 '한글배곧'으로 이름을 바꾸었다.

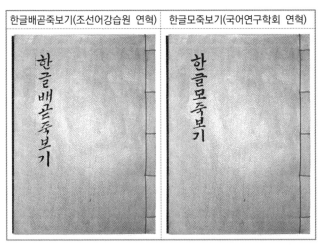

한글배곧죽보기(조선어강습원 연혁)	한글모죽보기(국어연구학회 연혁)

〈사진 1〉『한글배곧죽보기』와 『한글모죽보기』 표지

주시경 사후 조선어연구회에서는 1927년에는 조선어학회 회원들이
『한글』이라는 잡지를 매달 발간하면서 '한글'이란 명칭이 더욱 알려
졌고, 1928년 11월 11일에 조선어연구회에서 '가갸날'을 '한글날'로
고쳐 부르며 더욱 널리 퍼졌다.

〈사진 2〉 한글배곧(조선어강습원) 졸업장

〈표 3〉 학회 명칭과 조선어 강습소 명칭 변화

연도	학회 명칭	강습소 명칭
1908.08.	'국어연구학회' 창립	
1909.11.		'국어강습소' 설립
1911.09.	'배달말글몬음(조선言文회)'로 개명	'조선어강습원'으로 개명
1913.03.	'한글모'로 개명	
1914.04.		'한글배곧'으로 개명
1917.03.		한글배곧 마지막 졸업식
1931.01.	'조선어학회'로 개명	
1949.10.	'한글학회'로 개명	

5. 한글 낱글자 명칭론

5.1. 낱글자와 글말 명칭 구별 문제

영어나 한자의 경우 낱글자로서의 명칭과 글말 명칭이 명확히 구분되어 있다. 곧 '한자'와 '로마자/ 알파벳'은 '天, 地/ abcd'와 같은 개별 글자 곧 문자 명칭이고 이런 문자로 표기한 글말은 각각 '한문, 영문'으로 부른다.

그러나 한국어의 경우 문자 명칭과 글말 명칭이 명확하게 구별되지 않는다. 조선시대 때는 문자명칭으로 '훈민정음'이 정식 명칭이었고, 실제는 '언문'이란 명칭을 주로 썼다. 또한 그런 문자로 표기한 글말도 '언문'으로 불렀으므로, 한자나 로마자처럼 구별 명칭이 없다. '한글' 문자에 대응되는 글말 명칭이 따로 없으므로 '한글' 또는 '한글 문', 우리끼리는 글이라고 부를 수밖에 없지만, 구별 명칭이 따로 있으면 좋을 것이다.

《표 4》 낱글자와 글말 명칭 비교표

갈래		낱글자/ 글자/ 문자 명칭	글말 명칭
중국어		한자	한문
영어		로마자 또는 알파벳	영문
한국어	조선시대	훈민정음 또는 언문	언문?
	현대	한글	한글?

5.2. 소리 단위의 명칭과 글자 단위의 명칭

정확한 말글살이를 위해 소리·음운 단위의 명칭과 문자 단위의 명칭을 구별해서 써야 한다. 이 분야는 한자어로 된 명칭과 순우리말로 된 명칭이 함께 쓰이고 있다. 개인적으로는 순우리말 용어를 좋아하지만, 학교 표준 용어로 쓰이는 용어를 앞세우기로 한다.

'자음'과 '홀소리'는 소리 단위의 명칭이고, 글자 차원에서는 '자음자, 홀소리글자'라고 한다. 마찬가지로 '모음'과 '홀소리'는 '모음자', '홀소리글자'가 된다. 학교 표준 용어로는 한자어 용어만 쓰고 있다. 표준국어대사전에는 '닿소리, 홀소리'는 실려 있지만, '닿소리글자, 홀소리글자'는 아예 실려 있지 않다.

모음을 중심으로 한 덩이의 말인 '음절'은 자소 차원에서는 '음절자'라고 부른다. 한국어는 표기 글자 수가 음절 수와 일치하는 유일한 말이다. 물론 '무지개'처럼 받침이 없는 글자는 글자꼴과 음절(/무지개/)은 일치한다. 그러나 '읽어요'는 발음이 /일거요/이므로 음절자는 '읽어요'이지만 음절은 /일거요/가 된다. 이렇게 형태는 다르지만 음절이나 음절자나 수는 같다.

한자어 '초성·중성·종성'은 순우리말로는 '첫소리·가운뎃소리·끝소리'라고 하고 글자 단위 한자어로는 '초성자·중성자·종성자', 순우리말로는 '첫소리글자·가운뎃소리글자·끝소리글자'라고 한다.

〈표 5〉 '자음·모음·음절' 명칭 구별

소리(음운) 차원의 명칭	자소 차원의 명칭
자음(닿소리)	자음자(닿소리글자)
모음(홀소리)	모음자(홀소리글자)
음절	음절자

〈표 6〉'초·중·종성' 명칭 구별

소리(음운) 차원의 명칭	자소 차원의 명칭
초성(첫소리)	초성자(첫소리글자)
중성(가운뎃소리)	중성자(가운뎃소리글자)
종성(끝소리)	종성자(끝소리글자)

사전에서는 '초성자' 계열을 실어놓은 사전은 다음 사전뿐이다. 초등학교에서 쓰는 '첫소리글자' 계열은 모든 사전이 아예 실어 놓지 않았다.

〈표 7〉한글 낱글자 용어, 주요 사전 풀이 모음

초성자	표준국어대사전	없음
	다음	초성을 표기하기 위해 사용하는 문자
	보리국어	없음
	연세한국어	없음
중성자	표준국어대사전	없음
	다음	중성을 표기하기 위해 사용하는 문자
	보리국어	없음
	연세한국어	없음
종성자	표준국어대사전	없음
	다음	종성을 표기하기 위해 사용하는 문자
	보리국어	없음
	연세한국어	없음
첫소리 글자	표준국어대사전	없음
	다음	없음
	보리국어	없음
	연세한국어	없음
가운데소리 글자	표준국어대사전	없음
	다음	없음
	보리국어	없음
	연세한국어	없음

끝소리 글자	표준국어대사전	없음
	다음	없음
	보리국어	없음
	연세한국어	없음
음절자	표준국어대사전	없음
	다음	없음
	보리국어	없음
	연세한국어	없음
자음자	표준국어대사전	자음을 나타내는 자모나 글자.
	다음	자음을 나타내는 자모나 글자.
	보리국어	없음
	연세한국어	없음
모음자	표준국어대사전	모음을 나타내는 자모나 글자
	다음	모음을 나타내는 자모나 글자
	보리국어	없음
	연세한국어	없음

5.3. 자음자 명칭과 자음자 읽기론

한글 전문가들조차도 자음자를 어떻게 읽을 것인가와 어떤 이름(명칭)으로 부를 것인가를 구별하지 못하는 경우가 꽤 많다. 모음자의 경우는 주시경 선생이 '홀소리'라고 했듯이 단독으로 발음이 되니, "ㅏ ㅑ ㅓ ㅕ"를 [아야어여]로 읽고 그것이 그대로 명칭이 되므로 문제가 되지 않는다. 그러나 자음은 모음 도움을 받아 발음하게 되므로 어떤 모음을 붙여 발음하느냐에 따라 발음하는 방법과 명칭이 달라질 수 있다. 엄격하게 말하면 자음자의 경우 읽는 방법과 명칭은 또 다른 문제이다. 다만 읽는 방법과 명칭이 같을 경우 더 편리할 수는 있지만 명칭은 하나더라도 읽는 방법은 여러 가지가 있을 수 있다.

세종은 훈민정음 해설서인 『훈민정음』 해례본(1446)에서 'ㅁ, ㅂ, ㅍ,

ㅃ'와 같은 자음자 이름(명칭)을 직접 남기지 않았다. 그러나 세종과 해례본 저술자들이 참여한 것으로 보이는 언해본으로는 어떻게 읽었는지 그 근거를 알 수 있다. "ㅁ는"과 같이 '는'과 대립되는 양성 모음 계열의 조사인 '는'을 붙였기 때문이다. 모음을 붙여 읽었다는 것과 모음 가운데서도 양성 모음을 붙였다는 것을 알 수 있다. 그렇다면 모음 중에서도 가장 기본 모음인 'ㆍ, ㅡ, ㅣ' 세 모음으로 압축된다. 이 가운데 '는'과 같이 양성모음과 어울릴 수 있는 모음은 'ㆍ, ㅣ' 둘밖에 없는데, 자음을 잘 드러내기 위해 가장 깊은 모음인 ㆍ를 붙였을 리는 없다. 그렇다면 'ㅣ'를 붙여 '미비피삐'라고 읽은 것이다. 곧 언해본 내용으로 보면, 모든 자음을 "기키끼" 식으로 읽었을 것이 거의 확실하고 해례본에서도 그렇게 읽었음이 틀림없다. 이는 김정수 교수도 「한글 닿소리 낱자 이름의 남북 통일안」(2016, 『한글새소식』 527, 8~9쪽)에서 앞서 주장한 바 있다.

'ㅣ'를 붙여 읽었다는 결정적인 증거는 최세진의 『훈몽자회』(1527)에 있다. 자음 모두를 'ㅣ'로 읽되, 초성자와 종성자가 발음과 표기가 같은 "ㄱㄴㄷㄹㅁㅂㅅㅇ"은 받침을 드러내기 위해 'ㅡ'를 붙여 '기니디리미비시이'에 '-윽, -은, -은, -을, -음, -읍, -웃, -웅'을 덧붙여 읽고 나머지는 '지, 치, 키, 티, 피, 히' 그대로 읽었기 때문이다. 이는 해례본에 나오는 '종성자는 초성자를 그대로 쓴다'는 원리를 적용해 명칭을 만든 탁월한 탁견이었다.

다만 발음이 아닌 문자로는 'ㅈㅊㅋㅌㅍㅎ'도 그대로 쓰일 수 있으므로 '지, 치, 키, 티, 피, 히'를 일관성 있게 '지읒, 치읓, 키읔, 티읕, 피읖, 히읗'으로 정리한 것은 조선어연구회에서 최현배 선생 제안대로 한 것이다.

ㄱ(기역) ㄴ(니은) ㄷ(디귿) ㄹ(리을) ㅁ(미음) ㅂ(비읍) ㅅ(시옷) ㅇ(이응)

ㅈ(지읒) ㅊ(치읓) ㅋ(키읔) ㅌ(티읕) ㅍ(피읖) ㅎ(히읗)

ㄲ(쌍기역) ㄸ(쌍디귿) ㅃ(쌍비읍) ㅆ(쌍시옷) ㅉ(쌍지읒)

ㅏ(아) ㅑ(야) ㅓ(어) ㅕ(여) ㅗ(오) ㅛ(요) ㅜ(우) ㅠ(유) ㅡ(으) ㅣ(이)

ㅐ(애) ㅒ(얘) ㅔ(에) ㅖ(예) ㅘ(와) ㅙ(왜) ㅚ(외) ㅝ(워) ㅞ(웨) ㅟ(위) ㅢ(의)

_한글 맞춤법 4항

그런데 최세진은 자음자 명칭을 정리하면서 결정적인 실수를 했다. 명칭을 한글로 적지 않고 전문가들조차 어려운 이두식 한자를 이용해 적다 보니 '기윽, 디읃, 시읏'이 아닌 '기역, 디귿, 시옷'이라는 예외 명칭이 생겼다. '윽, 읃, 읏'을 적을 일반 한자가 없다 보니 이두식 한자를 이용해 편법으로 적고 그것을 다시 우리말로 읽다 보니 그런 명칭이 생겼다. 한글로 적으면 쉽게 해결될 문제를 굳이 일반 한자도 아닌 이두식 한자까지 동원해 적는 큰 실수를 하는 바람에 '니은, 미음'과 같은 규칙적인 명칭이 아닌, '기역, 디귿, 시옷'과 같은 예외 명칭으로 굳어져 오랜 불편을 겪어왔다.

주시경 선생은 '기윽, 디읃, 시읏'으로 주장한 바 있지만, 1933년 조선어학회에서 한글맞춤법을 제정할 때는 관습을 중요하게 여겨 예외 명칭을 수용했다. 북한은 주시경 선생 방식으로 하고 있다.

결국 맞춤법 규정(1933)에서는 명칭만 정리했지 어떻게 읽을 것인가는 규정하지 않았다. 그러므로 우리는 읽을 때는 해례본 방식대로 'ㅣ'를 붙여 읽고, 해당 자음을 가리키거나 이름으로 부를 때는 한글맞춤법 방식대로 해야 한다. 그렇다면 "ㄴ은 혓소리다"에서의 'ㄴ'을 읽는 방식으로 '니'로 읽으면 'ㄴ[니]는 혓소리다.'가 되고 명칭으로 읽으면 "ㄴ[니은]은 혓소리다."와 같이 조사가 달라져 혼란스럽다. 더욱이 읽는 방법을 병기하지 않으면 글쓴이가 어떻게 읽었는지 알 수 없다. 그러므로 발음 병기가 없으면 통상 명칭으로 읽는 것을 원칙으로 해서 'ㄴ(니은)은'과 같이 조사를 붙여야 한다. '니'로 읽었다면, "ㄴ[니]는 혓소리다."와 같이 반드시 병기를 하는 것이 좋다.

지금 명칭은 "기역 니은 디귿 리을"식으로 되어 있으니, "기니디리"는 읽는 방식으로만 활용하자. 물론 '기역, 디귿, 시옷' 예외 명칭은 주시경 선생 제안처럼 "기윽, 디은, 시읏"으로 개정하거나 복수 표준어로 해야 한다.

김정수 교수는 통일되면 아예 지금 명칭을 버리고 "기니디리" 방식으로 통일하자는 제안을 했지만, 필자는 명칭은 "니은, 리을"식으로 하고, 읽는 방식 또는 별칭은 "니 리" 방식으로 하는 것이 옳다고 본다. 일종의 복수 표준 방식이다. 지금 명칭 또한 모두 '기니디리'로 출발하고 있으니 복수표준으로 인한 혼란이 거의 없다.

자음 명칭과 읽기는 자음의 음가를 잘 드러내는 것이 중요하므로 가장 약한 모음인 'ㅡ'를 붙여 '그크끄'식으로 할 수도 있고 실제 그런 한글교육 책이 여럿 나와 있다. 그러나 세계화 시대에 'ㅡ' 발음을 외국인들이 잘 하지 못하는데다가 해례본이나 언해본에서 그렇게 읽지 않았으니 굳이 그렇게 표준을 정할 필요는 없다. 다만 음가 교육 차원에서 'ㅡ'를 붙여 읽는 방식은 얼마든지 좋다. 일부에서는 'ㅣ'방식보다 'ㅡ'방식이 음운 제약을 덜 받아 더 좋다고 한다. 일리는 있으나 문자 명칭에 음운 변동까지 고려할 필요는 없다.

그러므로 "ㄱ, ㄴ"처럼 단독으로 쓰일 때는 지금 명칭(기역, 니은)으로 읽고 "ㄱㄴㄷㄹ"식으로 나열하거나 간편하게 읽을 때는 'ㅣ'를 붙여 읽되, ㄱㄴㄷㄹ[기니디리], ㄹ[리]식으로 병기하도록 하자. 이때 '리'가 'ㄹ'의 소리값(음가)으로 아이들이 오해하지 않도록 해야 한다. '리'라고 읽었을 때 모음을 뺀 소리가 'ㄹ'의 소리값이기 때문이다. 다만 그 자체로 소리값을 드러내기 어려우니 편의상 '[리]'라고 읽어주는 것이다.

6. '국어·한국어' 관련 용어론

6.1. '국어·한국어'를 가리키는 다양한 명칭

말에는 입으로 하는 말인 입말(구어)과 글로 하는 글말(문어)이 있다. 그렇다면 국어에도 입말로서의 국어를 가리키는 명칭과 글말로서의 국어를 가리키는 명칭이 있다. 물론 '언어'와 '말글'이 말과 글을 함께 가리키듯 '국어, 한국어'도 입말과 글말을 함께 가리킨다. 여기서 주의할 것은 '한국말'이라고 해서 '입말'만 가리키는 것이 아니라는 점이다. '한국말'은 '한국어'와 같은 말로 입말과 글말을 함께 가리킨다.

〈표 8〉 사전에서의 '한말'과 '한말글' 수록 여부

한말	표준국어대사전	한-말(韓말) 한국인이 사용하는 언어. 형태상으로는 교착어이고, 계통적으로는 알타이 어족에 속한다고 보는 것이 일반적이다. 한반도 전역 및 제주도를 위시한 한반도 주변의 섬에서 쓴다. 어순(語順)은 주어, 목적어(또는 보어), 술어의 순이며 꾸미는 말이 꾸밈을 받는 말의 앞에 놓이는 것 따위의 특성이 있다. =한국어.
	다음	한민족이 쓰는 언어
	보리국어	없음
	연세한국어	없음
한말글	표준국어대사전	없음
	다음	없음
	보리국어	없음
	연세한국어	없음

이밖에 '한말글', '표준어·표준말', 북한의 문화어도 입말과 글말을 함께 가리킨다.

사전에서는 '한말'만 표준국어대사전에서 다루고 있을 뿐 다른 사전에는 '한말'뿐만 아니라 '한말글'을 싣지 않고 있다.

입말(구어)만을 가리키는 명칭도 있다. 옛말로는 향어(鄕語)·언어(諺語)라는 말이 있었다. 이밖에 배달말·한말 등도 있다. 1930년 11월 19일 『동아일보』에 실린 조종현의 동시 「한말·한글: 구월 이십 구일 (훈민정음 반포 484주년)을 맞으며」라는 글도 있다.

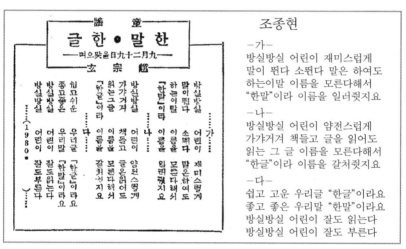

〈사진 3〉 조종현(1930)의 '한말·한글' 사용 자료와 판독문

글말(문어)만을 가리키는 명칭으로는 옛말로는 "향찰문, 이두문, 구결문, 훈민정음, 언문(諺文), 국서, 국문, 한글" 등이 있다. '국문'은 언문을 주류 문자로 쓰자는 고종의 국문 칙령 이후로 일반화된 말이고 '한글'은 1910년대 이후에 새로 생긴 말이다. 1910년에 나라를 빼앗겼으므로 '국문'과 '국어'를 일본어를 뜻하므로 쓸 수 없었다. 그렇다고

'언문'이라는 명칭을 사용할 수 없어, 새로운 명칭이 필요했고 그래서 나온 명칭이 '한나라 글' 또는 '오직 하나의 큰 글'이라는 뜻의 '한글'이라는 명칭이다.

'한글'은 분단 이전의 명칭이므로 북한에서도 쓸 법하지만 실제로는 절대 금기 명칭이 되었다. 필자가 북한 학자들한테 직접 확인한

〈표 9〉 '한국말'과 '한국어' 사전 뜻풀이 비교

한국말	표준국어대사전	『언어』 한국인이 사용하는 언어. 형태상으로는 교착어이고, 계통적으로는 알타이 어족에 속한다고 보는 것이 일반적이다. 한반도 전역 및 제주도를 위시한 한반도 주변의 섬에서 쓴다. 어순(語順)은 주어, 목적어(또는 보어). 술어의 순이며 꾸미는 말이 꾸밈을 받는 말의 앞에 놓이는 것 따위의 특성이 있다. =한국어.
	다음	(1) 한민족이 쓰는 언어. 형태적으로 교착어이며, 계통상으로 알타이 어족에 속한다고 알려져 있다. 어순은 주어, 목적어, 술어의 순이며 구어에서 주어가 흔히 생략될 수 있다. 문법적 성(性)이 없으며 상징어와 경어법이 발달한 언어이다. (2) 대한민국 국민이 사용하는 언어. 공식적으로는 1988년 제정된 표준어와 한반도 및 부속 도서에서 사용되는 각종 방언을 통틀어 이르는 말이다.
	보리국어	없음
	연세한국어	없음
한국어	표준국어대사전	한국인이 사용하는 언어. 형태상으로는 교착어이고, 계통적으로는 알타이 어족에 속한다고 보는 것이 일반적이다. 한반도 전역 및 제주도를 위시한 한반도 주변의 섬에서 쓴다. 어순(語順)은 주어, 목적어(또는 보어). 술어의 순이며 꾸미는 말이 꾸밈을 받는 말의 앞에 놓이는 것 따위의 특성이 있다. 늑한국말, 한말, 한어.
	다음	(1) 한민족이 쓰는 언어. 형태적으로 교착어이며, 계통상으로 알타이 어족에 속한다고 알려져 있다. 어순은 주어, 목적어, 술어의 순이며 구어에서 주어가 흔히 생략될 수 있다. 문법적 성(性)이 없으며 상징어와 경어법이 발달한 언어이다. (2) 대한민국 국민이 사용하는 언어. 공식적으로는 1988년 제정된 표준어와 한반도 및 부속 도서에서 사용되는 각종 방언을 통틀어 이르는 말이다.
	보리국어	한국어 한국인이 쓰는 말과 글 북)조선어
	연세한국어	한국어(韓國語) 형태학상 교착어이며 계통상 알타이어족에 딸린, 한국인이 늘 쓰는 언어. 9l 한국인이 문법을 모르고도 한국말을 할 수 있다는 것은 결국 한국어 문법을 체험적으로 터득하고 있다는 뜻이다.

바로는 '한글'의 '한'을 남한으로 여긴다는 것이다. 그래서 반드시 '조선글'이라고만 해야 한다고 한다.

그렇다고 오늘날 '한글'이라고 하면 1910년 이후의 우리 글만을 가리키지는 않는다. 좁은 뜻으로는 당연히 그렇지만 넓은 뜻으로 '15세기 한글'이라고 하면 '훈민정음, 언문'을 가리키듯이 1910년 이전의 우리 글도 가리킨다.

'우리말(our language)'은 일종의 '우리'와 같은 대명사와 같은 말이므로, '한국어·국어'의 개념을 나타내는 정식 명칭은 아니다. 대명사는 맥락 의존성이 강하므로 맥락에 맞게 정확히 사용해야 한다. 당연히 한국 사람이 '우리말'이라고 하면 '한국말'이고 일본 사람이 쓰면 '일본말'이다. '우리'를 단순히 지칭하는 용어로 사용하지 않고, 강조하면 공동체성을 강조하는 긍정성과 폐쇄성을 강조하는 부정성을 동시에 드러내기도 한다.

6.2. '국어'의 뜻넓이의 여러 계열

첫째, '국가·국민' 계열로 보면 국어는 "한 나라 국민이 쓰는 말"로 통칭, 곧 보통명사로 보면 특정 국가어를 가리킨다. 그러나 고유명사로 보면 한국어, 일본어와 같은 구체적인 국가의 언어를 가리킨다. 따라서 우리가 국권을 상실했던 일제강점기의 국어는 일본어가 되었으며 우리말은 조선어, 조선글로 통용되었다. 일제강점기가 본격화되면서 '한글'이라는 새로운 고유 문자 명칭이 새롭게 널리 쓰이게 된 것은 이런 역사적 흐름이 반영되었기 때문이다.

이런 한글의 역사성 때문에 한글은 단지 문자 이름이거나 고유한 글말 명칭이 아니라 한국어의 정체성을 표상하는 명칭으로 쓰이게 되었다. 이것이 요즈음 많은 사람들이 한글과 한국어를 혼동하는 계기가 되었고, '국어운동'과 '한글운동'이 혼용되어 쓰이는 계기이기도 하다.

한편 '국어=일본어'로 쓰였던 과거 역사와 한국어의 정체성을 고유 명사로서 드러내 주지 못하는 '국어'라는 용어의 한계로 '한국어'라는 명칭을 쓰자는 논의가 제기 되었지만 지금은 내국인을 전제로 하는 한국어 용어로는 '국어'를, 외국인이나 다문화를 전제로 하는 한국어의 명칭은 '한국어'로 구별하여 쓰고 있다.

둘째, 공식·공용·공통 계열로 보면, '국어'는 "한국의 공식 언어, 한 국가가 공용으로 정하여 쓰고 있는 말"로 자리매김 된다. 이런 계열의 국어는 결국 전 국민이 소통 가능한 공식어로서의 표준어를 가리킨다. '공용어(official language)'는 "공식 언어, 국가 중심의 언어, 공식어" 등을 가리킨다. '공통어(common language)'는 "두루 통용되는 언어, 소통 중심의 언어, 통용어"이고, '표준어(standard language)'는 국가에서 정한 공통어이자 공용어이다. '공통어'에 대한 정의도 학자마다 조금씩 다르다. "한 나라 안에서 언어가 다른 종족이나 민족 사이에 널리 통용되어 쓰이는 제3 국어"(김민수, 1973; 김민수, 1984: 69)로 보기도 하고, "시대를 막론하고 국가의 형태를 띠는 사회의 구성원들이 의사소통을 위해 사용하는 공통된 언어로 삼국 시대부터 현재까지 계속 존재해 온 공통어의 역사적 변화 모습"(고영근, 1990)과 같이 역사성을 강조하기도 하고, "표준화되거나 공식화되는 것과 관계없이 어떤 언어 사회가 공통으로 널리 통용하는 현실어"(민현식, 1999: 315)와 같이 통용성을 강조하기도 한다. '일상어(vernacular)'는 일상생활에서 두루 쓰는 공통어이고, '방언(dialect)'은 지방에서 쓰는 말, '사투리(dialect)'는 방언 가운데서 표준어 또는 표준어 중심말(서울말)을 제외한 말이다. '모국어(mother language)'는 '모어' 또는 '자국어'를, '토박이말(native language)'은 고유어, 순우리말을 가리키는 용어로 자리매김한다.

이밖에도 국어 또는 한국어는 입말과 글말의 잣대로 보면 "방언(方言), 언어(諺語), 배달말, 우리말" 등은 입말만을 가리키는 것으로, "훈민정음, 언문, 한글, 우리글"은 글말 관련 용어로, "조선말·조선어, 한국말·한국어, 문화어, 표준말·표준어, 한말글" 등은 입말과 글말을 모두 아우르는 총칭으로 쓰이고 있다

〈사진 4〉 전국 우리말운동 대학생 연합모임 『한말글』 창간호(1986) 표지와 판권지
　　　　　(『한말글』 글꼴은 『월인석보』 집자)

셋째, 겨레·민중 계열의 의미로는 "한 겨레(민족)의 민중이 오래 써온 말"이 된다. 이런 계열의 국어는 토박이말을 강조하고 사투리까지

아우르는 모국어의 전통성과 역사성을 강조하는 의미가 될 것이다.

넷째, 어원 측면에서 본 국어가 있다. 곧 어원에 따라 고유어와 비고유어로 나누는 전략으로 고유어는 "한 나라에 본디부터 있던 말로 다른 나라에서 빌려온 말이 아니라 예로부터 토박이들이 써온 순우리말로 "순우리말, 토착어, 토박이말" 등으로 부른다(한국사회언어학회, 2012, 『사회언어학 사전』, 22~23쪽). 비고유어 곧 외래어는 서양이나 일본식 외래어와는 성격이 다른 한자어가 있다. 한자어는 한자로 적을 수 있으므로 되도록 한자로 적자는 쪽과 한글로 적자는 쪽이 끊임없이 대립하여 온 것이다. 국어운동의 핵심 언어 문제에는 어원에 따른 한국어의 정체성 갈등이 많다.

〈표 10〉 '국어' 사전 뜻풀이 모음

사전 이름	뜻풀이
표준국어대사전	명' '1'한 나라의 국민이 쓰는 말. 늑나라말·방어01(邦語). ¶이 책은 이십여 개 국어로 번역되었다. §'2'우리나라의 언어
우리말 큰사전	1.(이) ①=나라말, ②= 한국말, ③(교)=국어과.
고려대한국어대사전	우리나라의 언어. '한국어'를 우리나라 사람이 일컫는 말
	한 나라의 국민이 사용하는 말
한+국어사전	자기 나라의 말. 나라말
	우리나라의 언어. 한국어
새국어사전	자기 나라의 말. 나라말. 방어(邦語)
	우리나라의 언어. 한국어
연세한국어사전	한국의 공식 언어. 한국어
	한 국가가 공용으로 정하여 쓰고 있는 말
	학교 교육에서 국어를 다루는 과목
국어국문학사전	국어는 포괄적인 의미로 '국가어(국가어)'라고 말하는데 한 나라에서 공용어(公用語)로 인정되어 널리 쓰고 있는 언어를 말한다.
국어교육학사전	한 국가의 전 지역에서 공적, 사적으로 쓰이고 그 나라를 국내외적으로 상징하거나 대표하는 언어
	법적으로 그 국가의 공식적인 언어로 선포된 언어
	한국과 일본 두 나라에서만 고유명사와 같이 취급되지만, 거의 모든 나라에서 보통명사처럼 쓰인다. 예) 독일어·프랑스어·러시아어

〈그림 2〉 어원에 따른 우리말 분류

한국의 고유어는 오랜 역사와 더불어 한민족의 문화와 정서를 드러내며 정서와 감성을 풍요롭게 하는 구실을 해와 언어 민족주의의 도구나 표상이 되어 왔다. 그러나 한글전용이 일반화됨에 따라 한글 단일 표기체계에서는 '바람'은 고유어, '지혜'는 '한자어'라는 식의 구별이 큰 의미가 없어졌지만 국한문 혼용주의자들은 한자어를 한자로 표기하자는 주장을 아직도 내세우고 있다.

우리말에서 한자어의 비율이 70%라는 논의가 국한문 혼용주의자들에게는 한자 표기의 근거로 인용되어 왔다. 그런데 이런 비율은 이희승 편 『국어사전』과 같은 일부 사전에서의 비율이고, 국립국어연구원 편(1999)의 『표준국어대사전』에 실린 주표제어와 부표제어 508,771어휘 가운데 한자어 297,916개(58.6%). 고유어 131,971개(25.9%). 외래어 23,361개(4.6%). 기타(다른 어종의 혼합 형태 포함) 55,523개(10.9%)로 한자어와 고유어의 비율은 58.6% : 25.9%였다.

사전에서의 고유어 비율은 사전에 수록된 표제어, 곧 순우리말 '가다'와 한자어 '지혜'를 일 대 일로 본 비율이다. 그러나 삶속에 쓰이는 실제 비율은 다르다. "가다, 가니, 가므로"와 같은 동사 고유어의 활용 빈도, '말, 손, 발, 하늘'과 같은 토박이말 사용 빈도는 '정의(正義), 지혜(知慧)'와 같은 한자어 사용 빈도와는 비교되지 않을 정도로 높다.

외래어는 고유어와의 동화 정도에 따라 완전 동화된 외래어도 있고 준외국어와 다름없는 동화 중인 외래어도 있다(정희원, 2003). 동화 중인 외래어는 외국어인지 외래어인지 논란이 되는 경우가 많으며 이런 쟁점거리가 국어운동의 핵심 화제로 등장하는 경우가 많다. 이와 같은 갈등은 한국 역사와 문화, 한국어의 어원 특성 등과 연관되어 있다. 물론 갈등의 근본은 힘 있는 나라의 언어가 힘없는 나라로 유입되는 외래어의 속성 때문이기도 하다. 따라서 한 나라 안에서도 외래어를 적극 수용하려는 계층과 그렇지 않은 계층 사이의 갈등이 생기는 것이다.

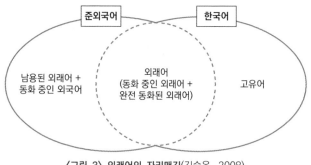

〈그림 3〉 외래어의 자리매김(김슬옹, 2008)

외래어는 어원으로서의 이질성과 한 언어와의 동화 과정의 갈등 때문에 발음과 표기 문제가 발생하며 국어운동의 문제가 된다. 곧 원어에 가깝게 적으려는 원음주의와 동화된 말 표기에 가깝게 적으려는 속음주의가 갈등의 상반된 관점이다.[2]

---

2) 원음주의라 하더라도 외래어는 국어의 일부로 받아들이는 것이므로 해당 언어의 음운 체계에 따라 표기된다. 'stress[stres]'는 1음절이지만 '스트레스'는 4음절이다. 이는 [으]발음 과 이를 적는 문자가 없는 영어와 [으] 발음과 문자가 있는 한국어 음운 체계 차이에서 비롯된 것이다.

이러한 어원에 따른 분류 체계는 국어운동에서 매우 중요한 의미를 담고 있다. 다음과 같은 우리 사회의 중요한 언어갈등을 내포하고 있기 때문이다. 다음 예는 매우 오래된 예이지만 지금도 각종 언어갈등의 중심 문제를 잘 보여주는 예라 인용해 본다.

韓赤 李대표 白髮되어 고향 땅 왔다. 感懷 센티멘탈 져니로는 알지 말아야……

_중앙일보, 「역광선」, 1985.08.27

여기서 '센티멘탈 져니'는 '감상적인 여행'이란 뜻을 가진 한글이지만 국어순화론 관점에서는 한국어로 보기는 어렵다. '感懷'는 한국어(입말)이지만 당연히 한글은 아니다. 국한문 혼용주의자들은 이 글도 우리글도 보지만 한글전용주의자들은 일종의 외국어로 본다. '고향 땅'은 한국어이자 한글이다. 물론 '땅'은 토박이말(순우리말)이요 '고향(故鄕)'은 한자말로 외래어이다. 외래어는 우리말 짜임새 속에 융화된 것이므로 우리말이 된다.

다섯 번째, 국어는 입으로 하는 입말(구어)과 글로 하는 글말(문어)로 나눌 수 있다. 논의하는 국어가 입말이냐 글말이냐의 성격을 분명히 할 필요가 있다. 아름다운 한국어와 같이 조금 막연한 지칭일 경우 엄격히 갈라보면 입말로서의 아름다움과 글말로서의 아름다움은 사뭇 다를 수 있다. 또한 아이들의 욕설이 문제가 되고 있지만, 이 경우는 거의 다 입말의 경우이다. 글말에서도 그런 욕설을 마구 쓰는 학생은 사실 거의 없다. 맞춤법을 어긴 경우는 표준어 발음 문제를 제외하고는 거의 다 글말의 문제다. 방송 언어의 경우는 대개 입말의 문제이지만 방송 자막이 늘어남에 따라 글말의 문제까지 아우르게 되었다.

김수업(2002: 10)에서는 입말, 글말과 다른 제3의 언어로 전자말을 설정했는데 매우 일리 있는 분류법이다.3) 전자말은 일반 입말도 아니고 일반 글말과도 다르기 때문이다. 물론 전자말이라 하더라도 게시판에 쓴 글과 대화방에서 쓴 글의 양상은 많이 다르다. 게시판 글은 일반 글말에 가깝지만 대화방의 글말은 입말을 대신하는 글말로서 그야말로 전자말이기 때문이다. 이른바 맞춤법이 파괴된 통신언어, 즉 전자말을 문제 삼는 경우가 많은데 이것이 제3의 언어라면 일반 글말의 잣대를 들이대서는 안 될 것이다.

여섯째, 방언 중심으로 국어의 실체를 갈라 볼 수 있다. 방언은 지역 방언과 사회 방언으로 나눌 수 있다. 이런 관점이라면 서울말도 서울 방언이 될 수 있고 서울 방언 외의 방언을 사투리로 부를 수 있다. 사회 방언은 은어를 비롯해 최근 다문화 가정의 언어 등을 가리킨다. 사실 다중언어 관점에서 보면 지역 방언 문제는 언어 문제가 되지 않는다. 사투리 쓰는 사람들은 일종의 다중언어주의자로서 공식 소통에서는 표준어를 쓰고 사적 공간이나 지역 사람들끼리는 사투리를 쓰는 것과 같은 전략적 언어사용자로서 살아가기 때문이다. 그렇다면 다문화 가정의 언어 등과 같은 사회 방언 문제가 더 큰 방언 문제로 제기될 것이다.

일곱 번째로 한민족과 체재와 지역에 따른 말로 나눌 수 있다. 남한말과 북한말이 그것이다. 여기서는 남한말만을 대상으로 삼고 있으므로 이 문제는 다른 논의로 돌린다.

여덟 번째로 고운 말, 바른 말, 아름다운 말과 같이 특정 특징이나

---

3) 김수업(2002: 10)에서 "전자말은 입말과 글말을 아우르고 그것들의 모자람을 없애면서 또다시 사람들의 삶을 놀라운 세상으로 이끌어가고 있다."라고 용어 참뜻을 설명하고 있다.

성격에 따른 말로 나눌 수 있다.

아홉 번째로 '있는 말'과 '있어야 할 말' 등으로 특정 가치 기준을 적용한 말로 나눌 수 있다. 국어운동은 궁극적으로 이러한 이분법을 전제로 하고 있다. '있는 말'을 바로 잡아 '있어야 할 이상적인 말'로 바꾸고자 노력하는 것이 국어운동이기 때문이다.

다만 '있는 말'은 문제가 있다는 것을 뜻하는 데 무엇이 문제인지는 논자에 따라 운동가에 따라 다를 수 있고 당연히 인식하는 문제에 따라 '있어야 할 말'의 실체도 달라질 것이다.

'있어야 할 국어'를 규정한 논의로는 이상태(1978: 27~30)가 있는데, '있어야 할 국어'를 여섯 가지로 보았다.

1) 국어는 '얼'이 있어야 한다.
2) 국어는 가능성이라야 한다.
3) 국어는 배달겨레의 얼이어야 한다.
4) 국어는 민중의 말이어야 한다.
5) 국어는 '한글'로 나타낼 수 없으면 안된다.
6) 국어는 순수성과 통일성을 지향한다.

이상태(1978)의 위 설명에 의하면, 국어는 '얼'이어야 한다는 말은 객관적 대상물이 아니고 얼이어야 한다는 것이다. 말의 바른 구실은 배달말 됨을 찾고 세우는 데 있으므로 배달말은 배달겨레라는 동아리가 모두 그들의 삶에 불편을 느끼지 않게 쓰는 말이라야 한다. 우리 겨레의 일부나 어떤 계층만 쓰는 말은 배달말이 될 수 없다.

국어는 가능성이라야 한다는 것은 말이란 무한한 가능성 그 자체이고 해버린 말도 가능성이 나타난 일부로 본 것이다. 따라서 말의 가능성은 겨레의 얼, 겨레 문화의 발전 가능성을 약속해주며, 겨레의 독자스러운 모습이 한없이 피어날 수 있도록 해준다는 것이다. 국어는 배달겨레의 얼이어야 한다는 것은 우리됨의 징표를 말한다.

국어를 민중의 말로 보는 관점은 민중이 국민의 중심이며 가장 우리다운 실체라고 보았다. 국어는 '한글'로 나타낼 수 없으면 안 된다고 본 것은 한글로 적어서 그 뜻을 알 수 있는 것만을 국어로 본다는 뜻이다. 곧 한글이 국어에 대한 거의 완벽한 소리글자이며, 말의 형식은 소리이고 말소리는 말이 나타내는 밖으로의 표현이기 때문이라는 것이다. 또한 국어는 순수성과 통일성을 지향한다는 것은 말이 사회를 묶는 구실을 하므로 국어가 통일됨을 지향하는 것은 당연하며 국어가 통일된다는 것은 국어가 되도록 순수해야 함을 말한다.

7. 우리 말글 구별

정확한 언어 사용은 가리키는 언어에 대한 정확한 구별에서 출발한다. 그렇다면 다음과 같은 말의 모순이 무엇인지 살펴보자.

순이: 로타리를 한글로는 네거리라고 한대.
철이: 우리말은 한자어가 70%래.
영이: 한자어는 우리의 역사의 전통을 간직한 말이니까 한자로 정확히
      표현해야 해.
별이: 한글은 ㄱ, ㄴ, ㅏ, ㅑ와 같은 낱글자를 가리키는 명칭이야.
솔이: 우리나라의 자음과 모음은 40자이지.
동이: 말하듯이 글을 쓰면 돼.

달이: 한글은 한국어가 아니래.

결론부터 말하면 여섯 사람의 말은 모두 잘못된 말이거나 정확하지 않은 표현들이다. 순이는 한글과 토박이말을 혼동하고 있고, 철이는 잘못된, 엉터리 정보를 말하고 있으며, 영이는 한자어를 아끼는 듯하면서도 무시하고 있고, 별이는 문자 명칭과 그 문자로 이루어진 글말을 가리키는 명칭 문제를 보여주고 있고, 슬이는 말과 글을 혼동하는 용어를 사용하고 있으며, 동이는 의도는 좋으나 실제로는 불가능한 얘기를 하고 있고 달이는 반은 맞고 반은 틀린 얘기를 하고 있다.

문제는 이러한 우리말과 글에 대한 오해와 혼동을 초등학생부터 지식인들까지 두루 저지르고 있다는 점이다. 순이는 한글과 순우리말을 혼동하고 있으므로 "로타리를 순우리말로는 네거리라고 한대."라고 말해야 한다. 철이는 이응백(1980)에서 비롯된 이희승 편 국어대사전의 특정 통계를 일반화하고 있다. 우리말 사용 빈도가 중요한데 그렇게 보면 통계는 달라진다. 설령 국어대사전 통계를 기준으로 할 경우 표준국어대사전에서의 통계는 정호성(2000)의 「『표준국어대사전』 수록 정보의 통계적 분석」(『새국어생활』 10(1), 55~72쪽)에 의하면, 한자어 통계는 57.12%였다.

별이는 틀린 것은 아니지만 '한글'은 낱글자 명칭일 뿐 아니라, '한글전용'처럼 그런 낱글자로 적은 글말로 가리킨다. 슬이는 소리 단위의 명칭인 자음과 모음을 쓰고 있으므로 문자 단위의 명칭인 자음자와 모음자를 써서 "우리나라의 자음자와 모음자는 모두 40자이지."라고 말해야 한다. 동이는 언문일치의 중요성을 말한 것이지만, 실제로는 입말과 글말의 차이도 있으므로, 글말은 글말답게 써야 하는 영역도 있다. 이를테면 '-다'로 끝나는 표준 문어체는 글말에만 있는 것이다. 달이 말에서는 '한글'과 '한국어'가 동의어가 아닌 것은 맞지만 한글이 한국어가 아닌 것은 아니다. 한국어는 한국인들이 쓰는 입말과 글말을 모두 가리키므로 한글은 한국어의 일부다.

7.1. 한글과 토박이말의 혼동

'한글'은 표기에 따른 명칭이고 토박이말은 어원에 따른 명칭이므로 사실 혼동할 이유는 없다. 토박이말이든 한자어이든 서양 외래어이든 한글로 적을 수 있다. 그러므로 '로타리'든 '네 거리'든 '사거리'든 모두 한글이다. 그러므로 순이는 "로타리를 토박이말로는 네거리라고 한대."를 잘못 말한 것이다.

> 한글 전용론은 우리말을 적을 때 한자나 영문을 쓰지 않고 한글만 쓰자는 주장이다. 한문 혼용론과 더불어 논쟁의 역사는 길고, 싸움 나기 좋은 주제다. 한글 전용론(專用論)이라는 단어 자체가 "한글"+"전용론"으로, 한글 전용이 불가능함을 보여준다.
> ㅡ정희진(2020), 「오리지널 돈가스는 없다」, 『한겨레신문』, 2020.9.3

이 칼럼 역시 한글과 한국어, 순우리말을 혼동하고 있다. '한글'은 순우리말이고 '전용론'은 한자어라는 어원 정보는 한글전용과 아무 상관이 없다. 순우리말이든 한자어이든 그냥 한글로 적으면 한글전용이기 때문이다. 우리나라 명칼럼가로 손꼽히는 분도 한글과 순우리말을 혼동하고 한글로 표기한 한자어는 우리말이라는 사실을 잊어서 이런 혼동을 한 것이다.

순우리말과 한글을 혼동하게 하는 용어로 '한글이름'이라는 용어가 있다. 표기 방식으로 보면 한자식 이름도 한글로만 적으면 한글이름 인데 실제 '한글이름'은 순우리말로만 지은 이름을 가리킨다. 그럼에 도 필자가 한글이름이란 용어를 사용하는 것은 한자로 짓되 한글로만 표기하는 이름도 한글이름을 보자는 취지에서였다.

그러니까 한글 이름은 크게 두 가지로 나눌 수 있다. 첫째는 좁은 의미에서 토박이말 이름만을 가리킨다. "한샘·한별·예솔"과 같은 이 름들이다. 여기서 토박이말이란 외국의 글자로는 적을 수 없는 우리 고유의 말을 뜻한다. 또한 '붓'이나 '가라말'의 '가라'처럼 중국과 몽골 에서 왔지만 그 나라말로는 적을 수 없는 말까지 포함하는 개념이다.

둘째는 넓은 의미에서 한글로 표기된 한자식 이름까지를 포괄하는 이름이다. 그러니까 용감할 용(勇), 성품 성(性)을 쓴 '勇性'이란 이름은 당연히 한자식 이름이지만 그것을 한글로 표기한 '용성'이란 이름은 한글 이름이라는 뜻이다. 우리는 주로 좁은 의미의 한글 이름을 추구 했지만 넓은 의미의 한글 이름도 싸안기로 한다.

이를테면 '학교'라는 말은 토박이말은 아니지만 우리 토박이들의 삶 속에 완전히 녹아든 우리말이다. 이런 발상대로라면 토박이말인가 한자어인가 하는 이분법적인 구분도 극복하면서 한자어를 한자로 표 기하는 모순도 극복할 수 있고 한글 이름의 범위도 넓힐 수 있다. 따라서 '지혜롭다'의 지(智)와 '소나무'의 솔을 합쳐 지은 이름 '지솔'도 당연히 한글 이름이다. 그리고 실제 우리 이름 가운데는 토박이말과 한자어를 동시에 적용할 수 있는 이름들이 꽤 많다. '다 채운다'는 뜻의 '다찬'이란 이름에서 '다'는 토박이말이지만 그것을 '많을 다(多)' 라는 한자어로도 생각할 수 있다. 그러니까 토박이말이냐 아니냐를 배타적으로 나누는 것이 이제는 큰 의미가 없다는 것이다. '지솔'과 같은 이름은 이러한 이분법을 극복한 한 보기가 될 것이다. 물론 여기보이는 이름 대부분은 토박이말 이름이지만 우리가 추구하는 다양한 이름 짓기 방식은 넓은 의미의 한글 이름 짓기로 다양하고도 독창적인 이름 짓기 문화를 추구한다.

7.2. 한글과 우리말의 혼동

가끔 듣는 질문 중에 세종대왕이 한글을 발명하기 전에는 우리는 어떤 말을 썼느냐는 질문이 있다. 전 국립국어원장님도 대학 교수도 그런 질문을 하는 사람이 있다고 혀를 찬 적이 있다. 참으로 해괴한 질문이지만, 종종 이런 질문을 만나곤 한다. 세종이 발명한 건 우리말이 아니라 우리글이라고 해야 겨우 이해를 한다.

물론 세종대왕이 우리말을 잘 적을 수 있는 글자를 처음 만든 것이라 이렇게 혼동할 수는 있다. 또는 질문을 이렇게 바꿔볼 수는 있다.

"세종대왕이 한글을 만들었을 때의 우리말과 지금의 우리말은 어느 정도 다른가요?"

최근 삼국시대의 우리말이 마치 외국어처럼 지금과 많이 달랐다는 동영상이 인기를 끈 적이 있다. 많이 변한 건 사실이지만 지나치게 과장됐다. 쉽게 말하면 변한 것도 있고 변하지 않은 것도 있다. 문장 짜임새로 보면 영어나 중국어 어순이 아닌 지금 어순인 것은 변하지 않은 것이고 어휘로 보더라도 의식주 관련 기본 어휘는 그렇다.

1446년에 나온 훈민정음 해례본에 그 당시 생생한 낱말 126개(조사 2 포함)를 실어 놓았는데 이를 비교해 보면 쉽게 알 수 있다. 편의상 지금과 같은 낱말(방언 포함), 조금 달라진 말, 아주 다른 말 또는 지금 안 쓰는 말로 나눠 보자.

<표 11> 『훈민정음』(1446) 해례본 용자례에 나오는 낱말과 현대말 비교

갈래	해례본 보기	개수	비율
현대말과 똑같은 꼴	누에(누에), 범(범), 감(감), 콩(콩), 파(파), 마(마), 잣(잣나무), ·손(손), 굽(굽), 톱(톱), 신(신), 체(체), 자(자), 서리(서리), 논(논), 밥(밥), 엿(엿), 버들(버들), 별(별), 담(담), 피(피), 고욤(고욤), 벼(벼), 닥(닥나무), 구리(구리), 키(키), 별(별)	27	28.7
거의 같은 꼴	낟(낫), 어름(얼음), 셤(섬), 믈(물), 독(독), 쇼(소), 져비(제비), 올창(올챙이), 굼벙(굼벵이), 반되(반디), 다야(손대야), 드레(두레박), ·못(못), 호미(호미), 섭(섶나무), 고티(고치), 노로(노루), 그력(기러기), 사슴(사슴), 남샹(남생이), 톡(턱), 숫(숯), 이아(잉아), 팟(팥), 쇰(샘), 돌(달), 뎔(절), 빗곳(배꽃), ·그래(가래), 두리(다리), 율미(율무), 아수(아우), 벼로(벼루), 널(널판지), 갇(갓), 죵(종)	36	38.3
비슷한 꼴	두텁(두꺼비), 부헝(부엉이), 부얌(뱀), 골(갈대), 너시(느시), 밀(밀랍), 힘(힘줄), 불(팔), 죠히(종이), 발측(발뒤축), 브섭(부엌), 울(울타리), 뒤(띠), 삽됴(삽주), 채(채찍), 풀(파리)	16	17
아주 다른 꼴이거나 지금 안 쓰는 말	러울(너구리), 납(원숭이), 사비(새우), 약(거북이), 무뤼(우박), 뫼(산), 깃(보금자리), 싣(신나무), ·비육(병아리), 슈룹(우산), 쥬련(수건), 드뵈(뒤웅박), 쟈감(메밀), 죽(밥주걱), 우케(우케)	15	16
합계		94	100%

거의 같은 꼴까지 하면 무려 62%가 같은 셈이다. 물론 어휘들은 기본 생활 어휘가 많아서 그럴 것이다. 15세기 기본 28자 가운데 지금 안 쓰이는 네 글자(· ㆆ ㅿ ㆁ)의 변화 등은 아주 많이 바뀐 경우에 해당된다.

7.3. 한자와 한자어의 혼동

한자는 중국에서 빌려온 중국 문자이고 한자어는 한자에서 온 낱말을 말한다. 물론 한자는 중국 문자이면서 역사적으로 동아시아 보편 문자로서의 특성을 띠는 특수성도 있다. 또한 한국식 한자도 있고 우리도 오래 빌려 사용해 오다 보니 무조건 외국문자로 보기 어려운 점도 있다. 그러나 빌려와 내 것을 만들었을지언정 빌려온 것은 빌려온 것이다. 이 점은 15세기 한자를 목숨처럼 여겼던 사대부들이 직접 다음과 같이 증언하고 있다.

蓋外國之語는 有其聲而無其字니라. 假中國之字以通其用하니 是猶枘
개 외 국 지 어　　유 기 성 이 무 기 자　　　가 중 국 지 자 이 통 기 용　　　시 유 예
鑿之鉏鋙也니 豈能達而無礙乎아? (정음해례26ㄴ: 8~27ㄱ: 3_정인지서)
조 지 서 어 야　　기 능 달 이 무 애 호
대개 중국 이외의 다른 나라 말은 그 말소리에 맞는 글자가 없다. 그래서
중국의 글자를 빌려 소통하도록 쓰고 있는데, 이것은 마치 모난 자루를
둥근 구멍에 끼우는 것과 같으니, 어찌 제대로 소통하는 데 막힘이 없겠는가?
_『훈민정음』 해례본 정인지서

한자어는 한자로 표기할 수도 있고 한글로 표기할 수도 있는데 한글로 표기하면 우리글이요 한자로 표기하면 우리글은 아니다. 한글로 표기한 한자어는 당연히 우리말이니 소통하기 어려운 한자어가 아닌 이상은 우리말로 품어야 한다. 그런데 한자어를 한자로 표기하자는 사람들이 있다. 한자어를 우리 공용 문자가 아닌 원어 문자로 적어 왕따시키겠다는 것이다.

"먼저 한자어가 외국어인가라는 점에 대해 생각해보자. 한글 전용론자들은 한자가 중국의 문자이고, 한자를 사용하면 다시 모화사상에 빠진다고 주장한다. 하지만 한자는 수 천 년 동안 사용되면서 우리 말 속에 뿌리를 내려 우리 말의 근간을 이루어왔다. 우리 말은 주어와 술어를 기본 구조로 하고 있고, 수식어인 형용사와 부사 그리고 동사가 이 기본 구조를 떠받치는 형태다. 그런데 주어와 술어는 개념어로 사용되는 보편자이다. 한자는 이런 개념어의 원산지 역할을 오랫동안 해왔다."

위와 같은 경우가 한자와 한자어를 혼동하는 경우이다. 당연히 한자어는 외국어가 아니며 한자어에 녹아든 한자의 가치는 존중해야 한다. 한글전용론자일수록 한자어를 오히려 우리글로 표기하여 우리말로 받아들이자고 하는 것이다. 한자어를 한자로 적자는 것은 뿌리 깊은 한자 사대주의가 맞다.

우리말에서 한자어가 70%라는 얘기는 전문가부터 일반인까지 관습적으로 인용하고 있을 정도로 일반화됐다. 그러나 우리말에 대한 왜곡된 거짓 정보이다. 흔히 전문가들조차 우리말에서 한자어가 70%라고 말하곤 한다. 사실이 아니고 일종의 가짜 뉴스다.

이 통계의 근원은 이응백(1980)의 「국어辭典 語彙의 類別 構成比로 본 漢字語의 重要度와 敎育問題」(『語文硏究』 25·26합본, 一朝閣, 236~141쪽)라는 글에서 이희승 편 『국어대사전』에서 어원별 통계인, 고유어(24.4%), 한자어(69.32%), 외래어(6.28%)에서 비롯된 것이다. 이희승 편 국어대사전에는 우리 일상생활에서 쓰이지 않는 어휘, 이를테면 "미모(美毛): 아름다운 털"과 같은 어휘가 많이 포함된 통계다.

정호성(2000)의 「『표준국어대사전』 수록 정보의 통계적 분석」(『새국어생활』 10(1), 국립국어원, 55~72쪽)에서의 한자어 통계는 57.12%였다.

총 어휘수 440,262(100%) 가운데 고유어가 111,299(25.28%), 한자어가 251,478(57.12%), 외래어가 23,196(5.26%), '한자어+고유어'가 36,461(8.28%), '외래어+고유어'는 1,331(0.30%), '한자어+외래어'는 15,548(3.53%), '한자어+외래어+고유어'는 751(0.17%)였다.

분류	고유어	한자어	외래어	한+고	한+외	고+외	종합
우리말 큰사전 (1957)	74,612 (45.5%)	85,527 (52.1%)	3,986 (2.4%)	자료 없음			164,125 (100%)
국어대사전 (1961)	62,912.5 (24.4%)	178,745.5 (69.3%)	16,196 (6.3%)	자료 없음			257,854 (100%)
표준국어대사전 (2000)	111,299 (25.3%)	251,478 (57.1%)	23,196 (5.3%)	36,461 (8.3%) *한+고+외: 751(0.2%)	15,548 (3.5%)	1,331 (0.3%)	440.262 (100%)

실제 생활 속에서 우리말은 빈도 수가 중요하므로 빈도 수를 따지면 오히려 "우리, 하다" 등의 고유어 통계가 최소 50%는 될 것이다.

중요한 것은 한자어든 고유어든 한글로 표기하여 우리말로 품어야 한다. '미모(美毛)'처럼 한글로 적어서 소통이 안 되거나 불필요한 한자어는 버리거나 쉬운 말로 바꾸면 된다. '만유인력법칙, 치매' 등을 한자로 적는 것이 무슨 의미가 있겠는가?

7.4. 한글 전용에 대한 오해

박근혜 정부가 초등학교 3학년 이상의 한글 전용 교과서를 한자 병기 교과서로 바꾸겠다고 억지로 몰아붙이다 실패한 적이 있다. 그럼에도 최근 김지혜 의원이 다시 발의를 했다.

초등 교과서 예로 설명하자면, "농업은 땅에서 사람들이 살아가는데 필요한 물건을 생산하기 위하여 식물이나 동물을 기르는 산업을 말한다"라는 표현을 "농업(農業)은 땅에서 사람들이 살아가는 데 필요(必要)한 물건(物件)을 생산(生産)하기 위하여 식물(植物)이나 동물(動物)을 기르는 산업(産業)을 말한다"라고 한자 병기를 하겠다는 것이다.

"農業은 땅에서 사람들이 살아가는 데 必要한 物件을 生産하기 爲하여 植物이나 動物을 기르는 産業을 말한다"라는 한자 혼용으로 가기 위한 전단계 방식이다. 한자 혼용이 아닌 한자 병기 방식이라도 쉬운 글말 쓰기를 위해 노력해 온 역사를 되돌리는 참으로 위험한 발상이다. 왜 그런가 곰곰이 따져 보자.

어린이 집으로 가는 길을 재촉하는 네 살배기 선동이, 할아버지와 횡단보도를 급히 건넌다. 깜박이는 신호등. 아슬아슬하게 다 건너자 불이 바뀐다. 건너자마자 휴 하며 하는 말, "아이쿠, 다행이다".

할아버지께 여쭤보니 아직 한글도 못 깨우친 아이란다. 이 어린애가 '다행'이란 어려운 한자어를 어찌 배웠을꼬. 한글도 모르는 꼬맹이가. 설마 '다행'의 어원에 해당하는 '多幸'이란 한자를 먼저 배운 것은 아닐까. 할아버지께서는 설레설레 머리를 흔드신다. '한자'가 무엇인지도 모른단다. 설령 '多'와 '幸'이란 한자를 먼저 배웠다 한들 "많을 다(多), 행복 행(幸)"이라는 한자 뜻과 '다행'이란 낱말 뜻과는 거리가 멀다. 가장 쉽게 풀이한 보리 국어사전을 찾아보니 '다행'은 "걱정거리가 사라져서 마음이 놓이는 것"(319쪽, 2008년판)이라고 나온다. 아무리 한자를 들여다 보니 이런 뜻을 읽어낼 수가 없다. 그렇다고 '다'와 '행'이라는 한글을 뚫어지게 살펴도 역시 글자 그 자체에 그런 뜻이 들어 있을 리 만무하다. 이 아이는 "너 많이 다치지 않아 다행이구나."라는 식의 말을 듣고 자라면서 자연스럽게 그런 맥락이나 문맥을 통해 그 뜻을 깨친 것이다. 한자 역시 이런 맥락을 통해 뜻이 주어지는 것인데 한자가 뜻글자이다 보니 마치 한자 그 자체에 실제 쓰이는 뜻이 들어 있는 것으로 착각이 되는 것이다.

할아버지 말로는 '다행'이란 말을 따로 가르친 적은 없다고 한다. 엄마가 읽어준 책과 텔레비전 등을 통해 자연스럽게 이 낱말을 익혔을 것이라고 한다. 물론 아이이게 물어보니 기억을 못 한다. "응, 왜 그 말을 몰라. 그냥 알게 된 거야." 그런데 못난 어른들이 '다행'이란 한자어 뜻을 한자를 병기해야 알 수 있다고 또는 한자 교육을 위해 "아이쿠. 다행(多幸)이다."라고 적겠단다.

이 아이가 할아버지가 보고 싶은 '암살'이란 영화를 얼떨결에 같이 보러 가게 되었다. 독립군 영화라고 하니 대뜸 하는 얘기가 그럼 "안중근 의사도 나오는 거야".

이 아이는 당연히 병원 가는 날 "할아버지 오늘 의사 만나러 가는 거지."라는 말을 유창(?)하게 한다. 또 못난 어른들이 안중근 '의사'의 의사와 병원 의사의 의사가 동음이의어이어라 구별이 안 되고 세탁소 사장인 '안중근(安中根)'과 독립지사 '안중근(安重根)'이 구별 안 된다고 "안중근(安重根) 의사(義士)도 나오는 거야."라고 적겠단다. 물론 한자로 적으면 구별력은 높아진다. 그러나 안중근 의사가 무슨 한자를 쓰는지 기억도 못 하고 알 필요는 없는 상황에서 한자를 적는 것이 무슨 의미가 있겠는가. 알 필요가 있다고 한들 세계에서 가장 어려운 한자를 배워 구별할 필요는 어디 있는가. 한자 병기 문제는 한글과 한자의 싸움이 아니다. 언어와 교육에 대한 상식을 무시하는 사람들과의 싸움이다.

동음이의어는 모든 언어의 공통 현상이다. 그런데도 불편 없이 살아가는 것은 바로 맥락이나 문맥이 주어지기 때문이다. 안중근 의사가 무슨 일을 왜 하셨는지의 맥락을 앎으로써 자연스럽게 '의사'의 뜻을 알게 된다. 당연히 '의사'라고만 써 놓으면 이 말이 독립군을 가리키는지 병원 의사를 가리키는지 알 수 없다. 그런데 이 또한 걱정할 필요가 없는 것이 언어는 단어 단독으로 쓰이질 않는다. 단독으로 쓰일 때 구별하자고 어려운 한자를 배우는 것은 매우 비효율적이고 비능률적이다.

다시 정리하면 낱말의 의미는 문맥이나 맥락에 따라 다양하게 쓰이고 이해하는 것이 상식이다. 한자를 병기하면 읽기 흐름을 특정 한자의 뜻으로 몰아가 정확한 이해와 읽기를 방해하게 된다. 그래서 지금 거의 모든 대중 출판물은 한글 전용으로 나오고 있다.

초등 교과서 한자 병기는 이러한 언어에 대한 기본 상식을 거스르니 문제가 된다. 그래서 우리는 오랜 싸움 끝에 한글 전용 시대를 열었다. 신문을 기준으로 보면 한글 반포 450년 만인 1896년 『독립신문』에 와서야 최초로 한글전용을 하게 되었고, 한자 없이 살 수 없는 일본 침략으로 다시 퇴행하다가 남한은 1988년 한겨레신문 창간으로 온전한 한글전용 시대를 열게 되었다. 그런데 이렇게 오랜 세월 싸워 이룩한 한글 전용시대를 다시 허물겠다는 초등 교과서 한자 병기 정책이다.

한자어도 우리말이라는 상식에 어긋난다. 한자 병기론자들은 한자어의 중요성을 강조하지만 한자 병기는 오히려 한자어를 배타적으로 배척하는 행위다. 우리말에 자연스럽게 녹아든 한자어라면 우리 말글 공동체에서 한글 단일 표기로 소통하고 이해하는 것이 자연스럽다. '학습'이라는 한자어와 '배우다'라는 순우리말 모두 소중한 우리말이다. 왜 '학습'을 군이 '학습(學習)'이라고 표기해 이질화된 낱말로 홀대하려는 것인가.

첫째, 한자 병기는 비록 한자를 괄호 안에 넣는다 하더라도 언문일치 정신이나 효율적인 소통을 거스른 것이다. 인류의 문명사는 입말을 가장 자연스럽게 표기함으로써 누구나 쉽게 소통하게 하는 언문일치를 향해 싸워 온 역사다. 유럽이 상류층만이 쓰던 라틴어를 버리고 쉬운 영어 쓰기를 해 온 것도 그러하며 중국이 경전에서 쓰는 고전문에서 좀 더 쉬운 백화문으로 바꾸고, 백화문에서 다시 간결한 간체자를 만들어 쓴 것도 그런 흐름이다. 우리나라는 다행히도 세종 임금이 1446년 훈민정음을 반포하여 그 기틀을 마련했고 한글전용이라는 언문일치를 실제 삶 속에서 온전히 이루는 데 500년 이상이 걸렸다. 이러한 언문일치 역사는 자유와 평등을 이뤄온 역사와 그 맥을 같이해 왔다.

한자 병기는 한자를 모르는 사람에게는 불필요한 정보이며 오히려 자연스러운 소통을 방해할 것이다. 설령 한자를 안다 해도 표기 양자체가 두 배 가까이 늘어 판독과 이해의 경제성이 떨어진다. 영어도 라틴어에서 온 낱말이 무척 많은데 그것을 괄호에 넣는다고 생각해 보면 이러한 병기가 얼마나 우리의 소통의 합리성을 방해하는지 알 수 있을 것이다.

둘째, 한자 병기는 언어의 이해와 소통의 맥락에 의해 이루어진다는 상식을 부정하는 것이다. '동물'과 '식물'이라는 낱말을 모르는 초등학생은 아마도 한 사람도 없을 것이다. 그런 아이들이 이 두 낱말을 어떻게 이해하는가. 동물과 식물에 대한 체험과 동물과 식물이 나오는 수많은 이야기·대화·문장 등에 의해 자연스럽게 이해하고 부려 쓰고 있다. 이런 아이들한테 이렇게 가르쳐 보라. "이 낱말들은 한자에서 온 한자어인데 한자로는 '動物, 植物'이라고 써. '動'은 '움직일 동'이고 '物'은 '무리 물'자고 '植'은 '심을 식'자야. 그래서 동물은 움직이는 무리지. 쉽지." 그럼 아이들은 이렇게 묻지 않을까? "움직이는 것은 다 동물인가요. 로봇도? 움직이지 않은 죽은 동물은 동물이 아니에요?" 한자의 의미 또는 어원에 의해 뜻을 가르치는 것이 얼마나 우스꽝스러운지 이러한 간단한 예를 통해 알 수 있다. 낱말의 의미는 맥락에 의해 주어지기 때문에 다의성을 띠는데 그것을 하나의 어원으로 환원하는 것은 비합리적이다.

셋째, 한자어를 한자로 표기하자는 것은 우리 삶 속에서 자연스럽게 녹아든 한자어를 배척하고 따돌리는 무서운 언어폭력이다. 고유어를 배척해 온 역사도 잘못이지만 그렇다고 해서 한자어를 배척할 수는 없다. 소통할 수 없는 어려운 한자어는 쉬운 말로 바꿔야 하겠지만 '동물, 식물'과 같이 자연스럽게 쓰이는 말은 고유어와 다름없는 우리말이다. 초등학생들한테, "얘야. '사람'은 고유어이고 '동물'은 한자어야. 한자어이기 때문에 한자로 적는 것이 좋단다"라고 한다면 이는 사람 사이의 인종 차별과 다름이 없다.

이처럼 무서운 낱말 왕따를 왜 어린이들한테 주입해야 하는가. '동물'이 우리말이라면 당연히 과학적이고 쉬운 우리 고유 문자인 한글로 자연스럽게 소통하게 하는 것이 순리다. 이제 더 이상 한자어를 차별하지 말자. 출신(어원)이 다르다고 다른 옷을 입게 만드는 어리석음을 범하지 말자. 이제 순우리말이든 한자어든 따지지 말고 자연스러운 대화와 한글 표기 속에서 지식과 생각을 소통하고 나누게 하자.

세종은 언문일치가 불가능했던 1446년에 28자로 언문일치를 쉽게 이룰 수 있는 문자혁명을 단행했다. 그런데 그 후손들은 이를 제대로 이루는 데 500년 이상을 소비했다. 이렇게 오래 걸린 것도 억울하고 답답한데 다시 그 역사를 되돌리려는 사람들은 도대체 어떤 사람들인가.

초등 교과서의 배움 주체는 어린이들이다. 이들이 좀 더 많은 책을 읽고 즐기게 하는 것이 우리 교과서의 가장 상식적인 존재 이유다. 교과서 주체인 어린이들의 읽을 권리를 짓밟는 것은 어른들의 지독한 편견이다.

많은 사람들이 한자가 뜻글자이기 때문에 뜻 파악에 도움이 된다고 생각한다.

한 마디로 착각이고 뜻글자가 주는 착시 현상에 속은 것이다. 이를 테면 흔히 '이에 내, 옮길 천'으로 알고 있는 '迺'자만 하더라도 이 글자 뜻을 한두 가지로 아는 것은 오히려 독이 된다. 왜냐하면 네이버 한자 사전에 등재 된 뜻만으로도 "1. 이에 2. 곧 3. 너(2인칭 대명사) 4. 비로소 5. 처음으로 6. 이(지시 대명사) 7. 옮기다 (천)"와 같이 일곱 가지나 된다.

문제는 뜻 사이의 연관성도 없다. 물론 어원학자들은 어원을 따져 들어가면 다 연관이 있다고 말하지만 현실 언어생활에서는 의미가 없다. 마치 지금 아시아 사람과 아프리카 사람이 네안데르탈인 시절 에 같은 종이었다고 주장하는 것만큼이나 황당한 얘기다.

한자를 어렵게 하는 것은 다른 음소문자 표기 낱말의 경우 다의어 라 할지라도 품사가 이질적인 품사로 이동하는 낱말은 많지 않은데 한자는 헤아릴 수 없을 정도로 많다는 점이다. '迺' 글자인 경우 대명 사와 부사, 동사로 쓰였다. 결국 이 글자의 뜻은 단독으로는 알 수 없다.

8. '한글' 관련 명칭과 개념 정립

한글학이 독자적 학문으로 성립하기 위해서는 한글 관련 각종 명칭 개념이 정립되어야 한다. 그런 측면에서 '한글' 작명과 의미, 한글 관 련 명칭들, 한글 낱글자 명칭론을 살펴보았다.

문자 명칭은 아니므로 문자 명칭을 아우르는 '국어·한국어' 관련 명칭들의 사용 맥락을 따져 보았다. 이밖에 우리 말글 구별 문제를 집중 분석했다. 곧 한글과 토박이말의 혼동, 한글과 우리말의 혼동, 한자와 한자어의 혼동, 한글 전용에 대한 오해 등을 집중적으로 분석해 보았다.

'국어'의 뜻넓이의 여러 계열로는 국가·국민 계열, 공식·공용·공통 계열, 겨레·민중 계열의 뜻이 있다.

'국어' 관련 용어로는 공용어, 공통어, 표준어, 일상어, 방언, 사투리, 모국어, 모어, 토박이말 등이 있다. 한국어를 가리키는 다양한 명칭으로는 입말만의 명칭, 글말만의 명칭, 총칭 등이 있다.

일반적인 입말 중심 '국어'의 범위로는 고유어와 외래어로 나눌 수 있다. 한글 관련 명칭으로는 훈민정음, 언문, 한글, 국문, 조선글 등이 있다. 훈민정음은 문자 창제 동기와 목적을 담은 이상적인 명칭이다. 조선시대에는 주로 '언문(諺文)'을 그 명칭으로 사용했고 일제강점기 이후에는 '한글', 북한은 '조선글'이라 부른다. 전체 역사로 보면 '언문'은 통칭으로도 비칭으로도 쓰인 셈이다.

'한글'은 '오직 하나의 큰 글, 한나라 글'이라는 의미로 1910년 이후에 주시경 선생에 의해 널리 퍼졌다.

4장 한글 창제 주체론

1. 한글은 누가 창제했는가?

한글학에서 한글을 누가 창제했느냐는 창제 주체 문제는 핵심 문제이기도 하다. 사실 역사 기록으로 보면 이기문(1992)에서 강조했듯이, 한글은 세종 단독 창제가 사실이고 진실이며, 전혀 논란이 될 수 없는 문제인데 논란이 되어 온 역사적 맥락이 오히려 더 중요하다. 따라서 이 장에서는 비친제론의 다양한 계열과 그 역사적 의미를 밝히는 데 중점을 둔다.

한글이 창제(1443)되고 반포(1446)된 지 500년이 넘었다. 누가 창제했는지 기록이나 역사적 정황이 분명한데도 논쟁이 되고 있는 것은 문제다. 아직도 국어 선생님들조차 단독 창제설을 부정하고 있다. 다음 세 차례의 여론 조사에서도 일반적으로는 세종 친제를 부정하는 협찬설 지지가 압도적으로 많다.

1차: 국어단체연합 국어문화원(세종국어문화원) 편(2013), 『누구나 알아
야 할 한글 이야기 10+9』, 문화체육관광부.

김슬옹(2018ㅁ), 「한글날 배포 소책자 제작 과정과 교육적 의의」, 『문
법 교육』 33, 한국문법교육학회, 31~70쪽.

2차: 한글문화연대 한글문화연대 편(2018), 『훈민정음, 누가 어떻게 만들
었나?』(세종대왕 즉위 600돌 기념 학술 강연회 강연 자료집, 주최:
국회의원 서영교, 한글학회, 세종대왕기념사업회, 한글문화연대), 서
영교의원실.

3차: 박형우(2020), 「한글 관련 내용에 대한 학생 인식 조사」, 『문법교육』
40, 한국문법교육학회, 153~181쪽.

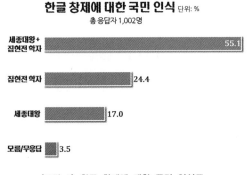

〈그림 1〉 한글 창제에 대한 국민 인식도
(한글문화연대 보도자료, 2018.10.1)

창제 주체 문제는 한글에 얽힌 역사적 진실을 담고 있다. 한글 창제
주체 논쟁이 벌어지는 맥락을 통해 그 의미를 밝혀보고자 한다. 더불어

세종 단독 창제의 맥락적 의미는 무엇인가를 다시 짚어보기로 한다.

연구 방법은 철저히 자료 중심의 연구이므로 자료를 어떻게 다루느냐가 중요하다. 다음과 같이 자료의 비중과 중요성에 따라 차등을 두어야 한다.

1차 자료: 세종실록(1443~1445).

　　　　『훈민정음』(1446) 해례본과 언해본(1459)

2차 자료: 세종 당대 문헌 또는 해례본 저자들 참여 문헌: 동국정운, 홍무
　　　　정운역훈 등

3차 자료: 조선시대 세종 이후 문헌: 용재총화(성현). 언문지(유희)

4차 자료: 조선 근대 이후 문헌: 주시경 저서 등

많은 연구가 이런 자료 이용 문제를 드러내고 있다.

〈표 1〉 『훈민정음』 해례본의 내용 구성과 확산

『훈민정음』 해례본 짜임새			창제 주체/ 기원 문제	2차	3차
정음편(세종)		어제 서문	친제 세종 스스로 밝힘	세종실록본 (재수록)	언해본 번역·풀이
		예의			
정음해례편 (8학사)	해례	제자해	8학사 세종 친제 밝힘	세종실록본 없음	언해본 없음
		조성해			
		중성해			
		종성해			
		합자해			
		용자례			
	정인지 서		정인지가 세종 친제 명확히 함	세종실록본	

협찬설을 입증하려면 세종실록과 『훈민정음』 해례본이 위서임을

입증하거나 김슬옹(2005), 『조선시대 언문의 제도적 사용 연구』(한국
문화사)에서 최초로 모두 찾아낸 훈민정음 관련 기록이 문제가 있음을
증명해야 한다.

필자는 그간 여러 논저에서 세종 친제설을 언급해 왔다. 세종을
영웅화하려는 것이 아니고 단순한 역사 사실을 부정하는 이들이 많아
안타까워 그랬다. 이번 발표에서는 협찬설을 초점으로 다시 정리하면
서 논지를 더 강화시켜 보려 한다.

물론 훈민정음 협찬론을 부정하고 친제론을 강조한다고 해서 세종
이 모든 것을 했다는 의미는 아니다. 창제 과정은 비밀 과정이었지만
집현전 학사들의 학문적 도움을 많이 받았을 것이다. 세종이 임금이
아니었다면 아무리 대천재성을 타고 났다 하더라도 창제 추진 자체가
불가능했을 것이다. 그러나 임금으로서 창제까지의 간접 도움, 반포까
지의 직접 도움을 받았다는 논리보다도 한문으로 집약되고 상징되는,
중국과의 절대적 사대 관계, 이를 기반으로 하는 사대부들의 거대한
정치 권력을 넘어선 것이 더 큰 기적이었고 더 강한 논리라는 것이다.

여기서는 이런 자료의 특성과 위계를 따져 친제론과 비친제론을
다시 조명하고자 한다.

2. 연구사

한글 창제를 누가 했는가에 대한 많은 논의가 있어 왔고 친제와
비친제에 대해서는 이기문(1992), 「훈민정음 친제론」(『한국문화』13, 서
울대학교 한국문화연구소, 1~18쪽)에서 명쾌하게 정리되었지만, 비슷한
논쟁이 학문 분야건 비학문 분야건 이어지고 있다. 연구사를 통해

이 점을 명확히 해보고자 한다.

친제론과 비친제론의 맥락에 대해서는 이기문(1992)에서 처음으로 정리되었다.

이밖에 '친제론·협찬론' 등에 대한 종합 정리에 대한 주요 논저로는 김남돈(1999)·윤국한(2005)·이상규(2017)·한재영(2017) 등이 있다. 이 상규(2017)의 『직서기언』(경진출판, 237쪽)에서는 첫째 세종 친제설(방종현, 1948; 이기문, 1974ㄱ; 이상규, 2017), 둘째 왕실 협력설은 다시 세분 하여 '대군 협력설'(임홍빈, 2006: 1385), 정의공주 협력설(이가원, 1994; 정광, 2006)이 있으며, 셋째 집현전 학사 협찬설(이숭녕, 1958; 김민수, 1964; 허웅, 1974; 김진우, 1988; Albertine Gaur, 1995)과 넷째 '세종 친제 협찬설'(강신항, 2003; 안병희, 2004), 다섯째 세종 창제 명령설(이기문, 1992) 등으로 분류했다.

한재영(2017: 107~113)에서는 친제설과 친제협찬설을 거의 대등한 설로 분류하고 친제설로 홍기문(1946), 홍기문·전몽수(1949), 이숭녕 (1958: 47~52, 1974: 3~38), 이기문(1974ㄱ, 1980, 1992), 임용기(1997) 등을 들었다. 친제협찬설은 다시 집현전 학자들 협찬설로 이숭녕(1958)·강 신항(1987)·김완진(1984)·안병희(2004) 등을 들었다. 김민수(2004)는 세 종 친제와 집현전 협찬설로, 정달영(2007)은 집현전과 정음청 등의 협찬설로 보았다.

정의공주 협찬설로 이가원(1994), 불교계 협찬설로 사재동(2010)·이 재형(2004)·강상원(2005)·임홍빈(2013ㄴ) 등을 들었다. 아쉽게도 이상 규(2017)·한재영(2017) 연구사에서 필자가 『세종대왕과 훈민정음학』 (2010/ 2011 개정판, 지식산업사)에서 맥락적으로 집중 조명한 친제론이 빠져 있다.

세종 친제론이 논의되기 시작한 것은 근대 이후이고 정확히는 주시경의 각종 저서에서 비롯되었다. 주시경은 다음과 같이 거의 모든 저서에서 세종 서문을 수록하고 있다.

주시경(1905), 『國文文法』(필사본), 역대문법대계 영인본 ①107, 박이정.

쥬시경1)(1906), 『대한국어문법』(油印), 역대문법대계 영인본 ①07, 박이정.

주시경(1908), 『말』(필사본), 역대문법대계 영인본 ①08, 박이정.

주시경(1908), 『國語文典音學』, 역대문법대계 영인본 ①10, 박이정.

주시경(1909), 『高等國語文法』(유인본), 역대문법대계 영인본 ①09, 박이정.

쥬시경2)(1909), 『국문』, 역대문법대계 영인본 ①108, 박이정.

주시경(1910), 『한나라말』, 역대문법대계 영인본 ①110, 박이정.

주시경(1910), 『國語文法』, 역대문법대계 영인본 ①11, 박이정.

주시경(1911), 『朝鮮語文法』, 역대문법대계 영인본 ①111, 박이정.

주시경(1912), 『소리갈』(유인본), 역대문법대계 영인본 ①109, 박이정.

주시경(1913), 『朝鮮語文法』, 역대문법대계 영인본 ①12, 박이정.

주시경(1914), 『말의 소리』(석판본), 역대문법대계 영인본 ①13, 박이정.

〈표 2〉 주시경의 '훈민정음 서문' 인용 논저 내용과 특징

출처	현대 활자 재현 (어제 서문, 예의 생략)	주요 특징
쥬시경(1906), 『대한국어문법』(油印), 역대문법대계 영인본 ①07	訓民正音 御製 國之語音異乎中國 與文字不相流通故愚民有所欲言而終不得伸其情者多矣予此憫然新制二十八字欲使人 ‖ 易習便於日用耳	• 본문 세로짜기 필사 • 문장부호 없음 • ‖ : 반복 표시(人人) • 맨끝 종결어미: 耳

---

1) 원문 표기임.
2) 원문 표기임.

출처	현대 활자 재현 (어제 서문, 예의 생략)	주요 특징
주시경(1908), 『말』(筆寫), 역대문법대계 영인본 ①08	正音親序 國之語音이異乎中國ㅎ여 與文字 (卽漢文字)不相流通이라故로愚 民은有所欲言而終不得伸其情者 ㅣ多矣라予ㅣ爲此憫然ㅎ여新制 二十八字ㅎ니欲使人‖易習ㅎ고 便於日用이로라ㅎ시니라	• 토달기 • '문자 작은 글씨 주석 달 기(한문자) • ‖: 반복 표시(人人) • 맨 끝 종결사 耳 생략
주시경(1909), 『高等國語文法』(油印), 역대문법대계 영인본 ①09	1章 訓民正音 　　第1課 御製訓民正音 訓民正音 御製 國之語音異乎中國 與文字不 相流通故愚民有所欲言而終不得 伸其情者多矣予爲此憫然新制二 十八字欲使人‖易習便於日用耳	쥬시경(1906)과 같으나 '1 장 훈민정음 1과 어제훈민 정음'이라는 제목이 색다 름
주시경(1910), 『國語文法』, 역대문법대계 영인본 ①11	訓民正音 御製 國之語音異乎中國 與文字不 相流通故愚民有所欲言而終不得 伸其情者多矣予爲此憫然新制二 十八字欲使人‖易習便於日用耳	
주시경(1910), 『國語文法』, 역대문법대계 영인본 ①11 주시경(1913), 『朝鮮語文法』, 역대문법대계 영인본 ①12	訓民正音 御製 國之語音異乎中國 與文字不 相流通故愚民有所欲言而終不得 伸其情者多矣予爲此憫然新制二 十八字欲使人人易習便於日用耳	같은 방식으로 제시
주시경(1914), 『말의 소리』(石版), 역대문법대계 영인본 ①13	國之語音異乎漢土 與文字不相流 通故愚民有所欲言而終不得伸其 情者多矣予爲此憫然新制二十八 字欲使人人易習便於日用耳	• 부록형식으로 실음 • 세종서문 '中國을 '漢土' 로 바꾼 '내장본' 수록 • 부록에는 훈몽자회 범 례, 용비어천가 2장, 정 인시서도 실림
주시경(1912), 『소리갈』(油印), 역대문법대계 영인본 ①109		

이때는 해례본 발견 전이었으므로 세종 서문은 절대적이었다. '정인지 서'도 유통되었으나 언해본에는 실려 있지 않았으므로 세종 서문만큼 유통되지 않았다.

주시경은 세종 서문에서 세종이 친히 28자를 만들었다는 사실을 인용하고 있지만, 관습적으로 믿지는 않은 듯하다. 다음과 같이 공동 창제설도 담고 있기 때문이다. 이기문(1992)에서는 주시경(1908)을 인용하고 있으나 이보다 먼저 주시경(1907)에 똑같은 내용을 싣고 있다.

일문 국문을 무다 만(들)셧ᄂᆞ뇨?

답 아죠 세종대왕의셔 만(들)셧ᄂᆞ이다.

이문 세종대왕의셔 국문을 엇더케 만(들)셧ᄂᆞ뇨?

답 세종대왕의셔 각국이 다 글ᄌᆞ를 만들어 각 그 나라 말을 긔록ᄒᆞ되 우리나라는 말을 긔록ᄒᆞᄂᆞ 글이 업슴을 근심ᄒᆞ샤 금즁에 국문청을 셜립ᄒᆞ시고, 신슉쥬 申叔舟와 셩삼문 成三問 等을 명ᄒᆞ샤 고젼 古篆과 범ᄌᆞ 梵字를 의방ᄒᆞ어 국문을 친히 만(들)샤 일홈을 훈민졍음 訓民正音이라 ᄒᆞ시고 이십팔년 병인에 즁외에 반포ᄒᆞ시니, 무슨 말이던 지 긔록지 못홀 소리가 업고, ᄯᅩ 셩삼문 등을 명ᄒᆞ샤 료동에 귀ᅳ양와 잇는 명나라 한림학ᄉ 황찬 黃瓚에게 보내어 음운 音韻을 질문케 ᄒᆞ시니, 왕리가 모도 열세 번이고, ᄯᅩ 홍무졍음 洪武正音의 모든 글ᄌᆞ 음을 다 국문으로 쓰셧ᄂᆞ이다.

__주시경(1907)

이기문(1992)에서 지적한 대로 세종 친제를 얘기하는 듯하면서도 성현 용재총화의 집현전 학사 지시설을 거의 그대로 인용하고 있다. 해례본 전체를 본 것은 아니었으므로 방법론 차원에서 공동 창제설과 범자 모방설을 수용하고 있다.

3. 비친제설 계열과 그 의미

이기문(1992: 3)에서는 비친제설의 여러 계열에 다음과 같이 진술하였다.

한마디로 비친제설이라 했지만 여기에는 분명히 구별해야 할 두 설이 있음을 알 수 있다. 하나는 세종이 학자들에게 명하여 만들게 하였다는 것(命制說)이요 또 하나는 세종이 학자들의 협력을 얻어 만들었다는 것(協贊說)이다. 역사적으로 보면, 명제설(命制說)에서 협찬설(協贊說)로 흘러온 자취가 엿보인다. 오늘날 국어학자들의 거의 모든 저술에 이 협찬설이 채택되어 있음을 본다(김민수, 1964: 36; 허웅, 1974: 57; 심재기, 1985: 97 등). 주시경(쥬시경, 1906) 이후에 많은 새로운 사실이 밝혀졌음에도 불구하고 여전히 협찬설이 학계의 주류를 이루고 있는 것이다. 그리하여 이 영향이 국민학교 교과서, 각종 사전에 미치고 있다. 국내뿐 아니라 외국 학자들 사이에도 이 협찬설이 있음을 본다.

__이기문(1992: 3)

여기서는 비친제설을 명제설·협찬설 등으로 나누었고 이상규(2017)에서는 왕실 협력설, 집현전 학사 협찬설, 세종 친제 협찬설, 세종 창제 명령설 등으로 나누었지만, 더 정확히는 아래와 같이 일곱 가지 계열이 있다. 협찬설 또는 공동 창제설의 흐름은 세종 친제에 대한 부정이나 회의에서 출발한다.

첫째, 조선시대의 해례본 이후의 문헌에 근거한 협찬설들이다.

(1) 我世宗文宗 慨念於此 既作訓民正音. (세종과 문종께서 이를 염려하시

어 이 훈민정음을 지어내셨으니, 세상의 어떠한 소리라도 옮겨 쓰지 못할
것이 없다.)

__성삼문(1418~1456)이 쓴 『직해동자습(直解童子習)』(1453) 서문

(2) 世宗設諺文廳 命申高靈成三問等 製諺文 初終聲八字 初聲八字 中聲十
二字3) 其字體依梵字爲之 本國及諸國語音 文字所不能記者 悉通無礙. (세종께
서 언문청을 설치하여 신숙주, 성삼문 등에게 명하여 언문(諺文)을 짓게
하니, 초종성이 8자, 초성이 8자, 중성이 12자였다. 그 글자체는 범자(梵字)
에 의해서 만들어졌으며, 우리나라와 다른 여러 나라의 말이 글자[文字]로
표기할 수 없는 것도 모두 막힘없이 기록할 수 있었다.)

__성현(1439~1504)의 『용재총화』(1525)

(3) 世傳. 莊憲大王〈世宗諡號〉嘗御園. 以廁籌排列. 忽悟解. 命成三問等創
製云 (세속에 전하기를 "장헌대왕(莊憲大王, 장헌은 세종대왕의 시호)이
일찍이 변소에서 문살 배열 살피다가 문득 깨닫고 성삼문 등에게 명하여
(언문을) 창제하였다." 한다.)

__이덕무, 『청장관전서』 54권 양엽기 1

(1)은 해례본의 공저자인 성삼문이 쓴 것이므로 협찬론 관련 기록으
로는 가장 빠르다. 이 내용으로 보면 훈민정음이 비밀 사업임을 알게
해준다. 문종을 공동 창제자로 본 것은 최만리 등 7인의 갑자상소에
나오듯 창제 후 문종의 역할이 컸기 때문으로 보인다.

(2)에서의 언문청 설치는 반포 이후이니 이 기록 자체가 사료로서의
가치가 없다. 아마도 실록 중심의 기록을 이리저리 짜깁기하다 보니

---

3) 『대동야승』 2권의 『용재총화』 7권에는 '십이자(十二字)'인데, 『대동야승』 7권 『해동야언』
   에서는 '십일자(十一字)'라고 하였다. 『훈민정음』 해례본 예의편에는 11자이다.

이런 서술을 하게 된 듯하다.

(3)에서의 이덕무(李德懋, 1741~1793)는 당대 최고의 지식을 갖춘 실학자였다. 방대한 책을 소유하고 섭렵한 독서가로도 유명하다. 이런 그가 이와 같은 황당한 견해를 써 놓은 것은 근본적으로 『훈민정음』 해례본을 보지 못했기 때문일 것이다. '세속에 전하기를(世傳)'이라고 한 표현이 이를 증명한다. 세종대왕이 변소에 가지 않았다는 상식을 알법한 사람인데도 이런 기술을 해 놓은 것은 세속의 이야기를 사실 차원에서 채집 수록한 것이라 볼 수도 있을 것이다. 이들 기록은 1차 사료를 무시하거나 보지 못해 저지른 오류라 별 가치는 없다. 그러나 문제는 비친제설 확산의 전거로 작동되어 왔다는 점이다.

둘째, 설마 임금이 혼자서 했을 리 없다는 의심·추정 계열이다. 실록과 해례본에서 세종 친제라고 한 것은 신하들의 의례적 헌사라는 것이다. 외국의 문자학자인 앨버틴 가우어(Albertine Gaur, 1984)의 『A History of Writing』(The British Library; 앨버틴 가우어, 강동일 옮김, 1995, 『문자의 역사』, 새날)에서 다음과 같이 평가한 것이 대표적이다.

세종은 새로운 문자를 손수 발명한 공로자로 종종 묘사되지만 이런 헌사는 대개 예우와 새로운 관습에 권위를 부여하기 위한 정치적인 술수가 섞인 것이다.

__앨버틴 가우어, 강동일 옮김(1995)

앨버틴 가우어는 조선 양반 사대부들의 문자관을 모르는 데다가 실록과 해례본을 제대로 안 읽고 세종에 대한 편견이 작용해 이런 평가를 하고 있다.

셋째는 민중사관 계열이다. 민중사관에 대한 과도한 적용과 영웅

사관에 대한 배타적 경시가 친제를 부정하는 강력한 논리로 작용한 것이다. 이 분야에서는 다음 두 논문, 특히 강만길(1977)의 저술이 큰 영향을 미쳤다.[4] 강만길(1977)의 저술이 큰 영향을 미친 것은 이우성 (1976)의 논문을 좀 더 발전시킨 탓도 있지만, 이우성(1976)의 글은 한자가 많아 읽기 힘들었기 때문이다.

이우성(1976), 「朝鮮王朝의 訓民政策과 正音의 機能」, 『진단학보』 42, 진단
     학회, 182~186쪽; 이우성(1982), 『韓國의 歷史像: 李佑成歷史論集』,
     창작과비평사, 223~230쪽 재수록.

강만길(1977), 「한글 창제의 사적 의미」, 『창작과비평』 44, 창작과비평사;
     강만길(1978), 『分斷時代의 歷史 認識』, 창작과비평사(세부 항목 제
     목 새로 붙임) 재수록; 김동언 편(1993), 『國語를 위한 言語學』, 태학
     사, 261~272쪽(1977년판) 재수록.

강만길(1996), 「역사란 무엇인가」, 『강만길 역사에세이: 역사를 위하여』,
     한길사.

강만길(1984), 『韓國 現代史』, 창작과비평사.

강만길(1994), 『고쳐 쓴 한국 현대사』, 창비.

---

4) 물론 이런 식의 비판이 이 논문 이후에 나왔다는 뜻은 아니다. 이근수(1995), 『훈민정음신
    연구』(보고사)에서도 비슷한 논조를 띠고 있기 때문이다.
     "훈민정음과 세종대왕과의 관계가 필요 이상으로 미화되지 않았는지? 세종대왕이 인간
    이상으로 격화되지 않았는지? 이러한 문제에 대해서 냉정히 고찰해 볼 필요가 있다. (…줄
    임…) 사적에는 '친제, 어제'라 되어 있는데도 의구심을 갖는 것은 무엇 때문일까? 그것은
    이 문제가 스스로 그럴만한 문제점을 가지고 있기 때문이다. 민족적·역사적 대사업인 문자
    창제가 문자 창제의 태동의 기운도 없이 그것도 일왕의 힘으로 과연 창제될 수 있는 문제인
    가? (…줄임…) 세종에게는 훈민정음 창제에 정책적인 공이 있고, 실질적인 창제자는 정인
    지·신숙주 등 집현전 학자들에게 있다를 말하고 있는 것이다."

민중사관이 지배적인 1980년대에 이들 논저가 많은 영향을 끼쳤다. 강만길(1977)은 끊임없이 재수록되었고 역사학자의 글이지만 김동언(1993)에서와 같이 국어학자들의 글에도 수록되었다. 공식적인 재수록만 위와 같은 것이고 수많은 비공식 문헌에 수록되었고 지금까지 지속적인 영향을 미치고 있다.

강만길(1977)은 다음과 같은 이우성(1976)의 논지를 강화한 것이다.

高麗末에 農民들은 당시의 歷史的 條件下에서 耕者有田의 原則을 具顯시킬 수 없었지만 田丁體制를 克復하고 科田法을 通해 一定한 地位를 保證받음으로써 過 高麗 統治者들의 奴隷的 支配에 가까운 恣意的 收奪을 排除하기에 成功했던 것이다./ 朝鮮王朝는 이러한 農民의 基盤 위에 發足하였다. 따라서 朝鮮王朝는 民衆에 對한 把握 方法을 高麗 그것에 踏襲할 수 없었다. 無制限的 誅求와 一方的 彈壓을 止揚해야 할 것은 勿論이고, 農民으로 하여금 最低生活의 營爲와 若干의 意思疏通을 可能케 함으로써 封建的 社會 編制에 보다 順應시킬 수 있는 것이다. 여기 民衆에 對한 訓導－'訓民政策'이 나오게 된 것이다./ 農民을 奴隷的으로 支配할 때에는 農民의 子姪의 良否와 智識의 有無가 별로 問題될 바 없었다. 그러나 일단 農民을 薰陶의 對象으로 생각할 때에 敎育을 못받고 文字를 모르는 一般 農民들은 모두 愚昧愚頑한 人間으로 보일 수밖에 없었다. 이것이 治者 立場에 선 사람들의 農民觀이었다. 이제 朝鮮王朝는 이러한 愚民들을 어떻게 訓導해서 所期의 成果를 거두느냐가 하나의 큰 課題로 되었던 것이다.

＿이우성(1976: 184). *사선(/)은 문단 나누기

민중사관의 전형적인 논조다. 고려 말부터 성장한 민중의식이 지배층으로 하여금 새로운 문자 창제에 나서게 했다는 것이다.

농민을 훈도해야 할 사정의 절실함과는 반대로 농민에 대한 전달 수단
이 너무나 우활(迂闊)했던 사실은 조선왕조의 정치적 고충이 아닐 수 없었
고, 이러한 고충은 드디어 세종으로 하여금 새로운 전달 수단의 창안에
부심케 하였다. 마침내 왕의 탁월한 사고와 철저한 집념과 그를 둘러싼
집현전(集賢殿)의 두뇌들은 훌륭한 신문자(新文字)의 발명으로 목적을 달
성하였다. '훈민정음(訓民正音)'이라고 명명된 그대로 이 신문자는 장차
훈민정책의 수행에 알맞은 기능을 담당할 수 있게 되었다. "人人易習 便於
日用"은 이 기능의 극대화를 예상한 데서 나온 말일 것이다.

_이우성(1976: 185)

　　얼핏 보면 이런 논리는 역사적, 사회적 조건 속에서 사건을 맥락적,
통합적으로 보는 장점이 있다. 실제 경제 사회적 분석은 정확하다.
그러나 문제는 '민중'을 문자와 관련지어 과도하게 연결하다 보니 '영
웅' 역할을 더 부각하는 결과를 가져왔다.

　　결과적으로 이런 인식은 몇 가지 오류를 낳는다. 사대부의 나라인
조선에서 사대부들은 한자 모순에 더 빠져들었던 계층이었기 때문이
다. 이우성(1976)이 공동 창제론으로 간 것은 결국 시대상에 대한 과학
적 인식으로 민중을 부각하는 전략으로 자체 모순에 빠졌기 때문이
다. 평민층인 농민층 처지에서 보아도 이들은 조선말까지 쉬운 문자
가 나와도 대부분 문맹이었다.

　　농민들에게 권리침해를 가하는 것은 대부분의 경우 바로 지주들이었다.
그뿐만 아니라 지주. 전호 관계의 역사적 발전에 따라 양자 간의 밀도가
높아지고 따라서 모든 전호의 사민화(私民化) 경향은 어찌할 수 없는 추세
였으며 또한 그것은 지주층의 요구이었다. 왕조 자체의 지향과 왕조의

정치에 참여하고 집행하는 사대부(士大夫)=지주층의 요구의 상호 간의 모순—조선왕조의 구조적 모순은 초기부터 훈민정책의 적극적 추진을 곤란하게 하였다. 왕과 왕세자가 궁중에서 열의에 차 있을 때 외정(外廷)의 사대부들은 엉뚱한 수작으로 소동을 일으켰다. 최만리(崔萬理)가 신문자의 사용을 이적(夷狄)의 전례로 돌리는가 하면 정창손(鄭昌孫)은 『삼강행실(三綱行實)』의 번역이 효자 충신의 배출에 아무런 기여도 되지 않는다고 비꼴 지경이었다. 이러한 인사들은 고사하고 국가 제정에 직접 참획한 관료들 중에서도 왕의 열의의 소재(所在)에 공감하고 있는 것 같지 않았다. 신문자(新文字)를 말하는 글에서 "나라마다 말이 다르므로 문자도 따로 있어야 한다"라는 문자 원칙론이나 들먹이고, 그렇지 않으면 신문자의 문자로서의 '간요정통(簡要精通)'을 찬탄하며 군주의 '천종지성(天從之聖)'을 칭송함으로써 능사로 삼는다. 왕이 가장 초점을 두고 있는 훈민 문제에 대해서는 거의 언급이 없는 상태였다.

_이우성(1976: 186). *한자어 한자 표기 한글전용으로 바꿈

이러한 이우성의 민중사관에 따른 훈민정음 창제 해석을 부각하되 세종 친제론을 영웅사관으로 비판하는 근거를 마련한 글이 강만길 (1977)이다. 강만길(1977)은 민중사관에 따라 다음과 같이 크게 네 번에 걸쳐 세종 친제론은 영웅주의 사관에 의한 반민중적인, 비논리적인 생각임을 크게 강조하고 있다.

(1) 개화시대를 통하여 국민국가 수립에 성공하지 못한 채 식민지로 전락하였고 이 때문에 한글은 다시 국문의 위치를 잃고 박해받지 않을 수 없었다. 이 시기를 통하여 한글을 지키고 연구하는 일이 독립운동의 일환으로 생각되었음은 당연한 일이지만, 나라의 주권이 위협받던 개

화시대와 뒤이은 식민지시대를 통하여 민족적 염원이 국권 회복에 집중되었던 시대적 요청이 작용함으로써 한글 창제의 역사적 의미가, 이 시기의 우리 역사 인식 태도 일반이 그러하였던 것같이 다분히 영웅주의적 성격을 띠고 있었음을 생각하지 않을 수 없다.

(2) 개화시대와 일제시대를 통하여 우리가 흔히 〈민족사학〉이라 부르는 일련의 역사연구 및 서술방법이 두드러지게 영웅주의적 경향으로 흘렀던 것과 같이 한글 창제의 역사적 의미를 지나치게 세종대왕의 〈어여삐 여김〉에서 구하는 경향이 있었음을 간과할 수 없는 것이다.

(3) 하나의 역사적 사실에는 언제나 여러가지 원인이 복합되어 있고 한글 창제의 경우도 예외일 수 없다. 이는 개인의 능력이나 심리상태가 역사적 사실의 중요 원인으로 부각되면 역사가 우연(偶然)의 소산물로 이해되거나 영웅주의적 역사관에 빠질 위험이 있다는 것을 우리는 잘 알고 있다. 역사 속에서의 개인의 역할을 생각할 때 우리는 흔히 어떤 착각 속에 빠지게 된다. 개인의 역량을 너무 앞세움으로써 그것을 지탱하고 있는 역사적 여러 조건이 가리어지는 사실을 깨닫지 못하는 경우가 있는 것이다.

(4) 국가적 체면이나 왕의 백성에 대한 어여삐 여김이 중요한 원인이 되어 한글이 창제되었다고 생각하는 역사 인식 태도는 역사를 왕이나 영웅의 업적 중심으로 혹은 소수 지배계층의 생활 중심으로 엮었던 지난 시대의 유물에 지나지 않는다.

(3)에서 강만길은 영웅주의 사관의 위험성과 한계를 지적하고 있다. 영웅화는 실제 사회적, 역사적 조건(맥락)을 보지 못하게 된다는 것이다. 곧 세종의 훈민정음 창제는 강만길 교수의 '역사란 무엇인가'에서 다음과 같이 다시 정리되었듯이 애민정신(어여삐 여김)에서 나

온 것이 아니라 효과적으로 다스리기 위한 정책 차원에서 창제되었다는 것이다.

(5) 근대화를 지향하던 개항기에 들어오면서 백성이 나라의 주인이란 생각이 높아짐에 따라 서민들이 주로 사용하는 한글이 언문에서 국문의 지위로 올라갔고 그것을 창제한 일은 세종의 가장 위대한 업적으로 부각되었다. 한편 일제시대에는 한글을 연구하고 사용하는 일도 독립운동의 일환으로 생각되었고 세종은 우리 역사상 가장 위대한 영웅적인 제왕의 하나로 추앙되었다./ 해방 후에도 상당한 기간 어여삐 여김이 중심이 된 한글창제의 의의가 그대로 계속되었고 세종의 역사상의 지위도 그대로 높여지기만 하였다. 그러나 '역사를 보는 눈'을 지배자 중심의 관점에서, 혹은 영웅주의적 관점에서 조금 다른 각도로 돌려보면 한글창제의 의의가 달라질 수 있다./ 오늘날에 있어서는 역사를 제왕이나 영웅의 업적 중심으로 보는 경향을 지양하고 역사발전에 있어서 민중의 역할을 강조하는 경향으로 나아가고 있으므로, 한글창제의 주된 동기도 제왕이 백성을 어여삐 여긴 데 있었던 것이 아니라 오히려 백성을 효과적으로 다스리기 위한 데 있었다고 해석하기도 한다. 글을 가르치지 않고는 다스릴 수 없을 만큼 백성 세계의 의식 수준이 향상되었기 때문이라는 생각이다.

__강만길(1996), 「역사란 무엇인가」, 『강만길 역사에세이: 역사를 위하여』, 한길사

강만길은 이런 민중사관의 정당성을 E. H. 카 식의 상대주의적 역사관에서 찾는다.

(6) 한글을 창제하였다는 한 가지 사실(史實)을 두고도 언제 누가 만들었는

가 하는 것을 아는 것만으로 만족할 수 있다면 그 해답은 비교적 변화하지 않는다. 그러나 왜 만들었으며 어떤 의미를 가지고 있는가 하고 사실(史實)을 해석하는 데까지 나아가게 되면 그 해답은 시대의 발전에 따라, 그때마다의 현재적 요구에 따라 계속 변화하지 않을 수 없으며, 그 이유는 바로 역사의 현재성 때문인 것이다.

__강만길(1996), 「역사란 무엇인가」, 『강만길 역사에세이: 역사를 위하여』, 한길사

민중사관과 상대주의적 역사관의 결합으로 영웅 사관의 낭만적 인식을 비판적으로 보는 견해는 필자도 지지하는 바다. 문제는 그 때문에 15세기 역사적 사실을 왜곡하고 있다는 점이다. 이렇게 민중사관으로 보는 맥락에서는, 그간 여러 논자가 밝힌 것처럼 훈민정음은 다목적용으로 창제되었다고 보고, 그것을 추진한 세종의 역할을 왜곡하거나 과소평가한다.

〈표 3〉 훈민정음 창제 배경, 동기와 목표, 목적(김슬옹, 2011: 47)

구분		배경	동기	목표	목적
정치 사회	주요	교화의 필요성	교화정책의 효율성 문제 대두 (삼강오륜, 법령, 농사 지식)	교화 도구 창제	교화
	부차		초기 왕조의 혼란		왕조의 정당성 홍보
언어 문화	주요	한문과 이두 사용으로 말미암은 입말과 글말 관계의 모순	한문과 이두를 통한 문서 보급 한계와 하층민과의 소통 문제	기본 28자 쉬운 문자 창제	하층민에게 정책 알리기와 소통 문제 해결
	부차		한자음 혼란		표준 발음 한자음 정리

결국 협찬설이 널리 퍼지는 데는 이러한 민중사관이 적잖이 영향을 끼쳤다. 물론 두 논저가 세종 친제를 전면 부정한 것은 아니다. 다만 세종 창제의 역사적·사회적 조건을 강조하다 보니 마치 친제를 부정

하는 것처럼 인식되고 차용되었던 것이다.

넷째는 민족주의 비판 계열로, 세종 친제 주장을 과도한 민족주의에 대한 비과학주의로 보는 태도이다. 다음과 같은 이숭녕(1981)의 태도가 대표적이다.

(7) 世宗大王이 訓民正音創制란 民族的大事業을 完遂함에서 國語學界에서 혼히 世宗의 硏究는 着實한 資料의 蒐集과 그 資料의 檢討도 없이 考證과 歪曲된 主張이 登場되고 있다가 적지 않다고 하겠다. 特히 '世宗'이란 人物의 考察에서 史實에 없는 恣意的 推測을 거리낌 없이 내세움에 서 그 미칠 바 影響은 자못 크리라 憂慮된다.

__이숭녕(1981), 『世宗大王의 學問과 思想: 學者들과 그 業績』, 아세아문화사, 39쪽[5]

世宗은 行政面에서 너무도 臣下들의 反抗을 받았고 그 위에 身病이 잦아 政治上의 强力한 指揮는 어려웠다. 言語政策에서는 臣下 反抗을 回避하려고 했고 强力한 施策은 있을 수 없었다. 따라서 非公開裡에 進行시킨 것이다. 그리고 끝에 가서 文宗에게 攝政토록 하고 自己는 景福宮의 忌避로 떠돌아 다니게 된다. 結局 世宗時代의 行政面의 特徵은 集賢殿. 그 하나인데 學風의 造成은 없었고 後代에 이렇다고 할 影響도 남기지 못했다. 聖君으로서 國運의 上昇커어브線을 더 높인 것은 事實이지만 劃期的인 傳統을 마련하지 못했다. 그러나 오늘날 訓民正音 制定을 지나치게 擴大함에서 國民에게 世宗時代를 誤解시키고 있지만 이 時代를 過大評價해서는 아니 된다_1980

5) 이숭녕은 1933년 4월에 경성제국대학 법문학부를 졸업하고 평양사범학교 교사를 거쳐 1945년 11월에 경성제국대학 법문학부 조교수로 재직하다 1946년 9월에 서울대학교 문리 과대학 교수가 되었다가 1973년 8월에 서울대학교 대학원장으로 퇴직했다. 이숭녕(1976), 『革新國語學史』(박영사) 저자 소개에 의함.

年 12月 9日, 韓國精神文化硏究院의 세미나『世宗朝文化의 再認識』의 첫머리에서 行한 基調講演內容)6)

__이숭녕(1981),『世宗大王의 學問과 思想: 學者들과 그 業績』, 아세아문화사, 188쪽

서울대학교 교수인 이숭녕의 이런 주장은 권위 있는 국어학자로서, 매우 오래 지속적으로, 해외 학술지까지 그 주장을 펼쳤기에 영향력이 매우 크다.

이숭녕(1953), 訓民正音 硏究의 新提唱,『자유세계』 12, 홍문사.

이숭녕(1958),「世宗의 言語政策에 關한 硏究: 特히 韻書編纂과 訓民正音 制定과의 關係를 中心으로 하여」,『아세아연구』 1·2, 고려대학교 아세아문제연구소, 29~84쪽.

이숭녕(1966),「세종대왕의 개성의 고찰」,『대동문화연구』 3, 성균관대학교 대동문화연구원, 19~82쪽; 이숭녕(1978),『국어학 연구』, 형설출판사 재수록.

---

6) 한국정신문화연구원 편(1982),『世宗朝 文化의 再認識』, 한국정신문화연구원.

　　基調講演: 世宗朝의 時代的 背景/ 李崇寧
　　歷史部門: 世宗朝의 文化와 政治/ 崔承熙
　　語文學部門: 世宗朝의 言語政策과 그 精神을 오늘에 살리는 길/ 許雄
　　哲學部門: 世宗時代의 哲學思想/ 琴章泰
　　音樂部門: 世宗의 音樂觀的 業績/ 韓萬榮
　　美術部門: 世宗朝의 美術/ 安輝濬
　　科學部門: 世宗大王의 科學政策과 그 成果/ 朴興秀
　　政治·經濟部門: 世宗朝의 政治·經濟思想/ 金雲泰
　　社會制度部門: 世宗朝文化의 再發見/ 李成茂
　　法制度部門: 法制度面에서 본 世宗朝文化의 再認識/ 朴秉濠
　　軍事·外交部門: 世宗朝文化의 再認識/ 許善道
　　教育部門: 世宗代의 敎育/ 孫仁銖
　　世宗大王記念事業部門: 世宗大王記念事業의 現況과 展望/ 朴鍾國
　　綜合討論/ 司會 兪昌均

이숭녕(1966), 「한글制定의 時代環境」, 『교육평론』 96, 교육평론사, 14~69쪽.

이숭녕(1967), 「세종대왕 연구에의 의의 제기」, 『김석재 신부 금양 경축 기념 논총』.

이숭녕(1975), 「世宗大王과 訓民正音 制定」, 『어문연구』 10, 한국어문교육 연구회, 665~666쪽.

이숭녕(1976), 『革新國語學史』, 박영사.

이숭녕(1979), 「한글 제정의 배경과 해석」, 『수도교육』 49, 서울시 교육연 구원, 2~7쪽.

이숭녕(1981), 『世宗大王의 學問과 思想: 學者들과 그 業績』, 아세아문화사.

이숭녕(1982), 「世宗大王の言語政策とその業績(上): 世宗大王の業績と思想」, 『アジア公論』 118, 한국국제문화협회, 103~116쪽.

이숭녕(1982), 「世宗大王の言語政策とその業績(下): 朝鮮王朝の公式史書『王朝實錄』と冊房…」, 『アジア公論』 120, 한국국제문화협회, 151~163쪽.

다섯째는 창작 작품 계열로 드라마와 영화의 영향으로 친제를 부정 하는 경우이다. 그간 세종과 훈민정음 관련 드라마나 영화는 거의 다 협찬설로 그려졌다. 그중 가장 인기 있던 '뿌리 깊은 나무', 가장 높은 작품성으로 평가 받은 '대왕 세종' 모두 협찬설로 묘사했다. 비록 허구성을 바탕으로 하는 예술 장르지만 대중 영향력이 크기에 문제다.

여섯째는 조력자 과대평가 계열이다. 조력자에 대한 과도한 평가가 협찬설에 한 몫을 했다. 왕실의 왕자들(이향, 이유)과 정의공주, 불교계 의 신미, 집현전 학사들이 창제나 반포 과정의 조력자들이었음은 틀 림이 없을 것이다. 그렇다고 핵심 협찬 내지는 공동 창제자 반열로 올릴 수준은 아니다.

신미대사의 경우, 창제 후 반포 공로자이지만 창제 협찬자가 될 수 없다. 공식 기록으로 보면, 세종이 신미대사를 직접 안 것은 훈민정음 반포하던 해로, 소헌왕후가 1446년 초에 운명하여 명복을 빌기 위해 불경을 간행하면서부터이다. 문종실록 1450년 4월 6일자 기록에서도 그렇게 전하고 있다.[7]

소헌왕후 명복을 비는 대법사가 있은 지 4개월쯤 뒤 훈민정음 해례본이 완성되자 훈민정음으로 옮겨 명복도 더욱 빌고 새 문자도 보급하는 정책을 시행한다. 그래서 불경을 훈민정음으로 펴내기 위해서는 불경과 관련된 산스크리트말에 능통하고 훈민정음 취지를 잘 아는, 이미 불사를 하면서 검증된 신미대사와 그의 동생 김수온의 도움이 필요했을 것이다. 이때 세종 나이는 50세, 신미대사는 1403년생이므로 45세였다.

또한 수양대군으로 하여금 『석보상절』(1447년 완성, 1449년 간행)을 훈민정음으로 짓게 하고 세종은 직접 찬불가인 『월인천강지곡』(1447~1448년 완성 간행 추정)을 훈민정음으로 펴내게 된다. 공식 기록으로 남아 있지는 않지만, 당연히 신미대사와 그의 동생 김수온의 도움 없이는 불가능한 일이었다. 불교 신도나 다름없고 신미대사를 깊이 존경하였던 수양대군은 아버지 세종을 측근에서 보좌한 덕에 훈민정음 최고 전문가가 되었으니 거리낌 없이 『석보상절』을 완성한다. 사대부 층을 배려하여 한자 글씨를 더 크게 하고 훈민정음을 작게 하였지만 새 문자 적용 문서로서는 최고였다.

이런 맥락으로 보아 신미대사는 훈민정음 창제 후에 불경을 언해하여 훈민정음 보급에 공헌하였음을 알 수 있다. 또한, 신미대사는 세조

---

7) 세종이 신미를 1450년 처음 만난 것에 대한 공적 기록은 김수온의 『식우집』의 '복천사기(福泉寺記)', 『세종실록』, 『문종실록』 등 모두 일치한다. 홍현보(2020), 「신미대사 한글 창제설의 진실」(『한글새소식』 573(5월호), 한글학회, 6~7쪽) 참조.

때 『원각경』을 비롯해 『선종영가집』, 『수심결』, 『몽산화상법어』를 훈민정음으로 번역하는 데에 직접 참여했다.

일곱째는 사료의 오해 또는 오독 가능성 계열이다. 실록이나 해례본 자체의 다음과 같은 진술은 오해를 살만한 여지가 있고 그만큼 오독이나 과도한 해석이 가능하다. 해례본 세종 서문과 정인지서에서 세종 단독 친제를 분명히 하고 있지만 다음과 같이 모호하거나 오해를 살만한 표현들도 있다.

> 是月, 上親制諺文二十八字, 其字倣古篆(이달에 임금이 언문 28자를 친히 만들었다. 그 글자모양은 옛 전자를 모방했다.)
>
> __『세종실록』, 세종 25(1443)년 12월 30일

옛 전자를 모방해서 만들었다는 표현이 세종 창제 주체를 부정하는 것은 아니지만 세종 친제의 권위를 약화하는 표현으로 해석되거나 인용된다. 이에 대해서는 고전 기원설에서 자세히 논하기로 한다.

4. 세종 단독 친제설과 근거

결국 협찬설 또는 협찬론은 1차 사료를 무시하거나 오독한 것과 민중사관의 과도한 적용과 평가(이우성·강만길), 민족주의에 대한 과도한 평가(이숭녕), 창작 작품 등의 상상에 의한 허구성 등이 결합한 잘못된 설이나 견해들이다.

세종 단독 친제설을 가장 먼저 상세히 밝힌 이기문(1992)에서 밝힌 핵심 근거는 다음 여섯 가지다.

1) 세종실록 기록: 이달에 임금께서 친히 언문 28자를 만드셨다. (是月 上親
   制諺文二十八字)

2) 훈민정음 해례본 정인지서 기록

   기해년 겨울에 우리 전하께서 정음 28자를 창제하시고 간략하게 예의를
   들어보이시고 이름하여 훈민정음으로라 하셨다. …… 공손히 생각하옵건
   대 우리 전하께서는 하늘이 내리신 성인으로 제도시위가 백왕을 초월하
   시어 정음을 지으심도 조술한 바 없으니 자연에서 이루신 것이라 참으
   로 지극한 이치가 있지 아니한 곳이 없으니 인위의 사사로움으로 된
   것이 아니다. 대저 동방에 나라가 있음이 오래지 않음이 아니나 개물성
   무의 큰 지혜는 대개 오늘을 기다리고 있었음인저. (癸亥冬 我殿下 創制
   正音二十八字 略揭例義以示之 名曰訓民正音……恭惟我殿下 天縱之聖 制
   度施爲超越百王 正音之作 無所祖述 而成於自然 豈以其至理之無所不在 而
   非人爲之私也)

3) 『훈민정음 해례(訓民正音 解例)』기록

   아아! 정음이 만들어짐에 천지만물의 이치가 다 갖추어지게 되니 그
   신묘함이여. 이는 거의 하늘이 성인의 마음을 열어 주시고 그 손을 빈
   것이고녀. (吁 正音作而天地萬物之理成備 其神矣哉 是殆天啓聖心而假手
   焉者乎)

4) 최만리 일파(崔萬理 一派)의 상소(上疏)(世宗實錄 卷103, 26年 2月 庚子)

   신들이 엎드려 뵈옵건대 언문 제작은 대단히 신묘하와 창물운지가 천고
   에 나오나……(臣等伏觀 諺文制作 至爲神妙 創物運智 夐出千古)

5) 상소 반박문

   －또 이두(吏讀)를 만든 본 뜻이 곳 편민(便民)을 위한 것이 아니냐. 편민
   (便民)으로 말하면 지금의 언문(諺文)도 또한 편민(便民)을 위한 것이
   아니냐. 그대들이 설총(薛聰)만 옳게 여기고 그대들이 군상(君上)이 한

일은 옳지 않다고 하는 것은 무슨 까닭이냐.

—또 그대들이 운서(韻書)를 아느냐. 사성(四聲)과 칠음(七音)을 알며 자모
(字母)는 몇이나 있는지 아느냐. 만일에 내가 운서(韻書)를 바로잡지
않는다면 누가 바로잡을 것이다.

—또 상소(上疏)에 이르기를 "신기한 한 재주"라 했으니 내가 늙마에 소일
(消日)하기가 어려워서 책을 벗삼고 있을 뿐이지 어찌 옛것을 싫어하고
새 것을 좋아해서 했단 말이냐.

—또 내가 늙어서 국가(國家)의 서무(庶務)는 세자(世子)가 도맡아 하는
터에, 작은 일이라도 마땅히 세자가 참여하여 결정하거든 하물며 언문
(諺文)이겠느냐.

6) 세종의 학자 역량

이러한 친제 근거와 여기서 밝히지 않는 근거를 더해 좀 더 입체적
으로 정리해 보기로 한다.

가장 중요한 첫 번째 근거는 창제 주체를 밝힌 1차 기록이다. 훈민
정음 창제 최초 기록인 세종실록 기록(1443)에서부터 훈민정음 해설
서이자 만백성한테 공표하는 공식문서이기도 한 『훈민정음』(1446) 해
례본까지 한결같이 일관되게 세종 단독 창제임을 기술하고 있다. 훈
민정음 창제를 싫어하고 반포 반대를 주장한 최만리 등 7인 상소에서
까지 친제임을 밝히고 있다. 만일 협찬한 누군가가 있다면 어떤 방식
으로든 언급이 되었을 것이고 더욱이 서릿발 같은 최만리 등 7인의
반대 상소를 피해 가지 못했을 것이다. 협찬설의 핵심은 집현전 원로
대신 중심의 반대 상소에서 전혀 언급이 없다. 협찬설의 당사자들인
해례본의 공저자 '정인지·최항·박팽년·신숙주·성삼문·이개·이선로·
강희안' 등도 세종 친제라고 말하고 있고 최만리 등 반대파 주장에

모두 침묵하고 있다. 이들이 새 문자를 개인 문집에 사용한 기록도 전혀 남아 있지 않다. 협찬설은 협찬했다고 하는 당사자들이 협찬이 아니라고 하는데 자꾸 협찬이라고 몰아붙이는 식의 설이다.

〈표 4〉 훈민정음 창제 주체에 대한 실록과 해례본 기록 모음(김슬옹, 2017: 47)

기록		출처
이달에 임금께서 친히 언문 스물여덟 자를 만들었다. (是月, 上親制諺文二十八字, 其字倣古篆)	1443.12.30	세종실록
신 등이 엎디어 보건대, 언문을 만든 것이 매우 신기하고 기묘하여, (임금께서) 새 문자를 창조하시는 데에 지혜를 발휘하신 것은 전에 없이 뛰어난 것입니다. (臣等伏覩諺文制作, 至爲神妙, 創物運智, 夐出千古)	1444.02.20	
내(세종)가 이것을 가엾게 여겨 새로 스물여덟 글자를 만드니, (予爲此憫然新制二十八字)	세종 서문	
계해년 겨울(1443년 12월)에 우리 임금(세종)께서 정음 스물여덟 자를 창제하여, 간략하게 예와 뜻(예의)을 적은 것을 들어 보여주시며 그 이름을 '훈민정음'이라 하셨다. (癸亥冬. 我殿下創制正音二十八字 略揭例義以示之 名曰訓民正音.)		
드디어 임금께서 상세한 풀이를 더 하여 모든 사람을 깨우치도록 명령하시었다. 이에, 신이 집현전 응교 최항과 부교리 박팽년과 신숙주와 수찬 성삼문과 돈녕부 주부 강희안과 행 집현전 부수찬 이개와 이선로들과 더불어 삼가 여러 가지 풀이와 보기를 지어서, 그것을 간략하게 서술하였다. (遂命詳加解釋 以喩諸人, 於是 臣與集賢殿應教 臣崔恒 副敎理臣朴彭年 臣申叔舟 修撰臣成三問 敦寧府注簿臣姜希顏 行集賢殿副撰臣增 臣李善老等 謹作諸解及例 以敍其梗槩)	정인지서	훈민정음 (1446) 해례본
공손히 생각하옵건대 우리 전하는 하늘이 내신 성인으로서 지으신 법도와 베푸신 업적이 모든 왕을 뛰어넘으셨다. (恭惟我殿下 天縱之聖 制度施爲超越百王)		
아, 정음이 창제되어 천지 만물의 이치가 모두 갖추어지니, 그 정음이 신비롭구나! 이는 거의 하늘이 성인(세종)의 마음을 열어주고, 틀림없이 하늘이 손을 빌려준 것이로구나(吁. 正音作而天地萬物之理咸備, 其神矣哉. 是殆天啓聖心而假手焉者乎.)	제자해	

둘째는 세종이 새 문자 창제 주체가 될 수밖에 없었던 세종의 진정성을 보여주는 기록이다. 세종 친제의 더 결정적인 사실은 새 문자 창제에 대한 고민이 담겨 있는 세종에 대한 창제 전 기록이다. 앞서 창제의 역사적 배경에서 밝혔지만, 무려 창제 17년 전인 1426년부터

공식 기록에 기존 문자(한자, 이두)에 대한 고민이 나와 있다. 교화정책을 위해 책이 필수인데 그 책을 기록한 문자가 극소수 양반들만이 읽을 수 있는 문자였기 때문이다. 하도 답답한 나머지 만화를 곁들인 한문책(삼강행실)을 펴냈지만, 실패했다.

〈표 5〉 훈민정음 창제하기까지의 문자에 대한 세종의 생각 모음

때	기록	출처
1426년 (세종 8)	임금이 말하기를, "사람의 법은 함께 써야 하는데, 지금은 옛날과 같지 않기 때문에 부득이 가까운 법률 문을 준용하여 시행하는 것이다. 그러나 법률문이란 것이 한문과 이두로 복잡하게 쓰여 있어서 비록 문신이라 하더라도 모두 알기가 어려운데, 하물며 법률을 배우는 생도이겠는가. 이제부터는 문신 중에 정통한 자를 가려서 따로 훈도관을 두어 『당률소의(唐律疏義)』・『지정조격(至正條格)』・『대명률(大明律)』 등의 글을 강습시키는 것이 옳을 것이니, 이조로 하여금 정부에 의논하도록 하라." 하였다. (上曰: "人法竝用, 今不如古, 故不得已以律文比附施行, 而律文雜以漢吏之文, 雖文臣, 難以悉知, 況律學生徒乎? 自今擇文臣之精通者, 別置訓導官, 如『唐律疏義』・『至正條格』・『大明律』等書, 講習可也. 其令吏曹議諸政府.")	세종실록 1426.10.27
1428년 (세종 10)	임금이 직 제학(直提學) 설순(偰循)에게 이르기를, "이제 세상 풍속이 몹시 나빠져 심지어는 자식이 자식 노릇을 하지 않는 자도 있으니, 『효행록』을 간행하여 이로써 어리석은 백성들을 깨우쳐 주려고 생각한다. 이것은 비록 폐단을 구제하는 급무가 아니지만, 그러나 실로 교화하는 데 가장 먼저 해야 할 것이니, 전에 편찬한 24인의 효행에다가 또 20여 인의 효행을 더 넣고, 고려 시대 및 삼국 시대의 사람으로 효행이 특이한 자도 또한 모두 수집하여 한 책을 편찬해 이루도록 하되, 집현전에서 이를 주관하라.(至是, 上謂直提學偰循曰: "今俗薄惡, 至有子不子者, 思欲刊行『孝行錄』, 以曉愚民. 此雖非救弊之急務, 然實是教化所先, 宜因舊撰二十四孝, 又增二十餘孝. 前朝及三國時 孝行特異者, 亦皆(褒)〔裒〕集, 撰成一書, 集賢殿其主之.)	세종실록 1428.10.03
1432년 (세종 14)	비록 세상 이치를 아는 사람이라 할지라도, 법률문에 따라 판단을 내린 뒤에야 죄의 경중을 알게 되거늘, 하물며 어리석은 백성이야 어찌 저지른 죄가 크고 작음을 알아서 스스로 고치겠는가. 비록 백성들로 하여금 다 법률문을 알게 할 수는 없을지라, 따로이 큰 죄의 조항만이라도 뽑아 적고, 이를 이두문으로 번역하여서 민간에게 반포하여 보여, 어리석은 지아비와 지어미들로 하여금 범죄를 피할 줄 알게 함이 어떻겠는가 (上謂左右曰: "雖識理之人, 必待按律, 然後知罪之輕重, 況愚民何知所犯之大小, 而自改乎? 雖不能使民盡知律文, 別抄大罪條科, 譯以吏文, 頒示民間, 使愚夫愚婦知避何如?")	세종실록 1432.11.07

때	기록	출처
1434년 (세종 16)	오히려 어리석은 백성들이 아직도 쉽게 깨달아 알지 못할까 염려하여, 그림을 붙이고 이름하여 『삼강행실(三綱行實)』이라 하고, 인쇄하여 널리 펴서 거리에서 노는 아이들과 골목 안 여염집 부녀들까지도 모두 쉽게 알기를 바라노니, 펴 보고 읽는 가운데 느껴 깨달음이 있게 되면, 인도하여 도와주고 열어 지도하는 방법에 있어서 도움됨이 조금이나마 없지 않을 것이다. 다만 백성들이 문자를 알지 못하여 책을 비록 나누어 주었을지라도, 남이 가르쳐 주지 아니하면 역시 어찌 그 뜻을 알아서 감동하고 착한 마음을 일으킬 수 있으리오. 내가 『주례(周禮)』를 보니, '외사(外史, 벼슬 이름)는 책 이름을 사방에 펴 알리는 일을 주관하여 사방의 사람들로 하여금 책의 글자를 알게 하고 책을 능히 읽을 수 있게 한다.' 하였으므로, 이제 이것을 만들어 서울과 외방에 힘써 회유(誨諭)의 방술[術]을 다하노라 (尙慮愚夫愚婦 未易通曉, 付以圖形, 名曰『三綱行實』). 鋟梓廣布. 庶幾街童巷婦, 皆得易知, 披閱諷誦之間, 有所感發, 則其於誘掖開導之方, 不無小補. 第以民庶不識文字, 書雖頒降, 人不訓示, 則又安能知其義而興起乎? 予觀『周禮』, 外史掌達書名于四方, 使四方知書之文字, 得能讀之. 今可(做)〔做〕此, 令中外務盡誨諭之術)	세종실록 1434.04.27

절대 권력 문자 한자 대신 새로운 문자를 만들려면 당연히 한자, 한문 모순에 대한 고민이 있어야 하는데 조선시대 그 수많은 사대부 가운데, 특히 세종 당대에 그런 고민을 내비친 기록이 전혀 없다. 목마른 자가 우물을 파는 법인데 한자, 한문의 모순을 인지하지 못하는 사람들이 창제자로 나설 수 없고 협찬자로도 나설 수는 없는 것이다.

세종 친제의 마지막 핵심 근거는 바로 세종 자신에게 있다. 15세기에 절대적인 한자 권위를 넘어 새 문자를 창제하기 위해서는 뛰어난 학문 능력과 절대 권력이 필요했는데 그런 요건을 갖춘 이는, 갖출 수 있는 이는 세종 임금밖에 없다. 세종은 뛰어난 언어학자요 과학자요 예술가였고 그런 융합적 학문 능력이 한글에 담겨 있다. 곧 한글은 다양한 학문 분야에 정통한 학자의 통섭, 통합 접근이 있어야 창제가 가능한 문자였다. 놀라운 사상이 한글 자체에 담겨 있고 세종은 바로 그러한 사상의 소유자였다.

결국 훈민정음 창제는 세종의 새 문자에 대한 적극적 의지와 문자학적 천재성, 교화를 위한 임금으로서의 지도력, 신하들의 간접 도움, 이를 둘러싼 역사적 조건 등이 두루 충족돼 가능했다. 역사가 세종을 만들었고 세종은 훈민정음으로 역사를 다시 썼다.

5. 협찬설에 대한 반증
: 조선시대 양반들의 한문 보편주의와 절대주의

협찬설을 주장하는 이들도 세종이 주도했다는 것을 부정하는 이는 없다. 그렇다면 누가 협찬했다는 것인가? 바로 1446년에 나온 『훈민정음』 해례본 저술에 참여하는 다음 8인이다.

정인지·최항·박팽년·신숙주·성삼문·이개·이선로·강희안

그런데 이들이 개인적으로 한글을 학문 저술이나 일상 도구로 쓴 기록은 발견되지 않았다. 쓰지 않았을 것이다. 공동 창제자라면 8인의 남은 기록 가운데 단 한 건이라도 있어야 하는데 없다. 세종은 공문서에도 쓰고 월인천강지곡이라는 노래책도 쓰고 온갖 노력을 기울이지만 8인은 아예 한글로 저술한 시 한 수라도 남기지 않았다. 남겼는데 오늘날 전하지 않을 수도 있지만 그럴 가능성은 거의 없다. 이들을 지금 시각으로 비판하려는 것이 아니다. 이것이 그 당시의 실상이었다. 그나마 해례본 저술에 참여한 것이 기적이었고 불후의 업적을 남긴 것이다. 그런 면에서 '정음해례편'에서 당시 사대부들이 가장 싫어하는 반사대주의 논조를 펴고 있는 것은 시사하는 바가 크다.

(1) 吁. 正音作而天地萬物之理咸備, 其神矣哉. 是殆天啓聖心而假手焉者乎.

(아아! 정음이 만들어진 것은 천지만물의 이치가 모두 갖추어졌으니, 아 신묘하구나! 이는 바로 하늘이 성인(세종)의 마음을 열어, 솜씨를 빌린 것이로구나.[8]) (정음해례9ㄱ: 4~6_제자해)

(2) 恭惟我殿下, 天縱之聖, 制度施爲超越百王. (공손히 생각하옵건대 우리 전하는 하늘이 내신 성인으로서 지으신 법도와 베푸신 업적이 모든 왕들을 뛰어 넘으셨다.) (정음해례29ㄱ: 1~3_정인지서)

세종을 하늘이 내린 성인이라 두 번이나 부르고 있고 거기다가 백왕을 초월했다는 표현까지 쓰고 있다. 이런 표현은 당연히 중국 황제급에 해당하는 표현들이다. 중국에 대한 사대가 정치 이념이고 사대부들의 보편적인 신념인 상황에서 이런 표현은 금기에 해당하는 것이다. 2년 3개월 전쯤에 세종에게 올린 "최만리·신석조·김문·정창손·하위지·송처검·조근"의 갑자 상소에서 잘 드러난다.

若流中國, 或有非議之者, 豈不有愧於事大慕華?

만일 이 사실(훈민정음 창제)이 중국에라도 흘러들어 가서 혹시라도 비난하여 말하는 자가 있사오면 어찌 대국을 섬기고 중화를 사모하는 데에 부끄러움이 없사오리까?

_『세종실록』, 세종 26(1444)년 2월 20일

이런 상황에서 정인지 등 8인이 세종을 황제급으로 표현한 것은

---

8) 인용 방식과 번역은 김슬옹(2017; 2018 증보개정판), 『훈민정음 해례본 입체 강독본』(박이정)을 따름.

최만리 등 7인 상소 논리에 대한 방어 논리일 수도 있지만 거의 폭탄
선언임에 틀림없다. 어떻게 이런 폭탄선언이 가능했을까는 불가사의
하다. 두 가지를 추론할 수 있는데 하나는 최만리 등 7인조차도 훈민
정음을 신묘하다고 했으니 정인지 등 8인은 더 감탄했을 것이기에
그런 칭송이 과장이 아니었을 것이다.

臣等伏覩諺文制作, 至爲神妙, 創物運智, 夐出千古.
신 등이 엎디어 보건대, 언문을 만드신 것이 매우 신기하고 기묘하여,
새 문자를 창조하시는데 지혜를 발휘하신 것은 전에 없이 뛰어난 것입니다.
_최만리 등 7인 갑자상소(『세종실록』, 세종 26(1444)년 2월 20일)

또 하나의 추론은 세종의 생각과 논리를 받아쓰기 차원에서 쓴 것
이 '정음해례'라는 추론이다. 문제는 그런 인식이 훈민정음에 대한
적극 사용 논리로 발전되지 못했고 발전할 수도 없었다. 그렇게 되면
사대부의 나라, 조선에 대한 부정이기 때문이다.
조선시대 양반 사대부들이 한자 이외의 문자를 상상하기 힘들고
더욱이 훈민정음을 창제할 수 없는 한자 보편주의, 한자 절대주의에
대한 더 충격적 사례를 들어보자.

박제가(1750~1815), 박지원(1737~1805), 정약용(1762~1836)

물론 15세기 예는 아니다. 서양 근대가 시작되고 본격화되는 18세
기, 19세기이다. 정조가 안경을 애용했을 만큼 청나라를 통해 서양
문물이 적잖이 밀려드는 시기의 실학을 대표하는 실학자들이다. 이분
들은 한글 사용 자체를 아예 거부했다. 어느 발표회에서 이런 얘기를

했더니 언제 그런 말을 했느냐고 질문하는 분이 있었다. 물론 거부하겠다는 말을 한 적은 없다. 그러나 그렇게 볼 만한 증거는 차고도 넘친다. 박지원의 불후희 문학작품으로 평가받는 작품들은 100% 한문이었고, 정약용 선생도 저술한 책 118권(지금 기준) 모두 한문이고 박제가 저술도 마찬가지다.

(1) 가. 吾之平生 不識一箇諺字 五十年偕老 竟無一字相寄 至今爲遺恨耳.(내 평생에 언문 한 글자도 알지 못하였다. 오십년을 해로하면서 한 글자도 (언문편지를) 서로 부친 것이 없어 지금에 이르러서는 한으로 남는다.)

_박지원, 『문집』 권3 「答族孫弘壽書」, 75쪽

나. 큰 아이에게/ 누님에게 돈 두 냥을 찾아 보내는데 언서(諺書)를 쓸 줄 모르니 네 누이동생에게 쓰게 해서 보내는 것이 좋겠다. 광엽의 처에게는 모름지기 쌀 한 말로 존문(存問, 사정을 알기 위해 직접 찾아가 봄) 했으면 한다. 혹 개성의 인편에 편지가 오면 이번에는 잊지 말고 내게 보내렴. 제사는 몇 차례나 지냈느냐?－박지원이 큰 아이(아들)에게 보낸 편지에서

_박지원, 박희병 옮김(2005),
「고추장 작은 단지를 보내니(연암 박지원이 가족과 벗에게 보낸 편지)」, 돌베개, 93쪽

(2) 我國地近中華, 音聲略同, 擧國人而盡棄本話, 無不可之理, 夫然後, 夷之一字可免. 우리나라는 중국과 가깝게 접경하고 있고 글자의 소리가 중국의 그것과 대략 같다. 그러므로 온 나라 사람이 본래 사용하는 말을 버린다고 해도 불가(不可)할 이치는 없다. 이렇게 본래 사용하는 말을 버린 다음에야 (東夷의) 오랑캐라는 모욕적인 글자로 불리는 신세를 면할 수가 있다.

_박제가, 안대회 옮김(2003),

『북학의: 조선의 근대를 꿈꾼 사상가 박제가의 개혁 개방론』, 돌베개, 107~109쪽.

(3) 學者何? 學也者, 覺也. 覺者何? 覺也者, 覺其非也. 覺其非, 奈何? 于雅言覺
之爾. 言之而喚鼠爲璞, 俄而覺之曰是鼠耳, 吾妄耳. 言之而指鹿爲馬, 俄而
覺之曰是鹿耳, 吾妄耳. 旣覺而愧焉悔焉改焉, 斯之謂學. 學修己者曰 勿以惡
小而爲之, 學治文者, 亦勿以惡小而爲之, 斯其學有進已. 處遐遠者, 學文皆
傳聞耳, 多訛舛, 故有是言也. 然擧一而反三, 聞一而知十, 學者之責. 索言之
不能窮, 故槪言之非, 其非止是也. 嘉慶己卯冬, 鐵馬山樵書.

_정약용(1819), 『雅言覺非』[9]

박지원은 (1)에서와 같이 한글을 아예 모른다고 했고 박제가는 (2)
와 같이 중국어를 아예 공용어로 삼자고 했고 정약용은 부인에게 보
내는 편지조차 한문으로 썼다. (3)은 정약용이 1819(순조 19)년에 국민
의 언어와 문자생활을 바로잡기 위하여 어원 중심의 책이지만 한문으
로만 저술되었다.

이분들의 업적을 폄하하는 것은 아니다. 19세기의 위대한 실학자들
조차 이럴 정도인데 15세기 양반들의 문자에 대한 인식은 어땠을까
상상해 보자는 것이다. 한글 반포 448년이 지난 1894년에 이르러서야
고종이 국문(정음)을 주류 공식 문자임을 내각에 지시하고 1895년 반
포하지만, 1910년 경술국치일 때까지 실제 주류 문자는 한문이었다.
이것이 조선의 실상이었다.

이런 상황에서 어떻게 양반 사대부들이 훈민정음 창제 아이디어를
내거나 아니면 그런 아이디어 완성에 동참할 수 있겠는가?

---

9) '아언각비' 번역 논저로는 정약용, 김종권 옮김(1992), 『雅言覺非』(일지사)와 현대실학사
편(2005), 『아언각비·이담속찬』(현대실학사)이 있다.

협찬론의 대상 핵심 주체가 해례본 공저자들이므로 이분들에 대한 역사적 맥락에 대한 입증은 협찬론의 허구성을 가장 잘 드러내주는 논리일 것이다. 다음은 김슬옹(2015), 『누구나 알아야 할 훈민정음』(강수현 그림, 한글이야기 28, 글누림)에서 아이들을 위해 쉽게 그린 그림이다.

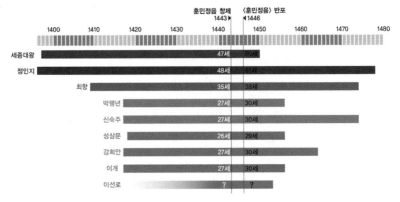

〈그림 2〉 훈민정음 창제(1443)와 반포(1446) 때의 8인 나이 비교(김슬옹, 강수현 그림, 2015: 25)

정인지와 최항을 제외한 6인은 모두 25세를 갓 넘긴 나이들이고 과거 급제한 지 얼마 안 된 그야말로 신출내기 학자들이다. 김슬옹(2017ㄴ), 『한글혁명』(살림터)에서는 세종의 훈민정음 연구를 최대 17년(1426년부터) 최소 10년(1433년부터)으로 보았다. 1443년에 28자 창제가 완벽하게 끝난 상태였다. 아무리 세종이 대천재라도 십 년은 걸렸을 것이다. 만기친람을 해야 하는 임금이었고 다양한 분야의 연구를 동시에 수행했기 때문이다. 문종에게 정치를 본격적으로 맡긴 1437년을 기준으로 봐도 6년이다. 그럼 집중 연구를 5년으로 잡아 1438년을 기준으로 삼는다면 그때는 박팽년·신숙주 18세, 성삼문 강희안·이개 등은 17세이다(이선로도 비슷한 나이로 추정). 공동 연구 상황을 상상하는 것조차 불가능하다.

더욱이 신숙주는 창제 직전 일본에 서장관으로 다녀왔다. 신숙주는 해례본 저술과 반포 후에 핵심 역할을 했다. 그렇다고 공동 창제에 참여할 확률이 가장 높은 사람인데 그런 처지가 아니었다. 신숙주는 1441년 25세 때에 주자소 별좌(別坐)와 집현전 부수찬(副修撰)으로 잠시 있다가 1442년 곧 군기시 주부(主簿)·훈련원 주부(主簿)로 자리를 옮겼다. 27세 때인 1443년 2월 21일부터 10월 19일까지 통신사 변효문(卞孝文)의 서장관이 되어 일본을 다녀왔다.

그렇다면 정인지와 최항은 가능성은 있지만, 관련 기록은 그 어디에도 없다.

또한 협찬설은 공개 사업임을 입증해야 한다. 공동 창제설은 당연히 공개 사업이 대전제다. 1443년 12월 30일자 기록에 28자 창제 사실 기록 이전에 그 어떤 기록도 없다는 것은 비공개프로젝트라는 것을 보여주는 것이다. 공개로 했다면 그 어딘가에 기록이 남았을 것이고 또한 진행 자체가 어려웠을 것이다. 한자와 다른 또는 한자보다 더 뛰어난 문자를 만들자는 세종의 제안 자체가 이해가 안 갔을 것이고 이해가 갔다 하더라도 받아들일 사대부는 단 한 명도 없었을 것이기 때문이다.

6. 한글 창제 주체와 역사적 진실

창제 주체 문제의 의의는 한글에 얽힌 역사적 진실을 담고 있다. 협찬설(세종 단독 창제 부정) 배경에는 1차 자료에 대한 불신과 민중사관에 의한 편견 등이 반영되어 있다.

세종 단독 친제설의 가장 중요한 근거는 세종이 직접 지은 서문에서 "내가 이것을 가엾게 생각하여 새로 스물여덟 글자를 만드니"라는 말에 잘 드러나 있다. 한글 창제 사실을 최초로 알린 세종실록 기록(1443.12.30)에서는 "1443년 겨울에 우리 전하께서 친히 정음 스물여덟 자를 창제하여"라고 되어 있다. 훈민정음 해례본에도 실록 기록과 같은 기록이 나와 있다. 최만리 반대상소문에서는 세종 창제를 인정하고 있다. 쉬운 책과 문자를 통한 교화 의지가 실록에 자세히 나와 있다. 협찬설은 공개 프로젝트를 의미하지만, 훈민정음 창제 과정은 비밀 프로젝트였다.

한글은 언어학과 음악, 철학, 천문학 등 여러 학문을 두루 잘 아는 사람이, 더욱이 사람들 사이의 소통을 중요하게 여기는 사람이 오래 연구해야 만들 수 있는 문자이지 여럿이 함께 만들 수 있는 문자가 아니었다. 역사가 세종을 만들었고 세종은 역사를 다시 썼다.

5장 한글 철학론

1. 훈민정음과 음양오행 철학

'한글 철학'은 한글(훈민정음)에 대한 철학 의미나 철학 가치를 말한다. 곧 훈민정음에 담긴 의미이며 가치이다. 그것은 또한 창제자나 반포자가 부여한 의미요 가치이기도 하다. 그러므로 한글 철학은 15세기 훈민정음 철학이기도 하다. 곧 여기서의 한글은 1910년대 이후 새 명칭으로서의 좁은 뜻이 아니라 한글의 뿌리인 15세기 훈민정음을 아우르는 넓은 뜻으로서의 '한글'이다.

한글 철학이 훈민정음 철학이라고 한다면 그 철학적 내용은 세종과 8인이 공저로 펴낸 『훈민정음』(1446) 해례본에서 찾아야 한다. 해례본은 9명의 공저이지만, 세종의 사상과 의도를 8인이 도와 서술한 것이므로 세종의 철학이요 사상으로 볼 수 있다.

세종은 음양오행이 철저히 구현된 한양 도성에서 1397년에 경복궁 바깥인 지금의 통인동 자리에서 태어났다. 음양오행은 조선 왕조의 핵심 정치 철학이자 지배 계층 사대부의 사유 방식이었다. 음양오행 철학 또는 논리는 당시의 보편 철학이요 논리였지만, 이런 원리를 훈민정음에 완벽하게 적용한 것은 해례본 저자들의 독창적인 전략이었다.

다만 분명하게 먼저 짚고 넘어가야 할 것은 근대 학문 관점에서 보면, 음양오행 철학은 훈민정음에 부여한 의미이지 그것 자체가 제자원리는 아니다. 제자원리는 말소리의 물리적 이치를 과학적으로 관찰, 분석하여 상형 원리를 적용하고 점과 선, 원의 기하학 도형으로 만든 것이 1차적인 핵심 제자 원리이다.

15세기 관점에서 보면, 과학과 철학이 융합되어 있으므로 과학적 제자 이론과 철학적 제자 이론이 융합적으로 적용된 것으로 볼 수 있지만, 주된 것은 과학적 제자 이론이다.

〈표 1〉 오행을 적용한 경복궁과 한양의 4대문

오행을 적용한 한양 4대문

肅靖門(肅智門)
숙정문(숙지문)

敦義門
돈의문

普信閣
보신각

興仁之門
흥인지문

崇禮門
숭례문

2. 연구사

음양오행 자체에 대한 학문적 논의는 그 목록을 작성하기 어려울 만큼 풍성하지만 훈민정음 관련 논의까지 그런 것은 아니다. 그렇지만 이 분야의 박사학위 논문인 섭보매(니에 바오메이(聶寶梅), 2016ㄷ)에 이르기까지 충분하게 논의되어 왔다. 훈민정음에 적용된 음양오행 철학에 대한 연구는 이정호(1975), 이성구(1985), 문효근(1993), 반재원·허정윤(2007) 등에서 집중 논의해 온 이래, 해례본에 그대로 드러난 사실 분석 연구부터 해례본에 드러나 있지 않은 음양오행까지 밝힌 김양진(2015), 섭보매(聶寶梅, 2016)의 연구에 이르기까지 다양하다.

이러한 지난한 연구사에서 훈민정음 배경 철학으로서의 음양오행론의 실체는 두루 밝혔지만 왜 음양오행인가에 대한 근본 맥락을 제대로 짚은 연구는 드물다. 당연히 음양오행론은 훈민정음 창제 동기와 목표와 연관하여 풀어내야 하는데 대부분의 연구는 배경 사상으로서의 환원론에 그치고 있다.

김슬옹(2007)에서 세종은 성리학의 핵심 분야인 심성론에서 민본주의를, 이기론을 통해서는 천지자연의 이치를 끌어내 새 문자 창제의 원리와 의미로 삼았음을 밝혔는데 이는 이근수(1994)·허웅(1996)·최상진(1997) 등과 같이 음양오행 원리에 대한 긍정적 평가를 발전시켜 역학 원리를 보편과학 층위에서 보려는 노력이었다.1) 그렇다면 삼재 음양오행 원리에 담긴 인문주의적 가치를 다시 주목해야 한다. 이런 관점에서 보면 역학 이론은 배경 이론이다.

백두현(2013: 88)에서는 해례본의 역학 이론을 삼재론·음양론·오행론·상수론으로 규정한 뒤 이러한 주역의 네 가지 이론은 "훈민정음 창제를 위한 구체적인 '방법론'이라기보다 창제의 배경이 된 '사상적 기반 이론'으로 봄이 합리적"이라고 하였다. 창제를 위한 구체적 '방법론'은 전통적 차자법의 표기 방법, 성운학의 음성 분석틀, 세종의 독창적 방법 등이고 '배경 이론'은 언어관 혹은 문자관을 포함한 사상적인 요소라고 본 것이다.

이러한 인식은 허웅(1983: 310)에서 "그들은 말소리를 단순한 질서 없는 형이하(形而下)의 현상으로만 보지 않았다. 그들은 이 소리 뒤에서 소리를 지배하는 형이상(形而上)의 원리가 있는 것으로 보고 이 원리를 음양오행에서 구했던 것이다."라는 인식과 맥을 같이 하고 있는 것이다.

그러나 중성자(中聲字)의 경우 상형기본자 자체를 삼재(천지인)에서

---

1) 이근수(1994: 101): 訓民正音에 대한 東洋哲學적 설명은 쓸데없는 군더더기가 아닌 중요한 변별적 자질이며 이는 언어과학(聲韻學)과 잘 조화를 이루어 설명되고 있다. 해례본에서의 음양오행론에 대한 양면적 관점에 대해서는 최근에 김만태(2012), 백두현(2013), 니에 바오 메이(聶寶梅, 2016ㄴ) 등에서 다시 정리된 바 있다.

삼는 등 제자 전반적인 단계에서 역학 원리를 직접 고려하거나 그것을 연관시켰기 때문에 '배경론·배경사상', '형이상'으로만 볼 수 없다. 배경 사상이자 구체적인 방법론으로 보아야 한다.

3. 훈민정음 해례본에 나타난 음양오행론의 배경

훈민정음 해례본의 배경 철학을 우리는 흔히 '음양오행론'이라 논의하여 왔다. 정음해례 제자해 첫 구절도 "天地之道, 一陰陽五行而已(천지자연의 이치는 오직 하나의 음양오행뿐이다)."(정음해례1ㄱ: 3)라는 '음양오행' 선언이다 보니 음양오행이 매우 중요한 창제 배경 철학으로 깔렸음은 분명하다. 또 같은 제자해에서 "夫人之有聲, 本於五行(무릇 사람의 말소리는 오행에 뿌리를 두고 있다)."(정음해례2ㄱ: 4~5)라고 하여 문자의 바탕이 되는 말소리 자체가 오행에 뿌리를 두고 있음을 밝히고 있다. 초성에서도 "是則初聲之中, 自有陰陽五行方位之數也."(정음해례3ㄱ: 7~8)라 하여 "초성 속에도 자체의 음양오행과 방위의 수가 있는 것이다."고 한 것이다. 중성에서도 "是則中聲之中, 亦自有陰陽五行方位之數也."(정음해례7ㄱ: 8~7ㄴ: 1_제자해)라고 하여 "이런즉 중성 속에도 또한 저절로 음양과 오행, 방위의 수가 있는 것이다."라고 하였다.

그래서 정음은 기존 문자와는 달리 음양의 이치를 철저히 반영한 문자임을 "그러므로 사람의 말소리(성음)도 모두 음양의 이치가 있는 것인데, 생각해보니 사람들이 살피지 못했을 뿐이다(故人之聲音, 皆有陰陽之理, 顧人不察耳.)."(정음해례1ㄱ: 6~7)라고 밝히고 있다.

그러나 전체적으로 보면 '삼재 음양오행' 사상으로 보아야 한다.[2]

이에 대한 분명한 언급은 '정인지서'에서 "三極之義, 二氣之妙, 莫不該括."(정음해례27ㄴ: 8; 정음해례28ㄱ: 1)라는 구절에 잘 드러나 있다. 훈민정음은 천지인 삼재의 뜻과 음양 두 기운의 신묘함을 두루 갖추지 않은 것이 없다는 것이다. '삼극'은 '삼재(三才)'와 같은 뜻으로 우주를 구성하는 바탕 요소라는 뜻으로 하늘과 땅과 사람을 가리킨다.

'삼재'는 하나의 음절자의 중심인 중성자 모음 제자 원리에 적용되어 "取象於天地人而三才之道備矣."(정음해례6ㄱ: 8; 정음해례6ㄴ: 1)라고 하여 중성은 하늘, 땅과 사람에서 본뜬 것을 취하니, 천지인 삼재의 이치가 갖추어졌다고 한 것이다.

음양은 근본적으로 이분법이다. 이러한 이분법이 다양한 요소 중의 하나로 설정되면 괜찮지만 절대시하면 이분법 오류에 빠진다. 임용기(1991)에서 지적했듯이 훈민정음은 초성, 중성, 종성 삼분법의 발견에 있고 모음 제자 원리는 천지인 상형에 있으므로 음양론만으로는 이런 원리를 설정할 수 없다. 더욱이 모음 제자 원리에 적용된 '천지인'에서 '천'은 양성, '지'는 음성이지만 '인'이 단순한 '중성(中性)'이 아니라는 점이다. 해례본에는 '中性'이란 말 자체가 나오지 않는다. '사람'은 하늘과 땅을 이어주는 구실을 하면서 하늘과 땅을 아우르는 '양의(兩義)'의 의미를 갖는다.

해례본에서 정음 해례를 집필한 신하들이 신과 하늘과 자연을 강조하면서 헌사를 바친 것은 바로 천지자연의 이치를 훈민정음이 완벽하게 구현한 것에 대한 강조 표현이다. 너무 완벽하다 보니 사람이 사사로이 할 수 있는 것이 아니며3) 지혜로서 이룬 것이 아니라 자연의

---

2) 『훈민정음』 해례본의 '음양오행'은 더 정확히는 '천지인 삼재 음양오행'이라고 해야 하지만 일단 훈민정음 배경철학으로서의 '음양오행'이라는 통칭에는 '천지인 삼재'가 깔려 있는 것으로 보고 용어를 사용하기로 한다.

것을 그대로 가져온 것이다.4) 하늘의 능력을 계시 받은 세종 임금5)이 신과 같은 솜씨로 하루아침에 지어낸 것이다.6) 그래서 세종의 지시로 정음해례를 집필하였지만 그 깊이가 너무 깊어 그 이치를 다 보여줄 수는 없었다고 한 것이다.7) 그래서 삼조화오행 이치를 담은 정음으로써 비로소 새로운 지혜의 시대를 열게 되었으니 "동방에 나라가 있은 지가 꽤 오래 되었지만, 무릇 만물의 뜻을 깨달아 모든 일을 온전하게 이루게 하는 큰 지혜는 오늘을 기다리고 있었던 것이다(夫東方有國, 不爲不久, 而開物成務之大智, 蓋有待於今日也歟)."(정음해례29ㄱ: 5~7)라고 한 것이다.

제자해에는 '훈민정음'의 제자 원리가 매우 자세하게 기술되어 있을 뿐 아니라8) 새 문자의 우수성과 가치에 대한 자신감이 넘쳐흐른다. 창제자 세종은 신하들의 입을 빌어 그 자신감을 표현했다. 곧 8인 공저자의 대표인 정인지는 해례본 마무리 글(정인지서)에서9) "비록

---

3) "豈以其至理之無所不在, 而非人爲之私也(참으로 그 지극한 이치가 아주 많으며, 사람의 힘으로 사사로이 한 것이 아니다)."(정음해례29ㄱ: 4~5)

4) "正音之作, 無所祖述, 而成於自然(정음 창제는 앞선 사람이 이룩한 것에 의한 것이 아니요, 자연의 이치에 의한 것이다)."(정음해례29ㄱ: 3~4)
"指遠言近牖民易 天授何曾智巧爲(뜻은 멀되 말은 가까워 백성을 이끌기 쉬우니 하늘이 주신 것이지 어찌 슬기와 기교로 되었으리요?)"(정음해례14ㄴ: 3~4)

5) "是殆天啓聖心而假手焉者乎(이는 거의 하늘이 성인(세종)의 마음을 열어주고, 틀림없이 하늘이 손을 빌려준 것이로구나)."(정음해례9ㄱ: 5~6)
"恭惟我殿下, 天縱之聖, 制度施爲超越百王(공손히 생각 하옵건대 우리 전하(세종)는 하늘이 내신 성인으로서 지으신 법도와 베푸신 업적이 모든 왕들을 뛰어 넘으셨다)."(정음해례29ㄱ: 1~3)

6) "一朝制作侔神工 大東千古開曚曨(하루아침에 신과 같은 솜씨로 지어내시니 거룩한 우리 겨레 오랜 역사의 어둠을 열어주셨네)."(정음해례24ㄱ: 7~8)

7) "若其淵源精義之妙, 則非臣等之所能發揮也(그 깊은 근원과 정밀한 뜻은 신묘하여 신들이 감히 밝혀 보일 수 없다)."(정음해례28ㄴ: 7~8; 정음해례29ㄱ: 1)

8) 지금의 시각으로 보면 일부는 범박하고 난해한 것도 사실이다.

9) 이른바 '정인지 서'는 해례본에서 별도의 제목 없이 '용자례'에 곧바로 이어서 기술되어 있다. 세종실록에서 이 부분을 '정인지서'라 지칭했으므로 흔히 그렇게 부른다.

바람소리, 학의 울음소리, 닭소리, 개 짖는 소리라도 모두 적을 수 있다."는10) 음향음성학적 자부심을 표현했고, 8인이 함께 기술한 '정음해례'의 '제자해'에서는 "천지자연의 혼령과 신령스런 정령과 함께 정음을 쓸 수 있다."고 하여11) 정음에 천지자연의 음양오행 이치를 완벽하게 구현했다는 역학적 자부심을 표현했다.12) 표현이 아주 쉬우면서도 천하의 '귀·신'까지 동원한 괴기스러운 듯한 표현으로 그 속내를 드러냈다.13)

거시적으로는 세종은 왜 음양오행을 훈민정음 창제 원리와 배경 사상으로 삼았는지에 대한 근본적 의도와 맥락적 의미를 두루 천착하고자 한다.14)

4. 삼재음양오행론에 대한 기본 의미

음양오행론은 존재론이요 관계론이요 생성론이지만 핵심은 생성론이다. 그래서 '주역'의 '역'은 '바꿀 역(易)'자를 쓰고 있다.15) 한자는

---

10) "雖風聲鶴唳, 鷄鳴狗吠, 皆可得而書矣."(정음해례28ㄱ: 7~8_정인지서)

11) "則何得不與天地鬼神同其用也."(정음해례1ㄴ: 1~2_제자해)

12) 훈민정음 28자 공표(1443년 음력 12월) 후 1444년 2월 20일에 최만리·정창손 등 7인이 올린 훈민정음 반대 갑자상소에서조차 '신묘'하다고 했을 정도이다.

13) 천지자연의 혼령과 신령스런 정령은 '鬼(지하의 혼령)'과 '神(하늘의 정령)'을 번역한 것으로 '鬼'는 음의 혼령이고 '神'은 양의 혼령이다. 이러한 표현은 단순한 비유 표현이 아니라 해례본의 "천지자연의 소리가 있으면 반드시 천지자연의 문자가 있다(有天地自然之聲 則 必有天地自然之文)"(정음해례26ㄴ: 4~5_정인지서)는 선언에 대한 강조 표현이라 볼 수 있다.

14) 맥락 중심 접근 방법론은 '순수 언어학·응용 언어학'과 같은 이분법적 언어 방법론을 극복할 수 있는 통합언어학 방법론이다.

15) "易之爲書, 廣大悉備, 有天道爲 有人道焉, 有地道焉, 仁者見之謂之仁, 知者見之謂之知, 千變萬化無往不可."(『주역참동계』_서문1ㄱ)

이러한 생성론을 반영하기에는 매우 소극적이지만 훈민정음은 소수의 문자소(文字素)를 통해 거의 무한대의 생성이 가능한 문자이므로 생성론에 매우 적합한 문자이기도 하다. 『훈민정음』에서 담고 있는 삼재 음양오행론이 '주역' 등의 논의와 다른 것은 없다. 곽신환(2016: 55)에서 "훈민정음 해례를 읽는 것은 성리학 문헌을 읽는 듯한 느낌을 갖게 된다."라고 말할 정도로 매우 치밀하고 자세하게 음양오행론을 반영하고 있다. 다음과 같이 특정 한자까지 '음양'을 담았을 정도다. "與, 其"의 아래 부수에 음양의 차이를 두었다.

(1) 가. ㅗㅏㅛㅑ之圓居上與外與者, 以其其出於天而爲陽也.

　　　　　　　　　　　　　　　　　　　　　__정음해례6ㄱ: 2~3_제자해

　　나. ㅜㅓㅠㅕ之圓居下與內與者, 以其其出於地而爲陰也.

　　　　　　　　　　　　　　　　　　　　　__정음해례6ㄱ: 3~5_제자해

기존 연구에서 『주역』과 『성리대전』 등의 문헌에 기술되어 있는 배경은 충분히 찾아 근거로 제시해 왔다. 본 연구도 그런 근거를 참고하되 기존 연구에서 소홀히 해 온 『주역참동계』와 『용비어천가』, 그리고 세종 당대 문헌은 아니지만, 세종의 사유를 담고 있는 『악학궤범』 등의 근거로 보강하기로 한다.

특히 세종대 지식인들의 사유 체계를 보여주는 『주역참동계』와 『용비어천가』를 보면 공자·노자·장자 등 동양 성현의 사유를 폭넓게 통섭하고 있음을 알 수 있다. 주역참동계는 주역을 중심으로 '유불선'을 통섭하는 책이다. 『용비어천가』 권6에 보면 같은 취지의 내용이 나온다.

(2) 前漢揚雄 作玄書以爲玄者 天也 道也. 言聖賢制法作事 皆引天道以爲本統
   而因咐囑萬類 王政 人事 法度. 故伏羲氏謂之易, 老子謂之道, 孔子謂之元
   揚雄謂之玄

_『龍飛』 6~32ㄴ

곧 전한의 양웅이 현서(玄書) 곧 『太玄經』을 지어, 현(玄)은 천(天)이
요 도(道)라 했다. 이르기를 성현들이 법을 만들고 일을 할 때 모두
하늘의 도를 끌어다 바탕으로 삼아, 나라의 정치, 사람을 쓰는 일,
법칙 등에 적용하였다. 그러므로 복희씨는 역(易), 노자는 도(道), 공자
는 원(元), 양웅은 현(玄)이라 한 것이다.

이처럼 '역'과 '도'와 '원', '현' 등을 같은 맥락으로 보고 있는 것이다.

해례본은 훈민정음의 창제 동기와 목적, 제자 원리를 융합적으로
기술하고 있으며 그 실체적 진실은 세종(어제) 서문과 제자해, 정인지
서 각각의 첫 문장에 잘 드러나 있다.

(3) 가. 國之語音, 異乎中國, 與文字不相流通. (정음1ㄱ: 1~3_어제서문)
   나. 有天地自然之聲, 則必有天地自然之文. (정음해례26ㄴ: 4~5_정인지서)
   다. 天地之道, 一陰陽五行而已. (정음해례1ㄱ: 3_제자해)[16]

우리나라 말이 중국말과 다른데 중국 한자, 한문을 쓰니 그 한자로
인해 말과 글이 제대로 통하지 않고 당연히 한문을 아는 이와 모르는
이가 통하지 않는다는 것이다. 이러한 심각한 언어와 사람의 모순을

---

16) 제자해 결구에서는 이 표현을 "天地之化本一氣 陰陽五行相始終"(정음해례9ㄱ: 7~8_제자해
   _결구)라고 하여 "하늘과 땅의 조화는 본디 하나의 기운이니, 음양과 오행이 서로 처음이
   되며 끝이 되네."라고 다시 풀고 있다.

해결하기 위해 말소리와 말을 그대로 담을 수 있는 소리문자를 만들었다. 이것은 천지자연의 소리가 있으면 반드시 천지자연의 문자가 있다는 정음 문자관에 따른 것이며 천지자연의 이치는 오직 하나의 음양오행뿐이므로 말소리에 들어 있는 음양오행 이치를 그대로 반영한 문자를 만들었다.17)

곧 음양오행 이치를 적용한 가장 중요한 이유는 바로 '사람'에 있다. 한자를 모르는 백성들까지 지식과 정보의 소통 주체로 삼겠다는 것으로 이는 특정 신분의 지식 독점이 절대적인 시대에 혁명적인 발상이었다. 반재원·허정윤(2007: 머리말)에서는 "세종이 문자 창제를 하면서 수리, 방위 등 천문이론을 바탕으로 삼은 것도 한글을 단순히 언어를 표현하는 문자로만 보지 않고 천문과 우주 변화의 작용까지 읽을 수 있는 도구로 사용될 수 있기를 바랐던 것으로 보인다."라는 지적은 매우 적절하다. 이를 사람 중심으로 본다면 훈민정음 사용 주체라면 누구나 천문의 이치를 실천하는 주체가 될 수 있다는 것이다.

이러한 사람 중심의 문자관은 간결하고 쓰기 쉬운 문자로서, 그리고 제자 원리 차원에서 반영되었다. 이러한 사람 중심 문자관은 당시로 보면 민본주의 평등 문자관이요 지금으로 보면 인문주의 문자관이다.18) 역학 원리를 이런 측면에서 본격적으로 주목한 것은 박지홍(1988)에서였다.

---

17) "무릇 사람의 말소리는 오행에 뿌리를 두고 있다(夫人之有聲本於五行)"(정음해례2ㄱ: 4~5_제자해)고 보았다. 임용기(2016: 7)에서도 "사람의 말소리[聲音]에도 근본 원리가 있는데 훈민정음은 이 원리를 밝혀 만들었다는 것이다. 그런데 이 말소리의 원리는 천지만물(天地萬物)을 지배하는 도(道)인 음양(陰陽)과 오행(五行)이라는 것이다."라고 하였다.

18) 문자가 쉽다고 해서 불평등한 신분 질서 속에서 지식과 정보의 사용 주체가 되기는 근본적으로 어렵다. 그래서 역으로 그런 신분제 사회에서 문자 사용의 평등성을 지향하는 문자가 나왔기에 더욱 의미가 있는 것이다.

(4) 역학이 훈민정음 제정에 이론적 배경이 된 까닭은?

우리글 곧 정음 창제의 목적은, 딴 데에 있는 것이 아니고 온 나라의
백성들에게 이 글을 가르쳐서 그들이 사람다운 생활을 하게 하는 데에
있었던 것이다. 곧 세종 임금이 이 글을 만든 것은, 하늘을 대신하여
이 나라에 민본정치(民本政治)를 하는 데에 그 목적이 있었던 것이었다.
__박지홍(1988: 243)

역학 배경 취지를 민본주의 관점에서 정확히 짚었다.

해례본에서 음양오행 역학은 크게 다섯 가지 층위에서 적용되었다.
여기서는 1층위와 5층위의 민본주의 역학 반영의 의미를 살피기로
한다. 나머지는 수리 방위 논의에서 다루기로 한다.

〈표 2〉『훈민정음』 해례본 삼재음양오행 적용 층위

적용 층위와 갈래		내용	적용 방식 외
1층위	중성 상형기본자	천지인 삼재, 음양	제자 방식에 직접 적용
2층위	초성 상형기본자	오행, 오시, 오방, 오음	제자 방식에 간접 적용
3층위	중성 기본자 11자	오행, 방위, 수리	
4층위	초성 23자	오행방위수리가 있다고 하고 구체적인 설명은 하지 않음	음양이 갈려 있다고 봄: 반재원(2002), 이윤숙·이달원(2010), 김양진(2015), 섭보매(2016ㄴ). 음양 해당 글자 갈래는 조금씩 다름.
5층위	합자(음절)	초성─중성─종성	삼재 음양 1) 하늘(양)─사람(양음)─땅(음) 2) 땅(음)─하늘(양)─땅(음)	

해례본의 설명은 '2층위─1층위─3층위─4층위─5층위' 순으로 나
온다. 1층위가 2층위 다음으로 나오지만 1층위로 설정한 것은 가장
직접적인 제자 단계에서 적용되었기 때문이다. 여기에 큰 의미가 있

다. 1층위와 2층위를 도식화로 나타내면 〈그림 1〉과 같다.

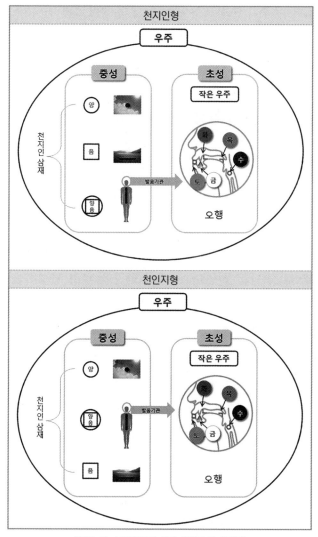

〈그림 1〉 상형기본자 8자 음양오행 적용도

'천지인'은 우주의 3요소이다.[19] 물론 이때 천지는 실제 하늘과 땅일수도 있고 '양과 음'처럼 하늘과 땅의 속성을 지닌 것일 수도 있다. 동양의 고대인들은 사람을 작은 우주로 보았다. 상형 기본자에서 큰 우주와 작은 우주가 조화로운 관계를 맺게 함으로써 천지자연의 이치가 담긴 소리 문자임을 분명히 하고 있다.[20] 중성 상형 기본자는 거시적 상형을 초성 상형기본자는 미시적인 상형을 함으로써 균형과 조화와 보편 과학을 이루게 했다.

더욱 중요한 것은 사람의 구실이다. 해례본 제자해에서 "천지가 만물을 낳고 이룩해도, 그것이 쓸모 있게 돕는 것은 반드시 사람에게 함"이라고 했다. 곧 "亦猶天地生成萬物, 而其財成輔相則必賴乎人也." (정음해례8ㄴ: 4~6_제자해)라고 했는데 재성(財成)과 보상(輔相)은 좋은 상태가 되도록 돕는 것을 말한다. 『주역(周易)』『泰卦第十一』에서 "재성(財成)은 천지의 도이고(財成天地之道), 보상(輔相)은 천지의 의(宜)가 된다(輔相天地之宜)."고 하였다. 천지가 만물을 낳고 완성하는 그 모든 것은 천지의 도이고 천지가 마땅히 해야 하지만 반드시 사람이 도와야만 된다는 것이다. 결국 사람은 독립된 개체이기도 하지만 천지의 일부로서 중요한 역할을 한다는 것을 의미한다.[21]

김완진(1996: 335~337)에서처럼 중성자 상형을 비과학으로 보는 경우도 있고,[22] 중성 상형 기본자도 발음기관과 밀접한 관련을 맺고

---

19) 흔히 '천지인'이라 하지만 꼭 그 차례가 고정성을 띠는 것은 아니다. 주역 계사전에서도 "有天道焉, 有人道焉, 有地道焉。兼三才而兩之, 故六。六者非他也, 三才之道也."라고 했고 주희가 직접 저술한 "魏伯陽·朱熹·兪琰"(세종23년, 『周易參同契』) 서문에서는 '천인지' 순서로 설명하고 있다. "有天道爲焉 有人道焉, 有地道焉."

20) 김슬옹(2016ㄱ)에서 "훈민정음 해례본에 나타난 삼조화 문자관"으로 발표한 바 있다.

21) 곽신환(2016: 47)은 사람은 천지 사이의 존재로서 그 두 요소를 겸하고 있다는 것은 유학사상에서 거의 일반화되어 있는 명제로 보고 태극도설을 중심으로 역사적 맥락을 자세히 밝혔다. 김승권(2015)에서는 "하늘과 땅의 완성을 돕기 위해서는 사람이 깨어나야 하고 사람이 성숙해야 하고 사람이 완성되어야 한다."라고 하여 사람 중심의 '천인지'의 상생을 강조했다.

있다는 Sunho Brian CHANG1, Yongok CHIN(2013), 김양진(2016) 등도 있지만, 기본적으로 상형 전략을 달리한 것 자체가 과학이다. 허웅 (1983: 314)에서도 지적했지만 초성은 발음 기관 어딘가에 닿는 것이 기본 성질이므로 발음 기관을 본뜬 것이고, 중성은 목구멍·혀·입술 등 발음기관의 복합 작용에 의해 나오는 소리이므로 발음기관을 본뜰 수가 없는 것이다.23)

'ㅣ'를 비롯한 중성(中聲)을 흔히 '중간' 또는 '중성(中性)'이라고 하지만 이는 적절하지 못한 표현이다. 해례본 제자해에서 "움직이는 것은 하늘(천지)이요, 머무는 것은 땅(지)이다. 움직임과 멈춤을 겸한 것은 사람이다."라고24) 했기 때문이다. 즉 사람은 천지 곧 음양을 겸할 수 있는 것이다. 재출자 'ㅛㅑㅠㅕ' 설명에서도 재출자가 모두 사람(ㅣ)을 겸함은 사람이 만물의 영령으로 능히 음과 양에 참여할 수 있기 때문이라고 음과 양을 겸하는 특징을 설명하고 있다.25)

---

22) 김완진(1996: 337)은 "가령 'ㅗ', 'ㅓ'자의 형성에 있어서 저들의 기본 모음자의 음성 가치는 전혀 도외시되어 있는 것이다. 특히 '의'의 경우에는 '이', 'ㆍ'의 어느 음가와도 상관이 없는 모음을 위한 문자를 산출하는 결과가 되는데, 이 모든 일은 기본적인 모음자 셋이 만들어진 과정이 음성이나 발음과정과 아무런 관계를 가지지 않았던 데 연유한다 하겠다." 라고 비과학적인 것으로 보았다. 이에 대한 반대 의견으로는 허웅(1983: 316)이 대표적인 데, "그들의 [ㆍ, ㅡ, ㅣ] 세 소리에 대한 설명은 지극히 간단하나, 그 방법은 매우 과학적이다. "[ㆍ]는 혀는 오그라지고 소리는 깊다. … [ㅡ]는 혀는 조금 오그라지고 소리는 깊지도 않고 얕지도 않다. … [ㅣ]는 혀는 오그라지지 않고 소리도 얕다. 이 설명은 두 방면으로 홀소리의 성질을 설명한 것인데, 현대 우리들로서도 놀랄만한, 간결하고도 요령 있는 방법이다. 한편으로는 홀소리를 내는 데 결정적인 작용을 하는 혀의 모양을 설명하고, 한편으로는 그것을 들었을 때의 인상을 설명한 것이니, 한 편은 발생음성학적인 설명이고, 한 편은 청취음성학적인 설명이다."라고 하여 현대 음성학으로 보아도 과학적이라고 보았다.

23) 허웅(1983: 314)에서는 "홀소리는 입 안에 아무런 막음도 생겨나지 않는다. 여러 가지 홀소리가 나누어지는 것은, 입 안에서 취해지는 혀의 다양스런 굴곡상에 의해서다. 그런데 이 곡선은 좀처럼 정확하게 파악되지 않는 것이다."라고 '혀의 굴곡상'을 들었다.

24) "動者, 天也. 靜者, 地也. 兼乎動靜者, 人也."(정음해례8ㄱ: 4~5_제자해)

25) "ㅛㅑㅠㅕ之皆兼乎人者, 以人爲萬物之靈而能參兩儀也."(정음해례6ㄱ: 6~8_제자해)

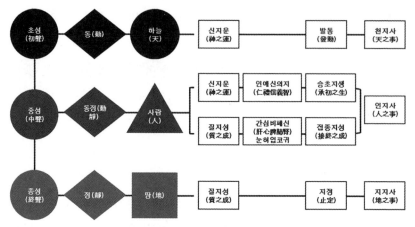

〈그림 2〉 '초중종'에 대한 역학적 의미 부여

　　이렇게 천지인 삼재에서 '사람'의 의미를 제대로 살림으로써 천인
사상을 올곧게 드러내며 사람 중심의 문자라는 상징적, 맥락적 의미
와 가치를 부여하고 있는 것이다. 권근의 『입학도설』에서는 천지와
인간의 관계를 논하며 사람에게는 "천지가 만물을 낳는 이치(天地所以
生物之理)"라는 것이 있음을 지적하며 사진과 같은 그림을 제시한 것도
이와 같은 맥락이다.

〈그림 3〉 권근의 '입학도설'

5. 초성의 음양오행 방위의 의미

방위는 천하 질서의 바탕이므로 오행의 핵심 요소이기도 하다. 천
문의 이치를 제대로 파악하여 백성들한테 알게 하는 것은 통치에 절

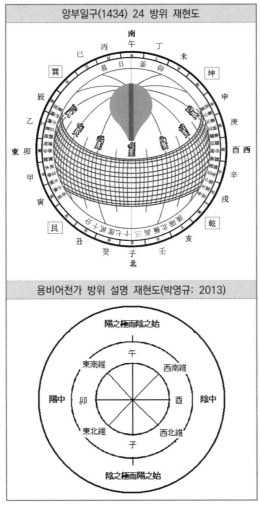

〈그림 4〉 앙부일구와 용비어천가에서의 방위도

대적인데 세종은 이를 가장 모범적으로 실천한 임금이었다. 세종시대를 대표하는 과학 기구인 『앙부일구』(1434)와 세종 시대의 모든 문화와 학문을 집약한 『용비어천가』(1447)를 보면 방위에 관한 확고한 철학과 과학을 알 수 있다.

먼저 〈그림 4〉의 『앙부일구』의 24방위를 보면 사유(四維)인 '건(乾)·곤(坤)·간(艮)·손(巽)'과 '북남동서'를 뜻하는 '자, 오, 묘, 유'를 통해 중심을 잡고 10간(干) 중에 '무(戊)·기(己)'를 뺀 '갑(甲)·을(乙)·병(丙)·정(丁)·경(庚)·신(辛)·임(壬)·계(癸)' 8간과 12지(支)인 '자(子)·축(丑)·인(寅)·묘(卯)·진(辰)·사(巳)·오(午)·미(未)·신(申)·유(酉)·술(戌)·해(亥)'를 그림과 같이 배열하여 24방위를 삼았다.[26] 이러한 방위는 『용비어천가』의 방위와 정확히 일치함을 알 수 있다.

『용비어천가』의 다음 기록을 보면 세종은 '음양'의 인식을 철저히 과학을 기반으로 인식하고 의미를 부여하고 있음을 알 수 있다.

(1) 日月右轉而天左轉, 一日一周臨於四極故月臨卯酉 則水漲於東西, 月臨子午 則潮平乎北彼竭此盈 往來不絶 皆繫於月 盈虛消息 一之於月 陰陽之所以分 也. 大抵 天地之間 東西爲緯南北爲經. 故子午卯酉爲四方正位 而潮之進退 以月於此位爲節耳. 以氣消息之言之則 子者陰之極而陽之始午者陽之極而 陰之始 卯爲陽中, 酉爲陰中也 (번역) 해와 달은 오른쪽으로 돌고, 하늘은 왼쪽으로 돌아서 하루에 사방의 극에 이른다. 그러므로 달이 묘유(卯酉)에 있으면 물은 동서로 불어나게 되고, 달이 자오(子午)에 있으면 조수(潮水)는 남북으로 평평해진다. 저것이 마르면 이것이 차서 왕래가 끊

---

26) '천간'에서 '무-기'를 뺀 근거 문헌은 찾지 못했다. 정중앙을 기준으로 두 개를 뺀 것은 분명한데 명확한 근거는 알지 못한다.

이지 않으니, 이것이 모두 달에 매여있기 때문이다. (조수가) 차고, 빠지고, 들고, 나는 것 모두가 달에 달려있으니, 음양이 나뉘는 까닭이다. 대저 천지의 사이에서 동서(東西)를 위(緯) 라하고, 남북(南北)을 경(經)이라 하므로, 자(子), 오(午), 묘(卯), 유(酉)를 사방(四方)의 정(正) 위치라 한다. 기(氣)의 들고, 나는 것에 관해 말하자면 자(子)는 음이 다하고 양이 시작되며, 오(午)는 양이 다하고 음이 시작되고, 묘(卯)는 양의 중간이고, 유(酉)는 음의 중간이다.

_『龍飛』 1권 4장 9ㄱ

이와 같은 맥락에서 제자해서는 다음과 같이 초성과 중성에도 똑같이 음양오행과 방위의 수가 있음을 선언하고 있다.

(2) 가. 是則初聲之中, 自有陰陽五行方位之數也. 이런즉 초성 속에도 자체의 음양오행과 방위의 수가 있는 것이다.

_정음해례3ㄱ: 7~8_제자해

나. 是則中聲之中, 亦自有陰陽五行方位之數也. 이런즉 중성 속에도 또한 저절로 음양과 오행, 방위의 수가 있는 것이다.

_정음해례7ㄱ: 8~7ㄴ: 1_제자해

역학의 보편 특성에 주목하여 똑같이 기술하고 있지만 실제 설명 맥락은 초성과 중성의 차이를 반영하듯 다르다. 먼저 초성에서는 음양과 수에 대한 독립적 기술은 나오지 않는다. 음양 문제에 대해서는 김양진(2015: 81)에서는 '陰陽五行'을 '음양과 오행'과 같이 번역해서는 안 되고 "음양이 적용된 오행"으로 해석하고 번역해야 함을 밝히고 있다. 매우 섬세한 관찰에 의한 새로운 해석이고 일리 있는 지적이다. 그러나 '음양이 적용된 오행'은 암묵적으로 '음양'이 적용되어 있는 것이므로 '음양오행'이라는 관습적 표현을 그대로 쓸 수는 있을 것이다.

초성의 경우는 '음양'에 따른 초성자 갈래를 해례본에서 가시적으로 밝힌 것은 아니므로 〈표 3〉과 같이 연구자마다 그 세부 갈래가 다르다. 이는 누가 맞고 틀리고를 떠나 음양이 상대적이기도 하므로 어떤 맥락이나 기준을 설정하느냐에 따라 달라질 수 있다.

〈표 3〉 초성의 음양오행 배치도 비교

오행(五行)		목(木)		화(火)		토(土)		금(金)		수(水)	
		3	8	2	7	5	10	4	9	1	6
음양(陰陽)		양(陽)	음(陰)	음(陰)	양(陽)	양(陽)	음(陰)	음(陰)	양(陽)	양(陽)	음(陰)
천간(天干)		갑(甲)	을(乙)	병(丙)	정(丁)	무(戊)	기(己)	경(庚)	신(辛)	임(壬)	계(癸)
지지(地支)		인(寅)	묘(卯)	오(午)	사(巳)	진, 술 (辰, 戌)	축, 미 (丑, 未)	신(申)	유(酉)	자(子)	해(亥)
모음		ㅏ	ㅕ	ㅛ	ㆍ	ㅡ		ㅓ	ㅑ	ㅗ	ㅠ
자음	반재원(2002)	ㅋ	ㄱ	ㄷ	ㅌ	ㆁ/ㅅ	ㅇ/ㄴ	ㅊ	ㅈ	ㅎ	ㆆ
	이윤숙·이달원(2014)	ㆁ	ㄱ	ㄴ(ㄹ)	ㄷ	ㅋ/ㅊ	ㅎ/ㅌ	ㅈ	ㅅ(ㅿ)	ㅇ	ㆆ
	김양진(2015)	ㄱ[ㄲ], ㅋ	ㆁ	ㄷ[ㄸ], ㅌ	ㄴ	ㅂ[ㅃ], ㅍ	ㅁ	ㅈ[ㅉ], ㅊ	ㅅ[ㅆ]	ㆆ, ㅎ[ㆅ]	ㅇ
	섭보매(2016ㄴ)	ㄱ, ㅋ	ㅇ, ㆅ	ㄷ, ㅌ	ㄴ, ㄹ, ㄸ	ㅂ, ㅍ	ㅁ	ㅅ, ㅿ, ㅆ, ㅉ	ㅈ, ㅊ	ㆆ, ㅎ	ㅇ, ㆅ

여기서 더 주목할 것은 구체적인 오행 설명에서만 '아ㅡ설ㅡ순ㅡ치 ㅡ후'의 차례를 발성기관 순서대로 바꾼다는 점이다.[27]

---

27) 이런 문제에 대한 상세한 연구사와 비평은 섭보매(2016ㄷ: 6~25)에서 상세히 기술한 바 있다.

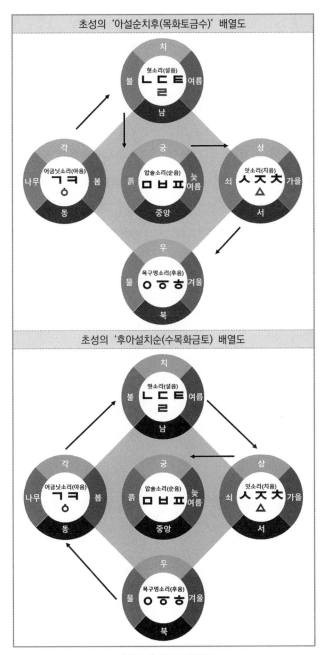

〈그림 5〉 초성 배열도

이러한 '후아설치순' 배열은 전통 오행 순에 의한 '아설순치후' 배열에 비해, 말소리가 나오는 음성조음학적 배열이라 해명해 왔다. 그런데 섭보매(2016ㄴ)에서는 이를 조음생리학적 특성보다는 역학적 배열 전략이 우선이라고 반박하였다. 곧 초성 '후아설치순'의 배열 순서는 하도의 오행이 아닌 낙서의 오행에 따른다고 보고 『태극도설』에 의하면 이러한 낙서의 오행 원리는 모두 조화의 시초와 만물의 초생에 따른 것으로 '수(후)−목(아)−화(설)−금(치)−토(순)'는 그런 원리를 반영하였다고 보았다.[28] 그러나 제자해의 '후아설치순'의 배열의 근본은 발음기관 또는 발음 작용의 조음생리학적 특성을 바탕으로 역학적 특성을 철저히 결합하고자 하는 전략이므로 낙서식 배열을 강조할 필요는 없다. 왜 그런지는 〈표 4〉의 제자해 초성 부분 설명 구도와 맥락을 보면 잘 알 수 있다.

〈표 4〉 제자해 초성 설명 구조도

차례	내용	문장 단위 출처
1	초성 17자 범위 설정	정음해례1ㄴ: 3_제자해
2	초성 상형기본자 설명(아−설−순−치−후)	정음해례1ㄴ: 1~: 6_제자해
3	가획자 설명	정음해례1ㄴ: 6~7_제자해; 정음해례2ㄱ: 1~2_제자해
4	이체자 설명	정음해례2ㄱ: 2~4_제자해
5	말소리 오행 바탕론과 사시, 오음(五音)	정음해례2ㄱ: 4~6_제자해
6	발음기관 특성과 오행(사시, 오음) 의미 부여(후−아−설−치−순)	정음해례2ㄱ: 6_제자해; 정음해례2ㄴ: 8~3ㄱ: 1_제자해
7	오행 중 물과 불의 중요성과 관련 발음기관 기능적 가치	정음해례3ㄱ: 1~2_제자해; 정음해례3ㄱ: 2~4_제자해

---

28) 초성자에 낙서 원리가 적용되었다는 연구의 흐름에 대해서는 섭보매(2016ㄷ)에서 종합 정리되었다.

차례	내용	문장 단위 출처
8	목구멍과 어금니, 혀, 이, 입술의 방위 특성	정음해례3ㄱ: 4~5_제자해; 정음해례3ㄱ: 6~7_제자해
9	결론: 초성은 음양오행방위 수가 있음	정음해례3ㄱ: 7~8_제자해
10	초성의 청탁 특성(아-설-순-치-후)	정음해례3ㄱ: 8~3ㄴ: 1_제자해; 정음해례3ㄴ: 4~5_제자해
11	치음, 아음 상형기본자 부연 설명	정음해례3ㄴ: 6~7_제자해; 정음해례4ㄱ: 3~5_제자해
12	아음(ㄱㅋㄲ) 인상 특성	정음해례4ㄱ: 5~7_제자해
13	전탁자 제자와 음가 특성	정음해례4ㄱ: 7~4ㄴ: 1_제자해; 정음해례4ㄴ: 1~3_제자해
14	순경음 제자와 음가 특성	정음해례4ㄴ: 3~5_제자해

'후아설치순' 배열은 말소리 오행 바탕론을 진술(5)하고 작은 결론을 내리는 단계(9)로 집약되어 있다. 설명 방식도 〈표 4〉에서 요약했듯이 발음 기관의 물리적 특성을 기술한 뒤 오행 요소의 물리적 특성과 연결하고 있다.

그리고 나서 말소리 특성을 설명한 뒤 방위와 오음계와 방위를 덧붙이고 있다(방위는 따로 부연 설명). '후아설치순' 순서 또한 음성의 발성 공기 흐름과 일치하고 '수목화금토'의 상생 작용과 일치한다. 오음계 배열도 '궁각치상우' 배열을 따르지 않고 '우각치상궁'의 배열을 따른 것은 실제 음성학적 특성을 고려한 것임은 한태동(1983)에서 15세기 전통 악기와 음계에 대한 치밀한 연구로 밝혀낸 바 있다. 따라서 천지자연의 말소리 이치와 역학 이치를 철저히 결합하려는 전략으로 보아야지 하도 낙서 등의 논리로만 설명하는 것은 지나친 환원론이다.

15세기	발음 기관 특성과 오행		말소리 특성과 역 특성			
후음(목소리)	깊숙하고 젖음(邃而潤)	수	비어 있는 듯이 통함(虛而通)	겨울	우	북
아음(엄쏘리)	어긋나고 긺(錯而長)	목	목소리와 같으나 막힘 (似喉而實)	봄	각	동
설음(혀쏘리)	재빠르게 움직임(銳而動)	화	구르고 날림(轉而颺)	여름	치	남
치음(니쏘리)	강하고 단단함(剛而斷)	금	부서지고 걸림(屑而滯)	가을	상	서
순음 (입시울쏘리)	모난 것이 합해짐 (方而合)	토	머금고 큼(含而廣)	늦은 여름	궁	중앙

6. 중성자 오행방위와 수 지정의 의미

훈민정음 해례본에서는 초성자 중성자 모두 목화토금수 오행과 동서남북중 오방위를 동시에 적용하고 있다. 반면에 수리 배치는 중성자에만 적용했다. 그리고 중성자에는 삼재와 음양 원리가 적용되어 있다. 초성(자음)에는 표면적 기술로는 음양이 적용되어 있지 않지만 김양진(2015), 섭보매(니에 바오메이(聶寶梅), 2016ㄴ)와 같이 오행 이면에는 음양이 깔려 있다고 보기도 한다. 여기서 왜 중성자에만 수리 배치를 했는가가 문제가 되며, 오행 방위 적용 전략은 초성자와 중성자가 어떻게 다른가가 문제가 된다. 또한 중성자의 경우 초출자에서는 수리와 방위를 동시에 적용한 데 반해 재출자에서는 수리만을 적용하고 있는 것에 대한 적극적 해석이 필요하다. 이와 더불어 이와 같은 수리와 방위는 하도에 기반하고 있다고 하는데 과연 그런 것인지를 분석하고자 한다.

초성자의 배열은 다음 표와 같이 맥락에 따라 여러 가지 방식을 삼고 있지만 기본은 전통 오행순서인 '목화토금수(아설순치후)'이고 중성자 배열은 일관되게 '천지인(중앙)/ 초출자(수목화금)/ 재출자(수목화금)'이다.

〈표 6〉 훈민정음 해례본 초성자, 중성자 배열

갈래	출처	배열 기준	배열
초성자	예의	아설순치후반설반치/ 전청-전탁-차청-불청불탁	ㄱ(ㄲ)ㅋㆁ/ ㄷ(ㄸ)ㅌㄴ/ ㅂ(ㅃ)ㅍㅁ/ ㅈ(ㅉ)ㅊㅅ(ㅆ)/ ㆆㅎ(ㆅ)ㅇ/ ㄹㅿ *괄호는 문자 표기 자체는 나오지 않고 병서라 하여 한자 예만 들어 놓음.
	제자해	1. 상형기본자(아설순치후)-가획자-이체자 2. 발음기관/ 발음특성: 후아설치순	1. ㄱㄴㅁㅅㅇ/ ㅋㄷㅌㅂㅍㅈㅊㅎㆆ/ ㆁㄹㅿ 2. 목과 후음-어금니와 아음-허와 설음-이와 치음-입과 순음
	초성해	아설순치후반설반치/ 전청-차청-전탁-불청불탁	ㄱㅋㄲㅇ/ ㄷㅌㄸㄴ/ ㅂㅍㅃㅁ/ ㅈㅊㅉㅅ/ ㆆㅎㆅㅇ/ ㄹㅿ
	종성해	8종성/ 아설순치반설	ㄱㆁㄷㄴㅂㅁㅅㄹ
	용자례	아설순치후반설반치/ 전청-차청-불청불탁	ㄱㅋㆁ/ ㄷㅌㄴ/ ㅂㅍㅁㅸ/ ㅈㅊㅅ/ ㆆㅇㄹㅿ
중성자	제자해	제자 원리: 상형기본자-초출자-재출자	·ㅡㅣ/ ㅗㅏㅜㅓ/ ㅛㅑㅠㅕ
		오행: 초출자-재출자-상형기본자	ㅗㅏㅜㅓ/ ㅛㅑㅠㅕ/ ·ㅡㅣ
		결구: 상형기본자-초출자-재출자	·ㅡㅣ/ ㅗㅏㅜㅓ/ ㅛㅑㅠㅕ
	중성해	상형기본자-초출자-재출자-이자합용자-일자중성자-ㅣ상합자-이자중성자외ㅣ상합자	·ㅡㅣ/ ㅗㅏㅜㅓ/ ㅛㅑㅠㅕ ㅘㅝ ㆇㆊ ·ㅣㅢ ㅚㅐㅟㅔㆍㅣㅚㅙㅞㆌ ㆈㆋ
	용자례	상형기본자-초출자-재출자	·ㅡㅣ/ ㅗㅏㅜㅓ/ ㅛㅑㅠㅕ

〈표 7〉 제자해 중성 설명 구조도

차례	내용	문장 단위 출처
1	중성 11자 범위 설정	정음해례4ㄴ: 5_제자해
2	상형기본자 음가와 상형 원리	정음해례4ㄴ: 5~6_제자해; 정음해례5ㄱ: 1~2_제자해
3	초출자 재출자 8자 범위 설정	정음해례5ㄱ: 2_제자해
4	초출자(ㅗㅏㅜㅓ) 제자 원리와 음가 설명	정음해례5ㄱ: 2~4_제자해; 정음해례5ㄱ: 8~5ㄴ: 1~3_제자해

차례	내용	문장 단위 출처
5	재출자(ㅛㅑㅠㅕ) 제자 원리와 음가 설명	정음해례5ㄴ: 3_제자해; 정음해례5ㄴ: 5_제자해
6	초출자 제자의 천지(음양) 원리	정음해례5ㄴ: 5~6_제자해
7	재출자 제자 특성: ㅣ 모음 관계	정음해례5ㄴ: 6~7_제자해
8	초출자 둥근 점 특성(초생)	정음해례5ㄴ: 7-8~6ㄱ: 1_제자해
9	재출자 중근 점 특성(재생)	정음해례6ㄱ: 1~2_제자해
10	ㅗㅏㅛㅑ 음양 특성	정음해례6ㄱ: 2~3_제자해
11	ㅜㅓㅠㅕ 음양 특성	정음해례6ㄱ: 3~5_제자해
12	ㅛㅑㅠㅕ 음운 특성	정음해례6ㄱ: 6~8_제자해
13	상형 기본자 제자 의미(삼재지도)	정음해례6ㄱ: 8~6ㄴ: 1_제자해
14	상형기본자와 • 의 기능과 가치	정음해례6ㄴ: 1~4_제자해
15	초출자 음양오행 수리와 방위	정음해례6ㄴ: 4~5_제자해 정음해례6ㄴ: 6~7_제자해
16	재출자 음양오행 수리	정음해례6ㄴ: 7~8_제자해 정음해례7ㄱ: 2~3_제자해
17	ㅗㅠㅜㅛ 음가 특성	정음해례7ㄱ: 3~4_제자해
18	ㅏㅕㅓㅑ 음가 특성	정음해례7ㄱ: 4_제자해
19	상형 기본자 수리와 방위	정음해례7ㄱ: 4~5_제자해 정음해례7ㄱ: 6~8_제자해
20	결론: 중성자 음양오행방위수	정음해례7ㄱ: 8~7ㄴ: 1_제자해

제자해에서는 초성자와 같은 방식으로 제자 방식을 설명한 뒤 오행 방위와 수리를 기술하고 있다. 제자해 기술 내용을 번역문과 더불어 한문 내용을 분석적으로 제시하면 〈표 7〉과 같다.

ㅗ가 처음으로 하늘에서 나니 하늘의 수로는 1이고 물을 낳는 자리다.
ㅏ가 다음으로 생겨났는데 하늘의 수로는 3이고 나무를 낳는 자리다.
ㅜ가 처음으로 땅에서 나니, 땅의 수로는 2이고 불을 낳는 자리다.
ㅓ가 다음으로 생겨난 것이니 땅의 수로는 4이고 쇠를 낳는 자리다.
ㅛ가 두 번째로 하늘에서 생겨나니 하늘의 수로는 7이고 불을 이루는 수이다.

ㅑ가 다음으로 생겨나니 하늘의 수로는 9이고 쇠를 이루는 수다.

ㅠ가 두 번째로 땅에서 생겨나니 땅의 수로는 6이고 물을 이루는 수다.

ㅕ가 다음으로 생겨나니 땅의 수로는 8이고 나무를 이루는 수다.

〈표 8〉 중성 기본자 음양 방위 상수 기술 내용

갈래	중성자	천지 (음양)	상수	생/ 성	오행 방위	상수 지칭
상형기본자	·	天	五	生	土之	位
	ㅡ	地	十	成	土之	數
	ㅣ	無位數者				
초출자	ㅗ	天	一	生	水之	位
	ㅏ		三		木之	
	ㅜ	地	二		火之	
	ㅓ		四		金之	
재출자	ㅛ	天	七	成	火之	數
	ㅑ		九		金之	
	ㅠ	地	六		水之	
	ㅕ		八		木之	

중성에 대한 체계적인 인식이 없는 중국 성운학이 중성이 발달되어 있는 우리말에 크게 도움이 안 된다는 것을 향찰 이두 표기법의 역사로 볼 때 당대 성운학자들은 충분히 인식하고 있었을 것이다. 그러나 실제 중성을 분석하고 그것을 문자로 만드는 것은 매우 어려운 작업이고 연구였을 것임은 기록에 없어도 충분히 짐작할 만하다. 앞서 지적했듯이 특정 발음 기관과 연계되는 초성과는 달리 중성은 그 위치를 잡아내는 것이 급선무였을 것이고 하도와 낙서의 방위도는 구상 전략의 장치였을 것이다.29) 더욱이 우리말에 있는 음양의 특성은 동

---

29) 미시적으로는 필자를 포함하여 그간 관습적으로 제시해 온 다음과 같은 하도(河圖)식 중성

서남북으로 뻗어나가는 인상적 자질로 구체화하는데 방위도가 결정적인 역할을 했을 것임은 위와 같은 기술을 통해 미루어 짐작할 수 있다.

이런 취지를 살려 〈그림 6〉과 같은 중성도가 탄생되었으니 이런 도식화의 해석적 가치 또는 연구사적 가치는 매우 중요하다. 그러나 이런 도식화는 중성의 체계적인 짜임새와 우리말의 음성의 과학성 도형화, 역학적 전통성을 잘 드러내고 있지만 한편으로는 제자해의 일관된 배열 취지를 온전하게 드러내고 있느냐는 반문이 생긴다.

또한 초출자는 '수(겨울) → 목(봄) → 화(여름) → 금(가을)' 배열을 따르고 재출자는 '화(여름) → 금(가을) → 수(겨울) → 목(봄)' 배열을 따르는데 이러한 차이를 어떻게 설명할 것인가가 문제다. 그래서 그런지 백두현(2013: 120)에서의 지적처럼 "초성자에 오행을 적용한 것은 그 나름대로의 설명력을 갖지만 중성자에서는 이마저도 찾아보기 어렵다. 이런 점에서 중성자에 대한 위와 같은 설명은 역학 이론의 과잉 적용으로 볼 수 있다."는 부정적 평가까지 있을 정도다.

하도(河圖)는 정음 제자와 배열에 천문의 이치를 담기 위한 중요한

도는 다양한 도식화의 일부로 봐야지 절대시 하면 안 된다. '하도(河圖), 낙서(洛書)'가 훈민정음 제자의 역학 원리의 핵심 구성 요소인 것은 맞지만 그렇다고 하도낙서 원리 위주로 보는 환원론은 훈민정음 문자의 의미와 가치를 제대로 드러내지 못할 우려가 있다. 그리고 이런 도식화가 옳고 그름을 떠나 해례본 자체에서 이런 도식을 제공한 것은 아니므로 도식 자체가 도식을 그린 사람의 주관적 관점이나 해석이 반영되어 있음을 유의할 필요가 있다.

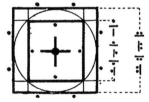

〈그림 6〉 중성 평면도(이정호, 1975: 92)

장치이지만 세종은 전적으로 그런 장치에 환원하거나 의지하지 않았다. 그것은 천지자연의 소리를 그대로 쉽게 적기 위한 문자를 만들어 누구나 쓰게 하겠다는 사람 중심의 정음 이상과 천지자연의 이치를 완벽하게 담겠다는 역학 전략이 결합되었기 때문이다. 따라서 중성자 최종 배열에서는 우리말 특징인 음양의 이치를 더 중요하게 여겼다.

7. 동양 보편철학으로 바라본 『훈민정음』 해례본

음양오행론은 존재론이며 관계론이며 생성론이다. 천지자연의 삼라만상이 어떻게 존재하며 어떤 관계를 맺고 어떻게 끊임없이 바뀌어 가는가에 대한 동양의 보편철학이다. 음양오행론을 수많은 철학자들이 논하고 이론화하고 다양한 실천의 논리로 내세웠으나 15세기 훈민정음이라는 문자를 통해, 『훈민정음』 해례본을 통해 온전한 꽃을 피웠다.

해례본은 천지자연의 이치를 그대로 담고 있는 훈민정음을 제대로 사용할 때 우리는 누구나 천지자연의 주체가 될 수 있다고 선언하였다. 그동안 음양오행 훈민정음론을 많은 학자들이 발전시켜 온 덕에 우리는 이제 그 실체를 드러내는 값진 성과를 얻어냈다. 하지만 해례본에 담긴 사람 중심 융합적 문자관과 음성과학적 보편성과 역학적 보편성을 균형 있게 바라보고 분석한 논저는 그다지 많지 않았다. 삼재 음양오행론의 보편 가치를 집약해 보자.

(1) 凡有生類在天地之間者, 捨陰陽而何之. (정음해례1ㄱ: 5~6_제자해)

(2) 故人之聲音, 皆有陰陽之理, 顧人不察耳. (정음해례1ㄱ: 6~7제자해)

(3) 今正音之作, 初非智營而力索, 但因其聲音而極其理而已.

　(정음해례1ㄱ: 7~8_제자해)

(4) 理旣不二, 則何得不與天地鬼神同其用也. (정음해례1ㄴ: 1~2_제자해)

(5) 亦猶天地生成萬物, 而其財成輔相則必賴乎人也.

　(정음해례8ㄴ: 4~6_제자해)

(6) 遂命詳加解釋, 以喩諸人. (정음해례28ㄱ: 8~28ㄴ: 1_정인지서)

　(1)은 천지자연에 살아 있는 것들이 음양을 피해서 살 수 없다는
것이다. 사람으로 따진다면 양반이든 평민이든 노비든 모든 생명체는
음양을 본체로 하여 존재하고 살아간다는 것이다. 음양의 이치 앞에
는 그 어떤 차별도 차이도 없다. 생명 그 자체가 그러하니 사람의
말소리에는 당연히 음양의 이치가 담겨 있다(2). 정음은 그러한 음양
이치가 담겨 있는 소리를 그대로 재현한 것뿐이다(3). 그렇다면 정음
을 쓰는 자는 모두가 음양의 이치를 그대로 실천하는 것이다(4). 더욱
중요한 것은 "천지가 만물을 낳고 이룩해도, 그것이 쓸모 있게 돕는
것은 반드시 사람에게 힘 입음과 같다."라고 하여 천지자연의 음양
이치는 사람의 역할이 중요하고 그런 음양 이치를 실천하는 사람은
신분에 관계없이 누구나 똑같은 역할을 부여받는다(5). 그래서 (6)은
양반이든 누구든 이런 정음의 이치를 깨닫고 정음 문자생활을 실천하
여 음양의 가치를 실현하라는 것이다.
　따라서 『훈민정음』(1446)에 적용된 삼재 오행 음양오행 역학 원리는
배경이론이자 실제 구체적인 방법론이기도 하다. 훈민정음은 민본주
의, 음성과학 그리고 삼재 음양오행론의 결합에 의해 탄생한 문자이
며 『훈민정음』 해례본은 그런 문자의 융합적 특성을 매우 치밀하고
다층적으로 기술하고 있다.

훈민정음 제자 원리나 속성에 하도 낙서가 매우 중요한 바탕으로
작용하고 있는 것은 맞지만 그것을 절대시하는 것은, 일종의 환원론
으로 훈민정음의 인문적 가치와 융합적 가치를 제대로 드러내 주지
못한다.

초성자의 '후아설치순' 배열은 발음기관 또는 발음 작용의 조음생
리학적 특성과 역학적 특성을 철저히 결합하고자 하는 전략이지 어느
한 쪽을 강조할 필요는 없다. 중성자 배열은 하도낙서 원리를 따르되
초출자와 재출자의 음성과학적 특성을 반영하여 이루어진 것이다.

6장 한글 융합교육론

1. 한글 융합교육의 필요성

한글 가치의 중요성은 한글 교육으로 이어질 때 의미가 있고 가치가 있다. 이 장에서는 한글 제자 원리, 창제 배경, 발전 과정 등을 어떻게 융합교육할 것인가 구체적인 전략과 실제 교수법을 제시하기로 한다.

특히 중고등학교 한글[1] 관련 단원의 연계 수업이나 한글날[2]과 같은 행사 계기 수업용으로 한글 융합교육을 어떻게 할 것인가를 다룰

---

1) '한글'은 좁은 뜻으로 보면 일제강점기 이후의 근대, 또는 현대의 한국어를 적는 고유 문자를 가리키지만 넓은 뜻으로 보면 15세기 훈민정음을 아우른다. 여기서는 넓은 뜻으로 쓰기로 한다.

2) 한글날의 유래와 발전사에 대해서는 리의도(2006) 참조.

것이다. 이 수업을 통해 학습자가 한글 관련 인문 중심 융합역량3)을 발휘하게 하여 이 분야의 꿈이나 진로 선택에 도움을 받을 수 있거나 한글 홍보 전문가가 될 수 있는 역량을 키운다. 그래서 이 수업안의 이름을 '한글 홍보대사로 날아보자'로 정했다.

이 수업안은 특별 수업용이기 때문에 교육과정이나 각종 검인정 교과서와 직접 연계 수업은 물론이고 간접 연계까지 가능한 다목적용 수업안이다. 국어과 중심으로 설계되었지만 다중 교과 지식을 담고 있어 여러 교과 융합 수업도 가능하다.

이제까지의 한글 교육 관련 논저들은 대부분 문해력 교육이나 제자 원리에 대한 수업안 연구에 치중되어 있어 이 연구와 같은 융합교육 용 '교수-학습'과정안에 대한 연구는 발표되지 않았다.

이제 한글 위상은 국제적으로는 높아져 단적으로 한글을 "모든 알 파벳의 꿈"(*존맨, 영국*)4)이라고 하는 영국 역사가와 같은 전문가 평 가5)가 이어지고 있고 한국을 방문한 구글의 슈밋 회장은 "한국이 디 지털 기술에서 앞서나갈 수 있었던 요소 중 하나가 한글이라 생각해 요."라고 말하고 있을 정도다.6)

반면에 국내 어문생활에서는 지나친 영어 남용으로 한글의 가치와 한글 사용자의 자존감은 크게 훼손당하고 있다. 이러한 때에 학습자 가 한글의 보편적 과학성과 우수성을 정확히 이해하게 하고 더 나아

---

3) '융합역량'은 이질성과 다양성을 아우를 수 있는 역량을 말한다.

4) "Here, then, is about the best alphabet any language can hope for."(John Man, 2001: 116) 남경태 역(2003: 172)에서의 "한글은 모든 언어가 꿈꾸는 최고의 알파벳이다."라는 번역에 따른다.

5) 한글에 대한 외국인들의 평가는 이현복(1986), 서정수(1999ㄱ), 김정대(2004), 김슬옹(2013 ㄴ: 255~263) 참조.

6) 양승준, 「디지털 강국 한국, 한글덕분」, 이데일리, 2013.10.30. (http://www.edaily.co.kr/)

가 적극적으로 실천하는 태도를 기르게 할 필요가 있다.[7]

한글은 문자 특성에 철학, 음악, 과학, 수학 등 다양한 융합 요소가 있다. 또한 최근에는 한글이 한류와 한글 디자인 등으로 부각되면서 융합 문화의 핵심 요소로 떠오르고 있다.[8] 이런 흐름에 따라 학생들의 다양한 소질을 최대한 발휘하게 하는 '한글 홍보대사 되기' 수업이 진로 지도에도 많은 도움을 줄 수 있을 것이다. 이러한 융합 수업안 개발은 한국창의재단 요청에 따른 것이다.

따라서 이 장에서는 융합교육의 주요 배경과 특성, 국어과 한글 융합교육의 실제 수업안 제시를 목표로 한다.

2. 융합교육의 배경과 융합교육의 주요 속성

2.1. 융합교육 배경과 융합교육의 개념, 갈래

'융합'은 "서로 다른 존재들이 만나 섞이고 통하여 완전히 새로운 하나로 탄생하는 것"(조윤경 외, 2014: 14)을 뜻한다. 교육과 문화 전반에 걸쳐 '통합'에서 '통섭'으로, '통섭'에서 다시 '융합'으로 논의가 이루어지고 있다.[9] '통합'이나 '통섭'이든 '융합'이든 기본 맥락은 둘 이상의

---

7) 이때의 '우수성'은 문화상대주의 관점에서의 우수성이 아니라 과학적 보편주의 관점에서의 '우수성'을 말한다. 한글 우수성에 대해서는 허웅(1979)·조규태(2000)·장영길(2008)·김슬옹(2013ㄴ) 등 참조.

8) 한글의 디자인 가치에 대해서는 한재준(1996)·이혜숙(2005). 디자인의 교육적 가치에 대해서는 김선영(2009) 참조.

9) Edward O. Wilson(1999: 8~9)에서 'Consilience(통섭)'을 기본적으로 통합(Consilience is the key to unification)이라고 보고 있지만 최재천·장대익 옮김(2007) 번역 서문에서 지적했듯이 환원주의적 통합이라 볼 수 있다. 윌슨은 생물학을 중심으로 관련 학문을 아우르기를

요소를 연계하거나, 합치거나 섞어 그 효율성을 높이자는 것이다. 문제는 무엇을 왜 합치느냐, 어떻게 합치느냐이다. 결국 융합교육은 학습 주체가 융합역량을 잘 발휘하게 하여 서로 다른 교육 내용 요소를 융합하게 함으로써 교육 효과를 극대화하게 하는 교육을 말한다.

최근의 융합교육은 과학 중심의 '스템(STEM)'을 확장한 과학과 예술 중심의 '스팀(STEAM)'교육에서 비롯되었으나 인문학과의 융합이 강조되면서 이전의 '통합교육', '통섭교육'을 다시 아우르는 용어로 쓰이고 있다. 필자 또한 이 글에서 '융합교육'을 '스팀교육'의 번역어로서가 아니라 인문학을 중심으로 과학과 예술을 아우르는 개념으로 쓰고자 한다. 물론 '융합교육'이라는 용어를 사용하더라도 그 기저에는 '통합, 통섭'이라는 일반적인 절차와 방법이 깔려 있고 실제 현장에서 '융합교육'과 '통합교육, 통섭교육'과의 차이를 두기 어렵다.

융합 교육의 필요성에 대해 조윤경 외(2014: 14)에서 다음과 같이 기술한 바 있다.

> 융합교육은 교사와 학생이 일방적으로 가르치고 배우는 관계가 아니라 쌍방향적이고 역동적이며 다양한 방식으로 가르침과 배움의 관계가 상호 교환되어야 함을 강조한다. 과목 간 경계를 허문 융합교육을 통해 지식과 생활 사이의 차이를 줄이고, 이미 가지고 있는 지식과 새롭게 유입된 정보를 융합, 자신의 것으로 만드는 과정을 체험해야 한다.

이와 같은 융합교육의 의도도 분명하다. 교육 측면에서는 능동적인 배움의 효과를 높여 미래지향적인 인재를 양성하자는 것이며, 지식

'Consilience'라 본 것이고 번역자가 '통섭(統攝)'으로 옮겼다.

쪽에서는 지식 활용의 생산성을 높이자는 것이며 사고력 쪽에서는 좀 더 다양하고 창조적으로 생각하자는 것이다. 또한 사고력과 인성 융합을 강조하여 '창의·인성'이라 하고 사고력과 지식과의 연계를 강조하여 '창의·지성'이라고 하기도 한다.[10]

분명한 것은 융합교육의 중심에는 '학습자 주체'가 있다. 융합교육은 학습자가 살아가면서 겪는 다양한 문제를 해결하는 총체적, 창조적 해결 능력을 키우기 위한 열린 교육 방식이다. 이러한 융합교육의 주요 속성이나 전략[11]을 미시적 차원, 거시적 차원, 관계적 차원에서 나눠 볼 수 있다. 이러한 세 차원의 접근은 서로 다른 이질적인 접근이라기보다 같은 대상을 다면적으로 분석하고 응용하기 위한 일종의 전략이다.

첫째, 미시적 차원에서는 특이성과 평등성을 강조한다. 통합은 각 구성 요소의 특이성을 배제하는 것이 아니라 더욱 살려 내면서 각각의 특이성이 대등하게 넘나드는 것을 강조한다. 이런 차원에서는 모둠 활동을 통해 개인의 역량이 극대화할 수 있도록 해야 한다.

둘째, 거시적 차원에서는 공동체성·융합성·보편성·총체성 등을 강조한다. 융합교육은 특이성 또는 개체를 존중하되 결과적으로는 함께 어울리는 공동체성, 개체의 연결과 관계의 총합인 융합성, 두루두루 적용되는 보편성, 전체의 어울림을 강조하는 총체성 등을 지향한다. 이런 차원에서는 개인의 역량이 공동체에 어떤 영향을 미치게 할 것인가와 어떻게 기여하게 할 것인가를 구현해야 한다.

셋째, 관계적 차원에서는 연계성·연속성·상호작용성 등을 강조한

---

10) 창의성의 교육적 적용 전략에 대해서는 임선하(1998), 이경화(2008), 김영채 외(2003) 참조.
11) 속성을 주체 측면에서 어떻게 적용할 것인가로 보면 '전략'이 된다. '전략'은 목표를 이루기 위한 원리를 바탕으로 방향이나 방법을 결정짓는 고등 사고력이다.

다. 개체든 전체든 관계에 의해 그 의미가 부여된다. 관계는 개인과 개인, 개인과 전체, 전체와 개인을 연계시키는 것이며 특정 속성이나 의미의 연속성을 부여하는 것이다. 이런 연계와 연속을 위해서는 구성 요소별 상호작용이 전제가 되고 또 관계 맺기에 의한 결과로 구성된다. 상호작용은 출발이자 결과이며 또 역동적 과정이기도 하다.

2.2. 핵심역량 중심 융합교육 전략

한국과학창의재단은 2014년도에 융합교육 모델을 개발하기 위해 다음과 같은 기본 핵심역량을 설정하였다. 기본 핵심역량은 인문, 사회, 과학, 예체능 전 영역에서 기본이 되는 핵심역량을 말한다.[12]

〈표 1〉 기본 핵심역량(한국과학창의재단, 2014)

역량 구분	정의
자기이해능력	자신의 흥미·적성·가치관을 이해하고, 다양한 상황(가정·학교·사회생활 등)과 타인과의 인간관계를 통해 자신의 역할을 파악하며, 긍정적인 자아개념과 태도를 만듦
자기관리능력	자신의 행동을 변화시키기 위한 방편으로 행동적 학습 원리를 활용하여 전 생애를 통해 자신을 관리해 나가는 능력
창의적 문제해결력	고정된 사고방식에서 벗어나 새로운 시각으로 문제를 발견하고, 수렴적·발산적·융합적 사고를 통해 문제를 다각도로 해결할 수 있는 역량
정보활용능력	다양한 경로를 통하여 정보를 수집하고, 수집된 정보의 신뢰성을 평가하여 선별된 정보를 종합적으로 가공·활용하는 능력

---

12) 한국과학창의재단은 2014년에 인문, 사회, 예체능 영역 대표로 구성된 총론 협의 TF팀을 구성하고, 여기에서 기본 핵심역량을 선정하였다. 진로영역별로 핵심역량 추출결과 및 조작적 정의에 대해 공유하고 각 사업단에서 동일 내용에 대해 다른 용어를 사용하지 않도록 핵심역량단을 선정하여 용어의 통일성을 확보하고, 사업단 간 추출역량 중 공통부분을 선별하여 8개의 '기본 핵심역량'으로 선정하였다. 핵심역량 타당성 여부를 위한 델파이 조사를 하여, 1차 추출된 핵심역량의 유효성을 검증하고 발전시키기 위해 전문가로 구성된 집단들을 대상으로 델파이 조사를 실시하였다.

역량 구분	정의
의사소통능력	전달하고자 하는 바를 언어 또는 비언어를 활용하여 청자가 쉽고 정확하게 이해할 수 있도록 표현하는 능력
윤리적 실천능력	사회구성원으로서 건강한 사회 유지를 위해, 시민의식을 가지고, 사회 전체의 이익을 증진시킴에 개인이 가진 전문지식과 능력을 헌신할 수 있는 능력
분석적·비판적 사고력	문제나 상황의 논리적 관계를 헤아려 융통성 있고 체계적으로 처리하는 능력
진로개발능력	사회·경제 체제의 변화에 따른 직업세계의 흐름을 고려하여 자신의 학업과 직업 등의 진로계획을 수립하고, 합리적인 의사결정 원칙에 따라 진로계획을 관리, 실천하는 능력

이러한 핵심역량 선정은 2009 교육과정 분석 및 기존 국내 연구에서 제시한 핵심역량 분석에 기초하였다.13) 현재의 국어과 2015 교육과정도 그 바탕은 2009 교육과정에 뿌리를 두고 있다.

한국창의재단 인문 중심 융합교육 연구단14)은 이를 바탕으로 『미래의 직업세계 2011(직업편)』에 제시된 직업군을 모두 분석하고 인문 중심 융합영역 진로와 관련되어 가장 상위로 나타난 핵심역량을 바탕으로 인문 영역에 특화된 7개의 핵심역량을 〈표 2〉와 같이 추출하였다.15)

---

13) 미래의 핵심역량 중심의 논의는 이광우 외(2008)에서 자세히 논한 바 있다. 한국과학창의재단의 2014년 융합교육 프로젝트는 이러한 핵심역량을 실제 교육 프로그램으로 실현해 보자는 의도이다.

14) 필자도 이 연구단(2014)에 참여하였다.

15) 우한용 외(2012)에서는 인문영역(국어, 영어) 핵심역량 중심의 창의·인성교육 수업모델 개발 연구에서 주체적 언어인식, 유연한 사고, 공감적 소통, 창의적 언어표현, 국어문화 창조를 뽑았다. 이러한 국어 교과의 핵심역량은 인문 핵심역량과 연결되어 있다. '주체적 언어 인식'은 '언어구사능력', '유연한 사고'는 '입체적 사고력'과 '공감적 소통'은 '다문화 간 소통과 공감능력'과 '창의적 언어 표현'은 '창의적인 이해와 표현'과 각각 기본 속성들을 공유하고 있다.

<표 2> 인문 핵심역량(한국과학창의재단 인문 중심 융합교육 개발단, 2014)

역량 구분	정의
창의적인 이해와 표현	언어 및 언어를 바탕으로 한 각종 매체를 활용하여 창의적인 생산물을 만들어낼 수 있는 역량
인문·사회 지식 및 사고력	인간 및 세계를 둘러싼 지식을 이해하고 심층적으로 사유할 수 있는 역량
언어구사능력	국어 및 외국어의 원활한 구사를 통해 타인의 가치, 문화, 처지 등을 고려하여 소통할 수 있는 역량
통찰 및 총체적 이해력	관찰을 통해 세상의 흐름을 읽어내고, 문제의 핵심과 이면에 숨겨진 맥락을 총체적으로 간파하고 예견할 수 있는 능력
대인관계 능력	상대방을 배려하고 공감하고 경청하는 태도를 바탕으로 타인과 의사소통하고 함께 작업할 수 있는 능력
입체적 사고력	독서와 경험을 통해 주위 현상에 대하여 호기심을 가지고 생각을 깊고 다양하게 할 수 있는 능력
다문화 간 소통과 공감능력	문화적 이질집단과의 교감과 소통을 통하여 정서적으로 공감할 수 있는 능력

그렇다면 인문 영역에서의 융합교육은 학습자들에게 이러한 핵심역량을 키우고 발휘하게 하여 융합교육의 효과를 극대화할 것인가가 핵심 관건이 된다.

이들 인문 핵심역량을 융합역량과 연계시켜 보면 독서와 경험을 통해 다양성을 수용하고 발휘하는 입체적 사고력을 통해 서로 다른 요소를 존중하면서도 하나로 융합하는 사고가 필요하다. 이런 사고는 사람 중심으로 지식을 융합하게 하는 인문·사회 지식 및 사고력과 자연스럽게 연계된다. 또한 다양성은 '통찰 및 총체적 이해력'으로 하나같이 엮어내는 힘이 있을 때 가치가 있다. 다양성을 다양성 자체로만 존중한다면 배타적인 이질성의 나열일 뿐이다. 이러한 인식과 해석 중심의 역량은 '창의적인 이해와 표현'과 '언어구사능력' 역량을 통해 또 다른 창조물로 전환되어 발전되어야 한다. 이러한 과정에서 다양한 사회적 주체간의 상생적 관계맺기가 중요한데 '대인관계 능력'과 '다문화 간 소통과 공감능력'에 대한 역량이 필요하다.

2.3. 인문 핵심역량과 한글 융합교육 맥락

한글은 세종의 융합적 사고(맥락적 사고)와 융합 학문을 바탕으로 창제되고 반포된 글자이다(김슬옹, 2011). 그래서 한글은 언어학적 요소 외에 음악적 요소16)와 미술적 요소 과학적 요소 등을 모두 가지고 있으므로 융합 접근을 통해 그 실체를 제대로 밝힐 수 있다.

문제는 이러한 한글의 융합적 요소나 특성이 한글 융합교육으로서의 수월성은 있지만 그대로 융합교육으로 연결되는 것은 아니라는 점이다. 따라서 교사는 한글의 이런 융합 특성을 살려 학생들의 인문 핵심역량을 키워주고 그러한 역량에 의해 한글의 융합 특성이 교육 결과물로 더욱 능동적으로 표출되고 공유되도록 해야 한다는 점이다.

따라서 '인문·사회 지식 및 사고력'과 '입체적 사고력' 역량을 통해 한글의 융합 특성을 가르치거나 탐구하게 해야 한다.17) 한글은 음악적 문자로 세종은 음악가들과 더불어 기본 표준음을 만들고 그 표준음들이 서로 어울리어 무궁무진한 소리를 빚어내는 이치를 문자에 그대로 담았다.18) 한글은 철학의 문자이기도 해 음양오행의 동양 전통 철학뿐 아니라 하늘과 땅과 사람이 두루 조화되는 천지조화의 철학을 담았다. 또한 한글은 수학과 과학의 문자로 한글은 점과 원과

---

16) 한글 또는 훈민정음의 음악적 요소에 대해서는 한태동(2003), 최종민(2013) 참조.

17) 세종의 융합적 사유에 대한 학문적 조명은 김슬옹(2011ㄱ: 11장) 참조. 세종에 대한 해외 평가로는 Margaret Thomas(2011); 김슬옹 옮김(2017)이 50대 세계 언어학과 언어사상으로 뽑아 기린 것이 두드러진다.

18) 한글 자음에 직접 반영된 궁상각치우 음계 특성 외에 각 문자마다 절대 음가를 부여하고 합자를 통해 무궁무진한 글자를 생성해내는 원리도 음악적 특성으로 볼 수 있다.

선만으로 이루어진 간결한 기하학적인 문자이면서도 발음 기관을 관찰하고 분석한 과학을 반영한 과학의 문자이다.[19] 과학은 보편적인 진리나 법칙 발견을 목적으로 한 체계적인 지식으로서의 과학, 자연 현상을 연구 대상으로 하는 과학, 자연 현상 그 자체의 법칙을 탐구하는 수학·물리학·화학·생물학·지구 과학 따위를 실생활에 응용하는 실용과학 등으로 나눌 수 있는데, 이런 다양한 과학의 속성과 실체가 실제 한글에 반영되어 있다.

'통찰 및 총제적 이해력'을 통해 한글의 융합 요소를 집약하게 하는 데 그 과정에서 가능하면 모둠활동으로 '대인관계 능력'과 '다문화 간 소통과 공감능력'을 발휘하게 해야 한다. 이러한 활동 과정이나 결과를 '창의적인 이해와 표현' 역량으로 활동 결과물을 확산하고 공유하게 하는 것이 한글 '융합교육' 전략의 핵심이다.

3. "한글 홍보대사로 날아보자" 교수－학습 과정안(수업안)

한글 융합교육은 국어과 교육으로도 가능하고 탈교과 차원의 통합 교육으로도 가능하다. 여기서는 국어과 중심 융합교육의 수업안을 제시하기로 한다. 국어과는 모든 교과 학습의 효율성을 높여주는 언어 도구 교과이면서 주제의 제한이 없는 내용교과 특성으로 인해 다른 교과보다 융합교육이 수월한 핵심 교과이다.

2015 국어과 교육과정에서는 핵심 개념을 "국어의 본질, 국어 구조

---

19) 한글의 수학과 과학 특성에 대해서는 정희성(1989), 정희성(1994), 변정용(1996ㄱ, ㄴ), 김슬옹(2017ㄷ) 참조.

의 탐구와 활용, 국어 규범과 국어생활, 국어에 대한 태도"로 설정하고 있다(교육부 고시 제2015-74호 [별책 5]). '한글' 관련 내용 요소는 학년군 별로 다양한 방식으로 설정되어 있다. 이를 바탕으로 다양한 검인정 교과서가 개발되어 있다. 여기서는 특정 교과 단원 연계 수업도 가능 하지만 궁극적으로는 진로 지도와 연계한 특별 수업으로서 설계한 것이므로 특별히 교과 내용과 연계시키지는 않았다.

3.1. 개요

이 수업안은 모두 3차시로 구성하였다. 1차시에서 한글의 제자 원 리 이해를 바탕으로 한글의 과학성과 우수성에 대한 탐구를 한다. 그리고 이를 바탕으로 2차시에서 한글 홍보 자료를 만들고 3차시에서 는 한글 홍보안을 발표하는 것을 목표로 하였다.

수업모델은 교과 내 융합형 교육과정으로 국어 교과에서는 한글의 과학성과 우수성, 미술 교과에서는 한글 디자인, 과학 교과에서는 발 음 기관 해부도와 과학성, 수학 교과에서는 점·선 등의 유클리드 기하 학과 초성자·중성자·종성자 결합에서 나타나는 비유클리드 기하학 등이다.

교수−학습 방법은 지식탐구학습 모형과 협동학습 모형 위주로 국 어 문법 시간 또는 한글날을 즈음한 특별 수업, 그리고 창체 시간 등에 본 수업을 활용할 수 있다. 한글날은 오늘날과 날짜는 다르지만 1926년 11월 4일 '가갸날'이란 이름으로 제정되었다. 훈민정음 반포 기록이 나오는 『세종실록』 1446년 9월 29일자를 기준으로 삼았다. 1928년 11월 11일 '한글날'로 명칭이 바뀌었다. 오늘날과 같은 10월 9일로 공휴일이 된 것은 해방 후 1946년이었는데, 이는 1940년에 발견된 『훈민정음』 해례본 기록에 근거한 것이었다.

한글날은 1991년 공휴일에서 제외되었다가 한글단체들의 노력으로 22년 만인 2013년부터 다시 공휴일이 되었다. 2006년부터는 국경일이 되었다.

〈사진 1〉 2006년 한글날 국경일 승격 축하 모임

인문 핵심역량은 수업 차시별로 중점 역량이 달리 설정될 수 있지만 가능하면 모든 역량이 발휘되면 가장 좋을 것이다. 관련 직업군으로는 한글학자, 한글 디자이너, 한글공학자, 웹기획자 등을 들 수 있지만 역시 응용의 폭을 넓히면 더 많은 직업군을 설정할 수 있다. 관련 창의 체험은 한글 홍보대사 되기로 한글문화연대 한글가꿈이 프로그램과 연계할 수 있다.[20] 이상의 내용 구성을 집약해 보면 〈표 3〉과

20) 한글 지킴이와 가꿈이에 대한 학생용 책은 어린이용으로 김슬옹(2013ㄱ), 중고생용으로 김슬옹·김웅(2017)이 있다.

같다.

〈표 3〉 한글 홍보대사 되기 융합형 수업안 전체 개요

수업모델	■ 교과 내 융합형		
교수 – 학습 방법	■ 지식탐구학습 모형 ■ 협동학습		
대상/ 차시	중고등학교 1, 2, 3학년/ 3차시		
융합 교육과정	교 과	내용과 범위	개념 요소
	국어	한글의 과학성과 우수성	과학, 한글, 우수성
	미술	한글 디자인	디자인
	과학	발음 기관 해부도, 과학성	발음기관(조음기관)
	수학	기하학	유클리드 기하학, 비유클리드 기하학
융합 수업 현장적용 방안	국어 문법 시간 또는 한글날을 즈음한 특별 수업, 그리고 창체 시간 등에 본 수업을 활용할 수 있다.		
학습 목표	• 한글의 과학성과 우수성을 통해 한글의 가치를 말할 수 있다. • 한글 과학성과 우수성에 대한 홍보물을 만들 수 있다. • 한글의 과학성과 우수성을 다양한 방식으로 표현하고 홍보하는 능력을 기르 게 한다.		
관련 직업군	한글학자, 한글 디자이너, 한글공학자, 웹기획자		
관련 창의적 체험	한글 홍보대사 되기 [한글문화연대 한글가꿈이 프로그램 연계]		

3.2. 단계별 교수 – 학습 과정안

도입 단계에서는 15세기 한글 28자에 대한 관심 불러일으키기로 동기를 유발한다. 다음 세 가지 자료를 가지고 학생들의 관심을 유도한다.

(1) 한글로 표기된 최초의 벽서(1449)

(2) 선조가 임진왜란 때 포로들에게 알린 글(1593)

(3) 구글 슈밋 회장의 한글사랑(2013)

(1)은 한글이 반포된 지 3년 만에 하정승 집 담벼락에 붙은 한글 벽서 사건으로 한글이 반포되지 않았다면 어떤 식으로 소통했을 지를 생각해 보게 하는 자료다.[21] 기록으로 남아 있는 최초의 한글 벽서라는 점과 한글의 실용성을 보여준다는 점에서 의미가 있다. 한글로 인해 한자를 아는 사람만이 소통하던 세상에서 벗어나 누구나가 소통할 수 있는 세상이 열렸음을 주지시킨 이 사건은 조정에 보고되었고 사관은 그 기록을 한문으로 남겼다.[22] 〈사진 2〉는 한문으로 남은 벽서 내용을 필자가 내용을 복원하고 문관효 붓글씨로 재현한 것이다.

1449년에 어떤 사람이 "하정승(하연)아, 나랏일을 어지럽게 망치지 마라."라고 비판한 한글 벽서를 썼다. 그 한글 벽서는 남아 있지 않으며 한문 번역만 전한다.

《조선왕조실록》1449년 10월 5일자에 기록된 원쪽의 한문 번역 내용을 그 당시 한글로 재현한 것이다.

〈사진 2〉 최초 한글 벽서 재현(구성: 김슬옹, 글: 문관효)

(2)는 임진왜란 때 선조 임금이 포로로 잡힌 조선군 병사와 백성들

---

21) 이 사건에 대한 교육적 활용은 김슬옹·김응(2016: 30~34) 참조.

22) 喜居相位二十餘年, 持論寬厚, 不喜紛更, 能鎭定國人, 時稱眞宰相. 演苟察, 又老耄, 行事多顚錯, 人有以諺字書壁上曰: "河政丞且休妄公事."(세종31년 10월 5일자)

에게 알린 글이다.[23] 전쟁 중에 임금이 직접 남긴 한글 문헌이라는 점에서 의의가 있다. 이 자료를 통해 급박한 전쟁 상황 속에서 한글이 있었기에 이런 식의 정보 전달이 가능했고 한글이 임진왜란을 극복하게 하는 중요 도구가 된 사례를 설명하기 위한 자료이다.

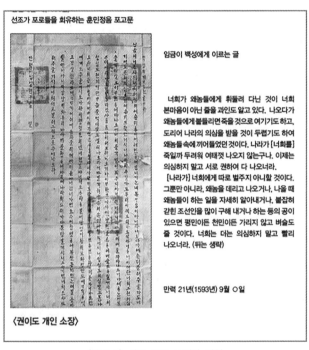

〈사진 3〉 선조 국문 교지와 번역

(3)은 구글의 슈밋 회장이 한국 방문 때 찍은 사진과 남긴 말이다. 세계 첨단 사업의 대표 사업자인 구글 회장이 디지털 환경에서의 한글의 우수성을 인정한 사례를 통해 한글 분야 꿈이나 진로를 찾는데

---

23) 이 사건에 대한 교육적 활용은 김슬옹·김응(2016: 80~84) 참조.

자극이 되게 하는 자료다. 외국인의 이런 칭송에도 정작 우리는 한글의 가치를 소홀히 하고 있지 않은지 되돌아보게 하는 성찰 자료이기도 하다.

〈사진 4〉 구글 슈밋 회장과 그의 글씨 '한글 사랑'

이러한 동기유발을 통해 한글의 실용성과 효용성에 대해 간단하게 생각하게 한다.24) 더불어 수업 취지와 3차시에 걸친 수업의 흐름을 안내하고 본 수업에 대한 학습 목표를 생각하게 한다. 한글의 제자 원리와 과학성과 우수성을 한글의 제자 원리를 다양한 자료를 통해 설명해준다. 제자원리를 먼저 설명하고 이를 통해 과학적 특성 찾기를 개인별·모둠별로 할 수 있다.25) 학생들에게 나눠줄 활동지는 〈표 4〉와 같다.

---

24) 한글(훈민정음) 발달의 역사적 맥락에 대해서는 최현배(1942/ 1982 고친판), 김슬옹(2012) 참조.

25) 음운 차원에서는 '초성·중성·종성, 자음·모음'이라 쓰고 문자 차원에서는 '초성자·중성자·종성자, 자음자·모음자'라는 용어를 쓰기로 한다. 그러나 "자음 17자:"와 같이 문자를 가리키는 용어에서 문맥으로 문자 지시가 분명할 경우는 '자음−'이란 용어를 쓸 수 있다.

〈표 4〉 '1차시' 학생 활동지: 15세기 한글 제자 원리

단원명	한글 28자의 제자 원리
학습목표	15세기 28자의 제자 원리를 정확히 이해할 수 있다.
활동	훈민정음 28자를 만든 원리는 무엇인가요? 1. 자음자 제자 원리 　현대 한글은 자음자 14자, 모음 10자자 모두 24자입니다. 하지만 15세기 훈민정음은 모음 'ㆍ(아래아)', 자음 'ㆆ(여린히읗), ㅿ(반시옷), ㆁ(옛이응)'을 더해 28자였어요. 다시 말해 훈민정음은 자음 17자, 모음 11자로 이루어졌습니다. 　자음은 '닿소리'라고도 말하는데, 닿소리란 목구멍에서 숨이 나올 때 그 숨이 어디엔가 닿으면서 만들어진 소리라는 뜻입니다. '그'를 천천히 크게 발음해 보면 'ㄱ'은 자음이고, 'ㅡ'는 모음임을 알 수 있습니다. 모음 소리를 작게 내면 자음 'ㄱ' 발음을 느낄 수 있습니다. 　우리 입 안에서 닿소리가 만들어지는 자리는 어금니, 혀, 입술, 이, 목구멍 모두 다섯 곳입니다. 그 다섯 발음 기관의 모양을 본떠 만든 5개의 기본자가 바로 'ㄱ, ㄴ, ㅁ, ㅅ, ㅇ' 다섯 자입니다. 　'ㄱ'은 혀뿌리가 목구멍을 막는 모양을 본뜬 것이고, 'ㄴ'은 혀가 윗잇몸에 닿는 모양을 본뜬 것이며, 'ㅁ'은 입의 모양을 본뜨고, 'ㅅ'은 이의 모양을 본떴으며, 'ㅇ'은 목구멍의 모양을 본뜬 것입니다. 　그 다음 이 문자들을 바탕으로 다른 글자들을 만들었습니다. 'ㄱ, ㄴ, ㅁ, ㅅ, ㅇ'의 소리는 거세지 않은 소리입니다. 그런데 이 소리들보다 입김을 많이 내어 세게 소리를 내면 거센소리가 됩니다. 거센소리를 나타내기 위해 획을 더하여 9자를 더 만들었습니다. 이 밖에도 이체자(가획의 원리로 만들었지만 같은 다른 가획자와 가획 원리가 다른 문자) 'ㆁ, ㄹ, ㅿ' 세 자가 더 있어 훈민정음의 자음자는 모두 17자입니다. **15세기 훈민정음 기본 자음자 17자의 제자 원리** <table><tr><td rowspan="2">갈래</td><td rowspan="2">상형 원리</td><td rowspan="2">상형기본자</td><td colspan="2">가획자</td></tr><tr><td>일반가획자</td><td>이체가획자</td></tr><tr><td>어금닛소리 (아음-)26)</td><td>혀뿌리가 목구멍을 막는 모양</td><td>ㄱ</td><td>→ㅋ</td><td>ㆁ</td></tr><tr><td>혓소리(설음)</td><td>혀끝이 윗잇몸에 닿는 모양</td><td>ㄴ</td><td>→ㄷ→ㅌ</td><td>ㄹ</td></tr><tr><td>입술소리(순음)</td><td>입의 모양</td><td>ㅁ</td><td>→ㅂ→ㅍ</td><td></td></tr><tr><td>잇소리(치음)</td><td>이의 모양</td><td>ㅅ</td><td>→ㅈ→ㅊ</td><td>ㅿ</td></tr><tr><td>목구멍소리(후음)</td><td>목구멍의 모양</td><td>ㅇ</td><td>→ㆆ→ㅎ</td><td></td></tr></table> ◆ 활동 나누기 　자음자는 무엇을 어떻게 본떠서 만들었는지 직접 그려보자. 이러한 자음에는 음악(오음)과 철학(오행)의 원리도 적용되어 있습니다.

자음 17자에 적용된 음악과 철학 원리(입→목)

자음	ㅁㅂㅍ	ㅅㅈㅊ [▲]	ㄱㅋ [ㆁ]	ㄴㄷㅌ [ㄹ]	ㅇㆆㅎ
오음(음악)	궁	상	각	치	우
오행	흙	쇠	나무	불	물
오시(계절)	늦여름	가을	봄	여름	겨울
오방(방위)	중앙	서	동	남	북

2. 모음자 제자 원리

 모음을 '홀소리'라고도 하는데, 홀소리란 목구멍에서 숨이 나올 때 어디에도 닿지 않고 혼자서 나는 소리라는 뜻입니다. 모음의 기본자 역시 자음의 기본자처럼 모양을 본떠서 만들기는 하였으나, 발음기관의 모양을 본뜬 것이 아니라 '하늘·땅·사람'의 모양을 본뜬 것입니다.

15세기 기본 모음자 11자의 제자 원리

상형 원리		상형기본자	합성 원리	
			초출자	재출자
양성	하늘의 둥근 모양	·	ㅗ ㅏ	ㅛ ㅑ
음성	땅의 평평한 모양	ㅡ	ㅜ ㅓ	ㅠ ㅕ
중성	사람이 서 있는 모양	ㅣ		

먼저 하늘의 둥근 모양을 본떠 '·'를 만들고, 땅의 모양을 본떠 'ㅡ'를, 사람이 서 있는 모양을 본떠 'ㅣ'를 만들었습니다. 모음은 소리를 낼 때 혀의 모양이 각각 다르고 그 느낌도 서로 다릅니다. '·'는 혀가 오그라들고 소리가 깊으며, 'ㅡ'는 혀가 조금 오그라들고 소리가 깊지도 얕지도 않으며, 'ㅣ'는 혀가 오그라들지 않고 소리는 얕습니다.
그리고 기본자(·, ㅡ, ㅣ)를 한 번씩 합쳐 'ㅗ, ㅏ, ㅜ, ㅓ'의 네 자를 만들었습니다. 'ㅡ'에 '·'를 위아래로 합쳐 'ㅗ, ㅜ'를 만들고, 'ㅣ'에 '·'를 바깥쪽과 안쪽에 합쳐 'ㅏ, ㅓ'를 만들었습니다. 'ㅛ, ㅑ, ㅠ, ㅕ'는 '·'를 두 번씩 합쳐 만들었습니다. 이렇게 해서 모음 11자를 만든 것입니다.
 이러한 모음자는 하늘(양성)과 땅(음성)의 음양 사상과 여기에 사람(중성)까지 함께 조화롭게 어울리는 삼조화 사상을 담은 천지자연의 문자 철학을 담고 있습니다.
 __출처: 문화체육관광부(http://nationalculture.mcst.go.kr) 자료실: 『누구나 알아야 할 한글 이야기 10+9』

◆ 활동 나누기

> 자음자와 모음자의 제자 원리를 기본 한국어 문해력이 있는 외국인에게 설명하듯 설명해 보자.

활동 돌아보기	
교사의 조언	제자 원리를 설명한 뒤 과학 특성이 어떤 것인지를 생각하게 한다.

---

26) 지금의 분류 체계로는 여린입천장소리 연구개음이다.

수업 시간이 부족할 경우 거꾸로 수업 방식으로 2018년 6월 1일 현재 조회수 205,056, 댓글 605개를 기록하고 있는 40분짜리 필자의 동영상인 "우리가 모르는 한글 이야기(https://www.youtube.com/)를 미리 보고 오게 할 수도 있다".[27]

한글의 과학성 자료는 지면 부족으로 동영상 소개로 대체한다. '과학'은 사전에 보면 네 가지 의미가 있다. 첫째는 보편적인 진리나 법칙의 발견을 목적으로 한 체계적인 지식으로서의 과학, 둘째는 자연현상을 연구 대상으로 하는 과학, 셋째는 자연 현상 그 자체의 법칙을 탐구하는 수학·물리학·화학·생물학·지구과학 따위, 넷째는 이런 과학을 실생활에 응용하는 응용과학 등이다. 이런 다양한 과학의 속성이 실제 한글에 반영되어 있음을 강조하여 가르친다.

아리랑 TV에서 제작한 "보이는 소리 한글(https://www.youtube.com/watch?v=Hv-gxt-Pvgw)"에 나오는 한글 발음 엑스레이 실험 영상을 활용하면 더욱 효율적인 수업이 될 수 있다.

자음 제자 원리에서는 다음과 같은 그림을 직접 그려보게 하는 것이 좋다. 실제 혀끝이 윗잇몸에 닿는 'ㄴ'의 경우 그 모습을 그대로 본뜬다면 곡선 요소 때문에 사람마다 그 모양이 달라 매우 비효율적인 문자가 된다. 직선만으로 본떴기에 누구에게나 보편적인 도형 과학이 되고 효율적이다.

한글 도형 특성에 대해서는 김슬옹 글, 강수현 그림(2015: 71)에서 제시한 〈그림 1〉과 같은 도형을 활용할 수 있다. 모음의 규칙적 이동으로 최대의 자모 결합을 이끌어내는 이른바 위상수학적 원리다.[28]

---

27) 동영상을 그대로 전사한 내용은 김슬옹(2017ㄴ: 14~36)에 실려 있다.
28) 정희성(1989: 175)에서의 '위상구조' 진술을 바탕으로 그림은 필자가 구성한 것이다.

〈그림 1〉 자음 기본자 상형도

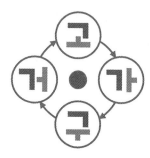

〈그림 2〉 한글 자모 결합 비유클리드 기하학적 요소

　　모둠 활동으로는 4~6명으로 구성된 한글홍보팀 모둠을 구성한다. 모둠을 구성할 경우 다양한 소질이 섞이도록 한다. 그게 어려울 경우 역할 분담을 잘하게 하여 모둠별로 다음 사항을 정리하게 한다.29)

　　(1) 한글의 쓰기, 읽기 측면의 과학성과 우수성

　　(2) 한글의 문자와 음운 측면의 과학성과 우수성

　　(3) 한글의 도형 측면의 과학성과 우수성

　　(4) 한글의 디자인 측면의 예술성과 우수성

　　(5) 한글의 실용성 측면의 과학성과 우수성

---

29) 한글 우수성을 지나치게 내세울 경우 맹목적인 한글 민족주의에 빠질 수 있음을 경계하는 목소리도 있으므로 한글 자체의 장단점을 탐구해 본다든가 다른 문자와 비교했을 때 상대적 단점 등도 따져볼 수 있 수 있다. 한글 단점에 대해서는 김윤경(1955), 조규태(2000: 175~177) 참조. 가장 많이 지적되는 단점은 '홍, 흥, 흥'과 같이 구별이 잘 안 되는 글꼴들이다.

〈표 5〉 '한글 우수성' 대한 활동 모범 예시

한글 우수 특성 요인	내용	다른 문자(영어, 일본어, 중국어)와의 차이
쓰기, 읽기	문자 도형이 직선과 원으로 이루어졌고 대칭 구조로 되어 있어 읽고 쓰기 편하다.	
발음	대체로 하나의 문자가 하나의 음가를 가지고 있어 문자 자체가 발음기호 구실을 한다.	영어는 발음 기호 없이는 단어의 발음을 정확히 알기 어렵다.
도형	정방향 네모 안에 자음과 모음이 간결하고 체계 있게 배치된다.	지금까지 만들어진 것 중 최고의 문자 체계는 중국으로부터 배운 음절 접근법을 인도로부터 배운 자음−모음 접근법과 결합한 한국어, 한글(Hangul)입니다. 한국어 메뉴판에서 당신은 간단한 중국 글자처럼 보이는 정사각형 모양들을 볼 것입니다. 그러나 그것들을 보다 자세히 보면 블록(음절)으로 결합된 단지 40개의 간단한 문자들을 볼 것입니다. 조그만 공간에 엄청난 정보를 넣은 것입니다.＿릭커슨·배리 힐튼 엮음, 류미림 옮김(2013: 56~57), 『언어학에 대한 65가지 궁금증』, 경문사
디자인	모든 문자는 디자인이다. 그러나 한글은 단순한 도형의 배합을 통해 다양한 디자인이 연출되는 것이 특이하다. '안상수 디자인 사례'[30] 	
실용성	읽고 쓰는 것부터 디지털 생활까지 한결같이 편하고 쉽다.	

　다른 문자외의 비교에서는 문화상대주의를 존중하고 문자우월주의가 아닌 보편주의 관점에서 〈표 6〉과 같은 객관적 비교 활동이 이루어지도록 해야 한다.

---

30) 서울 종로구 세종로 주시경집터 옆 가로등에 있는 조형물 디자인이다.

<표 6> 영어 알파벳 문자와 음운 비대칭 조사 자료

'a'의 다양한 발음	'[e]'발음을 나타내는 다양한 알파벳
fam·i·ly[fǽməli] 가족	aesthetic[esθetik] 심미적
gar·den[gáːrdn] 정원	desk[desk] 책상
wa·ter[wəːtər, wát-] 물	friend[frend] 친구
parent[péərənt] 부모	weather[weðə(r)] 날씨

서로 다른 문자를 비교할 때는 리의도(2012: 104)에서 제시한 말소리와 문자의 상관 관계를 보여주는 〈그림 3〉과 같은 기본적인 문자 이해가 전제되어야 한다.

〈그림 3〉 문자의 표기 방식 비교(리의도, 2012: 104)

좀 더 객관적인 비교로는 다음과 같은 외국인이 쓴 자료를 활용하는 전략도 있을 것이다.

'かな'kana, 'あめ'ame에서처럼, 일본어 가나 같은 음절문자는 음절의 경계를 볼 수 있지만, 음절의 내부 구조는 드러나지 않는다. 가나 か는 어디부터 어디까지가 /k/고 /a/인지 형태상으로는 알 수 없다. (…줄임…) 로마자에서 형태를 통해서 시각적으로 음절 경계를 나타내려면, 사전에서

볼 수 있듯이 'al-pha-bet'처럼 구분 기호를 넣거나, 음절의 첫 글자를 대문자로 표시해 'AlPhBet'으로 쓰거나, 'al pha bet'처럼 공백을 넣거나, (…줄임…) '정음'은 음의 차원에 있는 '음소의 평면'과 '음절의 평면'이라는 두 개의 층을, 문자 차원에서 하나의 층으로 겹쳐서 통합해 나타냈다. 뿐만 아니라 음절의 안과 밖, 음절의 내부 구조와 외부 경계를 모두 가시화하였다. 문자는 한 층이면서 동시에 두 개의 층이다.

___野間秀樹(2010); 野間秀樹, 김진아·김기연·박수진 옮김(2011: 182~183)

한글 디자인에서는 한글 자모를 이용해 다음 디자인처럼 재미있고 흥미로운 디자인을 직접 해 보게 하는 것이 좋다.31)

〈사진 5〉 '옷'에 새긴 한글 자모 28자 한글로봇 디자인(김슬옹)

정리 단계에서는 활동 결과를 모둠 일부가 대표로 발표하게 한다. 수업을 통해 다양한 지식을 쌓고 깊이 있는 사유를 하도록 유도하되, 응용 활동에서 학생들의 자기주도적 참여를 장려한다. 이상의 내용을

---

31) 한글 자모 28자로 만든 한글로봇 디자인은 필자가 구안하고 강수현, 양효정 한글맵시꾼의 도움으로 완성한 것으로 『한글새소식』 540호(2017년 8월호) 표지에 실린 바 있다.

정리하면 〈표 7〉과 같다(여기서 설정한 동기유발 자료와 활동지는 한글학회 누리집이나 세종학교육원 자료실에서 공유함).

〈표 7〉 1차시 교수·학습 과정안

학습 목표	• 한글의 제자 원리 이해를 바탕으로 한글의 과학성과 우수성을 이해할 수 있다.		차시	1/3
단계	학습 주요 내용	교수·학습 활동	학습 형태 및 자료	
도입 (5')	15세기 한글 28자에 대한 관심 불러일으키기	◆ 동기유발 • 아래 세 가지 자료를 가지고 학생들의 관심을 유도한다. 한글이 얼마나 실용적이고 그로 인해 어떤 세상이 열리고 있는지를 간단하게 생각하게 한다. 　◦ 한글로 표기된 최초의 벽서(1449) 　◦ 선조가 임진왜란 때 포로들에게 알린 글(1593) 　◦ 구글 슈밋 회장의 한글사랑(2013) • 수업의 취지와 3차시에 걸친 수업의 흐름을 안내해준다. • 본 수업에 대한 학습 목표를 생각하게 한다.	파워포인트 동기유발자료 1, 2, 3	
전개 (35')	한글의 제자 원리와 과학성 탐구	◆ 한글의 제자 원리 이해 • 한글의 제자 원리를 파워포인트를 통해 설명해준다.(활동지 4, 5) (동영상 활용 가능, 동영상 1, 2) • 제자원리를 먼저 설명하고 이를 통해 과학적 특성 세 가지 찾기를 개인별로 한다. • 한글의 과학성을 정리해준다.(인쇄물) ◆ 모둠 활동 • 4~6명으로 구성된 한글홍보팀 모둠을 구성한다. • 모둠별로 다음 사항을 정리하게 한다(활동지 6) 　1) 한글의 쓰기, 읽기 측면의 과학성과 우수성 　2) 한글의 문자와 음운 측면의 과학성과 우수성 　3) 한글의 도형 측면의 과학성과 우수성 　4) 한글의 디자인 측면의 예술성과 우수성 　5) 한글의 실용성 측면의 과학성과 우수성	☑ 파워포인트 동영상 (1, 2) ☑ 활동지 1, 2, 3	
정리 (10')	수업 정리와 차시 예고	◆ 수업정리 • 한글의 우수성에 대하여 간략히 정리한다. • 활동 결과를 모둠 일부가 대표로 발표하게 한다. ◆ 차시 예고 • 한글의 우수성에 대한 홍보물 만들기에 대한 안내를 한다. • 모둠별 준비사항을 확인한다.		

　2차시에서는 1차시에서 배운 한글 과학성과 우수성에 대한 정확한

지식을 바탕으로 한글 홍보물을 제작하게 한다. 다음과 같은 한글 홍보 관련 동영상을 보며 모둠별 아이디어 찾기를 한다. 이 가운데 두세 개를 선택할 수 있다.

(4) 동영상1: 미국인 마이클의 랩 한글 홍보(3분, 가사 제공)

(5) 동영상2: 반크의 한글 홍보(8분)

(6) 동영상3: 해외 한글 평가(3분)

(7) 김슬옹 한글춤 하하호호(1분)

(8) 늘푸른자연학교 아이들의 한글춤

각 동영상은 1, 2분 정도의 편집영상만을 보여준 뒤 모둠별로 홍보 설계도 만들기를 한다. 방법은 모둠 자유에 맡긴다. 단 모둠원들이 각자 어떤 역할을 했는지를 명시하게 한다.

〈표 8〉 맡은 역할 분담 활동지

제목	홍보물 특징을 잘 드러내주는 개성 있는 제목(예, 한글 567프로젝트 _가톨릭대학교 동아리)		
주제	홍보물 핵심 내용을 쓰기 예시) 한글의 과학성을 홍보하기, 한글의 아름다움(디자인), 　　　게임으로 한글 홍보하기		
유형(동영상, 신문광고, 게임 과학적인 주장 등)			
대상			
맡은 역할	맡은 내용	분야	도움말
총감독			
디자인			
소리			
이야기 구성			

이때는 홍보물 만들기에 도움을 주도록 각종 자료를 제공한다. 각 모둠별 발표 총괄 정리와 평가를 한다.

〈표 9〉 2차시 교수·학습 과정안

학습 목표	· 한글 과학성과 우수성에 대한 홍보물을 만든다.				차시	2/3
단계	학습 주요 내용	교수·학습 활동			학습 형태 및 자료	
도입 (5')	한글 우수성에 대한 동영상(7분)을 보며 홍보 아이디어 도출	◆인사 및 도입 · 한글 홍보 관련 동영상을 보며 모둠별 아이디어 찾기 · 동기부여를 위한 동영상 시청 ∘ 동영상1: 미국인 마이클의 랩 한글 홍보(3분, 가사 제공) ∘ 동영상2: 반크의 한글 홍보(8분) ∘ 동영상3: 해외 한글 평가(3분) ∘ 동영상4: 김슬옹의 한글춤 하하호호(1분) ◆유의: 각 동영상은 1, 2분 정도의 편집영상만을 보여준다.			동영상 1, 2, 3, 4	
전개 (40')	한글의 과학성과 우수성에 대한 모둠별 홍보물 만들기	◆모둠별로 홍보 설계도 만들기 · 방법은 모둠 자유에 맡긴다. 단 모둠원들이 각자 어떤 역할을 했는지를 명시하게 한다.			활동지 4	
		제목	홍보물 특징을 잘 드러내주는 개성 있는 제목(예, 한글 567프로젝트_가톨릭대학교 동아리)			
		주제	홍보물 핵심 내용을 쓰기 예시) 한글의 과학성을 홍보하기, 　　　한글의 아름다움(디자인), 　　　게임으로 한글 홍보하기			
		유형(동영상, 신문광고, 게임 과학적인 주장 등)				
		대상				
		맡은 역할	맡은 내용	분야	도움말	
		총감독				
		디자인				
		소리				
		이야기 구성				

		◆유의: 홍보물 만들기에 도움을 주도록 각종 자료를 제공한다.				
정리 (5')	수업 정리와 차시 예고	◆수업 정리 · 각 모둠별 발표 총괄 정리와 평가를 한다. ◆차시 예고 · 한글에 대한 해외 평가와 한글의 실용성에 대한 다음 차시 학습 내용을 소개하고 발표가 끝이 아님을 주지시킨다.			PPT (종합)	

3차시에서는 도입 단계에서는 2차시에서의 발표 주요 동영상을 보며 오늘 수업과 어떻게 연결되는지를 설명해준다. 모둠별 수에 따라 발표 시간은 5분, 10분, 15분 등으로 조정할 수 있다. 발표 방식은 모둠 자유에 맡긴다(파워포인트·동영상 등).

모둠별 평가를 위해서는 듣는 학생들은 미리 준비한 다음 평가지를 작성하게 한다.

〈표 10〉 발표 활동상 활동지

갈래	근거	조와 이름
최우수 모둠상		
감독상		
역할 분담상		
지식 뽐내기상		
발표상		
창의 홍보상		

평가 비율은 한글의 과학성과 우수성을 제대로 이해했는가 30점, 발표 30점, 창의성과 설득력 40점으로 구성한다. 우수 팀으로 선정된 모둠원들에게 각각의 재미있는 홍보대사단 임명장을 준다. 가장 잘 한 모둠은 수석 홍보대사로 임명할 수 있다. 실제 홍보대사 임명장을 준비하여 수여한다. 개인에게는 한글가꿈이 자격증을 수여한다. 대학생 우리말글 가꿈이 동영상

〈사진 6〉 한글 홍보대사증 실제 사례

을 1분간 보여주고 한글홍보대사로서의 활동이 얼마나 소중한지를 느끼게 한다.

〈표 11〉 3차시 교수·학습 과정안

학습 목표	· 한글의 보편성과 실용성을 이해하고 알릴 수 있다.		차시	3/3
단계	학습 주요 내용	교수·학습 활동	학습 형태 및 자료	
도입 (5분)	전시간 내용 확 인 및 수업 진행 방식 소개	◆ 인사 및 도입 · 발표 주요 동영상을 보며 오늘 수업과 어떻게 연결 되는지를 설명해준다.	다양한 발표 동 영상	

전개
(35분)
	한글 과학성과
	우수성에 대한
	모둠별 발표 및
	결과 평가
		◆ 홍보물 제작 결과 발표
		· 모둠별 수에 따라 발표 시간은 5분, 10분, 15분
		등으로 조정할 수 있다.
		· 발표 방식은 모둠 자유에 맡긴다. (파워포인트,
		프레지, 동영상 등)
		◆ 모둠별 평가
		· 듣는 학생들은 미리 준비한 다음 평가지를 작성하
		게 한다.
		
		      | 갈래 | 근거 | 이름 |
		      | 최우수 모둠상 | | |
		      | 감독상 | | |
		      | 역할 분담상 | | |
		      | 지식 뽐내기상 | | |
		      | 발표상 | | |
		      | 창의 홍보상 | | |
		
		◆ 평가 기준
		· 평가 비율은 한글의 과학성과 우수성을 제대로
		이해했는가 30점, 발표 30점, 창의성과 설득력 40
		점으로 구성한다.
			활동지 5
			
			핸드폰 촬영	

정리 (10분)	수업 정리와 예 고	◆ 수업 정리 · 우수 팀으로 선정된 모둠원들에게 각각의 재미있 는 홍보대사단 임명장을 준다. 가장 잘 한 모둠은 수석 홍보대사로 임명할 수 있다. · 실제 홍보대사 임명장을 준비하여 수여한다. 개인 에게는 한글가꿈이 자격증을 수여한다. · 대학생 우리말글 가꿈이 동영상을 1분간 보여주고 한글홍보대사로서의 활동이 얼마나 소중한지를 느끼게 한다.	동영상: 대학생 우리말글 가꿈 이단 활동	

이상의 3단계 3차시 수업 과정에서 필요하거나 발휘해야 할 인문

핵심역량은 다음과 같다.

〈표 12〉 차시별 중점 인문 핵심역량

차시	인문 핵심역량	활동 요소
1차시	• 인문·사회 지식 및 사고력 • 입체적 사고력 • 다문화 간 소통과 공감능력 • 통찰 및 총체적 이해력	한글 과학성과 우수성 탐구
2차시	• 대인관계 능력 • 다문화 간 소통과 공감능력 • 창의적인 이해와 표현	홍보물 만들기
3차시	• 언어구사능력 • 창의적인 이해와 표현	홍보물 발표

3.3. 평가 방안

평가는 3차시 수업안에 맞춰 설정하였다. 성취목표에 해당되는 성취기준과 성취수준은 2015 중고등학교 교육과정에 준하여 설정했다.

3.3.1. 한글의 제자 원리 이해를 바탕으로 한글의 과학성과 우수성을 이해하기

이 단계에서는 한글의 제자 원리를 정확히 이해하고 한글의 과학성과 우수성을 효율적으로 설명할 수 있는 것이 핵심 목표다. 한글의 제자 원리를 정확히 모르면 한글의 과학성과 우수성을 효율적으로 설명하는 것은 불가능하다. 제자 원리와 과학성, 우수성을 보편적, 과학적 관점에서 올바르게 이해하는 것이 중요하다. 이런 취지를 살린 성취 수준 차이를 설정하면 〈표 13〉과 같다.

〈표 13〉 홍보물 제작에 대한 성취기준과 성취수준: 한글 제자 원리

성취기준	성취수준		
	상	중	하
한글의 제자 원리를 정확히 이해하고 한글의 과학성과 우수성을 효율적으로 설명할 수 있다.	한글의 제자 원리를 정확히 이해하고 한글의 과학성과 우수성을 효율적으로 설명할 수 있다.	한글의 제자 원리를 정확히 이해하였으나 한글의 과학성과 우수성을 효율적으로 설명하기는 부족하다.	한글의 제자 원리를 정확히 이해하는 게 부족하고 한글의 과학성과 우수성을 효율적으로 설명하는 게 부족하다.

3.3.2. 한글의 과학성과 우수성에 대한 홍보물을 만들기

이 단계에서의 성취기준은 "한글의 과학성과 우수성을 정확히 알 수 있다. 한글 홍보대사로서 창의적으로 홍보물을 만들고 발표할 수 있다."로 설정했다. 이때의 발표는 2단계 최종 발표가 아닌 제작 단계에서의 발표를 말한다. 성취수준의 내용 요소로는 한글의 과학성에 대한 이해 홍보물 구성의 창의성과 발표의 설득력 등 세 요소이다. 이에 따른 상중하 수준 차는 〈표 14〉와 같다.

〈표 14〉 홍보물 제작에 대한 성취기준과 성취수준: 한글의 과학성과 우수성

성취기준	성취수준		
	상	중	하
한글의 과학성과 우수성을 정확히 알 수 있다. 한글 홍보대사로서 창의적으로 홍보물을 만들고 발표할 수 있다.	한글의 과학성과 우수성을 정확히 이해하고 그에 따른 홍보물을 창의적으로 구성하고 설득력 있게 제작할 수 있다.	한글의 과학성과 우수성을 정확히 이해하였으나 홍보물의 창의성과 설득력이 부족하다.	한글의 과학성과 우수성을 정확히 이해하지 못하고 홍보물도 창의성과 설득력이 떨어진다.

3.3.3. 한글의 과학성과 우수성 홍보물 모둠별 발표하기

최종 발표에 대한 성취 기준은 "한글의 과학성과 우수성에 대해 홍보대사로서 내용을 정확히 전달하고 흥미롭게 발표할 수 있다."라고 설정했다. 홍보대사로서의 책임감과 자존감을 가지고 내용을 정확하게 전달하는 것이 가장 중요하다. 그리고 '홍보-' 전문가로서 흥미롭게 발표하는 것이 필요하다. 홍보의 핵심은 얼마나 많은 사람들이 흥미를 가지고 참여하게 하느냐가 관건이기 때문이다. 이와 같은 평가 취지를 살려 성취 수준을 3단계로 구성하면 〈표 15〉와 같다.

〈표 15〉 홍보물 발표에 대한 성취기준과 성취수준

성취기준	성취수준		
	상	중	하
한글의 과학성과 우수성에 대해 홍보대사로서 내용을 정확히 전달하고 흥미롭게 발표할 수 있다.	한글의 과학성과 우수성에 대한 한글 홍보물의 내용을 정확히 전달했고 흥미 있게 발표했다.	한글의 과학성과 우수성에 대한 한글 홍보물 내용을 비교적 정확히 전달했거나 혹은 흥미 있게 발표했다.	한글의 과학성과 우수성에 대한 한글 홍보물에 대한 정확한 전달력이 부족했으며 흥미 있게 발표하지 못했다.

4. 한글 홍보대사로서의 역량 키우기

이 장에서는 한글의 과학성과 우수성에 대한 지식을 바탕으로 학생들로 하여금 한글 홍보 역량을 키우게 하기 위한 한글 융합 교육을 위한 '교수-학습' 과정안을 제시한 것이다. 이러한 교육을 통해 학생들이 한글에 대한 자존감을 키우고 한글 홍보대사로서의 역량을 발휘하게 하기 위한 것이다.

한글은 문자 특성에 음악·과학·수학 등 다양한 융합 요소가 들어 있다. 따라서 이런 융합 요소를 살려 학생들의 다양한 소질을 발휘하게 하는 '한글 홍보대사단 되기' 수업은 기본 3차시로 구성하였다.

이 수업의 핵심 교육 목표는 학습자가 한글의 보편적 가치를 말할 수 있고, 한글 창제 동기와 목표를 표현할 수 있으며, 이러한 내용을 바탕으로 한글을 홍보하는 능력을 기르게 한다. 이런 능력을 위해 7가지의 인문 핵심역량을 맥락에 따라 발휘하게 하며 "한글학자, 한글디자이너, 한글공학자, 웹기획자" 등의 진로를 탐색하게 한다.

이 수업은 국어과 융합 수업으로 설계되어 있지만 다양한 교과 연계가 되어 있으므로 교과 통합 수업도 가능하다. 그리고 최근 한글날이 활성화되어 한글날 특별 행사를 진행하는 학교가 많이 늘었다. 따라서 한글날 특별 수업용으로 활용할 수 있다.

한글의 융합적 특성에 대한 체계적 이해를 바탕으로 그러한 다양한 특성이 잘 드러나는 홍보물을 만드는 전략이 중요하다. 따라서 홍보물 만드는 과정이나 실제 결과물에 다양한 교과 특성, 내용 특성이 잘 드러나도록 하는 것이 중요하다.32)

---

32) 이 장은 김슬옹(2018ㄹ), 「한글 융합교육 '교수-학습' 안에 대한 연구」(『한글』 320, 한글학회, 459~498쪽) 단행본 저술 구성에 맞게 가져왔다.

◆ 활용 자료

종류	자료명	출처
자료	국립국어원	http://www.korean.go.kr/
	타이포디자인	http://www.typodesign.co.kr/
	조선왕조실록	sillok.history.go.kr.
	세종학교육원	cafe.daum.net/tosagoto
체험 시설	세종대왕기념사업회	http://www.sejongkorea.org/
	국립한글박물관	http://www.hangeul.go.kr/
	우리한글박물관	http://www.hgnara.net/
	한글학회	https://www.hangeul.or.kr/
	디지털한글박물관	http://www.hangeulmuseum.org/
	한글문화예술제	http://www.ulsanhangeul.com/
영상	세계로 한글로	www.hanmal.pe.kr
	늘푸른자연학교 한글춤 공연	https://www.youtube.com/watch?v=ZOoTZWS1EUg
	우리가 모르는 한글 이야기	https://www.youtube.com/watch?v=ZxuG-l3yPhQ
	김슬옹의 한글 춤 하하호호	https://www.youtube.com/watch?v=VbBZtgQeV9c
	한국의 유산 훈민정음 해례본	https://www.youtube.com/watch?v=lzpkXZQPjGw
	TV 북소리 대담 김슬옹(훈민 정음해례본)	https://www.youtube.com/watch?v=KC3FSrUeAzw
	마익홀 한글홍보 랩	http://www.youtube.com/watch?v=HSRJIu0Gi68
	한국문화 최고의 창작품, 한글 (반크)	http://www.youtube.com/watch?v=SxOZ6qycMKQ
	한국의 유산 훈민정음 해례본	http://www.youtube.com/watch?v=lzpkXZQPjGw
	위대한 유산, 한글[세종대왕]	http://search.ytn.co.kr/
	보이는 소리, 한글(아리랑 TV)	https://www.youtube.com/watch?
	2005 KBS 역사 스페셜: 소리 문자 훈민정음, 어떻게 만들 어졌나	http://www.kbs.co.kr
	2011 SBS 뿌리깊은 나무	http://www.sbs.co.kr

◆ 소책자[33]

국어단체연합 국어문화원(2013), 『누구나 알아야 할 한글 이야기 10+9』, 문화

---

[33] 이 소책자는 필자가 대표 집필한 것으로 이를 보완하여 김슬옹(2015), 『누구나 알아야 할 훈민정음』(그림: 강수현, 한글이야기 28, 글누림)으로 출판하였다.

체육관광부.34)

국어단체연합 국어문화원(2014), 『누구나 알아야 할 한글 이야기 3+5(A4 12단 접이형)』, 문화체육관광부.

국어단체연합 국어문화원(2015), 『누구나 알아야 할 한글 이야기(8단 접이형)』, 문화체육관광부.

국어단체연합 국어문화원(2016), 『누구나 알아야 할 한글 이야기(ㄴ폴더형)』, 문화체육관광부.

---

34) '국어단체연합 국어문화원'은 2019년에 '세종국어문화원'으로 이름을 바꿨다(고유번호: 101-80-03199). 누리집은 'barunmal.org' 2005년 국어기본법이 시행되어 오늘날 국어문화원의 뿌리 국어상담소인 '국어단체연합 국어상담소'가 설립되었다. 2006년에 전국 국어상담소 연합회가 결성(회장 남영신) 되었다. 2008년 국어기본법 개정으로 상담소 이름이 '국어단체연합 국어문화원'으로 바뀌었다.

7장 한글 맵시론

1. 한글 맵시 연구의 중요성

1.1. 연구 동기

모든 문자는 꼴을 갖춘 문자로서 시각적인 아름다움이나 멋을 지니고 있다.[1] "아름답고 보기 좋은 모양새"를 토박이말로는 '맵시'라고 한다. 그렇다면 한글이 보여주는 맵시는 한글 맵시이다. 그러므로 한

---

1) "겉으로 보이는 사물의 모양"(표준국어대사전)을 뜻하는 '꼴'을 디자인 전문용어로 적극적으로 활용한 것은 안상수·한재준(1999), 『한글 디자인』(안그라픽스)에서 "한글꼴의 창제적 발달"(4쪽)과 같이 쓰기 시작하면서이다. 세종대왕기념사업회 한국글꼴개발원(2000)의 『한글 글꼴용어사전』에서는 '꼴'은 단독 올림말로 올라가 있지는 않고, '글꼴'에서 "글자가 이루어진 모양. 혹은 공통적 성격의 글자 양식. 글자의 모든 형태를 아울러서 말하며, 활자꼴보다 더 넓은 개념을 가진다."라고 풀이하고 있다.

글 맵시론은 한글 맵시를 체계적으로 논증하거나 정리한 것을 말한다. 결국 한글 맵시는 한글 글꼴(폰트 font)을 바탕으로 한글 쓰기, 한글 디자인 등으로 한글의 미적 특성을 잘 드러내는 것을 말하고 한글 맵시론은 그러한 한글 맵시에 대한 체계적인 논의이다.

'글자 맵시'는 기존의 '타이포그래피(typography)'의 대체어이기도 하다. '타이포그래피'는 다음 용어사전 풀이처럼 글자를 보기 좋게 만드는 모든 행위를 가리킨다. 이제식(2014)의 『타이포그래피 도대체 뭐지?』(미담북스)에서 "타이포그래피는 문자 정보에 생명을 불어넣는 작업이다."(14쪽)라고 했는데 적절한 비유다. 문자나 글자를 보기 좋게 맵시를 꾸며서 읽고 싶고, 나누고 싶고, 소통하면서 함께 숨 쉬고 싶은 그런 문자, 글자를 만드는 일이니 '글맵시'가 타이포그래피다. '타이포그래피'라는 새말은 필요하지만 말 자체가 어려우니 우리 토박이말을 살려 쓰자는 것이다.

타이포그래피(typography)

타이포그래피란 글자를 의미하는 그리스어 'typo'에 어원을 두고 있으며, 전통적으로 활판인쇄술과 관련하여 글자의 활자 및 조판의 디자인을 의미하는 말이었으나, 미디어가 확장됨에 따라 볼록판 인쇄나 금속 활자 인쇄가 지배적이지 않은 현대의 디자인에서는 훨씬 넓은 의미를 갖게 되었다. 좁은 의미에서는 활자를 사용한 디자인 또는 조판 중심의 기술과 미학을 가리키고, 넓은 의미에서는 활판 인쇄술, 글자꼴의 디자인, 레터링, 판짜기 방법, 편집 디자인, 가독성 등을 모두 포괄하는 총체적인 조형적 활동을 말한다. 따라서 타이포그래피는 시각 커뮤니케이션 디자인의 핵심적인 영역으로서 포스터나 광고, 아이덴티티 디자인, 편집 디자인과 북 디자인, 홈페이지 디자인 등 커뮤니케이션을 담당하는 모든 시각 디자인 영역의 중심축으로 작용한다. 또한 컴퓨터, 인터넷, 멀티미디어 등 디지털 커뮤니케이션 미디어가 발달한 환경에서도 글자로 보여지는 언어나 정보를 지면이나 화면에 구성하여 읽는 사람에게 적절하게 전달하는 타이포그래피의 본질적인 기능은 여전히 중요하며, 오늘날에도 타이포그래피의 구실과 가치를 더욱 확장시키고 있다.

_세종대왕기념사업회 한국글꼴개발원(2000), 『한글글꼴용어사전』,

세종대왕기념사업회, 259쪽

크리스타 뒤르샤이트, 김종수 역(2006: 343~344)에서는 타이포그래피를 (1) 인쇄물을 생산하기 위한 기술적 방식, (2) 인쇄물의 형상, (3) 인쇄물의 시각적 묘사, (4) 인쇄물의 시각적 형상에 대한 이론 등으로 '인쇄물'의 글꼴로 한정시켜 좁은 의미로 보고 있다. 그러나 『한글글꼴용어사전』에서와 같이 넓은 의미로 보아야 한다.

'한글 맵시론'은 '한글 미학론'의 또 다른 말이라 할 수 있다. 그러나 '미학'은 학문 용어 특성이 강해 일반인들에게 쉽게 다가오지 않는다. 엄격히 말하면 '미학'은 '맵시론'보다는 범위가 넓다. '미학'은 아름다움의 본질이나 짜임새를 따지는 학문인데, '맵시론'은 꼴(한글)의 아름다움만을 논의하기 때문이다.

옷이나 공업 제품 등의 실용적인 분야에서의 도안을 흔히 '디자인'이라고 한다. 한글 맵시가 실용적인 분야에서만의 한글을 가리키는 것은 아니므로 한글 맵시론이 곧 한글 디자인론은 아니지만, 한글 디자인론은 한글 맵시론의 핵심 내용에 해당한다. 따라서 한글 맵시의 대상은 실용 분야든 비실용 분야든 모두를 아우른다. 그 가운데 실용 분야의 맵시를 한글 디자인이라 할 수 있다.

한글 맵시론은 결국 한글의 글꼴을 주로 미학적인 측면에서 접근하는 것이므로 한글 글꼴론도 한글 맵시론의 핵심 분야가 된다. '글꼴'은 '서체'라고도 하며, 글자꼴의 양식을 말한다. 세종대왕기념사업회 한 국글꼴개발원(2000)의 『글꼴용어 사전』에서는 '글꼴'을 "글자가 이루 어진 모양 혹은 공통적 성격의 글자 양식, 글자의 모든 형태를 아울러 서 말하며 활자꼴보다 더 넓은 개념을 가진다."(40쪽)라고 자리매김하 고, '글자꼴, 자형(字形), 자체(字體), 문자형태(文字形態), 서체(書體)' 등 을 유의어로 보았다.

1.2. 연구 방법론과 핵심 관점

그렇다면 왜 한글 맵시인가? 한글 맵시의 핵심 원리가 세종실록과 훈민정음 해례본에 언급되어 있다. 훈민정음 제자 원리와 문자 응용 의 핵심 원리가 1443년 12월 30일자의 세종실록에는 8자, 1446년 9월 상한에 나온 『훈민정음』 해례본에는 9자로 표현되어 있다.

(1) 凡于文字及本國俚語, 皆可得而書, 字雖簡要, 轉換無窮, 是謂『訓民正音』
(언문은) 무릇 한자에 관한 것과 우리말에 관한 것을 모두 쓸 수 있고, 글자는 비록 간결하지만 요점을 잘 드러내면서도 전환하는 것이 무궁 하니, 이것을 '훈민정음(訓民正音)'이라고 불렀다.[2] (『세종실록』 1443 년 12월 30일)

(2) 以二十八字而轉換無窮, 簡而要, 精而通. 스물여덟 자로 끝없이 바꿀 수

---

[2] 이 부분은 남한 번역 "무릇 문자(文字)에 관한 것과 이어(俚語)에 관한 것을 모두 쓸 수 있고, 글자는 비록 간단하고 요약하지마는 전환(轉換)하는 것이 무궁하니, 이것을 훈민정 음(訓民正音)이라고 일렀다."(남한 번역, 온라인 조선왕조실록, 검색 2023.5.9)와 북한 번역 "한문으로 된 글이나 우리나라 말과 관련되는 것을 죄다 쓸수 있다. 글자는 간단하지만 마음대로 응용할수 있다. 이를 『훈민정음』이라고 한다."(북한 번역)를 참조로 다듬었다.

있어, 간결하면서도 요점을 잘 드러내고, 정밀한 뜻을 담으면서도 두루 통할 수 있다. (정음해례28ㄱ: 1~2_정인지서)

_김슬옹(2017/ 2023 증보 5쇄), 『훈민정음 해례본 입체강독본』, 박이정

훈민정음은 글꼴 차원에서는 직선과 점과 동그라미로 이루어진 수학(기하학)이며, 음성학과 음운학 차원에서는 소리과학이고, 문자학 차원에서는 문자과학이며 생성과학이고 인문과학이다.

2. 연구사

글꼴(자형)에 대한 초기 언급으로는 최희(1935)를 들 수 있다. 한쪽짜리 독자투고 형식의 짤막한 글이지만 자형의 중요성을 정확하게 지적하고 있다.[3]

자모와 철자법은 중대시되어 있음에도 불구하고 자모의 자형에 대하여서는 우금(于今) 등한시하는 것 같다. 그러나 자모의 자형은 실로 한글 자신인 동시에 그 철자의 기본이 되니, 만약 자형에 치중하지 아이하면 한글의 장래도 한심하지 아니하지 못하겠다. 이에 현행 신문, 잡지에서 수개(數箇)의 증례(證例)를 들어 사소(些少)의 고안(考案)을 가(加)하련 한다.

_최희(1935: 15)

---

3) 필자가 과문해서인지 최희(1935)를 언급한 논저를 찾지 못했다.

10 (9) (8) (7) (6) (5) (4) (3) (2) (1)

학、 다、 카、 차、 조三種 잣、 사、 랄、 다、 난、 각、
하 나、 거、 착、 잗、 쉬、 랄 다、 년、 각、
라、 코 쳐、 쟈、 세、 (ㄹ、 달、 누、 겨、
(ㅎ、 탄 (ㅋ、 쳐 쳐、 숫 ㄹ 돌、 난 거、
ㅎ 갇、 ㅋ (ㅊ、 쥬、 (ㅅ、 二種) (ㄷ、 (ㄴ、 구
二種) 난、 ㅋ ㅊ、 았 ㅅ、 ㄷ ㄴ (ㄱ、
ㄹ 三種) ㅊ (ㅈ、 ㅅ 二種) 二種) ㄱ
ㅈ 三種) 二種)

〈사진 1〉 최희(1935)에서의 글꼴 예증 사례

사실 이 문제는 매우 중요한 지적이었다. 같은 글자가 고딕체, 명조체와 같은 다른 서체로 인해 달라지는 것은 문제가 아니지만, 같은 'ㅎ'(히읗)이 어떤 것은 위쪽 짧은 획이 세로로 되어 있고, 어떤 것은 가로로 되어 있는지는 글꼴 표준화와 관련하여 매우 중요한 문제이기 때문이다. 실제 글을 쓸 때도 문제가 된다. 'ㅌ'의 경우도 이런 형태와 'ㄷ'위에 'ㅡ'를 그은 형태가 공존해 왔다.

ㅌ(티읕): 한글의 닿소리 글자. 'ㅌ'의 이름. 'ㅌ'은 원래 'ㄷ'의 가운데에 가로줄기를 그은 것이었다. 그러나 'ㄷ'위에 가로줄기 'ㅡ'를 붙여 쓴 모습은 1514년에 간행된 『속상감행실도』에서부터 보이기 시작한다. 17세기에도 간간이 보이다가(1682년의 『마경언해』). 18세기에 와서 일반화되기 시작한다. 즉 1748년의 『동문유해』를 비롯하여 많은 문헌에 두 자기 자형이 공존하였다가 19세기 말에 와서는 완전히 'ㄷ'에 'ㅡ'를 더한 글꼴로 변화하였다. 19세기 말에는 심지어 'ㄷ'의 위에 가로줄기인 'ㅡ'를 아래로 비스듬히 내리긋는 자형도 보인다. 1852년의 『태상감응편도설언해』에 그 예가

보인다.

__세종대왕기념사업회 한국글꼴개발원(2000), 『한글글꼴용어사전』,

세종대왕기념사업회, 259쪽

유정숙(2008)에서와 같이 역사적으로 보아도 다양한 글꼴로 쓰이고 있거나 변형되었음을 알 수 있다. 그래도 큰 문제없이 쓰이는 것은 훈민정음 고유 글꼴의 독창성과 간결한 직선 중심의 글꼴 때문일 것이다. 글꼴의 기준이 되는 원형 글꼴이 분명하므로 어느 정도 변화를

구분	시기	1446년 훈민정음 해례본		1500년대 간이벽온방	1600년대 경민편	1700년대 오륜행실도	1800년대 삼성훈경
		독립 자음	아꼴 첫 자음				
혀뿌리소리	ㄱ	ㄱ	ㄱ	ㄱ	ㄱ	ㄱ	ㄱ
	ㅋ	ㅋ	ㅋ	ㅋ	ㅋ	ㅋ	ㅋ
혀끝소리	ㄴ	ㄴ	ㄴ	ㄴ	ㄴ	ㄴ	ㄴ
	ㄷ	ㄷ	ㄷ	ㄷ	ㄷ	ㄷ	ㄷ
	ㅌ	ㅌ	ㅌ	ㅌ	ㅌ	ㅌ	ㅌ
	ㄹ	ㄹ	ㄹ	ㄹ	ㄹ	ㄹ	ㄹ
입술소리	ㅁ	ㅁ	ㅁ	ㅁ	ㅁ	ㅁ	ㅁ
	ㅂ	ㅂ	ㅂ	ㅂ	ㅂ	ㅂ	ㅂ
	ㅍ	ㅍ	ㅍ	ㅍ	ㅍ	ㅍ	ㅍ
잇소리	ㅅ	ㅅ	ㅅ	ㅅ	ㅅ	ㅅ	ㅅ
	ㅈ	ㅈ	ㅈ	ㅈ	ㅈ	ㅈ	ㅈ
	ㅊ	ㅊ	ㅊ	ㅊ	ㅊ	ㅊ	ㅊ
목구멍소리	ㅇ	ㅇ	ㅇ	ㅇ	ㅇ	ㅇ	ㅇ
	ㅎ	ㅎ	ㅎ	ㅎ	ㅎ	ㅎ	ㅎ

〈그림 1〉옛 글자꼴의 기본 자음 구조 및 특징 분석 비교도(유정숙, 2008: 47)

준다고 해서 다른 글자로 인지하지 않는 것이다. 그러나 'ㅊ, ㅎ, ㅌ'처럼 글쓰기 순서나 방향에서 문제되는 것은 맞춤법통일안에서 필요했던 규정이다.

최희(1935)의 문제제기는 1933년에 〈한글맞춤법통일안〉이 나온 지 2년 뒤에 1933년에 명칭과 배열만 다음과 같이 규정했을 뿐 쓰기 순서 등은 규정하지 않아 제기된 문제제기였다.

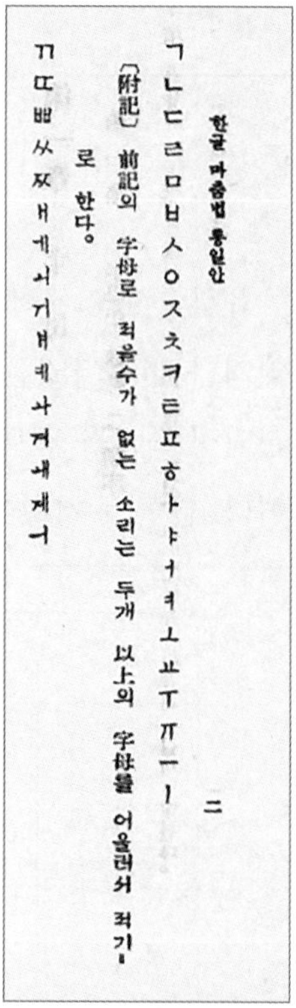
한글 마춤법 통일안 二

ㄱ ㄴ ㄷ ㄹ ㅁ ㅂ ㅅ ㅇ ㅈ ㅊ ㅋ ㅌ ㅍ ㅎ ㅏ ㅑ ㅓ ㅕ ㅗ ㅛ ㅜ ㅠ ㅡ ㅣ

〔附記〕 前記의 字母로 적을수가 없는 소리는 두개 以上의 字母를 어울러서 적기로 한다。

ㄲ ㄸ ㅃ ㅆ ㅉ ㅐ ㅔ ㅚ ㅟ ㅒ ㅖ ㅘ ㅝ ㅙ ㅞ ㅢ

〈사진 2〉 한글맞춤법 통일안(1933) 자모 글꼴

그런데 이러한 문제제기에 대해 학회나 학계에서는 별다른 반응을 보이지 않았다. 중요성을 인지하지 못한 듯하다. 이 문제가 학문적으로 본격적으로 논의되기 시작한 것은 최희(1935)가 나온 지 50년 뒤였다.

송현(1985: 14)의 "한글 자형학"은 이 분야 연구를 개척한 저서이다. 한글 자형학을 한글의 글자꼴을 연구하는 학문으로 보고, "한글 글자꼴의 의미와 조형에 대하여 연구하는 학문"으로 정의내렸다. 그러면서 "한글이 반포된 지 오백여 년이란 긴 세월이 흘렀음에도 아직까지 한글 자형학이란 용어조차 생소한 현실이다"라고 이 분야 연구가 매우 열악함을 지적한 바 있다. 이제 이 책이 나온 지 반세기(48년)가 되어 가는데 과연 '한글 글꼴학'은 어느 수준에 와 있을까 똑같은 물음을 던지게 된다.

송현(1985: 33~43)에서는 한글 자형 연구의 10대 원칙을 다음과 같이 밝혔다.

(1) 가독성과 판독성이 높아야 한다.

(2) 기계화에 용이해야 한다.

(3) 기계 공학적으로 합리적이어야 한다.

(4) 인간 공학적으로 합리적이어야 한다.

(5) 유기적 관계가 이루어져야 한다.

(6) 종래의 글자꼴과 크게 다르지 않아야 한다.

(7) 손으로 쓰는 데도 편리해야 한다.

(8) 조형상 발전 가능성이 있어야 한다.

(9) 문법을 지켜야 한다.

(10) 글자 구조와 기계 구조가 일치해야 한다.

내용만 보면 글꼴 연구의 10대 원칙보다는 지향해야 할 글꼴 가치의 10대 원칙으로 보아야 한다. 이에 대해 홍윤표(1989: 9~10)에서는 글꼴 표준화 측면에서 세 가지 기준을 내세웠다.

(1) 한글 자형의 표준안은 언어 규칙의 설정에 제시되는 이론에 맞아야 한다.

(2) 한글 자형의 표준안은 훈민정음 자형의 역사적인 변화형과 일치하여야 한다.

(3) 한글 자형의 표준안은 문자의 변별력을 고려하여야 한다

송현(1985)에서 더 진일보한 것은 '훈민정음 자형'의 역사성을 준거로 세웠다는 점이다. 그렇다고 훈민정음 창제 당시의 문자형을 무조건 고집하는 것은 아니라는 전제 아래 한글 자형의 역사적인 변천 과정을 무시하고 새로운 문자를 만들어 쓰거나 하는 일은 없어야 할

것임을 강조했다. 이런 맥락에서 한글 글꼴의 표준안을 제시했다.

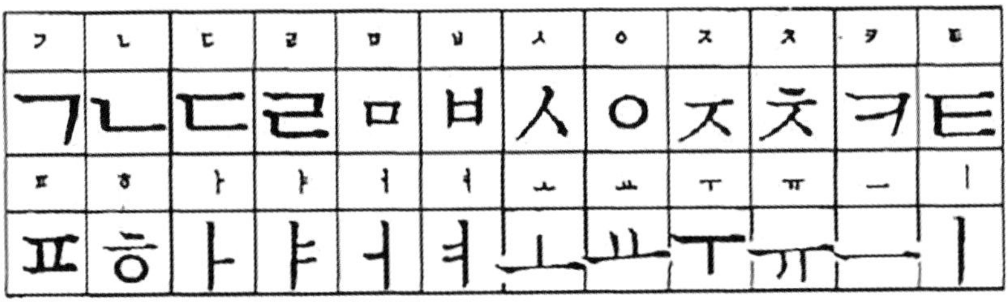

〈사진 3〉 한글 표준자형 시안(홍윤표, 1989: 18)

이러한 표준안에서 정작 훈민정음 최초 글꼴의 어떤 점을 지켜야 되고 어떤 점은 지켜도 안 되는 것인지에 대한 논의가 부족했다. 또한 최희(1935)의 문제제기, 이를테면 'ㅎ'에 위 짧은 획을 세로로 해야 하는지 가로로 해야 하는지 등등의 기본적인 문제가 해결되지 않았다. 'ㅎ'만 하더라도 핵심 쟁점이 지금도 남아 있기 때문이다. 곧 맨 위 짧은 획이 세로인지 가로인지, 동그라미와 그 위 가로획은 붙은 것인지 떨어진 것인지 등등이다.

더불어 'ㄱ'에서 훈민정음 해례본에서처럼 세로획은 왜 수직선이 아니고 사선이 되어야 하는지 등도 규명되지 않았다. 표준안은 말 그대로 표준을 정하는 것이기 때문에 가장 중요한 원칙이나 기준을 분명히 해야 한다.

1990년부터 1996년까지는 한글 글꼴 개발을 국가 차원에서 추진했다. 이때 정한 교과서 중심 한글 글자본 제정 기준 총칙을 이기성 (2009: 18~19)에서 정리한 바를 인용하면 다음과 같다.

총칙 제1항 한글 글자본은 한글의 가독성과 변별성을 높이며, 조형적 아름다움을 담도록 함을 원칙으로 한다.

제2항 한글 글자본은 한글의 기계화를 용이하게 할 뿐만 아니라 손으로 쓰는 데에도 편리하도록 함을 원칙으로 한다.

제3항 한글 글자본 제정의 대상인 한글은 한글맞춤법(문교부 고시 제88-1호, 88. 1. 19)에 규정된 낱자와 이들 낱자에 의하여 이루어지는 낱내글자로 하되, 옛한글도 포함시킨다.

제4항 한글의 외곽 모양은 네모꼴을 원칙으로 하되, 경우에 따라서는 변형할 수도 있다.

제5항 한글 각 낱자의 기본꼴은 글자체의 종류와 크기에 관계없이 통일시킴을 원칙으로 하되, 낱내글자를 구성할 때 쓰이는 위치에 따라 낱자의 모양이나 크기를 변형할 수 있다.

제6항 한글 각 낱자의 기본꼴은 다음과 같이 정한다.

ㄱ	ㄴ	ㄷ	ㄹ	ㅁ	ㅂ	ㅅ	ㅇ	ㅈ
ㅊ	ㅋ	ㅌ	ㅍ	ㅎ	ㅿ	ㆁ	ㆆ	17개

ㅏ	ㅑ	ㅓ	ㅕ	ㅗ	ㅛ
ㅜ	ㅠ	ㅡ	ㅣ	·	11개

제7항 한글의 모든 낱자는 서로 띄어서 씀을 원칙으로 한다.

제8항 한글의 각 글자체에 대한 기본원칙은 별도로 정한다.

그런데 글꼴 표준인데도 각 직선은 끝봉우리를 휘어지게 했는지 'ㅅ'은 왜 훈민정음 해례본처럼 직선으로 쓰면 안 됐는지, 정작 중요한 표준은 정하지 않고 지금에 이르고 있다.

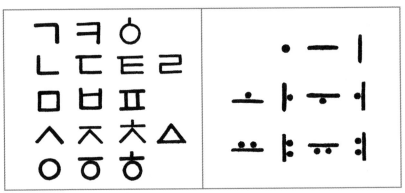

〈사진 4〉『훈민정음』해례본에 쓰인 최초 한글 꼴 모습(김슬옹·강수현, 2015: 44~45)

훈민정음 해례본을 중심으로 훈민정음 글꼴을 처음으로 분석한 것은 김홍련(1980)이며 이는 박병천(2021)에서 정밀한 글꼴 쓰기 방향을 밝히는 것으로 발전했다.

〈표 1〉 훈민정음 글꼴 분석 비교(김홍련, 1980; 박병천, 2021)

자음	구분	김홍련(1980)	박병천(2021)
아음	ㅋ	ㄱ→ㅋ 형성: ㄱ의 세로획의 중간보다 조금 위쪽에(약 5 : 4) 가로획 길이와 같게 평행으로 그었다	위와 아래 공간 비율을 4 : 5로 정정 요함, 훈민정음의 실제 비율은 5 : 5임
설음	ㄷ	ㄴ→ㄷ 형성: ㄴ의 밑변보다 가로획을 왼쪽으로 조금 나오게 그었다.	'획의 끄트머리가 좀 나오게 긋고' 어색한 표현임
설음	ㅌ	ㄷ→ㅌ 형성: ㄷ의 안쪽 한복판에 가로로 긋되 왼쪽 끝 길이는 가지런히 했다.	왼쪽 끄트머리의 길이를 가지런히 하였다. 오른쪽 끝부분 가지런히로 정정 요함
순음	ㅂ	ㅁ→ㅂ 형성: 정사각형[정방형] ㅁ모양을 약간 납작하게 하여 세로 변의 반가량 길이를 솟게 하였다.	ㅂ의 아래 공간 : 위 공간 비율 5 : 3, 훈민정음의 실제 비율 5 : 2.5임
순음	ㅍ	ㅁ→ㅍ 형성: ㅁ을 세로로 홀쭉하게 하고 가로변의 절반가량 길이를 양옆으로 나오게 하였다.	ㅍ의 가운데 공간 크기 : 오른쪽 공간 크기는 5 : 2.5, 훈민정음 비율은 5 : 3으로 공간 비율 다름, 훈민정음 형성규칙은 ㅂ→ㅍ 임.

자음 구분		김홍련(1980)	박병천(2021)
치음	ㅈ	ㅅ→ㅈ 형성: ㅅ의 양다리 벌린 넓이만큼의 길이를 위에 긋는다.	'양다리 벌린' 표현이 어색함, 위 가로획 길이 설명보다 실제로 길게 나타냈음
	ㅊ	ㅈ→ㅊ 형성: ㅈ위의 가로획의 한가운데에 극히 짧게 내려그었다.	–
후음	ㆆ	ㅇ→ㆆ 형성: 정원 ㅇ의 위에 가로획을 더하여 ㆆ을 만들되 ㅇ보다 다소 길게 조화를 꾀하였다.	'…. 위에 가로획을 더하여 ㆆ을 만들되'의 ㆆ은 ㅎ을 잘못 표기한 것임
	ㅎ	ㆆ→ㅎ 형성: 가로획 위 한가운데에 ㅊ의 경우처럼 극히 짧게 내려 긋는다.	–
이체자	ㆁ	아음 ㆁ 형성: ㅊ ㅎ 과 같이 위에 짧은 획을 내려 그었다.	–
	ㄹ	반설음 ㄹ 형성: 꺾어진 공간이 평행되게 하였다.	무엇을 평행되게 하였는지 불명확함
	ㅿ	반치음 ㅿ 형성: 정방형으로 된 ㅁ을 대각선으로 갈라놓은 반쪽처럼 되어 있다	ㅿ 획형의 아랫부분 가로폭이 지나치게 길고 위 ㅅ의 내각을 좁혀야 함

한재준(2006)에서는 좋은 활자꼴을 골라내기 위한 가장 중요하고 일반적인 기준으로 다음 세 가지를 세웠다.

(1) 읽기 쉽고 보기에도 편안해야 한다.
(2) 활용에 편리해야 한다.
(3) 훈민정음 창제 정신과 원리 등의 전통이 존중되어야 한다.

이 가운데 꼴의 전형성과 가치로 볼 때 세 번째 훈민정음 해례본에 근거한 기준이 가장 중요하다고 보았다. 해례본 글꼴의 전형성에 대해서는 김슬옹(2018, 2020)에서 필자가 복간(2015)한 복간본을 바탕으로 실측 결과를 공개한 바 있다.

한국에서는 읽기전용 글꼴 외에는 쓰기용 글꼴 개발에 대한 연구가 거의 없는 셈이다. 글씨 쓰기 기술에 대한 교육 방법이나 교재도 제각각인 것은 글씨 쓰기에 대한 체계적인 연구가 거의 없는 배경도 크게 작용한 셈이다. 그런 측면에서 글씨쓰기 교육에 대한 연구와 노력이 체계적으로 이루어지고 있는 독일 사례를 주목할 필요가 있다.

3. 한글 글꼴 역사

3.1. 세상에 처음 나타난 목판 인쇄 글꼴

이 세상 최초의 한글은 목판 인쇄체로 세상에 모습을 드러냈다. 『훈민정음』해례본(1446)이 한글이 쓰인 최초 문헌인데 해례본이 목판본이었기 때문이다. 붓으로 쓴 뒤 나무에 새긴 것이지만, 마치 오늘날 컴퓨터 돋움체(돋움체)처럼 기하학적인 위엄과 아름다움을 자랑하는 듯한 글꼴이었다. 물론 최초의 한글 모습은 1443년 한글 창제를 마무리한 세종의 붓 손글씨였을 것이지만 남아 있지 않다.

첫 번째 사진이 해례본의 기본 28자 가운데 'ㄴ, ㅇ'인데 오른쪽이 바로 목판 인쇄된 글꼴이고 왼쪽이 1940년 무렵에 해례본을 발견한 이용준이 붓으로 쓴 글씨이다. 모든 획의 길이와 모양을 비교해 보면, 처음 만든 글꼴은 기하학적인 정형성을 유지하려는 것으로 보인다.

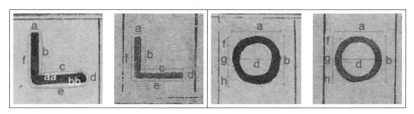

〈사진 5〉『훈민정음』해례본 'ㄴ, ㅇ' 글꼴 크기

이러한 낱자를 합성한 낱말들 역시 컴퓨터 글꼴처럼 반듯하다. 해례본에는 최초 한글 표기 낱말 124개가 나오는데 이를 달과 별 모양으로 보이면 〈사진 6〉과 같다.

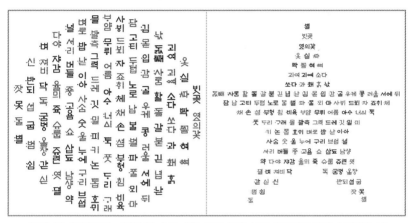

〈사진 6〉『훈민정음』 해례본에 쓰인 최초 한글 표기 낱말 124개로 만든 보름달과 별
(디자인: 김슬옹·강수현)

해례본에서 세종이 쓴 부분을 번역하고 풀이한 언해본이 나온 뒤로 수많은 책과 편지와 같은 쓰는 도구나 용지에 따라 한글은 다양한 글꼴이나 글씨체를 선보이게 된다.

3.2. 한글기계화 시대의 한글

한글 글꼴의 근본 변화는 1910년대 이후 기계화에 의해 변화하게 된다. 이른바 타자기 글꼴이 그것이다. 타자기는 자음과 모음 배열이 중요한데 한글은 다른 문자에 비해 그런 점이 훨씬 편리하기 때문이다. 더욱이 한글은 자음과 모음이 골고루 발달되어 있기 때문에 양손으로 치기가 다른 문자보다 편리하다.

타자기는 자음 글자와 모음 글자를 어떻게 만드느냐에 따라 다음 표처럼 벌식을 나눈다. 타자기는 자판의 한글 배열 방식에 따라 크게 세 가지 방식이 있다. '초성-중성-종성'의 삼분법의 특색을 살리면 세벌식이요, '자음자-모음자'의 이분법을 따르면 두벌식이요, '초성 자음, 종성 자음, 종성 없는 모음, 종성 있는 모음'과 같은 사분법을 따르면 네벌식이다. 최초의 타자기는 다섯벌식인데 이는 네벌식에서 초성 자음을 두 벌로 하면 된다.

〈표 2〉 자판 벌식 구별

갈래		네벌식	세벌식	두벌식
자음 글자	초성 자음	한 벌	한 벌	한 벌
	종성 자음	한 벌	한 벌	
모음 글자	받침 없는 모음(가)	한 벌	한 벌	한 벌
	받침 있는 모음(각)	한 벌		

최초의 한글 타자기는 5벌식 타자기로 1914년에 재미 교포 이원익이 개발한 타자기였다. 영문 타자기를 개량한 방식으로 가로로 치는데 세로로 써지는 독특한 방식이었다. 아쉽게도 이 타자기는 오늘날 전해지지 않는다.

오늘날 전해지는 가장 오래된 타자기는 1929년에 발명된 송기주 타자기였다. 네벌식 타자기지만 위와 같은 방식이 아니라 초성 1벌·중성 1벌·종성 2벌(종성은 받침이 하나인

〈사진 7〉 송기주 네벌식 타자기, 1932년
(국립한글박물관)

것과 둘인 것)의 네벌식으로 역시 영문 타자기를 개량한 세로로 읽는
타자기였다.

타자기-공병우 세종 Sejong 500 (세종대왕기념사업회)	공병우 타자기로 친 글씨(1965년, 7차 한일회담 청구권 및 경제협력위원회 제1차 회의 회의록)_공병우(2016), 『나는 내 식대로 살아왔다』, 지식산업사, 177쪽
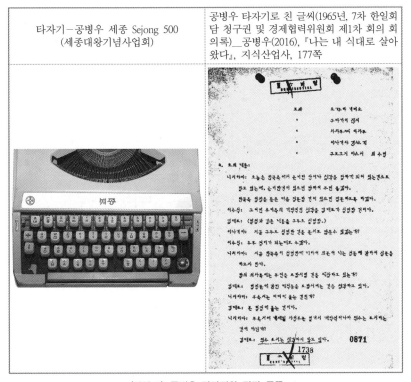	

〈사진 8〉 공병우 타자기와 타자 글꼴

본격적인 한글 타자기 개발은 1949년 공병우에 의해 이루어졌다.
가장 먼저 실용화되어 한글기계화를 실현한 것은 세벌식 타자기였다.
안과 의사였던 공병우 박사가 1949년에 개발하여 공병우식이라 부른
다. 두벌식 표준자판이 나올 때까지 한글기계화에 크게 이바지하였
다. 지금도 세벌식을 옹호하며 이 자판을 쓰고 있는 이들이 꽤 있을
정도로 오타율이 적고 양손을 골고루 칠 수 있는 장점이 있다.

– 한국 두벌식 표준 자판(1982) –

– 북한의 임시 표준 자판(1993) –

– 옛글자와 쌍자음까지 표시한 남북 공동 자판(1996) 시안 –

– 정희성 교수의 86년안(두벌식) –

짛	ᄊ	ㅂ	ㅛ	ㅠ	ㅑ	ㅖ	ㅚ	ㅜ	ㅋ	—	+
									—	—	=
ㅍㅅ	ㅌㄹ	ㅋㅕ	ㅐㅐ	:ㅓ	『ㄹ	7ㄷ	8ㅁ	9ㅊ	ㅗㅍ	{ [	}]
ㄷㅇ	ㅎㄴ	ㄹㅣ	ㄲㅏ	/—	'‍ㄴ	4ㅇ	5ㄱ	6ㅈ	:ᄉ	" '	
ㅊㅁ	ㅃㄱ	ㄹ래ㅔ	ᄚㅗ	!ㅛ	0ㅅ	1ㅎ	2,	3.	? /		

– 한국의 세벌식(공병우) 자판 –

〈그림 2〉 주요 자판 모음

제일 처음 표준자판으로 등장한 것은 네벌식 타자기였다. 박정희 정권 때인 1968년 과학기술처가 글자 입력은 세벌식보다 훨씬 느리고 복잡하지만, 글자 모양이 반듯하다는 이유로 네벌식 타자기를 만들어 표준자판으로 공표한다. 그러나 실제로는 네벌식은 완전표준화는 이루지 못하고 세벌식 자판과의 갈등을 유지하다가 1980년대 전두환 정권에서 컴퓨터에 두벌식 자판을 표준으로 채택함으로써 타자기는 완전히 사라지고 두벌식 컴퓨터 자판 시대가 이어지고 있다.

두벌식은 받침을 홀로 찍을 수 없고 '우리'를 치는 동안에 '울'자가 나타났다 'ㅣ'를 치면 잠시 뒤 '우'자가 찍히는 이른바 도깨비불 현상으로 생기는 불편함은 있지만, 자판 개수가 적으므로(한글 낱자의 숫자: 두벌식-33개, 세벌식-45개) 빨리 배울 수 있고 세 줄에 걸쳐 배열되어 오타율이 적다는 이유로 지금까지 이어지고 있다. 북한도 두벌식이지만 배치는 조금 다르다. 이런 논란에도 불구하고 남북한 모두 두벌식을 국가표준으로 하고 있어 1996년 남북한이 합의한 공동자판은 두벌식이 채택되었지만, 표준화는 되지 못했다.

3.3. 조합형 코드 운동과 완성형 코드 확대

한글은 모아쓰기로 인하여 음절문자다운 모습을 보이지만 근본적으로 음소문자이다. 곧 초성과 중성, 종성이라는 세 음소 체계가 서로 조화를 이루어 음절을 형성해 나가는 것이다. 그러므로 한글의 이러한 특성을 그대로 반영한 조합형 코드 체계라야 우리말의 다양한 음절을 표현할 수 있다.

그런데 전두환 정권은 한글을 음절 문자화시킨 정보 통신용 완성형 부호(KSC 5601-1987)를 표준으로 삼았다. 개정 코드를 내놓았지만 그

것이 완성형인 이상 핵심 문제는 여전히 남는 것이다. 물론 이런 완성형이 정보 통신용이라는 것이 원칙이지만 많은 소프트웨어 제작에 영향을 끼칠 뿐 아니라 초등학교에 보급된 교육용 컴퓨터 대부분이 완성형으로 되어 있어 당시 많은 혼란을 불러일으켰다.

완성형 코드는 한글의 기본 조직 원리에 어긋나 한국어를 제대로 표현할 수조차 없었다. 곧 '입겿'의 '겿'자나 '뿕다'('붉다'의 센말)의 '뿕', '똠방각하'에서의 '똠' 자 등을 쓸 수 없는 표현의 절대 모순에 직면했었다. 이를 개선하기 위한 노력이 대학생 한글운동 모임과 전산학자를 중심으로 전개되었고 이제는 유니코드 방식에 의해 조합형과 현대 한글 11,172자를 모두 수용한 완성형이 수용되어 현대 한글을 맘껏 컴퓨터로 구현하는 세상이 되었다.

3.4. 훈민정음 창제 원리를 살린 모바일 입력 방식 시대

한글 자판은 손전화가 나오면서 입력 방식의 새로운 시대를 열었다.

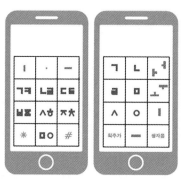

천지인
모음 합성 원리를
잘 살림

나랏글
자음의 획 더하기
방식을 잘 살림

〈사진 9〉 '천지인'과 '나랏글' 글쇄

〈표 3〉 한글 정보화 연대표

한글 자판	한글 코드
1914년 이원익 타자기 개발 1929년 송기주 타자기 개발 1949년 공병우 타자기 개발 1952년 김동훈 타자기 개발 1952년 장봉선 타자기 개발 1957년 문교부, 타자기 자판 표준화 시도 1961년 한글학회, 타자기 자판 표준화 시도 1969년 타자기 표준 자판 제정 1982년 과기처, 컴퓨터 표준 자판제정 　　　　(두벌식 자판) 1985년 타자기 표준자판을 두벌식으로 지정 1995년 천지인 특허출원 1999년 나랏글 특허출원 2011년 휴대폰 자판 배열 국가표준 제정	1974년 한글 자모 51자에 코드 부여 　　　　(KSC5601-1974) 1977년 한자 7,200자에 코드 부여 　　　　(KSC5714-1977) 1982년 조합형 (KS C5601-1982) 1982년 완성형 한글 1,316자 한자 1,892자 　　　　(KS C5619-1982) 1987년 완성형 한글 2,350자 한자 4,888자 　　　　(KS C5601-1987) 1991년 KSC5601-1987에 한글 1,930자, 　　　　옛한글 1,573자, 한자 2,865자 추가 　　　　(KSC5601-1991) 1992년 조합형을 완성형 한글과 함께 　　　　복수표준화 (KSC5601-1992) 1995년 완성형 한글 11,172자, 조합형 자모 　　　　334자, 한자 23,274자 　　　　(KSC5700-1995) 1998년 KS C5601-1987을 KSX1001로 개칭 2001년 KS C5657-1991을 KSX1001로 개칭 2002년 KS C5700-1995을 KSX1005-1로 　　　　개칭. 2007년 옛한글 표현방식 변경, 한글 처리 　　　　지침 (KSX1026-1) 2008년 한글 적합성 평가 (KSX1026-2)

*출처: 국립한국박물관 편(2015), 『디지털 세상의 새이름_코드명 D55C AE00』, 국립한글박물관, 192~193쪽.

3.5. 종이에서 화면으로, 다양한 글꼴 시대

한글 문서작성기(워드프로세서)는 1982년 박현철의 한글워드프로세서 1.0이 개발된 이래 수많은 문서작성기가 선보였다. 현재 문서작성기는 1989년에 처음 발표된 이찬진의 아래아한글과 마이크로소프트사에서 만든 엠에스워드가 양분하고 있다. 아래아한글 2020 버전에서 제공하고 있는 글꼴만 해도 다음과 같이 무려 107개가 된다.

<표 4〉 '아래한글'에서의 다양한 한글 글꼴

함초롬바탕, 함초롬바탕 B, 함초롬돋움, **함초롬돋움 B**, 휴먼명조, 휴먼고딕, **휴먼옛**
체, 굵은안상체, 가는안상체, 중간안상체, **휴먼굵은팸체**, 휴먼가는팸체, 휴먼중간팸체, **휴먼굵은샘체**, 휴먼가는샘체, 휴먼중간
샘체, 젠흘림, 태 나무, 양재본목각체 M, **양재참숯체** B, 양재둥기체 M, 양재다운명
조 M, 양재인다명조체, **양재매화체** S, 양재샤넬체 M, **양재소슬체** S, **양재튼튼체**
B, ⊕⊕⊕⊕⊕ M, 한컴바탕, 한컴돋움, HY **백송** B, HY **크리스탈** M, HY 목판
L, HY 엽서 M, HY 센스 L, 해서, MD 이롱체, MD **아트체**, MD 이솝체, MD 개성체,
MD 솔체, 양재꽃게체M, 양재낭초체M, 양재벨라체M, **양재백두체** B, 양재개비체B,
양재붓꽃체 L, 양재튤립체, 양재인장체 M, HY 궁서, HY **견고딕**, HY 그래픽, HY
견명조, 굴림, 굴림체, **궁서**, **궁서체**, 바탕체, 돋움체, HY **강** B, HY **강** M, HY
수평선 B, HY **수평선** M, HY **울릉도** B, HY **울릉도** M, HY **태백** B, HY **동녘**
B, HY **동녘** M, HY **나무** B, HY 나무 L, HY **나무** M, HY **산** B, HY 바다 L, HY
바다 M, HYhwpEQ (수식), 한컴바탕확장, 안상 2006 굵, 안상 2007 가는, 안상 2008
중간, 한컴 **바겐세일** B, 한컴 바겐세일 M, **한컴 백제** B, 한컴 백제 M, **한컴 소망 B**, 한컴
소망 M, **한컴 솔잎** B, **한컴 솔잎 M**, 한컴 윤고딕 230, 한컴 윤고딕 240, **한컴 윤고딕**
250, 한컴 윤고딕 720, 한컴 윤고딕 740, **한컴 윤고딕 760**, **한컴 윤체 B**, 한컴 윤체
L, **한컴 윤체 M**, 한컴 콜라주 B, 한컴 콜라주 L, 한컴 콜라주 M

이러한 다양한 한글 글꼴 시대에 우리는 최소의 글자, 최소의 도형
(점, 원, 선)으로 무한 생성되는 글꼴을 통해 지식과 정보를 마음껏
나누라는 세종의 꿈이 더욱 넓고 아름답게 실현되고 있는 셈이다.
앞으로 얼마나 다양한 글꼴이 더 나올까 설레기까지 하다.

〈표 5〉 한글 워드프로세서 역사

```
1982년   박현철, 한글워드프로세서 1.0 개발
1983년 고려시스템, 명필 출시
1983년 금성사, 장원 출시
1983년 정재열, 한글III 개발
1983년 큐닉스, 글마당 출시
1983년 큐닉스, 으뜸글 출시
1985년 MS, 워드 1 출시
1985년 OPC, 아름글 발표
```

1985년 금성, 가나다라 출시
1985년 대우통신 프로워드 출시
1985년 삼보컴퓨터, 보석글 출시
1985년 쌍용컴퓨터, 세종 출시
1985년 테레비데오, 한글워드 발표
1986년 옴니테크, 옴니워드 발표
1986년 현대전자, 바른글 발표
1987년 금성소프트웨어, 하나워드프로세서 출시
1987년 옴니테크, 옴니워드 출시
1988년 OPC, 아름글 II 발표
1988년 삼성데이타, OAII 글벗 출시
1988년 삼성전자, 마이워드 출시
1988년 한컴퓨터연구소, 한글2000 출시
1989년 MS, 워드 5.0 출시
1989년 이찬진, 아래아한글 발표
1990년 한컴, 한글 1.5 출시
1991년 한컴퓨터, 사임당 출시
1992년 삼성전자, (윈도용) 훈민정음 발매
1992년 이스트소프트, 21세기 워드 발표
1992년 한컴, 한글 2.0 출시
1993년 MS, 워드6.0 출시
1993년 한컴, 한글 2.1 발표
1993년 삼성전자, (윈도용) 훈민정음 발표
1993년 한메소프트, (윈도용) 파피루스 발표
1993년 한컴퓨터 (윈도용) 사임당 발표
1994년 큐닉스, (윈도용) 글마당 개발
1994년 한컴, 한글 2.5 발표
1995년 MS 워드 95 (버전 7.0) 출시
1995년 한컴, 한글 3.0 발표
1997년 MS, 워드 97 (버전 8.0) 출시
1997년 한컴, 한글 97 출시
1998년 MS, 워드 98 (버전 8.5) 출시
1998년 한컴, 한글 815 특별판 발표
1999년 MS, 워드 2000 (버전9) 출시
2001년 MS, 워드 2002 (버전 10) 출시
2001년 한컴, 한글 2002 출시
2002년 한컴, 한글 2002 SE 출시
2003년 MS, 워드 2003 (버전 11) 출시
2003년 한컴, 한글 2004 출시
2006년 MS, 워드 2007 (버전 12) 출시
2006년 한컴, 한글 2007 출시
2010년 MS, 워드 2010 (버전 14) 출시
2010년 한컴, 한글 2010 출시
2013년 MS, 워드 2013 (비전 15) 출시
2013년 한컴, 한컴오피스 2014 출시
2014년 삼성전자, 훈민정음 개발 중단 발표

*출처: 국립한국박물관 편(2015), 『디지털 세상의 새이름__코드명 D55C AE00』, 국립한글박물관, 192쪽.

4. 한글 글꼴론

4.1. 한글 문자론(기호론)

일반 문자는 네 가지 구성 요소에 따라 그 의미를 따져볼 수 있다. 곧 문자의 꼴·소리·뜻·실체 등이다.

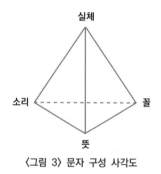

〈그림 3〉 문자 구성 사각도

'한글'이라는 문자 기호에서 가장 중요한 것은 기호로 드러난 꼴이다. 문자 꼴이 있어야 그 꼴의 소리, 뜻, 지시물 등을 확인할 수 있기 때문이다. 꼴은 일반 손글씨부터 인쇄된 글씨, 그리고 붓으로 쓴 붓글씨, 붓으로 쓰되 멋을 부린 손멋글씨 등으로 나눌 수 있다. 쓴 도구가 무엇이냐에 따라, 그리고 어떤 물리적 매체에 쓴 것인지에 따라서 꼴의 이미지와 의미는 달라질 수 있다.

모든 문자 꼴은 소리, 곧 음가를 갖는다. 물론 모국어 화자에게만 의미가 있다. 개인마다 다른 소리로 읽는다면 그것은 음성이 되고, 소통 차원에서 체계적인 소리 단위는 음운이 된다. 이러한 소리는 매체별로 다르고 어떤 요소끼리 결합하여 복합적으로 나타나느냐에 따라 다르다.

'뜻'은 복수성을 띤다. 보통 뜻은 '사과나무의 열매', "fruit with red or yellow or green skin and sweet to tart crisp whitish flesh"와 같은 어휘적 의미를 말한다. 그러나 여기서는 '뜻'을 더 정밀하게 나누고자 한다.

뜻을 '내용뜻, 꼴뜻, 소리뜻, 복합뜻'으로 나눌 수 있다. 내용 뜻이 일반 낱말 의미와 같은 것이고 꼴뜻이 이른바 도상성이다.[4] '사과'를 어떤 글꼴로 쓰느냐에 따라 꼴이 달라졌으므로 거기에 대한 느낌이나 이미지가 달라진다.

사과   **사과**   사과

실체는 구체적이고 물리적인 과일 '사과'와 같은 실체도 있고, '미안하다'라고 하는 추상적인 실체도 있다. 단군이나 용처럼 상상 속의 실체물도 있다. 곧 이때의 실체는 물리적인 실체를 의미하는 것뿐만 아니라 기호가 지시하는 대상물이라 할 수 있다.

소리뜻은 어떻게 발음하느냐에 따라 꼴의 뜻이 달라진다는 것이다. 마치 옛날 이야기를 누가 들려주느냐에 따라 이야기 맛이 달라지는 것과 같다. 그리고 똑같은 육성이라 하더라도 어떤 매체에 실리느냐에 따라 소리는 달라지고 맥락적 뜻도 달라진다.

---

4) 임규홍(2022: 32~39)에서는 서양에서는 1970년대 이르러 언어의 도상성 개념을 창제 원리에 적용한 것으로 평가하였다. 곧 모음의 천지인 글꼴, 자음의 가획 글꼴 등이 도상성 원리를 적용한 것으로 보았다. 매우 적절한 평가다. 필자가 이러한 원리를 설명한 『훈민정음』 해례본(1446)을 문자학뿐만 아니라 근대·탈근대 언어학이 녹아 있는 융합학으로 보는 이유도 거기에 있다. 다만 도상성이란 용어나 개념을 설정하지 않아도 한글 글꼴의 꼴뜻에 대해서는 강병인(2012)은 실제 손멋글씨로 꾸준히 발표하고 있다. 강병인(2019)의 『오롯한글: 글맛, 글씨맛 나는 한 글자의 세계』(유유) 참조.

곧 '사과'를 예로 들어보면, 실제 사과가 실체가 되고, /사과/, /æpl/
은 소리가 된다. 'ㅅ ㅏ ㄱ ㅘ'와 'apple'은 꼴이 된다. '슬픔'과 같은
추상어는 실제 슬픈 상태가 실체가 된다. '소리'는 문자의 음성학적,
음운학적 발화를 말한다. '/사과/, /æpl/'과 같이 다 같이 똑같은 소리
로 인지하는 것이 음운학적 소리이고 사람마다 다른 빛깔의 소리는
음성학적 소리이다.

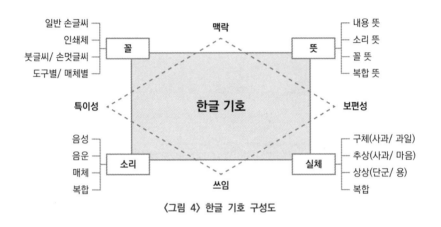

〈그림 4〉 한글 기호 구성도

4.2. 한글 글꼴 기원론

한글 글꼴의 기원은 1446년 『훈민정음』 해례본이다. 한글 글꼴 전
문가들은 이런 점을 강조하고 실제 글꼴 디자인이나 제작에 반영하기
위해 노력하고 있다.

안병학(2007: 292~295)에서 한글 창제에 담긴 공공정보디자인적 특
성을 "공헌과 분배로서의 한글, 교화와 상호 교환으로서의 한글, 개방
형 시스템으로서의 한글"로 규정했다. 안상수·한재준·이용제(2009)에
서 훈민정음 창제 정신을 반영한 글꼴론을 다음과 같이 밝혔다.

한글은 '중국말과 우리말이 다르다'는 것에서 비롯되었다. 이는 무엇이 새로 만들어질 때 분명한 이유와 차이가 있다는 것이며 한글은 이러한 점에서 매우 디자인적이다. 지금까지 한글꼴의 발달은 책을 기준으로 하여 본문용과 제목용 정도를 구분하여 제작되었다. 곧 창제 정신을 확대 해석하게 되면 차이가 있는 매체나 환경에 따라서도 적합한 한글꼴이 만들어질 것이다. 또한 한글이 불쌍한 백성을 위해 만들어졌다고 창제 배경에 나타나 있듯이 백성(인간)에 대한 사랑이 있는 글자이다. 이러한 정신을 따르면 어른과 다른 어린 아이에게 꼭 적합한 한글꼴이 있어야 하고 신체 기능이 약해진 노인에게 적합한 한글꼴도 있어야 한다. 이를 더 적극적으

〈표 6〉 일반적인 디자인 과정과 훈민정음 제자 과정

일반적인 디자인 과정	훈민정음의 제자 과정
(가) 문제의 정의 및 목표 설정 ↓ (나) 자료 수집 및 분석 ↓ (다) 디자인 방향 설정 및 안의 발전 ↓ (라) 타당성 조사 및 평가 ↓ (마) 최종안의 선정 및 발표	**(가) 문제의 정의 및 목표 설정** 세종대왕은 훈민정음 서문에 누구나 제 뜻을 펼칠 수 있도록, 쉽게 익히고 사용에 편리한 글자를 만들었다고 밝히고 있다 **(나) 자료 수집 및 분석** 문헌의 기록과 기원설 들을 살펴보면, 동양철학을 바탕에 두고 옛 글자와 주변 국가의 글자와 중국의 음운학 등을 넓고 깊게 참고하였다. **(다) 디자인 방향 설정 및 안의 발전** 디자인 방향은 소리에 따라 이치를 다한: 자연스러운 글자이며, 이러한 방향에 따라 글자의 형태를 '상형'과 '가획'의 원리로 체계화하였다 **(라) 타당성 조사 및 평가** '죽산안씨 대동보'나 '세종실록' 등을 살펴 보면 세종대왕은 한글을 만든 후 바로 반포하지 않고/ 주변 사람들과 긴밀한 의논을 하였으며, 3년 동안의 검토기간을 가졌다는 것은 단순히 정치적인 이유만이 아닌 글자꼴에 대한 여러 가지의 모색이 있었을 것으로 추정된다. **(마) 최종안의 선정 및 발표** 한글 반포 이후에도 석보상절(1447년), 월인석보(1458년) 등의 판본을 보면 줄기의 형태가 점에서 줄기로 발전되거나 부분적인 변화를 보이고 있다. 이것은 한글꼴의 최종안이 선정된 후에도 계속적인 형태의 보완이 있었다는 증거이다.

*출처: 한재준(2001: 239) 재구성

로 적용한다면 인간에 대한 사랑이 인간과 함께하는 생명(환경)까지 생각하는 글꼴을 만들어낼 수 있을 것이다.

__안상수·한재준·이용제(2009), 『한글 디자인 교과서』, 안그라픽스, 270쪽

한글꼴은 세종의 애민정신의 글자 정신을 반영한 글꼴이어야 한다는 것이다. 이런 맥락에서 배려와 소통 측면에서의 사람 중심의 글꼴 방향을 제시했다. 문제는 각론이다.

한글 글꼴은 낱자 구성과 도형, 글꼴 표현, 맵시 네 가지 측면에서 기술할 수 있다. 한글 제자 원리나 한글 그 자체에 이미 글꼴이 갖춰야 할 과학적, 미학적 특성을 모두 지니고 있다.

낱자 구성은 음절자 이내의 언어 단위로 한정한다. 그렇다면 낱자 자소별로는 초성자, 중성자, 종성자, 그리고 이들을 합친 음절자가 있다. 다음 그림은 이러한 한글 글꼴의 낱자와 음절자 구성을 한눈에 보이게 필자가 디자인한 것이다.

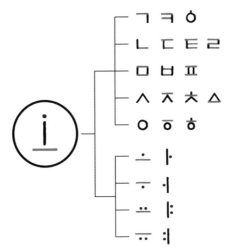

〈그림 5〉 훈민정음 기본 28자 구성소 입체도

이러한 한글 글꼴의 첫 번째 질적 특성은 최소성에 있다. 흔히 최소성의 가장 근본적인 것은 〈그림 5〉에서 보듯 점과 직선만으로 이루어진 기하학적 최소성이다. 이 그림은 핵심 구성소인 점과 직선이 다른 문자에서 어떻게 쓰이고 확장해 나갔는지를 색깔로 표시한 그림이다.

이러한 가장 간결한 최소성은 이미 가장 단순하고 과학적인 방식의 확장 생성을 의미한다. 두 번째의 최소성은 상형 기본자의 최소성이다. 흔히 15세기 훈민정음 기본자는 28자이지만 실제 상형 기본자는 8자이다. 자음자 다섯 자, 모음자 세 자로만 구성되었다.

〈그림 6〉 한글 낱자 구성도

한글 글꼴의 두 번째 질적 특성은 가획과 합성을 통해 규칙적으로 확장할 수 있다는 것이고 이런 특성은 가장 간결한 기하학적 도형으로 디자인된 〈그림 6〉과 같은 특성에 내재되어 있다.

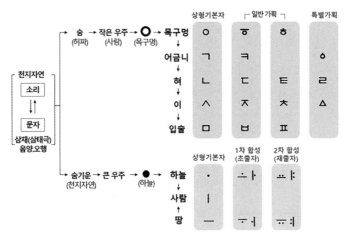

〈그림 7〉 훈민정음 28자 제자 원리 구성도

이상 한글 글꼴 특성을 종합해 보면 다음 그림과 같다.

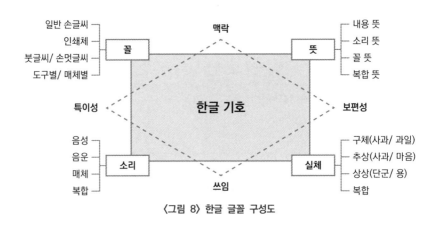

〈그림 8〉 한글 글꼴 구성도

5. 한글 서체론

서체(書體, typeface)는 넓게 보면 "공통적으로 성격을 갖춘 글자의 양식, 체재, 서풍(글꼴용어사전)" 등의 '글자체(letter style)', '글씨체' 모두를 아우르지만, 여기서는 "붓글씨에서 글씨를 쓰는 일정한 격식이나 양식, 한자에서 해서·행서·초서·예서·전서, 한글에서 궁체 따위"라는 좁은 뜻으로 사용하기로 한다. 그런데 이런 한글 서체는 용어조차 표준이 정해지지 않았다.

홍윤표(2004)에 의하면 10여 명의 전문가의 용어를 모으면 무려 42개 명칭이 쓰였다.

〈표 7〉 현존 한글서체 명칭 42개와 명명자 분류(홍윤표, 2004: 7)

차례	명칭	김응현	유탁일	박병천	윤양희	김양동	박수자	김일근	손인식	김명자	여태명
1	古體								○		
2	궁체			○	○	○	○	○	○	○	○
3	民體										○
4	半草達筆體		○								
5	半草庶民體		○								
6	반포체							○	○		
7	반흘림	○			○						
8	방한체			○							
9	선비언필체					○					
10	始源體		○								
11	實用指向體		○								
12	實用體		○								
13	언문 시체					○					
14	印書體			○							
15	예서체			○							
16	일반체			○							
17	잡체							○			

차례	명칭	김응현	유탁일	박병천	윤양희	김양동	박수자	김일근	손인식	김명자	여태명
18	전서체			○							
19	정음 고체					○				○	
20	정음 원체									○	
21	정음필사체									○	
22	정음체	○		○							
23	정자(체)	○			○	○				○	○
24	조화체							○			
25	縱厚橫薄右肩上向的楷書體		○								
26	縱厚橫薄左右平肩的楷書體		○								
27	진흘림(체)	○			○	○				○	○
28	초서(체)		○	○							
29	草書指向的行書體		○								
30	판본고체			○							○
31	판본체	○		○	○		○				○
32	판본필사체										○
33	판본필서체			○							
34	한글인쇄체										
35	한글필사체										
36	한글시체								○		
37	해서(체)		○								
38	行書指向的楷書體		○								
39	행서(체)		○	○							
40	혼서체			○	○		○				
41	효빈체							○			
42	흘림(체)				○	○				○	○

박병천(2004: 26)에서의 사용 빈도로도 표준 용어를 이끌어낼 수 없다. '판본체'라는 말이 가장 많이 쓰였으나 편의상 오래 쓰인 용어라 표준 용어로는 부적절하다.

〈표 8〉 한글 서체분류 명칭 사용빈도(박병천, 2004: 26)

번호	판본체류		궁서체류		일반체류	
	서체용어	빈도	서체용어	빈도	서체용어	빈도
1	고체	8	궁중서체	2	모방체	2
2	반포체	7	궁체	23	민체	1
3	원필체	1	굴체정자	1	서간체	3
4	전서	1	궁체흘림	1	선비언필체	1
5	전서체	1	등서체	3	언문시체	1
6	전서체형	2	바른체	1	인서체	1
7	전서풍서체	1	반흘림	6	일반서체	1
8	전예서체형	2	반흘림체	1	잡체	4
9	정음고체	2	반흘림체형	1	조화체	6
10	정음원체	1	정서	2	필사체	3
11	정음체	2	정자	17	한글시체	1
12	정음필서체	2	정자체	3	혼서체	3
13	판각체	2	정자체형	2	효빈체	3
14	판본고체	3	진흘림	10	두시언해한글체	1
15	판본서체	2	진흘림체	1	세종어제훈민정음해서형	1
16	판본체	15	초서	1	용비어천가방획형	1
17	판본필사체	3	한글정자	2	용비어천가 한글체, 자체	1.1
18	방필체	1	해서	2	훈민정음언해본한글체	1
19	예서체	1	흘림	15	훈민정음원획형	1
20	예서체형	2	흘림체	3	훈민정음체	1
21	한글도장체	1	흘림체형	2	훈민정음한글체	1
22	한글전서체	1				
계	22		21		21	

허경무·김인택(2007: 220)에서는 서체를 다음과 같이 분류했다.

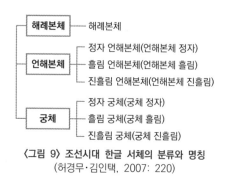

〈그림 9〉 조선시대 한글 서체의 분류와 명칭
(허경무·김인택, 2007: 220)

김슬옹(2020)에서는 이러한 서체 분류를 명칭(해례본체, 언해본체, 궁체)의 전형성과 원형성 때문에 지지한 바 이다. 해례본체란 이른바 판본체라는 것으로 바른네모꼴의 직선적인 획형으로 목판에 새겨 창제 문자의 전형을 보여준 것과 같은 서체형으로 뿌리가 되는 『훈민정음 해례본』을 따라 붙인 이름이다. 자음과 모음의 모아쓰기 형태로서 자형이 바른네모꼴로 서선이 곧고 획의 굵기가 일정하여 마치 금속활자나 컴퓨터로 반듯체로 디자인한 모양과 같다. 野間秀樹, 김진아·김기연·박수진 옮김(2011: 355)에서 "유사 이래 문자라는 것은 돌에 새겨져 혹은 뼈나 갑각(甲殼)에 새겨져 역사 속에 나타나는 존재였다. 그에 비해 〈훈민정음〉은 목판에 새겨지고, 종이에 인쇄되고, 제본된 책의 형태로 세계사에 등장하였다."라고 평가한 맥락과 같다. 붓글씨 그대로가 아니라 판각된 글꼴의 정형성·전형성에 주목한 평가였다. 곧 반포 글자의 전형으로 시각적으로 강하고 뚜렷한 글자형이다. 정방형 틀에 모아쓰기 하는 한글의 제자 원리에 따라 자소의 획은 직선, 완전 둥근 원, 둥근 점만으로 이루어져 있고 중앙축성(中央軸性)에 따른 서체로 글자의 중심이 잘 잡혀 있다.

언해본체란 한글 보급과 실용을 위해 해례본체의 정형성이 좀 더 부드럽게 바뀐 붓글씨체를 뜻하며 뿌리가 되는 『언해본』의 이름을 따라 붙인 이름이다. 언해본체는 붓의 특징을 잘 살려서 쓴 서체로 붓으로 쓴 육필이나 또는 육필을 모본으로 하여 판각한 판본이나 활자본에 나타난 붓글씨체이다.

궁체는 궁중이라는 특수 환경을 배경으로 창안되어 자형이 부드러운 곡선으로 된 서체이다. 궁체는 궁중이라는 공간적 특수성과 여성이라는 신분적 특수성을 배경으로 창안된 서체로서 여성 특유의 섬세함과 미려함이 살아 있는 서체다. 한자를 써 오던 습관이 일부 반영된 언해본체의 서체 특성을 벗어난 특징을 지닌다. 글씨의 흐름을 오른쪽 흐름 축에 맞추어 획의 시작과 대부분의 끝 획에서는 필봉이 겉으로 드러나 단아하고 활달한 기운을 느끼게 하는 서체다.[5]

허경무·김인택(2007)에서는 하위 분류로 '정자·흘림·진흘림'으로 나눴다. 정자란 한 자 한 자, 한 획 한 획을 연결 없이 또박또박하게 표현한 것이고 흘림은 획과 획의 붓길(필의)에 따른 연결과 글자간의 연결과 흐름을 살린 서체이며 진흘림은 글자간의 연결이 있으면서도 획은 축약으로 변형되는 등 글자형은 물론 연결 정도가 커서 어떤 것은 마치 암호처럼 사용된 것을 가리킨다.

박병천(1983)의 『한글궁체 연구』에서는 훈민정음 해례본체를 '판본고체', 언해본체를 '판본필서체'로 명명했다.

이렇게 서체 명칭 통일이 안 되는 이유를 곽노봉(2007)에서는 세 가지로 분석했다. 첫째 자체(字體)·서체(書體)·서풍(書風)에 대한 개념 부족, 둘째 명칭 분류 체계의 객관성 부족, 셋째 서학(書學)에 대한 인식 부족 등으로 보았다.

---

5) 허경무·김인택(2007)에서의 설명을 필자 나름의 문체로 압축 요약한 것이다.

첫째의 경우, 자체(字體)는 주로 문자학 측면에서 말하는 것이고, 서체는 서학 측면에서 말하는 것이므로 '판본체'·'궁체'·'민체'라는 한글서체 명칭은 개념이 명확하지 않다는 것이다. 둘째, 명칭 분류 체계의 객관성 부족은 한글서체들을 모두 집대성하여 놓고 이를 객관적·체계적·종합적인 분류 체계에서 명칭을 부여해야 하는데 인쇄 목적에서 나온 명칭(판본체), 궁중에서 서사 상궁들이 붓으로 서사할 때 사용했던 서체(궁체) 등과 같이 명칭 기준이 제각각이다. 셋째, 서학(書學)에 대한 인식 부족의 경우에는 한글서예가 예술에만 머물지 않고, 학문의 단계로 승화시켜서 이에 대한 연구가 과학적으로 이루어져야 하는데 현실은 그렇지 않다는 것이다.

혼히 캘리그라피라는 서체가 대중적으로는 많은 사랑을 받고 있다. 붓을 이용해 손으로 쓰되 정통 글자체가 아닌 예술적 기교를 넣어 쓴 글씨를 손멋글씨라고 한다. 국립한글박물관에서 발간한 박부자 외(2015: 228)에서도 이 용어를 쓰고 있다. 캘리그라피는 서예라는 말

한글과 손멋글씨(Calligraphy)

한글 본문체가 서체의 개발, 정리를 중심으로 기계화에 초점이 맞춰지는 동안, 그래픽 디자인은 홍보·광고의 수요가 늘면서 폭발된 새로운 글자에 대한 욕구와 맞물리게 된다. 한자가 회의(會意), 전주(轉注)의 과정에서 변(邊)이나 방(旁) 등의 부수들이 위치와 모양을 바꾸거나 간소화되면서 형태의 균형을 유지하는 데 비해, 한글은 거의 각각의 음소가 원래의 형태와 위치를 고수하며 그 안에서 최소한의 균형을 찾아가고 있다. 결국 한글은 스물 네개의 단순·간결한 낱글자를 가졌음에도 불구하고 모아쓰기를 하면서 그 위치나 비례의 변화를 최소화해야 한다는 엄격한 원칙 속에서 형태의 아름다움을 발휘하는 데는 한계가 있다. 이러한 한글의 구조적 문제로 인한 표현의 제약에 답을 준 것이 손멋글씨라 부르는 글자쓰기와 급속히 높아진 이것의 활용도다. 손멋글씨는 순수 작품성을 중시하는 서예와 달리 상업적 목적을 가진 붓글씨로 설명된다. 붓글씨를 포함한 다양한 도구를 활용한 손멋글씨로 영역을 열어두기도 한다. '상업'이라는 단어에 대한 거부감을 굳이 감추지 않는다면 캘리그래피는 '상업 서예'로, 다른 재료들을 포함할 경우 '손멋글씨'로 바꾸어도 무리가 없을 것이다.

그림-78
손멋글씨 '꽃'(강병인)

〈사진 10〉 강병인의 손멋글씨와 설명
(박부자 외, 2015, 『한글이 걸어온 길』(전시 도록), 국립한글박물관, 228쪽)

의 외국어이므로 적절한 용어가 아니다.

6. 한글 디자인론

6.1. 한글 디자인 바탕론

'한글 디자인'이란 용어를 학문적으로 정립한 것은 안상수·한재준 (1999, 2002)의 『한글 디자인』(안그라픽스)이라는 단행본이 나오면서이다. 여기서 "한글 디자인이란 곧 한글 활자 디자인의 줄임말이며, 그동안 한글을 문자디자인, 글자디자인 등의 소극적인 개념으로 다루었던 것과는 상대적으로 한글의 창제원리와 정신을 살리고 현대기술의 힘을 빌려 최대한 합리적인 방법으로 이상적인 한글에 접근하고자 하는 개념으로 통용되고 있다."(50쪽)라고 자리매김하고 있다.

한글 디자인은 한글이라는 문자 또는 한글이라는 글꼴의 예술성을 살려 상업이나 산업 분야에서 활용하는 것을 말한다. 문자는 그 어떤 문자든 인위적인 도안이라는 점에서 디자인 요소를 갖고 있다. 다시 말하면 문자는 미적, 실용적 이미지로 그 기호성을 발휘하는 것이므로 문자 자체가 이미 디자인이라는 것이다. 중요한 것은 그런 보편적인 디자인 요소를 맥락에 따라 창의적으로 응용 발전시켜 좀 더 아름답고 좀 더 실용적인 디자인을 어떻게 만드느냐가 관건이다.

한글은 한글 나름의 글꼴 미학과 철학으로 다른 문자와 구별되는 한글 디자인 요소를 갖고 있음은 앞에서 논했으므로 여기서는 한글 디자인의 실용적 가치와 전략을 논하기로 한다.

2006년 광주비엔날레 문자전에 참석한 많은 외국의 디자이너가 한글의 제자 원리와 디자인 요소를 보고 "한글은 디자인의 미래이다."라고 말했다고 한다(박현모, 2016: 296 재인용). 결코 과장이 아니다. 그만큼 한글은 디자인으로서의 가치가 무궁무진하다. 이는 국립한글박물관이 "한글: 형태의 전환"이라는 한글 디자인 전시를 열면서 "문자는 인류 문명의 기본이 되는 시각 표현의 주체이자, 한 나라의 정체성을 만들고 문화를 창조하는 요소입니다. 한글은 창제 후 570여 년 동안 한국 문화의 바탕을 이루며, 한국인의 삶에 깊숙이 뿌리내리고 있습니다. 요즘의 시각으로 보아도 놀라울 정도로 한글을 창제한 세종은 현대적인 디자인 관점을 가졌습니다."(김낙중 관장 머리말)이라고 말한 맥락과 같다.

그렇다면 어떤 점이 한글 디자인의 무궁무진한 가치를 높이는 것일까?

첫째는 한글은 누구나 디자이너가 되게 하는 사용자 중심의 문자라는 것이다. 디자인의 핵심은 미적 가치를 실용적으로 대중적으로 나누는 데 있다. 그런 측면에서 김낙중 편(2019: 머리말)에서 "한글은 철저히 사용자 관점에서 기획되고 디자인된 글자라고 할 수 있습니다. 쓰임과 목적, 방법과 심미성, 사용자의 요구 등을 해결하는 디자인의 의미를 담고 앞날의 수요까지 예측하여 한글을 만든 세종의 창작 동기와 태도는 인간의 진실된 요구에 반응하여 의미 있는 질서를 만들어내는 디자인의 본질적 가치와도 맞닿아 있습니다."라고 했는데 이는 다음과 같이 디자이너의 실용적 보편적 위상을 강조한 맥락과 같다.

"모든 사람은 디자이너이다. 거의 매순간, 우리가 하는 모든 것은 디자인이다. 왜냐하면 디자인이란 인간의 모든 활동의 기본이기 때문이다. 우리가 욕망하고 예측할 수 있는 목표를 향한 모든 행동의 계획과 패턴화는 디자인 과정을 의미한다. 디자인을 삶에서 분리해 내려는 모든 시도는 디자인이 삶의 가장 근본적인 모체라는 사실에 역행하는 일이다. 디자인이란 서사시를 쓰고, 벽화를 완성하고, 걸작을 그리고, 협주곡을 작곡하는 것이다. 또한 디자인은 책상 서랍을 깨끗이 정리하거나, 매복치를 뽑아내고, 애플파이를 굽거나, 실외 야구 게임의 팀을 짜고 그리고 어린이를 교육하는 일이기도 하다."

__빅터 파파넥(2009); 현용순·조재경 옮김(2014), 『인간을 위한 디자인』, 미진사, 27쪽.

둘째는 한글 디자인만의 특성과 가치를 들 수 있다. 그것은 바로 다음과 같은 한글의 최소주의와 최대주의의 절묘한 결합, 그에 따른 한글디자인만의 독창성과 확장성에 있다.

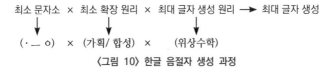

〈그림 10〉 한글 음절자 생성 과정

최소 문자소 단계의 단순함과 간결함은 역설적으로 디자인의 무한 창조성을 내포하고 있기에 더욱 의미가 있다. 김은재(2019: 12)에서는 "한글은 '단순함'과 '간결성'을 디자인 언어로 하여 명쾌한 형태와 기능미를 중시하는 모더니즘 성격을 보여준다. 20세기 디자인 경향인 모더니즘은 복잡한 현대 생활에 일관성을 주고 대량생산에 적합한 성격으로 오늘날까지 이어지고 있다. 서양에서 일어난 20세기 디자인 경향인 모더니즘 디자인 특징이 15세기 아시아의 작은 나라 조선에서 이미 이루어졌던 것이다."라고 한글의 단순성과 간결성이 어떤 디자인적 가치를 지니는지를 밝혔다.

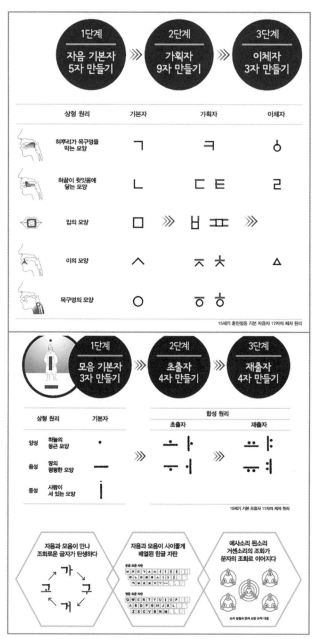

〈그림 11〉 훈민정음 자음자와 모음자 확장도
(김슬옹 기획, 2012 한글날 전시작)

셋째는 나름 체계적이고 특색 있는 자소들의 규칙적인 조합에 의한 조화의 아름다움이다. 조화롭다는 것은 여러 요소가 만나 또 다른 세계를 만들되 여러 요소가 제 색깔을 더욱 살리는 것이다. 서로 다른 꼴로 디자인된 자음자와 모음자의 조화, 초성자, 중성자, 종성자가 어울리되 종성자가 다시 초성자가 되는 순환에 따른 조화의 아름다움이 한글만의 아름다움이다.

넷째는 모아쓰기의 장점이다. 풀어쓰기는 세로쓰기가 거의 불가능하고 입체 배열이 어렵다. 모아쓰기는 가로 세로로 종횡무진 입체, 중층 배열이 가능해 그만큼 다양한 창조적, 미적 디자인 가능성이 넓어진다.

6.2. 한글 디자인 교육과 실제: 이야기가 있는 한글 맵시 꾸미기의 실제

6.2.1. 교육 취지

한글 맵시와 이야기, 설명문 쓰기의 의도는 누구나 디자이너가 되게 하는 한글, 이제 우리 모두는 한글 맵시꾼이라는 취지를 살리기 위한 것이다. 한글은 그래픽 문자로서 마치 화가가 정교하게 그린 그림 같은 도형 미술이라 이런 활동이 가능하다.

한글이 아름다운 것은 조화로움 때문이며 한글 옷을 전제로 멋진 디자인을 한 작품을 널리 알리고 뽐내는 설명문을 쓰고 그런 디자인에 상상의 이야기를 불어 넣기가 중요하다.

세종대왕은 단순한 점과 선과 원만으로 기본 문자 28자를 만들고 28자로 온갖 글자를 생성해낼 수 있는, 그래서 온갖 소리를 담아낼 수 있는 예술문자를 만들었다. 한글은 이러한 미적인 아름다움에 과학적인 기능성이 더해진 문자로, 한글은 추상적이고 보편적인 도형 미술이면서 온갖 것을 담아낼 수 있는 실용 미술이기도 한 변신의 글자이다.

한글의 우수성 두루두루 알리다

◆ **작품 뽐내기**

색 표현을 통해 한글의 우수성을 알리고자 했습니다. 티셔츠의 앞면은 우리의 전통 태극 문양을 변형시켜 그 주위를 훈민정음이 감싸고도는 것으로 표현해 한국적인 디자인을 살리려고 했습니다.

뒷면은 한글을 통해 같은 색을 여러 가지 표현들로 나타낼 수 있다는 것을 보이기 위해 노력했습니다. '피읖'과 '비읍'이라는 자음들을 다른 글자보다 강하게 나타냄으로써 같은 자음에서 파생된, 즉 비슷한 단어로 쓰여진 한글 표현이 하나의 색이지만 다른 느낌인 색 표현을 가능하게 한다는 것을 말함으로써 본래 취지를 살리고자 했습니다.

디자인의 전체적인 이미지가 너무 고리타분한 느낌을 주는 것을 피하기 위해 글꼴의 다양성, 휘어짐, 대비 등의 여러 효과를 주고 조화시키기 위해 노력했습니다.

◈ **작품 속으로**

어느 나라에 수채화 마을이 있었어요. 노랑이, 주황이, 초록이.. 많은 색들이 예쁜 그림을 그리며 살고 있는 마을이었지요. 모든 색들이 다 사이가 좋았지만 빨강이와 파랑이는 걸핏하면 싸움을 하기 일쑤였어요. 말을 하다 보면 어느새 파랑이는 푸르죽죽하게 죽을상을 하고 있고, 빨강이는 붉으락하게 화가 나 있었기 때문이지요. 서로는 그렇게 친해지지 못하고 멀어져만 갔어요.

어느 날 누군가가 수채화 마을에 비온 뒤 맑게 갠 하늘에 걸린 아름다운 무지개를 그려 달라는 부탁을 했어요. 빨강이, 주황이, 노랑이, 초록이, 파랑이, 남색, 보랑이는 예쁜 무지개를 그려내자고 약속했지요. 그런데 그림은 몇날 며칠 그려지지 못한 채 그대로였어요. 왜냐고요? 빨강이와 파랑이의 싸움 때문이었죠. 참다못한 다른 색 친구들은 둘에게 물어봤어요.

"너희는 왜 항상 싸우는 거니?"

그러자 빨강이가 대답했어요.

"파랑이 재는 내가 얘기할 때마다 얼굴을 퍼렇게 하고는 우울해 한단 말이야. 답답해."

지지 않고 파랑이도 대답했어요.

"빨강이는 만날 나한테 벌건 얼굴로 화를 내는 것 같아."

그 말을 들은 다른 색 친구들은 말했어요. "아니야, 우리가 보기에 빨강이는 항상 예쁜 사과처럼 발그스름하게 얼굴을 붉히고 있고, 파랑이는 푸르른 하늘처럼 시원한 얼굴을 하고 있는걸!"

친구들의 말을 듣고 서로의 얼굴을 본 빨강이와 파랑이는 그 제서야 오해가 풀렸어요. 둘은 이제까지는 보지 못했던 말간 미소로 화해했지요. 그날 하늘에는 일곱 빛깔 아름다운 무지개가 반짝반짝 빛나고 있었답니다.

〈**사진 11**〉 한글의 우수성 두루두루 알리다(김수현 작)

6.2.2. 구체적인 제작 과정

1단계에서는 다음과 같이 또물또 발문법 모형(김슬옹, 2011, 다목적 통합형 '또물또' 발문 모형 설정론)에 따라 구상 작품에 대한 질문 던지기를 한다.

① 질문 던지기_어느 학생의 디자인 질문

1) 관심트기
  (1) 한글의 표현 방식이 다양하지 않았다면 어떻게 되었을까?
  (2) 파란색과 빨간색에 대한 표현을 있는 대로 생각해 보자.
  (3) 위 색깔에 대해 사전을 조사해 보자.
  (4) 다른 나라의 색 표현을 찾아보자.
2) 이해트기
  (1) 색 표현의 다양성을 표현하기 위해 빨간색과 파란색을 고른 이유는 무엇인가?
  (2) '처음'을 크게 그린 이유는 무엇인가?
  (3) 전체적인 디자인의 느낌을 한 단어로 표현해 보자.
  (4) 전체적인 디자인의 표현 의도는 무엇인가?
3) 생각트기
  (1) 좋은 디자인인가?
  (2) 디자인의 장단점을 언어 측면에서 논의해 보자.
  (3) 디자인의 장단점을 여러 부류의 사람들 입장에서 따져 보자.
  (4) 인터넷에서 비슷한 디자인이 있는지 검증해 보자.
4) 삶터트기
  (1) 디자인을 보고 느낀 도움이 될만한 점은 무엇인가?
  (2) 디자인의 문제점은 무엇인가?
  (3) 외국인이라면 이 디자인을 보고 어떻게 생각할까?
  (4) 3단계에서 논의한 장단점과 4단계의 문제점 논의를 토대로 디자인의 문제점을 보강해 보자.

관심트기는 그야말로 구상 작품을 구체화하기 위한 도입 전략이자 실제 작품을 제작했을 때 시선을 쓰는 흥미 전략이기도 하다. 이해트기는 한글에 대한 객관적 정보를 바탕으로 상상을 불어넣는 전략 차원이므로 지식 정보를 정리하는 단계이다. 생각트기는 창의성을 발휘하는 단계이며 삶터트기는 한글디자인 작품의 실용성을 높이기 위한 단계이다.

② A4 용지를 네 부분으로 나눠 아래와 같이 구성하기

2단계는 A4 용지를 네 등분하여 왼쪽 위는 디자인, 아래는 질문, 오른쪽 위는 설명문, 아래는 상상이야기를 메모 수준으로 채우게 한 것이다.

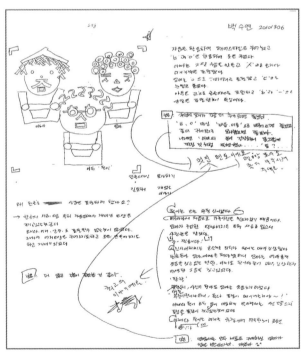

〈그림 12〉 단계별 구상, 실제 활동 사례

③ 첨삭 과정을 거쳐 아래와 같이 구성하기

3단계는 실제 그림을 그리고 설명을 하고 이야기를 만들게 하여 완성하는 단계다.

〈단란한 한글 가족〉

◆ 작품 뽐내기(설명문)

세 명이 가족이라는 것을 한 눈에 알아볼 수 있도록 비읍으로 멜빵바지 전체를, 이응으로 멜빵바지 고리를 표현하고 미음으로 앞에 주머니를 만들어 귀여운 단체 복장을 그려봤다. 세 가족 얼굴의 큰 특징을 보자면 아빠의 머리는 시옷으로 삐죽삐죽 뻗치는 굵은 모발을 표현했고 뻗침을 감추기 위해 시옷 모양의 모자를 씌웠다. 긴장한 것을 표현하기 위해 눈은 동그랗게 이응으로 떠지게 했고 입은 굳은 미소 같은 미음으로 벌어지게 했다. 아빠의 중후함을 표현하기 위해 지읒으로 수염을 만들었다. 엄마는 사진을 찍는다고 금방 미용실에 들렀다 온 것처럼 탱글탱글한 파마머리를 이응으로 만들어 봤고 디귿으로 짙은 눈썹을, 니은으로 오뚝한 콧날을, 시옷으로 웃고 있는 눈과 입을 표현하여 여유롭고 상냥한 이미지를 표현했다. 아들의 머리는 아무리 빗질을 해도 가라앉지 않을 것 같은 곱슬머리를 리을로 나타내고 히읗과 모음 ─ 로 독특한 안경을 그려봤다. 입은 아빠와 마찬가지로 긴장한 것을 표현 하기 위해 미음으로 나타냈다.

◆ 작품 속으로(서사문)

사진관에서 웃음으로 빵 터진 우리 가족

철이는 오늘 무척 신이 났다. 태어나서 처음으로 가족사진을 찍으러 갔기 때문이다. 엄마가 구입하신 멜빵바지를 모두 세트로 맞춰 입고서 사진관을 찾았다.

"자 찍습니다."

사진관 아저씨가 큰소리로 외치자 철이는 매우 긴장됐다. 뒤를 돌아 엄마, 아빠를 쳐다봤더니 엄마는 여유롭게 웃음을 짓고 계셨지만 아빠도 철이와 같이 매우 긴장해서 어색한 웃음을 짓고 계셨다.

'찰칵'

며칠 뒤 사진관에서 사진을 찾아온 엄마는 웃음보가 터지셨다.

"부전자전이라더니 둘 다 표정이 왜 이러는 거야~"

아빠와 철이 모두 입이 이상하게 벌어져서는 우스꽝스러운 표정을 똑같이 짓고 있는 것이었다. 아빠와 철이는 머리를 긁적이며 머쓱한 듯이 웃음을 터뜨렸다.

〈사진 12〉 실제 작품: 단란한 한글 가족(백수연)

④ 실제 전시하기

4단계는 실제 전시를 통해 한글디자인을 뽐내는 단계이다. 2010년 성신여자대학교 교내 전시장에서 1차 전시를 한 뒤, 경기도 광명역사 (이재성 역장)에서 2차 전시를 하였다.

〈사진 13〉 한글로 날아오른 옷 날개 전시장에서(성신여자대학교, 2010.10.15)

〈전시 작품 목록〉

하나의 한국: 21세기 한글 옷 맵시꾼 __ 강선화

세계로 한글!: 21세기 한글 옷 맵시꾼 __ 강효경

함께하는 세상 만들기: 21세기 한글 맵시꾼 __ 권혜리

세계, 한글을 들다.: 21세기 한글 옷 맵시꾼 __ 김민

그림 하나로 한글 알리기: 21세기 한글 옷 맵시꾼 __ 김보은

한글의 우수성 두루두루 알리다: 21세기 한글 옷 맵시꾼 __ 김수현

한글 응용 '한글 마차': 21세기 한글 옷 맵시꾼 __ 김예림

ㅅㅜㅣㅁ: 21세기 한글 옷 맵시꾼 __ 김윤진

춤추는 대왕님: 21세기 한글 옷 맵시꾼 __ 김재윤

보름달 사랑 보름달 한글: 21세기 한글 옷 맵시꾼 __ 류하늘

한복 입은 아이: 21세기 한글 옷 맵시꾼 __ 박미래

한글을 담은 태극 문양: 21세기 한글 옷 맵시꾼 __ 박지향

단란한 한글 가족: 21세기 한글 옷 맵시꾼 __ 백수연

한글 레고 액세서리: 21세기 한글 옷맵시꾼 __ 서가영

한글의 동물왕국: 21세기 한글 옷 맵시꾼 __ 송단비

우리의 '얼'굴: 21세기 한글 옷맵시꾼 __ 송수아

자음 무지개: 21세기 한글 옷맵시꾼 __ 송지수

'한글을 세계로': 21세기 한글 옷맵시꾼 __ 안미현

한글로 살려낸 인어공주: 인어공주를 닮은 한글 옷맵시꾼 __ 안다운

아름다운 우리 한글 옷으로 다시 태어나다: 21세기 한글 옷맵시꾼 __ 유기정

한글로 하나 되어...: 21세기 한글 옷 맵시꾼 __ 윤연규

11172 번의 한글 변신(리을의 꿈): 이끔이 __ 김슬옹

온새미로: 21세기 한글 옷맵시꾼 __ 김서희

옷 속의 한글: 21세기 한글 옷맵시꾼 __ 김인영

한글로 만든 귀여운 친구들: 한글재주꾼 __ 오윤선

프러포즈: 21세기 한글 옷맵시꾼 __ 박준희

흔글 __ 송지혜

패션속의 한글 __ 오유미

⑤ 작품과 전시 효과와 의의

이런 전시 활동을 통해 의류학과 학생들이 한글의 가치를 새롭게 알았다. 더불어 한글의 융합적 가치를 드러내고 나누었다. 설명문과 이야기를 결합하여 정보의 객관성과 작품의 감수성을 함께 드러냈고, 전시를 통해 한글 맵시꾼으로서의 자신감을 얻었다.

7. 한글 통합 맵시론6)

2023년 세종 나신 날인 5월 15일 국회에서 김용판 국회의원실이 주최하고 세종국어문화원이 주관하는 한글 쓰기에 대한 정책토론회는 '한글 맵시론' 관점에서 볼 때 매우 의미가 있다. 한글 반포 577주년 이래 쓰기 문제에 대해서는 최초로 열린 정책 세미나였다.

필자가 이 장을 '한글 쓰기 역사와 한글 통합 맵시론'이란 제목으로 발표했고, 한글새움 이유 대표는 실제 쓰기 교육 문제를 맡았고 한글 쓰기 현장 전문가들이 발제와 토론을 벌렸다.

반포된 지 577년 동안 이런 정책토론회가 처음으로 열린 이유는 크게 두 가지일 것이다. 이 문제를 문제 삼을 필요가 없거나 무지해서 일 것이다. 이날 토론회 분위기는 후자 쪽이라는 것이 중론이다.

한글은 쓰기와 배우기가 쉽다고 한다. 그러나 정작 악필로 고민하는 사람들도 많고7) '치읓'의 'ㅊ'은 쓰는 방식이 무려 네 가지 이상이

---

6) 이 부분은 필자가 「한글 글씨 쓰기에 대한 관심과 정책 배려가 필요하다」(우리뉴스, 2023. 5.18.자, http://www.woorinews.co.kr)이란 신문 칼럼으로 발표한 바 있다.

7) 윤상진 기자(2023)의 「요즘 학생 악필 오죽하면… '이게 무슨 글자냐' 시험 채점때 교사 토론」(조선일보, 2023.5.22)이라는 보도는 요즘 아이들의 악필 문제의 심각성을 보여주고 있다.

나 되다 보니 잘 쓰려면 무척 고민이 된다. 맨 위 짧은 획을 세로로 세워야 할지 가로로 써야 할지 아니면 비스듬하게 사선으로 그어야 할지 표준이 없다.

그런데 이 문제에 대한 답도 세종이 마련해 놓았다. 세종이 한글(훈민정음) 창제를 마무리했던 1443년, 12월 30일자 세종실록에 사관이 "훈민정음은 무릇 한자에 관한 것과 우리말에 관한 것을 모두 쓸 수 있고, 글자는 비록 간결하지만, 요점을 잘 드러내면서도 전환하는 것이 무궁하니, 이것을 '훈민정음(訓民正音)'이라고 불렀다."(현대말 번역)라고 기록해 놓았기 때문이다.

이 기록을 1446년 음력 9월에 간행한 "훈민정음" 해례본에서 "스물여덟 자로 끝없이 바꿀 수 있어, 간결하면서도 요점을 잘 드러내고, 정밀한 뜻을 담으면서도 두루 통할 수 있다."라고 다시 기록해 놓았다.

훈민정음 자음자나 모음자는 비록 간결하지만 이를 조합하거나 합성하여 거의 무한대의 글자를 만들어낼 수 있다는 것이다. 바로 그 비밀은 직선과 원, 점만으로 이루어진 간결한 훈민정음의 도형 원리, 제자 원리에 있었다. 인류 문자사에 전례가 없는 기적의 과학 문자, 소리 문자가 탄생한 것이다.

원과 점도 중요하지만, 더 중요한 핵심은 직선에 있다. 자음자이든 모음자이든 직선 중심으로 되어 있고 모음자는 수직선과 수평선이 균형을 이루고 있다. 훈민정음 기본 28자를 분석해 보면 직선이 78.75%이고 원형이 21.25%이다. 직선만 보면 수평선이 44.4%, 수직선이 42.9%, 사선이 12.7%이므로 수직선과 수평선이 거의 황금 비율을 이루고 있다. 그래서 반포부터 지금까지 한글 학습의 주요 요구가 되는 바둑판 같은 '가갸거겨…' 한글 음절표가 가능한 것이다(8장에서 자세히 다룸).

이런 직선 중심의 훈민정음, 곧 한글은 인류 역사상 처음 발명된 방식이었다. 일부 학자들이 곡선 중심의 파스파 문자나 산스크리트 문자를 모방했다고 주장하는 것은 명백한 사실과 과학을 왜곡하는 잘못된 주장들이라는 것은 초등학생들도 문자를 비교해 보면 금방 확인할 수 있는 내용이다.

물론 손글씨이든, 인쇄체 글꼴이든 손멋글씨(캘리그라피)든 다양할 수록 좋다. 그러나 처음 배울 때는 직선 중심으로 그 원리를 깨우쳐야

〈사진 14〉 '한글새움'(이유)의 기본 서체와 응용

한다. 그런데도 국어교과서는 곡선이 들어간 붓글씨꼴을 기본 서체로 삼고 있다. 당장 고쳐야 할 문제들이다. 국어교과서만큼은 서체를 직선 위주의 글꼴로 해야 한다. 그래야 글씨도 잘 쓸 수 있고 더 다양한 글꼴을 생성해낼 수 있는 힘이 생긴다.

손글씨든 손멋글씨든 누구나 정확하게 쓸 수 있는 원리를 발표한 이유 선생의 '한글새움'은 모눈종이를 이용하여 직선 원리에 기반해 다양한 글꼴의 아름다움을 창출할 수 있도록 했다.

이런 관점에서 '한글새움'은 기하학적 간결함과 단순성(직선, 동그라미)에서 출발하여 서체 문제, 손글씨 문제, 멋글씨 예술까지를 일관되게 해결하고 있다.

이는 훈민정음 제자 원리에 기반한 획기적인 방법이다. 훈민정음은 수학이요 과학이다. 이러한 보편 과학에 철학, 예술 보편성까지 더해져 그것이 누구나 평등하게 문자를 부려 쓸 수 있는 인문주의로 이어졌으니, 이는 인류 문명사에 빛을 던져준 것이다.

8. 한글 맵시의 나눔과 확산

이 장에서는 한글 맵시론이라는 틀 속에서 한글 글꼴론, 한글 서체론, 한글 디자인론으로 나눠 살펴보았다. 한글 맵시론은 한글 맵시를 체계적으로 논증하거나 정리한 것으로 한글 글꼴을 중심으로 실용적, 미적 특성을 제대로 드러낼 것이다.

한글 글꼴론에서는 먼저 한글 문자 기호론의 기본 특성을 알아보았다. 일반 문자의 네 가지 구성 요소인 문자의 꼴·소리·뜻·실체 등으로 나눠 '한글'이라는 문자 기호의 주요 특성을 규명했다. 뜻을 '내용뜻, 꼴뜻, 소리뜻, 복합뜻'으로 나누어 꼴의 의미와 맥락적 특성을 규명했다.

한글 글꼴의 기원은 1446년 『훈민정음』 해례본에 따르면 세종의 애민정신의 글자 정신을 반영한 글꼴이어야 한다는 맥락에서 배려와 소통 측면에서의 사람 중심의 글꼴 방향을 제시했다.

한글 글꼴은 낱자 구성과 도형, 글꼴 표현, 맵시 네 가지 측면에서 기술할 수 있다. 한글 제자원리나 한글 그 자체에 이미 글꼴이 갖춰야 할 과학적, 미학적 특성을 모두 지니고 있다. 낱자 구성은 음절자 이내의 언어 단위로 한정한다. 그렇다면 낱자 자소별로는 초성자, 중성자, 종성자, 그리고 이들을 합친 음절자가 있다. 다음 그림은 이러한 한글 글꼴의 낱자와 음절자 구성을 한눈에 보이게 필자가 디자인한 것이다.

이러한 한글 글꼴의 질적 특성은 첫째 최소성이고, 두 번째의 최소성은 상형 기본자의 최소성이다. 한글 글꼴의 두 번째 질적 특성은 가획과 합성을 통해 규칙적으로 확장할 수 있다는 것이고 이런 특성은 가장 간결한 기하학적 도형에서 비롯됐다.

한글 디자인은 한글이라는 문자 또는 한글이라는 글꼴의 예술성을 살려 상업이나 산업 분야에서 활용하는 것이다. 이는 문자는 미적, 실용적 이미지로 그 기호성을 발휘하는 것이므로 문자 자체가 이미 디자인이라는 것이다. 중요한 것은 그런 보편적인 디자인 요소를 맥락에 따라 창의적으로 응용 발전시켜 좀 더 아름답고 실용적인 디자인을 어떻게 만드느냐가 관건이다. 한글은 한글 나름의 글꼴 미학과 철학으로 다른 문자와 차별되는 한글 디자인 요소를 갖고 있다.

첫째는 한글은 누구나 디자이너가 되게 하는 사용자 중심의 문자라는 것이다. 둘째는 한글 디자인만의 특성과 가치를 들 수 있다. 그것은 한글 최소주의와 최대주의의 절묘한 결합, 이에 따른 한글 디자인만의 독창성과 확장성에 있다. 최소 문자소 단계의 단순함과 간결함은 역설적으로 디자인의 무한 창조성을 내포하고 있기에 더욱 의미가 있다.

셋째는 나름 체계적이고 특색 있는 자소들의 규칙적인 조합에 의한 조화의 아름다움이다. 조화롭다는 것은 여러 요소가 만나 또 다른 세계를 만들되 여러 요소가 제 색깔을 더욱 살리는 것이다. 서로 다른 꼴로 디자인된 자음자와 모음자의 조화, 초성자, 중성자, 종성자가 어울리되 종성자가 다시 초성자가 되는 순환에 따른 조화의 아름다움이 한글만의 아름다움이다.

이런 취지에 따라 실제 한글 맵시 교육을 어떻게 할 것인가를 실제 사례를 중심으로 알아보았다. 한글 맵시 교육의 일환으로서 전시 활동을 통해 의류학과 학생들이 한글의 가치를 새롭게 알았다. 더불어 한글의 융합적 가치를 드러내고 나누었다. 설명문과 이야기를 결합하여 정보의 객관성과 작품의 감수성을 함께 드러냈고, 전시를 통해 한글 맵시꾼으로서의 자신감을 얻었다.

8장 한글문화론

1. '한글문화'라는 용광로

사람이 이룩한 모든 삶과 행위는 문화로 드러나고 꽃을 피운다. 그렇다면 한글로 이루어지거나 한글을 매개로 이루어진 우리 삶의 모든 것은 한글문화로 드러나고 꽃피운다. 한글문화는 문화가 우리 삶을 모두 담아 내듯이, 한글에 관한 모든 것을 아우를 수 있을 만큼 쓰임새도 넓고 다양하다. 그렇다고 한글에 대한 모든 것을 담아 녹여 내는 용광로를 '한글문화'라고 접근하는 것은 한글문화에 대한 실체론적 접근뿐만 아니라 가치론적 접근을 하고자 하는 우리 입장이 아니다. 따라서 이 장에서는 무엇이 한글문화이고 어떤 특성이 있으며 그에 따라 어떤 가치가 있는지, 그래서 우리는 한글문화를 어떻게 가꾸어나가야 하는지를 밝히고자 한다. 주요 논점을 정리해 보면 다음과 같다.

1) 한글문화란 무엇인가?
2) 한글문화의 주요 특징은 무엇인가?
3) 한글문화의 바람직한 가치는 무엇인가?
4) 한글문화를 어떻게 가꿔갈 것인가?

한글이 융복합 시대의 핵심 도구로 떠오른 지 오래되었다. 최근에는 한글이 한류를 주도하고 있을 정도로 한글문화가 전 세계적인 관심사로 떠오르고 있다. 따라서 한글이 반포된 지 2022년 기준 576년이나 되는 역사성과 한류 확산으로 인한 공간적 세계성까지 한글문화의 중요성과 더불어 이에 대한 체계적인 연구 필요성도 높아지고 있다. 한글문화의 역사와 중요성에 비해 체계적인 논의 역사는 짧고 얕기 때문이다.[1]

한글문화에 대한 본격적인 논의와 연구는 해방 이후부터 시작됐다. 최현배(1962)에서는 한글문화의 역사성과 민족성에 주목하여 한글이 문화혁명의 바탕이자 기폭제가 되어야 함을 논했다. 곧 "우리 배달겨레는 문화창조의 연장으로서 훌륭한 한글을 가지고 있음은 큰 소망과 행복을 약속한다."라고 보고, 찬란한 한글문화가 이룩된다면 '세계 일등의 나라 살림'이 가능할 것이라고 보았다. 이러한 논의는 한글의 정체성과 주체성, 역사성 등을 강조하여 한글문화의 가치를 드러내주는 장점이 있다. 그러나 한글문화가 상대적으로 먼저 꽃핀 북한의

---

1) 한류 흐름에 대해서는 배범수 외(2019)의 『한류의 패러다임 전환을 위한 신한류 확산 전략 연구』(연구보고서, 한국콘텐츠진흥원) 참조.

경우와 같이 한글문화 발전이 경제적 발전 등과 필연적으로 비례하는 것은 아니므로 지나친 형식주의로 오해받을 수 있다.

허웅(1976)은 한글문화의 역사성에 주목한 저서이다. 곧 17세기 이후에 참된 민족문화는 한글을 초대로 하여 꽃을 피우게 되었다고 보고 그 핵심 근거로 한글문학의 발달을 들었다. 조선 후기 한글문학의 발전은 한글문화의 빛나는 역사성을 보여주지만, 한편으로 행정 문서 등에서가 아니라 문학에서만 발달한 한글문화의 상대적 열등감을 보여주기도 한다.

백승정(2007: 90)에서는 "한글은 가장 한국적인 문화의 상징이자 선조들의 지혜가 집약된 과학적이고 독창적인 문화유산이다."라고 문화콘텐츠로서의 가치에 주목했다.

홍윤표(2013: 9)에서는 국어와 한글을 발전시킨다는 의미는 "국어와 한글은 우리나라 문화 발전의 기본적인 도구이며 원동력이므로 우리의 문화를 발전시킨다는 의미"라고 보았다. 그래서 물과 공기가 인간의 생명줄이라고 한다면 언어는 문화의 생명줄이라는 전제 아래, 국어와 한글은 우리 민족 문화를 창조하고 전달하는 중요한 도구이어서, "국어는 무형문화재 국보 특호이며, 한글은 유형문화재 국보 특호"로 규정했다. 한글문화의 전통성과 발전이라는 역동성을 같이 주목한 것은 좋으나, 말과 글을 함께 가리키는 '국어'와 문자만을 가리키는 '한글'을 섞어 논의하는 것은 문제가 있다.

민현식(2016)에서는 한글문화의 정신 가치에 주목하여 그 정신을 세종 정신, 훈민과 정음의 정신, 한글 정신으로 나누어 보았다. 세종 정신은 '훈민정음 어제 서문'에 나타난 자주, 애민, 실용의 정신, 훈민과 정음의 정신은 '용비어천가'와 '동국정운' 등을 통한 훈민정음 확산에서, 한글 정신은 개화기 이후의 한글 보급, 한글 문체 수립에서 찾았다. 한글문화의 정신적 가치를 잘 드러냈으나, 내용에 따른 가치와 역사성에 따른 가치가 중첩되어 있다.

김영욱 외(2019)에서는 한글문화를 한글을 익히는 일, 한글을 가꾸는 일, 한글을 퍼뜨리는 일 등으로 세 가지 보았다. 더 나아가 한글문화는 현재에 머무르지 않는다고 보고 과거, 미래에도 이어진다고 평가해, 한글문화의 영역과 대상은 끊임없이 생겨나고 성장해 간다고 보았다. 한글문화의 역동성에 대한 주목이 나름대로 의미가 있다.

허소정(2015: 95)은 한글은 "전통성과 현대성을 동시에 아우르면서 우리의 '문화적 정체성'을 가진 대표적인 우리의 문화유산"이라고 규정하고, 한글의 소통 정신이 한글문화 부호, 문화콘텐츠의 핵심 가치라고 보았다.

2. 한글문화의 개념

한글문화의 실체가 폭넓은 만큼 한글문화를 어떤 개념으로 정의하는가가 중요하다. 한글문화는 "한글을 바탕으로 하여 이루어지는 문화"(표준국어대사전)라는 일반적인 개념부터 "한글문화는 한글을 익히고 가꾸며 퍼뜨리는 일들을 가리킨다"(김영욱 외, 2019: 5)라는 역동적인 개념까지 다양하게 자리매김할 수 있다. 그렇다면 한글 그 자체의 특성과 문화의 다양한 속성을 고려하여 전략적으로 접근하는 것이 중요하다.[2]

먼저 '문화'의 정의부터 정리해 보자. 문화는 일반적으로는 삶의

---

2) 김동언(2021: 58)에서는 "한글이라는 문자를 매개로 이루어진 문화 활동"으로 보았다.

방식·태도·신념 등을 총체적으로 일컫는다. '매체' 중심으로 본 문화는 영화·텔레비전 등 대중매체로 표현되거나 소통되는 문화를 가리킨다. 역사적으로 보면, 역사적 흐름 속에서 형성된 문화, 우리들의 삶의 방식에 오랫동안 녹아 있는 전통문화·민족문화·고유문화 등을 가리킨다. 문화 생성과 향유의 주체 측면에서 보면, 문화를 창조하고 누리는 다양한 주체에 따른 문화로 대중문화·고급문화·저항문화·지배문화 등을 가리킨다.

문화 자체는 이렇게 정리되지만, '한글문화'는 '한글'이라는 문자를 매개로 하는 문화이므로 문자문화 또는 기호문화의 속성에 집중해야 한다. 그렇다면 한글문화는 네 가지로 정의할 수 있다.

첫째, 한글로 표현된 언어문화를 가리킨다. 곧 문자나 글말로 표현된 모든 문화를 말한다. 일종의 표현 형식 측면에서의 문화를 말한다. 이러한 표현으로서의 한글문화는 '어떤 내용을 어떻게 표현했느냐'와 같이 내용과 연계한 표현 의미와 가치를 따지는 표현 문화가 있다. 이러한 한글문화는 한글로 담아낸 수많은 글말 문화를 아우른다.

한편으로는 "아이 러브 유"와 같이 외국어를 적은 표현처럼 내용을 고려하지 않고 단지 표현 형식의 기호성에 주목하는 한글문화도 있다. 굳이 내용 가치를 따지지 않은 한글 표현문화는 특별한 경우이기는 하지만 '호남향우회'라는 한글 디자인을 입고 다니는 외국인 옷을 들 수 있다.

〈사진 1〉 '신흥호남향우회' 글귀가 새겨진 옷을 입은 미국 가수, 브리트니 스피어스

아마도 그 외국인한테는 '호남향우회'라는 단어의 뜻이 아무 의미가 없지만 단지 한글이라는 이유만으로도 주목을 받았다면, 한글 디자인 그 자체로서 가치 있는 의미를 부여받을 수 있다. 이러한 기호 중심 표현문화는 내용 뜻은 아니지만, 기호의 이미지 뜻은 매우 중요할 수 있다. 필자가 2005년 러시아에 갔을 때 타고 다닌 전세 버스가 '호송 버스'라는 글귀가 크게 새겨진, 한국 교도소에서 쓰던 차를 수입한 차였다. 이러한 한글 기호는 러시아인과 한국인에게 똑같은 의미로 다가올 수는 없다.

이러한 표현 중심의 한글문화는 표현이 어떤 매체로 이루어지느냐에 따라 그 의미와 가치가 달라진다. 한글은 종이부터 간판·영화·컵 등 다양한 물리적 매체에 쓰임으로써 보이는 또는 활용되는 문화를 말한다. 결국, 한글이 어떤 매체에 어떻게 쓰였느냐에 따라 그 의미와 가치는 달라진다.

〈사진 2〉 단추로 만든 한글 글꼴(왼쪽)과 시계 제품(동서울대)

둘째는 가치 중심으로 본 개념으로 한글에 담긴 정신문화, 곧 민족문화를 가리킨다. 흔히 말글얼이라 할 경우의 '얼'에 해당하는 문화다.[3] 한글은 한국어를 적는 고유 문자이므로 한국과 한국인의 정체성, 우리문화의 정체성과 주체성이 중요하므로 이러한 정체성과 주체성을 드러내주는 문화이다.

'말글얼'로 상징되는 정신문화는 '말'보다는 '글'에 집중되어 있다. 그것은 우리의 독특한 한글문화 때문이다. 1446년 반포 이래 한글은 한자에 비해 비주류 문자로 자리매김하여 왔다. 한자, 한문으로 상징되는 지배문화보다 저항과 약자 의식을 대변하는 저항 문화로서의 가치를 더 키워왔기 때문이다. 일제강점기에는 말과 글을 모두 빼앗겨 한글은 우리 정신문화와 저항 문화로서의 구실과 특성을 더 드러내게 됐다. 이인의 'ㄹ'을 지켜야 한다는 글은 그런 역사성을 잘 보여준다.

3. 'ㄹ'(말, 글, 얼)을 지켜야 한다

"나는 한글학자가 아니나 일찍부터 조선어학회 회원이었고 이 일로 옥고를 치렀다. 내 자신이 이상하게 느낄 때가 있으면서도, 이는 결코 우연이 아니라고 생각한다." (…줄임…) "조선에서도 일제가 우리말과 글을 없애려고 들기는 마찬가지라, 뜻 있는 학자들이 우리말과 글을 연구하고 이를 지키려고 애를 쓰는 가운데 1921년에는 조선어학회가 창립을 보았다. 나는 우리말과 글을 지켜야 한다는 역사적인 현실을 인식하고 있는 터라 우리말의 법리와 철자법에 상당한 관심이 있었다. 그래서 조선어학회에서 맞춤법의 옳고 그름을 설문하는 경우에는 빠짐없이 성의껏 응답을 하고 아울러 내 의견을 말하였더니 어느 틈엔가 조선어학회의 회원이 됐는데

---

3) '얼'은 문세영 편 『朝鮮語辭典』에서 '정신'으로 풀이해 놓은 이래, '정신'이라는 한자어에 대한 고유어로 널리 쓰이어 왔다.

이것 1926년께이다"

__이인(1974), 『반세기의 증언』, 명지대학교 출판부

셋째는 한글로 이룩한 생활문화를 가리킨다. 이때의 생활문화는
한글이 생활 속에서 쓰이고 활용된 문화를 가리킨다. 그렇다면 읽고
쓰는 의사소통 생활에 한글을 활용한 언어생활이 있고 일상생활에서
한글이 활용된 간접적인 언어생활로 나눌 수 있다.

홍윤표(2016: 159~189)의 조선시대 중심의 역사에서 '생활과 한글'
분류를 '남성의 생활과 한글, 여성의 생활과 한글, 식생활과 한글, 주
생활과 한글, 놀이문화와 한글' 등으로 분류했다.

〈사진 3〉 로마자와 한글 디자인의 차이

생활은 크게 일하면서 엮어가는 생활이 있고, 가장 기본적인 의식
주 생활, 일반적인 관계를 맺고 살아가는 공동체 생활, 놀이와 쉼으로

서의 여가 생활이 있다. 이런 생활에 한글을 적극적으로 활용했거나 이런 생활의 각종 용품이나 물리적인 실물에 한글이 표현된 문화를 말한다.

3. 한글문화의 가치

한글문화의 가치는 한글문화가 지향해야 할 바람직한 방향으로 한글문화가 지니거나 만들어나가야 하는 긍정적 세계관을 말한다. 그렇다면 한글문화의 가치는 무엇이며 이러한 다양한 문화 관점에서 어떻게 부여할 수 있을지 분석해 보기로 한다.

한글문화의 가치는 기본적으로 '한글'의 가치에 내재하여 있는 것이므로 내용 측면의 한글 소통성과 형식 측면의 미학 측면에서 한글문화의 가치를 자리매김할 수 있다.

3.1. 소통성

언어는 의사소통의 핵심 도구이다. 인류는 대화 중심의 의사소통을 통해 문명과 문화를 이룩해 만물의 영장으로서의 독보적 위치를 발전시켜 왔다. 언어 사용 역사에서 문자 사용 역사는 상대적으로 매우 짧지만, 인류는 문자 사용으로 비약적인 문명사회를 이루게 되었다.

생각과 뜻을 전달하는 의사소통 과정에서 문자가 차지하는 비중은 말을 보조하는 기능을 넘어 독자적인 의사소통의 질적 가치를 높여 왔다. 문자 없이 말로만 의사소통을 할 수 있지만 수많은 지식과 정보를 말로만 소통하는 것은 불가능하다. 문자를 통한 의사소통이 이루

어질 때 진정한 의사소통이라 할 수 있다.4)

문자가 의사소통의 도구로서 온전한 기능을 하기 위해서는 두 가지 조건을 충족해야 한다. 사회구성원 모두를 의사소통의 주체로 인정해야 하며 그런 주체로서 가능한 문자여야 한다. 그러기 위해서는 어떤 상황에서든 의사소통의 도구가 될 수 있는 문자 조건을 갖추고 있어야 한다. 해례본에서는 이런 점을 다음 세 가지로 기술하고 있다.

(1) 가. 予爲此憫然, 新制二十八字, 欲使人人易習, 便於日用耳. 내가 이것을 가엾게 여겨 새로 스물여덟 글자를 만드니, 모든 사람들로 하여금 쉽게 익혀서 날마다 쓰는 데 편안하게 하고자 할 따름이니라. (정음1ㄱ: 5~6_어제서문)

　 나. 遂命詳加解釋, 以喩諸人.
　　 드디어 임금께서 상세한 풀이를 더하여 모든 사람을 깨우치도록 명하시었다. (정음해례28ㄱ: 8~28ㄴ: 1_정인지서)

(2) 無所用而不備, 無所往而不達. 글을 쓰는 데 글자가 갖추어지지 않은 바가 없으며, 어디서든 뜻을 두루 통하지 못하는 바가 없다. (정음해례28ㄱ: 6~7_정인지서)

(1가, 나)의 '人人'과 '諸人'은 모든 사람, 곧 만백성을 의미한다. 일차적인 정음 사용 주체로 양반 사대부를 제외한 하층민을 대상으로 하였으나 교화 차원에서 계층 간의 소통이 중요하므로 모든 신분을 아우르는 대상으로 설정한 것이다. 의사소통은 쌍방향성을 전제로

---

4) 기존의 의사소통 이론서와 실용서들이 문자 측면의 의사소통을 거의 다루지 않고 있는 것은 잘못된 것이다.

하므로 상호 주체로 구성될 수 있는 문자여야 하는데 세종은 이러한 목표를 분명히 한 것이다.

〈표 1〉 조선시대 신분제 따른 문자 생활

신분	훈민정음 창제 전	훈민정음 창제 후
양반	한문 사용, 특별한 경우 이두 사용	주로 한문 사용 특별한 경우, 이두, 훈민정음 사용
중인	이두 사용, 특별한 경우 한문 사용 가능	주로 이두 사용 특별한 경우 한자, 훈민정음 사용
평민	문자 모름, 문자 생활 안 됨 *배울 수는 있으나 실제로는 거의 불가능	훈민정음 사용, 훈민정음 문자 생활 가능
천민	문자 모름, 문자 생활 안 됨 *배울 수도 없고 실제 사용도 안 됨	훈민정음 사용 가능 문자 생활 가능하지만 실제로는 거의 불가능

(2)는 의사소통을 위한 글을 사용하는 조건을 두루 갖추고 있어서 어떤 상황에서든 의사소통 도구가 될 수 있다는 자신감에 대한 표현이다.

이러한 조건을 갖추고 있다면 의사소통 기능을, 구체적으로는 문제 해결과 정보 중심의 소통이 가능해야 하고 진리를 탐구하는 학문 도구의 기능과 정서 표현과 공유를 할 수 있어야 한다.

3.1.1. 문제 해결과 정보 중심의 의사소통

생활 속에서 의사소통은 문제 해결 과정이기도 하고 정보를 주고받는 과정이기도 하다. 글말은 문제 해결과 정보 소통과 공유의 가장 효율적인 수단이다. 문자가 이런 가능함을 온전하게 수행할 때 문자로서의 효용성이 있는 것이다. 한자는 그런 기능을 할 수 있는 문자임이 분명하지만 어려움 때문에 효용성은 턱없이 낮고 더구나 한자를 모르는 또는 한자로부터 소외당한 계층한테는 무의미한 기호에 지나지 않는다. 오히려 문제 해결을 어렵게 하고 정보 소통 소외로 인한 차별과 배타적 권력 기호가 되기도 한다. 세종은 이런 문제를 정확히 인식하고 해례본에 다음과 같은 두 가지 내용을 기술하고 있다.

(1) 故愚民有所欲言, 而終不得伸其情者多矣. 그래서 어리석은 백성이 말하고자 하는 바가 있어도 끝내 제 뜻을 펴지 못하는 사람이 많으니라. (정음1ㄱ: 3~4_어제서문)

(2) 以是聽訟, 可以得其情. 또한 이 글자로써 소송 사건을 다루면, 그 속사정을 이해할 수 있다. (정음해례28ㄱ: 4~5_정인지서)

(3) 사형 집행에 대한 법 판결문을 이두문자로 쓴다면, 글 뜻을 알지 못하는 어리석은 백성이 한 글자의 착오로도 원통함을 당할 수도 있으나, 이제 그 말을 언문으로 직접 써서 읽어 듣게 하면, 비록 지극히 어리석은 사람일지라도 모두 다 쉽게 알아들어서 억울함을 품을 자가 없을 것이다.5) (若曰如刑殺獄辭, 以吏讀文字書之, 則不知文理之愚民, 一字之差, 容或致冤。今以諺文直書其言, 讀使聽之, 則雖至愚之人, 悉皆易曉而無抱屈者.)
　　　　　　　　　　　　　　　　　　　　__『세종실록』 1444년 2월 20일

(1)에서는 '愚民'을 소통의 주체로 인정하고 있다. 하고 싶은 말을 해야 하고 할 수 있는 의사소통의 주체다. 여기서 '欲言'과 '情'에 주목

---

5) 최만리 외 6인의 갑자 상소(1444)에서 세종의 말로 인용된 구절이다.

해야 한다. 욕언은 한자를 모르는 하층민들을 소통 욕망의 주체로 인정한 것이며 그런 소통 주체들의 섬세한 표현 내용이 '情'이다.

구현정·전영옥(2005/ 2009: 11~12)에서는 의사소통의 기능을 "1) 사람을 사람 되게 하여 주는 기능, 2) 문화 전달의 도구, 3) 타인을 알게 되고 자기 자신을 발견하는 수단, 4) 타인과 친밀한 관계를 맺고 유지하도록 하는 기능, 5) 타인을 돕는 기능, 6) 행동을 변화시키는 기능, 7) 사람들 사이의 협동을 가능하게 하는 기능 8) 긴장 이완 기능" 등 여덟 가지로 보았다. 문자 기능과 연계시켜 보면 문자의 의사소통 기능이야말로 사람을 사람 되게 하여 주는 핵심 기능을 수행하는 셈이다.

(2)는 1446년의 기록이므로 갑자상소(1444) 기록이 앞서는데 이를 반영한 것으로 보인다.

(3)은 훈민정음이 사회적 문제 해결의 효용 도구임을 극명하게 보여 준다. 가장 민감한 재판이나 소송 문제 해결에 훈민정음이 아주 정확한 도구가 됨을 말하고 있다. 여기서도 '情'이 쓰였다.

이와 관련된 기술은 세종실록과 관련 문헌에 지속적으로 실리고 있다.

(4) 上謂左右曰: "雖識理之人, 必待按律, 然後知罪之輕重, 況愚民何知所犯之大小, 而自改乎? 雖不能使民盡知律文, 別抄大罪條科, 譯以吏文, 頒示民間, 使愚夫愚婦知避何如?" 비록 세상 이치를 아는 사람이라 할지라도, 법률문에 의거하여 판단을 내린 뒤에야 죄의 경중을 알게 되거늘, 하물며 어리석은 백성이야 어찌 저지른 죄가 크고 작음을 알아서 스스로 고치겠는가. 비록 백성들로 하여금 다 법률문을 알게 할 수는 없을지나, 따로이 큰 죄의 조항만이라도 뽑아 적고, 이를 이두문으로 번역하여서

민간에게 반포하여 보여, 어리석은 지아비와 지어미들로 하여금 범죄를 피할 줄 알게 함이 어떻겠는가.

_『세종실록』 1432(세종14)년 11월 7일

(5) 上曰: "人法竝用, 今不如古, 故不得已以律文比附施行, 而律文雜以漢吏之文, 雖文臣, 難以悉知, 況律學生徒乎? 自今擇文臣之精通者, 別置訓導官, 如『唐律疏義』, 『至正條格』, 『大明律』等書, 講習可也. 其令吏曹議諸政府." 임금이 말하기를, "사람의 법은 함께 써야 하는 것인데, 지금은 옛날과 같지 않기 때문에 부득이 가까운 법률문을 준용하여 시행하는 것이다. 그러나 법률문이란 것이 한문과 이두로 복잡하게 쓰여 있어서 비록 문신이라 하더라도 모두 알기가 어려운데, 하물며 법률을 배우는 생도이겠는가. 이제부터는 문신 중에 정통한 자를 가려서 따로 훈도관을 두어 『당률소의(唐律疏義)』·『지정조격(至正條格)』·『대명률(大明律)』 등의 글을 강습시키는 것이 옳을 것이니, 이조로 하여금 정부)에 의논하도록 하라." 하였다.

_『세종실록』 1426(세종8)년 10월 27일

이러한 세종의 소통 중심 창제 동기를 정면으로 부정하는 논리가 한자음 발음기호설이다.6) 훈민정음 창제 핵심 동기가 한자음 발음 적기라고 한 것은 이숭녕(1976: 52)와 정광(2015: 17)에서 다음과 같이 말한다.

---

6) 훈민정음 한자음 발음기호 주장은 동북공정과 관련하여 크게 사회문제화된 적이 있다. 이에 대해서는 김슬옹(2021ㄱ), 「훈민정음은 한자의 발음기호' 주장에 담긴 불순한 의도」(『오마이뉴스』, 2021.10.29)에서 심층 보도하였고, 송철호(2023)의 「[한글의 권리] 한글날을 왜곡으로 물들였던 '독학사' 교재 사태」(『주간한국』 2979, 온라인판 2023.5.22)에서 지지 평가를 받았다.

(6) 이숭녕(1976: 52)는 "훈민정음의 자모 체계는 우리 현실 국어의 표기를 위한 것이 아니고 동국정운을 이해시키기 위한 연습장 구실을 하게 한 것이라 볼 수 있다. 오늘날 한글을 제정한다고 가정할 때, 그 체계가 현실 국어음을 기준으로 한 것이 아니고 장차 개혁할 한자음의 체계를 실었다고 하면, 큰 시비를 받을 것이다. 그와 같이 한 것이 바로 이 훈민정음의 체계다. 그러므로 훈민정음은 동국정운의 이해를 위한 연습장의 구실을 한 것이다. 그리고 보면 한자음의 개신음을 둘러싸고 문제점이 많으며, 세종의 언어정책의 진의가 어디에 숨겨져 있는가가 의심될 것이다."

(7) 개정된 한자음이야말로 백성들에게 가르쳐야 하는 바른 한자음, 즉 훈민정음이었으며 이것의 발음기호로 한글을 제정한 것으로 본다.

___정광(2015), 『한글의 발명』, 김영사, 17쪽

한글 창제 1443년, 이로부터 17년 전부터 세종이 한자 모르는 백성들과의 교화, 소통 문제를 고민하고 그래서 한글을 만들었다는 역사적 맥락이 실록과 훈민정음 해례본, 서문, 정인지 서문 등 곳곳에 많이 나옴에도 이를 무시하고 이와 같이 주장하는 핵심 근거는 세종 서문의 첫 구절에 대한 독특한 해석 때문이다. 그대로 옮겨 보면 다음과 같다.

(8) 國之語音, 異乎中國, 與文字不相流通. 우리나라의 발음이 중국과 달라서 문자가 서로 통하지 않는다.

___정광(2015), 『한글의 발명』, 김영사, 16쪽

곧 한자음에 대한 발음이 중국과 달라 그러한 발음 기호 훈민정음을 창제했다는 것이다.

어제 서문 첫 문장과 직접 관련된 내용은 해례본 '정인지서'와 최만리 외 '갑자상소', '동국정운서', '홍무정운역훈서'에도 나온다. 중국말과 우리말이 다른데 중국말 적는 한자를 빌려 적다 보니 제대로 적을 수 없고 거기다가 아예 한자 모르는 백성들은 기본 소통조차 되지 않아 훈민정음을 만들었다는 것이 이 문장으로 표현된 것이다. 물론 중국식 한자음과 조선식 한자음이 다르다는 것도 함의하고 있다.

이 내용과 관련된 기록들은 다음과 같다.

(9) 然四方風土區別, 聲氣亦隨而異焉. 蓋外國之語, 有其聲而無其字. 假中國之字以通其用, 是猶枘鑿之鉏鋙也, 豈能達而無礙乎. 그러나 사방의 풍토가 구별되고 말소리의 기운 또한 다르다. 대개 중국 이외의 딴 나라 말은 그 말소리에 맞는 글자가 없다. 그래서 중국의 글자를 빌려 소통하도록 쓰고 있는데, 이것은 마치 모난 자루를 둥근 구멍에 끼우는 것과 같으니, 어찌 제대로 소통하는 데 막힘이 없겠는가? (정음해례26ㄴ: 7~27ㄱ: 3_정인지서)

(10) 自古九州之內, 風土雖異, 未有因方言而別爲文字者. 예로부터 중국 문화권 안에서 풍토가 비록 달라, 방언을 쓴다고 해서 문자까지 따로 만들어 쓴 적이 없사옵니다. (갑자상소, 온라인 세종실록)

(11) 夫音非有異同, 人有異同: 人非有異同, 方有異同, 蓋以地勢別而風氣殊, 風氣殊而呼吸異, 東南之齒脣, 西北之頰喉是已. 무릇 소리가 다르고 같음이 있는 것이 아니라 사람이 다르고 같음이 있고, 사람이 다르고 같음이

있는 것이 아니라 지방이 다르고 같음이 있나니, 대개 땅의 형세가 다름으로써 풍습과 기질이 다르며, 풍습과 기질이 다름으로써 호흡하는 것이 다르니, 동남 지방의 이와 입술의 움직임과 서북 지방의 볼과 목구멍의 움직임이 이런 것이다. (정운서1ㄴ: 5~8)[7]

(12) 吾東方表裏山河, 自爲一區, 風氣已殊於中國, 呼吸豈與華音相合歟! 然則語音之所以與中國異者, 理之然也.至於文字之音則宜若與華音相合矣, 然其呼吸旋轉之間, 輕重翕闢之機, 亦必有自牽於語音者, 此其字音之所以亦隨而變也. 우리나라는 안팎 강산이 저절로 한 구역이 되어 풍습과 기질이 이미 중국과 다르니, 호흡이 어찌 중화의 소리와 서로 합치될 것이랴. 그러한즉 말의 소리가 중국과 다른 까닭은 당연한 이치다. 글자의 음에 있어서는 마땅히 중국음과 서로 합치될 것 같으나, 호흡의 돌고 구르는 사이에 가볍고 무거움과 닫히고 열림의 동작이 역시 반드시 말의 소리에 저절로 끌림이 있어서, 글자의 음이 또한 따라서 변하게 된 것이다. (정운서1ㄴ: 9_2ㄱ: 7)

(5) 蓋四方風土不同, 而氣亦從之. 聲生於氣者也, 故所謂四聲七韻. 隨方而異宜. 대개 사방의 풍토가 같지 않으므로 역시 기운도 다르다. 소리는 기운에서 생겨나기 때문에 이른바 사성과 칠운이 지방에 따라 다른 것이 마땅하다. (정운역훈서1ㄱ: 1~3)[8]

(6) 於是以吾東國. 世事中華. 而語音不通. 必賴傳譯. 首命譯洪武正韻. 이에 우

---

7) '정운서'는 『동국정운』의 판심 제목이다.
8) '정운역훈서'는 『홍무정운역훈』의 판심 제목이다.

리나라가 대대로 중국을 섬겼으나 언어가 통하지 아니하여 반드시 통역을 의뢰하기 때문에 제일 먼저 『홍무정운』을 번역할 것을 명하였다.
(정운역훈서1ㄴ: 1~3)

위 기록들은 한결같이 중국과 조선의 지역적 차이와 그에 따른 언어의 차이를 지적하고 있다.

사실 훈민정음으로 한자음보다 토박이말 발음을 적는 것이 더 중요한 것이다. 그래서 훈민정음 해례본의 용자례에서 예로 든 낱말 98개는 모두 토박이말이다. 세종은 한발 더 나아가 한자음이나 토박이말이나 다 천지자연의 소리이므로 차별할 필요가 없고 한자음이든 토박이말이든 정확히 적기 위해 정음 문자를 만든 것이다.

그리고 당대 지식인들은 한자음을 몰라도 한자 필담으로 중국 지식인들과 맘껏 소통했다. 한자음이 문제가 되는 것은 외교 문서나 독해에서 어떻게 읽느냐에 따라 뜻이 달라지는 경우뿐이었다. 그런데 이런 문제가 보편적인 것은 아니었다. 예를 들어 '復'를 '복'으로 읽으면 '되돌린다'라는 뜻이고 '부'로 읽으면 '다시'라는 뜻이다. 그리고 발음은 몰라도 문맥을 통해 뜻을 정확히 파악할 수 있다. 삼국·고려시대에도 늘 그렇게 한문을 소통해 왔다. 그리고 이런 예는 드물다. 물론 드물어도 매우 중요할 때가 있지만 이런 한자음 적기가 훈민정음 창제의 주된 동기의 목적이라는 논리는 성립할 수 없다. 한자음 적기가 중요하지 않다는 것은 아니다. 그것이 주된 동기요 목적이 아니라는 것이다. 곧 훈민정음 창제의 주된 동기와 목적은 한자 모르는 하층민의 교화에 있었고 한자음 적기는 부차적인 목적이었다. 이에 대한 가장 명백한 근거는 훈민정음 해례본에서, 세종이 직접 저술한 세종(어제) 서문에서 언급한 바 있다.

훈민정음은 한자 모르는 백성들의 소통, 교화 문제가 핵심 동기지만 결국은 신분과 관계없이 모든 사람들이 편안하게 쓰기 위한 문자를 만들었다는 것이다. 여기에 한자음을 적기 위해 만들었다는 얘기는 아예 없다. 물론 동국정운 등 다른 문헌을 통해서 보면 한자음 적기도 여러 목적 가운데 하나임은 분명하다. 그러나 세종 서문이 그런 문헌 증거보다 더 강력한 것임은 두말할 필요가 없다. 한글을 창제한 사람이 창제 동기와 목표, 목적을 이렇게 명백하게 밝혀 놓았는데도 다른 부차적인 자료 등을 근거로 주된 것과 부차적인 것을 바꿔 놓아서는 안 된다. 서문 내용을 분석적으로 정리한 〈표 2〉를 보면 이 점은 더욱 명백해진다.

〈표 2〉 『훈민정음』 해례본의 세종 서문에 나타난 창제 동기와 목적

갈래	동기	목표	목적
언어 문화	입말과 글말이 다름, 조선말에 맞는 글자가 필요하다.	28자 창제	누구나 쉽게 배워 편하게 쓰게 하기 위해서다.
	한자는 하층민의 의사소통 도구 구실 못하고 있다.		
정치 사회	문자마저 대국을 그대로 좇을 필요는 없다.		우매한 백성들을 깨우치고(교화) 그들의 사회적 의사소통을 돕기 위해서다.
	한자를 모르는 백성들의 불편함과 억울함이 매우 크다.		

핵심 창제 동기는 입말(한국어)과 글말(한문, 한자)의 다름에서 오는 모순이었으며 그 모순의 정점에 한자를 모르는 백성들이 있었다. 기록으로 보면 세종은 무려 17년 전부터 이런 문제를 가지고 고민했고 그 과정이 고스란히 세종실록에 실려 있으므로 세종 서문의 진정성은 그런 기록으로 충분히 입증된다.

첫 번째 1426년 기록은 훈민정음 창제 17년 전의 기록이고 두 번째

1432년 기록은 창제 11년 전 기록이다. 이미 17년 전부터 세종은 하층민과의 소통 문제에서 한문과 한자를 변형한 이두문의 효율성 문제를 고민하고 있었음을 알 수 있다.

여기서 주목할 것은 세종은 처음에는 새로운 문자를 만들기보다 한자보다 상대적으로 쉽다고 생각한 이두를 통해 백성 교화 문제를 해결하려고 생각했다는 점이다. 그러나 이두 또한 한자라는 문자 자체의 한계를 그대로 갖고 있는 것이므로 쉽게 포기하고 아예 새로운 문자를 구상하게 된 것이다. 다시 말하면 세종은 한자가 서당에 갈 수조차 없는 많은 하층민들에게는 '그림의 떡'임을 잘 알고 있었던 것이다.

이와 더불어 한글 창제 대략 두 달 때쯤 뒤에 최만리 외 6인이 올린 갑자상소문을 보면 창제 핵심 동기의 진정성을 확인할 수 있다. 최만리와의 논쟁과정에서 세종은 정창손에게 "내가 만일 언문으로 삼강행실을 번역하여 민간에 반포하면 어리석은 남녀가 모두 쉽게 깨달아서 충신·효자·열녀가 반드시 무리로 나올 것이다"(세종실록 103권, 세종 26년 2월 20일자, 번역은 온라인 조선왕조실록 참조)라고 했는데 여기에도 세종의 하층민과의 소통, 교화 문제가 중요했음을 알 수 있다. 이에 대한 진정성은 최만리 외 6인 상소문에서도 다음과 같이 나온다.

(14) 전하께서 말씀하시길 "사형 집행에 대한 법 판결문을 이두문자로 쓴다면, 글 뜻을 알지 못하는 어리석은 백성이 한 글자의 착오로도 원통함을 당할 수도 있으나, 이제 그 말을 언문으로 직접 써서 읽어 듣게 하면, 비록 지극히 어리석은 사람일지라도 모두 다 쉽게 알아들어서 억울함을 품을 자가 없을 것이다."라고 하오나 예로부터 중국은 말과 글이 같아도 죄인을 심문하거나 심의를 해주는 사이에 억울하게 원한

을 품는 사람들이 아주 많습니다. 가령 우리나라로 말하더라도 옥에 갇혀 있는 죄수로서 이두를 아는 자가 직접 공술문을 읽고서 그것이 거짓인 줄을 알면서도 매를 견디지 못하여 거짓말로 자복하는 자가 많사옵니다. 이런 경우는 공술문의 뜻을 알지 못해서 억울한 죄를 뒤집어쓰는 것이 아니라는 것을 명백하게 알 수 있습니다. 만약 그렇다면 비록 언문을 쓴다 할지라도 이와 다를 것이 무엇이겠습니까? 여기에서 범죄 사건을 공평히 처결하고 못하는 것은 법을 맡은 관리가 어떤가에 달려 있으며 말과 글이 같고 같지 않은데 달린 것이 아니라는 것을 알 수 있습니다. 그런데도 언문을 사용해야 처결 문건을 공평하게 할 수 있다는 데 대해서는 신 등은 그것이 옳다고 보지 않사옵니다. (若曰如刑殺獄辭, 以吏讀文字書之, 則不知文理之愚民, 一字之差, 容或致冤. 今以諺文直書其言, 讀使聽之, 則雖至愚之人, 悉皆易曉而無抱屈者, 然自古中國言與文同, 獄訟之間, 冤枉甚多. 借以我國言之, 獄囚之解吏讀者, 親讀招辭, 知其誣而不勝箠楚, 多有枉服者, 是非不知招辭之文意而被冤也明矣. 若然則雖用諺文, 何異於此? 是知刑獄之平不平, 在於獄吏之如何, 而不在於言與文之同不同也. 欲以諺文而平獄辭, 臣等未見其可也.)
  __『세종실록』권103, 세종 26년 2월 20일자

  갑자상소의 이 기록은 세종실록에는 없는 기록이라 더욱 큰 의미를 갖는다. 일부에서는 한글이 한자음을 적기 위해 창제되었다고 주장하지만 한자음 적기보다 더 중요한 창제 동기와 목적이 있음이 이 기록을 통해 드러난다. 하층민과의 소통 문제가 매우 중요한 창제 동기라는 점이다. 그래서 이 내용은 세종 서문에도 반영되어 있는 것이다.

3.1.2. 지식과 학문 중심의 의사소통 문자관

문자는 지식을 담는 그릇이기도 하고 지식을 탐구하는 도구이기도 하다. 지식을 중심으로 진리탐구 차원으로 확대한 것이 학문이라고 본다면 문자야말로 학문 탐구의 핵심 도구이자 결과가 된다. 학문의 결과는 글말을 통해 집약되고 정리되고 확대 재생산되기 때문이다.

단순한 정보전달이 아닌 일정한 체계를 갖춘 지식과 학문 도구로서는 훈민정음은 한자 그 이상의 기능과 가치를 갖고 있다. 해례본에서는 이 점에 대해 세 군데에서 정리하고 있다.

(1) 學書者患其旨趣之難曉, 治獄者病其曲折之難通. 그래서 한문으로 된 글을 배우는 이는 그 뜻을 깨닫기가 어려움을 걱정하고, 범죄 사건을 다루는 관리는 자세한 사정을 이해하기가 어려운 것을 근심했다. (정음해례27ㄱ: 6~8_정인지서)

(2) 以是解書, 可以知其義. 이 글자로써 한문 글을 해석하면 그 뜻을 알 수 있다. (정음해례28ㄱ: 3~4_정인지서)

(3) 正音之字只卄八 探賾錯綜窮深幾. 정음 글자는 단지 스물여덟뿐이로되, 깊고 복잡한 걸 탐구하여 깊이가 얼마인가를 밝혀낼 수 있네. (정음해례14ㄴ: 1~2_제자해__결시)

(1)은 훈민정음의 지적 학문적 도구로서의 동기 측면에서 (2)는 일반적 지적 소통 차원에서 (3)은 학문적 기능 차원에서의 효용성을 기술하고 있다.

한자와 한문은 의미를 압축적으로 담는 효율적 기능 때문에 인류의 지적 문명과 학문을 세우는 데 매우 중요한 역할을 해 왔음은 누구나 쉽게 공감하는 보편적 지식이다. 문제는 한자 자체의 어려움과 중국식 한문 문장이 주는 어려움이 지식과 학문 탐구의 도구적 역할에 절대적 한계 역할을 한다는 점이다. "學書者患其旨趣之難曉"는 이런 역사와 현실에 대한 냉정한 인식을 보여주고 있다. (2)에서는 이러한 한계를 훈민정음을 통해 해결하거나 극복할 수 있음을 보여주고 있다. (2)는 훈민정음을 통해 한문 글이나 책을 더 잘 이해할 수 있고 해석할 수 있다는 것이다. 선조 때 완성되는 사서의 언해류가 핵심 근거가 된다. 사대부 지식인들이 훈민정음을 배척하면서도 100년에 걸쳐 사서 언해를 완성한 것은 바로 한문 고전 탐구에 훈민정음이 아주 효율적인 기능을 하기 때문이다. 더 나아가 (3)에서는 지식을 아는데서 그치는 것이 아니라 더 깊게 탐구하여 깨우칠 수 있음을 7언 절구로 표현하고 있다.

해례본에서는 이러한 지적 기능에 대해 공동 저술자 대표인 정인지가 쓴 서문에서 정음이 "글을 쓰는데 글자가 갖추어지지 않은 바가 없으며, 어디서든 뜻을 두루 통하지 못하는 바가 없다(無所用而不備, 無所往而不達)."(정음해례28ㄱ: 6~7)라고 최고의 평가를 내리고 있다. "스물여덟 자로써 전환이 무궁하여, 간단하면서도 요점을 잘 드러내고, 정밀한 뜻을 담으면서도 두루 통할 수 있다(二十八字而轉換無窮, 簡而要, 精而通)."(정음해례28ㄱ: 1~2)라는 것이다.

"슬기로운 사람은 하루아침을 마치기도 전에, 슬기롭지 못한 이라도 열흘 안에 배울 수 있다(故智者不終朝而會, 愚者可浹旬而學)"(정음해례28ㄱ: 2~3)라고 말할 정도로 쉬운 문자로 어려운 학문을 더 잘해낼 수 있다고 한 점에 주목해야 한다.

3.1.3. 정서 중심의 의사소통 문자관

의사소통의 내용 측면에서 정보와 지식 못지않게 중요한 것이 이른 바 정서·감정 등의 표현이다. 야콥슨이 설정한 의사소통 6기능 가운데 표현적 기능에 해당되는 것이다.

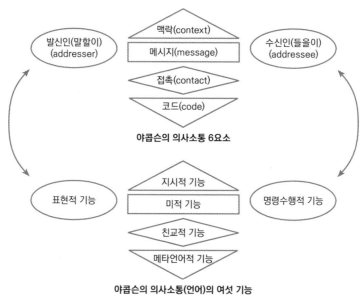

〈그림 1〉 야콥슨의 의사소통과 언어 기능 상관도(김슬옹, 2012: 62)

"故愚民有所欲言, 而終不得伸其情者多矣." 그래서 어리석은 백성이 말하고자 하는 바가 있어도 끝내 제 뜻을 펴지 못하는 사람이 많으니라. (정음1ㄱ: 3~4_어제서문)

세종이 직접 저술한 '정음편'9)의 세종 서문에 의하면 훈민정음 창제의 핵심 동기는 '우민'의 문자 표현 문제 해결이다.10) 모든 문자는 표현과 소통을 대전제로 하는 것이지만 감정 표현은 정보와 지식 표현 못지않게 사람다움을 이루는 핵심이다. 누구나 감정을 표현할 수 있을 때 사람다움의 기본 조건을 이루기 때문이다.

문자의 이상이 담긴 문자가 탄생한 것 자체가 기적이지만 문자에 대한 설명서이자 취지를 담은 학술서가 집필되고 간행되고 전해진 것도 그에 못지않은 기적이 된 셈이다. 그렇다면 우리는 그런 해설서에 담긴 의미와 가치를 나누고 발전시킬 필요가 있다.

이렇게 세종 서문에서 밝힌 사람 중심의 문자관이 음양오행 철학과 실제 음운학적 문자 설계로까지 이어졌다. 그러나 조선시대 사대부들은 철저히 한글을 비주류 문자로 취급하고 학문과 공용 문자로 사용하지 않는다.

세종 서문은 세종이 훈민정음을 만든 핵심 동기와 목적을 계층간의 소통 문제로 밝힌 것이다. 설령 말소리에 한정시켜 논의한다 하더라도 한글 창제를 최초로 알린 1443년 12월 기록에 한자어이든 순우리말이든 모든 말소리를 맘껏 적기 위한 것이라고 밝혀 놓았다. 굳이 한자음으로 한정시켜 논의할 필요가 없다.

물론 당시에 한자음을 적기 위한 목적도 매우 중요하다. 그러나 그것은 모든 소리를 적기 위한 다양한 목적 중의 하나이고 부차적인

---

9) 이 용어는 흔히 '예의편'이라 부르던 용어이다. 해례본의 관심 제목으로 본다면 '정음편'으로 불러야 한다. 필자가 대표 집필하고 정우영 교수님이 감수한 다음 문건에서 처음 사용하였다. "세종대왕이 쓴 부분을 '정음편' 또는 '예의편'이라 부르고, 신하들이 풀어 쓴 부분을 '정음해례편' 또는 '해례편'이라고 부릅니다. 정음편(본문)은 '세종대왕의 서문'과 '예의'로, 정음해례편은 '해례'와 '정인지 서문'으로 구성되어 있습니다."(국어단체연합 국어문화원 (2014), 「누구나 알아야 할 한글 이야기 3+5(A4 12단 접이형)」, 문화체육관광부, 3. 『훈민정음』 해례본은 무엇인가요?)

10) 일부에서 주장하는 한자음 표기 목적설, 왕조 이데올로기 보급 목적설 등은 다양한 목적 가운데 하나가 될 수는 있지만 주된 목적은 아니다. 이런 목적설을 전면에 내세우는 것은 해례본에 나타난 훈민정음 창제, 반포 취지를 폄하하는 논리가 된다.

것인데 그것을 마치 주된 것으로 주장하는 것은 말이 안 된다는 것이다. 더욱이 그런 주된 목적으로 설정하는 순간 훈민정음의 역사성에 담긴 가치는 추락한다.

최만리 등의 갑자상소문의 증언에서 보듯 세종이 한자를 모르는 백성들의 소통 문제를 매우 중요하게 여겼음을 알 수 있다. 그로부터 2년 지나 나오는 훈민정음 해례본에서는 정인지가 그 점을 다시 증언하고 있고 당연히 세종이 직접 쓴 서문에서 한자를 모르는 백성들의 소통 문제를 핵심 동기로 설정하고 있는 것이다.

'억울한 죄인을 만들지 말라'는 것은 전근대 시대건 현대 시대건 어느 시대건 보편적인 상식이었고 정책의 방향이었을 것이다. 최만리가 직접 쓴, 억울한 죄인을 막기 위한 책인 '무원록'에서 이런 문제가 매우 중요했음을 다음과 같이 언급하고 있다.

대저 『무원록』은 형옥(刑獄)을 다스리는 자의 지남(指南)이다. 만일 초·복검이 한번 실착(失錯)하면 비록 고요로 하여금 다스리도록 하더라도 반드시 그 요령(要領)을 얻기는 어려울 것이다. 형옥(刑獄)의 어그러짐이 대개 이로 말미암는 것이다. 오직 우리 주상(主上) 전하께서 이를 깊이 생각하시고 문신(文臣)들에게 명하여 『고주무원록』을 가져다가 다시 살피고 훈석(訓釋)을 가하도록 하고, 또 『검시격례』와 『법식(法式)』을 따로 인쇄하도록 하였다. 그렇게 한 연후에 비로소 책을 열어 보니 일목요연하기가 손바닥을 보는 것 같았다. 때는 기미년 봄, 강원도 감사 유효통에게 명하여 이를 인쇄하여 널리 반포하도록 하므로 공장(工匠)과 목재를 모아들여 장차 원주에서 간행하려고 했으나 당시에 농무(農務)가 점차 많아지므로 일을 마무리하지 못하고 체직(遞職)되었다. 신 최만리가 이를 계승하여 늦은 가을에 일을 시작하여 늦겨울에 일을 마치게 되었다. 오호라. 이 책이 원래

원(元)나라에서 만들어진 것이지만 이제 조선에서 주해를 달자 명백해지게 된 것이다. 형옥(刑獄)을 다스리는 자들이 진심을 다해 이에 근거하여 검험한다면 거의 적중하고 백성들이 원통함이 없게 할 수 있을 것이다. 이로써 임금의 백성을 사랑하고 형률을 신중하게하려는 뜻에 부합할 수 있는 것이다.

_최만리(1440), 『무원록』 발문 현대말 번역;

왕여 지음, 김호 옮김(2003), 『신주 무원록』, 사계절출판사, 559~561쪽

두 번째 인용문은 최만리가 세종의 명으로 쓴, 억울한 죄인을 막기 위한 수사에 관한 『신주무원록』의 발문이다. 세종은 1440년 정월에 집현전에서 강원도 관찰사로 가 있던 최만리에게 명하여 발문을 쓰게 하고, 원주 감영(原州監營)에서 초판을 발행하였다.

세종은 갑자상소 반박에서 공술문의 한문을 쉬운 문자로 바꾸면 억울한 죄인을 막을 수 있다고 하였지만, 최만리는 그런 억울한 문제를 막는 것은 결국 관리들의 태도 문제라는 것이다. 억울한 죄인을 없게 만들어야 한다는 것에 대해서는 세종이나 최만리나 다를 바가 없었던 것이다.

세종은 1418년에 임금이 되었지만, 상왕 태종이 1422년 세종 4년에 운명할 때까지 대략 4년 동안 태종의 그림자 역할을 한다. 그러나 세종은 숨어 있는 그림자가 아니었다. 아버지 태종 이후의 시대를 준비하는 비상하는 그림자였다. 그중 대표적인 것이 인재 양성과 인재들이 자신들의 기량을 맘껏 발휘할 수 있는 제도를 정비하는 일이었다. 바로 즉위한 지 얼마 안 된 세종 2년 1420년 3월 16일 세종은 집현전을 대대적으로 정비하여 인원수를 정하고 관원을 임명했다. 고려 인종 때부터 있었지만 관청도 없고 직무도 없이 오직 문신으로 관직을 주었을 뿐이었는데, 제대로 된 관청을 근정전 가까이에 있는,

가장 아름다운 경회루 옆에 세우고 문관 가운데서 재주와 행실이 있는 젊은 인재들을 채용하여 오로지 경전과 역사의 강론에 힘써 임금의 자문에 대비하는 직속 기구를 세운 것이었다.

그 당시뿐만 아니라 조선시대 사대부 양반들에게는 한자 이외 새로운 문자를 창제하는 주체 세력이 된다는 것은 상상으로도 성립하기 어려웠다. 조선은 사대부들이 세운 나라이며 성리학은 사대부들의 이념이자 조선의 국시였다. 성리학의 이념을 담고 있는 사서삼경은 그야말로 이의를 제기할 수 없는 '경전'이었다. 더욱이 경전을 표기한 한문, 한자는 경전의 가치와 같았다. 그런 한문과 한자 이외의 문자는 성리학의 정체성에 위배되는 것이었다.

당대 시대 흐름으로 본다면 새로운 문자를 꿈꾸고 실천한 세종이 아주 특이한 사람이지 한자를 절대시하는 양반 계층에게 문제가 있는 것은 아니었다. 그래서 한글 반포 뒤에도 양반들은 학문과 행정 도구로서는 한글을 사용하지 않았다(김슬옹, 2012; 김슬옹, 2015, 『조선시대의 훈민정음 발달사』, 역락 참조). 최만리와 다른 모든 양반들의 한글에 대한 기본 입장은 같은 것이므로 마치 최만리만이 한글을 반대한 것처럼 호도하면 안 된다. 이런데도 마치 최만리가 한글 창제를 반대한 것처럼 퍼져 있는 것은 창제 두 달 뒤에 올린 이른바 최만리 외 6인(신석조, 김문, 정창손, 하위지, 송처검, 조근)의 갑자상소문에 대한 오해 때문이다. 세종이 한글 창제를 공표한 것은 1443년 12월이고 갑자상소문이 실록에 기록된 것은 1444년 2월 20일이다. 세종이 중국 운서에 한글 주음을 달라고 지시한 지 4일 만의 일이었다. 중국 운서는 중국 황제만이 제정할 수 있는 것으로 경전의 문자 표기의 표준을 정한 것이므로 함부로 고치는 것은 불가능하고 손을 댄다는 것도 불경스런 일이다. 그런 운서를 임금이 자의적(?)으로 고치거나 재구성하려 하였으니 집현전이 발칵 뒤집혔을 것이다.

그리고 실제 한글을 훈민정음 해례본을 통해 백성들한테 공식적으로 알린 것은 1446년 9월이다. 결국 갑자상소는 창제 후, 반포 전에 올린 상소문이므로 '훈민정음 반포 반대 상소' 또는 폭넓게 '훈민정음 반대 상소'라고 해야 한다.

이 상소문은 분명 훈민정음이 대단히 뛰어난 문자라는 것을 인정하고 있다. 상소문 앞부분에서 "신 등이 엎디어 보건대, 언문을 만든 것이 매우 신기하고 기묘하여, 새 문자를 창조하시는데 지혜를 발휘하신 것은 전에 없이 뛰어난 것입니다(臣等伏觀諺文制作, 至爲神妙, 創物運智, 夐出千古)."라고 시작하고 있기 때문이다.

> 신 등이 엎디어 보건대, 언문을 만든 것이 매우 신기하고 기묘하여, 새 문자를 창조하시는데 지혜를 발휘하신 것은 전에 없이 뛰어난 것입니다. 그러나 신 등의 좁은 소견으로 볼 때 오히려 의심되는 것이 있기에 아주 간절한 마음으로 삼가 아래와 같이 글을 올리니 전하께서는 직접 검토하여 주시옵기를 바랍니다.
>
> _최만리 외 6인, 갑자상소문

다만 새 문자가 한자를 대체할 경우 생기는 정치적 문제, 성리학을 국시로 하는 정치적 학문론 등에 대한 문제제기를 한 것이고 그 당시 사대부들의 보편적 입장을 대변한 것뿐이므로 현대의 시각으로 반대 상소에 대한 정치적 재단을 해서는 안 된다. 다음 인물들의 공통점을 안다면 최만리 외 갑자상소의 시대적 의미를 더 정확히 읽을 수 있다.

(1) 정인지, 최항, 박팽년, 신숙주, 성삼문, 이개, 이선로, 강희안

(2) 박제가(1750~1815), 박지원(1737~1805), 정약용(1762~1836)

이들 모두 사적으로나 공적으로나 한글 사용을 하지 않았다는 점이다. (1)은 세종을 도와 훈민정음 해례본 집필에 참여한 8학사이고 (2)는 조선 최고의 실학자들이다. 훈민정음 해례본 집필자들조차 실제 일상 생활이나 실제 개인의 학문 활동에서는 한글 사용은 하지 않았다.

(2)의 실학자들은 한글 반포 300년쯤 뒤의 사람들이다. 18, 19세기에 이르러서조차 한글 사용을 아예 하지 않고 한문으로 저술을 남겼다. (1)은 당대의 사람들이지만 (2)는 무려 300년 뒤의 사람들이고 이른바 대표적인 실학자들인데도 한문이 성리학의 절대 도구임을 실천하고 있는 것이다.

我國地近中華, 音聲略同, 擧國人而盡棄本話, 無不可之理, 夫然後, 夷之一字可免. 우리나라는 중국과 가깝게 접경하고 있고 글자의 소리가 중국의 그것과 대략 같다. 그러므로 온 나라 사람이 본래 사용하는 말을 버린다고 해도 불가(不可)할 이치는 없다. 이렇게 본래 사용하는 말을 버린 다음에야 (東夷의) 오랑캐라는 모욕적인 글자로 불리는 신세를 면할 수가 있다.
  _박제가 지음, 안대회 옮김(2003), 『북학의: 조선의 근대를 꿈꾼 사상가 박제가의 개혁
개방론』, 돌베개, 107~109쪽.

박지원의 생각도 이와 다르지 않았다. 결국 18, 19세기 정약용 박지원과 같은 뛰어난 실학자들조차 한글 사용을 아예 하지 않는 상황을 고려해보면 15세기 훈민정음 반포 전의 반대 상소는 극히 미미한 문제제기라고도 볼 수 있다.

이렇게 조선시대 내내 사대부들은 한글을 학문 도구로, 공식 문자

도구로 인정하지 않는다. 1894년 고종이 국문을 주류 문자로 선언했지만 1910년 경술국치 때까지 그 꿈은 제대로 이루어지지 않았고 그런 상태에서 우리 말글의 주권조차 빼앗기는 처지가 되었다.

사실 세종시대는 새 왕조의 문물의 기틀이 완성되는 시기였다. 나라의 국시라고 할 수 있는 공맹사상을 새롭게 정립한 성리학과 중국과 한문은 동궤를 이룰 수밖에 없었고 이러한 동궤를 철저히 따라야 하는 '사대'는 국제 정치 논리이자 생존의 논리였다. 세종도 정치적으로는 지극 사대로서 국제 질서에 부합하는 정치를 폈다. 그래서 갑자상소는 이러한 시대 논리에 의거 새로운 문자 언문을 학문(성리학)에 방해되는 문자, 소중화를 위반하는 문자로 보았던 것이다. 더욱이 창제 직후에 중국의 운서를 새 문자로 주음을 달라고 세종이 명을 내리자 세종이 새 문자로 한자를 대체하려 한다는 것으로 오해를 할 수밖에 없는 상황이었다. 아래 갑자상소의 핵심 구절은 바로 이런 논리를 정확히 표현하고 있다.

언문이 비록 유익하다고 말하지만 문학하는 선비들의 여섯 가지 재주의 하나에 불과할 뿐입니다. 하물며 만에 하나도 정치하는 도리에 유익함이 없는데다, 정신을 연마하는데 사색을 허비하며 날짜만 보내는 것은 참으로 시대에 적절한 학문에 손실을 끼칠 뿐이옵니다(諺文縱曰有益, 特文士六藝之一耳, 況萬萬無一利於治道, 而乃研精費思, 竟日移時, 實有損於時敏之學也).

우리 조선은 조상 때부터 내려오면서 지성스럽게 대국을 섬기어 한결같이 중화의 제도를 따랐습니다. 이제 문자(한문)도 같고 법과 제도도 같은 시기에 언문을 창제하신 것은 보고 듣기에 놀라움이 있습니다. (…줄임…) 만일 이 사실이 중국에라도 흘러들어 가서 혹시라도 비난하여 말하는 자가 있사오면 어찌 대국을 섬기고 중화를 사모하는 데에 부끄러움이 없사오리까(我朝自祖宗以來, 至誠事大, 一遵華制, 今當同文同軌之時, 創作諺文, 有駭觀聽. (…줄임…) 若流中國, 或有非議之者, 豈不有愧於事大慕華?).

_갑자상소문에서

갑자상소에 대해 세종은 세밀하게 반박을 하지만 정치 논리와 학문 논리에 대해서는 반박하지 않았다. 그 당시 보편적 국제 질서와 양반들의 보편적 시대 인식을 굳이 반대할 필요는 없었을 것이다.

세종은 국한문 혼용체의 용비어천가와 불경언해서(석보상절, 월인천강지곡)를 먼저 펴냄으로써 사대부들의 새 문자에 대한 불안을 해소시켜 주었다. 그래서인지 갑자상소를 올린 최만리 외 6인은 더 이상의 문제제기를 하지 않았고 그 뒤로는 그 어떤 사대부들도 반대 상소를 올리지 않았다.

조선은 갑자상소 내용 그대로 한글을 주된 학문 도구로는 사용하지 않고 문학 등의 비 학문 분야를 통해 한글을 발전시켜 나갔다. 1895년 고종이 한글을 주류 문자로 선언하기까지 그러했을진대 15세기 갑자상소의 문제제기는 오히려 약했다는 생각이 드는 것은 어쩔 수 없다.

3.2. 미학성

한글은 세종대왕이 단독으로 1443년에 창제를 마무리한 뒤 1446년에 『훈민정음』이란 책을 통해 반포한 문자다. 해례본에 나오는 기본 28자의 글꼴을 모아 보면 〈표 3〉과 같다.

글꼴을 들여다보면 볼수록 감탄의 소리가 절로 나온다. 직선과 점, 원만으로 되어 있다. 그게 무슨 대수냐고 반문할지 모르겠다. 바로 세상에서 가장 단순한 도형에 위대한 문자 과학과 철학, 예술, 만백성

〈표 3〉 훈민정음 28자 해례본 집자

자음자 17자	모음자 11자
ㄱㅋㆁ ㄴㄷㅌㄹ ㅁㅂㅍ ㅅㅈㅊㅿ ㅇㆆㅎ	ㆍㅡㅣ ㅗㅏㅜㅓ ㅛㅑㅠㅕ

의 사상이 담겨 있다. 붓이 주요 필기도구인 시절에 마치 컴퓨터 글꼴 같은 글자다. 동그라미는 마치 컴퍼스로 그린 것처럼 완벽한 원이다. 붓글씨로 써서 나무에 새긴 글자다. 이러한 글꼴로 새 문자를 창제 반포한 것은 문자의 기적이고 혁명이었다. 아니 인류 지성사의 기적 이고 혁명이었다. 이렇게 간결한 도형 원리 탓에 누구나 쉽게 쓰고 읽을 수 있는 문자가 되었다.

이러한 간결한 도형 덕에 자음자와 모음자를 합쳐 글자를 만드는 원리도 규칙적인 데다가 예술미도 듬뿍 묻어난다. 현대 글꼴로 본다 면 'ㅗ'를 90도씩 틀면 'ㅏ ㅜ ㅓ'가 생성되면서 '노랑풍선'과 같은 다양 한 글자를 만들어낸다.

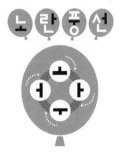

〈그림 2〉 훈민정음의 위상 기하에 따른 글자 생성

이러한 한글 특성에 대해 『총균쇠』라는 책으로 유명한 재레드 다이아몬드는 다음과 같이 말하고 있다.

한글은 자음과 모음 글자가 한눈에 구별되며 모음은 점과 수직선, 수평선의 조합으로 이루어지고 자음은 조음 위치와 조음 방법을 정확히 본뜬 기하학적 기호로 이루어진다. First, hangul vowels can be distinguished at a glance from hangul consonants: the vowels are written as long vertical or horizontal lines with small attached marks; consonants, meanwhile, are all compact geometric signs.

＿Jared Diamond("Writing Right", 1994년 6월 『디스커버리』 15권 6호)

한글은 점과 선과 동그라미로만 이어져 있고 더 중요한 것은 자음자와 모음자를 가로지른 공통 기호가 직선이라는 것이다. 직선이 들어가지 않은 글자는 단원과 점 둘뿐이다. 직선은 인지하고 쓰는데 가장 쉽고 평등하다. 직선이 무려 78.75%이다.

또한, 직선은 수직선과 수평선이 각각 42.9%와 44.4% 황금비율로 되어 있다. 바로 이러한 직선의 특성이 훈민정음이 산스크리트 문자나 파스파 문자를 모방했다는 주장은 잘못된 주장임을 보여주고 있

〈표 4〉 훈민정음 28자에 나타난 직선과 원형의 비율

유형			개수	비율		
직선 (사선 포함)	긺	자음자	44	55%	67.5%	78.75%
		모음자	10	12.5%		
	짧음 (자음자)		9	11.25%	11.25%	
원형	점 (모음자)		13	16.25%		21.25%
	동그라미 (자음자)		4	5%		
합계			80	100%		

다. 그런 문자들은 곡선 위주로 되어 있기 때문이다. 아예 차원이 다른 문자를 모방이라고 할 수 없다.

〈표 5〉 훈민정음 28자에 나타난 수직선과 수평선의 황금비율

유형		자음자		모음자	합계	비율
수직선	짧음	9	22	5	27	42.9%
	중간	2				
	깊	11				
수평선 (깊)		23		5	28	44.4%
사선		8		0	8	12.7%
합계		53		10	63	100%

동그라미와 직선의 기하학적 특성과 과학은 자음자 모음자 결합의 과학과 아름다움을 낳았다. "고 가 과/ 곡 각 곽"처럼 자음과 모음, 초성자와 중성자, 종성자의 규칙적 배합과 그로 인한 글꼴 결합의 과학과 아름다움을 낳았다.

〈표 6〉처럼 초성자를 다시 종성자로 삼아 순환하는 원리나 자음자와 모음자를 결합하여 '호하후허'식으로 생성하는 위상수학적 원리는

〈표 6〉 한글 낱자 구성과 글자 생성의 과학성

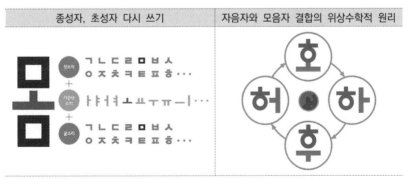

종성자, 초성자 다시 쓰기	자음자와 모음자 결합의 위상수학적 원리

음소문자로서의 가치를 극대화해준다. 최소의 문자로 최소의 움직임만으로 최대 글자를 만들어내는 위상수학 원리는 서양 수학에서는 비행기와 우주를 연구하는 21세기에 개척된 분야이기도 하다.

점과 직선과 원의 1차적 문자를 결합하여 모아쓰기로 생성되는 글꼴의 아름다움은 다른 문자와 구별되는 미학적 특성이다.

이렇게 직선과 점, 원만으로 과학과 철학과 음악과 예술을 담아, 누구나 쉽게 지식과 정보를 나누라는 사람다운 세상을 위한 문자, 훈민정음, 한글의 가치는 함께 나눌수록 빛이 날 것이다.

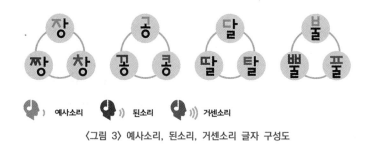

〈그림 3〉 예사소리, 된소리, 거센소리 글자 구성도

3.3. 융합적 가치

한글의 아름다운 품격은 단지 그 꼴의 아름다움만을 가리키지 않는다. 차별 없는 세상을 품었기에 그 가치 또한 더욱 아름답다.

모든 문자의 본래 기능은 같다. 말을 적고 지식과 정보를 기록하고 나누며 소통한다. 그러나 그 기능의 실제 효과는 문자마다 다를 뿐만 아니라 누구에게나 똑같은 기능을 발휘하고 같은 가치를 지니지는 않는다. 대부분 문자는 문자 기능의 본질적 한계 때문에 평등한 말글살이를 위한 문자로 작동하지는 않는다. 한자는 소리를 제대로 표기할 수 없어서이고, 일본 가나 문자는 자음과 모음을 쪼개 적을 수 없어서이고, 로마자는 비효율적 음소문자로서의 한계 때문에 모든 사람이 쉽게 배울 수 없기 때문이다.

그러나 한글은 창제자(세종)의 뛰어난 전략 덕에 기존 문자의 모순과 한계를 완벽하게 극복하고 문자 기능과 문자 본질 측면에서 평등의 문자로 기능하게 되었다. 본래 한글은 약자와 소수자를 위해 발명되었다. 슬기로운 이든 덜 슬기로운 이든, 누구나 평등하게 지식과 정보를 나눌 수 있는 문자로 세상에 나왔기 때문이다. 해례본에는 이러한 한글의 소수자 지향, 평등 지향의 특성과 가치가 기술되어 있어 그것이 한글 문해력의 특성과 가치로 자연스럽게 이어진다.

고등학교 교과서에 실려 있는 정음 취지문(세종 서문)에 나오는 '우민(愚民)'은 어리석은 사람이라는 의미가 아니라 한자로부터 소외당하는, 신분과 사회적 지위를 나타내는 한자 권력에서 배제된 사회적 약자에 대한 총칭이다. '정인지서'에서도 이렇게 말하고 있다.

이런 까닭으로 글 모르는 백성이 말하려고 하는 바가 있어도 끝내 제 뜻을 펴지 못하는 사람이 많다. 그러므로 슬기로운 사람은 하루아침이 다 가기도 전에, 슬기롭지 못한 이라도 열흘 안에 배울 수 있다.

_정인지서

한글은 그 어떤 소리도 적을 수 있으므로 한자를 모르는 백성들이 하고 싶은 말을 맘껏 표현할 수 있어 어디서든 소통이 되는 문자라는 것이다.

이런 까닭으로 글 모르는 백성이 말하려고 하는 바가 있어도 끝내 제 뜻을 펴지 못하는 사람이 많다. 비록 바람 소리, 두루미 울음소리, 닭 소리, 개 짖는 소리라도 모두 적을 수 있다. 글을 쓰는 데 글자가 갖추어지지 않은 바가 없으며, 어디서든 뜻을 두루 통하지 못하는 바가 없다.

_정인지서

평등과 보편을 지향하는 한글의 특성과 가치는 누구나 배울 정도의 '쉬움'에 있으므로 간단한 원리를 알면(보면) 누구든 깨우칠 수 있는 문자라는 것이다.

　내가 이것을 가엾게 여겨 새로 스물여덟 글자를 만들어서, 모든 사람이 쉽게 익혀 날마다 편안하게 쓸 수 있게 할 따름이다. 대체로 보는 사람으로 하여금 스승이 없이도 스스로 깨우치게 하였다. 드디어 임금께서 상세한 풀이를 더하여 모든 사람을 깨우치도록 명하시었다.

_정인지서

그리하여 어려운 한자가 가지고 있는 기득권까지 해체하고 있음을 정인지의 입을 빌려 밝히고 있다. 훈민정음으로 한문 글을 해석하여 뜻을 잘 알 수 있다는 것은 그 어떤 어려운 지식도 한글로 잘 풀어낼 수 있다는 것이다. 사건의 진실을 명명백백하게 밝혀야 하는 수사 사건 정보도 한글로 적어야 제대로 그 진실을 속속들이 알 수 있다고까지 했다.

　훈민정음으로 한문 글을 해석하면 그 뜻을 알 수 있다. 훈민정음으로 소송 사건을 다루면, 그 속사정을 이해할 수 있다.

_정인지서

4. 한글문화 가치 확산 전략

한글문화는 세종의 '훈민정음' 창제·반포 정신이라는 변하지 않는 보편 가치를 간직한 문화이면서도 새로운 변화와 환경에 맞춰가야 하는 역동적인 문화이기도 하다. 이런 다면성을 전통 계승론자, 정신 문화 가치 실천론자, 문화콘텐츠 전문가, 문화 생태주의자 네 가지 입장에서 가치 확산 전략을 세워보기로 한다.

4.1. 전통 계승론자 관점에서의 확산 전략

전통 계승론자 관점은 한글을 대표적인 전통 유산으로 보고 그것을 전승 발전시키자는 것이다. 전통론자 관점이라고도 할 수 있다. 전통론자는 역사적 가치와 문화적 가치를 존중하는 것으로 한글문화야말로 우리의 대표적인 전통문화로 본다.

그렇다면 전통문화로서의 한글을 확산하기 위해서는 어떤 전략이 필요할까? 15세기 훈민정음 반포부터 훈민정음 발달 과정에서의 문화를 전승하고 그 가치를 확산하는 다양한 문화적 활동에 대한 전략이 필요하다. 과거 전통 요소를 현대화하는 전략이다. 다음과 같이 전통 서체를 현대 글꼴로 이어가는 것과 같이 현대 글꼴로 만드는 것이다.

〈표 7〉 전통 서체의 현대 글꼴화

문체부 훈민정음체	**한글사랑**
AG 훈민정음체	**한글사랑**
문체부 궁체 정자체	한글사랑
문체부 궁체 흘림체	한글사랑

국가무형문화재 범주를 기준으로 관련된 한글문화유산 요소를 설정한 다음과 같은 사례는 전통 요소를 재창조하는 좋은 사례가 된다.

〈표 8〉 국가무형문화재 범주와 유관한 한글문화 유산

국가무형문화재 범주	유관한 한글문화유산
가. 음악, 춤, 연희, 종합예술, 그 밖의 전통적 공연·예술 등	한글 춤(현대문화)
나. 공예·건축·미술 등에 관한 전통기술	한글 서체 한글 서예, 캘리그래피
다. 민간의약지식, 생산지식, 자연·우주지식, 그 밖의 전통지식 등	한글 창제의 원리
라. 언어표현, 구비전승, 그 밖의 구전 전통 및 표현 등	속담 및 방언, 시조, 서사시 등
마. 절기풍속, 의생활, 식생활, 주생활, 그 밖의 전통적 생활관습 등	다듬잇돌·시루·보자기·떡살·기와 등에 관행적으로, 혹은 무늬로 새겨지는 한글
바. 민간신앙의례, 일생의례, 종교의례, 그 밖의 사회적 의식·의례 등	당사주·부적 등
사. 전통적 놀이·축제 및 기예·무예 등	한글윷판, 시조가투 놀이

*출처: 박상미 외(2015: 92)

4.2. 정신문화 가치 실천론자 관점에서의 확산 전략: 인문정신 실천

정신문화 가치 실천론자 관점에서의 확산 전략이다. 한글문화에 담긴 정신문화는 곧 인문정신을 말한다. 약자를 배려하고 지식과 정보의 소통 정신을 강조하는 문화를 확산하는 전략을 말한다.

4.3. 문화콘텐츠 전문가 관점에서의 전략: 문화산업 파수꾼

문화관광부 한국문화콘텐츠진흥원에서는 문화콘텐츠산업은 문화콘텐츠의 기획·제작·유통·소비 등과 이에 관련된 산업으로 정의하고 문화산업 분야를 '만화·애니메이션·캐릭터·음악·공연·게임·영화·방송·인터넷모바일·에듀테인먼트' 등으로 설정했다.

〈표 9〉 문화콘텐츠학의 흐름도

문화적 요소	창의성	기술	문화산업
- 전통문화 - 문화예술 - 생활양식 - 이야기	기획 및 혁신역량	문화 기술	- 만화 - 애니메이션 - 캐릭터 - 음악 - 공연 - 게임 - 영화 - 방송 - 인터넷모바일 - 에듀테인먼트

*출처: 한국문화콘텐츠진흥원

4.4. 나눔 공동체주의자

나눔 공동체주의자 관점은 생태주의자 관점으로 사라져 가는 말을 적기 위한 문자 프로젝트로 훈민정음을 활용하는 사례가 여기에 해당한다.

이때의 한글은 한글을 한국어를 적는 기호로 보는 것이 아니라 사람의 말소리를 적는 보편 기호로 보는 한글문화를 가리킨다. 다음 훈민정음학회에서 만든 찌아찌아 한글 표기 교재를 보면 이런 점을 잘 알 수 있다.

찌아찌아 한글 보급에 대해서는 여러 정치 상황에 맞물려 숱한 오해를 불러일으키기도 했지만, 지금도 진행되고 있다. 2021년 기사 "한글로 찌아찌아어 배우는 학생들 〈세종대왕님 감사합니다〉"(성혜미) 보도에 의하면 정덕영 교사는 12년째 한글 수업을 이어가고 있다고 한다. 이때의 한글 수업은 한국어교육 차원과 한글로 적은 찌아찌아족 말 교육을 함께 아우르고 있다.

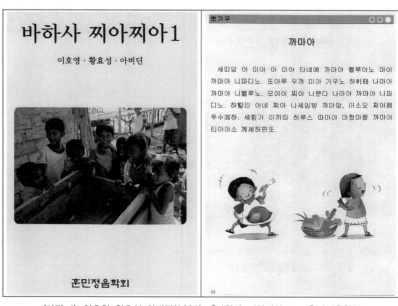

〈사진 4〉 이호영·황효성·아비딘(2009), 『바하사 찌아찌아 1』, 훈민정음학회

이 문제에 대해 인도네시아인으로서 객관적으로 상황과 평가를 전해주고 있는 와 오데 나흘라 누르히다야(2013)의 글을 주목해 보자.

제 이름은 와 오데 나흘라 누르히다야입니다. 저는 24살의 인도네시아 여성입니다. 현재 저는 인도네시아 동부의 술라웨시 섬의 마카사르 시에 있는 하사누딘 국립대학교 영문과의 조교로 일하고 있습니다. 제 고향은 술라웨시 섬의 동·남부에 위치한 부톤 섬의 바우바우 시입니다. '바우바우' 라는 도시를 많이 들어 보셨을 겁니다. 바로 이곳이 2009년 한글 사용을 시작한 '찌아찌아' 종족이 거주하고 있는 지역입니다.

찌아찌아 종족이 한글을 사용하고부터 '찌아찌아'라는 이름이 많은 사람들의 입에 오르내리게 되었습니다. 사실 부톤 섬에서 찌아찌아 종족은 오래전부터 주요 신분 계층이 아니었습니다. 따라서 제가 속한 월리오 종족이 그 옛날 고유의 문자를 통해 다양한 문화를 기록하고 보존할 때, 찌아찌아 종족은 그렇게 할 수가 없었습니다. 이러한 사회적 배경을 이해한다면 이들이 오늘날까지 인도네시아의 중앙정부와 지역정부의 관심을 받을 수 없었던 이유를 알 수 있습니다. 하지만 2009년부터 찌아찌아 종족이 한글을 그들의 종족언어 표기문자로 사용하게 된 것은 분명 기쁜 일이 아닐 수 없습니다. 비록 저는 찌아찌아 종족은 아니지만 오래전부터 누구 하나 관심두지 않았던 이들의 언어가 한글을 통해 그 보존의 길이 열렸다는 것을 생각하면 마치 건조한 사막에 비바람이라도 불어온 것 같다는 생각을 하게 됩니다.

__와 오데 나흘라 누르히다야(2013), 「한글을 통한 찌아찌아 어린이들의 세상과의 소통」, 『한글새소식』 486, 한글학회

찌아찌아 종족은 아니지만 인도네시아인으로서 찌아찌아족 한글 사용의 정치적, 역사적 맥락을 짚은 글이라 의미가 있다. 와 오데 나홀라 누르히다야(2013)는 인도네시아의 다양한 종족 가운데 찌아찌아족

〈사진 5〉 남부톤군 자야박띠초교 3학년 학생들 한글날 축하 동영상 갈무리
*출처: 정덕영 교사 제공.
성혜미 기자, 「한글로 찌아찌아어 배우는 학생들 "세종대왕님 감사합니다"」, 『연합뉴스』, 2021.10.8 재인용.

만이 그들의 언어를 기록으로 남길 수 없는 역사적, 정치적 상황을 짚은 뒤 "이들의 언어가 한글을 통해 그 보존의 길이 열렸다."는 사실을 '건조한 사막에 비바람이 불어온 것'으로 비유할 정도로 매우 높게 평가하고 있다. 찌아찌아 종족도 대한민국 국민도 아닌 제3의 입장이라 이러한 평가가 더욱 중요하다는 것이다.

훈민정음학회도 교과서 끝에 "이 교과서는 찌아찌아 민족이 한글을 이용해 자신의 언어를 배우고, 자신의 역사와 문화를 글로 적어 전승할 수 있도록 돕기 위해 제작되었습니다. 이 교과서가 찌아찌아 민족의 문화 발전에 큰 기여를 하길 기대합니다."라고 밝혔다. 그동안 일부에서 문화상대주의를 무시하고 마치 문자 우월주의 관점에서 한글을 '수출'한 것으로 확대 해석한 것은 잘못이다.

●르 클레지오(Le Clezio, 노벨문학상 작가, 프랑스)
말만 있고 문자가 없는 소수언어를 보존하려면 기록으로 남겨야 한다. 모든 소수언어는 한글로 쓸 수 있기에 한글 교육은 분명 세계적 의의가 있다.

—2015년 '세계한글작가대회' 강연에서

이런 흐름 속에서 영어를 대체할 또 다른 세계어 전략보다는 영어의 실증적 가치를 인정하되 그 외 언어의 가치를 높여가는 다중 언어 전략이 필요하다. 한국어와 한글이 그런 전략의 중심에 설 수 있다.

5. '한글문화'의 융합적 가치

'한글문화'는 '한글'이라는 문자를 매개로 하는 문자문화 또는 기호문화이다. 다만 문자는 말과 삶과 문화를 담는 그릇이기도 하므로 다양한 관점에서 개념을 정의내릴 수 있다. 첫째, 한글로 표현된 언어문화를 가리킨다. 둘째는 한글에 담긴 정신문화 곧 민족문화를 가리킨다. 셋째는 한글로 이룩한 생활문화를 가리킨다.

이러한 한글문화의 가치는 소통성과 미학성, 그리고 이 모든 것이 융합되어 있는 융합적 가치에서 찾았다. 이때의 소통성과 미학성은 단순한 소통과 아름다움이 아니라 누구나 더불어 지식과 정보를 나누고 삶의 문제를 함께 해결해 나가는 인문주의적 소통이요 과학적 소통 정신이었고 그것은 가장 간결하면서도 풍부한 미적 감수성을 포함하는 융합적 아름다움이었다.

이러한 한글문화의 가치를 확산하는 전략으로 전통 계승론자 관점에서의 확산 전략과 정신문화 가치 실천론자 관점에서의 확산 전략, 문화콘텐츠 전문가 관점에서의 전략, 나눔 공동체주의자 관점에서의 전략을 찾아보았다.

한글문화는 단순한 표현문화가 아니라 한글을 통해서, 한글의 가치를 통해서, 한글을 창제 반포한 세종정신이 우리 삶과 문화 속에서 꽃피어온 문화요 더욱 꽃피워야 할 문화였다.

9장 한글 산업화론[※]

1. 한류 시대 한글 산업화의 길

한글 한류 시대를 맞이하여 한글 산업화가 더욱 중요해지고 있다. 그동안은 한글의 역사와 전통, 정신적 가치 등을 강조하느라 한글의 경제적, 상업적 부가 가치에 대해서는 소홀히 해 왔다. 이는 '한글'이 개방형 공공재로서 민족적 정체성과 주체성의 상징이기도 하므로 당연시되어 온 현상이었다.

그러나 '언어산업'이라는 말이 있듯이 모든 언어는 상업적 도구나 대상이 될 수 있으므로 한글의 경제적 특성이나 가치를 가벼이 여길

※ 이 장은 김슬옹(2022), 「한글 융합적 가치에 기반한 한글 산업화 특징과 전망」(『한글 한류 시대 한글 산업화 전략 모색 학술대회』(학술자료집), (사)국어문화원연합회, 10~39쪽)로 발표한 바 있다. 한재준 토론자께 감사드린다.

문제는 아니다. 따라서 이 장에서는 왜 한글 산업화가 중요한지를 살펴보고 한글 산업화 유형과 효용성을 알아보기로 한다. 더불어 한류 시대 한글 산업화 전략과 실제 모형을 제시해 볼 것이다.

'산업'은 "인간의 생활을 경제적으로 풍요롭게 하기 위하여 재화나 서비스를 창출하는 생산적 기업이나 조직, 농업·목축업·임업·광업·공업을 비롯한 유형물의 생산 이외에 상업·금융업·운수업·서비스업 따위와 같이 생산에 직접 결부되지 않으나 국민 경제에 불가결한 사업도 포함"(표준국어대사전)한다. 좁은 뜻으로는 공업만을 가리키기도 하지만 지금은 대체로 폭넓게 본다. 그렇다면 '한글산업'은 한글을 대상으로 삼거나 수단으로 한글을 이용한 산업이다. 곧 한글을 대상으로 하거나 한글을 이용하여 부가 가치를 창출하는 모든 상업 행위 또는 경제 행위를 말한다.

한글산업의 필요성은 최근 한류 바람에서 찾아볼 수 있다. "Hallyu, K-drama, Hangul, Hangeul" 네 가지 핵심어 검색으로 구글 트렌즈 데이터의 상대적 비교를 해보면 매우 유용한 의미를 읽어낼 수 있다.

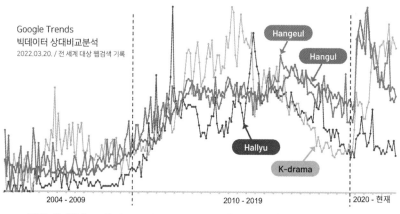

〈그림 1〉 "Hallyu, K-drama, Hangul, Hangeul" 구글 트렌드 분석 @인사이트로그

'한글' 브랜드는 '한류' 브랜드와 함께 연동하는 모습을 볼 수 있다. 즉 한류의 세계적 확산과 성장은 한글과 깊은 관련성을 갖고 있음을 보여준다.

이는 한류 열풍이 한글문화산업과 밀접한 관련을 맺고 있는 것을 입증하는 것이며, 한글이 한류의 견인 구실을 하고 있음도 알 수 있다.

이와 더불어 한글콘텐츠의 문화적, 경제적 고부가가치에 관한 관심이 증가하면서 한글산업 육성의 필요성이 대두되고 있다. 한류 확산으로 문화콘텐츠로서의 한글산업 육성이 더욱 필요해진 것이다.

문화체육관광부가 발표한 제4차 국어발전 기본계획(2022~2026)에 의하면, 〈국어기본법〉 제6조[1] 따라, 새로운 정책 환경에 들어맞는 제4차 국어발전 기본계획(2022~2026) 수립 기획안에서 한글문화 및 한글산업을 다섯 번째 전략으로 설정했다.

비전	디지털 시대 소통하는 국어, 모두가 누리는 한국어·한국문화				
목표	4차 산업혁명 시대 환경에 대응하는 국어정책 기반 구축				
	한국어 생태계 확장 및 모두가 누리는 한글문화 조성				
	• 한글 분석 말뭉치 구축 ('21년 10종 → '26년 26종) • 세종학당수 확대('21년 234개소 → '26년 350개소)				
	전략 1	전략 2	전략 3	전략 4	전략 5
	4차 산업혁명 시대의 국어 정책 기반 조성	쉽고 바르게 소통하는 언어 환경 조성	언어 다양성 환경 기반 조성	한국어 생태계 확장	한글문화 및 산업 활성화

〈그림 2〉 제4차 국어발전 비전·목표에 따른 5대 전략도(문체부 국어정책과 제공)

---

1) 국어기본법 제6조는 '국어발전기본계획의 수립'에 대한 조항으로 문화체육관광부장관은 국어의 발전과 보전을 위하여 5년마다 국어발전기본계획(이하 "기본계획"이라 한다)을 수립·시행하여야 한다. 기본계획에는 "국어의 국외보급에 관한 사항, 국어의 정보화에 관한 사항, 국어발전을 위한 민간부문의 활동 촉진에 관한 사항" 등이 포함되어 있다.

따라서 정부(문체부)는 한글 관련 정보기술산업 확대, 한글 디자인 산업 발전에 따른 미래 신성장산업으로서 한글의 이미지화, 상품화 발전 전략을 세밀하게 밝혔다.

"한글문화 및 산업 활성화"라는 말에서 알 수 있듯이 '한글산업'과 '한글문화산업'은 비슷한 용어로 쓰인다. 한글문화산업은 한글을 소재로 하는 문화예술 작품과 상품의 제작 등을 주로 의미하기 때문이다. 물론 완전 동의어로 보기는 어렵다. 왜냐하면 해외에서의 한글 배우기 열풍에 대응한 교육 사업 등도 비중이 매우 높기 때문이다. 한글, 한국어교육도 한글문화를 확산하는 작업으로 보면 이러한 외국어로서의 한글, 한국어 사업도 한글 사업에 포함할 수는 있으나 '한글문화산업'이라는 말은 문화예술 관련 사업에서 사용하고 있으므로 일반적으로는 '한글산업'이라 부르기로 한다.

2. 한글산업 연구사

한글산업 또는 한글 산업화에 관한 연구는 극히 드물다. 박철주(2011)에서는 한글을 한국 고유 문자로서가 아니라 세계 속의 글자로 자리매김함으로써 한글의 우수성을 알림과 동시에 한국의 브랜드를 확실하게 높여 나가는 수단으로 삼아야 함을 밝혔다. 2011년만 해도 한글의 세계적 인지도가 낮아 그에 대한 대응 전략을 논한 것이다. 곧 한글의 글꼴은 아름다운 기하학적 도형이어서 그 자체로서 하나의 훌륭한 문양이 되고 미학적인 장식의 수단으로도 매우 유용한데 실제로는 로마자에 비해 산업적 활용도가 낮다고 보았다. 로마자는 다양한 글자체로써 세계 각국에서 일종의 문양으로도 활발하게 쓰이고 있고

〈사진 1〉 자국의 문자를 브랜드로 삼은 상품과 그렇지 않은 상품
*필라(Fila), 이브 생 로랑(Yves Saint Laurent), 한국의 이랜드(E-Land), 일본의 아식스(ASICS)
*출처: 박철주(2011: 1~2)

'구찌(Gucci)', '디올(Diori)', '루이비통(Louis Vuitton)', '샤넬(Chanel)', '이브 생 로랑(Yves Saint Laurent)', '필라(Fila)' 등과 같은 브랜드 겸 로고로 쓰인 로마자가 각종 상품에 부착되어 그 자체가 상업적 부가 가치를 내고 있다는 것이다.

한글산업에 대한 논의는 이미 9년 전 정부 용역 과제인 박광무 외·한국문화관광연구원(2013)로 집약한 바 있다. 한글산업에 대한 최초의 국가 용역 보고서이다.

〈그림 3〉 한글산업의 위치(박광무 외, 2013: 132)

이 보고서는 한글산업을 넓게는 문화산업 일부로 좁게는 언어산업의 일부인 문자산업으로 보고 산업 현황과 추진 전략까지 담았다. 박광무 외(2013)은 한글을 콘텐츠로서의 한글, 이미지로서의 한글,

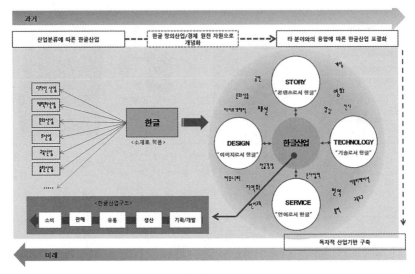

〈그림 4〉 한글산업의 기본 전제(박광무 외, 2013: 103)

언어로서의 한글, 기술로서의 한글과 같은 네 가지 측면에서 주목하
고 기존의 한글산업의 위협 요인은 최소화하고 강점은 극대화하면서
다른 분야와의 융복합모델을 개발하여 한글산업의 독자적인 산업 기
반 구축해 나가야 함을 도출했다.

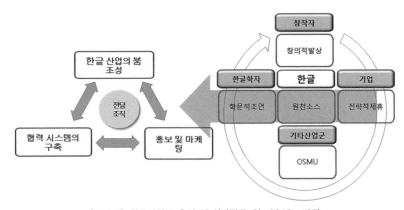

〈그림 5〉 한글산업의 추진 체계(박광무 외, 2013: 107)

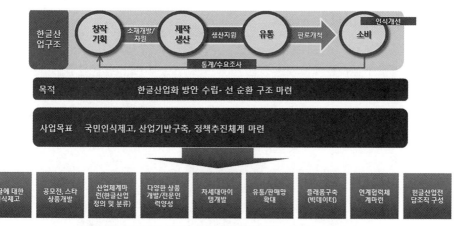

〈그림 6〉 한글산업의 핵심과제 및 세부사업(박광무 외, 2013: 108)

　문제는 이런 국가 연구 과제물의 소중한 결과물이 실제 한글산업으로 왜 연결이 안 되었느냐는 점이다.

　이판정(2017)은 한글을 지식정보적 관점에서 21세기 주요 산업 자원으로 보았다. 구글이 지주회사인 〈알파벳〉으로 벌어들인 매출액이 100조 원 규모에 주목하여 언어산업의 중요성에 비추어 한글산업의 잠재적 부가 가치를 강조했다.

　이병주(2018: 27)에서는 "세계의 공용어인 영어와 관련한 영국의 어학산업은 여러 해 전 자료로도 연간 그 매출이 1조 8천억 원 정도라고 한다. 지금 한글도 K-POP, 드라마, 영화 및 보편적인 성격을 갖는 문화와 경제 사회의 발전 덕에 한글을 배우려는 외국인들이 증가하여 어학 연수차 국내에 유학 오는 숫자가 증가하고 있는데, 한글 자음이 보완된다면, 현재 세계 공용어인 영어와 더불어 프랑스어나 이탈리아어 등을 제치고, 20세기 이후 세계의 문화어로 통용될 가능성도 배제할 수 없다"고 강조했다.

3. 한글산업 분류

박광무 외·한국문화관광연구원(2013: 199)에서는 한글산업을 언어
산업·문화산업·정보산업으로 분류했다.

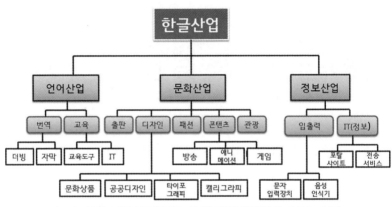

〈그림 7〉 한글산업 분류(박광무 외·한국문화관광연구원, 2013: 199)

　곧 입말과 글말을 아우르는 한국어 차원에서의 산업과 문화예술
쪽의 문화산업, IT 관련 정보산업으로 나눴다. 이러한 분류는 다음
세부 분류에서 보듯 분야별 한글산업의 양상이나 흐름을 보여주는
장점이 있다. 그러나 한글을 질적으로 어떤 식으로 활용하여 부가

〈표 1〉 한글문화산업 분류

구분	내용
문화상품 분야	의류직물계통, 액세서리, 생활용품, 학습도구, 전통공예응용제품, 벽지, 포장지, 쇼핑백, 전자제품
예술 분야	서예, 서각, 목각, 전각, 조형물, 도예, 문자조형, 무용, 기체조, 동서양화
디자인 분야	글꼴디자인, 캘리그래피, 광고카피, 상표디자인, 간판디자인

*출처: 박광무 외·한국문화관광연구원, 2013: 199

가치를 유발하는가에 대한 특성이나 흐름은 보여주지 못한다.

따라서 한글을 어떻게 활용하고 이용하느냐에 따라 한글산업을 분류하고자 한다.

먼저 한글을 직접 대상으로 삼느냐 간접적으로 이용하느냐에 따라 나눌 수 있다. 직접 대상으로 할 경우도 〈직접1〉과 〈직접2〉로 나눌 수 있다. 〈직접1〉은 아래한글 소프트웨어처럼 한글에 관한 상품을 말한다. 한글 교육서나 한글 글꼴이 여기에 해당한다.

한글넥타이와 같은 한글을 의도적으로 활용한 일반 상품이라든가 훈민정음 해례본 손바닥책과 같이 한글문화상품, 한글 가온길처럼 관광지로서 한글을 직접 활용한 것, 한글 관련 각종 교양서 등이 〈직접2〉에 해당한다.

간접 상품은 한글을 의도적으로 활용하여 '한글 제품'으로 만든 것은 아니지만, 한글이 간접적으로나 부가 가치 창출에 기여한 제품들이다. 이것도 〈간접1〉과 〈간접2〉로 나눌 수 있다. 〈간접1〉은 한글 디자인을 적극적으로 활용한 제품으로 이를테면 '참이슬 소주'처럼 한글 디자인을 적극적으로 이용한 것이다. 그렇다고 한글 제품 그

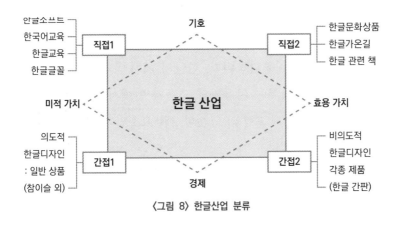

〈그림 8〉 한글산업 분류

자체는 아니다. 〈간접2〉는 한글을 의도적으로 활용한 것도 아니고 부가가치로 연결되는 것은 아니지만 한글이 쓰인 경우다. 이를테면 수많은 한글 간판, 또는 한글이 들어간 각종 제품이 여기에 해당한다.

4. 한글 산업화의 기반: 한글의 예술성과 서사성

한글 산업화의 기반은 역시 한글이라는 문자 특성에서 비롯된다. 곧 한글의 기하학적인 확장성과 그에 따른 미적 가치, 문자 미학, 문자 조형의 아름다움 그리고 문자를 통한 상상과 이야기의 생산성, 문자와 다른 요소와의 융합의 무한성, 사람 중심의 인문학적인 포용성 등이다. 이런 측면에서 여러 장에 걸쳐 충분히 논의되었으므로 여기서는 생략하기로 하고 한글상품화에 직접적인 요인이 되는 예술성과 서사성(스토리텔링)만을 언급하기로 한다. 한글 산업화에 관련해서 두 가지가 중요하다.

첫째는 한글의 예술성이다. 보기 좋고 독창적인 한글만의 예술적 특성이야말로 한글 상품화의 중요한 요소가 되기 때문이다. 한글만이 예술성이 뛰어나다는 것이 아니라 한글만이 갖고 있는 미적 특징이 무엇이냐는 것이다. 그것은 보편적 기하학적인 확장성에 따른 문자 미학, 문자 조형의 아름다움이다. 한글의 기하학적 확장은 1차, 2차, 3차로 이루어진다. 1차는 자음자와 모음자 안에서의 확장이다. 다음 그림처럼 직선과 원(점 포함)의 단순한 2원 요소만의 확장으로 자음자와 모음자가 완성됐다.

〈그림 9〉는 점과 직선의 구성소가 확장돼 나가는 과정을 짜임새 있게 보여준다.

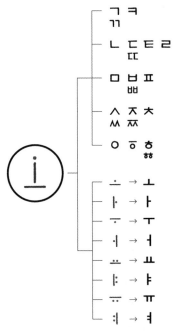

〈그림 9〉 훈민정음 34자의 기하 확장도(김슬옹)

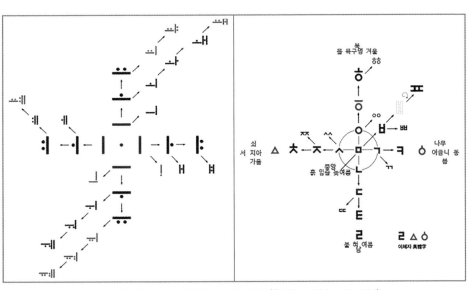

〈그림 10〉 한글 모음, 자음의 디자인 체계도(한재준, 2009: 126~127)

〈그림 10〉은 한재준 교수의 작품으로 한글의 기하학적 확장에 따른 짜임새를 디자인 관점으로 잘 보여주고 있다.

다음 인도네시아 페비의 말처럼 한글이 아름답고 창조적이라는 증언은 유튜브에서 손쉽게 찾아볼 수 있을 정도다. 또한 어느 외국인 증언처럼 "한국어로 된 텍스트를 보면 글자가 예쁘고 아름다워서 무슨 내용인지 알고 싶어져요."라고 할 정도이다.

〈사진 2〉 한글 아름다움에 대한 외국인 증언 화면

다음 니콜라님은 "한글이라는 문자가 어떻게 보면 조그만 예술 작품이라고 볼 수 있을 것 같아요."라고 말한다. 이런 예술성은 보편적 공감대를 불러일으켜 문화상품의 바탕이 된다.

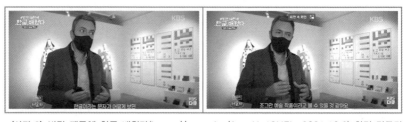

〈사진 3〉 방탄 때문에 한글 배웠다(https://youtu.be/AuxaHe13NEk, 2021.10.9) 화면 갈무리

둘째는 문자를 통한 상상과 이야기의 생산성이다. 훈민정음 자체가 풍부한 이야기(스토리텔링)로 의미를 부여하여 태어났다. 세종은 1443년 12월에 훈민정음 창제를 마쳤다. 그대로 보급하려고 하였으나 최만리 반대 상소(1444.2.20)에 직면하자 양반 사대부들을 설득하고 백성들한테 새 문자 창제와 반포의 정당성을 부여하고자 새 문자 해설서이자 거대한 이야기로 훈민정음의 철학적, 과학적 특성을 설명한 책을 펴낸다. 그것이 1446년 9월 상순에 나오는 『훈민정음』 해례본이다.

이를테면 해례본에서는 발음 기관과 발음이 작용하는 특성을 한 편의 이야기처럼 풀어내고 있다.

> "후음(목구멍소리)은 발음 기관은 목구멍이니 깊숙하고 젖어 있으니 오행의 물과 같고 소리는 비어 있는 듯이 통하니 음률로는 가장 높은 음계인 우음과 같고 어금닛소리는 발음 기관은 어긋나고 기니 나무와 같고 소리는 목구멍소리와 같으나 혀뿌리가 목구멍을 막았다 나니 음률로는 각음이고 혓소리는 발음 기관은 재빠르게 움직이니 불과 같고 소리는 구르고 날리듯이 나니 음률로는 치음이요, 잇소리는 발음 기관은 억세고 단단하니 쇠와 같고 소리는 쇳가루 부서지는 듯한 소리로 걸리듯 나는 소리로 음률로는 상음이다. 입술소리는 발음 기관은 모난 것이 합해져 평평한 땅과 같고 소리는 두 입술이 닿아 나는 소리니 머금듯이 넓게 나는 소리로 음률로는 가장 기본이 되는 궁음과 같다"
>
> ＿『훈민정음』 해례본 제자해

이와 같은 해례본의 이야기 특성(서사성)을 살려 김슬옹·강수현 글, 강혜숙 그림(2021), 『위대한 세종 한글 1~5』(한울림어린이)에서는 한글 교육용 이야기로 다음과 같이 구성했다. 세 권으로 구성된 이야기의 줄거리만을 모아보면 다음과 같다.

(1) 모음 깨치기 편: 용용이와 냥냥이 한글나라에서 만나다.

옛날 옛날 우주에는 아무도 없었어요. 어느 날, 큰 빛이 번쩍하더니 나무, 불, 흙, 쇠, 물이 생겨났어요. 하늘과 땅도 생겨났지요. 용용이는 이글이글 미르별에 사는 개구쟁이 용이에요. 땅세상이 궁금해 요술구름을 타고 내려오다가 그만 한글나라로 툭 떨어지고 말았어요. 주변을 두리번거리는 용용이에게 냥냥이가 다가왔어요. 둘은 금세 친구가 되어 함께 놀다가 용용이가 날아오는 공에 타악 머리를 맞고 쓰러졌어요. 알고 보니 그 공은 용용이가 미르별로 돌아갈 수 있게 도와주는 여의주였어요. '으이아야어여오요우유'가 적힌 여의주를 모두 모아 오리리 연못으로 가면 용용이가 다시 미르별로 돌아올 수 있다고 용용이 엄마가 꿈속에서 알려주었거든요. 용용이와 냥냥이는 '으, 이'로 읽히는 여의주를 가지고 나머지 여의주를 찾아 모험을 떠났어요. 오동포동 마을에서 '오, 어'로 읽히는 여의주를, 요술 마을에서 '요, 여'로 읽히는 여의주를, 우물 속에서는 '우, 아'로 읽히는 여의주를 찾았어요. 가파올라산 중턱에 있는 동굴에서 '유, 야로 읽히는 마지막 여의주를 찾았답니다. 둘은 마침내 오리리 연못에 도착했어요. 요술 마을부터 따라오며 여의주를 탐내던 요괴는 먹구름으로 변신해 하늘로 날아오르는 용용이의 앞길을 막았어요. 냥냥이가 다섯 개의 여의주를 요괴에게 던지자 하얀빛이 뿜어져 나오더니 요괴가 슈르륵 샤르륵 사라졌어요. 냥냥이와 여의주의 도움으로 용용이는 무사히 미르별로 돌아갔답니다.

(2) 자음 깨치기 편: 용용이와 냥냥이 거인나라에 가다.

어느 날, 용용이와 냥냥이에게 한글나라 모음 친구들이 찾아와 무시무시한 거인이 자음 친구들을 모두 잡아갔다고 훌쩍훌쩍 울면서 얘기했어요. 화가

난 용용이와 냥냥이는 자음 친구들을 꼭 구해오겠다고 약속하고 거인나라로 날아갔어요. 둘은 입구를 찾다가 큰바람에 휩쓸려 동굴 속으로 빨려 들어갔답니다. 동굴 속 정원에 떨어진 냥냥이는 ㄱㅋㄲ(기키끼) 친구들이 나무를 가꾸고 있는 것을 발견했어요. 용용이는 ㄱㅋㄲ 친구들을 등에 재빨리 태우고 도망쳤어요. 훨훨 날아 불길 가득한 부엌에서 요리를 하고 있던 ㄴㄷㅌㄸ(니디티띠리) 친구들도 구출했어요. 불길을 피해 도착한 바닷가에서는 해산물을 모으던 ㅁㅂㅍㅃ(미비피삐) 친구들을 발견했어요. 뚝딱뚝딱 집을 짓고 있던 ㅅㅈㅊㅆㅉ(시지치씨찌) 친구들은 냥냥이가 창을 들고 거인과 맞서 싸워 구해냈어요. 싸움에서 진 거인이 쿵 넘어지면서 땅이 갈라지자 나타난 얼음 동굴 속에서 마지막으로 ㅇㅎ(이히) 친구들을 구했답니다. 자음친구들은 모두 모이자 서로 얼싸안고 기뻐하며 춤을 췄어요. 그런데 그때, 꿈틀꿈틀 울렁울렁 동굴이 마구 흔들리기 시작했어요. 그러고는 "에~에취!" 커다란 재채기 소리와 함께 모두가 밖으로 튕겨져 나왔어요. 동굴은 사실 오래오래 잠들어있던 어마어마하게 커다란 거인의 입안이었어요. 무사히 탈출한 친구들은 모두 용용이 등에 올라타고 훨훨 날아서 무사히 한글나라로 돌아왔답니다.

(3) 받침 깨치기 편: 용용이와 냥냥이 세종 한글 큰잔치에 가다.

오늘, 거인나라에서 무사히 돌아온 친구들을 환영하는 '세종 한글 큰잔치'가 열린대요. 용용이가 초대장에 받침이 쓰인 글자들을 더듬더듬 읽자 냥냥이가 받침 친구들을 소개해주겠다며 용용이를 잔치가 열리는 '한글 어울림 한마당'에 데리고 갔어요. 받침 ㄱㅋㄲ(기역 기윽 쌍기역)친구들은 부엌에서 음식을 준비하고 있었어요. 받침 ㄴㄷㅌㄹ(니은 디귿 티읕 리을) 친구들도 잔치 준비가 한창이에요. 맛있는 냄새에 이끌려 팥죽이 펄펄 끓는 솥으로 다가간 용용이는 그만 실수로 팥죽을 쏟고 말았어요. 용용이는 친구들이 화를 낼까 걱정이 되어 도망치고 말았어요. 어두컴컴한 감나무 숲속에 숨은 용용이는 허겁지겁 감을 따 먹다가 딸꾹질을 하게 됐어요. 연기와 불꽃이 섞인 용용이의 딸꾹질을 보고 받침 ㅁㅂㅍ(미음 비읍 피읖) 친구들과 냥냥이가 찾아왔어요. 친구들은 괜찮다고 위로해주고 용용이와 함께 감을 가득 안고서 어울림 한마당으로 향했어요. 용용이는 받침 ㅅㅈㅊ(시옷 지읒 치읓)친구들을 도와 잔치준비를 함께 했어요. 이제 용용이는 현수막에 걸린 받침 글자도 큰 소리로 읽을 수 있게 되었어요. 받침 ㅇㅎ(이응 히읗)과 함께 사물놀이패가 음악을 둥둥 울리자 한글나라 친구들, 용용이, 냥냥이 모두 덩실덩실 춤을 추며 잔치를 즐겼답니다.

이와 같은 한글의 예술성과 서사성은 한글 상품화, 한글 산업화의 근본 바탕이자 힘이 된다.

5. 한글산업의 효용성과 한글의 브랜드 가치 높이기[2]

이러한 한글 산업화의 효용성은 네 가지 측면에서 따져볼 수 있다.
첫째, 경제적 효용성이다. 한글 관련 유무형 콘텐츠를 산업화할 경우 경제적 부가가치는 예측하기 어려울 정도다. 정부는 한글·한국어 산업 규모 추정(2019년 기준) 매출액 54조 원, 부가가치액 18조 원, 종사자수 43만 명, 생산유발계수 2.97(제조업 2.847)로 예측했다.
둘째, 한글과 한국어 보급의 간접 효과를 가져온다. 방탄소년단의 연예산업이 한국어와 한글 교육과 보급에 획기적인 영향을 끼치듯 한글산업이 활성화되면 한글과 한국어교육의 확산에 기여할 것이다.

---

2) 이 부분은 김슬옹(2017ㄴ), 『한글혁명』(살림터, 325~332쪽) 참조.

셋째, 한류 확장에 기여한다. 현재로서도 한글 붐이 한류를 견인하고 있으므로 한글 산업화를 통한 한글 확장은 한류를 견인하는 힘이 될 것이다.

넷째, 국가 브랜드가 상승한다. '브랜드'라는 말은 상품의 고유 가치를 드러내기 위한 기호나 문자 도형을 말한다. 상품을 전제로 한 것이 브랜드이기 때문에, '한글 브랜드'는 한글 상품 또는 한글 산업화의 바탕이 된다. 한글은 한국과 한국인을 잘 드러내주는 대표 브랜드이다. '한글'은 이원태 외(2015)의 『국가브랜드 개발을 위한 기초 연구』에서도 으뜸을 차지하였다.

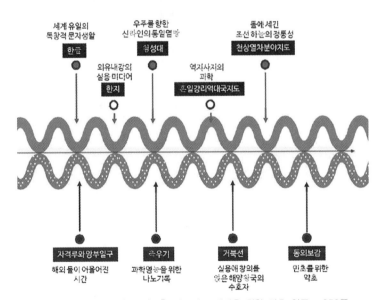

〈그림 11〉 이원태 외(2015), 『국가브랜드 개발을 위한 기초 연구』, 252쪽

브랜드 가치의 중요성을 알아보기 위해 Brand Fiance에서 세계에서 가장 가치 있고 강력한 브랜드에 대한 연례 보고서를 50위 권 안에서만 보면 브랜드의 가치가 세계를 좌지우지하고 있음을 알 수 있다. Apple은 단일 업종으로 1위를 차지하고 있고 2016년 약 천사백오십억 불에서 삼천오백오십억불로 두 배 이상 상승했다. 한국 브랜드는 삼성과 현대가 들어가 있고 삼성은 복합기업 브랜드로서 2016년 기준 약 팔백삼십억불에서 2022년 천칠십억불로 올랐다.

〈표 2〉 세계 브랜드 50위권 비교

순위		브랜드	국가	분야	가치(백만불)	
2016년	2022년				2016년	2022년
1	1	Apple	미국	첨단기술	145,918	355,080
2	3	Google	미국	첨단기술	94,184	263,425
3	6	Samsung	한국	복합기업	83,185	107,284
4	2	Amazon.com	미국	첨단기술, 소매	69,642	350,273
5	4	Microsoft	미국	첨단기술	67,258	184,245
6	10	Verizon	미국	통신	63,116	69,639
7	26	AT&T	미국	통신	59,904	47,009
8	5	Walmart	미국	소매	53,657	111,918
9	34	China Mobile	중국	통신	49,810	40,903
10	53	Wells Fargo	미국	은행	44,170	30,054
11	12	Toyota	일본	자동차	43,064	64,283
12	36	McDonald's	미국	식품	42,937	39,721
13	95	General Electric	미국	첨단기술	37,216	19,725
14	8	ICBC	중국	은행	36,334	75,119
15	11	China Construction Bank	중국	은행	35,394	65,546
16	39	BMW	독일	자동차	34,968	37,945
17	44	Coca-Cola	미국	음료	34,180	35,379
18	7	Facebook	미국	첨단기술	34,002	101,201
19	17	Deutsche Telekom	독일	통신	33,194	60,169
20	14	Agricultural Bank Of China	중국	은행	32,264	62,031

순위		브랜드	국가	분야	가치(백만불)	
2016년	2022년				2016년	2022년
21	15	Mercedes-Benz	독일	자동차	32,049	60,760
22	89	IBM	미국	첨단기술	31,786	21,383
23	35	NTT Group	일본	복합기업	31,678	40,691
24	19	Walt Disney	미국	컨텐츠	31,674	57,059
25	23	Shell	네덜란드	석유화학	31,665	49,925
26	52	Chase	미국	은행	30,603	30,148
27	42	Marlboro	미국	담배	29,935	36,278
28	20	Home Depot	미국	소매	28,798	56,312
29	49	Nike	미국	의류	28,041	33,176
30	98	Vodafone	영국	통신	27,820	19,506
31	24	Bank of China	중국	은행	27,735	49,553
32	41	Bank of America	미국	은행	26,928	36,719
33	45	Citi	미국	은행	26,031	34,443
34	37	Mitsubishi	일본	복합기업	24,461	39,203
35	109	HSBC	영국	은행	24,174	
36	72	Hyundai	한국	복합기업	23,691	24,971
37	90	Nestlé	스위스	음식	23,395	20,819
38	29	Starbucks	미국	식품	23,185	45,699
39	67	CVS	미국	소매	22,891	26,185
40	69	Intel	미국	첨단산업	22,845	25,612
41	57	Oracle	미국	첨단산업	22,136	29,121
42	55	PetroChina	중국	석유화학	20,318	29,656
43	30	Allianz	독일	보험	20,264	45,203
44	62	CSCEC	중국	건축	20,214	27,386
45	70	Sinopec	중국	석유화학	20,156	25,165
46	76	Ford	미국	자동차	19,771	24,178
47	9	Huawei	중국	첨단기술	19,743	71,233
48	38	UPS	미국	운송	19,565	38,533
49	61	Honda	일본	자동차	19,332	28,243
50	194	HP	미국	첨단기술	19,305	

*출처: Brand Fiance, Global 500, 2016/2022

'한글' 브랜드의 가치를 정확히 예측하기 어렵지만, 한류를 견인하는 현재 추세로 볼 때 대한민국을 대표하는 브랜드로서 구실을 충분히 발휘하고 있음을 알 수 있다.

김슬옹(2017ㄴ: 327)에서 강조했듯이, 브랜드는 정체성과 주체성의 기호이자 상징이므로 국가브랜드란 국가의 품격, 역사와 문화의 품격이 되고 국가브랜드는 국가의 경쟁력이 된다. 대한민국 국가브랜드는 최근 한류 열풍으로 급상승 중이다.

한글 브랜드의 가치는 대한민국의 정체성이자 주체성이며 한글의 우수성을 바탕으로 한글의 상품성을 뜻한다. 한글 브랜드는 자기다움, 역사성, 고유성, 대표성을 지닌다. 주체성 차원의 한글 브랜드의 특성은 자기내세움, 관계성, 공동체성, 능동성을 지닌다.

한글브랜드의 바탕은 한글의 우수성에서 나온다. 한글의 상품성은 한글이 문화 콘텐츠로서의 경제적 가치, 미적 가치가 뛰어나 한류 중심에 놓일 수 있기 때문이다. 이상의 내용을 그림으로 표현해 보면 〈그림 12〉와 같다.

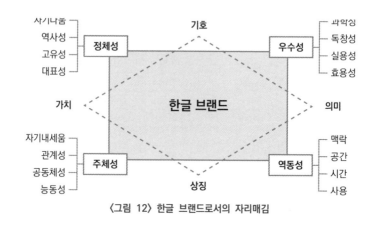

〈그림 12〉 한글 브랜드로서의 자리매김

따라서 우리는 국가 브랜드를 높이기 위해서 한글 브랜드 가치를 높여야 하고, 한글 브랜드 가치를 높이기 위해 국가 브랜드도 높여야한다. 〈그림 12〉에서 보듯, 중요한 것은 자국의 정체성과 자존감을바탕으로 하는 한글 브랜드는 국민 통합과 상호작용, 산업 발전에도크게 기여한다는 점이다.

6. 디지털 중심의 한글 산업화 전략과 방안[3]

한글 산업화 전략은 두 가지 방향으로 이루어져야 한다. 먼저 한글과한국어의 브랜드 가치를 높이고 것이고 둘째는 한글과 한국어 생태계를 확장하는 전략이다. 이를 바탕으로 다양한 사업을 펼쳐야 한다.

한류 활성화를 기반으로 한글의 경제·문화적 이득이 높아지고 있고, 한류 활성화는 '한글, 한국어'와 연동하여 패러다임을 형성해 가고있다. 한국어 생태계 확장이 필요한 시기다.

그렇다면 한국어 생태계 확장 방법은 무엇일까? '한글' 자체의 영향력 강화와 한글·한국어 관련 문화산업 활성화에 달려 있다. 한글·한국어 특성상 공공정책과 민간 부문의 동시적 발전이 필요하나, 현재오랫동안 하드웨어(시설·행사·조직 등)나 소프트웨어(학술연구·커뮤니티·문화산업)의 성과들이 더디게 진행되고 있다. 하루빨리 한글 전문가를 양성하여야 한다. 이런 흐름을 반영하는 정부의 한글·한국어정책 확대도 필요하고 단기, 중기, 장기 전략을 치밀하게 마련하는것도 시급하다.

---

3) 한글닷컴(haangle.com)에서 추진하는 사업 내용의 일부이다(송두혁·차민아·김슬옹·최준화·임진택·정성현).

〈그림 13〉 이원태 외(2015), 『국가브랜드 개발을 위한 기초 연구』, 85쪽

이런 흐름을 반영하여 여기서는 한글 기반 도약틀(플랫폼)을 통한 산업화 전략을 세워보기로 한다.

6.1. 한글 인프라를 도약틀 개념으로 전환

하드웨어와 소프트웨어 관련 많은 비용과 사업들이 매년 진행되고 있다. 그러나 국내 국민들은 물론 해외 사람들도 '한글·한국어'보다 일반적인 문화유산이나 한류 열풍 관련 일들로 인식하고 있다. 해외의 세종학당에서부터 민간의 작은 기획들까지 '하드웨어+소프트웨어'가 결합하여 모든 한글 기반 허브(Hub) 역할을 하는 도약틀(플랫폼)이 필요하다.

대한민국 국가브랜드 현실진단

국제사회에서 한국이 지니는 경제적 가치에 상응하는 국가 브랜드 정책 필요

* 한국의 경제력(2014, GDP) 14위
* 국가브랜드 순위(2014, NBI) 27위

주요국가 브랜드 정책

자국의 정체성을 기반으로 국민 통합 창출을 위한 커뮤니케이션 수행

* 독일(You are germany : 국민 자부심 창출)
  프랑스(Rendez vous en france : 문화 중심)
  캐나다(Know Canada : 공동 창조)

기존 국가브랜드 정책 분석

국가 브랜드 정책의 일관성과 지속성 부족

* 국가이미지위원회(2002~2009) 국무총리 소속, 대통령훈령)
* 국가브랜드위원회(2009~2013) 대통령 직속, 대통령령)
* 국가브랜드 위원회 설치 근거 삭제(2013.03.23)

국가브랜드 관련 조사 분석

향후 문화적 저력을 기반으로 한 국가브랜드 구축이 필요하다는 합의

* 국가브랜드 위원회 용역자료 19건 분석

국가 브랜드 방향 설정을 위한 진단

방향 1 : 추진주체 **국민이 중심이 되는 공동창조 브랜딩**

방향 2 : 추진전략 **한국 문화를 통한 코리아 프리미엄 창출**

〈그림 14〉 온라인·오프라인 연계 한글 콘텐츠 연계 구성도

6.2. 온라인·오프라인 연동된 모델을 구현

이 도약틀은 실제 사용자들이 접할 수 있는 오프라인의 접점을 유지하면서 온라인 서비스·콘텐츠가 오프라인과 연결되는 개념의 모델이다. 그러한 모델이 국내외 각 지역을 기반으로 존재하며, 마치 공항(Airport)체계를 통해 전 세계를 여행할 수 있는 것처럼, 이 도약틀(플랫폼) 모델을 글로벌한 체계로 운영할 수 있다.

6.3. 국내를 거점화하면서 강한 글로벌 네트워크 구축

'한글'이 개방형 문화재(오픈소스)인 전략적 특성을 극대화해 글로벌 확산을 강화하고, '한국어'가 한국 독점 정체성임을 활용하여 글로

벌 네트워크의 중심이 될 수 있도록 국내 거점들 개발해야 한다. 이 네트워크 기반 위에서 '네이티브 한국어(*Native Korean*)'가 가능한 사람들의 일자리와 글로벌 활동이 활성화될 수 있는 환경을 구현한다.

온라인상의 '포털'과 일반적 '플랫폼'은 질적으로 다르다. 온라인 포털(Portal)은 온라인 서비스들이 다양하게 구비된 하나의 시스템으로 개방된 체계가 아니다. 플랫폼(Platform)은 서로 협업할 수 있는 방법들이 존재한다면 무엇이든 특정 범위 안으로 각 연결고리들을 모이게 할 수 있는 개념으로 개방과 공유 특성이 강하다.

6.4. 쟁점별 개선 방향

6.4.1. 기관 측면

현재로서는 세계 곳곳에 한국어교육기관(예: 세종학당)들을 가능한 많이 설립·운영해야 한다. 동시에 그곳이 한국문화 접점 공간 기능도 수행할 필요가 있다. 관련 비용과 대규모 시간이 필요하다. 이를 개선하기 위해서는 현재의 글로벌 한글교육 서비스 체계 외에 좀 더 가벼운 운영체계와 서비스 개념이 필요하다. 한국에 중심 조직과 체계를 세우고, 그것을 중심으로 실시간 글로벌 관계망을 운영하여 네트워크의 서비스와 콘텐츠에 글로벌 사용자들이 참여할 수 있는 환경을 제공한다.

6.4.2. 행사

현 시스템 아래에서는 국내외 다양한 단체들을 지원해서 한글·한국어 관련 행사, 활동을 계속 진행해야 한다. 규모를 매년 늘리기 위해 지속적인 비용 증가가 예상된다. 그러나 네트워크에 국내외 한글·한국어 관련 조직 활동과 콘텐츠 등이 연결될 수 있는 '허브(Hub)' 체계를 적용하면 국내외 크라우드펀딩(Crowd Funding)과 다양한 후원체계를 네트워크에 연결하여 행사를 효율적으로 열고 진행할 수 있다.

6.4.3. 투자 비용

국내 언어복지, 다문화 대응을 위한 서비스, 조직, 콘텐츠 등 투자비용 등이 대폭 필요하다. 국내 지역어, 한글·한국어 연구 등의 정체성 기반 강화를 진행해야 하는 상황이다. 이 플랫폼을 활용하면 네트워크의 오프라인·온라인 체계를 국내 주요 지역들에서도 운영하며 필요비용과 인력의 공유 등으로 효율성 있게 활용할 수 있다. 특히 클라우드 컴퓨팅을 활용하여 온라인 부분에서는 다국어 대응체계를 활용하여 글로벌 네트워크 사용자들도 국내와 협업하고 참여할 수 있게 될 수 있다.

6.4.4. 패러다임 전환

현재 콘텐츠 및 다양한 분야에서 발생하는 글로벌 한류 패러다임을 한글·한국어 전략과 연결시켜야 하는 상황이다. 동시에 국내외 관련된 문화산업 스타트업들을 지원, 활성화해야 한다. 그러나 네트워크 체계가 온·오프라인으로 활성화되면 자연스럽게 글로벌 한류의 영향력을 상당 부분 흡수하여 활용할 수 있어 한글·한국어 문화산업 항목들과 일자리 등은 활성화 가능하다.

7. 한글 산업화는 한글 브랜드 극대화 전략

한류가 한글을 견인하는 것 같지만 실제로는 한글이 한류를 견인하고 있다. 이런 흐름에 힘입어 우리는 한글 산업화를 적극적으로 추진할 필요가 있다. 이제는 한글의 문화적, 역사적, 정신적 가치를 더욱 살리기 위해서라도 한글 산업화가 필요한 시점이다.

한글 산업화는 다양한 매체와 결합하여 쓰이는 한글이라는 문자와 문화콘텐츠로서의 한글을 산업화하는 것으로 디지털 기기와 연계시킨 유형산업과 문화콘텐츠와 무형산업, 디자인과 같은 융합 분야도 있다. 이 장에서는 한글산업의 실체를 좀 더 분명히 하기 위해 한글산업 분야를 한글을 직접 대상으로 삼는 분야와 간접적으로 이용하는 분야로 나눠 보았다. 직접 분야도 '한글 글꼴산업'과 같은 〈직접1〉 분야와 '한글문화상품'과 같은 〈직접2〉 분야로 나눴다. 간접 분야도 의도적인 한글 디자인 상품과 같은 〈간접1〉 분야와 비의도적이지만 한글문화산업에 기여하는 비의도적 한글 디자인 상업 분야로 나눴다.

한글 산업화의 기반은 역시 한글이라는 문자 특성에서 비롯된다. 곧 한글의 기하학적인 확장성과 그에 따른 미적 가치, 문자 미학, 문자 조형의 아름다움 그리고 문자를 통한 상상과 이야기의 생산성, 문자와 다른 요소와의 융합의 무한성, 사람 중심의 인문학적인 포용성 등이다. 실제 한글 산업화에 영향을 끼치는 것은 한글의 예술성과 서사성이다.

결국 한글산업은 경제적 측면 한글과 한국어 보급 측면, 한류 확장, 국가 브랜드 상승이라는 효과를 가져온다. 이를 위해 한국의 정체성과 주체성의 기호이자 상징인 한글 브랜드 가치를 높여 국가 경쟁력의 핵심으로 삼아야 한다.

따라서 한글 산업화 전략은 첫째, 한글과 한국어의 브랜드 가치를 높이는 것이다. 둘째로는 한글과 한국어 생태계를 확장하는 전략이 중요하다.

10장 한글 역사론[※]

: 언문일치에 따른 시대 구분론

1. 한글 역사 정립을 위한 국어사 시대 구분의 필요성

한글 역사를 올바르게 기술하기 위해서는 시대 구분이 선행되어야 한다. 근본적으로 한글 역사가 그런 시대 구분에 중요 잣대가 되는 것이지만, 시대 구분에 의해 우리는 한글 역사를 제대로 인식하고 평가할 수 있다.

이러한 시대 구분에서 먼저 '국어·한국어·한말글'과 '한글'을 분명하게 구별해야 한다. '국어·한국어'는 말과 글을 아우르는 것이지만, '한글'은 문자 또는 글말만을 가리키는 것이기 때문이다. 그러나 한국

※ 이 장은 김슬옹(2011ㄱ), 「국어교육을 위한 근대국어 시대 구분론」(『사회언어학』 19(2), 한국사회언어학회, 85~106쪽)을 다듬고 보완하였다.

어 역사라도 한글 중심으로 살펴볼 수도 있고, 한글 역사라 해도 한국어의 전반적인 발달 속에서 조명할 수 있다. 이 장에서는 한국어 전체를 아우르되 한글 중심으로 살펴보는 전략을 쓰도록 한다.

역사의 시대 구분은 그 어떤 구분이든 긍정과 부정의 양면적 효과를 지닌다. 왜냐하면 시대를 구분함으로써 분절적인 의미를 부여하고 인식의 명확성을 높이는 긍정 효과가 있는 반면에 구분 관점과 기준에 의해 인식과 의미 부여가 굴절되는 부정 효과가 공존하기 때문이다. 이런 양면성 때문에 시대 구분은 늘 논쟁의 대상이 될 수밖에 없다. 교과서의 역사 구분은 그 영향력이 크다는 점에서 더욱 큰 논쟁거리가 된다. 이런 맥락에서 2015 교육과정안까지 그대로 이어지고 있는 7차『고등학교 문법』(278쪽) 교과서의 다음과 같은 국어사 시대 구분을 다시 생각해 볼 필요가 있다.

1) 고대국어:~통일신라 말(10세기)

2) 중세국어: 고려 건국(10세기 초)~임진왜란(16세기 말)[1]

  (1) 전기 중세국어: 고려시대 언어

  (2) 후기 중세국어(조선 전기): 훈민정음(15세기 중엽)~임진왜란(16세기 말)

3) 근대국어: 임진왜란 이후(16세기 말)~개화기(19세기 말)[2]

---

[1] 고려 건국은 918년, 임진왜란이 완전히 끝나는 해는 1598년이지만 언어 변화의 시기를 어느 한 시기로 못 박을 수는 없으므로 대략적인 시기 명칭인 '10세기 초, 16세기 말'과 같은 명칭을 쓴다.

[2] 근대식 개혁안이 가시적으로 선포된 갑오경장(1894년), 국문칙령(1895년) 등이 기본 잣대가 된다. 검인정 고등학교 새 교과서(2011년 간행)에서는 근대국어 기점을 대부분 17세기 초로 잡았지만 16세기 말과 큰 차이가 있는 것은 아니다. 16종 교과서 열람을 도와준 함성민(광명북고), 손미숙(풍문여고) 선생님께 감사 드린다.

4) 현대국어: 개화기 이후~현재

이와 같은 시대 구분은 국어학계의 통념을 국어교육학계가 그대로 수용한 것으로, 7차까지의 국정교과서는 물론 최근 검인정 교과서까지 똑같이 적용되고 있다.3) 그렇다면 이러한 역사 구분의 궁극적 목적과 근거를 다시 생각해볼 필요가 있다. 교육과정 해설서나 지도서에 이러한 시대 구분 맥락이 명시적으로 나오지 않으므로 폭넓게 생각해본다면 국어 역사를 제대로 나누어 그 의미를 부여하기 위해서이다. 곧 시대 구분을 통해 국어 역사를 좀 더 효율적으로 잘 가르쳐 학습자로 하여금 국어의식과 국어 주체성까지 키우게 하기 위해서이다.4)

그렇다면 위와 같은 구분이 그러한 목적을 충족시켜 주는지를 따져보아야 한다. 구분 자체가 이미 역사에 의미를 부여한 것인데, 그렇게 부여한 의미는 무엇이며 어떤 효과가 있느냐는 것이다. 조선 후기의 근대국어 설정으로 한정시켜 본다면 두 가지 측면에서 문제가 있다.5)

---

3) 최근 고등학교 검인정 교과서에서까지 한결같이 이 틀을 따르고 있는 것은 검정 통과를 염두에 둔 자기검열도 어느 정도 작용했을 것이다.

4) 국어사 시대 구분 자체가 중요한 국어사교육 내용이다. 이에 대해서는 정선영(1996: 198~200)에서 시대 구분이 역사교육에서 차지하는 의미를 원용할 필요가 있다. 곧 정선영은 시대 구분은 "(1) 역사교육내용의 구조화에 기여, (2) 학생들의 역사적 사고를 촉진하는데 기여, (3) 역사의식의 함양에 기여, (4) 지역사, 국가사의 한계를 극복하고 역사의 종합적 이해를 가능하게 한다."는 점을 들었다. 기존의 국어사 교육 현장과 관련 논문에서는 이 점을 놓치고 있다.

5) 시대 구분은 역사의 보편성과 특수성을 아우르는 매우 중요한 작업이다. 이러한 시대 구분은 누가 봐도 역사의 보편성을 드러내기 위해 서양의 '고대-중세-근대-현대' 구분법의 한국 역사의 특수성을 결합한 것임을 알 수 있다. 이 논문은 근대사 또는 근대국어에 대한 보편성과 한국어의 특수성만을 다루었다. 사실 전체적인 시대 구분론 속에서 근대사의 문제를 다루어야 정도이겠으나 각 시기의 특수성 문제가 규명되지 않으면 거시적인 전체 역사를 검토할 수 없는 것이므로 근대사만을 다루기로 한다. 전체 역사를 대상으로 하는 시대 구분에 대한 재검토는 필자의 역량만으로는 불가능한 일이므로 이 논문이 그런 논의를 위한 문제제기 정도의 역할을 할 수 있기를 기대하는 것으로 이 논문과 필자의 한계에 대한 변명으로 삼고자 한다.

첫째는 국어사는 포괄적인 국어 역사임에도 문법사 위주로 되어 있고 국어생활사가 거의 배제되어 국어 사용 주체 문제가 적극적으로 고려되지 않았다. 그래서 우리 조상들이 언어생활을 어떻게 해 왔으며 그로 인한 의미가 무엇인지를 제대로 짚어주지 못하고 있다.6) 언어 변화에서 중요한 것은 언어생활 주체가 어떤 식의 언어를 사용해 왔는가인데 그러한 주체 문제가 이러한 시대 구분에서는 배제되어 있는 셈이다.7) 설령 문법사를 인정한다 해도 지나치게 음운사 중심이다.8) 둘째는 근대국어 시기 범위가 일반적인 '근대'와 지나치게 차이가 있어 한국사나 국어사 인식의 혼란을 부추길 수 있다.9) 일반 국사 교과서에서는 근대의 상한선은 최대 18세기(영조, 재위 1724~1776)로 잡지만, 국어사는 무려 1세기가 앞선 선조(재위 1567~1608) 때까지로 올라간 셈이다. 근대국어의 끝 지점도 많은 차이가 난다. 곧 현대의 출발점이 국어교과서는 하한선이 갑오경장 19세기 말이지만 일반 국사교과서는 광복(1945)을 잡는다. 곧 근대국어의 시작과 끝의 시기 설정을 어떻게 하느냐가 문제다.10)

---

6) 언어 사용 주체 문제를 배제하다보니 "훈민정음의 창제가 시대 구분의 경계가 될 수 없다. 훈민정음의 창제는 문자상의 변혁이지 국어사의 직접적인 영향을 끼친 것은 아니다"(김상돈, 1984: 471)라는 인식까지 나왔다.

7) 국어생활사는 음운사 위주의 국어사 기술과 인식의 한계를 극복하고자 하는 주체 문제의 새로운 전략이기 때문이다.

8) 홍윤표(1995)는 기존의 국어사가 "어휘사나 문법사가 아닌 음운사 위주"로 되어 있음도 지적하고 있다. 이때의 문법사에서의 '문법'은 좁은 의미로 형태, 통사론을 가리킨다. 학교 문법에서는 '문법'을 넓은 의미로 보아 음운론을 아우르고 있다. 본고에서는 학교 문법에 따라 넓은 의미로 사용하고자 한다.

9) 허재영(2008: 47)에서는 시대 구분의 유의점을 7가지로 제시했는데 이 가운데 한국사와 세계사의 연관을 강조하는 유의점이 두 가지나 된다. "한국사의 이해뿐만 아니라 세계사의 이해에도 기여해야 한다. 한국사의 특수성과 세계사 속에서의 보편성이 조화될 수 있도록 유념해야 한다."라고 제시했다. 세계사 흐름뿐 아니라 한국 역사의 보편성과도 어긋나는 한국어 근대사의 관행에 시사하는 바가 크다.

따라서 2.에서는 첫째 문제 해결을 위해 국어사와 국어문법사, 국어
생활사의 상관 관계에 따른 자리매김을 논하고, 3.에서는 둘째 문제를
해결하기 위해 근대국어 설정 문제를 집중적으로 검토하기로 한다.11)
그러므로 이 논문은 '근대국어' 시기 설정을 어떻게 설정할 것인가에
대해 기본 방향을 제시하는 데 집중할 것이다.12)

시대 구분에 관한 연구는 역사학계에서는 단행본이 여러 권 나올
정도로 활발하지만 국어사 분야에서는 그에 비해 매우 적다. 단행본
의 국어사 기술을 위한 예비 단계로서의 논의 외 단독 논의는 김상돈
(1984)·김광해(1993)·홍윤표(1994)·홍종선(1995)·송민(1995)·김무림
(1995)·김동소(1997) 등이 있다.13)

---

10) 이밖에도 교과서는 지나치게 서양 중심의 3분법(고대–중세–근대·현대)을 따르고 있어
    한국사나 한국어사의 특수성을 제대로 살리지 못하고 있다. 고려와 조선을 중세로 묶는
    전략이 그러하다. 이 문제는 근대국어 문제에 집중하기 위해 여기서 다루지는 않는다.
11) 근대 분야 시기 설정 문제는 문학도 양상이 비슷하다. 조동일(1992: 46)에서는 이 문제에
    대해 "국문학사 시대 구분을 두고 벌어지는 가장 심각한 논란이 바로 근대문학의 기점
    또는 성립에 관한 것"이라고 하면서 동양의 근대는 서양의 근대가 군림하는 시대 속에서
    존재하는 특수성과 신문학운동과 같은 제3세계의 보편성이 공존한다고 보았다. 따라서
    17세기부터 1918년까지를 근대문학의 이행기로 보고, 신문학 운동의 기폭제가 된 1919년
    부터 오늘날까지를 근대문학으로 설정했다.
12) 물론 근대 시기 문제의 비판은 쉽지만 대안 마련은 무척 어려운 일이다. '근대'설정은
    서구 중심 역사 전략이기도 하거니와 복합적인 문제를 안고 있어서 구체적인 시대 설정
    자체가 충분한 객관성을 확보하기 어렵다. 학교문법식 시대 구분 비판자인 홍윤표(1994;
    1995)에서도 시대 구분의 차이는 보여주었지만 비판의 근본적인 대안을 제시했다고 보기
    는 어렵다.
13) 근대국어 논저 정리는 국립국어연구원(1997)에서 이루어진 바 있다.

2. 국어사, 국어문법사, 국어생활사의 상관 관계

2.1. 국어사 관련 용어 문제

최근 국어생활사(어문생활사)가 국어교육 차원에서 중요성이 높아지고 있지만, 아직도 국어생활사는 문법사의 보조 영역으로 보아야 한다는 아래와 같은 견해가 지배적이다.

> 어문생활사에 의한 국어사 구분의 논의는 참신한 접근이긴 하지만, 언어 자체가 아닌 어문 생활사가 국어사 구분의 주체가 될 수는 없다. 그러므로 어문 생활사는 국어사 시대 구분의 보조적 기준이 된다는 것을 분명히 해야 할 것이다. 어문 생활사와 언어사의 관점에 대한 구분을 명확하게 하여 논점을 확보할 필요가 있을 것이다. 어문 생활사가 언어사는 아닌 까닭이다.
>
> _익명의 H학회 심사위원

이 같은 관점은 특정 개인의 견해라기보다는 관련 학계의 통념으로 두 가지 대 전제를 깔고 있다. 첫째, 국어사와 국어생활사는 구별해야 한다는 것이고, 둘째는 언어 내적인 국어문법사가 국어사의 핵심이라는 것이다. 이와 같은 관점은 "언어사(言語史)에 있어서는 그 외사와 내사를 구별하는 것이 중요하다."(이기문, 1961; 이기문, 1972: 8)라는 관점에 따른 것이다. 언어 외사는 정확하지 않으므로 언어 구조 자체의 여러 가지 사실에 대한 언어 내사가 중요하다는 관점이다.

언어 내적인 국어문법사와 언어 외적 측면을 포함하는 국어생활사를 구별해야 한다는 점은 필자도 동의하지만 그렇다고 '국어사=국어

문법사'로 한정하는 것은 동의하기 어렵다. 왜냐하면 국어사는 국어의 역사인데 이때의 국어라는 것이 '문법'이라는 언어 체계 측면만을 가리키는 것은 아니기 때문이다. 국어사는 우리 말글이 어떻게 변해 왔느냐의 문제이므로 거기에는 체계 중심의 문법도 있고 생활 중심의 국어 사용도 포함되어 있다. 특히 교육 측면에서 보면 국어사를 문법사로 한정하는 것은 일반 통념과 다른 국어학자들의 학문적 견해를 일반 학생들에게 일방적으로 전달하는 것이 되므로 더욱 문제다.

따라서 이와 같은 갈등을 해결하기 위해 국어사를 국어문법사와 국어생활사를 아우르는 상위 용어로 설정하는 방안을 대안으로 제시하고자 한다. 이렇게 하면 국어사를 국어문법사로만 보는 문제를 해결할 수 있고 기존의 문법 중심의 국어사도 존중해줄 수 있다.

물론 이런 갈래 나누기도 문제는 있다. 그것은 국어문법사와 국어생활사가 확연히 갈라지는 배타적 관계가 아님에도 마치 순수언어학과 응용언어학을 배타적으로 보는 것과 같은 오류를 범할 수 있다. 언어는 문법 자체로만 존재하지 않으며 언어 사용 또한 문법 없이 존재하는 것은 아니기 때문이다. 그러므로 국어사를 강조점에 따라 '체계 중심의 국어문법사', '사용 중심의 국어생활사'로 보면 적절하다. 다만 용어 사용의 편의를 위해 '체계 중심, 사용 중심'이란 말을 쓰지 않을 수 있다. 물론 렴종률(1980), 권재일(1998) 저술에서 보듯 문법사는 그 나름대로 무척 소중하다. 다만 국어사를 문법사로만 한정하지 말자는 것이다.

2.2. 문법사 중심의 근대국어 설정 문제

주요 국어학자들의 근대국어 시기 설정을 전체 국어사 구분과 더불어 정리해 보면 〈표 1〉과 같다.[14] 남한 학계에 영향을 미친 일본의 고노(하야육랑)의 분류법을 함께 제시했다. 남한학계와 다른 북한한계 구분법은 본문 중에 언급하기로 한다.

〈표 1〉 국어사 시대 구분과 '근대국어' 설정 비교

학자	국어사 구분	근대국어 시기
고노 (河野六郎, 1955)	고대조선어－중기 조선어－근세조선어	임란(1592)~현대
김동소 (1997, 2007)	고대한국어－중세한국어－근대한국어	18세기 초~현대
박병채(1989)	고대국어－중기 국어－근대국어－현대국어	17세기~19세기
국립국어원 (1997)[15]	고대국어－중세국어－근대국어－현대국어	17세기(임란 후)~ 19세기(갑오경장)
김근수(1961)	상고어－중고어－근고어－근대어－현대어	임란~갑오경장(1894)
김형규 (1962, 1975)	상고어(고대어)－중고어－중기어－근대어－현대어	임란~갑오경장
이숭녕(1967)	고대국어－전기 중세국어－후기 중세국어－근대국어－현대국어	임란~갑오경장
강길운(1993)	상고국어－중고국어－근고국어－근대국어－현대국어	임란~갑오경장
박종국(1996)	고대국어－중고국어－중세국어－근대국어－현대국어	임란(17세기 초)~ 갑오경장(1894)
최기호(1994)	고대국어－중고국어－중세국어－근대국어－현대국어	임란~갑오경장
리득춘 외(2006)	고대조선어－중세조선어－근대조선어－현대조선어	임진전쟁이후~갑오경장
이기문(1972)[16]	고대국어－전기 중세국어－후기 중세국어－근대국어－현대국어	17세기~19세기
학교문법(2000)	고대국어－전기 중세국어－후기 중세국어－근대국어－현대국어	임란 이후(16세기 말)~ 개화기(19세기 말)
김무림(2004)	상고국어－고대국어 전기－고대국어 후기－중세국어－근대국어－현대국어	17세기~19세기

---

14) 시대 구분에 관한 가장 최근의 종합 정리 검토는 김동소(2007: 16) 참조. 국어사는 아니지만 국어학사 시대 구분도 대부분 비슷하다.

15) 이 책은 여러 논자들(전광현, 류성기, 조남호, 홍종선, 홍윤표)이 쓴 것이라서 조금씩 다르

학자	국어사 구분	근대국어 시기
김종훈 외(1998)	고대국어 - 중고국어 - 중세국어 - 근대국어 - 현대국어	임란(1592)~ 갑오경장(1893)
홍윤표 (1994, 2009)	고대 - 중세 전기, 후기 - 근대 전기, 후기 - 현대	전기: 17세기~18세기 후기: 18세기중반~19세기
김형주(1996)	전기 고대국어 - 후기 고대국어 - 중세국어 - 근대국어 - 현대국어	18세기~19세기
최범훈(1985)	형성기 한국어 - 고대한국어 - 중고한국어 - 중세한국어 - 근대한국어 - 현대한국어	임란~갑오경장

이와 같은 시대 구분에서 근대국어와 관련된 핵심 문제는 대부분이 임진왜란을 근대국어의 기점으로 삼고 있다는 점이다. 임진왜란 기점도 시작 기점(1592)과 끝난 후 기점(1598)으로 나뉜다.[17] 임란 시작을 기점으로 삼은 이는 "고노, 김근수, 김형규, 이숭녕, 최범훈, 강길운, 최기호, 김종훈 외, 학교문법" 등 열한 명이고, 임란 후를 기점으로 삼은 이는 "리득춘, 박종국, 국립국어원, 학교문법" 등 넷이다. 이런 차이가 아니라면 18인 논자 중에 임란 기점이 11명이나 된다. 17세기 기점론자들(이기문, 박병채, 김무림, 홍윤표)은 임란 기점론을 비판하는 입장이지만 임란으로부터 자유롭지는 못하다. 17세기는 임란 직후의 역사를 의미하기 때문이다. 결국 임진왜란이 근대국어의 기점이 될 수 있느냐의 문제로 집약될 수 있다.

'임란' 기점론에 대해서는 먼저 문법사 논자들의 내부 비판을 살펴볼 필요가 있다. 이기문(1972: 185)은 "임진란은 중세어와 근대어와의 사이에서 발견되는 중요한 제변화의 요인이 아니라는 사실이다."라

기는 하지만 대체로 '17세기~19'세기로 본다.

16) 이기문·장소원(1994)도 이기문(1972)에 따르므로 여기서 다루지는 않았다.

17) 이런 섬세한 차이로 인한 국어사 기술의 문제는 홍종선(2005: 288~289)에서 언급한 바 있다.

고 하면서 그 근거로 음운사적 관점에서 'ㅿ'의 소멸, 성조의 소멸 또 어두 평폐쇄음의 경음화 내지 유기음화 등은 이미 임진란 이전에 일어났다는 것이다.[18] 곧 문법상의 주요 변화는 이미 임진란 전에 일어나 임진란 후에는 국어가 근대적 면목으로 나타났다고 보았다.[19] 결국 이기문(1972)의 구분도 임진란을 기점으로 근대국어의 진면목이 드러난다는 것이므로 임란 기점론의 변형이거나 확장이라고 볼 수 있다. 굳이 이러한 음운사 중심으로 보면 임진란 전의 주요 음운변화 는 왜 일어났으며 그것이 임란을 거치면서 어떻게 근대적 면목으로 나아갔는지가 해명되어야 한다.

임란 기점론에 대한 본격적인 비판은 18세기 초를 근대국어의 기점 으로 본 김동소(2007)에서 이루어졌다. 김동소는, 임진란 기점설은 고 노 로쿠로(1955)가 주장한 이래 거의 모든 학자들이 그대로 따르고 있다고 하면서 이들은 임진란(1592년 4월~1593년 2월 10개월)과 정유재 란(1597년 7월~1598년 11월 1년 5개월)을 '전체 조선 반도를 황폐화한 대전쟁'으로 왜곡하여 시대 구분의 계기로 삼았다고 비판했다.[20] 임 진란 동안의 서적 출판 등으로 보아 그렇게 큰 사건은 아니었다는 것이다. 또한 임란 기점의 시대 구분은 언어 자체의 변화보다도 언어 외사에 바탕을 둔 잘못된 구분이라 비판하고 언어사는 정치사나 문화 사보다 더 정확하다는 근거 아래 엄격한 언어 사료 잣대를 강조했다.

---

18) 임진란을 기점으로 삼는 논의가 꼭 음운사 위주로 보는 것은 아니다. 임진란 기점론의 대표적인 김형규(1962: 298~299)에서는 음운사보다 사회언어 측면을 더 부각시키고 있다. 곧 전기의 언어는 귀족적이요 보수적이요 후기는 언어는 평민적이면서 혁신과 간이화의 길을 과감하게 걸었다고 보았다.

19) 박병채(1989: 219)에서도 이기문(1972)과 거의 같은 지적을 하고 있다.

20) 식민사관은 한국에 불리한 중요 사건 상당 부분을 왜곡 과장하였지만 그렇다고 임진란 자체가 중차대한 사건임은 틀림없다.

또한 문법 체계나 어휘 체계 변화는 대규모로 일어나는 일이 드물기 때문에 음운 변화가 더 중요한 잣대이고, 따라서 언어 외사 위주의 구분은 잘못이라고 보았다.

김동소(2007)의 비판은 대단히 중요한 지적이지만 본고의 관점으로는 세 가지 문제가 있다. 첫째는 지나치게 사료 중심적이다. 사료가 부족한 시기이니만큼 사료에 대한 접근을 엄격하게 할 필요는 있다. 그러나 그것을 지나치게 내세우는 것은 사료로 남지 않은 역사에 대한 또 다른 문제가 될 수도 있으므로 맥락적으로 접근해야 한다.21) 사료 중심은 객관성과 엄밀성은 높여 줄 수 있지만 역사 해석의 맥락 접근은 놓치게 된다.

둘째는 음운사에 지나치게 기대고 있다. 18세기 초를 근대국어의 기점으로 본 것은 「동문유해」(1748년)를 근거로 18세기 초에 음운체계가 크게 바뀌었다는 것이다. 이 문헌은 '·'의 비음운화, /t/ 구개음화·원순모음화가 모두 끝나 있음을 보여주는 최초의 문헌이라지만, 자료 중심의 역사 인식은 제한적일 수밖에 없다. 음운사도 결국은 자료를 바탕으로 복원한 구어 위주의 언어변화에 주목한 것이다. 엄밀하기는 하나 문어 사용의 구체적인 언어생활사 측면에서는 문제될 수밖에 없다.

셋째는 임란을 과소평가한 문제다. 임진왜란이 음운사로 보면 변화가 심하지 않았을지라도 다른 언어생활은 임금(선조)의 언문 교서 반포 등과 같은 큰 변화를 겪었기 때문이다(김종택, 1975).

근대국어 끝 시기는 근대국어와 현대국어를 구분하지 않는 논자(고노, 김동소)를 제외하고는 대부분 일치한다. 갑오경장(1894)으로 보는

---

21) 맥락식 접근에 대해서는 김슬옹(2010ㄴ) 참조.

"김근수, 김형규, 이숭녕, 강길운, 박종국, 최기호, 리득춘 외, 김종훈 외, 최범훈" 등과 19세기 말로 보는 "박병채, 국립국어원, 이기문, 김무림, 김형주, 학교문법(개화기)"로 갈라지지만 이는 특정 사건 위주로 보느냐 그런 특정 사건 이외에 포괄적 시기로 설정하느냐의 차이일 뿐이다.

이러한 문법사 위주의 근대국어 설정은 언어 외사 또는 정치적, 사회적 변화를 고려하되 그것과 관련된 실질적인 언어생활 문제를 반영하지 않는다는 데 문제가 있다. 김무림(2004: 221)에서도 임진란부터 갑오경장까지 역사 변화의 굴곡을 언급하면서, "이미 자각된 평민 의식과 실학사상은 훈민정음에 의한 표기 의식을 자극하고, 외세에 맞서는 자주 의식은 국어에 대한 주체적 인식을 강화하는 계기가 되었다."라고 하여 언어의 근대성 관련 진술을 하고 있다. 그러나 실제 근대국어의 성격과 내용 진술은 문법사로 한정하였다.

3. 언어의 근대성과 언문일치체

언문일치체는 말하듯이 자연스럽게 쓴 쉬운 구어체와 '-다'형으로 대표되는 표준 문어체를 함께 가리키는 것이다. 이러한 문체는 누구나가 자유롭게 소통 주체로 참여하는 언어 근대성의 핵심이면서 실제 근대화의 핵심 장치요 지표이기도 하다.[22]

문법사 위주의 근대국어 설정이 문제가 되는 핵심 요인은 '근대'라

---

22) 김슬옹(1985)에서 언문일치체를 '입말투 글말(구어체 문어)'로 규정한 바 있다. 이때 '구어체'라 한 것은 구어를 그대로 옮겼다는 의미가 아니라 구어가 가지고 있는 자연스러움과 소통의 편의성을 말한 것이었다.

는 용어는 국어생활사 측면의 용어인데 그것을 문법사 위주의 시대
구분 용어로 사용했기 때문이다. 물론 문법사와 생활사가 일치한다면
큰 문제는 없지만 실제 그렇지 않기 때문에 문제가 된다. 근대 한국어
를 설정하기 위해서는 먼저 '근대' 또는 '근대성'의 속성을 따져 보아
야 할 것이다.

'근대' 또는 '근대성'은 일종의 담론 현상이다.[23] 수많은 근대 논의
에 의해 '근대'가 규정되고 만들어진다. 마치 앤더슨이 '민족'을 인쇄
자본주의가 만들어낸 상상의 공동체라 하듯, '근대'도 수많은 담론의
공동체라 볼 수 있다(Benedict Anderson, 1983; 윤형숙 옮김, 1991). 그렇지
만 분명한 민족의 실체 요소도 있듯이, 근대의 실체 요소도 있다. 다만
그 실체에 부여하는 이미지와 의미가 역동적일 뿐이다. 그래서 '근대'
는 복합적인 시대 흐름이면서 현상이기도 하다.[24] 따라서 다양한 맥
락과 전략에 따라 다양한 근대성이나 근대 시기를 설정할 수 있다.
그러나 문법사 위주의 임란 기점의 근대국어 설정은 그러한 다양성으
로 보기에는 문제가 많다는 것이다.

무엇이 근대이냐의 문제에서 가장 중요한 것은 인간이 인간답게
살 수 있는 인간됨(휴머니즘)이다. 서양 근대성의 태동으로 르네상스
(14세기~16세기)와 프랑스 대혁명(1789~1799)을 중요하게 여기는 것은
그 때문이다. 르네상스는 인간은 인간다워야 한다는 반중세적 의식이
문화적으로 싹튼 시기였고, 프랑스 대혁명은 휴머니즘을 위한 자유와
평등 시대를 여는 대표적 사건이다. 이런 인간다움을 더욱 가능하게
한 것이 정치에서의 민주주의, 경제에서의 자본주의나 산업 발달이

---

23) 담론 방법론에 대해서는 김슬옹(2005ㄷ) 참조.

24) 황호덕(2002: 305)에서는 "언문일치란 파롤에 표기방식을 일치시키는 따위의 일이 아니다.
그것은 정치, 경제와 문화 사이의 복합적 구상물이다."라고 하였다.

다. 여기서는 근대의 기점을 따지는 것이므로 정치나 경제 등의 흐름 보다는 인간의 자유와 평등 관련 주요 사건만을 주목한다.

그렇다면 언어의 근대성은 당연히 인간 주체가 자유로운 언어 주체로 자리매김될 수 있는 사건이나 주요 표징을 잣대로 삼아야 한다. 기존의 근대국어 논의는 문법 위주로 역사를 가르치다 보니 전근대와 근대를 가르는 핵심 문제인 언어 모순이 배제되어 있다. 중세 언어생활의 핵심 모순은 대다수 하층민이 문자(한문)생활에서 배제됨으로써 생기는 문자생활을 통한 불평등 모순이다. 그렇다면 이런 핵심 문제가 해결되거나 전환되는 기점이 시대 구분의 핵심 잣대가 되어야 한다. 결국은 언어 불평등 모순과 직접 연계되는 언문일치 문제가 한국어 근대성의 핵심 문제이다.

'언문일치' 문체는 동양식 근대화의 주요 지표였다. 중국의 백화문 운동(이보경, 2003), 일본의 언문일치 운동(이연숙, 2005)에서 보듯 동양 삼국의 언문일치로의 변화 과정은 근대화의 핵심 역할을 하였다. 서양의 근대화에서도 표준 문어체의 보급이 매우 중요한 역할을 하지만 동양에 비해 그 비중은 낮았다. 특히 한국의 언문일치는 단지 문체만의 변화가 아니라 하층민의 표현 욕망 수단의 확보였고 합리적이고 객관적인 표현과 소통 장치였기 때문이다. 그러므로 언문일치로의 변화는 일반 사회사에서도 매우 중요한 시대 변화의 담론이었으며 언어사 시대 구분에서는 더욱 중요한 시대변화의 지표가 된다.

국어생활사는 언어 사용 주체 문제가 중요하다. 언어생활은 입말 중심의 생활이 있고 글말 중심의 생활이 있다. 입말이 언어의 바탕이지만 사회적 영향력은 문어 위주의 삶으로 이동해 왔다. 인간의 권력성은 구어나 문어 모두 작용하게 마련이지만, 입말 비중이 높음을 의미한다. 훈민정음 창제 이전에는 양반과 하층민 사이의 불평등한 관계 속에서도 구어를 통한 기본적인 소통은 가능했지만, 문어(한자)를 통해서는 기본적인 소통조차 불가능했다. 한문이 권력의 상징이요 신분의 표징으로 작용한 것은 그 때문이다.

따라서 언어 사용 주체 문제를 따진다면 문어 중심의 변화를 먼저 고려하고 그 다음으로 구어 중심의 변화를 고려하는 전략이 합리적이다. 역사의 발전을 하층민의 자유와 권익의 확대 과정으로 본다면 그러한 과정은 하층민의 문어 사용의 확대 과정으로 볼 수 있다. 이렇게 보았을 때 언문일치체는 언어 근대성의 주요 표징이자 실체이다. 언문일치체는 모든 계층이 자유롭게 소통할 수 있는 표준 문어체이기 때문이다. 그동안 언문일치에 관한 수많은 논문이 나왔지만 구어체나 표준 문어체의 형식 조건에만 집중하여 자유로운 소통 조건으로서의 성격은 제대로 주목하지 않았다.[25]

언문일치체는 어느 한 시기에 특정인에 의해 성립된 것이 아니다. 오랜 세월 여러 요인에 의해 완성된 것이다. 이러한 언문일치체의 핵심은 특정 계층만의 소통을 위한 문어체가 아닌 누구나가 평등하게 소통할 수 있는 문어체를 말한다. 이러한 문체 형성은 어느 한 시기에 이루어진 것이 아니므로 다층적이며 단계적으로도 문체의 완성도가 다르다.

따라서 언문일치체 발생과 발전의 계보를 따져 보면 이것이 왜 조선시대 이후의 국어생활사 구분의 핵심 잣대가 되어야 하는지를 알 수 있다. 먼저 훈민정음 창제(1443)와 반포(1446)는 말과 글의 불일치를 해소하기 위한 것이었으므로 언문일치의 바탕을 마련한 것이다. 양반들이 쓰던 한문으로는 언문일치가 근본적으로 불가능했다. 그나

---

25) 언문일치체 대한 가장 종합적인 논의는 김미형(2004)에서 이루어졌다.

마 구어를 한자로 재현한 향찰식 이두가 언문일치에 근접한 것이지만 그 역시 한자 표기의 한계로 궁극적인 언문일치는 불가능한 것이었다.[26]

그 뒤로 나온 한글전용으로 된 언해체[27]와 하층민과 여성들을 자기 표현과 사회적 소통의 장으로 끌어 들인 순수 한글 창작 언간체와 고전소설체는 언문일치체에 근접한 문체 양상을 보여주었다. 이러한 전통이 언문일치체의 완성으로 평가되는 1920년대의 근대소설의 뿌리가 되었으므로 언문일치체 발전의 맥을 알 수 있다.

이렇게 보았을 때 언문일치체의 제1조건은 한자가 배제되어야 한다는 것이다. 이를테면 "철수는 학교에 갔다."는 언문일치체이지만 "철수는 學校에 갔다."는 언문일치체가 아니다. '學校'로 인해 기본 소통에 제한이 생기기 때문이다.[28] 한자를 섞어 쓰는 것은 누구나 자유롭게 소통할 수 있는 표준 문체가 되기 어렵다. 이런 맥락 때문에 조사와 어미만 한글로 쓴 개화기 때의 유길준의 서유견문[29]식 문체를

---

26) 정대림(1991)에서는 훈민정음 발달과 고전문학의 발달을 언문일치 관점에서 통합적으로 진술했다. 다만 박제가·박지원 등이 내세운 한문 차원의 언문일치 주장을 함께 논의한 것(33쪽)은 아쉬운 점이다. 박제가와 박지원이 주장한 언문일치는 중국 중화주의에서 나온 잘못된 생각들이다. 그들의 주장은 말과 글을 잘못 이해하고 중국과 조선 언어 실정의 무지에서 나온 것이다. 류준필(2003: 165)에서는 이를 '난센스'라고 평가했다. 박제가, 박지원은 김만중, 정철과 같은 선배 문인들의 언문일치 전통을 아예 배격하여 언문일치의 바탕인 훈민정음 사용을 의도적으로 멀리했다. 박지원·박제가 등의 언문일치에 대한 자세한 맥락은 조성산(2009)에서 이루어졌다.

27) 언해문 가운데는 언해문 자체가 국한문 혼용체나 한자를 병기한 것도 많지만 하층민이나 여성을 배려한 언해서의 언해문은 한글전용체이다. 이를테면 구황촬요(1544), 언해태산집요(1608) 등이 그러하다.

28) 이러한 국한문 혼용체가 언문일치체인가 아닌가는 관점의 차이가 있을 수 있다. H학회의 한 심사위원은 "'학교'나 '學校'는 표기상의 문제일 뿐, 발음상으로 볼 때 '음성 언어'와 괴리되지 않으므로 결국 한자를 사용했더라도 언문일치로 볼 수 있다고 하였다. 더불어 '언(입말)'과 '문(글말)'의 관계가 아닌 "합리적인 문자 생활(배우기 쉽고, 사용하기 쉬운 점=합리성)에서 찾아야 할 것"으로 제안해주셨다. 이는 자유로운 소통을 강조한 것과 같은 맥락이라 생각한다.

언문일치체로 볼 수 없는 것이다. 한문에 비해서는 언문일치에 더 가깝게 갔다고 볼 수 있으나, 15세기 용비어천가의 국한문혼용체보다 더 퇴보한 문체를 긍정적으로 평가할 수는 없다. 임형택(2006: 31)의 지적처럼 "국한문체는 근대 계몽기에 역사적으로 부상한 것"이다. 이러한 문체가 한문체를 밀어내는 결정적인 역할에 대해서는 대부분 긍정 평가를 하였으나, 서유견문이 나올 당시는 이미 국한문 혼용체의 역사로만 보아도 400년 이상 흐른 시점이므로 언문일치 관점에서는 긍정적 평가를 내릴 수가 없다. 유길준 같은 지식인이 선행 문체의 흐름을 무시하고 그런 식의 문체를 쓴 것은 일본의 한자 위주의 혼용 문체를 모방했다고 볼 수밖에 없다.30)

갑오개혁으로 이루어진 고종의 국문 칙령(1894)은 문체에 대한 선언은 아니었지만 한글 중심의 언문일치체에 대한 공식 선언이었다. 이 선언 1년 뒤인 1896년에 최초의 띄어쓰기에 의한 한글전용체 독립신문이 나온 것은 이런 흐름을 반영한 것이다.

띄어쓰기는 표준문어체의 시발점이 되었다. 띄어쓰기는 읽기의 가독성을 높여 문어를 통한 소통의 편의성을 확보한 것이기 때문이다. 이 다음에는 '–러라.'로 대표되는 고어투 문어체를 탈피하는 일이었다. '–러라'형 어미는 한문을 우리식으로 풀어 읽기 위한 구결을 붙여 읽는 과정에서 발생한 전형적인 고어체 어미이기 때문이다. 이러한 어미는 오랜 관습으로 내려와 띄어쓰기보다도 훨씬 늦게 '–다'체로 대체되었다. 이렇게 '–다'형 표준 문어체가 공식적으로 정착되는 것

---

29) 유길준의 「서유견문」, 일본 교순사에서 1895(고종 32)년 4월 1일 간행.

30) 한국과 일본의 언문일치 운동은 유사점이 많을 뿐 아니라 한국의 언문일치 문장의 확산에는 일본의 영향이 컸다(김보근, 2002). 구인모(1998)에서도 한국과 일본의 언문일치 상관관계를 논한 바 있다.

은 1920년대 근대소설을 거쳐 1933년 한글맞춤법에서 평서형 어미 또는 기본형으로서의 '-다'가 맞춤법 규정으로 들어간 이후이다.[31]

'-다'체가 어떻게 표준 문어체의 전형으로 자리잡게 되었는가는 복합적이다. 권보드래(2000: 264)는 자국어 글쓰기의 의의와 소설 문체로서의 '-다'의 결합에 주목했다. 곧 "고립된 개인의 독백 언어로서 소설의 문체"로서 '-다'체가 매우 유용했다는 점이다.[32] 그 이면에는 '-았/었다-'와 같은 과거형 선어말 어미와의 결합,[33] '-ㄴ다'와 같은 현재형 선어말어미와의 결합을 통해 내용과 사건의 사실적 진술이 자유롭게 된 점 등이 크게 작용했을 것이다.

또한 강내희(2000: 90~91)에서의 지적처럼 낭독 문화에서 형성된 '-라'체는 묵독 위주의 근대적 책읽기 과정에서 사라질 수밖에 없었다. 이런 과정에서 문장은 짧아지고 그와 더불어 접속부사·지시대명사 등이 발달하게 된 것이다.

언문일치체가 근대적 언어 양상의 핵심이라면 문제는 근대국어의 기점을 어디로 잡아야 하느냐가 문제다. 기점은 출발을 의미하므로 당연히 언문일치가 전면화되거나 완성된 시기를 잡을 필요가 없다. 언문일치의 핵심 기제인 한글전용의 근본 정신인 한글을 주류문자로 선언한, 고종의 국문 칙령 제정(1894)을 기점으로 잡아야 한다. 다만 이 선언이 갑오경장(1894)의 일환이었고, 갑오경장은 독립신문(1986), 대한제국 선언(1897) 등도 포괄하는 사건이므로 기점으로 갑오경장

---

31) 1920년대 말 신문조차도 '-라'형 문장이 많이 등장한다.
32) 이런 논점은 가리타니 고진, 박유하 역(1997)에서 먼저 언급되었다..
33) 박진수(2007: 149)에서는 'ㅆ다'를 과거확정형문말 표현이라 보고 실제 발화 공간에서는 거의 안 쓰이는 매우 아이디얼한 문어체 표현으로 보아 언문일치 문장의 핵심 문형으로 보았다.

(1894)을 설정하는 것이 합리적이다.

1894년 갑오경장을 비롯한 근대적 갑오개혁이 일본의 영향력 아래 이루어졌다는 한계는 있지만 우리의 자생적 노력, 역사적 축적도 무시할 수는 없으므로 근대의 기점으로 보는 데는 무리가 없다고 본다. 또한 고종의 국문칙령이 느닷없이 이루어진 것이 아니라는 점도 고려해야 한다. 영정조 이후의 언문 사용의 증대, 실학 등에 의한 개혁의 흐름과 갑오경장과 같은 해에 먼저 일어난 갑오농민전쟁(1894) 등의 역사적 흐름 속에서 이루어진 것이다. 1894년을 기점으로 삼는 것은 한국사나 세계사 흐름과도 일치되고, 마침 이 사건으로 인해 고종의 국문 칙령이라는 중요한 언어정책이 있었으므로 언어사와도 일치한다.[34]

김영황(1997: 283)에서는 국어사를 "고려 이전-고려-리조 전반기-리조 후반기-근대-현대"로 나누고 근대 국어를 갑신정변(19세기 후반)부터 1920년대 중엽까지로 보았다. 1884년 갑신정변이 비록 부르주아 개혁이었지만 이조봉건사회의 전면적인 와해를 촉진하였으므로 근대국어의 기점으로 삼는다고 하였다. 김영황의 시각은 지나치게 정치사에 쏠려 있는데다가 언어사가 배제되었다. 갑오개혁 때가 언어사와 정치사가 맞물려 돌아가므로 갑신정변 기점설보다 더 합리적이다. 노연숙(2007: 90~91)이 내린 다음과 같은 평가는 근대국어 기점 설정의 의미를 가장 적절하게 자리매김하고 있다.

---

34) 음식사나 언어사와 같은 개별 특수사의 시대 구분이 일반사와 꼭 일치할 필요는 없으므로 절대적인 문제는 아니다. 그러나 시대 구분 용어로 '근대'를 사용하는 한 '근대'의 일반적 의미를 고려하지 않는 것은 옳지 않다. 그렇지 않으면 그냥 조선 전기·후기 등과 같은 왕조 명칭 중심 용어가 합리적이다. 일반 한국사에서는 근대사의 기점을 보통 19세기 후반인 개항(1876)이나 갑오경장(1894)으로 잡거나, 최소한 영정조 시대인 18세기 이후로 설정한다(문철영, 1994: 71~85; 김경현, 1994). 표준국어대사전에서는 "중세와 현대 사이의 시대로 우리나라에서는 1876년의 개항 이후부터 1919년 3·1운동의 시기"로 설정하고 있다.

국문체가 '현장성의 문체'로서 일상생활을 반영하는 문체로서 소설의
발달에 기여했다는 것은 덮어두더라도 근대국가에 필수적인 '국민의 문
자'로서 국문은, 한일합방 이후 강압적으로 ㄱ 자리를 강탈당하기 전까지
대한제국과 대한민국의 정신을 대변하는 무형적인 실체로서 '국가정신을
담고 있는 그릇'이라는 역할을 자임했고, 근대적인 국민국가의 수립 가능
성을 보여주었다.

_노연숙(2007: 90~91)

그렇다면 근대국어 종점은 어떻게 설정할 것인가가 문제다. 이는
현대국어의 기점과 맞물려 설정해야 한다. 북쪽의 김영황(1997)에서는
1920년대 중엽으로 설정하였다. 이때부터 김일성에 의해 직접 본격적인
언문일치체에 의한 「농민독본」과 같은 국어교재 집필 보급이 이루어졌
다고 보았기 때문이다. 따라서 근대국어는 "근대국가의 공통어로서의
체모와 특징을 지니게 되고, 현대국어에로의 력사적계승을 준비"(283쪽)
하는 단계로 보았다. 이러한 구분은 북한의 특수성이 반영되어 있으나
언문일치를 중심으로 근대국어를 설정하려는 것은 옳다. 다만 일제강점
기 전반에 걸친 언문일치 흐름을 통찰하지 않고 오로지 김일성이 1926년
10월 17일 화전에서 제국주의동맹을 결성하여 진행하였다고 하는 국어
운동만을 근거로 설정한 것은 지나치게 정치적이다.[35]

근대국어의 종점은 일제강점기를 고려하지 않을 수 없다. 1905년부
터 1945년까지 우리는 주권을 잃었고 한국어의 진정한 주체가 될 수

---

35) 김영황(1997: 302~304)에서 제시한 김일성의 국어 업적은 크게 두 가지다. 직접 인용해
보면 다음과 같다.
"위대한 수령님께서는 「농민독본」을 비롯한 여러 교과서를 국어로 집필하시고 국어독본
교재를 편찬하시는 사업도 몸소 조직지도하시었으며 수많은 혁명적출판물을 국문으로
출판하도록 하시었다."

없었다. 다만 3.1운동(1919)과 한글맞춤법 자체 제정(1933) 등과 같은 우리의 노력이 있었기에 그런 긍정성을 살려 근대 시기로 설정하는 것뿐이다.[36] 그렇다고 현대국어까지 억압된 역사를 끌고 갈 수는 없다. 따라서 근대국어의 종점, 현대국어의 기점은 광복된 1945년으로 잡을 수밖에 없다.[37] 마침 1948년은 한글전용법이 제정된 해이므로 이 시기를 포괄하는 기점으로 1945년을 설정한 것이다. 물론 일제강점기 때 우리는 한국어의 진정한 주체가 되기 어려웠다. 이런 부끄러운 역사도 반성의 의미에서 그대로 남겨야 하므로 "근대국어(갑오경장 1894~광복 1945, 또는 일제강점기 1910~1945)"와 같은 병기를 해야 한다.

사실 일제강점기에서 우리는 한국어의 자유로운 주체가 될 수 없었으므로 진정한 근대를 이루지 못한 채 해방을 맞이하였다. 따라서 엄격히 말하면 언어 사용 측면에서는 일제강점기에 '근대'라는 말을 붙일 수 없다. 그렇다면 "고대-중세 전기(고려~훈민정음 창제)-중세 후기(훈민정음 창제~영정조)-근대 태동기(영정조~1894년)-준근대(1894 ~1945년)-현대(해방 이후)"와 같이 '준근대'라는 말을 대안으로 사용할 수는 있다. 그러나 일제강점기 우리 노력으로 이루어진 언어 근대성으로서의 긍정 측면과 세계사의 보편적 흐름과 학교 문법을 전제로 근대 시기로 설정하였다. 대신 '일제강점기' 병기를 통해 역사적 진실성을 드러내자는 것이다. 또한 '근대'라는 말 자체의 속성은 인간의

---

36) 박광현(2000: 260)에서 "근대의 '국어'란 국민 국가 성성에 동반한 '국어의식'과 함께 창조된 것이다."라고 보고 "식민지라는 공간 안에서 양 언어간의 대립은 한층 강고하고 단일한 민족어로서 조선어를 배양하였다. 또 조선어는 근대 주체 담론의 형성에 있어서 무엇보다 중요한 수단으로서의 역할을 하게 된다."는 점을 지적하였다.

37) 근대와 현대는 중첩되는 측면이 강하지만 다른 측면도 있으므로 구별하는 전략이 좋다. '근대'는 속성과 기원, 중세와의 차이, 과정 중심의 용어라면 '현대'는 그런 '근대'를 바탕으로 이룩된 현실과 결과 위주의 명칭이다.

자유로운 주체에 대한 염원을 담고 있는 일종의 과도기적 용어이다. 역사는 선형적 발전을 지향하면서도 언론 통제와 같은 퇴보와 그로인 한 순환의 역사도 공존하고 있다. 지금 현대에도 우리 사회는 속성으 로서의 전근대성과 근대성 등은 공존하고 있다.

그리고 임진왜란 전의 조선 전기와 그 후의 조선 후기를 같게 볼 수는 없으므로 임란 이후부터 갑오경장까지는 「고등국사」(교육과학기 술부, 2010)와 김민수(1982)에서와 같이 '근세국어'로 설정한다.[38] '근 세국어'는 근대국어는 아니지만 근대국어의 태동기 또는 준비기로서 의 의미를 지닌다.[39]

〈표 2〉 국어사 시대 구분 대안과 근대국어 자리매김도

학교문법	수정안

1) 고대국어:~통일신라 말(10세기)
2) 중세국어: 고려 건국(10세기 초)~임진왜란 (16세기 말)[40]
  (1) 전기 중세국어: 고려 시대 언어
  (2) 후기 중세국어(조선 전기): 훈민정음(15세기 중엽)~임진왜란(16세기 말)
3) 근대국어: 임진왜란 이후(16세기 말)~개화 기(19세기 말)
4) 현대국어: 개화기 이후~현재
	1) 고대국어:~통일신라 말(10세기)
	2) 전기 중세국어: 고려 건국(10세기 초)~15세 기 중엽(1446)
	3) 후기 중세국어: 훈민정음 반포(1446)~임진 왜란(1598)
	4) 근세국어: 임진왜란 이후(17세기)~갑오경 장(1894)
	5) 근대국어: 갑오경장(1894)~광복(1945)/ 일 제강점기 1910~1945
	6) 현대국어: 광복(1945)~현재

---

38) '근세'는 고노(河野六郎, 1955)처럼 '근대'와 같은 개념으로 쓰는 경우도 있지만 대부분은 중세와 근대의 중간 시기를 일컫는다. 따라서 근대 시기를 어떻게 설정하느냐에 따라 근세 시기 또한 상대적 차이를 보인다.

39) 김민수(1982)의 시대 구분은 국어학사 시대 구분이지만 이 논문에서의 국어사 시대 구분의 외형적 시기 구분과 일치한다.
고대(삼국시대~고려통일)(1~936, 약 950년)
중세 전기(고려통일~훈민정음, 936~1443, 약 500년)
중세 후기(훈민정음~임진왜란, 1443~1592, 약 150년)
근세(임진왜란~갑오경장, 1592~1894, 약 300년)
근대국어(갑오경장~조국광복, 1894~1945, 약 50년)
현대국어학(조국광복~현재, 1945~현재, 약 40년)

4. 생활사 중심의 국어사와 한글 역사

문법사 중심의 국어사 교육은 국어사 교육을 지나치게 어렵게 만든다. 매우 흥미롭고 진지한 국어생활사를 덮어버리는 문제까지 더한다면 이는 매우 심각한 문제다. 이 논문은 근대국어 시기 문제가 핵심 논제이므로 국어생활사 측면을 제대로 짚지는 못했지만 문제제기 정도는 충분하다고 본다.

국어사 또는 국어생활사 교육을 위해서 근대국어 시기를 갑오경장(1894)부터 광복(1945) 때까지로 설정하자는 것은 근대국어를 임진왜란 이후부터 19세기 개화기까지로 보는 학교문법에 대한 비판의식에서 비롯되었다. 학교문법의 국어사 설정 문제는 국어생활사 용어인 '근대'를 국어문법사에 단순 적용해서 생긴 문제로 보았다.

그리고 근대사에서의 근대는 인간 주체의 자유와 평등이 기본 속성이므로 언어사에서도 언어생활의 불평등 모순 극복이 주된 관점이 되어야 한다. 이렇게 보았을 때 근대국어 설정은 구어가 아닌 문어 중심으로 보아야 하며 언어생활의 평등성 문제를 담고 있는 언문일치가 근대국어 설정의 핵심 잣대가 되어야 한다. 따라서 언문일치의 본격적인 가시적 사건이 된 고종의 국문 칙령(1984: 내각지서, 1895: 반포)과 독립신문(1896) 발간 계기인 갑오경장(1894)이 근대국어의 시발점이 되어야 한다. 그리고 해방(1945)은 한국인이 한국어의 온전한 주체가 되고 한글전용법(1948) 공포의 계기가 되었으므로 해방을 근대국어와 현대국어를 가르는 잣대로 삼아야 한다. 주요 내용을 항목

---

40) 고려 건국은 918년, 임진왜란이 완전히 끝나는 해는 1598년이지만 언어 변화의 시기를 어느 한 시기로 못 박을 수는 없으므로 대략적인 시기 명칭인 '10세기 초, 16세기 말'과 같은 명칭을 쓴다.

식으로 제시하면 다음과 같다.

1) 국어사 시대 구분은 국어생활사 중심이어야 한다.

2) 언어사와 일반사가 어느 정도 맞물려 설정되어야 한다.

2) 구어보다는 문어 위주의 변화를 반영해야 한다.

3) 중세 이후는 언문일치체 변화가 시대 구분의 핵심이어야 한다.

4) 언문일치의 바탕을 마련한 훈민정음 반포(1446)와 언문일치 태동기인 임진란 이후의 언어변화, 언문일치의 전면화의 계기가 된 고종의 국문 칙령(1894), 독립신문(1986), 온전한 언문일치의 시대를 연 해방(1945), 한글전용법(1945) 등이 핵심 기준점이 되어야 한다.

5) 근대시대는 일제강점기와 겹치므로 일제강점기를 병기하여 역사적 실태를 그대로 드러내야 한다.

국어사의 시대 구분은 거시적인 역사의 자리매김이지만 미시적 역사 인식을 규정하는 매우 중요한 문제이다. 따라서 국어생활과 국어교육 관점에서 국어사 시대 구분은 이제 전면 개정되어야 한다. 특히 조선시대 이후는 언문일치 역사 중심으로 구분해야 한다.

11장 한글 세계화론

1. 한글 세계화를 위한 한글 전략

한글 세계화는 한국의 고유 문자를 한국어를 적는 문자가 아닌 용도로 사용하는 것으로, 정신적으로는 한글의 보편 가치를 공유한다는 의미도 있다. '한글'은 1장에서 뜻과 범위를 정했듯이, 여기서의 '한글'은 15세기 훈민정음을 아우르는 넓은 뜻으로 쓰기로 한다.

'한글'은 문자나 글말 차원의 명칭이므로 입말도 가리키는 한국어와는 구별하기로 한다. 그러나 한국어하면 한글도 포함되므로 한국어 확산은 한글 확산이기도 하다. 말과 글을 엄격하게 구별하되 맥락에 따라 적절히 쓰기로 한다. 한국어 확산은 한글 확산을 아우르기 때문이다.

김슬옹(2017ㄴ)에서는 한국어와 연계하여 '한글'의 뜻넓이를 '한글1'

과 '한글2'로 나눈 바 있다. '한글1'은 한국의 고유 문자인 한글을 소재로 삼거나 대상으로 삼아 한국 이외의 지역에 또는 외국인을 대상으로 한글을 알리거나 실용화하거나 상품화하는 것이고, '한글2'는 한국어와 관계없이 한글의 기능성과 가치를 널리 퍼뜨려 함께 나누고 공유하는 것이다. 결국 한글 세계화 전략에서의 한글은 '한글2'를 가리킨다.

〈그림 1〉 '한국어'와 연관한 '한글'의 뜻넓이
(김슬옹, 2017: 147)

한글세계화란 〈한글1〉로서 한국어사용 인구나 교육 인구를 늘리는 것이며 〈한글2〉는 아예 다른 외국어를 적는 수단으로 활용하거나 디자인이나 한글문화 상품 수출 등을 전 세계로 확산하는 것이다.

여기서는 〈한글1〉 전략으로서 필자가 개발한 '기적의 한글 음절표'를 외국인에게 보급하는 것을 선보이고 〈한글2〉 전략으로서 훈민정음 확장을 통한 무문자 말을 적기 위한 방안을 정리하기로 한다.

2. 한글(훈민정음) 세계화에 대한 쟁점들

한글 세계화에 대해서는 다음과 같은 논쟁의 여지가 있다.

(1) 자국의 언어와 문자에 대해 애정과 자부심을 갖고, 그것을 가꾸고 발전시키려는 자세는 물론 바람직한 것이다. 하지만, 그러한 애정과 자부심이 과학적 근거가 없는 민족 우월주의와 결합하여 한글의 특수성을 과장하고 이른바 '한글 우월주의'를 재생산하는 것은 문제가 있다. 세계의 여러 언어와 문자는 각기 나름의 역사와 환경에 걸맞게 형성되고 발전해 왔으므로 몇 가지의 단편적 기준만으로 그 우열을 판단할 수 없기 때문이다. 사실, 한글의 우수성의 근거로 제시되는 여러 특성들은 한글이 다른 언어의 문자와 소리에 대한 심도 깊은 연구를 바탕으로 비교적 최근에 만들어진 문자이기에 가능한 것이기도 하다.

_조태린(2009ㄷ: 258)

(2) '실수'의 사례로는 2004년 10월 12일과 13일 사이에 경향신문, 동아일보, 세계일보, 서울신문, 조선일보 등이 각각 1~2차례에 걸쳐 동티모르와 경북대가 동티모르 언어이지만 문자가 없는 '테툼어'의 표기수단으로 한글을 이용토록 하는 프로젝트의 조인식이 열렸다고 보도한 것을 들 수 있다. 하지만, 이는 『동아일보』 15일자 "'동티모르에 한글 수출' 해프닝 결론"이라는 기사에서 밝힌 것처럼 검토단계에서 외교 마찰 등을 우려해 취소된 것을 정확한 사실 확인 없이 잘못 보도한 것이었다. 다음으로, '과장'의 사례로는 『부산일보(인터넷)』 2006년 7월 19일자 "네팔 오지인들도 한글을 사용한다"라는 기사를 들 수 있는데, 이는 한 네팔인의 개인적이고 실험적인 시도를 과장하여 보도한 것이었다. 마지막으로, '조작적 연출'의

사례로는 2001년 10월 9일 MBC 한글날 특집으로 방영된 "한글, 라후마을로 가다"를 들 수 있는데, 이를 위해 태국의 고산족 라후족 마을에서 변형된 한글을 두 달간 직접 교육했던 유리나는『미디어오늘』2004년 1월 19일자 "〈라후족 한글 수출 TV쇼〉의 이면"이라는 글을 통해 라후족 사람들이 단기간에 한글을 익힐 수 있었던 숨은 사정, 즉 준비된 결론을 이끌어내기 위한 조작적 연출과 왜곡이 있었음을 고백하고 있다.

_조태린(2009ㄷ: 주석 18)

한글을 다른 언어 표기용으로 하자는 주장은 (2)와 같은 과장과 왜곡으로 발생하는 경우가 있어 (1)과 같은 우려는 충분이 예견되는 쟁점이다. 한글 보급이든 수출이든 그런 주장은 한글의 과학성과 우수성을 전제로 하기 때문이다. 보편주의 관점에서의 우수성을 내세우는 것은 결코 우월주의가 아님은 김슬옹(2017ㄴ)에서 단행본으로 입증한 바 있다. 다만 우수성 자체가 우월의 관점이 내재되어 있으므로 (1)과 같은 우려는 피할 수가 없고 (2)와 같은 실수가 발생할 여지는 늘 상존하고 있는 셈이다.

그렇다고 해서 무문자 문제와 문자의 어려움 문제를 보편주의 관점에서 해결하자는 노력 자체를 폄하할 수는 없다. 또한 아무리 보편주의 관점이나 근거를 내세운다 하더라도 한글의 과학성과 우수성에 대한 근거나 해석에 대해서는 늘 논쟁거리가 있음도 부정할 수가 없다.

이 점에 대해서는 국립한글박물관 편(2018ㄴ)의『훈민정음의 활용 확대 방안 검토 결과 보고서』에서 정리된 바 있다.

이 보고서는 강길부 편(2017),『한글 어떻게 가르치고 활용할 것인가?』(5.19 학술세미나 자료집, 국회의원 강길부·국립국어원·국립한글박물관)에서 제기된 세계화를 위한 훈민정음 확장을 위해 세 차례의 전문가 자문 회의와 학술대회에서 논의된 바를 정리한 것이다.

○전문가 자문회의 개최(3회)

• 1차('17.12.28): 총 8명

　◦국어 분야: 한재영(한신대), 연규동(연세대), 권재일(서울대), 김선철(국어원), 김슬옹(한글학회)

　◦비국어 분야: 박한상(홍익대), 정희성(네오패드), 변정용(동국대)

• 2차('18.2.7): 총 8명

　◦국어 분야: 연규동(연세대), 김슬옹(한글학회), 김선철(국어원), 소강춘(전주대), 이호영(서울대)

　◦비국어 분야: 정희성(네오패드), 변정용(동국대), 이은령(숙명여대)

• 3차('18.8.28): 총 7명

　◦국어 분야: 연규동(연세대), 김슬옹(한글학회), 이호영(서울대), 조태린(연세대)

　◦비국어 분야: 박한상(홍익대), 정희성(네오패드), 변정용(동국대)

○학술대회 개최(1회): 훈민정음 확장성 활용, 함께 생각합시다('18.5.18)

다음과 같이 세 가지 대주제, 아홉 가지 소주제 쟁점에 대해 찬반 중심의 다양한 의견을 정리했다(내용 전문은 뒤에 붙임).

(1) 훈민정음 활용 확대의 전제에 대한 논의

① 한글(훈민정음)은 우수한가?

② 한글의 표음성은 무한한가?

③ 한글은 모든 인간 언어의 말소리를 적는 데 적합한 문자인가?

④ 한글은 배우기 쉬운 글자인가?

(2) 훈민정음 활용 확대 방안의 수용 가능성, 효용성에 대한 논의

① 한글을 국제음성기호로 제안하면 수용 가능성은?

② 한글을 기초로 하여, 국제음성기호와 같이 범언어를 대상으로 하는 기호를 만드는 것이 효과적인가?

③ 한글을 무문자언어권에 보급하려고 노력해야 하는가?

(3) 훈민정음 활용 확대 시 고려할 점에 대한 논의

① 한글의 활용 확대 시 한글 자모의 변형(가획, 병서 포함)이 불가피하다면 어느 정도의 변형까지 한글의 범주인가?

② 무문자언어권에서 한글을 활용할 때에 어떠한 어려움이 있는가? (보급 시 고려 가능한 지원 범위)

세 차례 자문회의 겸 토론회에 참여한 필자는 모두 찬성 측의 의견 쪽이었고 이 글 그 자체가 긍정 의견에 대한 논의이므로 여기서는 반대 쪽 일부 의견에 대한 반론만을 제시하기로 한다.

첫째, 문화 상대주의와 문화 보편주의에 대한 오해다. "한글은 우수한가?"에 대한 반대 의견을 보자.

우수하다고 하기 어렵다. 각 문자는 그 언어 및 역사 문화적 배경에서 각각 최적화되어 있어 문자는 문화의 일부로서 우열 판단의 대상이 아니다. 뜻글자에서 음소문자로의 단선적인 발달이 필연적인 문자 발달의 과정이라는 시각은 서구 문자학계의 일방적인 관점이며, 점차 극복되어 가고 있다. 즉, 모든 유형의 문자는 각 문화권에서 나름의 가치를 지니고 있다고 보아야 한다. 뜻글자인 한자는 음성적 방언 차가 큰 중국에서 지역 간 소통과 통합에 기여하고 있고, 일본의 히라가나는 50개 내외의 일본어

음절을 전부 표현할 수 있어 비효율적이라고 보기 어렵다.

__국립한글박물관 편(2018ㄴ), 『훈민정음의 활용 확대 방안 검토 결과 보고서』, 17쪽

이러한 견해는 문자 보편주의가 아닌 문화 상대주의 관점에서의 진술이며 우리가 한글 세계화를 하자는 것은 절대 문화 상대주의 관점에서는 불가능한 얘기이며 해서도 안 되는 것이다. 당연히 한자는 중국어에 일본 가나 문자는 일본어에 최적화되어 있다. 그러나 보편적 관점에서는 한자와 가나 문자가 모든 언어의 말소리를 적는 보편 문자로서는 한계가 있음은 보편적으로 인지하는 그대로다.

둘째는 질문 자체가 모호한 경우이다. "한글의 표음성은 무한한가?, 한글은 모든 인간 언어의 말소리를 적는 데 적합한 문자인가?"라는 질문이 그렇다. 이런 질문에 대한 부정적인 관점은 무한하지도 않고 적합하지는 않다는 것이다. 사실 한글이 아무리 뛰어나다 해도, 지금은 안 쓰는 15세기 훈민정음을 동원한다 해도 무한할 수는 없다. 여기서의 긍정 답변은 한글이 말소리를 적는 기호, 곧 발음기호로서 다른 문자보다 훨씬 앞서 있다는 사실이다. 그리고 15세기 훈민정음으로 확장할 것인가 훈민정음 제자 원리를 지키되 새로운 문자를 더 만들 것인가 등의 전략에 따라 표음성이나 적는 수단에 대한 답은 달라질 수밖에 없다.

3. 현대 한글을 기반으로 하는 한글 세계화

현대 한글을 기반으로 한글 세계화는 외국인을 대상으로 하는 한국어교육의 확대 또는 한글 교육의 확대를 의미한다.

여기서는 한글 음절표를 활용한 실제 전략을 보이기로 한다.

〈사진 1〉 방탄 때문에 한글 배웠다(https://youtu.be/AuxaHe13NEk, 2021.10.9) 화면갈무리

이런 도표 활용 교육의 핵심 근거와 가치는 첫째는 과학성이다. 이 표 자체가 한글의 과학적 특성과 그로 인한 체계적인 짜임새를 보여준다는 점이다.

둘째는 놀이성이다. '방탄 때문에 한글 배웠다'(https://youtu.be/Auxa He13NEk, 2021.10.9)에 출연한 어느 외국인의 말처럼 "제가 보기에는 한글은 유희적 성격이 있는 것 같아요. 퍼즐처럼 조각들이 다양한 방식으로 합쳐지고 맞춰지잖아요."라는 말이 이런 표가 갖고 유희적 성격을 잘 증언해주고 있다.

현대 한글은 다음과 같이 자음자 19, 모음자 21 모두 40자이며, 받침으로 쓰이는 자음자는 겹받침, 쌍받침 포함 27자이다.

〈표 1〉 한글 초성자 19, 중성자 21 결합 음절표(로마자 병기형)

		1	2	3	4	5	6	7	8	9	10	11	12	13	14	15	16	17	18	19
	자모	ㅇ	ㄱ	ㅋ	ㄲ	ㄴ	ㄷ	ㅌ	ㄸ	ㄹ	ㅁ	ㅂ	ㅍ	ㅃ	ㅅ	ㅈ	ㅊ	ㅆ	ㅉ	ㅎ
1	ㅣ	이 i	기 gi	키 ki	끼 kki	니 ni	디 di	티 ti	띠 tti	리 ri	미 mi	비 bi	피 pi	삐 ppi	시 si	지 ji	치 chi	씨 ssi	찌 jji	히 hi
2	ㅏ	아 a	가 ga	카 ka	까 kka	나 na	다 ka	타 ta	따 tta	라 ra	마 ma	바 ba	파 pa	빠 ppa	사 sa	자 ja	차 cha	싸 ssa	짜 jja	하 ha

#		1	2	3	4	5	6	7	8	9	10	11	12	13	14	15	16	17	18	19
3	ㅑ	야 ya	갸 gya	캬 kya	꺄 kkya	냐 nya	댜 dya	탸 tya	땨 ttya	랴 rya	먀 mya	뱌 bya	퍄 pya	뺘 ppya	샤 sya	쟈 jya	챠 chya	쌰 ssya	쨔 jjya	햐 hya
4	ㅓ	어 eo	거 geo	커 keo	꺼 kkeo	너 neo	더 deo	터 teo	떠 tteo	러 reo	머 meo	버 beo	퍼 peo	뻐 ppeo	서 seo	저 jeo	처 cheo	써 sseo	쩌 jjeo	허 heo
5	ㅕ	여 yeo	겨 gyeo	켜 kyeo	껴 kkyeo	녀 nyeo	뎌 dyeo	텨 tyeo	뗘 ttyeo	려 ryeo	며 myeo	벼 byeo	펴 pyeo	뼈 ppyeo	셔 syeo	져 jyeo	쳐 chyeo	쎠 ssyeo	쪄 jjyeo	혀 hyeo
6	ㅔ	에 e	게 ge	케 ke	께 kke	네 ne	데 de	테 te	떼 tte	레 re	메 me	베 ne	페 pe	뻬 ppe	세 se	제 je	체 che	쎄 sse	쩨 jje	헤 he
7	ㅐ	애 ae	개 hae	캐 kae	깨 kkae	내 nnae	대 dae	태 tae	때 ttae	래 rae	매 mae	배 bae	패 pae	빼 ppae	새 sae	재 jae	채 chae	쌔 ssae	째 jjae	해 hae
8	ㅖ	예 ye	계 gye	켸 kye	꼐 kkye	녜 nye	뎨 dye	톄 tye	뗴 ttye	례 rye	몌 mye	볘 bye	폐 pye	뼤 ppye	셰 sye	졔 jye	쳬 chye	쎼 ssye	쪠 jjye	혜 hye
9	ㅒ	얘 yae	걔 gyae	컈 kyae	꺠 kkyae	냬 nyae	댸 dyae	턔 tyae	떄 ttyae	럐 ryae	먜 myae	뱨 byae	퍠 pyae	뺴 ppyae	섀 syae	쟤 jyae	챼 chyae	썌 ssyae	쨰 jjyae	햬 hyae
10	ㅡ	으 eu	그 geu	크 keu	끄 kkeu	느 neu	드 deu	트 teu	뜨 tteu	르 reu	므 meu	브 beu	프 peu	쁘 ppeu	스 seu	즈 jeu	츠 초더	쓰 sseu	쯔 jjeu	흐 heu
11	ㅗ	오 o	고 go	코 ko	꼬 kko	노 no	도 do	토 to	또 tto	로 ro	모 mo	보 bo	포 po	뽀 ppo	소 so	조 jo	초 cho	쏘 sso	쪼 jjo	호 ho
12	ㅛ	요 yo	교 gyo	쿄 kyo	꾜 kkyo	뇨 nyo	됴 dyo	툐 tyo	뚀 ttyo	료 ryo	묘 myo	뵤 byo	표 pyo	뾰 ppyo	쇼 syo	죠 jyo	쵸 chyo	쑈 ssyo	쬬 jjyo	효 hyo
13	ㅜ	우 u	구 gu	쿠 ku	꾸 kku	누 nu	두 du	투 tu	뚜 ttu	루 ru	무 mu	부 bu	푸 pu	뿌 ppu	수 su	주 ju	추 chi	쑤 ssu	쭈 jju	후 hu
14	ㅠ	유 yu	규 gyu	큐 kyu	뀨 kkyu	뉴 nyu	듀 dyu	튜 tyu	뜌 ttyu	류 ryu	뮤 myu	뷰 byu	퓨 pyu	쀼 ppyu	슈 syu	쥬 jyu	츄 chyu	쓔 ssyu	쮸 jjyu	휴 hyu
15	ㅢ	의 ui	긔 gui	킈 kui	끠 kkui	늬 nui	듸 dui	틔 tui	띄 ttui	릐 rui	믜 mui	븨 bui	픠 pui	쁴 ppui	싀 sui	즤 jui	츼 chui	씌 ssui	쯰 jjui	희 hui
16	ㅚ	외 oe	괴 goe	쾨 koe	꾀 kkoe	뇌 noe	되 doe	퇴 toe	뙤 ttoe	뢰 roe	뫼 moe	뵈 boe	푀 poe	뾔 ppoe	쇠 soe	죄 joe	최 choe	쐬 ssoe	쬐 jjoe	회 hoe
17	ㅟ	위 wi	귀 gwi	퀴 kwi	뀌 kkwi	뉘 nwi	뒤 dwi	튀 twi	뛰 ttwi	뤼 rwi	뮈 mwi	뷔 bwi	퓌 pwi	쀠 ppwi	쉬 swi	쥐 jwi	취 chwi	쒸 sswi	쮜 jjwi	휘 hwi
18	ㅘ	와 wa	과 gwa	콰 kwa	꽈 kkwa	놔 nwa	돠 dwa	톼 twa	똬 ttwa	롸 rwa	뫄 mwa	봐 bwa	퐈 pwa	뽜 ppwa	솨 swa	좌 jwa	촤 chwa	쏴 sswa	쫘 jjwa	화 hwa
19	ㅝ	워 wo	궈 gwo	쿼 kwo	꿔 kkwo	눠 nwo	둬 dwo	퉈 two	뚸 ttwo	뤄 rwo	뭐 mwo	붜 bwo	풔 pwo	뿨 ppwo	숴 swo	줘 jwo	춰 chwo	쒀 sswo	쭤 jjwo	훠 hwo
20	ㅙ	왜 wae	괘 gwae	쾌 kwae	꽤 kkwae	놰 nwae	돼 ywae	퇔 twae	뙈 ttwae	뢔 rwae	뫠 mwae	봬 bwae	퐤 pwae	뽸 ppwae	쇄 swae	좨 jwae	쵀 chwae	쐐 sswae	쫴 jjwae	홰 hwae
21	ㅞ	웨 we	궤 gwe	궤 kwe	꿰 kkwe	눼 nwe	돼 dwe	퉤 twe	뛔 ttwe	뤠 rwe	뭬 mwe	붸 bwe	풰 pwe	쀄 ppwe	쉐 swe	줴 jwe	췌 chwe	쒜 sswe	쮀 jjwe	훼 hwe

이 표는 한글 교육용으로 배열은 한글 맞춤법의 배열과 다르다. 자음자의 경우는 음가가 없는 ㅇ을 맨 앞에 배치하고, 나머지는 훈민 정음 해례본 방식대로 '아설순치후' 순서대로, 각각은 제자 원리 순대

로 배열했다.

모음도 훈민정음 해례본에서 자음을 읽을 때 '이'를 붙인 원리에 따라 수직선 계열의 모음자를 먼저, 그 다음은 수평선 계열의 모음자 순으로 배열했다.

이런 배열의 효율성에 대해서는 이만열(임마누엘)·이연실(2021)의 『지구별… 가슴에 품다』에서 임마누엘 교수가 외국인 입장에서 언급한 바 있다. 모음은 횡모음(X모음형)과 직모음(Y모음형), 복잡모음(XY형)으로 나누고 자음은 'ㄱ ㄲ ㅋ'와 같이 훈민정음 제자 원리로 묶어 배우는 방식이다.

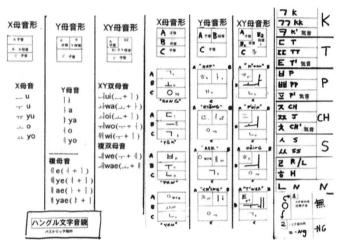

〈그림 2〉 이만열(임마누엘)·이연실(2021: 65)

다음 그림은 받침으로 오는 자음자 27자를 함께 배열한 표이다. 수직 모음과 수평 모음을 색깔로 구별하고 첫소리글자, 가운뎃소리글자, 끝소리글자에 번호를 붙여 쉽게 찾아 조합할 수 있도록 하였다.

2.가운뎃소리 글자 / 1.첫소리 글자

가운뎃소리	❶ ㅇ	❷ ㄱ g	❸ ㅋ k	❹ ㄲ kk	❺ ㄴ n	❻ ㄷ d	❼ ㅌ t	❽ ㄸ tt	❾ ㄹ r/l	❿ ㅁ m	⓫ ㅂ b	⓬ ㅍ p	⓭ ㅃ pp	⓮ ㅅ s	⓯ ㅈ j	⓰ ㅊ ch	⓱ ㅆ ss	⓲ ㅉ jj	⓳ ㅎ h
❶ ㅣ i	이	기 gi	키 ki	끼 kki	니 ni	디 di	티 ti	띠 tti	리 ri	미 mi	비 bi	피 pi	삐 ppi	시 si	지 ji	치 chi	씨 ssi	찌 jji	히 hi
❷ ㅏ a	아									마 ma									
❸ ㅑ ya	야	갸 gya														챠 chya			
❹ ㅓ eo	어							떠 tteo										쩌 jjeo	
❺ ㅕ yeo	여													셔 syeo					
❻ ㅔ e	에				네 ne														
❼ ㅐ ae	애										배 bae								
❽ ㅖ ye	예		켸 kye																
❾ ㅒ yae	얘																		햬 hyae
❿ ㅡ eu	으						트 teu												
⓫ ㅗ o	오												뽀 ppo						
⓬ ㅛ yo	요								료 ryo										
⓭ ㅜ u	우																쑤 ssu		
⓮ ㅠ yu	유			뀨 kkyu															
⓯ ㅢ ui	의											픠 pui							
⓰ ㅚ oe	외	괴 goe																	
⓱ ㅟ wi	위					뒤 dwi													
⓲ ㅘ wa	와														좌 jwa				
⓳ ㅝ wo	워									뭐 mwo									
⓴ ㅙ wae	왜		쾌 kwae																
㉑ ㅞ we	웨												쀀 ppwe						

3.끝소리 글자

❶ ㄱ k	❷ ㅋ k	❸ ㄴ n	❹ ㄷ t	❺ ㄹ l	❻ ㅁ m	❼ ㅂ p	❽ ㅅ t	❾ ㅈ t	❿ ㅊ t	⓫ ㅌ t	⓬ ㅍ p	⓭ ㅇ ng	⓮ ㅎ t
옥 euk	읔 euk	은 eun	읃 eut	을 eul	음 eum	읍 eup	읏 eut	읒 eut	읓 eut	읕 eut	읖 eup	응 eung	읗 eut

⓯ ㄲ k	⓰ ㄳ k	⓱ ㄵ n	⓲ ㄶ n	⓳ ㄺ k	⓴ ㄻ m	㉑ ㄼ l	㉒ ㄽ l	㉓ ㄾ l	㉔ ㄿ p	㉕ ㅀ l	㉖ ㅄ p	㉗ ㅆ t
몫 mok	닭 dak	앉 an	많 man	닭 dak	닮 dam	넓 neol	곬 gol	핥 hal	읊 eup	싫 sil	없 eop	었 eot

• 끝소리 글자는 7소리 "ㄱ/k/, ㄴ/n/, ㄷ/t/, ㄹ/l/, ㅁ/m/, ㅂ/p/, ㅇ/ng/"으로만 발음된다.
• 몫/mok/ 몫이/moks+i/→/moks'i/ •넓/neol/ 넓어/neolb+eo/→/neolbeo/

〈그림 3〉 한글 음절표

이 도표는 24분 안에 자신의 이름을 한글로 쓰기용으로 개발했다. 처음에는 7개의 받침만을 허용하는 외래어 표기법에 따라 7개의 받침만으로 구성했다. 영문판과 한글판을 연습용 표와 함께 제시하면 다음과 같다.

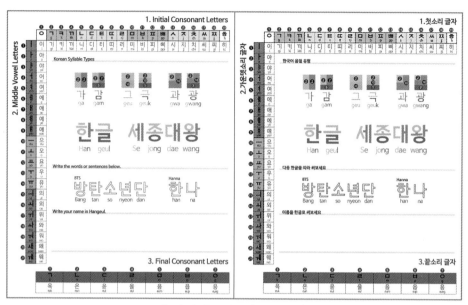

〈그림 4〉한글 음절표(받침 간결형)

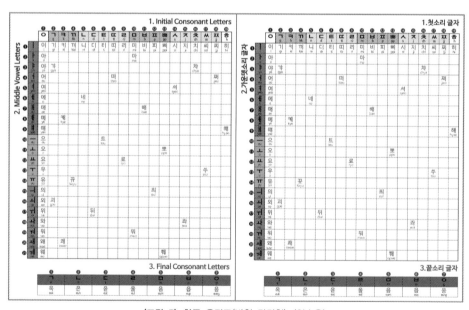

〈그림 5〉한글 음절표(받침 간결형)〈연습용〉

가운데는 한국어 음절자 유형을 모음자의 수직선형과 수평선형을 기준으로 받침 없고 있음에 따라 모두 6개형으로 제시했다.

〈그림 6〉 음절의 구조
(유현경 외, 2019, 『한국어 표준 문법』, 집문당, 88쪽)

한국어의 음절 유형

(1) 단모음: 아/a/

(2) 반모음+단모음: 야/ja/

(3) 자음+단모음: 가/ka/

(4) 자음+반모음 +단모음: 갸/k+j+a/

(5) 단모음+자음: 악/a+k/

(6) 반모음+단모음+자음: 약/j+a+k/

(7) 자음+단모음+자음: 간/k+a+n/

(8) 자음+반모음+단모음+자음: 향/h+j+a+ng/

(9) 단모음+반모음: 의/i+j/

언중들이 인식하지 못하는 반모음을 제외하면, 한국어에서 가능한 음절 구조는 다음과 같이 모두 네 가지가 있다.

(1) 모음: 아, 이, 우, 에, 오, ……

(2) 자음+모음: 소, 묘, 개, ……

(3) 모음+자음: 약, 옷, 업, 입, ……

(4) 자음+모음+자음: 밥, 귤, 맛, ……

모음자 문자 중심으로 보면 다음과 같은 6가지 음절 유형이 있다. 모음자 세로형(가, 감), 가로형(그, 극), 혼합형(과, 광) 등이다.

〈그림 7〉 한국어 음절자 유형

다음은 받침 27개를 모두 드러낸 그림이다(〈그림 8〉, 〈그림 9〉).

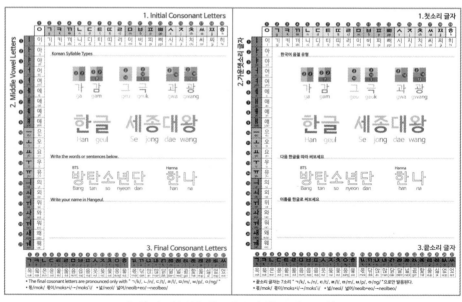

〈그림 8〉 외국인용 한글 음절표(받침 27개 표시형)

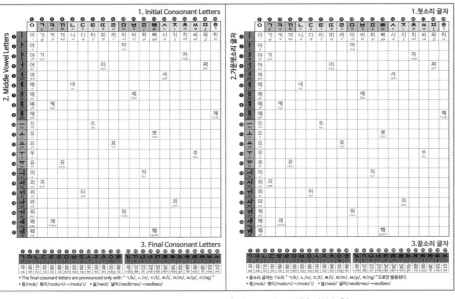

〈그림 9〉 외국인용 한글 음절표(받침 27개 표시형) 〈연습용〉

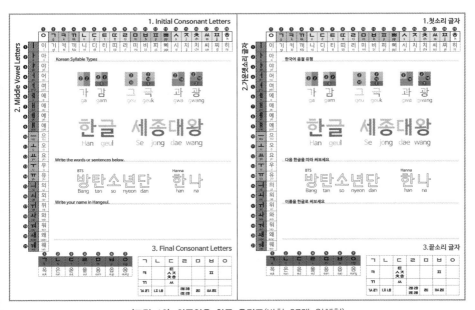

〈그림 10〉 외국인용 한글 음절표(받침 27개 입체형)

다음은 받침 27자를 모두 드러내되 발음 나는 7개 받침과의 관계를 입체적으로 보여주는 그림이다(〈그림 10〉, 〈그림 11〉).

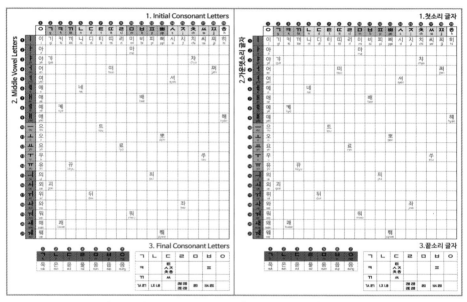

〈그림 11〉 외국인용 한글 음절표(받침 27개 입체형) 〈연습용〉

세종국어문화원 주최로 전 세계 한글학교 교사를 대상으로 3차에 걸쳐 연수를 진행했다. 진행 원고를 한국어와 영문으로 함께 제시하면 다음과 같다.

차례	한국어	영어
도입부	안녕하셨습니까? 한국어를 처음 배우려는 여러분! 반갑습니다. 영국의 역사가인 존맨(John Man)이 "한글은 모든 언어가 꿈꾸는 최고의 알파벳(Hangeul is the best Alphabet that all the language have dreamed of)"이라고 격찬한 한국의 고유 문자, 15세기 세종대왕이 발	Seulong Kim (Director of Sejong Institute of Korean Language and Culture) /Translated by Krisda Chaemsaithong (Professor, Dept. of English Language and Literature, Hanyang University) Greetings to all of you who wish to learn Korean for the first time!

차례	한국어	영어
	명한 문자 '한글(Hangeul, Korean Alphabet)' 을 아십니까? 저는 '한글'을 40년째 연구하고 있는 한국의 언어학자로, 2021년 세종문화상이라는 학술 부분 대통령상을 받은 김슬옹입니다. 한글학자로서 『위대한 세종 한글』이라는 한글교육서 저자로서, 외국인들이 24분 안에 한글을 배워 자신의 이름을 쓸 수 있게 하는 특수 도표를 개발했고 오늘 도표를 활용하여 어떻게 그것이 가능한지를 말씀드리고자 합니다. 24분의 24는 현대 한글의 기본 24자(자음 14자, 모음 10자)의 숫자이기도 하고 한글의 가치를 드러내는 상징 숫자이기도 합니다. 한글을 배우는 시간은 사람마다 다를 수 있으므로 일종의 평균 시간입니다. 이 도표를 만든 더 큰 목적은 쉬운 문자로 누구나 평등하게 지식과 정보를 나누라는 세종대왕의 꿈을 전 세계인들과 함께 나누고자 함입니다. 한국어는 외국인들이 배우기 어려운 언어이지만, 한국어를 적는 한글은 전세계 누구나 쉽게 배울 수 있는 문자입니다. 사실 전 세계 모든 문자는 그 어떤 문자든 소중하고 위대한 역사와 문화를 간직하고 있습니다. 다만 한자나 로마자와 같이 오랜 세월 걸쳐 문자가 완성되다 보니, 가장 많이 쓰는 로마자조차도 누구나 쉽게 말소리를 정확하게 적고 배우기에는 한계가 있습니다.	Do you know "Hangeul, Korean Alphabet", a unique Korean character invented by King Sejong in the 15th century, praised by British historian John Man as "Hangeul is the best alphabet that all languages dream of?" My name is Seulong Kim, a Korean scholar who has studied 'Hangeul' for 40 years. I have created a special table that enables learners to master Hangeul and write their names in 24 minutes. Today I would like to show you how to make use of it. The number "24" (as in "24 minutes") refers to the basic 24 characters of Hangeul. It is also a symbolic number that reveals the value of Hangeul. As the amount of time to learn Hangeul can vary from person to person, this number represents an average amount of time. A higher goal of creating this table is to share with people around the world King Sejong's dream of equal dissemination of knowledge and information. Although learning Korean is challenging to learners, anyone can easily learn Hangeul, the writing system of Korean. In fact, all writing systems in the world are precious and preserve a great history and culture. However, because such systems as Chinese or Latin were developed a long time ago, difficulties arise for anyone to precisely write down the characters and learn the speech sounds, even in the case of the most widely used Latin alphabet.
본 내용	이제 표를 보면서 말씀드리겠습니다. 현대 한글은 표 맨 윗줄의 자음 19자와 표 왼쪽 세로줄의 모음 21자로 이루어진 자모 문자(음소문자)입니다. 표 가운데 로마자 'Han geul'이 '한글'인데, H에 해당되는 ㅎ[히]가 자음이고 a에 해당되는 ㅏ가 모음, n에 해당되는 ㄴ[니]가 자음입니다. '글'은 'g-eu-l'로 g에 해당되는 ㄱ[기]가 자음, eu에 해당되는 ㅡ는 모음, l(L)에 해당되는 ㄹ[리]는 자음입니다. 미국인 헐버트가 1889년에 미국 뉴욕 트리뷴지에서 밝혔듯이, 한글은 세상에서 가장 간결하고 과학적인 문자입니다. 왜 그런지는 여러가지 측면에서 설명할 수 있으나, 한글은 다른 문자들과는 달리 대	Now let me go over the table. Modern Hangeul is an alphabetical syllabary, which makes use of 19 consonants, located in the top horizonal line of the table, and 21 vowels, located in the left vertical line. In the center, the Roman letter "Han geul" is "한그", with the consonant 'ㅎ' corresponding to 'h' i, the vowel 'ㅏ' corresponding to 'a', and the consonant 'ㄴ' corresponding to 'n'. 'Geul' is "글", with the consonant 'ㄱ' corresponding to 'g', the vowel 'ㅡ' corresponding to 'eu', and the consonant 'ㄹ' corresponding to 'l'. As American educator Homer Hulbert

차례	한국어	영어

부분 누구나 똑같이 쉽게 쓸 수 있는 직선 위주로 이루어졌기 때문입니다. 특히 모음은 수직선과 수평선을 기준으로 위아래, 좌우로 짧은 획을 합해 이루어져 있어 이런 도표가 가능하답니다.

자음과 모음을 합친 한국어 음절은 자음(Consonant)과 모음(Vowel)이 결합한 CV형과 자음과 모음 그리고 다시 자음이 결합한 CVC 형이 있습니다. 첫 번째 그림에서 '가, 그, 과'가 CV형이요 '감, 극, 광'이라는 글자가 CVC 형입니다.

CVC 형에서 마지막 자음은 처음 나오는 자음을 모두 그대로 씁니다. 다만 한글은 로마자처럼 옆으로 '가ㅁ'과 같이 풀어쓰지 않고 음절자 단위로 모아쓰기 때문에 CVC의 마지막 C는 '감, 극, 광'처럼 V(모음) 밑에 옵니다.

음절 유형은 도형과 같이 여섯 가지가 있지만 모음이 수직선과 수평선으로 구성되어 있어 매우 규칙적이고 간결합니다.

그럼 도표 구조를 설명하겠습니다. 맨 위 가로줄이 첫소리 글자인 자음 19자입니다. 왼쪽 세로줄이 가운뎃소리글자인 모음 21자입니다. 밑의 가로줄이 끝소리 글자인 자음으로 한 글자 안에서 실제 발음나는 일곱 개의 자음들입니다.

자! 그럼 어떻게 발음되는지 함께 읽어보겠습니다.

먼저 홀로 발음이 나는 모음부터 발음해 보겠습니다. 읽기 전에 두 가지만 확인해 볼게요. 한국어는 다른 언어와 달리 모음이 발달되어 있고 글자가 무려 스물한 자나 됩니다. 그런데 모음자 모양이 매우 규칙적입니다. 긴 직선과 짧은 직선만으로 이루어졌습니다. 직선은 사선 없이 수직선과 수평선만으로 이루어졌습니다. 바로 왼쪽 분홍색의 1번부터 9번까지가 수직형 모음자입니다. 10번부터 14번까지 노란색이 수평형 모음자이고 나머지는 수직형과 수평형이 결합되어 있습니다. 첫 번째 한국의 음절 유형 여섯 글자의 색깔과 숫자를 보면 가로형 모음자와 세로형 모음자가 어떻게 결합하는지를 알 수 있습니다.

또 한 가지 중요한 것은 한글은 한 글자만(ㅇ)이 동그라미 원인데 이 자음자가 맨위 1번처럼 첫소리로 오면 소리가 나지 않습니다. 맨 아랫줄 7번처럼 모음 다음 끝소리로 오면 /ng/(응) 발음이 납니다.

stated in the New York Tribune in 1889, Hangeul is the most concise and scientific script in the world. The reason can be explained from various aspects, but unlike other characters, Hangeul is mostly made up of straight lines that can be written with ease. So this table is possible.

Korean syllables combine consonant and vowel characters to create either the CV type, which consists of a consonant and vowel, or the CVC type, which consists of a consonant, vowel, and consonant. In the first picture, '가, 그, 과' are of the CV type, and '감, 극, 광' are of the CVC type. In the CVC type, both the initial and final consonants are written as it is. However, the final consonant of the CVC is written under the vowel, as in '감, 극, 광'. Unlike the Latin system, a Korean syllable is grouped as in block units.

There are six types of syllables, as shown in the table. However, the vowels are made up of vertical and horizontal lines, so they are very regular and concise.

Let us now turn to the top horizontal line of the table, which displays 19 initial consonant sounds. The vertical line on the left shows 21 vowels as the medial sounds. The horizontal line at the bottom features final consonant sounds. There are 7 final sounds that are actually pronounced.

At this point, let us try assembling syllables together.

First, let us pronounce single vowels. Note that unlike other languages, Korean vowels show a one-to-one correlation between a character and a sound, and there are as many as twenty-one characters. In addition, the shape of the vowels is very regular, consisting of only long and short straight lines. A straight line is either vertical or horizontal, and there are no slant lines. Numbers 1 to 9 in pink on the left are vertical vowels. Numbers 10 to 14 in yellow are horizontal vowels. The rest are various combinations of the two. If you look at the 6 examples under "Korean Syllable Types", you will see how syllables are

차례	한국어	영어

그럼 빈소리 ㅇ을 붙여 모음을 읽어보겠습니다. 한국에서 외국인을 위해 사용하는 로마자 기호를 보면서 따라 읽어 주세요. 로마자 기호는 모든 외국인을 위한 것으로 일부는 영미권 분들에게 잘 안 맞을 수 있습니다.

이i/ 아a 야ya/ 어eo 여yeo/ 에e 애ae/ 예ye 얘yae
으eu/ 오o 요yo/ 우u 유yu
의ui/ 외oe 위wi/ 와wa 워wo/ 왜wae 웨we

다음은 첫소리 자음을 읽어보겠습니다. 어떤 언어든 자음은 단독으로 발음할 수 없습니다. 그렇다면 가장 편한 모음 ㅣ(i)를 붙여 읽거나 가장 약한 모음 ㅡ(eu)를 붙여 읽을 수 있습니다. 외국인들은 'ㅡ' 발음을 어려워하므로 'ㅣ'를 붙여 읽어보겠습니다.

〈ㄱ(기)gi) ㅋ(키)ki) ㄲ(끼kki)〉
〈ㄴ(니)ni) ㄷ(디)di) ㅌ(티)ti) ㄸ(띠)tti) ㄹ(리)ri)〉
〈ㅁ(미)mi) ㅂ(비)bi) ㅍ(피)pi) ㅃ(삐)ppi)〉
〈ㅅ(시)si) ㅈ(지)ji) ㅊ(치)chi) ㅆ(씨)ssi) ㅉ(찌)jji)〉
〈ㅎ(히)hi)〉

같은 곳에서 나는 한글 자음은 형제처럼 닮았습니다.
먼저 2, 3, 4, 번의 〈ㄱ(기)gi) ㅋ(키)ki) ㄲ(끼kki)〉는 목젖 앞의 여린입천장 쪽에서 나오는 소리죠. 수평선과 수직선이 만난 자가 바로 ㄱ(기)이죠. ㄱ에 가로획을 가운데에 그으면 ㅋ(키)가 됩니다. 4번의 ㄲ(끼)는 ㄱ(기)에 대한 된소리 글자로 ㄱ(기)를 발음할 때보다 목청에 힘을 더 주면서 강하게 발음하면 됩니다.
〈ㄴ(니)ni) ㄷ(디)di) ㅌ(티)ti) ㄸ(띠)tti) ㄹ(리)ri)〉는 혀끝에서 나오는 혀끝소리입니다.
〈ㅁ(미)mi) ㅂ(비)bi) ㅍ(피)pi) ㅃ(삐)ppi)〉는 입술에서 나는 입술소리입니다.
〈ㅅ(시)si) ㅈ(지)ji) ㅊ(치)chi) ㅆ(씨)ssi) ㅉ(찌)jji)〉 여기서 〈ㅅ(시)si) ㅆ(씨)ssi)〉는 잇소리, 〈ㅈ(지)ji) ㅊ(치)chi) ㅉ(찌)jji)〉는 입천장에서 나는 입천장소리입니다.
〈ㅎ(히)hi)〉는 목구멍소리이죠

맨 아래 줄의 받침은 '으'를 붙여 읽어보겠습니다.

〈윽euk 은eun 읃eut 을eul 음eum 읍eup 응eung〉

formed through the combination of colors and numbers.
Another important feature is that in Hangeul, only one letter (ㅇ) is a circle, but if this letter comes as the first sound (as in number 1 at the top). there is no sound. Also, if it occurs as the initial sound and final sound (as in number 7). you will get the following pronunciation, /ng/(-응).
Then add the silent sound (ㅇ) to articulate the vowels. Please try articulating the sounds, using the Romanized transcriptions.

이i/ 아a 야ya/ 어eo 여yeo/ 에e 애ae/ 예ye 얘yae
으eu/ 오o 요yo/ 우u 유yu
의ui/ 외oe 위wi/ 와wa 워wo/ 왜wae 웨we

Next, let us try the initial consonant. As a consonant cannot be pronounced alone in any language, you can read it along with the vowel ㅣ (i) or the vowel ㅡ (eu). However, some learners find it difficult to pronounce 'ㅡ', so perhaps try the 'ㅣ'.

〈ㄱ(기)gi) ㅋ(키)ki) ㄲ(끼kki)〉
〈ㄴ(니)ni) ㄷ(디)di) ㅌ(티)ti) ㄸ(띠)tti) ㄹ(리)ri)〉
〈ㅁ(미)mi) ㅂ(비)bi) ㅍ(피)pi) ㅃ(삐)ppi)〉
〈ㅅ(시)si) ㅈ(지)ji) ㅊ(치)chi) ㅆ(씨)ssi) ㅉ(찌)jji)〉
〈ㅎ(히)hi)〉

The consonant sounds that are articulated in the same place of articulation are like brothers.
First, 〈ㄱ(기)gi) ㅋ(키)ki) ㄲ(끼kki)〉 in 2, 3, and 4 are the sound coming from the soft palate before the uvula. The letter where the horizontal and vertical lines join each other is the letter ㄱ(기)gi. If you add a horizontal stroke in the center of ㄱ, it becomes ㅋ(키)ki). In 4, ㄲ(끼kki) is a tensed sound for ㄱ(기)gi. and you can pronounce it strongly with extra force at the soft palate than when pronouncing ㄱ(기)gi.
〈ㄴ(니)ni). ㄷ(디)di), ㅌ(티)ti), ㄸ(띠)tti). and ㄹ(리)ri) are all made with the tip of the tongue.
〈ㅁ(미)mi), ㅂ(비)bi), ㅍ(피)pi) and ㅃ(삐)ppi)〉 are all made with the lips.
〈ㅅ(시)si). ㅈ(지)ji), ㅊ(치)chi), ㅆ(씨)ssi), and ㅉ(찌)jji)〉 especially, 〈ㅅ(시)si) ㅆ(씨)ssi)〉

차례	한국어	영어
		are dental sounds. 〈ㅈ(지ji), ㅊ(치chi), and ㅉ(찌jji)〉 are hard palate sounds made at the roof of the mouth. 〈ㅎ(히hi)〉 is made in the throat, namely the glottis. Let us read the final sound in the last line with the vowel 으 (eu) added: 〈윽euk 은eun 읃eut 을eul 음eum 읍eup 응eung〉
응용 · 활동	자 그럼 요즘 가장 인기 있는 〈방탄소년단〉 이름을 따라 써 보실까요. '방'부터 써 보겠습니다. 첫소리글자 11번 입술소리 글자와 가운뎃소리글자 2번, 끝소리글자 7번이 합쳐진 글자이지요. Hanna 배우 이름을 따라 써 볼까요 이제 여러분의 이름을 써 보세요.	Now, let us write down the most popular 〈BTS〉 name together. Let's start with '방'. It is a combination of the initial letter (no. 11) labial sounds, the medial vowel (no. 2) and the final consonant (no. 7). Let us write Justin's name. Now write your name.

이상 교사용, 학생용 표 12종은 다음과 같다.

영문판	한글판
1.0. Miracle Hangeul Board [A compact version of The final consonants]	1.0. 기적의 한글 음절표[받침 간소형]
1.0. Miracle Hangeul Board [A compact version of The final consonants] (Exercise chart)	1.0. 기적의 한글 음절표[받침 간소형] 연습용 표
2.0. Miracle Hangeul Board [A full version of The final consonants]	2.0. 기적의 한글 음절표[받침 종합형]
2.0. Miracle Hangeul Board [A full version of The final consonants] (Exercise chart)	2.0. 기적의 한글 음절표[받침 종합형] 연습용 표
3.0. Miracle Hangeul Board [A dimensional version of the final consonants]	3.0. 기적의 한글 음절표[받침 입체형]
3.0. Miracle Hangeul Board [A dimensional version of the final consonants] (Exercise chart)	3.0. 기적의 한글 음절표[받침 입체형] 연습용 표

4. 15세기 훈민정음을 기반으로 하는 한글 세계화 전략과 실제

4.1. 현대 훈민정음 확장안의 역사

현대 훈민정음 확장안은 한글 국제음성기호를 제안한 이현복(1981)에서 비롯되었고 권재선(1999)으로 이어졌다. 변형자를 활용한 방식은 IPA 대체 기호 수준을 넘어선 인류 문자를 제안한 김세환(2017)까지 제시되었다.

(1) 이현복(1981), 『국제음성문자와 한글음성문자: 원리와 표기법』, 과학사.
    이현복(1992), 「한글 음성 문자」, 『말소리와 음성과학』 21~24, 대한음성학회, 123~143쪽.
    이현복(1999), 『국제한글음성문자』, 대한음성학회.
    이현복(2011), 「국제한글음성문자의 일본어, 중국어, 태국어 표기」, 『동아문화』 49, 서울대학교 동아문화연구소.
    이현복(2014), 「국제한글음성문자」, 『말소리와 음성과학』 6(1), 대한음성학회, 126~127쪽.
(2) 권재선(1999), 『한글 국제음성기호 연구』, 우골탑.
(3) 김세환(2017), 『바른 소리 글』, 백암.[1]

이들 논의는 엄밀한 음운학적, 음성학적 배경으로 제한한 성과는 있었으나 변형 확장 기호가 많아 컴퓨터로 소통되기 어려운 점이 부

---

[1] 별책 "Kim Se-Whan(2017), *The Global Phonetic Alphabet*(for All Human Language)(인류문자)"(Seoul: Bakam Publishing co.) 함께 발행되었다.

각되어 생산적인 논의로 이어지지 못했다.[2]

〈표 2〉 변형자 새글 방식의 한글 음성 기호

< 닿 소 리 기 호 표 >

방법＼위치	두입술	입술이	이잇몸	혀말음	뒤잇몸	잇몸현장	센입천장	여린입천장	목젖	소리문
터짐소리 (Plosive)	ㅂㅃ ㅍㅃ		ㄷㄸ ㅌㄸ	ㄷㄷ ㅌㄷ			ㄱㄱ ㅋㄲ	ㄱㄱ ㅋㄲ	ㄱㄱ ㅋㄲ	ㆆ
터갈소리 (Affricate)				ㅈㅈ ㅊㅉ						
갈이소리 (Fricative)	ㅂㅂ ㄷㄷ	ㅁㅂ	ㅅㅿ ㅆ	ㅅㅿ ㅆ	ㅊㅊ	ㅅㅿ ㅆ	ㄱㄱ	ㄱㄱ	ㄱㄱ	ㅎㅎ
콧소리 (Nasal)	ㅁ	ㄱ	ㄴ	ㄴ			ㄴ	ㆁ	ㆁ	
혀옆소리 (Lateral)			ㄹ	ㄹ			ㄹ			
굴림소리 (Rolled)			ㄹ						ㄹ	
튀김소리 (Flapped)			ㄷ	ㄷ					ㄷ	
지속음 / 반모음 Approximant	ㅜㅸ	ㅸ	ㄷ	ㄷ			ㄴ	ㄷㆁ	ㆁ	

이현복(1971)의 최종안

(표 2) 국제한글음성기호표

서정수·이현복(2000)에서 수정 제안된 이현복(1971)인

다음으로는 컴퓨터 시스템상의 구현을 전제로 한 대안이 제시되었다.

선우종성 외 9인(1999), 『국제정음기호(IPH) 표준 제정의 타당성 연구』, 한국전산원.

서정수 외(2003), 『한글 전자 발음기호』, 한글문화세계화운동본부(한세본).

이러한 제안을 기점으로 IPA 대체를 함과 동시에 통용성과 실용성

---

2) 컴퓨터 중심 논의 현장에도 변형식 한글 확장 방안은 김세환(2013), 이인철(2013), 최재경 (2013), 김재찬(2013), 김대영(2013), 김용성(2013) 등으로 이어진 바 있다.

을 강조한 풍성한 대안들이 제기되었다. 이러한 논자들의 논의를 정부 지원 아래 집대성한 것이 TTA 포럼이다. 이를 중심으로 핵심 쟁점을 비교하기로 한다.

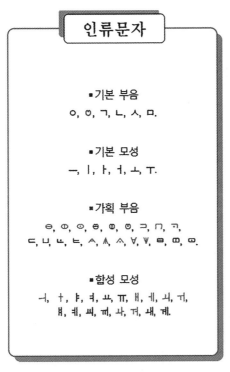

〈사진 2〉 김세환(2017)에서 제안된 인류문자

훈민정음의 제자원리를 원용하여 고안했다는 수많은 한글확장표기방안들이 발표되거나 나타나면서 명멸해 갔는데, 이제는 지금까지 나타났던 그러한 한글확장표기방안들을 어느 정도 정리해둬야 할 시대적 상황이 되었다.

맨 처음에는 로마자와 헬라문자를 기본자로 하여 만들어진 국제음성기호(IPA)를, 훈민정음의 제자원리를 원용해 만든 '한글음성기호'로 그것을 대체해보려는 의도로 시작되었으나, 점차 시일이 흐르면서 현대한글의 표현 범위(11,172자)를 확장해보고자 하는 의도로 발전돼 갔다. 여기서는 한글확장 방안의 시작부터 현재까지 핵심 쟁점을 중심으로 정리해 보았다.

4.2. 훈민정음 확장을 위한 훈민정음 제자 원리와 가치

훈민정음 해례본에 나타난 초성자와 중성자를 국제 음운 기호와 더불어 제시하면 〈표 3〉·〈표 4〉와 같다.

〈표 3〉 『훈민정음』 해례본의 초성자(자음) 국제 음운 표시

기본자			확장자			
	가획자			병서		
상형기본자	일반가획	이체자	각자병서	합용병서		연서
				두 자	세 자	
아음 ㄱ/k/	ㅋ/kʰ/	ㆁ/ŋ/	ㄲ/k'/			
설음 ㄴ/n/	ㄷ/t/ ㅌ/tʰ/	ㄹ/ɾ/	ㄸ/t'/			(ㄹ)/ɾ/ *이 글자는 언급만 되고 실제 표기로는 나오지 않음
순음 ㅁ/m/	ㅂ/p/ ㅍ/pʰ/		ㅃ/p'/	ㅄ/pts/	ㅄㄱ/psk/ ㅄㄷ/pst/	ㅸ/β/
치음 ㅅ/s/	ㅈ/ts/ ㅊ/tsʰ/	ㅿ/z/	ㅆ/s'/ ㅉ/ts'/	ㅼ/st/		
후음 ㅇ/ɦ/	ㆆ/ʔ/ ㅎ/h/		ㆅ/x/ ㅇㅇ/ɦː/ (사용 예로만 나옴)			
5자	9자	3자	7자	4자		2자
기본자 17자			병서 11자(ㅇㅇ 포함)			연서 2자(ㄹ 포함)
			확장자 13자			
초성 23자(24자, ㅇㅇ 포함)			6자			
모두 30자						

*김슬옹(2017; 2023: 17)

〈표 4〉『훈민정음』해례본 중성자(모음) 국제 음운 표시

기본자(기본 중성자)			합용자(합용 중성자)		
			두 자 상합자		세 자 상합자
상형기본자	합성자		동출합용자	ㅣ합용자	
	초출자	재출자		기본 중성자와ㅣ의 합용자	동출합용자와ㅣ의 합용자
양성 • /ʌ/	ㅗ/o/ ㅏ/a/	ㅛ/jo/ ㅑ/ja/	ㅘ/wa/ ㅙ/joja/	·ㅣ/ʌj/ ㅚ/oj/ ㅐ/aj/ ㅚ/joj/ ㅒ/jaj/	ㅙ/waj/ ㅙ/jojaj/
음성 ㅡ/i/	ㅜ/u/ ㅓ/ə/	ㅠ/ju/ ㅕ/jə/	ㅝ/wə/ ㆊ/jujə/	ㅢ/ij/ ㅟ/uj/ ㅔ/əj/ ㆌ/juj/ ㅖ/jəj/	ㅞ/wəj/ ㆋ/jujəj/
양음성 ㅣ/i/			* 특이 ㅣ합용자(ㆎ /iʌ/ ㅢ/ii/)		
3자	4자	4자	4자	10자	4자
기본 중성자 11자			18자		
29자/ 31자(특이 ㅣ합용자 ㆎ ㅢ 포함)					

*출처: 김슬옹(2017; 2023: 18)

우리가 훈민정음 표기 체계를 IPA 대체 기호로서의 가능성을 따져 보는 가치나 원리를 해례본을 통해서만 정리해 보기로 한다.[3]

(1) 가. 有天地自然之聲, 則必有天地自然之文. (천지자연의 소리가 있으면 반드시 천지자연의 문자가 있다.)

(정음해례26ㄴ: 4~5_정인지서)

나. 理旣不二, 則何得不與天地鬼神同其用也. (이치가 이미 둘이 아니거늘, 어찌 천지자연의 혼령과 신령스런 정령과 함께 정음을 쓰지 않겠는가?)

(정음해례1ㄴ: 1~2_제자해)

(2) 가. 正音二十八字, 各象其形而制之. (정음 28자는 각각 그 모양을 본떠서

---

3) 그간 체계 없이 인용되어 오던 『훈민정음』해례본 인용 방식이 김슬옹(2017; 2018)에서 체계화되었다. 번역 포함 이 글 인용은 이 문헌에 따른다. 번역은 40여 종의 선행 번역을 비교 분석하여 다듬은 것이다.

만들었다.)

(정음해례1ㄴ: 2~3_제자해)

나. 取象於天地人而三才之道備矣. (중성은 하늘과 땅과 사람에서 본뜬 것을 취하니, 천지인 삼재의 이치가 갖추어졌다.)

(정음해례6ㄱ: 8~6ㄴ: 1_제자해)

(3) 가. ㅋ比ㄱ, 聲出稍厲, 故加畫. (ㅋ는 ㄱ에 비해서 소리가 조금 세게 나는 까닭으로 획을 더하였다.)

(정음해례1ㄴ: 6~7_제자해)

나. ㅗ與•同而口蹙, 其形則•與ㅡ合而成, 取天地初交之義也. (ㅗ는 • 와 같으나 입을 오므리며 그 모양이 •가 ㅡ와 합해서 이루어진 것은 하늘과 땅이 처음으로 사귄다는 뜻이다.)

(정음해례5ㄱ: 2~4_제자해)

다. 凡字必合而成音. (무릇 글자는 반드시 합하여야만 음절이 이루어진 다.)

(정음4ㄱ: 3~4_어제예의)

(4) 가. 以二十八字而轉換無窮, 簡而要, 精而通. (스물여덟 자로써 전환이 무궁하여, 간단하면서도 요점을 잘 드러내고, 정밀한 뜻을 담으면 서도 두루 통할 수 있다.)

(정음해례28ㄱ: 1~2_정인지서)

나. 雖風聲鶴唳, 雞鳴狗吠, 皆可得而書矣. (비록 바람소리, 학의 울음소 리, 닭소리, 개 짖는 소리라도 모두 적을 수 있다.)

(정음해례28ㄱ: 7~8_정인지서)

(5) 故智者不終朝而會, 愚者可浹旬而學. (그러므로 슬기로운 사람은 하루아 침을 마치기도 전에, 슬기롭지 못한 이라도 열흘 안에 배울 수 있다.)

(정음해례28ㄱ: 2~3_정인지서)

15세기 세종(이도)이 창제하고 반포한 '훈민정음'은 모든 백성들이 쉬운 문자와 책을 통해 평등하게 소통하게 하는 목표가 담긴 공동체 가치와 모든 소리를 바르게 적겠다는 목표가 담긴 언어 가치가 융합되어 있는 이름이다. 이러한 두 가지 목표와 가치는 동시에 구현되어야 이루어지는 하나의 목표였고 가치였다.[4] (1가)는 그런 문자 이상에 대한 실제적인 목표였고 (1나)는 그에 대한 자신감을 담은 비유적 표현이다. (2)와 (3)은 그런 이상을 이루기 위한 원리를 담고 있고 (4)는 그에 따른 기능성을 (5)는 효율성을 간명하면서도 선언적으로 표현하고 있다.

〈표 5〉 훈민정음 '원형문자 – 기본문자' 중심 글자 수 관계

갈래	원형문자	확장문자	기본문자	응용문자	최종
자음자	5	12	17	23	40
모음자	3	8	11	18	29
합계	8	20	28	41	69

모든 소리(들리는 소리)를 적겠다는 세종의 원대한 꿈은 기본 28자라는 간결한 소리 문자로 구현되었으며 중층적 무한대의 생성이 가능한 생성의 문자, 열린 문자로 창제되었다. 〈표 5〉는 문자 확장 과정을 보여준다.

---

4) 세종의 정음 문자관에 대해서는 김슬옹(2014), 「세종의 '정음 문자관'의 맥락 연구」(『한말연구』 35, 한말연구학회, 5~45쪽) 참조.

〈표 6〉 자음자 확장에 따른 구성도

기본 자음자			운용자		
원형 문자	가획자	이체자	병서		연서
			각자병서	합용병서	
아음 ㄱ	ㅋ	ㆁ	ㄲ		
설음 ㄴ	ㄷ ㅌ	ㄹ	ㄸ		
순음 ㅁ	ㅂ ㅍ		ㅃ	ㅳ, ㅲ, ㅄ, ㅶ	ㅸ, ㅱ, ㆄ, ㅹ
치음 ㅅ ㅈ ㅊ		ㅿ	ㅆ ㅉ	ㅽ, ㅼ, ㅺ, ㅾ	
후음 ㅇ	ㅎ ㆆ		ㆅ	ㅄ, ㅵ	
5자	9자	3자	6자	10자	4자
기본 자음자 17자			병서 16자		연서 4자
초성 23자 * 실제 문헌에 쓰인 'ㆀ·ㅥ' 포함하면 25자			14자 * 실제 문헌에 쓰인 'ㅸ' 포함하면 15자		
실제 쓰인 자음자 37자(ㅸ 포함)				특정 한자음 표기 3자(ㅸ·ㆄ·ㅹ)	
모두 40자					

*김슬옹(2011: 154) 수정 변용

〈표 7〉 모음자 구성도

기본자(기본 중성자)			합용자(합용 중성자)		
			두 자 상합자		세 자 상합자
상형기본자	합성자		동출합용자	ㅣ 합용자	
	초출자	재출자		기본 중성자와 ㅣ의 합용자	동출합용자와 ㅣ의 합용자
양성 •	ㅗ ㅏ	ㅛ ㅑ	ㅘ ㅑ	ㆎ ㅚ ㅐ ㆀ ㅒ	ㅙ ㅒ
음성 ―	ㅜ ㅓ	ㅠ ㅕ	ㅝ ㆄ	ㅢ ㅟ ㅔ ㆌ ㅖ	ㅞ ㅖ
양음성 ㅣ			* 특이 ㅣ합용자(ㅣ ㅗ)		
3자	4자	4자	4자	10자	4자
기본 중성자 11자			18자		
29자/ 31자(특이 ㅣ합용자 ㅣ ㅗ 포함)					

*김슬옹(2011: 155) 수정 변용(〈표 3〉에서 음운 표기 제거).

이 표에서 보듯 기본 28자는 모음 3자, 자음 5자라는 기본 자소인 원형자에서 가획과 합성의 규칙적 생성 과정을 통해 완성된 것이며 이러한 기본자에서 다시 생성된 문자는 모두 자음 40자, 모음 29자에 이른다.

이러한 훈민정음의 창조력과 생성력은 들리는 모든 소리를 소리 실체에 가장 근접하게 적을 수 있는 실제 가능성과 효용성을 보여준다. 따라서 이러한 훈민정음의 원리를 활용하면 여러 외국어를 가장 정확하게 적음으로써 외국어 학습의 효율성과 과학성 달성이 가능하다는 것이다.

실제로 세종과 정음학자들은 동국정운과 홍무정운역훈을 통해 실제 정음 표기의 효율성을 보여주었다.

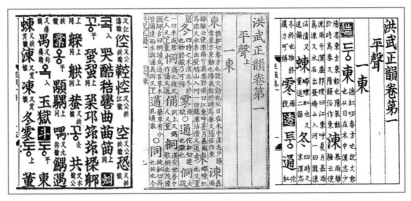

〈사진 3〉 동국정운(1448)과 홍무정운(1375), 홍무정운역훈(1455)

『동국정운』과 『홍무정운역훈』은 중국이 천 년 이상을 소리를 문자로 적을 수 없는 불가능성을 단숨에 해결한 정음서이다. 한자의 동아시아적 보편성을 또 다른 보편 문자인 정음으로 그 한계를 극복한 것이었다. 황제의 나라 중국이 밝히지 못한 정음의 실체를 눈으로 보게 된 그 기쁨을 동국정운에서는 다음과 같이 표현하고 있다.

우리 세종대왕께서는 하늘이 내린 성인으로 식견이 높고 널리 통달하여 지극하지 아니한 바 없으시어 성운(聲韻)의 처음과 끝을 모조리 연구하여 헤아리고 옳고그름을 따져 칠음·사성과 하나의 세로 음과 가로 음이라도 마침내 바른 데로 돌아오게 하였으니, 우리 동방에서 천백 년 동안이나 알지 못하던 것을 열흘이 못 가서 배울 수 있으며, 진실로 깊이 생각하고 되풀이하여 이를 해득하면 성운학이 어찌 자세히 밝히기 어렵겠는가.5)

(…줄임…)

지금 훈민정음으로써 번역하여 소리가 운과 더불어 고르게 되면 같은 음을 쓰는 '음화(音化)', 다른 부류의 음으로 대신 쓰는 '유격(類隔)', 순서대로 음을 쪼개는 '정절(正切)', 맥락에 따라 다르게 음을 쪼개는 '회절(回切)' 따위의 번거롭고 또 수고로울 필요가 없이 입만 열면 음을 얻어 조금도 틀리지 아니하니, 어찌 풍토가 똑같지 아니함을 걱정하겠는가.6)

훈민정음 확장 원리는 월인석보 권두본인 훈민정음 언해본(1459)에 서 제시되었다.

中듕國·귁 소·리·옛 ·니쏘·리·는 齒: 칭頭뚤·와 正·졍齒: 칭·왜 글·히 요·미 잇ᄂ·니

ㅈㅊㅉㅅㅆ 字·쯩·는 齒: 칭頭뚤ㅅ소·리·예 ·쓰·고

ㅈㅊㅉㅅㅆ 字·쯩·는 正·졍齒: 칭ㅅ 소·리·예 ·쓰ᄂ·니

: 엄·과 ·혀·와 입시·울·와 목소·리·옛 字·쯩·는 中듕國·귁 소·리·예

5) "我世宗大王天縱之聖, 高明博達, 無所不至, 悉究聲韻源委而斟酌裁定之, 使七音四聲, 一經一緯 竟歸于正, 吾東方千百載所未知者, 可不浹旬而學, 苟能沉潛反復有得乎, 是 則聲韻之學, 豈難精 哉."(정운역훈서3ㄴ: 5~9)

6) "今以訓民正音譯之, 聲與韻諧, 不待音和類隔正切回切之繁且勞, 而擧口得音, 不差毫釐, 亦何患 乎風─之不同哉."(정훈역훈서4ㄱ: 2~5)

通통·히 ·쓰·ᄂ니·라.

(번역: 국 소리의 잇소리는 윗니소리와 아랫니소리의 구별함이 있으니,

ㅈ ㅊ ㅉ ㅅ ㅆ자는 윗닛소리에 쓰고

ㅈ ㅊ ㅉ ㅅ ㅆ자는 아래닛소리에 쓰니

어금닛소리와 혓소리와 입술소리와 목구멍소리의 글자는 중국 소리에
두루 쓴다.)

_정음14ㄴ~정음15ㄱㄴ

물론 우리의 훈민정음 확장 관점은 해례본의 확장 원리나 가치를
응용하거나 그 정신과 가치를 살리자는 것이지 그대로 하자는 것은
아니다.

4.3. 훈민정음 확장안 접근 관점과 제한

이 연구는 훈민정음 표기 체계나 표기 원리를 살려서 IPA 음운 체계
의 대체 또는 그 이상의 확장 응용에 관한 여러 안을 종합 정리하고
바람직한 확장 방향을 제시하기 위한 것이다. 궁극적으로 훈민정음의
국제 음성기호 또는 다국어를 적은 음운 기호로서 얼마나 효율적인가
를 검증하기 위한 것이다. 구체적으로는 한국정보통신기술협회(TTA)
에서 제안하고 주관했던 '미래형한글문자판 표준화포럼'에서 논의한
성과를 소개하는 것에 집중하도록 한다. 전국적이면서 공개적이었던
이 포럼은 2011년과 2012년 모두 총 50회가 넘는 회의와 발표가 있었
으며, 3종의 외국어표기 방식을 담은 표준문서가 포럼표준으로 결정
되었고, 이에 관련된 기술보고서 3건이 채택되었다. 그간 포럼활동과
결과물은 TTA가 지원한 예산으로 간행된 총람집이 있고 TTA 예산지

원의 총람집은 2011.12와 2013.6 등으로 2회 발행되었다.[7]

이 연구를 위해 우리가 세운 검토 기준은 두 가지다. 첫째는 훈민정음 제자 원리나 확장 원리를 어떻게 적용했고 응용했느냐이다. 훈민정음 기반 음운 기호이므로 우리는 훈민정음 제자 원리와 확장 원리를 최대한 존중하고 살리는 것이 중요하다. 그렇다고 『훈민정음』(1446) 해례본에 나오는 모든 원리를 그대로 적용하자는 것은 아니다. 둘째는 실제 응용과 적용의 효율성이다. 아무리 음운학적으로 뛰어난 안이라도 컴퓨터나 핸드폰 문자 구현이 가능한가, 더 나아가 얼마나 효율적인가가 중요하다.

우리가 실제 검토하고자 하는 다양한 훈민정음 표기 확장안들은 IPA를 염두에 두지 않고 구체적인 자연어를 목표로 한 것도 많다. 그러나 그 어떤 안도 IPA를 대체할 수 있는 안으로 수렴이 돼야 실제 확장의 효율성이 있다고 보았다. 반대로 IPA를 염두에 둔 대안이나 연구라 할지라도 현대 컴퓨터나 스마트폰 시스템에 적용하기 어려운 것도 있다. 그런 경우는 구현 원리 수준에서 검토하기로 한다.[8]

우리가 검토 기준으로 삼은 IPA는 다음과 같다.

---

7) 이 부분은 총람 편찬 책임자였던 곽경 선생님의 많은 도움을 받았기에 감사 드린다.

8) 관련 학위 논문으로는 조운일(2001)의 「음성기호 연구: IPA와 IKPA를 중심으로」(서울대학교 박사논문)와 박송이(2013)의 「국제음성기호와 국제한글음성기호의 비교 연구」(경희대학교 석사논문) 등이 있다. 변형식 새 글자 방식 논의라 여기서는 특별히 검토하지 않았다.

8〉 국제음성기호(IPA)의 자음 '유기음, 긴장음' 확장

THE INTERNATIONAL PHONETIC ALPHABET(revised to 1993, corrected 1996)
CONSONANTS (PULMONIC): 자음(폐의 작용)

조음점→ 조음방법↓	Bila-bial 양순		Labio-dental 순치		Den-tal 치		Alveo-lar 치경		Post-alveo-lar 후치경		Retro-flex 치경구개		Pala-tal 경구개		Velar 연구개		Uvu-la 목젖		Pharyn-geal 목구멍		Glot-tal 성문	
유성 voiced/voiced	무성	유성	무성	유성	무성	유성	무성	유성	무성	유성	무성	유성	무성	유성	무성	유성	무성	유성	무성	유성	무성	유성
음(Plosive)	p	b					t	d			ʈ	ɖ	c	ɟ	k	ɡ	q	ɢ			ʔ	ʔ
음(Aspirated)	pʰ										tʰ				kʰ							
음(Tense)	p'										t'				k'							
(Nasal)		m		ɱ				n				ɳ		ɲ		ŋ		N				
음(Trill)		ʙ						r								R						
음(Tap) 음(Flap)								ɾ				ɽ										
음(Fricative)	ɸ	β	f	v	θ	ð	s	z	ʃ	ʒ	ʂ	ʐ	ç	ʝ	x	ɣ	χ	ʁ	ħ	ʕ	h	ɦ
음(Aspirated)							tsʰ															
음(Tense)							s'		ts'													
음 l fricative)							ɬ	ɮ														
음(Approximant)				ʋ				ɹ				ɻ		j		ɰ						
접근음 l approximant)								l				ɭ		ʎ		ʟ						

'파열음'에는 15세기 후두유성마찰음인 'ㅇ/ʔ'과 같은 기호로 [ɦ]과 '유기음(Aspirated)' /pʰ, tʰ, kʰ/와 '긴장음(Tense)' /p', t', k'/를, '마찰음'에는 유기음 /tsʰ/와 긴장음 /s', ts'/를 더하여 넣었다. IPA 모음에 대해서는 한글확장안을 내세운 연구자들 사이에 큰 이견이 없다.

'한글확장'과 '확장한글'은 확장한글표준화위원회(2013: 626)에 따라 다음과 같이 구별한다.

한글확장(Hangeul Extention): 한국어 이외의 발음을 변별력 있게 표기할 수 있도록 하기 위하여, 현대 한국어에서 사용되는 표기법을 확장하여 표기하는 것을 일반적으로 의미한다. 더불어 본 기술보고서에서는 한국어 음운현상에 대한 표시 기호로 사용되는 수단과 어법에 따른 올바른 표기를 위한 한글확장 표기를 포함한다.

　확장한글(Extended Hangeul): '한글확장'을 위하여 현대 한국어에서 사용되는 자모음을 벗어난 모든 표기 수단을 이용한 표기 방법을 의미한다.

_확장한글표준화위원회(2013: 626)

4.4. 확장한글로서 갖춰야 할 일반 조건

1) 한글이 가장 발달된 음소문자라는 위상을 벗어나는 일이 없어야 한다

تفضل
타팟돨

　음절 고유의 소릿값을 음절 외부에 '방점'을 찍어 결정하는 '방점식'은 그 나름의 장점은 있지만 한글이 음소문자 일반 원리에서 벗어나는 한글 확장 방법이다. 물론 곽경(2013), "점 하나로 모든 세계어를 한글로 표현하자."(확장한글표준화위원회, 2013,『한글 세계화와 한글확장』(증보판), 미래형 한글문자판 표준포럼, 366~367쪽)에서 다음 대비와 같이 병서를 이용해 복잡하게 표기하는 것보다 훨씬 간결한 표기법이라고 하지만 특수 부호 사용의 부담감은 피할 수 없을 것이다.

Lilac 라일락 / Cafe latte 카ᵉ라테 / Valve 뱰ᵇ

Lilac 라일락 / Cafe latte 카페라테 / Valve 뱰ᵇ

　'변형식' 중에서도 일부 확장 글자는 음소문자에 해당되지 않는 경우가 있는데, 그처럼 한글이 음소문자라는 정체성에 어긋나는 확장

형태는 확장한글의 범주에 포함시키기가 곤란하다.

2) 확장한글을 손글씨로 쓸 때 글자끼리 변별성이 있어야 한다

〈표 9〉 한음치성 방식의 변형자

사/사	주/주/주	자/자/자

〈표 9〉에서 보인 ○/□/△ 형식은 이른바 '한음치성' 방식을 응용한 것으로 이 글자들을 손글씨로 쓴다고 했을 때, 3가지 글꼴을 뚜렷하게 변별하여 인식하기 어려운 점이 있다. 더군다나 저와 같은 한음치성 음절이 긴 문장 사이사이에 드문드문 하나씩 끼어 있다면, 더욱 알아채기 어렵다. 필기체의 경우에는 모양이 제각각인데, 그 제각각인 한음치성 음절의 모양을 더욱 구별하기 어렵다.

3) 확장한글을 손글씨로 쓸 때 역방향 획이 없어야 한다

前方到站是孔德站.
첸팡따오짠스 쿵더짠.

'방점식', '변형식' 가운데 일부는 마치 영문 'is'를 필기체로 쓸 때 점(.)을 맨 나중에 찍어야 하는 것처럼 연필을 뒷(이전)방향으로 움직여야 하는 경우도 있는데, 이렇게 되면, 한글 음절 글자를 계속 연접시켜 쓸 때, 운필의 느낌이 부자연스럽게 된다. 이것은 미처 손글씨를 쓰는 것까지 고려해 확장한글을 고안하지 않았기 때문에 발생하는 문제이다.

4) 타이포그라피와 확장한글의 표현 영역이 서로 겹치지 않아야 한다

〈사진 4〉 타이포그라피 방식의 확장한글

　타이포그라피는 기존 서체를 활용하여 문자의 표현 범위를 확장하는 방법으로서, 현대한글에서 강조점을 찍어 한글의 표현 범위를 확장하는 방법은 타이포그라피 영역의 일부가 된다. 타이포그라피의 예로는 위와 같은 것들이 있는데, 타이포그라피는 이보다 훨씬 더 다양하고 현란한 양상으로 실시되고 있는 것이 현실이다.

　〈사진 4〉에서 '장수풍뎅이'를 보면, '장'자 위에 붙인 'v' 표시는 아마도 장수풍뎅이의 '더듬이'를 상징하는 표시일 것이다. '윤비네 싸롱'에서는 보통의 방점 표현 영역을 벗어나 자유자재로 방점을 이용하고 있는 것을 볼 수 있다. '한글 타자 경진대회'의 '타'라는 글자에는 가로줄 3개가 'ㅌ'을 대신하고 있다. 이와 같이 타이포그라피의 세계에서는 글자의 획 모양도 자유롭게 변형시켜 실시하고 있다.

　이와 같은 몇 가지 예만 보더라도 타이포그라피의 표현 방법이 너무나 자유스러워, 표현 영역 면에서는 한글확장 방안의 '변형식'이나 '방점식'은 거기에 비교가 되지 않는다. 따라서, '변형식'이나 '방점식', '한음치성식'은 타이포그라피 세계에서 보여주는 현란하고도 변화무쌍한 표현 방법의 '부분집합'에 지나지 않는다.

5) 캘리그라피(멋글씨)와 확장한글의 표현 영역이 서로 겹치지 않아야 한다

캘리그라피는 문자를 의미전달 수단으로 보지 않고 글자의 조형미를 최대한 살리는 것을 목적으로 하기 때문에, 유연하면서도 동적인 선, 번짐 글자, 살짝 스쳐가는 효과, 여백미 등을 이용하여 문자를 아주 다양하게 표현한다.

캘리그라피[9]는 원래 작가가 손으로 그린 그림문자라는 뜻이었지만, 캘리그라프가 상업적인 목적으로 활용되기 시작하면서, 지금은 일반인도 기성품 글꼴 소스[10]를 자유롭게 변형하여 변화무쌍한 글꼴을 만들어낼 수 있게 되었다.

이런 예에서 '좁쌀 막걸리'까지는 글자를 쉽게 읽을 수 있지만, '물병자리'에서 '병'의 초성 'ㅂ'은 'ㅂ'처럼 보여 어떤 확장한글의 모양과 비슷해졌고, '○비더(?)비'는 무슨 글자인지 찬찬히 살펴봐도 좀 애매하고, '♡○나!'에서 '○' 부분은 아예 해독 자체가 불가능한 경우이다. 이처럼 캘리그라피의 세계에서는 글자를 의미의 전달단위로 보지 않고, 극단적으로 조형성을 추구하기 때문에, 확장한글의 '변형식', '방

---

9) 원래 캘리그라피는 작가가 완성형 글꼴로 제작하여 배포·납품하지만, 조합형 폰트 세트로 기성품 글꼴 소스를 제작하여 배포하는 경우가 있다. 완성형 글꼴은 원작 자체에 방점을 찍을 수 있지만, 기성품 조합형 글꼴 소스인 경우에는 자판에서 방점을 찍을 수가 없다.

10) 기성품 글꼴소스는 전문 폰트제작사에서 만든 조합형 폰트로서, 이를 컴퓨터에 설치하여 화면에 글자를 출력한 다음, 그 글자의 부분부분을 이리저리 늘이고 줄이거나 비틀어 새로운 조형미를 창조한다.

점식', '한음치성식'은 캘리그라피의 표현 범주를 벗어나지 못한다.

위에 보인 예는 일반적인 인장체(도장에 새기는 한글 서체)로서, 인장체는 극히 제한된 공간 안에 글자를 새겨 넣어야 하므로, 글자들을 상하로(위 '임종본'). 또는 좌우로(위 '박서연') 파고들게 하거나 겹쳐지게 할 수밖에 없어, 글자들끼리 뚜렷하게 변별되지 않는 특성이 있다. 따라서, 어떤 인장체로 글자를 새기든 '변형식', '방점식', '한음치성식'은 캘리그라피의 표현 범주와 겹치게 된다.

6) 현대한글의 강조점과 확장한글의 방점 영역이 서로 겹치지 않아야 한다

현대한글에서는 '강조점'을 찍어 한글의 표현 범위를 확장하고 있는데, 이러한 현대한글의 강조점은 방송자막과 광고문구의 서체 등에는 매우 활발하게 쓰이고 있다.

(아래한글 2010 버전을 기준으로) 상단 도구띠 〉 서식 〉 글자모양 〉 확장 〉 강조점을 실행하여, 강조점 목록에 실려 있는 12개의 강조점을 찍은 예는 다음과 같다.

강조점을 ·모:두 찍어보면 이와 같다

현대한글의 '강조점' = 방점식의 '방점'

방송자막이나 광고문구 서체를 보면, 위에서 예로 든 12개의 강조점 형태보다 훨씬 더 다양한 모양을 이용하고 있는데, 특히, 방송의 오락프로그램에서는 참으로 별의별 모양이 다 동원되어, 가히 문자 변형계의 무법자라고 할 정도이다. 따라서, '방점식' 한글확장 방안은 이미 실제에서 활발하게 쓰이고 있는 현대한글의 강조점과 겹치고 있어, 한글확장 방안으로서 '방점식'은 성립되지 않는다.

7) 확장한글은 〈세로쓰기〉가 가능해야 한다

현대한글에서는 가로쓰기가 보편적인 방법이지만 세로쓰기도 종종 쓰인다. 컴퓨터 문서작업에서는 표작업에서 쓰이는데, 이 장의 내용에 들어 있는 표에도 세로쓰기가 적용된 곳이 있다. 그렇다면, 확장한글에서도 세로쓰기를 할 수 있어야 하는데, '방점식'은 '방점'을 본 글자의 상하에 찍기 때문에 세로쓰기를 했을 경우, 윗 글자와 아랫 글자 사이에 '방점'이 들어가게 되는 문제가 발생한다.

위에 보인 바와 같이, 합용병서식은 기존의 옛글 쓰기와 조건이 동일하므로, 세로쓰기에 아무런 문제도 없지만, '방점식'은 세로쓰기 자체가 형태적으로 성립되지 않는 구조적인 문제가 있다.[11]

8) 확장한글은 〈좌로쓰기〉가 가능해야 한다

한글은 한자와 마찬가지로 그 태생 자체가 좌로쓰기+세로쓰기 문자형식이기에, 합용병서식 확장한글은 좌로쓰기가 가능하다. '좌로쓰기'는 특수한(예: 서예) 경우가 아니면, 현대한글에서는 그다지 쓸 일이 없지만, 히브리어, 아랍어 발음을 확장한글로 표기할 때는 원래 모드에서 문자가 출력되는 형식에 맞춰야 하기 때문에 반드시 '좌로쓰기'로 해야 한다. 본 글자의 좌측이나 우측에 방점을 찍는 '방점식'에서는 이때 혼란이 일어날 것이 자명하다.

4.5. 컴퓨터 구현 및 적용상의 조건

1) 확장한글은 가로형/세로형 LED 전광판에 적용할 수 있어야 한다

전광판 모듈의 크기는 가로형이든 세로형이든 최대치가 16×16형인데, 한글은 16×16형이어야 되고, 영문/숫자는 8×16형이면 된다. 아래에 보인 예는 16×16형에 합용병서식 확장한글 가운데 상하로 가장 큰 공간을 차지하는 글자를 상정하여 적용해 본 것이다.

---

11) 병서 방식을 비판하는 "김국(2013), 「세계문자화를 위한 한글확장 표기」; 확장한글표준화위원회(2013), 『한글 세계화와 한글확장』(증보판), 미래형 한글문자판 표준포럼, 93쪽"에서는 다음과 같이 설명하고 있다.
　"유성음 [d]를 표시하기 위해 ㄸ(ㄴ+ㄷ)과 같은 표기를 하면, 이를 보는 사람은 단자음보다는 ㄴ+ㄷ의 2 음소 복자음으로 인식할 가능성이 있다. 만든 사람이 그렇게 하지 말라고 말한다고 그대로 되는 것이 아니다. 대응규칙을 정의하더라도 직관적이고 쉬운 규칙이 좋다. 훈민정음에서 옆으로 나란히 적는 병서는 각각의 자음이 있는 복자음의 성격이고, 위아래로 적는 연서는 단자음의 성격이므로, 병서 방식으로 단자음을 표시하는 데는 부적절한 면이 있다."

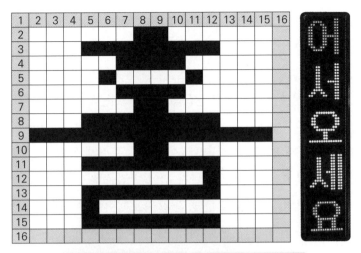

한글확장 방안 가운데 '방점식'은 '방점'을 글자의 주위에 찍어야 하기 때문에, 16×16형 전광판 모듈 안에서는 '방점'을 표시할 공간을 확보하기 어렵다. 방점(̃ , ˙, ˇ, ^)을 표시하려면, 방점 표시 영역 2줄 + 여백부 1줄로, 최소한 상하 3줄이 더 필요하다.

2) 확장한글은 스마트 기기의 문자 편집창에서 출력이 가능해야 한다

'방점식'에서 제안하는 '방점' 형태를 스마트 기기에 탑재하여 '방점'이 찍히는지 확인해 보았으나, '방점'이 찍히지 않았다.[12] 현재 시점에서 가장 큰 적용분야라 할 수 있는 스마트 기기에 확장한글을

---

12) 안드로이드 4.0 버전에서, 한글 음절 위에 유니코드에 등록된 방점을 결합시키는 실험을 해본 결과이다.

적용할 수 없다면, 그 확장 방안은 이미 생명력 자체가 없는 것으로 판정할 수 있다.

3) 확장한글은 1줄 짜리 문자 편집창에서 입력하는데 문제가 없어야 한다

1줄 짜리 문자 편집창은 인터넷, 이메일의 주소창 등의 구조에 쓰이는데, 1줄 짜리 주소창에서, 본 글자 위에 방점을 찍는 '방점식' 확장한글을 입력하려면, 방점을 찍는 공간을 확보해줘야 하므로, 그 방점이 차지하는 공간(높이)만큼 본 글자의 크기가 줄어들어야 한다. 이렇게 되면, 모든 1줄 짜리 문자 편집창에서는 글자가 작게 보일 수밖에 없기 때문에, 처음부터 편집창의 높이 자체를 크게 만들든지, 아니면 편집창의 크기는 그대로 두고 작아진 글자를 그대로 보든지 둘 중에 어느 한 쪽을 선택해야 한다.

4) 확장한글을 유니코드에 등록하려면 확장한글의 이름이 있어야 한다

유니코드에 등록하려면 글꼴과 그 이름을 함께 제안해야 하는데, 그 확장한글의 이름에 대해서도 합의를 해야 한다. 아래는 현재 유니코드에 등록된 각각의 옛한글 자모에 이름을 붙인 것인데, 한글 사용자라면 누구나 상식적으로 알고 있는 그대로 이름이 붙여졌음을 알 수 있다.

	A96	A97
0	ㄸ A960	ㄸ A970
1	ㄸ A961	ㄸ A971
2	ㄸ A962	ㅄ A972
3	ㄸ A963	ㅂ A973
4	ㄹ A964	ㅸ A974
5	ㄹ A965	ㅆ A975
6	ㄸ A966	ㅇ A976
7	ㄸ	ㆁ

Initial consonants

A960	ㄸ	HANGUL CHOSEONG TIKEUT-MIEUM
A961	ㄸ	HANGUL CHOSEONG TIKEUT-PIEUP
A962	ㄸ	HANGUL CHOSEONG TIKEUT-SIOS
A963	ㄸ	HANGUL CHOSEONG TIKEUT-CIEUC
A964	ㄹ	HANGUL CHOSEONG RIEUL-KIYEOK
A965	ㄹ	HANGUL CHOSEONG RIEUL-SSANGKIYEOK
A966	ㄹ	HANGUL CHOSEONG RIEUL-TIKEUT
A967	ㄹ	HANGUL CHOSEONG RIEUL-SSANGTIKEUT
A968	ㄹ	HANGUL CHOSEONG RIEUL-MIEUM
A969	ㄹ	HANGUL CHOSEONG RIEUL-PIEUP
A96A	ㄹ	HANGUL CHOSEONG RIEUL-SSANGPIEUP
A96B	ㄹ	HANGUL CHOSEONG RIEUL-KAPYEOUNPIEUP
A96C	ㄹ	HANGUL CHOSEONG RIEUL-SIOS
A96D	ㄹ	HANGUL CHOSEONG RIEUL-CIEUC
A96E	ㄹ	HANGUL CHOSEONG RIEUL-KHIEUKH
A96F	ㅁ	HANGUL CHOSEONG MIEUM-KIYEOK
A970	ㅁ	HANGUL CHOSEONG MIEUM-TIKEUT
A971	ㅁ	HANGUL CHOSEONG MIEUM-SIOS
A972	ㅄ	HANGUL CHOSEONG PIEUP-SIOS-THIEUTH
A973	ㅂ	HANGUL CHOSEONG PIEUP-KHIEUKH
A974	ㅸ	HANGUL CHOSEONG PIEUP-HIEUH
A975	ㅆ	HANGUL CHOSEONG SSANGSIOS-PIEUP
A976	ㅇ	HANGUL CHOSEONG IEUNG-RIEUL
A977	ㅇ	HANGUL CHOSEONG IEUNG-HIEUH
A978	ㅉ	HANGUL CHOSEONG SSANGCIEUC-HIEUH
A979	ㅌ	HANGUL CHOSEONG SSANGTHIEUTH
A97A	ㅍ	HANGUL CHOSEONG PHIEUPH-HIEUH
A97B	ㅎ	HANGUL CHOSEONG HIEUH-SIOS
A97C	ㆅ	HANGUL CHOSEONG SSANGYEORINHIEUH

합용병서식은 위에 보인 예에 그대로 따르면 되지만, 현대한글 자모의 글꼴을 바꾼 '변형식'과, 모양이 서로 다른 다수개의 '방점'으로 이루어진 '방점식'은 확장 자모의 이름을 붙이는 단계를 반드시 거쳐야 한다. 확장된 자모의 이름을 임의적으로 붙일 수는 없는 것이고, 아마도 확장 자모의 이름은 해당 분야 전문가들의 합의에 의해 결정될 것이다. 아무리 전문가들이 합의하여 자모의 이름을 짓는다 해도 한글의 어문규범이나 문자체계 범주 안에서 이루어져야 하는 것은 당연하다.

5) 확장한글을 유니코드에 등록하려 할 때 장애요소가 없어야 한다

유니코드 체계는 등록할 수 있는 영역이 제한돼 있어, 등록을 하고 싶다고 해서 모두 등록할 수 있는 것이 아니다. 게다가, 한글은 이미 유니코드 영역에 약 12,000개 정도를 이미 등록해 놓은 상태라, 더 등록할 수 있는 칸이 별로 남아 있지 않다.

현대한글 자모의 글꼴을 변형한 '변형자'를 유니코드에 등록한다고 가정했을 때, 진행 과정에서 이런 문제가 발생할 수 있다. 처음에 변형자를 어떻게든 유니코드에 등록하기는 했는데, 이후, 이미 등록된 변형자보다 더 좋은 변형자가 고안되었을 때는 더욱 곤란하게 될 것이다. 또 IPA기호에 1 : 1로 대응시키는 절대전사 단계가 되었을 때, 현대한글 자모를 가지고 그 많은 변형자를 만들기는 곤란할 것이다. 참고로, 'ㄹ'자 하나를 변형시켜 만들어야 할 글자 수는 13자(ſ, Я, L, ſ, ſ, ſ, l, ſ, z, ſ, R, ʁ, r) 정도 된다.

6) 확장한글은 (최)소형 자판에도 무리 없이 배열할 수 있어야 한다

확장한글을 자판에 적용할 경우, 최소형 자판부에도 적용할 수 있어야 한다. 입력요소의 배정 조건이 넉넉한 큰 자판에는 어떻게든 확장한글을 배열하여 적용할 수 있을 테지만, 입력요소의 배정조건이 만만치 않은 자판 조건도 고려해서 고안해야 한다.

2013년에 개발되기 시작하여 이제 실용화된 워치폰은 말 그대로 손목시계형 스마트 기기이다. 기기 자체가 보나마나 손목시계 정도의 크기일 것이므로, 자판부의 크기가 어느 정도로 작으리라는 것은 대략 가늠할 수 있을 것이다. 워치폰의 자판부에 입력요소를 배정할

(애플사) iWatch

워치폰(삼성전자)

⇧   ⇧

(최)소형자판	ABC ①	DEF ②	GHI ③
	ㄴㄷ	ㄱㅁ	ㅏㅗ
	JKL ④	⑤	MNO ⑥
	ㅇㅂㆁ	▶_	ㅣㅡ
	PQRS ⑦	TUV ⑧	WXYZ ⑨
	ㅅㅎㆆ	ㄹㅈ	ㅓㅜ
	123&\abc	⊗	↵

[3×3]형

	①	ABC ②	DEF ③	⊗
	ㄴㄹ	ㄱㅋ	ㅏㅗ	
	GHI ④	JKL ⑤	MNO ⑥	↵
	ㅇㅁ	ㄷㅌ	ㅣㅡ	
	PQRS ⑦	TUV ⑧	WXYZ ⑨	123&\abc
	ㅅㅎ	ㅈㅊ	ㅓㅜ	
	★	⓪	#	↵
	ㅆㅎㆁ	ㅂㅍ	▶_	

[3×4]형

수 있는 키의 수는 아주 제한적일 수밖에 없기 때문에, 대략 9개(3×3)
정도가 최소치가 아니겠느냐 하고 추정하고 있다.

핸드폰 자판 그림에서와 같이, '합용병서식'은 심지어 [3×3] 형식이
라 할지라도 현대한글 자판을 그대로 사용할 수 있다. 다만 두세 글자
를 추가로 배정하되, 가족글자로 묶어서 배정하게 되면 동일 키에
계통자를 배정하는 원칙까지 지킬 수 있다.

'변형식', '방점식', '한음치성식'은 입력요소를 무리한 방법으로 배
정하지 않고서는 공간적인 제약이 심한 소형 자판부에 해당 방식의

입력요소를 모두 배정할 수가 없다. 여러가지 모양으로 변형시킨 새로운 자모나 방점들을 자판에 각각 독립적으로 배정하지 않고서는 입력할 수가 없는 것이다.

7) 확장한글은 초성을 추출하여 나열하는 형태가 가능해야 한다

현대한글에서 초성을 추출할 수 있다면, 확장한글에서도 초성을 추출할 수 있어야 하는 것은 당연한 일이다. 초성 추출형식은 전화기의 전화부나 내비게이션에서 초성검색에 주로 쓰이는데, 그 유용성과 효과는 이미 증명된 상태이다. 이러한 유용성과 효과가 있기 때문에, 확장한글에서도 반드시 초성을 추출할 수 있어야 하는 것이다.

'방점식'은 음절 외부에 그 글자의 소릿값을 결정하는 요소(방점)가 있으므로, 글자를 음소 단위로 분해할 수 없다. 따라서 '방점식'에서는 글자에서 초성을 추출하여 나열할 수가 없다.

Visa
father
Thank you
River
Line

위에서 보인 바와 같이, '변형식'은 현대한글 자모의 모양을 변형시키는 방법이기 때문에, 변형시켰던 원래 자모와는 다른 새로운 자모가 만들어진 것이다. 변형된 자모의 수효가 늘어나면, 초성의 수효도 그에 비례해서 증가하게 된다. 초성 추출은 한글을 좀더 간략화해서 쓰는 실용적인 방법인데, 그와 같이 변형된 자모의 수가 증가하게 되면, 초성 추출의 의미가 퇴색하게 된다. 즉, '변형식'은 초성추출 방식에서 얻는 것과 잃은 것이 병존하므로, '변형식'은 초성 추출방식에서는 유용성이 없다.

8) 한글 문자열 데이터를 기존 형식·상식대로 정렬할 수 있어야 한다

확장한글의 고안 단계에서 최후의 과정은 확장한글을 정렬하고 검색하는 방법이다. 아무리 확장한글을 기발하게 고안했다 할지라도, 그 확장한글을 구성요소로 하여 구축된 문자열/ 어휘 데이터가 보편적·통상적인 방법으로 정렬하거나 통합 검색을 할 수 없다면, 결국 그 확장한글은 쓸모가 없게 된다. 이미 (인터넷) 디지털 사전에서는 외국어를 현대한글로 검색하는 통합검색시스템이 실시중에 있는데, 이러한 일은 사용자가 현대한글을 이용한 사전 검색 행태가 습관화되고 있다는 것을 의미한다.

〈표 10〉 방점식 음절의 나열순서: 가나다라마바사아자차처 카타파퍄하

	자음	모음
훈민정음 (28자모)	ㄱㄴㄷㄹㅁㅂㅅˆ ㅇᵒ ㅈㅊㅋㅌㅍㅎˉ (17자)	ㅏㅑㅓㅕㅗㅛㅜㅠㅡㅣ· (11자)
변형식 확장자모	ㄱㄴㄷᄄ ◄ ∏ ㄹᄙ ㅁㅂᄖ ㅅˆ ㅇᵒ ㅈᅏ ㅊㅋㅌ ㅍㅎ ㅎˉ (??자)	

'방점식' 확장한글을 위와 같이 사전식 자모순으로 정렬하려면, 모든 음절이 동일한 조건으로(예: 유니코드) 정규화돼 있어야 한다. 음절 구성에서 동일한 조건으로 정규화되어 있지 않으면, 검색을 실시할 수가 없다.

'변형식'은 자모의 수효 자체가 늘어났기 때문에, 정렬 기준이 되는 자모의 수효도 그만큼 늘어나게 된다. 정렬·검색 상황에서는 늘어난

자모 수효만큼 복잡도가 증가하게 되는 것은 당연할 일이다.

〈표 11〉 훈민정음 자음의 정렬 순서

	0	1	2	3	4	5	6	7	8	9	A	B	C	D	E	F
0	115F	1100	1101		1154								1102	1113	1114	1115
		1148	11A9	11FA		11C3	11FB	11AA	11C4	11FC	11FD	11FE	11AB	1105	11FF	1108
1		1116	115B		115C				115D	1103	1117	1104		115E	A960	A961	A962
	07C9		11C7	11C8	11AC	07CC	11C9	11AD	11AE	11CA	07D0	07CE	11CB		07CF	07D0
2			A963			1105	A964	A965			1118	A966	A967		1119		A968
	07D1	07D2	07D3	07D4	114F	11B0	07D5	11CC	07D6	11CD	11CE	110E	110F		11D0	1181
				A969		A96A					A96B	A96C				A96D	A96E
3	11D1	11D2	07D8	11B2	07D9		11D3	07DA	11D4	1105	11D5	1106	11D7	07DB			1108
			111A			111B	1106	A96F		A970			111C			A971
4	11B4	11B5	11B6	11D9	07DC	07DD	1107	111D	07DE	07DF		11DB	07E1	11DE	07E1	11DF
						1110	1107	111E	111F	1120			1108	1121	1122
5	11DE	11DF	07E2	07E6	11E1	1109	110A			07E3	11E3	07E4	07E5	07E6	1108	11B5
	1123	1124	1125	1126	A972	1127	1128	A973	1129	112A	A974	112B	112C	1109	112D	112E
6	07E7				07EB	07E9			11E4	11E5	11E6		118A	11E7		
	112F	1130	1131	1132	1133		110A		A975	1134		1135	1136	1137	1138
7	111B	11E3	07EA	11EA		07EB	118B	07EC	07ED			07EE		07EF	07F0
	1138	113A	113B	113C	113D	113E	113F	1140				1106	A976	1143	1144
8	07F1		07F2							11E8	07F3	07F4	118C			
	1145	1146	1147	1148	1149	114A	114B	A977	114C						
9										11F0	11EC	11ED	07F5	11F1	11F2	11EE	11EF
			110C			1140	110D	A978	114E	114F	1150	1151	110E	1152	1153	1154	1155
A	07F6	11ED	07F7	07F8		07F9								119E		
B	110F	1110	A979	1111	1156			1112	112A						A97B	1159
	11BF	11C0		11C1	11F3	07FA	07FB		11F4	11C2	11F5	11F6	11F7	11F8		
C	1159	A97C														
	11F9															

400   한글학

	0	1	2	3	4	5	6	7	8	9	A	B	C	D	E	F
0	ᄒᆜ	ᅡ	ᅩ	ᅭ	ᅭ	ᅢ	ᅣ	ᅶ	ᅷ	ᅸ	ᅤ	ᅥ	ᅩ	ᅮ	ᅳ	ᅨ
	1160	1161	1176	1177	11A3	1162	1163	1178	1179	11A4	1164	1165	117A	117B	117C	1166
1	ᅧ	ᅥ	ᅣ	ᅱ	ᅨ	ᅳ	ᅪ	ᅫ	ᅣ	ᅬ	ᅯ	ᅰ	ᅯ	ᅨ	ᅳ	ᅮ
	1167	11A5	117D	117E	1168	1169	116A	116B	11A6	11A7	117F	1180	D7B0	1181	1182	D7B1
2	ᅯ	ᅬ	ᅮ	ᅪ	ᅫ	ᅣ	ᅫ	ᅯ	ᅧ	ᅳ	ᅯ	ᅳ	ᅱ	ᅨ	ᅱ	ᅩ
	1183	116C	116D	D7B2	D7B3	1184	1185	D7B4	1186	1187	1188	116E	1189	118A	116F	118B
3	ᅰ	ᅯ	ᅰ	ᅳ	ᅱ	ᅦ	ᅮ	ᅲ	ᅫ	ᅯ	ᅯ	ᅰ	ᄄ	ᅳ	ᅯ	ᅮ
	1170	D7B5	118C	118D	1171	D7B6	1172	118E	D7B7	118F	1190	1191	1192	D7B8	1193	1194
4	ᅳ	ᅲ	ᅴ	ᅦ	ᅵ	ᅳ	ᅳ	ᅴ	ᅳ	ᅵ	ᅡ	ᅣ	ᅶ	ᅦ	ᅧ	ᅨ
	1173	D7B9	D7BA	D7BB	D7BC	1195	1196	1174	1197	1175	1198	1199	D7BD	D7BE	D7BF	D7C0
5	ᅩ	ᅯ	ᅭ	ᅮ	ᅲ	ᅳ	ᅦ	ᅵ	ᆞ	ᆡ	ᆢ	ᆢ	ᅳ	ᅵ	ᆢ	
	119A	D7C1	D7C2	119B	D7C3	119C	D7C4	1190	119E	D7C5	119F	D7C6	11A0	11A1	11A2	

'합용병서식'과 '한음치성식'은 〈표 11〉과 〈표 12〉에 보인 '훈민정음 자음의 정렬 순서'와 '훈민정음 모음의 정렬 순서'를 거의 그대로 따르면 된다.

4.7. IPA 기준 주요 음운 표기 비교

훈민정음의 제자원리를 원용한 '음성기호'가 됐든, 확장한글을 이용한 '음성문자'가 됐든, 지금까지 수많은 방안들이 나타났다가 사라졌다. 이 장에서는 그 중에서 공식적으로 발표된 방안들을 〈변형식〉, 〈병서식〉, 〈방점식/ 연서식〉, 3가지로 분류하여 정리한 뒤 대조-검토해볼 것이다.

〈표 13〉에 보인 연구자들은 거의 모두 '변형식'으로 한글을 확장하는 방법을 택하였는데, '변형식' 연구자들 가운데 이현복, 서정수, 김석연을 제외하고는 대체로 유성음·무성음을 구별하지 않는 방법을

선택했다. 한글확장표기법에서 유성음·무성음을 구별하여 적지 않으면, 절대전사법으로 표기할 수 없는 태생적인 한계를 안고 가게 된다.

〈표 13〉 외국어 "자음" 발음에 대한 "변형식" 확장한글 표기법 대조

IPA	규정	김구룡	이현복	서정수	김석연	이영상	이인철	최재경	김재찬	김대영	김용성
g	ㄱ	ㄱ0	ㅋ	ㅋ	ㄱ						ㄱ
ɲ	ㄴ	ㄴㄴ									
ð	ㄷ	ㄷㅅ	ㄷ	ㅌ	ㄴ△	ᄃ		ㅁ	ㅌ		ㄷ
d		ㄷ0	ㄸ	ㄸ	ㅇㄷ						ㄷ
l	ㄹ	ㄹㄹ	ㅌ	ㄹㄹ	ㄹㄹ	ㄹ	ㄷ	─	ㅌ	─	ㄹㄹ
r		ㄹ0	ㄹ	ㄹ	ㄹ						ㄹ
b	ㅂ	ㅂ0	ㅸ	ㅸ	ㅇㅂ						
v		ㅂ0	ㅸ	ㅸ	ㅅㅂ	ㅂ	ㅂ	ㅂ	ㅂ	V	V
θ	ㅅ	ㅅㄷ		ㅌ	ㄴㅅ	△	ㄸ	m	ㄷ	K	ㅅ
ʃ		ㅅㅎ	ㅈ	ㅎ	ㅅㅣ					△	△
w	ㅇ	ㅇㅇ	ㅜ	ㅠ							
j		ㅇㅇ	ㅣ	ㅣ							
dz		ㅈㄷ									
z	ㅈ	ㅈ0	△		△	ㅈ	ㅈ	ㅈ			ㅈ
ʒ		ㅈㅎ	ㅈ	ㅎ	ㅇㅅㅣ						즈
ʤ		ㅈㅎ	ㅈ	ㅈ	ㅇㅈ						쯔
ts	ㅊ	ㅊㅈ			△△						
tʃ		ㅊㅎ	ㅉ	ㅊ	ㅊ						츠
χ	ㅋ	ㅋㅎ	ㅈ								
f	ㅍ	ㅍㅎ	ㅂ	ㅍ	ㅅㅍ	ㅎ	ㅛ	ㅗ	ㅍ	V	ㅎ
ç	ㅎ	ㅎㅅ									
x		ㅎㅎ									

이현복(1971)이 한글음성기호를 고안한 것은 현대한글의 표현 범위를 확장하려 했던 게 아니라, 훈민정음의 제자원리를 원용한 음성기호를 가지고 국제음성기호(IPA)를 대체하는 것이 목적이었다. 즉, 어

떤 특수한 목적을 갖고 고안한 것이어서, 현대한글의 표현 범위를 확장하려는 확장한글의 목적성과는 다소 거리가 있는 것이다. 그러나 훈민정음의 제자원리를 원용한 한글 음성기호를 최초로 고안해 발표했다는 점에서 당 분야의 개창자로서 역사적 의의가 있다.

1993월 12월 10일자 세계일보에, 이현복이 고안한 〈훈민정음 제자원리 원용: 한글음성문자 개발〉이라는 제목으로 된 기사가 실렸고, 곧이어 박양춘의 『한글을 세계문자로 만들자』(1994)라는 책이 출간되면서 이 분야의 초기 연구자들은 상당히 고무되었다.

서정수 외(2003)는 자신이 고안한 외국어 발음표기법을 〈한글 전자발음기호〉라 이름하였다. 발음기호의 모양은 이현복의 음성기호를 기본자로 하고 거기에다 보편 통용성을 보완하기 위한 방법을 연구하였다. 자신이 만든 외국어 발음표기법을 효과적으로 보급하기 위해 〈한글문화세계화운동본부(한세본)〉라는 단체를 만들었고, 2004년부터 약 1년 동안 실제로 외국인을 모집해 한국어 교육을 시키면서 〈한글 전자발음기호〉의 효과를 검증하였다. 검증단계는 만족스럽게 거쳤으나, 〈한글 전자발음기호〉의 보편 통용성을 확보하기 위한 유니코드 등록문제가 대두되었고, 결국 보편적으로 통용될 수 없는 변형식 확장한글의 태생적인 한계로 인하여 더 이상 보급 사업이 진행되지 못하고 말았다.

김석연(2001)은 자신이 고안한 외국어 발음표기법을 〈누리글〉이라 이름하였다. 발음기호의 모양은 훈민정음 자모를 최소한으로 변형하였고, 한음치성 10자도 적극적으로 수용하였으나, 변형식 확장한글 개념에서 완전히 탈피하지는 못했다. 김석연은 〈누리글〉을 국제적으로 보급하기 위해 〈국제누리글선교회〉라는 추진 단체를 만들었고, 문맹퇴치 사업이라는 명분을 걸고 2005년 10월부터 네팔의 쩨빵족에게 〈누리글〉을 가르쳤다. 서정수 외(2003)의 경우와 마찬가지로 검증 단계는 만족스럽게 거쳤으나, 역시 〈누리글〉의 보편 통용성을 확보하기 위한 유니코드 등록문제가 대두되었다. 이 경우도 역시 보편적으로 통용될 수 없는 변형식 확장한글의 태생적인 한계로 인하여 더 이상 보급 사업이 진행되지 못하고 말았다.

이영상(2000)은 〈한글문자를 응용한 국제음성기호〉라는 제목으로 특허를 출원(출원번호=10-2001-0061289)했으나 등록이 거절되었다. 특허 제목을 〈한글문자를 응용한 국제음성기호〉라고 했지만, 한글 자모의 글꼴을 지나칠 정도로 변형시켜 음성기호를 만들었다. 특허를 출원한 이후 그것을 현실화하기 위해 어떤 활동을 했는지는 알 수 없다.

이후에 변형식 한글 확장 방안은 김세환(2013)·이인철(2013)·최재경(2013)·김재찬(2013)·김대영(2013)·김용성(2013) 등이 연구자로 나타났고, 이 중 일부 연구자는 〈확장한글연구회〉라는 단체를 결성해 적극적으로 활동하였다.

〈표 13〉에 보인 변형식 한글확장 방안들은 한글 자모를 아무리 절묘하게 변형해 고안했다 하더라도 보편 통용이 될 수 없는 다음과 같은 태생적인 한계가 엄존한다. ① 글꼴의 크기가 8p보다 작을 경우에는 변형된 모양을 분간하기 어렵다. ② 굵은 글꼴(고딕체)인 경우에는 (짧게) 변형한 획이 뭉개져 변형된 모양을 분간하기 어렵다. ③ 기울임 글꼴인 경우에는 각도를 변형했던 모양이 살아나지 않는다. ④ 펜흘림 글꼴인 경우에는 변형자인지 아닌지 분간하기가 매우 어렵다. ⑤ 결정적인 것은 한글의 글꼴을 변형하는 방법이, 문자를 의미전달 수단으로 보지 않고 글자의 조형미만을 최대한 살리는 것을 목적으로 하는 〈캘리그라피〉라는 문자 디자인 분야에 포함된다는 사실이다.

〈표 14〉 외국어 '자음' 발음에 대한 '병서식' 확장한글 표기법 대조

IPA	규정	김구룡	반재원	최성철	손진성	양창섭	정원수	박양춘
g	ㄱ	ㄱㅇ	ㅇㄱ	ㄱ	×	ㄱ	ㄱ	ㅇㄱ
ɲ	ㄴ	ㄴㄴ			×			
ð	ㄷ	ㄷㅅ	ㅍㄷ	ㄷㅅ	ㄷㆆ	ㅇㄷ	ㅇㄷ	ㄷㆆ
d		ㄷㅇ	ㅇㄷ	ㄷ	×	ㄷ	ㄷ	ㅇㄷ
l	ㄹ	ㄹㄹ	ㄹ	ㄹㄹ	ㄹㄹ	ㄹㄹ	ㄹㄹ	ㄹㄹ
r		ㄹㅇ	ㄹㅇ	ㄹ	ㄹㅇ	ㅇㄹ	ㄹ	ㄹ
b	ㅂ	ㅂㅇ	ㅁㅂ	ㅂ	×	ㅂ	ㅂ	ㅇㅂ
v		ㅂㆆ	ㅅㅂ	ㅂㆆ	ㅂㆆ	ㅇㅂ	ㅸ	ㅁ
θ	ㅅ	ㅅㄷ	ㄴㅅ	ㅌㅅ	ㅅㄷ	ㅅㄷ	ㅅㄷ	ㅅㆆ
ʃ		ㅅㆆ	ㅇㅅ	ㅅ	ㅅㆆ	×	ㅅ	ㅅ
w	ㅇ	ㅇㅇ	ㅇㅇ	ㅇ	×			ㅇ
j		ㅇㅇ	ㅇㅇ	ㅇ	×			ㅇ
dz	ㅈ	ㅈㄷ			×			×
z		ㅈㅇ	ㅿ	ㅈ	ㅈㅇ	ㅇㅈ	ㅿ	ㅇㅈ
ʒ		ㅈㆆ	ㅇㅈ	ㅈ	ㅈㆆ	ㅈ	ㅿ	ㅇㅈ
dʒ		ㅈㆆ	ㄷㅈ		ㅈㄷ	ㄷㅈ	ㅈ	ㅈ
ts	ㅊ	ㅊㅈ	??		×	ㅊㅊ		×
tʃ		ㅊㆆ	ㄷㅊ	ㅊ	ㅊ	ㅊ	ㅊ	ㅊ
χ	ㅋ	ㅋㆆ			×			
f	ㅍ	ㅍㆆ	ㅅㅍ	ㅍㆆ, ㅎㆆ	ㅍㆆ	ㅇㅍ	퐁	ㆆ
ç	ㅎ	ㆆㅅ			×			
x		ㆆㆆ			×			

*위 표에서 '×'표시는, 필자가 아직 해당 음소로 표기한 예를 찾아내지 못했음을 나타냄.

〈표 14〉에서 정리한 연구자들은 거의 모두 '합용병서식'으로 한글을 확장하는 방법을 택하였는데, '합용병서식' 연구자들 가운데 김구룡·반재원·박양춘은 대체로 유성음·무성음을 구별했지만, 최성철·손진성·양창섭은 그것을 구별하지 않았다.

김구룡은 두 개의 자모로 이루어진 합용병서식 확장 자소를 만듦에 있어, 앞의 음소는 현행 외래어표기법에 규정된 자모를 그대로 채용했고, 뒤의 기능소로서 발음을 정밀하게 판별해 적도록 하였다.

반재원은 조음 방법에 합자형 음소를 어떻게든 맞춰보려는 태도를 견지하고 있다. 이렇게 되면, 이후 컴퓨터에서 한글 문자열 데이터를 정렬·검색할 때, 반드시 동일 계통으로 정렬되어야 할 단어·어휘들이 흩어져 배열되는 결과를 가져온다. 예를 들면, θ(ㄴㅅ) 발음 표기에서 'ㄴㅅ'은 그 기본음인 'ㄴ'의 동일 계통자이기 때문에, 'ㄴ' 아래에 'ㄴㅅ'이 정렬될 것이 틀림없다. 그런데, 'ㄴ(n)'음과 'ㄴㅅ'으로 표기되는 'θ(th)'에서 어떤 식으로든 그 관계를 유추하기 어려워진다. 따라서, 사용자가 반재원 방식으로 'θ(th)' 계통의 단어(예: think)를 검색할 경우, 'ㄴ(n)'과 'θ'의 계통적 유사성을 쉽게 유추하여 실행하지 못할 것이다.

최성철, 양창섭, 정원수, 손진성은 ㄱ, ㄷ, ㅂ, ㅈ에서 유성음 성분을 표시하지 않아, 대략 간략 표기에 가까운 방법을 선택했다. 이처럼, 처음부터 간략 표기법을 선택하게 되면, 이후 정밀 표기법의 필요성이 대두하여 정밀 표기법으로 수정−전환할 때는 이미 고정된 간략 표기 원칙을 고수하기 어렵게 된다.

박양춘은 '합용병서식' 한글확장 방안을 최초로 주창하였으나, 극히 일부이기는 하지만 경우에 따라 변형식(예: v=ㄴ)도 고안하여 제시하였다.

〈표 15〉 외국어 "자음" 발음에 대한 "방점식/ 연서식" 확장한글 표기법 대조

IPA	규정	김구룡	신준	남궁준	홍일중	곽경		방석종	김국
g	ㄱ	˚ㄱ				ㄱ			
ɲ	ㄴ	ㄴㄴ							
ð	ㄷ	ㄷㅅ	ㄷ	ㄷ		ㄷ, ^ㄷ		ㄷㅇ	ㄷ, ㄸ
d		ㄷㅇ			ㄷ				

IPA	규정	김구룡	신준	남궁준	홍일중	곽경	방석종	김국
l	ㄹ	ㄹㄹ		ㄹ		ㄹ, ^ㄹ		ㄹ
r		ㄹㅇ			ㄹ			ᄛ
b	ㅂ	ㅂㅇ						
v		ㅂㅎ	ㅂ	ㅂ	ㅂ	ㅂ, ^ㅂ	ᄬ	ᄫ
θ	ㅅ	ㅅㄷ	ㅅ	ㅆ	ㅌ	ㅌ, ^ㅌ	ㅌㅇ	ㅌㅇ, ㅆ
ʃ		ㅅㅎ	ㅅ					ㅅ
w	ㅇ	ㅇㅇ						
j		ㅇㅇ						
dz	ㅈ	ㅈㄷ						
z		ㅈㅇ	ㅿ		ㅿ	ㅈ, ^ㅈ	ㅿ	ㅿ
ʒ		ㅈㅎ	ㅿ					ㅿ
ʤ		ㅈㆆ			ㅿ			ㅈ
ts	ㅊ	ㅊㅈ						ㅊ
tʃ		ㅊㅎ	ㅊ		ㅿ			ㅊ
χ	ㅋ	ㅋㅎ						
f	ㅍ	ㅍㅎ	ㅍ	ㅍ	ㅍ	ㅍ/ ^ㅍ	ᅗ	ᅗ
ç	ㅎ	ㅎㅅ						
x		ㅎㅎ						

〈표 15〉에서 정리한 연구자들 가운데 신준, 남궁준, 홍일중, 곽경은 '방점식' 한글확장방식을 택하였고, 김국, 방석종은 대체로 '연서식' 한글확장방식을 택하였다.

한글확장표기법에서 그 무엇보다도 중요한 사항은, 한글이 가장 발달한 '음소문자'라는 위상과 정체성에 어긋나는 일이 없어야 한다는 점이다. '방점식'은 이미 음가가 고정된 현대 한글 음절의 상하좌우에 부가기호(방점)를 찍어 음가를 확장하는 방식으로서, 음가를 확장하는 역할을 '방점'이 맡은 셈이다. 이렇게 되면, 확장 한글의 음가를 결정하는 역할을 '음소'가 담당하는 것이 아니라, '방점'이 담당하는 꼴이 됨으로서, 한글이 '음소문자'라는 고정불변의 정체성에 크게 어긋나게 된다.

'연서식'은 자모를 상하로 결합하는 형태이므로, '연서식' 음절을 손글씨로 쓸 때 평소에 좌우로 글자를 쓰던 습관과 달라 운필에 따른 느낌이 상당히 어색할 것이다. 게다가, '연서식' 음절을 전광판에 적용할 때는 16×16형식이라는 공간적인 제약 때문에 전광판 모듈에서 아예 연서형 글자를 수용할 수 없는 문제가 있다.

5. 한글음절표는 한글 세계화의 틀

이 장에서는 한글 음절표를 이용하여 한글 교육의 확산으로서의 한글세계화 전략과 훈민정음 적용과 확장을 통한 한글 세계화 전략을 알아보았다.

한글 음절표는 한글의 과학성을 바탕으로 한 것으로 한글 교육의 획기적 표임은 조선시대 역사가 입증하거니와 이제 세계인의 한글 교육 도구로 적극적으로 활용할 필요가 있다.

훈민정음을 통한 확장한글이 성립되기 위한 조건으로 16가지를 상정하여 세부적인 검증을 해보았다. 어떤 형식의 한글확장표기법이라도 위 16가지 성립조건 가운데 어느 하나라도 결여하게 되면, 그 방식은 확장한글로 채택하기 어려울 것이다.

외국어 발음을 확장한글로 표기하는 방법은 절대전사와 상대전사 2가지로 나눌 수 있다. '절대전사(絶對轉寫)'는 '국제음성기호(IPA)'처럼 해당 발음과 기호가 '1 : 1'로 대응하도록 구성된 표기체계로서, 발음마다 유일한 기호와 대응시킨 것이고, '상대전사(相對轉寫)'는 언어별로 각각 별도의 대응체계를 만들어 사용하는 것을 말하는데, 만약 여기서, 절대 전사법으로 모든 국제음성기호에 대응하도록 표기해야 한다면, '변형식'에서는 국제음성기호에 대응시킬 변형된 글꼴을 음성기호의 수만큼 만들어야 한다. 그러한 이유 때문에, '변형식'은 새 글자를 계속 만들어내야 하는 압박을 감당하기 어렵다.

또한, '방점식'도 마찬가지로, 대응시킬 국제음성기호의 개수만큼 방점의 모양을 정의해야 한다. 국제음성기호 각각에 방점의 모양을 대응시켜 정의했다고 해서 그것으로 일이 끝난 것이 아니라, 사용자가 그러한 각양각색의 방점 모양을 변별－숙지해야 하는 것이 더 큰 문제가 될 수 있다.

한글 확장표기법에서 그 무엇보다도 중요한 사항은, 한글이 가장 발달한 '음소문자'라는 위상과 정체성에 어긋나는 일이 없어야 한다는 점이다. '방점식'은 이미 음가가 고정된 현대 한글 음절의 상하좌우에 부가기호(방점)를 찍어 음가를 확장하는 방식으로서, 음가를 확장하는 역할을 '방점'이 맡은 셈이다. 이렇게 되면, 확장한글의 음가를 결정하는 역할을 '음소'가 담당하는 것이 아니라, '방점'이 담당하는 것이 됨으로써, 한글이 '음소문자'라는 고정불변의 정체성에 크게 어긋나게 된다.

이와 같은 이유로, 현대 한글 주위에 방점을 찍어 한글의 표현 범위를 확장하는 '방점식'과 현대 한글 자모의 모양을 변형하여 새로운 자모를 만들어내는 '변형식'은 한글확장표기법으로서 온전히 성립되지 않는 것으로 판단된다. '변형식'은 어쨌거나 자모의 모양을 새로 창안했으므로, 한글 확장 방안이라기보다는 한글 문자개혁 방안에 해당하는 것으로 볼 수 있다.

'한음치성식'은 손글씨로 쓸 때와, 한음치성으로 표기된 음절에서 초성을 추출하여 나열했을 때, 글자끼리 변별이 쉽지 않은 치명적인 문제가 있다. 이러한 결과는 한음치성식 제안자가 확장한 글을 고안할 때, 실제 경험에 의하지 않고 사변적으로 판단하여 결정했기 때문에 일어나는 문제이다.

'연서식'은 자모를 상하로 결합하는 형태이므로, 손글씨로 쓸 때 자연스럽지 못하고, 또 세로쓰기 형식이 될 경우, 음절 글꼴의 모양이 상하로 길게 늘어나 상하 폭의 압박감이 심할 것이다. 게다가, 전광판에 적용할 때는 공간적인 제약 때문에 16×16형식 전광판 모듈에서 연서형 글자를 수용하지 못하는 문제가 발생한다.

'합용병서식'은 일상적인 생활문자로 쓰이는 형식은 아니지만, '옛한글' 입력에서 무리 없이 실시되고 있어 워드프로세서에서 바로 입력할 수 있을 뿐만 아니라, 합용병서식 한글자모의 정렬순서와 그 조합 알고리즘까지도 이미 정립된 상태여서, 이 장의 본론 부에서 한글 확장표기법에 대한 세부 검증조건으로 상정한 16가지를 모두 통과할 수 있는 유일한 방법론이라 할 수 있다.

국제적으로 사라질 위기에 처한 소수 언어를 위한 노력에는 로마자 중심의 바벨계획(Babel Initiative)이 있다. '바벨 계획'은 사라질 위기에 처한 소수 언어의 자료를 수집하고 문서화해 보존하려는 작업으로 이 계획은 유네스코의 후원을 받아 국제단체인 하계 언어 학교가 로마자 기반의 문자를 보급하는 데 주력하고 있다.

이에 반해 훈민정음이나 한글을 이용한 무문자 또는 난문자 언어 표기 노력은 유엔의 공식 차원에서 시행되지 않고 있다. 다만 한국 독자적으로 또는 현지와의 협력 때문에 시행되었거나 시도되고 있는 유형은 다음과 같다.

(1) 보급된 곳

보급 주최: 훈민정음학회

대상: 인도네시아 찌아찌아족 언어 적기

(2) 시도한 곳

① 보급 주최: 김석연/ 세종학연구소

대상: 중국 소수 언어

② 보급 주최: 이현복

대상: 라후족

(3) 시도하고 있는 곳

① 남아메리카 소수 민족 언어/ 박한상(2018)

② 아프리카 소수 민족 언어/ 소강춘(2018)

훈민정음 확장 방안이 좀 더 체계적인 공동 연구가 이루어져 이와
같은 노력이 제대로 성과를 맺도록 해야 한다.

12장 한글정책론

1. 한글정책과 국어기본법

이 장에서는 국어정책의 핵심 제도 문헌인 국어기본법의 역사적 맥락을 통해 한글정책의 현황과 문제를 짚어보고자 한다.

2005년에 시행된 국어기본법은 바로 세종의 훈민정음 창제·반포 정신과 맞닿아 있으며, 일제강점기 조선어학회 말글 정신과도 맞닿아 있다고 보고 그 실체를 규명하려는 것이다.

'국어'는 우리말과 글을 함께 아우르는 명칭으로 국어기본법은 말과 글로 이루어지는 언어생활 모두를 대상으로 하는 법이다. 그러나 실제 국어기본법에서 다루는 언어 문제는 주로 문서 중심의 글말에 집중되어 있다. 따라서 국어기본법의 역사적 의미도 글말 중심의 역사에서 그 의의를 찾을 수 있다.

이때의 국어기본법에서 지향하는 글말은 이른바 '언문일치체'로, 입말 특성을 가장 잘 반영한 표준 문어체를 의미한다. 그런데 세종 28(1446)년에 반포된 '훈민정음'은 어문일치의 바탕이자 길을 연 것이므로 '국어기본법'의 근본정신이 담겨 있다. 거꾸로 지금 국어기본법에 훈민정음 정신과 가치를 더 부여하고 의미를 강화해 제대로 된 국어기본법을 만들자는 것이 이 논문의 핵심 요지다. 더불어 훈민정음 창제·반포의 주체인 세종의 의도와 정책적 노력에서 국어기본법에 대한 정책적 지혜를 빌려오자는 것이다.

물론 1446년에 우리말을 제대로 바르게 적을 수 있는 우리 고유 문자가 반포되었다 해도 그 문자가 조선말까지 주요 공식 문자 또는 주류 공용 문자가 되지는 못했다. 고종은 1894년에는 내각에, 1895년에는 나라 전체에 언문을 주류 문자인 국문으로 선언하지만, 조선말까지 실제 주류 문자가 되지는 못했다.[1] 이렇게 보면 세종의 훈민정음 해례본의 정신과 정책적 노력은 성공하지 못한 듯이 보인다. 그러나 그렇지 않다. 필자가 『조선시대의 훈민정음 발달사』(2012)에서 규명했듯이 세종의 해례본 정신, 정책적 노력이 어느 정도 성공했기에 언문은 비주류 문자지만 주류 문자 못지않은 구실을 담당하며 발전해 나갔다.

이렇게 글말 역사로 보면 2020년은 한글이 반포된 지 574주년이고 고종이 한글[2]을 주류 공식 문자로 선언한 지(1894) 126주년, 한글전용법이 1948년에 제정된 지 72주년, 국어기본법이 공표된 지 15주년이

---

1) '훈민정음'은 가치 중심의 특별 명칭이고 '언문'은 일상 명칭이다.

2) 표준국어대사전에서는 '한글'을 "세종대왕이 우리말을 표기하기 위하여 창제한 훈민정음을 20세기 이후 달리 이르는 명칭"으로서의 거시적 뜻과 "1446년 반포될 당시에는 28자모(字母)였지만, 현행 한글 맞춤법에서는 24 자모만 쓴다."라는 변화된 좁은 의미의 뜻을 모두 가리키고 있다.

되는 해이다. 국어기본법은 거시적으로 보면 이런 역사적 흐름 속에서 그 의미를 먼저 찾을 수 있다. 따라서 그 역사적 의미를 『훈민정음』(1446) 해례본 정신으로 본 역사적 의미와 조선어학회 정신으로 본 의미로 살펴보고자 한다.

첫째, 『훈민정음』(1446) 해례본[3]은 단순한 문자해설서가 아니라 '훈민정음'을 새로운 공식 문자 또는 공용 문자로 선언한 선언문이기도 하다. 『훈민정음』은 넓게는 언어생활, 좁게는 문자 생활의 새로운 표준을 선언한 책이기도 하다. 따라서 『훈민정음』에서 지향하고자 하는 문자의 정신 또는 해례본의 정신은 국어기본법의 바탕 정신이기도 하다.

둘째, 조선시대 때 훈민정음을 만들고 발전시킨 이들도 왕실 중심의 지배층이고 비주류 문자로 묶어둔 것도 왕실과 사대부 지배층이다. 이러한 언문의 비주류성 역사로 인해 근대 이후의 한글이 발전해 나가는 데 국어운동 노력이 중요하다. 이러한 운동의 중심에 조선어학회가 있다. 조선어학회의 1933년의 한글 맞춤법 제정은 일제 총독부가 주도하던 언문 철자법 대신 우리 스스로 마련한 것으로 우리글을 우리글답게 쓰기 위한 언문일치 정신을 반영한 것이다.

이러한 두 가지 측면에서 국어기본법의 의미와 가치를 살피고 융합적인 의미도 되짚어 보고자 한다.

---

3) 『훈민정음』은 책의 명칭이고 '훈민정음'은 문자 명칭이다. 책의 명칭은 '해례본'이라 부르기도 한다.

2. 연구사

국어기본법에 대한 종합 평가는 2015년에 새국어생활에서 특집으로 다룬 바 있다.

[특집] '국어기본법' 시행 10년, 그 성과와 나아갈 방향

박창원(2015), 「'국어기본법' 10년을 되돌아보면서」, 『새국어생활』 25(3), 국립국어원, 3~35쪽.

박재현(2015), 「국어 능력 신장을 위한 국어 능력 평가의 나아갈 길」, 『새국어생활』 25(3), 국립국어원, 36~52쪽.

남영신(2015), 「국어문화원 제도와 공공언어」, 『새국어생활』 25(3), 국립국어원, 53~75쪽.

은희철(2015), 「전문용어 정비와 표준화의 실제 방향: 의학 분야를 중심으로」, 『새국어생활』 25(3), 국립국어원, 76~106쪽.

강승혜(2015), 「한국어 교원 자격 제도 10년의 회고」, 『새국어생활』 25(3), 국립국어원, 107~122쪽.

이 잡지가 나온(9.30) 직후인 10월 16일에 국립국어원 주최로 광복 70주년 한글날 기념 전국학술대회로 "문화융성 시대의 우리 말글과 국어기본법" 전국학술대회가 열렸다. 이때 특집 필진 박창원·남영신·강승혜 등의 발표와 이현주의 '전문용어 정비와 표준화' 발표가 있었다.

이밖에 국어기본법에 대한 종합 평가 논문으로는 조태린(2009ㄴ)의 「언어 정책에서 법적 규정의 의미와 한계: 국어기본법 다시 보기」(『한말연구』 24, 한말학회) 등이 있다. 세부적인 평가 논문으로는 조항록

(2007)의 「국어기본법과 한국어교육: 제정의 의의와 시행 이후 한국어 교육계의 변화를 중심으로」(『한국어교육』 18(2), 국제한국어교육학회, 401~422쪽)가 있으며, 그 외는 참고문헌 논저로 대신하기로 한다.

3. 훈민정음 해례본 정신으로 본 국어기본법의 의미

국어기본법의 핵심은 결국 '국어능력'으로 표현된(1조 4항) 소통 문제이며 '민족문화 발전'으로 표상되는 가치문제다.[4] 『훈민정음』(1446) 해례본은 이러한 소통과 가치 문제의 근본을 담고 있다. 이러한 소통과 가치는 실제로는 융합되어 있다. 국어가 제대로 소통될 때 민족문화 발전을 이룰 수 있고 민족문화 발전이라는 문화적 가치가 전제되어야 '국어'가 온전한 소통 도구로 쓰이기 때문이다. 물론 '소통' 정신과 '가치' 정신은 시대적 맥락에 따라 비중을 달리한다.

3.1. '소통' 정신

소통 정신을 보여주는 해례본의 내용은 다음과 같다.

---

4) 국어기본법 제1조(목적) 이 법은 국어사용을 촉진하고 국어의 발전과 보전의 기반을 마련하여 국민의 창조적 사고력의 증진을 도모함으로써 국민의 문화적 삶의 질을 향상하고 민족문화의 발전에 이바지함을 목적으로 한다.
4항. "국어능력"이란 국어를 통하여 생각이나 느낌 등을 정확하게 표현하고 이해하는 데에 필요한 듣기·말하기·읽기·쓰기 등의 능력을 말한다.

3.1.1. '유통' 정신

『훈민정음』해례본 서문에서 세종은 '유통'이란 말을 첫 문장에서 사용했다.

國之語音, 異乎中國, 與文字不相流通. (우리나라 말이 중국말과 달라 한자와 서로 잘 통하지 않는다.) (정음1ㄱ: 2~3_어제서문)

여기서 '유통'의 의미는 중의적이다. 우리말과 중국식 한문이 유통되지 않으니 한자, 한문을 쓰는 사람들과 한자를 모르는 사람들이 유통할 수 없다는 것이다. 우리말을 온전하게 제대로 표현할 수 있는 글(훈민정음)이야말로 말과 글이 유통되고 그 누구든 유통할 수 있는 문자라는 것이다. 국어기본법 또한 이러한 훈민정음 해례본 또는 훈민정음의 '유통' 정신을 살리기 위한 법이다.

3.1.2. '맘껏 펼치기(신기정)' 정신

세종이 직접 저술한 세종 서문의 가운데 문장은 한자 모르는 백성들이 자신의 생각, 느낌 등을 맘껏 펼칠 수 없는 언어 모순에 주목하고 있다.

故愚民有所欲言, 而終不得伸其情者多矣. (이런 까닭으로 어린 백성이 말하고자 하는 바가 있어도 끝내 제 뜻을 펴지 못하는 사람이 많다.) (정음1ㄱ: 3~4_어제서문)

한문이 역사 깊은 서사 체계이긴 하나 한자가 일단 어렵고 뜻글자, 단어글자인 데다가 중국식 문장 어순으로 인해 한자, 한문에 대한 고급 문해력을 가진 사람만이 자기 생각을 어느 정도 펼칠 수가 있다. 그래서 세종은 한자를 모르는 백성들도 생각과 느낌을 맘껏 펼칠 수 있는 문자를 만들었다는 것이다.

국어기본법의 1조 첫 구절은 "제1조(목적) 이 법은 국어사용을 촉진하고 국어의 발전과 보전의 기반을 마련하여 국민의 창조적 사고력의 증진을 도모함으로써 국민의 문화적 삶의 질을 향상하고 민족문화의 발전에 이바지함을 목적으로 한다."에서 보듯 '국어사용 촉진'이다. '국어사용'은 국어로서 자신의 생각과 느낌을 맘껏 표현하고 소통할 수 있는 능력을 말한다.

3.1.3. '쉽고 편안하게 쓰기(편어일용)' 정신

세종이 훈민정음을 통해 최종 의도한 목표는 쉬운 문자, 바른 문자를 통한 편안한 생활이다.

予爲此憫然, 新制二十八字, 欲使人人易習便於日用耳. (이것을 가엾게 여겨 새로 스물여덟 글자를 만드니, 모든 사람들로 하여금 쉽게 익혀서 날마다 쓰는 데 편안하게 하고자 할 따름이다.) (정음1ㄱ: 5~6_어제서문)

쉽고 편안한 문자 생활은 문자를 쉽게 익힐 수 있어야 하고 일상생활에서 편리하게 사용할 수 있어서 편안함을 느낄 수 있어야 한다.

3.1.4. 맥락적 소통(간이요, 정이통) 정신

훈민정음 창제 사실을 처음 알린 『세종실록』 1443년 12월 30일 기록에서 그대로 가져온 표현이 해례본 정인지서에 다음과 같이 기록되어 있다.

以二十八字而轉換無窮, 簡而要, 精而通. (스물여덟 자로써 전환이 무궁하여, 간단하면서도 요점을 잘 드러내고, 정밀한 뜻을 담으면서도 두루 통할 수 있다.) (정음해례28ㄱ: 1~2_정인지서)

기본 28자로 어떤 글자도 생성해낼 수 있으며 그렇게 부려 쓴 문장은 한문처럼 복잡하면서도 함축적이지 않고 간결하게 뜻을 잘 드러내고, 자세한 뜻을 담으면서도 그 뜻을 잘 통한다는 것이다. 결국 훈민정음은 맥락에 따라 간결하게 표현할 때는 간결하게 자세하게 표현할 때는 자세하게 바르고 적절한 소통을 할 수 있는 도구라는 것이다.

국어기본법 3조에서는 '국어능력'을 "국어를 통하여 생각이나 느낌 등을 정확하게 표현하고 이해하는 데에 필요한 듣기·말하기·읽기·쓰기 등의 능력"으로 정의하고 4장에서 국어능력 향상을 위한 정책적, 제도적 노력을 담고 있다. '국어능력'은 한 마디로 '간이요, 정이통'할 수 있는 능력을 말한다.

3.2. '가치' 정신

가치 정신을 보여주는 해례본의 내용은 다음과 같다.

3.2.1. '다름'과 '자주'의 가치

천 년 이상 지속해 온 우리말을 온전하게 적을 수 있는 문자 없는 모순은 중국말과 우리말의 다름에 대한 인지와 인정을 통해 극복되었다.

(1) 國之語音, 異乎中國, 與文字不相流通. (우리나라 말이 중국말과 달라 한자와 서로 잘 통하지 않는다.) (정음1ㄱ: 2~3_어제서문)

(2) 然四方風土區別, 聲氣亦隨而異焉. (그러나 사방의 풍토가 구별되고 말소리의 기운 또한 다르다.) (정음해례26ㄴ: 7~8_정인지서)

(3) 吾東方禮樂文章, 侔擬華夏. 但方言俚語, 不與之同. (우리 동방의 예악과 문장이 중화[중국]와 같아 견줄 만하나 오직 우리말은 중국말과 같지 않다.) (정음해례27ㄱ: 5~6_정인지서)

지금으로 보면 상식적인 판단이지만 그 당시 소중화를 생명처럼 여기던 사대부들의 인식으로는 쉽지 않은 인식이었다. 오랜 말글 불일치 언어 모순을 근본적으로 해결하기 위해서는 이러한 '다름'에 대한 자주적, 적극적 인식이 있어야 했다.

3.2.2. '자존감'의 가치

해례본에서는 새 문자에 대한 자존감을 다음과 같이 표현하고 있다.

(1) 一朝/ 制作侔神工 大東千古開矇瞳 (하루아침에 신과 같은 솜씨로 지어내시니 동쪽 우리나라 천고의 세월에 어둠을 여시었네.) (정음해례24ㄱ:

7~8_합자해-결시; '/'는 줄 바꿈 표시)

(2) 夫東方有國, 不爲不久, 而開物成務之大智, 盖有待於今日也歟. (무릇 동방에 나라가 있은 지가 꽤 오래 되었지만, 만물의 뜻을 깨달아 모든 일을 온전하게 이루게 하는 큰 지혜는 오늘을 기다리고 있었던 것이다.) (정음해례29ㄱ: 5~7_정인지서)

우리 고유 문자가 없어 한문을 빌려 적었지만, 우리말과 맞지 않을 뿐 아니라 온전하게 적을 수 없고 그 지식을 나눌 수 없으니 진정한 지혜가 되지 못했다는 것이다. 훈민정음 문자를 통해 지식을 온전하게 표현하고 나눌 수 있으니 진정 지혜를 나누는 세상이 열렸다는, 새 문자에 대한 자존감을 표현하고 있다.

국어기본법도 1조, 2조에서 민족문화의 정체성, 문화 창조, 민족문화 발전 등을 언급하고 있다. 문화는 역사이며 삶이며 전통이며 정체성 그 자체이고 주제성으로서의 자존감 그 자체이다.

3.2.3. '효율성'의 가치

훈민정음의 효율성 가치는 바로 '쉬움'의 가치로 누구나 쉽게 배울 수 있는 학습의 효율성이며 실생활에서의 소통 효율성이다.

(1) 雖風聲鶴唳, 雞鳴狗吠, 皆可得而書矣. (비록 바람소리, 학의 울음소리, 닭소리, 개 짖는 소리라도 모두 적을 수 있다.) (정음해례28ㄱ: 7~8_정인지서)

(2) 故智者不終朝而會, 愚者可浹旬而學. (그러므로 슬기로운 사람은 하루아침을 마치기도 전에, 슬기롭지 못한 이라도 열흘 안에 배울 수 있다.)

(정음해례28ㄱ: 2~3_정인지서)

(3) 가. 以是解書, 可以知其義. (이 글자로써 한문 글을 해석하면 그 뜻을
　　　알 수 있다.) (정음해례28ㄱ: 3~4_정인지서)

　　나. 以是聽訟, 可以得其情. (또한 이 글자로써 소송 사건을 다루면, 그
　　　속사정을 이해할 수 있다.) (정음해례28ㄱ: 4~5_정인지서)

　　다. 無所用而不備, 無所往而不達. (글을 쓰는 데 글자가 갖추어지지 않은
　　　바가 없으며, 어디서든 뜻을 두루 통하지 못하는 바가 없다.) (정음
　　　해례28ㄱ: 6~7_정인지서)

　(1)은 샘슨이 지적한 자질문자로서의 장점을 살린, 들리는 말소리
를 좀 더 정확하고 좀 더 폭넓게 적을 수 있어 자연의 소리에 상대적으
로 근접하는 서사 체계로서의 문자의 효율성을 가지고 있다는 표현이
다. (2)는 문자 체계의 과학성과 쉬움으로 인한 교육의 효율성을 밝힌
것이고 (3)은 의사소통 도구로서의 효율성을 말한다.

3.2.4. 보편적 가치

훈민정음 해례본에서는 네 가지의 보편적 가치를 서술하고 있다.

(1) 가. 是則初聲之中, 自有陰陽五行方位之數也. (이런즉 초성 속에도 자체의
　　　음양오행과 방위의 수가 있는 것이다.) (정음해례3ㄱ: 7~8_제자해)

　　나. 是則中聲之中, 亦自有陰陽五行方位之數也. (이런즉 중성 속에도 또
　　　한 저절로 음양과 오행, 방위의 수가 있는 것이다.) (정음해례7ㄱ:
　　　8~7ㄴ: 1_제자해)

(2) 正音二十八字, 各象其形而制之. (정음 28자는 각각 그 모양을 본떠서

만들었다.) (정음해례1ㄴ: 2~3_제자해)

(3) 因聲而音叶七調. (말소리에 따라 만들었으되, (글자는) 음률의 일곱 가
락에도 들어맞는다.) (정음해례27ㄴ: 6~8_정인지서)

(4) 가. 予爲此憫然, 新制二十八字, 欲使人人易習便於日用耳 (내가 이것을 가
엾게 여겨 새로 스물여덟 글자를 만드니, 모든 사람들로 하여금
쉽게 익혀서 날마다 쓰는 데 편안하게 하고자 할 따름이다.) (정음1
ㄱ: 5~6_어제서문)

나. 遂命詳加解釋, 以喩諸人. (드디어 임금께서 상세한 풀이를 더하여
모든 사람을 깨우치도록 명하시었다.) (정음해례28ㄱ: 8~28ㄴ: 1_
정인지서)

(1)은 철학 보편주의를 말한다. 천지자연의 이치인 삼재 음양오행
이치가 말소리에 담겨 있고 그 말소리를 그대로 적용한 정음 28자에
는 철학 보편주의 담겨 있다는 것이다. 이러한 음양오행철학은 사람
을 차별하지 않는 평등 지향의 보편 정신이다. 양반이든 평민이든
이 문자를 사용한다면 천지자연의 이치를 실천하는 것이다.

(2)는 과학 보편주의다. 발음 나는 원리를 그대로 반영한 문자이기
에 문자 자체가 과학이라는 것이다. 과학 역시 사람을 차별하지 않는
보편주의로서의 평등 지향의 가치를 가지고 있다.

(3)은 음악 보편주의다. 훈민정음은 실제 동양 보편의 칠음계 음악
원리에 따라 만들었고 또한 절대 음표를 통해 무한의 소리를 생성해
내는 음악 원리로 만들었기에 훈민정음은 음악 보편주의를 지니고
있다. 이러한 음악 역시 사람을 차별하지 않는 평등 지향의 보편주의
가치를 갖고 있다.

(4)는 훈민정음이 한자 모르는 하층민으로 인해 제정되게 된 것이지

만 최종적으로는 모든 백성을 대상으로 한 문자임을 보여준다.

결국 철학, 과학, 음악 보편주의는 사람 중심의 보편주의인 인문주의, 휴머니즘의 보편주의로 융합된다. 국어기본법 역시 쉽고 정확한 언어생활을 통한 보편주의에 기반을 두고 있음은 두말할 필요가 없다.

3.3. 제도화, 생활화 정신

국어기본법의 핵심은 공공언어이지만 국어사용과 국어능력을 아우름으로써 공동체를 구성하는 각 개인의 언어 문제를 아우른다. 훈민정음 해례본 또한 개인의 표현 욕망부터 한자 모순으로 인한 공공언어 문제까지를 함께 아우른다.

실록으로만 본다면 세종의 훈민정음 창제 1차 동기가 법률문의 어려움에서 출발했다는 것은 시사하는 바가 크다. 세종은 무려 창제 17년 전부터 이런 문제를 가지고 고민했고 그 과정이 고스란히 세종실록에 실려 있다. 먼저 법과 관련된 두 기록에 주목해 볼 필요가 있다.

(1) 임금이 말하기를, "사람의 법은 함께 써야 하는데, 지금은 옛날과 같지 않기 때문에 부득이 가까운 법률문을 준용하여 시행하는 것이다. 그러나 법률문이란 것이 한문과 이두로 복잡하게 쓰여 있어서 비록 문신이라 하더라도 모두 알기가 어려운데, 하물며 법률을 배우는 생도이겠는가. 이제부터는 문신 중에 정통한 자를 가려서 따로 훈도관을 두어 〈당률소의(唐律疏義)〉·〈지정조격(至正條格)〉·〈대명률(大明律)〉 등의 글을 강습시키는 것이 옳을 것이니, 이조로 하여금 정부)에 의논하도록 하라." 하였다.5)

＿세종 8(1426)년 10월 27일

(2) 비록 세상 이치를 아는 사람이라 할지라도, 법률문에 의거하여 판단을
내린 뒤에야 죄의 경중을 알게 되거늘, 하물며 어리석은 백성이야 어
찌 저지른 죄가 크고 작음을 알아서 스스로 고치겠는가. 비록 백성들
로 하여금 다 법률문을 알게 할 수는 없을지나, 따로 큰 죄의 조항만이
라도 뽑아 적고, 이를 이두문으로 번역하여서 민간에게 반포하여 보
여, 어리석은 지아비와 지어미들로 하여금 범죄를 피할 줄 알게 함이
어떻겠는가6)

_세종 14(1432)년 11월 7일

　법이라는 중요 정보는 함께 공유해야 함을 강조하고 이러한 법을
기록한 한문이나 이두는 양반 사대부들조차 어렵다는 것이다. 어렵다
는 것은 정보 공유를 자유롭지 못하게 할 뿐 아니라 정보 공유의 차별
과 불평등을 낳게 한다.
　여기서 더 주목할 것은 훈민정음 창제 이후 세종의 보급 전략이다.
국어기본법 시행 13년의 성과는 놀라운 것이지만 또 한편으로는 영어
남용 등의 기본적인 언어 문제를 막지 못함으로써 무용지물이라는
일부 비판도 있는 게 사실이다. 그렇다면 세종의 훈민정음 보급 정책
과 전략에서 배울 지혜가 무엇이냐는 것이다. 그것은 철저한 제도화
와 생활화를 위한 정책이라는 것이다.
　세종대왕은 한글 창제 이후 백성들에게 새 문자 한글을 하루빨리

---

5) 上曰: "人法竝用, 今不如古, 故不得已以律文比附施行, 而律文雜以漢吏之文, 雖文臣, 難以悉知,
　況律學生徒乎? 自今擇文臣之精通者, 別置訓導官, 如『唐律疏義』, 『至正條格』, 『大明律』等書,
　講習可也. 其令吏曹議諸政府."(『세종실록』, 세종 8(1426)년 10월 27일)

6) 上謂左右曰: "雖識理之人, 必待按律, 然後知罪之輕重, 況愚民何知所犯之大小, 而自改乎? 雖不
　能使民盡知律文, 別抄大罪條科, 譯以吏文, 頒示民間, 使愚夫愚婦知避何如?"(『세종실록』, 세
　종 14(1432)년 11월 7일)

보급하고 싶어서 하급 관리들 십여 명을 먼저 가르치고, 기능공 수십 명을 모아 급히 판각을 새겼다.

세종대왕은 훈민정음을 창제한 지 2년 9개월 뒤인 1446년 9월에 한글을 알기 쉽게 풀이한 책『훈민정음』해례본을 반포했다.『훈민정음』해례본은 한자로 된 목판본으로 1책 33장으로 이루어졌으며, 한글의 창제 목적과 원리를 밝힌 책이다. 앞 4장은 세종대왕이 직접 지은 '정음' 편으로 한글을 만든 이유와 한글 사용법이 간략하게 담겨 있고, 뒤 29장은 집현전 학사 정인지, 최항, 박팽년, 신숙주, 성삼문, 이개, 이선로, 강희안이 함께 지은 '해례' 편으로 한글의 자음과 모음 원리와 사용법을 자세하게 설명해 놓았다. 이렇듯 세계 유일의 문자 해설책인『훈민정음』해례본은 온갖 수난의 역사를 겪는 사이 대부분 사라져서 오랜 시간 원본이 전해지지 않았다. 그러다 1940년 일제강점기에 이용준 선생에 의해 경상북도 안동에서 발견되어 간송 전형필 선생이 어렵게 간직한 덕분에 오늘날까지 전해졌고 1997년 유네스코 세계기록유산으로 등재되었다.

세종대왕은『훈민정음』해례본을 반포한 뒤 문서를 담당하는 하급 관리를 뽑는 시험에 가장 먼저 한글 과목을 추가했다. 새 문자 한글을 빠르게 보급하고 싶은 마음에 시험 과목에 넣었지만, 시험을 치르는 사람들이 부담을 느낄까 봐 초성자, 중성자, 종성자를 합쳐서 글자를 만들 줄 알면 합격을 시켰다. 세종대왕은 백성들과 소통하기 위해 한글을 만든 것이라서 백성들을 직접 대하는 하급 관리들이 먼저 한글을 익혀서 국가 공식 문서 작성에 쓰이길 바랐다. 다음 해인 1447년에는 다음 과거 시험부터 한글 과목을 1차 시험으로 실시하라는 명을 내렸다. 한글 시험에 합격한 사람에게만 2차로 다른 과목을 응시할 수 있는 기회를 준 것이다. 그렇게 과거 시험에 한글 과목을 도입한 뒤 각 관아 관리 시험에도 모두 한글을 시험 과목에 넣었다.

세종대왕은 한글을 창제한 뒤 궁 안에 한글 전문 연구 기관인 언문청을 설치했다. 그만큼 한글과 관련된 일들을 중요하게 여긴 것이다. 세종대왕은 언문청에서 집현전 학사들과 함께 한글 책들을 펴내고 한글 보급을 위한 연구들을 해나갔다. 또한 신하들에게 『태조실록』을 언문청에 들여 『용비어천가』의 내용을 보충하는 일을 지시하기도 했다. '언문'은 백성들이 두루 쓰는 쉬운 문자라는 뜻이며 '훈민정음'의 '정음'은 백성을 가르치는 바른 소리라는 뜻이다. 당시 사람들은 새 문자 한글을 특별한 때는 '훈민정음' 또는 '정음'이라 불렀고, 보통 백성들과 소통할 때는 '언문'이라 불렀다.

다음은 훈민정음 창제 반포의 핵심 주체로서 세종이 훈민정음 공적 사용을 실천했다는 점이다. 1446년에 세종대왕은 사간원과 사헌부의 관리들인 정창손, 조욱, 유맹부, 강진이 임금을 속인 죄를 하나하나 한글로 써서 의금부와 승정원으로 내려 보냈다. 그러자 집현전 학사들이 임금의 눈과 귀가 되는 사간원과 사헌부 관리들의 처벌을 거두어 달라고 간절히 청했고 세종대왕은 그들에게 의금부에 보낸 한글 문서를 다시 내보였다. 또한 우의정 하연, 우찬성 김종서 등 역시 그들을 용서해 달라고 청하자 수양대군을 통해 그들의 죄를 적은 한글 문서를 보여주었다. 이렇듯 세종대왕이 국가기관에서 쓰는 공식 문서를 한글로 작성했다는 것은 임금이 한글 사용을 직접 실천하는 데 모범을 보이고 한글을 널리 보급하기 위해 적극적으로 노력했다는 뜻이다.

실록 기록에 실려 있지 않은 사건의 의미를 살펴보자. 불교를 통한 훈민정음 보급과 정의공주 관련 사건이다.

세종대왕은 1446년에 소헌왕후가 세상을 떠나자 둘째 아들인 수양

대군에게 소헌왕후의 명복을 빌고 어려운 불경을 쉬운 한글로 옮겨 부처의 뜻을 널리 알리기 위해 석가모니의 일대기를 엮게 했다. 수양 대군은 아버지 세종대왕의 명에 따라 1447년에 『석가보』·『법화경』 등에서 석가모니의 일대기를 뽑아 한글로 풀이한 산문집 『석보상절』 을 완성했다. 이 책은 다른 한글 불교 책과는 달리 불경 이야기를 자연스러운 우리말로 풀어 써서 당시 국문학을 대표하는 유일한 작품 으로 꼽히며 조선시대 초기 언어 연구에도 귀중한 자료로 쓰인다.

세종대왕은 수양대군이 『석보상절』을 펴낸 1447년에 석가모니의 공덕을 찬양하는 노래를 직접 지어 『월인천강지곡』을 펴냈다. 『용비 어천가』에 실린 노래들은 2장을 제외하고는 한시를 번역한 데 반해 『월인천강지곡』의 실린 노래들은 창작 운문이라는 데 의미가 있다. 그만큼 일반 백성들에게 널리 알리고 편하게 노래로 불릴 수 있기를 바랐다. 또한 다른 책들은 한자를 먼저 쓰고 그 아래 한글로 음을 달았지만 『월인천강지곡』은 한글을 크게 쓰고, 한자를 작게 썼으며 현대 맞춤법 원리도 적용했다. 신미대사 관련 기사의 맥락적 의미에 대해서는 기존 연구를 인용해 보면 다음과 같다.

불교 분야에서는 신미대사(1405?~1480?)가 두드러진다. 세종 32(1450) 년 1월 26일의 세종실록 기록에 의하면, 세종이 불사(佛事)를 일으켜, 중 신미를 불러 침실 안으로 맞아들여 법사(法事)를 베풀게 하였을 뿐만 아니라 높은 예절로써 대우하였다고 하였다. 세종대왕이 유언을 통해 신미대사에 게 '선교도총섭 밀전정법 비지쌍운 우국이세 원융무애 혜각존자(禪敎都撮 攝 密傳正法 悲智雙運 祐國利世 圓融無碍 慧覺尊者)'라는 긴 법호를 내릴 정도였으니 세종과 신미대사의 사이가 얼마나 가까웠는지를 알 수 있다. 1462년 세조가 남긴 '상원사 어첩'이라는 한글 간찰(월정사 성보 박물관 소장)에 의하면, 세조는 대군 시절부터 신미를 스승으로 모셨다고 한다. 세조가 대군 시절 아버지를 도와 훈민정음 연구에 많이 기여한 만큼 신미 또한 이런 훈민정음 프로젝트에 관여했음을 보여주는 기록이라 볼 수 있다. 신미대사가 세종, 세조와 가까운 이유가 단지 불교만의 문제가 아님을 알 수 있다. 신미대사는 훈민정음 연구와 반포에 매우 큰 역할을 하였다.

_김슬옹(2012: 602)

세종대왕은 신하들과 백성들에게 알리지 않고 홀로 새 문자를 만들어야 했다. 당시 사대부 양반들에게 중국 한자가 아닌 새로운 문자를 만들어 쓰는 것은 상상조차 할 수 없었기 때문이다. 다음으로는 성리학 경전인 사서 번역을 시도했다는 점이다.

세종대왕은 불교 책인 『석보상절』과 『월인천강지곡』을 간행한 뒤 상주사 김구를 불러들여 유교 경전 『사서』를 한글로 번역하는 일을 지시했다. 『삼강행실도』와 같은 유교 책을 펴내서 백성들을 가르치기 위해 새 문자 한글을 창제했지만, 세종대왕은 불교 관련 책들을 먼저 펴냈다. 사대부 양반들이 귀하게 여긴 유교 경전을 먼저 한글로 펴냈다면 최만리가 한글 창제를 반대했던 것보다 더 심한 반발에 부딪힐 수도 있었기 때문이다. 결국 『사서』 한글 번역 작업은 언어적, 정치적 문제로 지지부진하게 되어 세종대왕 생전에 완성하지 못했다.

이와 같은 세종의 정책을 김슬옹(2011ㄱ: 444)에서 〈그림 1〉과 같이 종합한 바 있다.

결국 세종은 새 문자를 자리 잡게 하려고 언어전략, 제도전략, 집중전략, 단계별 전략을 총체적으로 펼쳤다. 국어기본법을 좀 더 효율적으로 자리 잡게 하기 위한 총체적 노력은 오늘의 과제로 남기기로 한다.

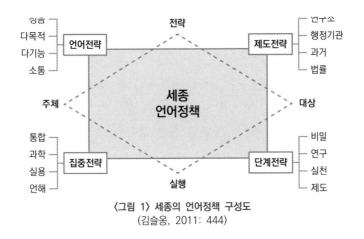

<그림 1> 세종의 언어정책 구성도
(김슬옹, 2011: 444)

4. 조선어학회 정신으로 본 국어기본법의 의미

훈민정음이 국어기본법의 근본 바탕 정신을 문자와 담론 차원에서 보여준다면 일제강점기의 우리 말글을 지켜낸 조선어학회 정신은 국어기본법의 등불 정신을 담고 있다. 일제의 우리 말글 전면 탄압 4년 전에 제정된 '한글 맞춤법'은 국어기본법의 근대적 뿌리이고 국어기본법의 쉬운 문장 쓰기의 근본인 언문일치 정신이나 실체를 세운 규정이기 때문이다.

한글이 주류 문자가 되어 온 역사에서 조선어학회식 국어운동의 영향력은 핵심 뿌리라고 할 수 있다. 주경희 외(2015)에서 필자는 국어운동사를 <표 1>과 같이 정리한 바 있다.

국어기본법 제정에 직접 영향을 끼친 근대 이후의 주요 흐름을 살펴보기로 한다. 물론 근대 이후의 국어운동도 1687~1692(?)년 경 김만중이 『서포만필』에서 한글을 '국서(나랏글)'라 부르고, 『구운몽』 등의 한글소설을 쓰는 등 일부 사대부들 노력과 양반가 여성들의 한글 사용 등의 성과가 바탕이 된 것임을 두말할 필요가 없다.

근대적 국어운동 전개기(1894~1910)에 국어운동을 이끈 주시경도 세종과 마찬가지로 철저한 이론 기반을 바탕으로 운동을 전개하여 국어 발전에 크게 이바지했다. 주시경은 1891년 헐버트가 우리나라 최초의 한글 전용 교과서『사민필지』를 출간한 지 3년 뒤 배재학당을 다니면서 헐버트로부터 직간접 영향을 받았다.

〈표 1〉 국어운동사 시대별 요약

시대 구분	운동 주체	운동 내용	역사적 의미	문제점
국어운동 태생기 (1443~1450)	세종, 일부 집현전 학사들	• 문자 생활 모순 해결 • 하층민 중심의 소통 문제 해결 • 제도적 한글 보급 (관청, 시험 등)	• 우리말글 절대 모순 해결 길 열림 • 글말정체성과 가치 의미 생성 • 언문일치 기반 마련	• 운동 주체 세력 적극적 실천 안함 (정인지·신숙주 외) • 운동 내부 세력 갈등 (세조와 사육신 문제 등)
국어운동 성장기 (1450~1894)	지배층(임금), 사대부, 지배층 여성들	• 지배층의 공적 사용 • 언해서 보급	• 문자 혁명 정신 일부 유지 • 한글 비주류 공식 문자 명맥 유지 • 비공식 분야 자생적 발전	• 우리말글 절대 모순 공존, 일부 심화(실학자: 정약용·박지원·박제가) • 능동적 주체 세력 부족
근대적 국어운동 전개기 (1894~1910)	주시경 외, 국문동식회	• 조직을 통한 운동 • 우리말 문법 과학화 • 언문일치	• 근대적 국어운동 전개 • 일제강점기 저항의 기반 마련	• 운동 주체 특정 개인 집중 • 조직화의 한계
항일투쟁으로 서의 국어운동기 (1910~1945)	조선어강습소 문학생들, 조선어학회 회원, 언론인	• 한글보급운동 • 맞춤법 제정 • 사전 편찬	• 일본 동화정책 극복 • 근대적 언어 사용 기반 마련 • 항일저항운동	• 조선 후기 한글발달사 적극 계승 부족 • 학회, 언론 등 주체 세력 간 결집력 부족 • 일반인 적극적 참여 부족
국권 정립 차원의 국어운동기 (1945~1960)	조선어학회, 미군정기, 문교부, 한글 운동 단체	• 일본말 잔재 없애기 • 한자 사용 줄이기 • 한글전용법 제정	• 일제 흔적 없애기 일부 성공 • 말다듬기 기틀 마련 • 언어주체성 회복	• 사회갈등문제와 맞물려 운동 속도 느림 • 분단으로 인한 새로운 언어갈등 심화
한글전용 중심 운동기 (1960~1969)	한글학회 등 운동 단체, 박정희 정권	• 한글전용: 언론과 교 과서	• 한글전용 일부 성과 • 민간 운동과 국가 정책의 상생적 공조	• 세종 정신, 한글 정신 실현 속도 느림 • 국한문 혼동, 한자어 용어 갈등 일부 심화
다양한 목적으로서의 국어운동기 (1970~현재)	한글학회 등 국어운동 각종 단체, 학생 운동 단체	• 국어순화 • 민주화운동 • 정보화 운동	• 다방면의 국어운동 성과 • 한글전용 전면화 • 국어기본법 제정으로 한글전용법 한계극복	• 정보화시대 언어 문제 대처 미흡 (세벌식, 두벌식 문제) • 디지털시대 언어 문제 대처 미흡(완성형문제) • 국어기본법 효용성 미흡 • 한자 문제 근본 해결 미흡

*출처: 주경희·김슬옹·이승연·김일환(2013: 41)

1896년 서재필이 최초의 한글 신문 『독닙신문』을 창간하면서 주시경은 기자 겸 교열원, 회계 등의 일을 하면서 국문동식회를 창립하여 오늘날 한글맞춤법의 기초를 세웠다. 1908년 8월 31일에는 주시경이 힘써 〈국어연구학회〉를 창립(회장: 김정진)하여 민간 국어운동의 조직적 뿌리를 내렸다. 1910년 6월 10일 주시경은 한나라말을 보중친목회보 1호에 발표하면서 국어운동의 잠언과도 같은 "말이 오르면 나라도 오르고 말이 나리면 나라도 나리나니라."라는 말을 남기게 된다.

1914년에 주시경은 안타깝게 운명하고 1921년 12월 3일 그 후학을 중심으로 조선어연구회 발기대회가 열려(장소: 휘문고등보통학교) 그 맥을 이으면서 일제하 우리 말글 운동의 터를 잡게 된다. 1926년 11월 4일(음력 9월 29일) 조선어연구회와 신민사가 함께 '가갸날'을 선포(한글 반포 8회갑=480돌)하는 성과를 거두고 1928년 11월 11일(음력 9월 29일) '가갸날'을 '한글날'로 명칭을 고쳤다.

1929년 10월 31일에 이극로·신명균·이윤재·이중건·최현배 등의 주도로 조선어사전편찬회가 결성되어 우리말사전 편찬사업을 시작하면서 민간단체의 국어운동은 더 조직적으로 뭉치고 힘을 받게 된다.

1932년 5월 1일 조선어학회에서 우리나라 최초의 국어학-언어학 학술지 『한글』을 창간하고(1927년 2월 10일, 조선어연구회에서 동인지 〈한글〉을 창간하다.) 드디어 1933년 10월 29일 '한글맞춤법 통일안'을 제정 공포하였다. 1936년 10월 29일에 표준어사정안인 〈조선어 표준말 모음〉을 발표하였다.

1940년 경상북도 안동에서 세종이 1446년에 펴낸 『훈민정음』(해례본) 원본이 이용준에 의해 발견되어 전형필이 사들여(간송미술관 소장) 그 내용이 홍기문·방종현 번역으로 조선일보를 통해 공개되면서 훈민정음의 의미와 가치를 더 높이게 된다.

1945년 10월 9일 조선어학회에서는 『훈민정음』 해례본에 따라 음력 9월 10일을 훈민정음 반포일로 잡았고 이를 양력으로 환산하여 1446년 10월 9일이 한글 반포의 날임을 확정하였다. 1945년 9월 조선어학회는 '국어교과서편찬위원회'를 설립하고 교과서 편찬에 착수하였다. 그해 11월 최초의 대한민국 공식 국어교과서인 『한글 첫걸음』이 발행되었다.

1945년 9월 조선어학회는 조선어학회 파견강사를 전국에 보내 〈한글맞춤법통일안〉을 보급하면서 국어 재건사업을 시작하였다. 이런 흐름에 힘입어 1948년 10월 9일에 '한글 전용에 관한 법률'을 국회 78차 회의에 상정하여 재석 131명 중 86대 22의 찬성을 얻어 가결되었다. 한글날을 기념하여 '대한민국의 공용문서는 한글로 쓴다. 다만 얼마 동안 필요한 때에는 한자를 병용할 수 있다.'는 한글 전용법을 법률 제6호로 제정 공포하였다.

1956년 10월 9일 510돌 한글날 기념식장인 경기여자고등학교 강당에서 학·예술계와 교육계 중진 다수 및 28개 문화 단체 대표들의 발의로 '세종대왕기념사업회'를 창립하였다.

1967년 5월 5일 이대로(동국대)·이봉원(서울대) 등의 노력으로 전국 국어운동 대학생 연합회가 결성되었다(초대 회장 이봉원).[7] 1970년 9월 23일 외솔 최현배 정신을 기리는 외솔회가 창립되었다(초대 회장 홍이섭). 1972년 9월 5일 한글학회에서 한글 소식지 『한글 새소식』을 창간하였다.

---

7) 1968년 5월 2일 박정희 정부, 한글전용 5개년 계획(국무회의)이 의결되었다. 1968년 10월 7일 박정희 대통령, 1969년 1년을 '한글전용 준비의 해'로 정하라고 내각에 지시하다. 1968년 10월 25일 각 장관으로부터 한글전용 추진 계획을 보고 받는 자리에서 '한글전용 촉진 7개항'을 지시하다.

1973년 12월 2일 전주 가나다 고교 모임 창립되고(초대 회장 송귀현), 1975년 2월 22일에는 한글문화협회 아래에 전국 국어운동 고등학생 연합회를 두었다(초대 회장: 강태성, 지도교사: 오동춘).

1988년 2월 공병우 박사가 미국에서 귀국했고 한글문화원이 문을 열었다. 공병우는 이찬진·정래권 등 아래아한글개발자들에게 사무실을 제공하여 1989년 아래아한글 개발하게 했다. 전국국어운동대학생동문회 이대로 회장과 한국글쓰기연구회 이오덕 회장에게도 사무실 제공을 해서 함께 한글운동을 폈다. 1985년에는 스포츠서울 신문이, 1988년 5월 15일 『한겨레신문』이 한글 반포 542년 만에 국민모금으로 한글전용 신문으로 창간되었다. 1998년 5월 27일 우리말살리는겨레모임 창립하였다(공동대표 김경희·이대로·이오덕). 2000년 2월 22일에는 한글문화연대가 창립되었다(대표 김영명).

이러한 문자 중심의 국어운동 외 중요한 것은 이오덕(1992)의 『우리글 바로쓰기 1』(한길사)로 대표되는 문장 단위의 우리글 바로쓰기 운동이다. 이 운동은 다음과 같이 어휘뿐만 아니라 문장 차원에서 입말투글말쓰기로 우리의 글쓰기 문화를 고치는 데 매우 중요한 역할을 하였다.

① 한글로 썼을 때 뜻을 알 수 없거나 알기 힘든 한자어
② 입으로 말했을 때 뜻을 알아듣기 힘든 한자어
③ 문자 쓰는 말과 글(한자말 체계의 문장)
④ 공연히 어렵게 쓰는 한자말
⑤ 많이 쓰는 한자말도 더 정다운 우리말로
⑥ 우리말을 파괴하는 한자 말투
⑦ 틀리게 쓰는 한자말

⑧ 일본어식 표현에 대해서

이런 국어운동 성과와 노력과 정부 정책이 결합되어 2005년 1월 27일 국어기본법이 제정되었다고 볼 수 있다.

5. 국어기본법 내용 담론과 과제

국어기본법은 하나의 법령문이기 이전에 국어와 한글의 가치를 담고 국어생활의 현재와 미래를 자리매김해주는 또 다른 현대의 '해례본'이 되어야 한다.

국어기본법의 실제 어떤 영향을 미쳤으며 어떤 문제를 담고 있는가는 개별 발표에서 이루어지므로 여기서는 법령 구성 맥락을 통해 국어기본법의 시행 의미를 짚어 보기로 한다.

국어기본법이 크게 내용으로 보면 어문생활과 직접 연관된 조항과 해외 한국어 보급과 교육, 그리고 이를 뒷받침하기 위한 정책적 장치 부분으로 나눌 수 있다.

국어기본법의 가장 큰 의의는 문자에 한정되었던 고종 국문칙령이나 한글전용법의 한계를 넘어 총체적 언어생활 차원에서 국어 사용과 교육, 보급까지 넓혔다는 것이다.[8] 이것은 훈민정음(1446) 해례본에서 문자 창제와 반포 취지를 소통과 학문, 정치 담론까지 끌어올린 맥락을 되살린 것이다.

---

8) 물론 국문 칙령에서 '국문'과 '한글전용법'의 '한글'은 단순히 문자가 아니라 글말 표기 체계를 의미하기도 하다.

국어기본법은 핵심 내용으로 보면, 〈표 3〉에서 보듯 직접적인 어문 생활에 관한 것과 단기·장기 정책적 지원에 관한 것, 국어 보급에 교육적인 부분 등의 세 가지로 구성되어 있다.

직접적 어문생활에 관한 조항으로는 대한민국 공용어로서의 한국어의 위상과 그것을 표기하는 문자로서의 '한글'의 위상을 분명히 하고 공공기관 등은 공문서를 일반 국민이 알기 쉬운 용어와 문장으로 써야 하며, 어문규범에 맞추어 한글로 작성하여야 한다고 못 박고 있다. 다만, 대통령령으로 정하는 경우에는 괄호 안에 한자 또는 다른 외국 글자를 쓸 수 있다고 한정했다. 한정하긴 했지만, 고종의 국문 칙령(1894; 1895)에서의 '혼용', 한글전용법(1948)에서의 '병용'의 굴레를 벗고 괄호 안으로 한정하여 온전한 한글전용 시대를 여는 계기를 마련했다. 한글(훈민정음) 반포 559년 만의 일이고 1948년 한글전용법 제정 57년 만의 일이다.

〈표 2〉 고종의 국문 칙령(1894; 1895)과 한글전용법(1948)에서의 '훈민정음·한글' 위상

갈래	연도	주요 내용
국문 칙령 (고종)	1894; 1895	• "第十四條。法律勅令。總以國文爲本。漢文附譯。或混用國漢文。"(고종 31(1894)년 11월 21일) • "第九條。法律命令은다 國文으로써 本을삼고 漢譯을 附ᄒ며 或國漢文을 混用홈。"(고종 32(1895)년 5월 8일)
한글전용법 (이승만 정부)	1948	"1948년 10월 9일: 대한민국의 공용 문서는 한글로 쓴다. 다만 얼마 동안 필요한 때에는 한자를 병용할 수 있다."(법률 제6호)

한글날 관련 조항을 통해서이기는 하지만 훈민정음 해례본의 정신을 '독창성과 과학성'으로 밝힌 것도 의미 있는 일이다.

제20조(한글날) ① 정부는 한글의 독창성과 과학성을 국내외에 널리 알

리고 범국민적 한글 사랑 의식을 높이기 위하여 매년 10월 9일을 한글날로 정하고, 기념행사를 한다.

다음으로 국어 사용과 국어 능력을 통해 국어기본법의 '국어'를 생활 담화까지 확장시킨 점도 의미 있는 일이다. 또한 "정신상·신체상의 장애로 언어 사용에 어려움을 겪고 있는 국민과 국내 거주 외국인의 국어 사용상의 불편 해소에 관한 사항 발전 계획 수립"(6조)과 같이 소수자의 언어 문제를 명문화한 것은 훈민정음 해례본에서 소수자(하층민)을 배려한 정신과 같다.

또한 "신문·방송·잡지·인터넷 등의 대중매체는 국민의 올바른 국어 사용에 이바지하도록 노력하여야 한다."(15조)는 규정을 통해 시대맥락(매체)에 맞는 언어사용을 규정했다. 실제 이런 매체에서 국어기본법의 효력이 충분히 발휘되지 못하는 한계를 드러내고 있지만 규정 자체는 의미 있다.

국어능력 규정에서 '국어능력'을 "국어를 통하여 생각이나 느낌 등을 정확하게 표현하고 이해하는 데에 필요한 듣기·말하기·읽기·쓰기 등의 능력"(3조)으로 총체적인 언어 능력으로 규정한 것도 의미 있는 일이다. 단어 중심의 글말로 한정된 한글맞춤법을 넘어 실질적인 의사소통 능력으로 접근한 규정이기 때문이다.

다음으로 이러한 국민들의 국어능력을 높이고 국어와 관련된 상담을 할 수 있도록 국어문화원 제도를 만든 것은 국어기본법이 낳은 매우 소중한 성과이다. 국어기본법은 생활국어를 강조하는데 각 지역별 언어 문제를 생활 속에서 접근할 수 있는 국어문화원 제도가 효율적이기 때문이다. 대학별 국어문화원은 지역별 대학문화와의 상승 효과로 인해 좋고 세종 국어문화원과 한글문화연대 국어문화원과 같은 순수 민간단체는 대학 소속 국어문화원과 다른 일을 할 수 있어 좋다.

〈표 3〉 '국어기본법'의 주요 내용 구성

분야		내용
	언어 범위	"국어"란 대한민국의 공용어로서 한국어, "한글"이란 국어를 표기하는 우리의 고유문자(3조)
	표기언어	• 공공기관등은 공문서를 일반 국민이 알기 쉬운 용어와 문장으로 써야 하며, 어문규범에 맞추어 한글로 작성하여야 한다. (14조) *다만, 대통령령으로 정하는 경우에는 괄호 안에 한자 또는 다른 외국 글자를 쓸 수 있음 • 정부는 한글의 독창성과 과학성을 국내외에 널리 알리고 범국민적 한글 사랑 의식을 높이기 위하여 매년 10월 9일을 한글날로 정하고, 기념행사를 함
직접적 어문 생활	국어 사용	• 이 법은 국어 사용을 촉진하고 국어의 발전과 보전의 기반을 마련하여 국민의 창조적 사고력의 증진을 도모함으로써 국민의 문화적 삶의 질을 향상하고 민족문화의 발전에 이바지함을 목적으로 함(1조) • 국민의 국어능력 증진과 국어 사용 환경의 개선에 관한 사항 발전 계획 수립(6조) • 정신상·신체상의 장애로 언어 사용에 어려움을 겪고 있는 국민과 국내 거주 외국인의 국어 사용상의 불편 해소에 관한 사항 발전 계획 수립(6조) • 문화체육관광부장관은 국어 정책의 수립에 필요한 국민의 국어능력, 국어 의식, 국어 사용 환경 등에 관한 자료를 수집하거나 실태를 조사(9조) • 신문·방송·잡지·인터넷 등의 대중매체는 국민의 올바른 국어 사용에 이바지하도록 노력하여야 함(15조)
	국어 능력	• "국어능력"이란 국어를 통하여 생각이나 느낌 등을 정확하게 표현하고 이해하는 데에 필요한 듣기·말하기·읽기·쓰기 등의 능력(3조) • 국가와 지방자치단체는 변화하는 언어 사용 환경에 능동적으로 대응하고, 국민의 국어능력 향상과 지역어 보전 등 국어의 발전과 보전을 위하여 노력하여야 함(4조) • 국가와 지방자치단체는 국민의 국어능력 향상을 위한 기회를 균등하게 제공하는 데에 힘써야 하며, 국어능력 향상에 필요한 정책을 수립하여 시행하여야 함(22조) • 문화체육관광부장관은 국민의 국어능력 향상과 창조적인 언어생활의 정착을 위하여 국어능력을 검정할 수 있음(23조) • 문화체육관광부장관은 국민들의 국어능력을 높이고 국어와 관련된 상담을 할 수 있도록 대통령령으로 정하는 전문인력과 시설을 갖춘 국어 관련 전문기관·단체 또는 『고등교육법』 제2조에 따른 학교의 부설기관 등을 국어문화원으로 지정할 수 있음
	전문용어	국가는 국민이 각 분야의 전문용어를 쉽고 편리하게 사용할 수 있도록 표준화하고 체계화하여 보급하여야 함(17조)
	국어 정보화	국가는 인터넷 및 원격정보통신서비스망 등 정보통신망을 활용하는 국민이 국어를 편리하게 사용할 수 있도록 필요한 정책을 시행하여야 함(16조)

분야		내용
정책적 노력	국어 심의회	국어심의회는 "1. 기본계획의 수립에 관한 사항, 2. 어문규범의 제정 및 개정에 관한 사항, 3. 그 밖에 국어의 발전과 보전에 관하여 문화체육관광부 장관이 회의에 부치는 사항"를 심의함
	국어 책임관	국가기관과 지방자치단체의 장은 국어의 발전 및 보전을 위한 업무를 총괄하는 국어책임관을 소속 공무원 중에서 지정하여야 함(10조)
	발전 계획 수립	문화체육관광부장관은 국어의 발전과 보전을 위하여 5년마다 국어 발전 기본계획(이하 "기본계획"이라 한다)을 수립·시행하여야 함(6조)
	국가와 지방자치 단체	국가와 지방자치단체는 변화하는 언어 사용 환경에 능동적으로 대응하고, 국민의 국어능력 향상과 지역어 보전 등 국어의 발전과 보전을 위하여 노력하여야 함(4조)
	국어문화원 지정	문화체육관광부장관은 국민들의 국어능력을 높이고 국어와 관련된 상담을 할 수 있도록 대통령령으로 정하는 전문인력과 시설을 갖춘 국어 관련 전문기관·단체 또는 『고등교육법』제2조에 따른 학교의 부설기관 등을 국어문화원으로 지정할 수 있음(24조)
	민간단체 지원	국가와 지방자치단체는 국어의 발전과 보급을 목적으로 활동하는 법인·단체 등에 예산의 범위에서 필요한 지원을 할 수 있음(21조)
국어 보급	국어보급	국가는 국어를 배우려는 외국인과 『재외동포의 출입국과 법적 지위에 관한 법률』에 따른 재외동포(이하 "재외동포"라 한다)를 위하여 교육과정 과 교재를 개발하고 전문가를 양성하는 등 국어의 보급에 필요한 사업을 시행하여야 함(19조)
	세종학당 재단	국가는 외국어 또는 제2언어로서의 국어 보급을 효율적으로 수행하기 위하여 세종학당재단(이하 "재단"이라 한다)을 설립

*출처: 김문오 외(2013) 참조.

그리고 전문용어와 국어 정보화 문제를 명문화함으로써 지식 정보화 사회, 다매체 인공지능시대의 언어 생활을 적극적으로 규정한 것은 좋다. 그러나 문자소통과 같은 제3의 언어 현상에 대해서는 더 고민할 필요가 있을 것이다.

박창원(2015: 12~13)에서는 국어기본법의 의의로 "존재 그 자체, 장단기 계획의 조화, 민관의 협력 강화"를 들었다. 이러한 의의와 평가는 지금도 유효하다. 다만 이러한 평가와 좀 더 보완된 의견을 제시하기로 한다. 이러한 제안은 세종 국어문화원의 공식 의견이라기보다는 학자로서의 개인 의견임을 밝혀둔다.

'훈민정음' 정신: 쉬움과 소통, 공유 명문화

2장에서 규명한 훈민정음 해례본의 정신 또는 훈민정음 정신과 그 의미를 더 잘 이어받기 위해 다음과 같이 명문화할 것을 제안한다.

"한글"이란 국어를 표기하는 우리의 고유문자를 말한다.
⇨ "한글"이란 국어를 표기하는 우리의 고유문자를 말하며, 근대 이후의 표기 체계이지만 1446년 반포된 '훈민정음 정신'을 이어받는 문자 체계를 의미한다. '훈민정음 정신'이란 쉽고 정확한 언어 사용으로 누구나 편리하게 지식과 정보를 수용하고 누리는 정신을 말한다.

'훈민정음'을 명문화한다고 하면 지금 안 쓰이는 28자 수준의 글자를 복원하자는 의미로 오해하는 분들이 많다. 여기서는 그런 의미는 아니다. 필자는 『한글혁명』(2017, 살림터)에서 외국어교육이나 기계 언어 구현 차원에서 안 쓰이는 글자를 제한적으로 활용하자는 제안을 한 적은 있지만 국어기본법이나 한글맞춤법 차원에서는 현실적으로 하기 어려운 일이다. 그러나 시대와 환경에 따른 언어 변화는 당연한 것이지만 훈민정음의 근본 정신만큼은 시대 변화에 관계없는 보편 정신이므로 반드시 계승해야 할 정신이다.

'조선어학회' 정신: 언문일치 명문화

조선어학회 정신은 일제 하에 우리말과 글의 독립을 위해 노력해 온 것이 근본이지만 구체적으로 언문일치 정신이라고 볼 수 있다. 1933년 한글맞춤법은 단순한 맞춤법이 아니라 근대식 표준 언문일치체의 바탕을 마련한 것이다.

이런 언문일치 정신으로 법령문 자체를 좀 더 쉽게 풀어 쓰기를 시도해 볼 필요가 있다. 국어기본법을 담은 법령인 만큼 당연히 문장이 국어기본법의 취지를 그대로 살려야 한다. 곧 "제14조(공문서의 작성) ① 공공기관등은 공문서를 일반 국민이 알기 쉬운 용어와 문장으로 써야 하며, 어문규범에 맞추어 한글로 작성하여야 한다."를 지켜야 한다는 것이다.

이런 취지로 본다면 1조 "이 법은 국어 사용을 촉진하고 국어의 발전과 보전의 기반을 마련하여 국민의 창조적 사고력의 증진을 도모함으로써 국민의 문화적 삶의 질을 향상하고 민족문화의 발전에 이바지함을 목적으로 한다."라는 문장은 "이 법은 국어 사용을 맥락에 맞게 적절하고 바르게 하여, 국어 발전과 보전의 바탕을 마련하고 국민의 의사소통 능력을 키워 줌으로써 삶의 질을 높이고 민족문화 발전에 이바지함을 목적으로 한다."라는 식으로 바꿔 쓸 수 있을 것이다.

국어책임관을 별정직으로

국어기본법은 개인의 국어 사용과 능력도 중요하게 여기지만 핵심은 공공언어를 어떻게 잘 쓰게 할 것인가에 있다. 지금도 공공기관에서 영어 남용 등은 심각한 수준이다. 국어기본법에서 국어책임관 제도를 도입한 것 자체는 매우 바람직한 일이다. 또한 국어책임관과 국어문화원이 연계하여 각종 사업도 벌이고 전국국어문화원 연찬회를 통해 공동 연수를 진행해 오는 것도 매우 바람직하다.

그러나 국어책임관을 의무적으로 두어야 하는데 두지 않는 곳도 많고 대부분 겸직이다 보니 제대로 책임 있게 운영이 안 되는 곳도 많다. 그야말로 국어 전문가가 아닌 분들이 '국어책임'을 질 수는 없는 일이다. 그렇다면 일정 규모 이상의 공공 기관에서는 아예 별정직으로 제도를 바꿔 국어 바르게 쓰기에 전담하게 해야 한다. 잘못되거나 어려운 용어로 인한 국가 예산 낭비의 심각성은 이미 여러 번 보고되었다. 국어기본법에 그런 잘못된 공공 언어 사용에 대해 프랑스처럼 강제 벌칙 조항을 넣을 수 없는 상황이라면 현장의 국어책임관 제도를 통해 공공언어를 적극적으로 바로잡아나가야 한다.

모든 교과서와 지도서에 국어기본법을

필자가 최근 국어선생님들 카톡방을 통해 조사한 바에 의하면 국어기본법조차 모르는 학생들이 대부분이라고 한다. 국어교사들조차도 전문을 읽어 본 이가 드물다. 이것이 의미하는 바가 무엇인가? 국어기본법의 취지와 강제성 여부를 떠나 국어기본법 자체가 그 존재 의미를 잃고 있다는 것이다. 모든 과목 모든 지도서에 국어기본법을 부록으로 싣고 학생들 국어교과서에는 어문 생활 관련 중요 규정이라도 실어야 한다.

국어문장사제도와 교육 프로그램을 국가 공인자격증제도로

국어기본법을 제대로 지키기 위해서는 문장력 수준에서 국어사용 능력이 있는 전문가가 필요하다. 이러한 전문가를 양성하기 위해서는 한국어교사 2급, 3급 수준의 교육 프로그램과 교육 이수가 필요하다. 세종 국어문화원(전 국어단체연합 국어문화원)과 국어문화운동본부는 국어기본법 4장에 근거하여 문장사 양성 과정을 4년간 진행한 바 있다.

제4장 국어능력의 향상

제22조(국어능력 향상을 위한 정책 등)

① 국가와 지방자치단체는 국민의 국어능력 향상을 위한 기회를 균등하게 제공하는 데에 힘써야 하며, 국어능력 향상에 필요한 정책을 수립하여 시행하여야 한다.

② 제1항에 따른 정책을 효율적으로 추진하기 위하여 관계 중앙행정기관 간의 협의기구를 구성·운영할 수 있다.

③ 제2항에 따른 협의기구의 구성과 운영에 필요한 사항은 대통령령으로 정한다.

제23조(국어능력의 검정)

① 문화체육관광부장관은 국민의 국어능력 향상과 창조적인 언어생활의 정착을 위하여 국어능력을 검정할 수 있다.

② 제1항에 따른 국어능력의 검정 방법·절차·내용 및 시기에 관하여 필요한 사항은 대통령령으로 정한다.

이번 기회에 문장사 자격증을 국가 공인으로 하는 전략을 함께 찾아보아야 한다. 국어문화원이 바로 이런 국어능력 향상 사업을 하라고 있는 것인 만큼 이 자격증 제도를 활성화하고자 한다. 국어문화원 연합회 차원에서 이 프로그램을 공식화할 것을 이번 학술대회에서 공식 제안한다.

정부와 민간의 협업운동, 국어진흥운동으로 '국어기본법' 개정과 보급화 필요

국어기본법은 결코 정부 정책만으로 성공할 수 없다. 당연히 국어문화원 같은 준공립기관과 민간 시민운동 단체와 힘을 합쳐 함께 실행해나가야 한다. 그런 의미에서 필자가 참여한 주경희·김슬옹·이승연·김일환(2013)의 「국어진흥운동의 이론적 기반 연구」(국립국어원 2013-01-06, 국립국어원)에서 제안한 '국어진흥운동' 차원의 국어기본법 보급운동을 제안한다.

주경희 외(2013: 12)에서 '국어진흥운동'은 "국어 사용자들이 담화 사용 제약 조건에 맞는 적절한 국어를 사용하여 의사소통의 내용적 층위와 관계적 층위에서 모두 성공적으로 소통할 수 있도록 하는 운동"으로 규정했다. 이러한 국어진흥운동 차원에서 국어기본법 운동을 위해 법령 전면 개정이 필요하다. 일단 앞에서 지적한 문장 차원에서 더 다듬어야 하고 매체 환경 변화에 따른 능동적 대응 전략을 규정에 담아야 한다.9)

---

9) 국어기본법 자체가 박창원(2015: 5~6)에서 자세히 밝혔듯이 제도적, 법적 차원에서 먼저 발의된 것이 아니라 국어운동에 몸바쳐온 남영신(〈사〉국어문화운동본부 회장) 개인의 운동 차원의 노력이 매우 크게 작용했음을 눈여겨 볼 필요가 있다. 결국 국어정책과와 국립국어원 등 국어정책기관과 민간의 협업에 의해 국어기본법이 탄생이 되었고 민간 운동 단체의 연합에 의한 국어문화원이 2005년 8월 25일 설립되었다.

6. 국어기본법은 세종과 훈민정음 정신을 가꾸는 법

이 장에서는 국어기본법의 의미를 『훈민정음』(1446) 해례본 정신으로 본 역사적 의미, 조선어학회 정신으로 본 국어운동사적 의미로 나눠 보았다. 첫째, 『훈민정음』(1446) 해례본 정신을 '소통' 정신과 '가치' 정신으로 보았다. 소통 정신으로는 '유통' 정신, '맘껏 표현하기' 정신, '쉽고 편안하기 쓰기' 정신, '맥락적 소통' 정신 등으로 보았다. 가치 정신으로는 '다름(차이)'과 '자주'의 가치, '자존감'의 가치, '효율성'의 가치, '보편성' 가치 등으로 보았다.

둘째, 조선어학회 정신은 국어운동사적 정신으로 구체적으로는 언문일치 정신으로 보았다.

이런 의미로 볼 때 국어기본법은 하나의 법령문이기 이전에 국어와 한글의 가치를 담고 국어생활의 현재와 미래를 자리매김해주는 또다른 현대의 '해례본'이 되어야 한다. 따라서 국어기본법을 어문생활과 직접 연관된 조항과 해외 한국어 보급과 교육, 그리고 이를 뒷받침하기 위한 정책적 장치 부분으로 나눠 그 의미를 짚어 보았다.

이런 검토를 바탕으로 '훈민정음' 정신과 '조선어학회' 정신을 명문화하여 국어기본법의 가치와 의미를 더 강화해야 함을 밝혔다. 더불어 국어책임관을 별정직으로 할 것을 제안하였다. 그리고 모든 교과서와 지도서에 국어기본법을 실어 의무교육으로 하고 국어 문장사 제도와 교육 프로그램을 국가 공인 자격증 제도로 하며 정부와 민간의 협업 운동, 국어진흥운동으로 '국어기본법' 전면 개정과 보급화가 필요함을 밝혔다.

1) '훈민정음' 정신을 명문화

2) '조선어학회' 정신을 명문화

3) 국어책임관을 별정직으로 하기

4) 모든 교과서와 지도서에 국어기본법을 싣기

5) 국어문장사제도와 교육 프로그램을 국가 공인자격증제도로 하기

6) 정부와 민간의 협업운동, 국어진흥운동으로 '국어기본법' 전면 개정과 보급하기

이제 국어기본법을 21세기 한글 해례본으로 만들고 함께 누리도록 힘써야 한다.

13장 한글운동론

1. 한글운동의 개념과 연구의 필요성

이 장에서는 '한글운동'의 개념과 필요성, 역사, 내용 구성 등을 체계적으로 논해보기로 한다. 한글운동은 한글과 관련된 언어 문제를 바로잡으려는 운동이므로 문자 중심의 언어운동을 말한다. 한글은 국어의 일부이고 한글을 통해 국어문제를 바로잡으려는 것이니 국어운동이라고도 한다. 물론 반대로 국어운동은 한국어의 글말의 특수성 때문에 '한글운동'이란 용어로 폭넓게 논의되어 왔다고도 볼 수 있다.

국어'와 '한글'의 의미는 중첩되기도 하지만 의미 차이가 있다. 그러나 실제 한글운동과 국어운동 맥락은 같은 것이므로 같은 용어로 보되 관련 용어 논의에서 다시 집중적으로 기술하기로 한다.

언어문제는 언어가 사회생활의 주된 도구인 이상 어느 시대건 어느 사회건 존재하기 마련이다. 또한, 언어는 단순한 형식으로서의 도구가 아니라 생각과 의미와 정보가 융합된 도구이거나 그런 내용을 드러내 주므로 언어문제는 고정된 문제가 아니라 맥락에 따라 의미를 달리하거나 생성되는 역동적인 삶의 문제이기도 하다.1) 따라서 언어문제는 개개인의 삶의 문제이거나 사회나 국가의 언어 공동체의 문제로서 늘 우리 삶속에서 다양한 의미로 드러나고 있다. 현재 우리 사회 또한 한자 교육, 한자혼용 같은 오래된 문제가 다시 불거지고 있기도 하고 영어 남용 같은 최근 문제가 혼재하고 있기도 하다.

이러한 언어문제를 개선하기 위한 지속적이면서도 사회적인 노력을 흔히 언어 운동이라 하고 개별 언어를 대상으로 하거나 전제로 하면 국어운동이라 부른다. 국어 문제가 복잡하고 거기에 얽힌 언어 주체들의 관점이나 입장이 다양하므로 국어운동의 실체와 양상은 쉽게 논의될 성질은 아니다. 따라서 이 글은 그간의 국어운동에 대한 논의와 역사를 통해 국어운동의 실체를 다각적으로 조명해 보고 그와 더불어 국어운동사를 통해 시기별 또는 주제별 국어운동이 주는 총체적인 의미를 짚어보고자 한다.

언어운동은 언어문제의 해결이나 개선을 위한 것이므로 이런 노력이 국가나 제도 차원에서 이루어지는 언어정책·언어계획 등과 닮아 있다. 이런 문제도 관련 용어 논의에서 함께 다루기로 한다.

---

1) 한글운동, 국어운동에서 '한글'과 '국어'는 도구이자 정신이다. '한글, 국어'를 사회 문제 해결을 위한 수단으로 보면 도구 측면이 강하고, "왜 하필 '한글, 국어'를 통해서인가?"라는 질문 속에서는 정신과 가치 측면이 강하다. 결국, 두 가지 측면이 융합되어 있으므로 도구이자 정신이다. 최현배(1953: 124)에서는 "국어는 그 나라 사람들의 정신생활의 표현인 동시에 그 정신생활의 기초 수단이다. 국어는 그 나라, 백성에게 민족의식을 북돋우며, 국민정신을 기른다."라고 하여 국어의 정신적 가치를 강조했다.

2. 연구사

'한글운동'에 대한 핵심 논의는 『동아일보』에서 1932년에 4회에 걸쳐 이윤재가 '한글운동의 회고'라는 제목으로 연재한 이윤재(1932ㄱ, ㄴ, ㄷ, ㄹ)에서 이루어졌다. 전체적으로 보면 한글 발달사에 가깝지만 한글운동의 논의도 함께 이루어진 것이므로 '한글운동'뿐만 아니라 '한글운동사'에 대한 최초 논의라 할 수 있다.

이윤재는 훈민정음 창제 자체를 한글운동으로 보아 한글정책도 한글운동의 일부로 논의하고 있다. 이런 맥락이라면 김윤경(1938)의 『조선문자급어학사』와 최현배(1942)의 『한글갈』을 비롯한 많은 국어사 관련 저서들도 한글운동사를 함의하고 있다.[2] 최현배는 이에 앞선 『한글의 바른 길』(1937)에서 한글운동을 논의하고 있다. 이극로(1935)에서는 맞춤법 제정을 위한 과학적 노력과 조선어학회의 한글 강습과 같은 보급운동을 다루고 있다.

본격적인 한글운동 논의는 이응호(1974)의 『미군정기의 한글운동사』(성청사)에서 이루어지고 이응호(1975ㄱ)에서 개화기 한글운동사를 박사학위로 제출하였다. 이응호(1974)는 체계적인 한글운동사 정리를 통해 미군정기의 한글운동의 역사를 매우 세밀하게 정리하였고 이응호(1977)는 광복 이후의 한글운동사를 다루었다. 이밖에 『한글학회 100년사』(한글학회, 2012)도 다양한 한글운동을 집약하고 있다. 이밖에 개별적인 한글운동 논의는 관련 논의에서만 언급하기로 한다.

---

2) 김슬옹(2012)의 '조선시대의 훈민정음 발달사' 참조.

3. 한글운동의 자리매김

3.1. '한글운동'의 개념

'한글운동, 국어운동', '사회운동'에서의 '운동'은 보통 어떤 목적을 이루고자 하는 조직적인 사회 활동을 가리킨다. 사회문화연구소 편 (1993: 11~20)에서는 사회운동을 일종의 집합운동으로 보고 "집합행동이 가지는 원리를 이용하여 의식적, 계획적으로 특정 사회층이 어떤 사회목표를 위하여, 조직적인 운동을 추진"(16쪽)하는 것으로 보았다.3) 여기서 우리는 운동이 성립하기 위한 몇 가지 필수 조건을 뽑아낼 수 있다. 운동이 성립하기 위해서는 첫째, 목적이 분명해야 한다. 목적을 구체화시킨 목표가 구체적이어야 한다. 둘째, 목적이 분명한만큼 주체가 뚜렷해야 한다. 운동 주체는 대개 집단이나 단체인 경우가 대부분이다. 국가나 개인이 주체가 될 수도 있지만 이 경우는 단체나 집단이 주체가 될 경우보다는 약하다. 셋째, 운동을 펴는 방식이 조직적이거나 체계적이어야 한다. 막무가내로 하는 것을 운동이라 하지 않는다. 계획을 세워 합리적인 절차를 밟아 노력하는 것이 운동이다. 실제로는 합리적이지 않거나 실수나 시행착오가 일어날지라도 계획만큼은 합리적으로 설정되어야 한다. 그런 계획에 의해 조직적이고 체계적 과정을 거쳐야 운동이라 할 수 있다. 개인이 주체가 되는

---

3) 사회문화연구소 편(1993: 12)에서는 사회운동을 아래와 같이 규범지향운동과 가치지향운동으로 나누었다.
   규범지향운동: 사회 질서의 틀 속에서 기성의 사회규범의 부활·개변을 통하여 불안이나 위기의 해결을 기대한다. 각종 개량운동이나 체제내 사회운동이 그러한 예이다.
   가치지향운동: 사회질서의 기본원리인 가치체계 그 자체의 변혁을 통하여 불안이나 위기의 해결을 시도한다. 혁명운동이나 종교개혁 등이 그러한 예이다.

경우도 1인 시위 같은 운동이 두루 성립하므로 과정만 체계적으로 한다면 얼마든지 운동이 될 수 있다. 국어운동가 가운데서도 이수열 같은 분은 개인 운동가이지만 이오덕 같은 이는 단체를 통한 운동을 주로 폈다.

넷째, 운동으로 성립하기 위해서는 지속적이어야 한다. 문제가 쉽게 해결이 돼 한 번으로 끝나는 운동도 있을 수 있지만 대개 운동이 되기 위해서는 지속적이어야 한다. 어쩌다가 한 번 하는 것을 운동이라 하기 어렵다. 개인이 주도하는 경우가 운동이 되는 것은 지속적으로 하는 과정에서 그 자체가 조직성을 띠기 때문이다.

다섯째, 운동이 성립하기 위해서는 다수의 문제를 대상으로 해야하며 다수의 공감대를 얻는 것이 전제가 되어야 한다. 개인만의 문제를 해결하기 위해 노력하는 것을 운동이라 하기 어렵다. 물론 개인 문제에서 출발했지만 그것이 다수의 문제와 연결된다면 얼마든지 운동이 될 수 있다. 국가가 주체가 되는 경우가 운동으로 성립하려면 단지 제도나 법에만 의존하는 것이 아니라 제도나 법 이외의 의식 등 개선 운동으로 다수의 변화를 전제로 해야만 한다. 곧 법에 의한 강제 집행이 아닌 국민의 자발적 참여를 전제로 하거나 목표로 하는 경우는 국가에서 하는 정책 성격이라 하더라도 운동으로 성립할 수 있다.

3.2. '한글운동'의 개념과 관련 용어

앞서 살펴본 '국어'의 다양한 개념과 다양한 관점으로 볼 때 국어운동의 개념이 단순하지 않음을 알 수 있다. 표준국어대사전과 네이버 사전에서는 국어운동을 "자기 나라의 말을 존중하여 애용하자는 운동"으로 고려대 한국어대사전과 다음(Daum) 사전에서는 "자기 나라의 말을 사랑하고 지켜 닦아 쓰고 발전시키자는 운동"으로 좀 더 쉽게 풀어내고 두 번째 뜻으로 "일제강점기, 국어와 국문을 정리하고 통일하여 보급하려는 사회적인 노력에서 일어났던 운동"으로 자리매김하고 있다. 일제강점기에는 '국어'라는 말을 쓸 수 없었으므로 '한글운동'으로 사용했다.4)

국어운동은 한글뿐만 아니라 한국어 전반에 걸친 포괄적인 운동으로 문자, 한글 중심의 한글운동보다는 의미와 내용이 넓다.5) 그러나 한국어에서 차지하는 '한글'의 위상과 상징성 때문에 핵심 내용과 목표는 같은 것으로 본다. 그렇게 본다면 이응호(1974, 1975ㄴ)의 한글운동사에 대한 접근 관점이나 목적 의식은 선구적인 업적인 셈이다. '한글'의 역사적 의미와 한글 창제의 목적 의식을 통해 한글운동과 한글운동사 기술의 주요 가치와 정신을 도출하고 한글운동의 내용을 통해 그 실체를 밝히고 언어사회학과 언어공학적 관점을 통해 접근 전략과 목표를 설정했기 때문이다.

그렇다면 한글운동이나 국어운동의 범위를 좁게 보면 언어 문제를

---

4) '한글운동'이라 하면 편협한 생각을 불러일으키기도 한다. 일반 대중은 대부분 한글을 토박이말로 오해하기 때문이다. 그래서 한글전용이라 하면 학교와 같은 한자말은 아니되고 토박이말(순우리말)로만 쓰자는 걸로 여긴다. 마찬가지로 한글이름도 토박이 이름으로 여긴다. 이를테면 김용성(←金庸性)은 한글이름이지만 토박이 이름은 아니다. 김슬옹(←슬기롭고 옹골찬)은 한글이름이자 토박이말 이름이다. 흔히 국어운동이란 말을 쓰는 까닭도 여기에 있다. 운동은 대중성이 중요하므로 오해와 편견을 불러일으키는 '한글운동'이란 말 대신에 '국어운동'이라고 하는 경향이 있다. 이에 대해서는 김슬옹·김불꾼·신연희(2013)의 『한글 이름 사전』에서 자세히 언급한 바 있다.

5) '한글운동'이란 용어에 대한 이러한 쟁점 때문에 '한말글운동'이라는 새 용어가 대학생 운동권을 중심으로 쓰였다. 전국 우리말운동 대학생 연합모임 회지 창간호(해오름호) 제목이 '한말글'이었다. 이는 '한글운동이 가지고 있는 언어 중심주의와 한글민족주의의 한계를 극복하고자 함이었다. '한말글'이라는 말은 글말뿐만 아니라 입말도 포괄할 수 있을 뿐만 아니라 '한-'이 "한국, 한글, 한우리" 등의 여러 가지 상징적 의미를 띠기 때문이다.

해결하는 운동이고 넓게 보면 언어 문제 해결이라는 과정을 통해 또 다른 목적 달성을 하는 운동이 될 것이다. 실제 운동 차원에서는 언어 문제만을 해결하기 위해 운동을 벌이는 경우는 없으므로 후자 쪽 곧 넓은 의미로 보아야 한다. 이런 측면에서 '언어운동'을 이길록(1977: 18)에서는 "언어의 문제가 사회적인 문제로 대두될 때, 이것을 해결해 나가려고 하는, 곧 개선해 나가려는 사회적인 실천운동"이라 자리매 김하고 있다.6)

언어의 문제는 언어 모순이기도 하다. 언어 모순을 한글·국어운동가 들은 '언어의 기호적 모순'과 '언어의 사회적 모순'으로 나누는데 기호 적 모순은 글말이 입말과의 관계 속에서 생기는 모순과 의미 표현과 의사소통의 기본적 가치 실현에 따른 모순을 말한다. 최현배(1953)에서 설정한 국어운동의 다섯 가지 목표가 바로 여기에 해당된다.

> 동서고금을 막론하고, 국어운동의 목표에는, 다섯 가지가 있으니: 첫째 는 깨끗하게 하기, 둘째는 쉽게 하기, 셋째는 바르게 하기, 넷째는 풍부하게 하기, 다섯째는 너르게 번지도록 하기가 곧 그것이다.
>
> _최현배(1953: 124)

언어의 사회적 모순은 언어가 사회적 맥락 속에서 어떤 역할이나 기능을 수행하는가에 따른 모순이다. 이러한 언어모순에 따른 사회운 동을 강조한 개념으로는 '옥에티(1980)7)'(가명)의 「국어운동의 뜻」(전

---

6) 이길록(1977), 「국어학 연구와 국어운동의 관계」, 『나라사랑』 26, 외솔회, 16~25쪽; 이길록 (1988), 「국어학연구와 국어운동의 관계」, 『나라사랑』 66, 외솔회, 12~25쪽 재수록.

7) '옥에티'의 본명은 이장원으로 현재 고등학교 교사로 일하고 있다. 이 분의 한글운동 회고 록이 교육출판기획실(1988)이 엮어 푸른나무에서 펴낸 "아픔을 먹고 자라는 나무"라는 책에 이장원(1988), 「옥에티일지언정 나다움을…」이라는 제목으로 실려 있다.

국국어운동대학생 연합회8) 회지,『불꽃』 1호)이라는 논문을 들 수 있다.

이 논문은 국어운동을 "운동이란 사람이 살아가는데 장애가 되고 그 삶을 왜곡시키는 사회의 모순을 해결하고자 하는 집단적이고 지속적이면 조직적인 의식행위라 할 수 있다. 그리고 국어는 언어이므로 국어운동은 시대의 언어모순을 해결하려는 집단적 지속적 조직적 행위"라고 정의했다.

'국어운동'은 '한글운동' 외 '어문운동', '국문운동' 등으로 불린다.9) '국어운동'을 국가가 관여할 경우 '국어정책'과 혼동되기도 한다. 이 문제에 대해서는 조태린(1998: 4~5)에서 다음과 같이 정리한 바 있다.

> 豊田國夫(1964: 28)의 지적처럼 "언어문제에 있어서는 그 정책과 운동의 구별이 불명확"한데, 이는 "형식적으로는 공공기관이 취급하는 것이 정책이라고 얘기되지만, 언어정책에 있어서 정책주체는 오히려 그것을 사용하는 대중이고 민족"이기 때문이다. 실제로 국가가 언어정책을 실시하면서 대중적 호응을 유도하기 위해 언어운동의 형식을 취하기도 하며, 특정 사회 주체가 추진하는 언어운동이 그 효과를 높이기 위해 국가의 행정력에 의존하기도 하는 예가 많다. 이처럼 언어정책과 언어운동을 구별하는 선이 분명하지 않다는 이유에서 양자를 포괄하는 개념으로써 언어계획을 사용하는 것이 더욱 효율적일 수도 있다.
>
> __조태린(1998: 4~5)

---

8) 대학생들의 국어운동 역사에 대해서는 "국어운동대학생연합회 동문회 누리집"(www.hanmal.pe.kr)의 초대 연합회 회장이자 누리집 운영자인 이봉원 글 참조.

9) 사실상 '어문운동'이 더 폭넓게 쓰이는 용어이다. '어문운동' 용어 쓰임새에 대해서는 송철의(2001), 허재영(2002) 등 참조.

언어운동과 언어정책의 혼용 문제를 분명하게 제시하고 상위어 언어계획의 대안을 제시한 건 좋지만 그렇다고 언어운동과 언어정책의 상관 관계에 따른 용어 구분 문제가 명쾌하게 해결된 것은 아니다.

송철의(2001: 3)에서도 "어문운동과 어문정책은 상호 밀접한 관련을 가지기 마련이다. 어문운동은 흔히 어문정책으로 이어지기도 하며 어문정책이 있으면 그에 따르는 어문운동이 있을 수도 있기 때문이다. 사정이 이러하기 때문에 경우에 따라서는 어문운동과 어문정책을 구별하기 어려울 수도 있다."라고 하면서도 어문운동과 어문정책을 구분하고 있다. 곧 "우리의 언어와 문자 문제에 관련한 민간 차원의 노력은 어문운동으로 간주하고 국가나 정부 차원의 시정방책은 어문정책을 간주"하고 있다.

여기서는 '운동'의 다양한 조건을 앞서 살펴본 논의를 따라, 좁은 의미의 국어운동은 법이나 행정 주체가 아닌 민간 주도의 사회적 운동으로 한정한다. 그러나 넓은 의미의 국어운동은 국가가 주체로 참여하는 경우도 포함하되 법이나 제도 이외의 요소가 함께 병행될 때로 한정하기로 한다. 이를테면 의식 개혁 운동은 국가가 주도 하더라도 법이나 제도만으로 이루어지거나 개선되는 것은 아니다. 국립국어원의 국어기본법의 정신이나 내용을 널리 펴는데 국가의 법이나 제도만으로 한계가 있으므로 국어운동 단체 지원 강화를 통해 '국어진흥운동'을 펴는 것은 그런 면에서 타당성이 있다.

다시 정리해 보면, 국어운동은 국어의 문제나 모순을 개선하기 위한 사회적 실천 운동이다. 주로 운동 단체나 동아리가 주도하는 것이 보통이다. 그런 측면에서 정부나 국가 권력에 의한 국어정책과 뚜렷하게 구별할 수 있다. 단 정부가 제도나 법보다는 국어의식이나 국민 대상 운동과 병행할 때는 국어운동이란 말을 쓸 수 있다.

'국어순화운동'은 문제가 있거나 잘못된 국어를 순화하기 위한 운동으로 국어를 더욱 아름답고 쉽고 정확하게 다듬는 운동으로 일종의 말글 다듬기 운동으로 단체나 동아리뿐만 아니라 특정 개인(이수열, 이오덕)이 주도하기도 한다. 정부도 참여할 수 있다.

그렇다면 국어운동은 국어를 통한 사회운동이지만 국어순화운동은 국어 그 자체에 초점을 둔 운동이다. 국어운동의 국어는 일종의 사회적 문제 해결을 위한 과정이나 수단이나 국어순화운동의 '국어'는 그 자체가 목표인자 목적이다. 국어운동의 국어는 목적이 아닌 목표이다.

국어진흥운동은 더욱 바람직한 국어를 만들기 위한 운동으로 국어 자체로만 본다면 국어운동이나 국어순화운동보다 범위가 넓다. 국어운동이나 국어순화운동은 문제 있는 국어, 순화의 필요가 있는 국어만을 대상으로 삼지만 국어진흥운동은 그런 국어뿐만 아니라, 문제가 없더라도 더 좋고 더 나은 국어를 지향하는 운동도 포함된다. 국어운동과 국어순화운동은 물리적인 언어 개선이 전제이거나 목표이지만 국어진흥운동은 국어의식 개선과 같은 정신적인 것도 포함된다. 따라서 국어운동은 정부나 국가권력기관이 아닌 사회, 민간에 의해 이루어지지만 국어순화운동이나 국어진흥운동은 사회단체뿐만 아니라 국가도 주체로 나설 수 있다.

3.3. 한글운동의 대상과 성격

일제강점기의 '한글운동'이라는 용어를 그대로 계승한 이응호(1974)에서는 그러한 역사성을 살려 한글운동을 단순한 말글운동, 곧 언어운동이 아니라 민족운동이라고 하였다. 물론 한글운동의 폭넓은 정신을 강조하기 위해 언어운동이 아니라고 하였지만 특수성으로 보면 언어운동이다. 다만 운동의 목표나 목적에 따라 또는 운동의 내용에 따라 특성을 달리할 것이다.

한글운동이 절실하다면 그만큼 그 사회의 모순이 많다는 뜻이다. 모든 운동이 그렇듯이 삶의 절실한 문제로부터 운동은 출발한다. 문제는 그러한 국어운동이 왜 필요하며 어떻게 해야 하는가라는 바른 잣대를 가지고 이뤄나가야 한다는 것이다. 그러므로 운동이란 삶을 왜곡시키는 사회의 모순이 있어 서로 살아가는 데 문제가 되므로, 비슷한 뜻을 가진 사람들이, 뜻을 뭉쳐 바르게 고칠 수 있을 때까지 정확한 계획을 가지고 계속 노력, 실천하는 행위이다.

그렇다면 한글운동은 국어의 모순을 극복하는 운동이다. 여기서 국어 모순은 국어(언어) 자체의 모순이 아니라 국어를 부려 쓰는 사람들이 저지른 삶의 모순이다. 다만 국어를 통해 그 모순을 인식할 뿐이다. 이러한 국어운동의 대상은 언어 중심 대상과 언어의 사회성 중심 대상이 있다.

〈언어 중심 대상〉
(1) 외래 언어와의 문제: 외래어, 외국어, 한자어, 일본어, 기타
(2) 언어의 구조의 문제: 발음, 문자, 어휘, 어법, 유행어, 신어, 은어, 금기어, 사투리, 속어, 비어, 존댓말, 표준말
(3) 언어 사용의 문제: 표현, 이해, 입말, 글말, 국한문 혼용체

〈언어의 사회성 중심 대상〉
(1) 언어의 독점, 특정 언어의 남용, 언어의 단절
(2) 언어 종속화, 언어 계층화, 남북 언어 이질화

한글운동은 언어의 사회성을 강조하면 단순한 말글운동이 아니라 운동으로 민주운동, 또는 정치운동, 사상운동 등의 성격을 띤다. 우리 사회의 모든 문화 현상은 국어를 통해 나타나므로 결국 국어운동은 모든 문화운동의 바탕이 될 수 있다. 문학·예술·교육·종교·연극 등 각각의 문화운동의 영역에서 그 주장과 표현, 생각 엮기는 언어를 통해 이루어지지 때문이다. 한 보기로 우리나라 사람이 그린 미술 작품이 "flower Mirror silkon, 我.?" 등으로 나타나는 것은 미술운동의 대상이 되겠지만 그러한 언어표현 행위는 그 문제점과 더불어 국어운동의 대상이 된다.

'한글운동'의 성격이나 대상을 어떻게 설정하느냐에 한글운동사를 살펴보는 의미가 담겨 있다. '한글운동사'란 이름으로 이 분야의 본격적인 업적을 낸 이응호(1974, 1975ㄱ·ㄴ)를 먼저 주목할 필요가 있다. 이응호(1974: 17~19)에서는 한글운동사를 살펴보는 의미를 한글운동의 단순한 말글운동으로서의 성격이 아니라 그것의 역사성과 정치성에서 찾고 있다. 곧 한글운동의 시작을 훈민정음 창제에서 비롯된 것으로 보고 창제 정신인 "자주적, 민주적 정신과 문화의 대중화"를 한글운동의 일관된 뜻으로 보았다. 이러한 뜻이 일관되게 계승된 한글운동은 민족운동이요, 사상운동이자 정치운동이라고 규정하였다.

지난 우리의 '한글 교육'이 그 시초부터 민족 각성 운동의 하나로 일어났듯이 건국을 앞둔 '한글운동'도 민족 각성을 위한 하나의 운동이었다. 과거 몇 차례의 '한글운동'과 그 바탕과 모습을 달리하지 않았다. 지난 날의 '한글운동'의 정신이 그대로 받아 이어져 있었다. 그리고 그 어느 때보다도 폭 넓게 전개되었었다.

＿이응호(1974: 20)

이응호(1975ㄴ)에서는 한글운동사의 목적을 구체적인 내용을 통한 두 가지 학문적 관점을 통해 제시하였다.

(1) 국어의 바람직한 개량 사항이 무엇인가?

(2) 공통된 국어 생활의 확립 문제

(3) 적힌 말들을 입말과 일치시키는 일(언문일칭)

(4) 용어와 글자 관계의 문제

  가. 글자 생활의 합리화 문제

   ① 한자 안쓰기 문제

   ② 한글만 쓰기 문제

   ③ 새 글자 만들기 문제

  나. 언어 생활의 합리화 문제

   ① 자주적인 언어 생활

   ② 민주주의적인 언어 생활 문제

(5) 국어·국문 정책과 민간 운동

이러한 내용을 계층별 한글 생활 중심의 언어사회적인 관점과 한글로 인한 사회적 문제 치료를 위한 언어공학적 관점으로 살펴보는 것을 한글운동사 기술의 주요 목적으로 삼았다.

이 글에서도 '국어운동사' 기술의 목표나 목적을 '국어'의 가치와 '운동'의 주요 관점이나 전략에서 찾아내야 한다. 그런데 '국어'의 가치는 문제의 중심이 되는 '한글'에서 찾아야 하고 구체적인 운동 관점이나 전략을 통해 보완해야 한다.

4. 한글운동사

한글운동의 개념과 성격을 어떻게 규정하느냐에 따라 역사는 달라진다. 또한 모든 역사가 그러하듯 역사는 각 시기별 특수성과 일관된 흐름의 통시성의 결합이다. 한글운동의 대상과 내용이 다양한데다가 역사 또한 오래 되었으므로 한글운동의 양상은 복합적이다. 따라서 한글운동의 역사를 살펴본다는 것은 그러한 한글운동의 복합성을 분석적으로 접근하여 그 실체를 체계화시키는 전략임과 동시에 각 시기별 또는 전 역사의 통합적 의미를 추출하고자 하는 전략이 함께 녹아 있다.10)

모든 역사 기술이 그렇듯이 한글운동사 또한 시대 구분을 어떻게 하느냐가 주요 전략이 된다. 이 분야 최초의 시대 구분을 한 이윤재(1932ㄱ, ㄴ, ㄷ)에서는 한글운동사의 시대 구분을 다음과 같이 나눴다.11)

    1기 정음시대 창정기(1443~1446)
    2기 언문시대 침체기(1446~1894)
    3기 국문시대 부흥기(1894~1910)
    4기 한글시대 정리기(1910~)

위와 같은 시대 구분은 엄격한 한글운동의 자리매김에 의한 것이라

---

10) 이 부분은 주경희·김슬옹·이승연·김일환(2013)에서 필자가 집필한 부분이 포함되어 있다.
11) 최현배(1937: 1~15), 김민수(1973; 1984: 145~158)에서도 이러한 시대 구분을 그대로 따르고 있다. 다만 최현배(1937)에서의 정음시대는 훈민정음 반포에서 성종 때까지인 50여 년(1446~1494)간을 의미한다.

보기 어렵지만 한글운동사 차원의 최초의 시대 구분이라는 데 의의가 있다.

한글운동과 한글정책을 엄격하게 나눠 보는 관점이라면 1기 정음 시대는 한글운동 1기로 잡기는 어렵다. 이때는 운동이라기보다는 창제 주체에 의한 언어정책으로 볼 수 있기 때문이다. 그러나 훈민정음 자체에 기존의 언어모순을 극복하고자 하는 정신과 의도가 들어 있기도 하고 국가가 주도했지만 한문 세력과 사대부의 거대한 주류 세력에 비한다면 세종과 집현전 학자들의 노력은 일종의 비주류이므로 운동으로 자리매김 할 수 있다. 그러나 분명한 것은 훈민정음 창제가 한글운동 또는 국어운동의 뚜렷한 목표 의식 형성에 작용했다는 점이다. 훈민정음 창제 전에도 이두나 향찰 등의 우리식 한문 표기를 통해 어느 정도의 국어의식이 있었지만 좀 더 주체적이고 능동적인 국어의식은 훈민정음 창제로부터 비롯되었다고 보아야 한다.

언문시대도 좁은 의미라면 한글운동 차원으로 보기는 어렵다. 나라에 의한 지속적인 언문 사용과 보급 정책은 이루어졌지만 의도적으로 한글 사용의 문제를 개선하기 위한 지속적인 사회적 운동이 이루어진 것은 아니었기 때문이다. 그러나 이러한 언문 시대 역시 한글이 비주류 문자로 취급받았지만 꾸준한 사용자의 증가와 사용 영역의 확대를 통해 좀 더 분명하고 가시적인 국어운동 의식이 싹텄다. 이런 흐름을 반영하여 우리는 한글 창제부터 갑오경장까지를 국어운동 의식 형성기로 설정하고자 한다.

갑오경장부터 1910년까지는 주시경을 중심으로 하는 본격적인 국어운동 태생기로 설정할 수 있다. 일제강점기에는 주시경 제자들이 만든 조선어학회를 중심으로 하는 투쟁으로서의 국어운동기였고 해방 이후에는 진정한 국권 회복 차원의 국어운동기와 정보화 시대가 시작되면서 다양한 목표 차원의 국어운동기로 자리매김할 수 있다. 따라서 최종 시대 구분을 아래와 같이 설정하고자 한다.

진화론적 관점에서 발전 측면에서 시대 구분할 것이 아니라 그 시대에 맞는 특색을 드러내면서 시대의 흐름을 반영하는 전략이 가장 좋다. 그렇다면 이윤재(1932)를 참고로 시대 구분을 다시 해 보면 다음과 같다.

(1) 한글운동 태생기(1443~1454): 절대적 언어모순을 해결한 문자혁명기
(2) 한글운동 잠복기(1454~1894): 일부 국어정책만 지속
(3) 근대적 한글운동 전개기(1894~1910)
(4) 항일투쟁으로서의 한글운동기(1910~1945)
(5) 국권 회복 차원의 한글운동기(1945~1960)
(6) 다양한 목적으로서의 한글운동기(1960~현재)
　① 국어순화운동으로서의 한글운동
　② 민주화운동으로서의 한글운동
　③ 디지털시대의 한글운동

4.1. 한글운동 태생기(1443~1450): 절대적 언어모순을 해결한 문자혁명기

이 시기는 세종의 한글 창제(1443) 때부터 한글 반포(1446)를 거쳐 다양한 보급운동과 정책을 펴고 운명한 1450년까지를 가리킨다. 이때는 한글운동의 주체가 세종 개인이었지만 그는 왕이었기에 한글운동 주체는 그를 돕는 일부 신하들과 함께 집단성을 띤다. 사실 한글 창제를 위해 노력하는 과정도 포함시켜야 하지만 한글 창제가 일종의 비밀 프로젝트라 창제가 세상에 드러난 1443년 12월(음력)부터 잡는 것

이다.

이때의 세종의 업적은 언어정책에 가깝지만 국어의 절대 모순(한자, 한문 빌어쓰기)을 해결했고 한글 창제와 반포, 보급은 거대한 한문 세력에 비해 소수자(마이너리티) 입장에 서므로 한글운동으로 보는데 무리가 없다. 따라서 김형길(2005)의 아래와 같은 지적이 일리가 있다.

한국의 국어운동이 조선왕조의 최고 권력자인 왕과 그를 중심으로 한 엘리트 집단의 학자들에 의해서 시작되었다는 것은 대단한 행운이었다. 국왕들의 협력으로 말할 것 같으면, 한국도 프랑스에 뒤지지 않았다. 조선 왕조 전체를 통해서 볼 때, 연산군 등 일부 군주들이 훈민정음의 보급을 탄압하였던 것이 사실이나, 그에 못지 않게 국어에 대한 확고한 언어철학을 가지고 어문정책을 펴나갔던 왕들도 적지 않았다. 이들은 왕실에서 발행하는 서적이나 교서, 공고문 등에 훈민정음으로 사용하였다. 조선왕조를 통해서 왕이 직접 만들게 했던 언해본(諺解本)이나 언문본(言文本)만도 모두 48종에 이른다.

　_김형길(2005), 「한국인의 관점에서 본 프랑스의 국어운동」, 『국어교육』 117, 84쪽

입말(한국어)과 글말(한문)이 다른 언어의 절대 모순 해결을 권력자인 임금이 주도한 것은 정말 기적과 같은 일이었다. 절대 권력자인 임금이 아니었다면 그러한 한글 창제와 보급 자체가 불가능했을 것이기 때문이다. 물론 세종 이전에 신라의 설총과 같이 글말의 모순을 해결하려는 노력이 있었고 이두나 향찰문 같은 가시적인 성과가 있었으나 그것은 모순의 해결이 아니라 모순의 변형에 지나지 않았다.

세종의 한글 창제는 문자 혁명이다. 그 당시 한문 중심의 주류 질서로 보면 한글 반포는 개혁도 아니고 혁명 그 자체였던 것이다. 다만

세종은 기존 문자와 교체하는 그런 단선적 혁명을 단행하지 않아서 기존 세력과의 큰 충돌 없이 혁명을 안착시킬 수 있었다.

따라서 세종식 한글운동의 교훈은 네 가지로 정리할 수 있다. 첫째는 언어문제의 근본 해결을 시도했고 성공했다는 점이다. 이두나 일본에서 일본 문자 발명과 같은 개량주의 전략을 썼다면 문자 혁명이 일어나지도 않았고 기존 모순도 근본적으로 해결할 수 없었을 것이다.

둘째는 김슬옹(2011ㄱ: 1장)에서 지적했듯이 훈민정음의 창제 목적이나 기능성에 다양성을 부여하여 새 문자의 효용성을 높였다는 점이다. 훈민정음의 창제 목표는 기본적으로는 하층민과의 소통과 교화에 있었지만 한자음 적기라든가 한자 교육의 보조 수단 등의 다기능성을 부여함으로써 큰 반발이나 갈등이 없는 문자 혁명을 이뤄낼 수 있었다. 임금의 사소한 실수에도 상소가 빗발치던 당시 실정으로 볼 때 최만리 외 6인이 올린 상소는 매우 미미한 반발이었던 셈이다.

셋째는 언어문제에 관련한 다양한 계층을 배려했다는 점이다. 운동은 갈등의 해결 노력이기는 하지만 이해 당사자들의 갈등은 피할 수 없다. 그러나 세종은 하층민뿐만 아니라 지배층인 사대부들까지 고려하고 배려하는 운동을 펴 반발을 최소화하였다.

넷째는 운동이나 정책의 단계별 전략이 매우 치밀했다는 점이다. 세종의 새 문자 창제와 보급 과정은 3단계로 나눌 수 있다. 1443년까지의 창제 과정, 1443~1446년까지의 반포 준비 과정, 1445~1450년까지의 보급 과정이 그것이다.

4.2. 한글운동 잠복기(1450~1894): 일부 국어정책만 지속

이 시기는 세종 사후부터 갑오경장, 고종의 국문 칙령이 선포되기 전까지를 가리킨다. 이때는 한글 창제자의 한글운동 정신이 면면히 계승되기는 했지만 그 이상의 발전된 모습을 보이지 않아 '잠복기'라 한 것이다.

오히려 사대부들은 한글을 철저한 비주류 문자로 묶어 적극적인 발전을 막았다. 그나마 왕들의 지속적인 언해 정책과 왕실 여성들과 사대부 여성들의 적극적 사용 등에 힘입어 한글보급운동은 명맥을 유지할 수 있었다.

임금 가운데 좀 더 적극적인 언어정책을 편 이는 문종·세조·성종·선조·정조 등이다. 문종과 세조는 세종의 첫째, 둘째 아들로 둘 다 훈민정음 보급 발전에 큰 업적을 남겼다. 물론 가시적인 업적은 세조가 더 탁월하지만 창제와 보급의 주요 맥락으로 볼 때 문종의 업적 또한 그에 못지않은 가치와 의미를 지니고 있다.

문종은 『운회』의 번역을 감독하고(세종실록 26년). 세자 시절엔 자기의 서연에 『언문(훈민정음)』을 강목으로 세워서 신하와 더불어 훈민정음을 토론하고 연구하였다(세종실록 29년 이석정 상소문). 그리고 『홍무정운역훈』을 완성시키고 편찬을 명하였다(성삼문의 '홍무정운역후서'). 또한 수양대군에게 명하여 『병서』의 음주를 달았다(단종실록 2년; 홍기문, 『정음발달사』 하, 문종조 참조).

세종의 훈민정음 보급 정책은 세조에 의해 본격적으로 이어졌다. 세조가 세종의 정책을 잇지 않았다면 과연 훈민정음 보급이 제대로 이루어졌을까 의심이 들 정도였다. 세조의 업적은 세 가지로 압축할 수 있다. 첫째, 왕자 시절에 최초의 훈민정음 산문집인 『석보상절』을 직접 집필하였다. 또한 왕이 되어, 자신의 저서를 부왕이 지은『월인천강지곡』과 합치고 훈민정음 언해본을 붙여 『월인석보』를 펴냈다. 이 책은 훈민정음 보급을 위한 최초, 최대의 교재이다. 둘째, 세조는 세종의 훈민정음 보급 정책을 더욱 활성화시켰다. 과거 시험과목에 '훈민정음'을 넣어 훈민정음이 제대로 퍼지게도 했다. 곧 세조가 임금이 된지 6년째인 1460년『훈민정음』과 훈민정음 발음 책인『동국정운』·『홍무정운』을 과거 시험에 넣어 외우게 했다. 이때 예조 신하들도 아뢰기를, "『훈민정음』은 선왕께서 손수 지으신 책이요, 『동국정운』·『홍무정운』도 모두 선왕께서 직접 엮어 펴낸 책이라고 강조하며 과거 시험에 넣은 것이다. 또한 세조는 그때의 최고의 대학이었던 성균관의 공부 과목에도 넣었다. 셋째는 1461년에 간경도감이라는 국가 정책 기관 설립을 통해 대량의 불경언해서를 지속적으로 간행했다. 1462년에는 능엄경(楞嚴經)을 언해한 책 10권을 간행했고, 1463년에는,『법화경』, 1464년에는『선종영가집언해』,『금강경언해』·『심경언해』·『아미타경언해』, 1467년에는『목우자수심결언해』1권 등을 펴냈다. 이렇게 백성들이 좋아하는 불경책을 쉬운 언문으로 번역해 펴내는 바람에 훈민정음이 빨리 퍼질 수 있었다.

불경만 펴낸 것은 아니었다. 고전 시를 모아 놓은『명황계감』이란 책도 펴냈다. 이 책은 세종 임금이 1441년 집현전학자들에게 중국의 고전 시들을 한문으로 쓰게 한 책으로 세조가 훈민정음으로 번역하게 한 것이다. 이것은 아마도 백성들에게도 이러한 중국의 고전시를 읽게 하여 지식수준을 높이기 위했던 것이었다. 또한 세조는 1461(세조 7)년 최항·한계희 등 30여 인에게 명해 한글을 사용해 누에고치에 관한 잠서를 언문으로 번역하여 세상에 널리 펴게 했다. 궁중에 잠실(蠶室)을 두어 비(妃)와 세자빈으로 하여금 친히 양잠을 권장하도록 하는 한편, 농서를 간행하여 농업을 장려하였다.

성종은 한글 서적을 백성들에게 직접 보급했다. 세조가 간경도감을 통해 불경언해서를 지속적으로 많이 발간했다 하더라도 직접 보급 대상자는 사찰이나 전문가 영역에 머물렀을 것이다. 물론 궁극적으로는 백성에게까지 전파되길 바란 것이지만 실제 일반 백성들을 대상으로 보급한 흔적은 발견되지 않는다. 성종에 와서야 직접 보급 노력이 정책적으로 이루어진다.

선조는 임진왜란을 통해서 보면 무능하고 답답했지만 훈민정음 보급 정책 측면에서는 많은 업적을 남겼다. 가장 큰 정책은 세종 때부터 시도한 사서언해를 관청까지 설립하여 추진 완성한 것이다. 1585(선조 18)년에 교정청을 설치하여, 1587(선조 20)년에 『소학언해』 전6권 4책을 간행하였고, 1588(선조 21)년에는 사서·삼경의 음석(音釋)을 교정하고 언해를 마쳤다. 1590(선조 23)년에는 사서언해(『대학언해』 1책, 『중용언해』 1책, 『논어언해』 4권 4책, 『맹자언해』 14권 7책, 『효경언해』 등)를 간행하였다. 1606(선조 39)년에는 『주역언해』를 간행했다. 둘째로 선조는 절실한 현실 문제에 직접 언문을 사용하여 언문의 역사적 행정적 가치를 높였다. 임진왜란 중에 훈민정음만으로 조정의 방문을 공표하였다. 임진왜란이 터진 1592(선조 25)년 8월 1일에 선조는 "조정의 교서를 의병장이나 감사 등에게 언문(諺文)으로 번역하게 하여 촌민들이 모두 알 수 있도록 하는 일을 의논하여 아뢰라"라고 했고 실제 그렇게 했다. 선조는 개인적으로 친필 편지도 남기기도 하였다. 셋째, 1608(선조 41)년에는 허준으로 하여금 『언해두창집요』·『언해태산집요』 등을 간행하도록 온갖 지원을 아끼지 않았다.

정조는 백성에게 직접 내리는 한글 윤음을 제일 많이 남겼다. 백두현(2001)에 의하면, "현재 남아 있는 왕의 한글 교서('윤음'이라고 명기되지 않은 것도 포함함)는 선조대 1건, 영조대 2건, 정조대 24건, 헌종대 1건, 고종대 2건으로 모두 30건이다."로 보았다. 이런 기록을 바탕으로 "정조대에 윤음이 통치 수단으로 가장 많이 활용된 것은 이상적인 왕도 정치를 구현하려는 정조의 의지에서 비롯된 것이다."라고 평가했다.

조선왕조실록 기록으로 보더라도 정조의 최대 업적은 백성과의 소통을 위해 언문을 많이 사용했다는 점이다. 민본주의 차원에서 언문을 공문으로써 가장 많이 사용한 왕이다. 1782(정조 6)년 12월 10일 실록 기록에 의하면, 정감록을 소지했던 죄인 안필복·안치복 등의 방면을 황해도 관찰사에게 명하면서 유시문과 결안문을 한문과 언문으로 옮겨 써서 죄수들에게 주고 수령들이 조정의 뜻을 선포하여 유신의 효과를 다하기에 힘쓰도록 하라고 명하고 있다. 이는 정조가 그냥 대수롭게 벌주던 죄수들에게까지 교화를 우선시해 민본주의에 얼마나 충실했는지를 보여주는 사건이다. 이러한 민본주의 실천을 위해 언문을 적절히 사용할 줄 알았던 왕이었다.

이렇게 임금 주도로 훈민정음 보급 정책이 이루어졌지만 한글에 특별한 의식이나 운동 차원은 아니었기에 이 시기를 잠복기로 설정 기술하였다.

4.3. 근대적 한글운동 전개기(1894~1910)

이 시기는 고종의 국문 칙령이 발표된 갑오경장(1894) 무렵부터 경술국치가 이루어진 1910년까지를 가리킨다. 국가는 한글을 주류 문자로 선언하였고 주시경 같은 국어학자는 우리말글의 과학화와 과학적 연구를 시도한 시기다. 또한 독립신문의 한글 전용 노력과 주시경의 국문동식회 조직 등의 노력도 있었다. 인물로 보면 서재필·주시경·헐버트·지석영 등의 활동이 두드러진 시기였다.

4.3.1. 정부 중심 한글운동

(1) 고종의 국문 칙령

고종이 갑오개혁을 통해 한글을 주류 공식 문자(국문)로 선언한 것은 매우 중요한 의미를 지닌다. 고종의 최종 국문 칙령은 1895년 5월 8일에 "第九條, 法律命令은 다 國文으로써 本을 삼고 漢譯을 附ᄒ며 或國、漢文을 混用홈"(조선왕조실록)라고 선포되었다. '국문'이란 말이 처음 쓰인 것은 조금 더 거슬러 올라간다. 1년 전인 1894년 7월 8일, 기무처에서 관청이나 개인의 문서에 씌어 있는 유럽 문자를 국문으로 번역하는 건의안에 나온다. 7월 12일 국가시험 규정안에서는 "一 普通試驗. 國文、漢文、寫字、算術、內國政、外國事情、內情外事, 俱發策." 라고 하여 '국문'을 '한문'보다 앞세웠다.

이와 같은 흐름 속에서 국문 칙령이 나왔고 더 멀게는 조선 후기의 지속적인 한글 발전이 바탕이 되었다. 그러나 안타깝게도 1895년 5월 8일 국문 칙령 이후 조선왕조실록은 한문체와 조사와 어미 정도만 한글로 바꾼 국한문체를 일본에 국권을 이양한 1910년 8월 27일까지 지속시킨다. 국문 칙령의 한계였고 조선의 한계였다. 한글소설의 힘을 반영하지 못하고, 스스로 근대를 열지 못한 안타까운 역사였다. 한자 의존 언어 정책을 용납하기에는 너무 늦은 시기였다.

고종의 국문 칙령 발표는 비주류 공식 문자인 한글을 주류 공식 문자로 선언한 것이지만 실제로는 국한문 혼용문을 주류 문체가 되게 한 반쪽 선언이었다. 사실 세종은 한글 글씨를 크게 앞세운 『월인천강지곡』을 통해 한글을 주류 문자로 선언한 것이나 다름없었는데 그 후손들이 이를 철저히 무시해 오다가 국운이 기울어가는 시점에서 발표해 그나마 다행지만 전 역사를 통해 보면 비극적 선언인 셈이다.

(2) 국문연구소 활동

정부에서는 1907년 7월 8일, 학부 안에 '국문연구소'를 개설하여 관련 학자들의 공동 연구에 의한 국어 문제 해결을 시도하였다. 1907년 9월 16일 첫 회의 이래 1909년 12월 27일까지, 2년 3개월 동안, 23회의 회의를 통해 "1. 국문의 淵源, 2. 국문의 字體 및 연혁, 3. ㆁ, ㆆ, ㅿ, ◇의 復用 當否, 4. ㆅ, ㅱ, ㅸ, ㆄ, ㅹ의 부용 당부, 5. ㄱ, ㄷ, ㅂ, ㅅ, ㅈ의 중음 서법 一定, 6. 중성 ㅡ 창제와 · 폐지 당부, 7. ㄷ, ㅅ의 용법, 8. 초·종성으로 ㅈ, ㅊ, ㅋ, ㅌ, ㅍ, ㅎ의 통용, 9. 7음과 청탁의 구별 여하, 10. 四聲票의 用否 및 국어음의 고저법, 11. 字母의 음독 일정, 12. 字順과 行順의 일정, 13. 철자법" 등의 문제를 다루었다.

1909년 12월 27일에는 최종 결의 내용을 10개 항목으로 종합·정리하여 『국문연구 의정안』을 공표하였다. 어윤적·이능화·주시경·권보상·송기용·지석영·이민응·윤돈구 등은 개인별 보고서인 『국문 연구안』을 제출하였고 이능화·주시경·권보상 셋만이 끝까지 참여하였다. 『국문연구 의정안』은 국문연구소 위원장의 이름으로 경술국치 1년 전인 1909년 12월 28일에 학부 대신에게 제출되었다. 최종 결정서인 『국문연구 의정안』의 핵심 이론은 주시경 선생이 제공한 것이었다.

4.3.2. 주시경과 조직적 한글운동

개화기 때는 주시경이라는 인물에 의해 과학적인 우리말 문법 연구와 한글에 대한 과학적인 인식을 바탕으로 본격적인 한글운동이 시작된 시기이다. 주시경은 일본이 조선을 넘보기 시작한 1876년에 태어나 나라를 완전히 빼앗긴 1910년, 그로부터 4년이 흐른 1914년에 세상을 떠났다.

주시경은 우리말 문법의 근대적 체계화의 개척자이기도 하지만 조직적인 한글운동의 개척자이기도 하다. 운동의 본질은 집단성과 지속성에 있다. 이런 측면에서 민간 차원에서 조직과 집단 차원에서 한글운동을 벌인 것은 주시경이 처음이다. 주시경은 표기법 연구와 개선운동을 위해 1896년 5월 근무하고 있던 독립신문사 안에 '국문동식회(國文同式會)'를 조직하였다. 주시경은 서재필을 도와 1896년 협성회라는 민주주의 토론 모임을 만드는 일을 거들고 한글연구를 위하여 "국문 동식회"를 조직하였다. 이 모임에서는 국문 동식법(맞춤법)을 연구하고, 국문(한글) 전용을 권장하며 국어사전을 편찬하고, 국어 문법을 연구하는 일을 하였다.

(1) 諸友를 청ᄒ여 國文同式會를 조직ᄒ고 국어에 ㄷ ㅌ ㅈ ㅊ ㅍ ㅎ ㄲ ㅄ ㄸ ㅀ 등 音이 종성으로 發ᄒ는 字가 有ᄒ즉 국어대로 국문을 記用ᄒ자 ᄒ더니, 同會 諸人이 독립당의 嫌으로 四處에 奔竄ᄒ여 素志를 완성치 못ᄒ엿으나, 余는 此事를 인ᄒ여 幸히 閑隙을 得홈으로 기해년에 국어를 더 연구ᄒ고, 이후로 다시 此理를 친지간에 申複히 설명ᄒ여 同議ᄒ는 者가 不少ᄒ나, 국문에 聲望이 有ᄒ다 ᄒ는 이들도 此說을 恍然히 覺悟치 못ᄒ여 舊誤를 未免ᄒ더니, 今에 국문연구소가 官設되고, 國語 科程을 교수ᄒ는 학교도 점차로 多ᄒ여지며, 諸公들은 如此ᄒ 酷霖과 苦炎을 不避ᄒ고 열성으로 국어를 강습ᄒ니, 개국ᄒ 지 4천여 년에 口口相傳ᄒ여 以訛後訛ᄒ던 언어와 頒布된 지 근 5백 년에 人人異用ᄒ여 因仍 구차ᄒ던 문자가 釐正될 줄은 가히 指日코 待ᄒ겟는 고로 欣歡의 誠을 勝己치 못ᄒ나, 其 結果가

여하히 될지 또흔 知키 難ㅎ니, 諸公은 誠力을 배가ㅎ여 연구를 연속ㅎ여
期於 好結果를 得케 ㅎ기를 원ㅎ노라.

_『국어문전 음학(1908.11)』, 61쪽

(2) 독립신문사 재임 중에는 동업자와 한가지 국문동식회를 경영하엿으
며, 尙洞에 學院이 설립되매 조선어 문법과를 두게 하고, 당시 의학교에
知己가 잇으므로 그 안에 국어연구소를 세우고, 밤에는 야학 강습소, 일요
에는 일요 강습소를 두며, 학부 안에 국문연구소가 열리매 그 연구의 중추
가 되고, 외인들 사이에 韓語연구회가 생기매 그 辨難의 표준이 되고, 공사
립 학교의 조선어 과정을 교수도 하며, 혹은 자기가 자담하야 개혁 운동도
일으키며, 朝鮮光文會가 설립되매 조선 言文에 관한 문서 교정과 사전 편찬
의 지도에 전력하며, 자가 평생 연구의 근저잇는 운동을 삼으려 하야, 조선
어강습원을 창립하야 청년을 모아 교양에 정성을 다하엿다.

_익명의 주시경 문하생, 『한글』 제3호(1932.07), 82쪽

첫 번째 기록은 1908년 2회 '하기 국어강습소' 강의 교재에서 밝힌
기록이고 두 번째 기록은 익명의 문하생의 증언 기록이다. 위와 같은
조직이 '국어연구학회'로 이어지고 국어강습소와 조선어학회로 이어
져 개화기와 일제강점기 한글운동의 뿌리가 된다는 측면에서 더욱
중요한 의미를 가진다.12)

1908년 8월 31일: "국어연구학회" 창립(회장: 김정진).
1909년 11월 7일~1910년 6월 30일: 학회에서 제1회 "국어강습소"(중등과)

---

12) 고영근(1998), 19쪽 참조.

설립, 운영함(강사: 주시경, 졸업생 20명).

1910년 10월 ?일~1911년 6월 27일: 제2회 국어강습소를 운영함(졸업생 51명).

1911년 9월 3일: 학회 이름을 "배달말글몯음(朝鮮言文會)"으로 바꾸고, 국어강습소도 "조선어강습원"으로 이름을 바꾸고 조직을 넓힘.

1919년 9월 17일~1912년 3월 ?일: 조선어강습원 제1회 중등과를 운영함(수업생 126명).

1912년 3월 ?일~1913년 3월 ?일: 조선어강습원 제1회 고등과(졸업생 33명) 및 제2회 중등과(수업생 38명)를 운영함.

1913년 3월 ?일~1914년 3월 ?일: 조선어강습원 제1회 초등과를 운영함(진급생 8명).

3월 23일: 학회 이름을 "한글모"로 바꿈(회장: 주시경).

1914년 3월 ?일: 조선어강습원 제2회 고등과 졸업식(졸업생 21명) 및 제3회 중등과 수업식(수업생 39명)을 가짐.

1914년 4월 ?일: 조선어강습원을 "한글배곧"으로 이름을 바꿈.

1914년 7월 27일: 주시경 선생 돌아가심.

1915년 3월 ?일: 한글배곧(←조선어강습원) 제3회 고등과 졸업식(23명) 및 제4회 중등과 수업식(39명)을 가짐.

1916년 3월 20일: 한글배곧 제4회 고등과 졸업식(21명) 제5회 중등과 수업식(7명)을 가짐.

1916년 4월 30일: 임시총회 열어 조직을 정비함(회장: 남형우).

1917년 3월 11일: 한글배곧 제5회 고등과 졸업식(14명) 및 제6회 중등과 수업식(17명)을 가짐.

1919(대정 8)년 가을: "조선어연구회"로 학회 활동 다시 시작함(주임간사: 이병기. 사무실: 경성부 苑洞 휘문고등보통학교 내).

1921년 11월 26일: 조선어연구회의 조직 확대 발기회 엶(장소: 휘문고등보통학교).

1921년 12월 3일: 조선어연구회의 확대·강화를 위한 총회 엶(간사장: 임경재. 장소: 휘문고등보통학교)

1923년 12월 27일(음력): 훈민정음 '창제' 8번째 회갑 기념식을 엶.

1926년 11월 4일(음력 9월 29일):『세종실록』권 113의 "세종 28년 9월에 훈민정음이 이루어지다."란 기록을 좇아 그달의 끝 날인 음력 9월 29일을 '훈민정음 반포일'로 삼기로 하고, 훈민정음 반포 8회갑(480돌)을 맞이하여 이날을 "가갸날"이라 이름하고 첫 기념식을 가짐.

_『한글학회 100년사』부록에서

한글학회 100년사에서는 주시경의 지속적인 업적에 대해 "새로운 국문 철자법을 향한, 주시경 선생의 열성과 노력은 줄기차고 다양하였다. 그야말로 선생의 생활 일정은 조선 말글에 관한 연구와 계몽과 보급으로 꽉 짜여 있었다."라고 평가하였다.

주시경의 중요한 또 다른 업적은 한글운동의 기반이 되는 우리말 문법 연구를 체계화시켰다는 점이다. 주시경은 18살 때인 1893년부터 본격적으로 우리말 연구를 시작해 1898년 스물세 살 때, 배재 학당 보통과에 입학하여, 본격적인 문법 연구에 몰입하였다. 주시경이 세운 문법 체계 핵심은 언어의 속구조를 파악한 것이었다(김석득, 2009). 언어의 속구조와 실제 쓰임새 관계는 미국의 유명한 언어학자 촘스키가 1960년대에 발견한 것인데 주시경은 그보다 50여년이나 앞서 발견한 것이다. 이렇게 우리말의 원리를 정확하게 연구하여 1898년 12월 31일에 '대한국어문법'의 원고본을 집필하기 시작하여 1908년 '국어문전 음학'을 출간하고, 일제에게 나라를 완전히 빼앗기기 직전인 1910년 4월에 '국어문법'이란 책을 펴냈다.

이밖에 지석영의 『신정국문』 상소도 주목할 만한 사건이다. 경성의 학교 교장 지석영(1855~1935)은 1905년에 『신정 국문(新訂國文)』이란 상소를 올렸다. 그 내용은 6개 항목(五音 象形辨, 初中終 三聲辨, 合字辨, 高低辨, 疊音 刪正辨, 重聲 釐正辨)으로 한글 사용의 혼란상을 비판하고[13], 그 혼란을 해소하기 위한 방안을 제시하였다. 고종은 1905년 7월 19일자로 이를 그대로 공포하였는데 핵심 내용은 ① 홀소리낱자(모음자)·(아래아)는 폐지하고 새로 ═를 사용함, ② 글자 오른쪽에 한 점을 찍어 상성과 거성을 표시함, ③ 된소리의 표기는 (병서나 된ㅂ을 버리고) 된ㅅ으로 통일하여 표기함 등이었다. 지석영의 이러한 노력은 오랫동안 방치해 온 국문 표기의 혼란상을 바로잡으려는 운동 차원에서 매우 소중했지만 개인의 제안을 사회적 합의 없이 국가 법령으로 공포하여 반발이 심해 큰 효력을 보지 못했다.

4.3.3. 독립신문

1896년, 1897년 대한제국 선언 1년 전에 나온 독립신문은 고종 국문 칙령의 한글 주류 문자 선언을 실질적으로 이뤄냈다는 점에서 의

---

13) 당시 국어 표기의 혼란상에 대해서는 주시경도 다음과 같이 지적하였다.
"由來 문자와 금일 行用을 觀ㅎ면 국어와 音理를 未解ㅎ고, 근근히 그 連發音만 搆用ㅎ는 딕 此音을 彼音으로 記ㅎ고 彼音을 此音으로 記ㅎ며, 2음을 1음으로 기ㅎ고, 1음을 2음으로 기ㅎ며, 上字의 음을 下字에 移ㅎ고, 하자의 음을 상자에 附ㅎ며, 上字의 음을 상하자에 分屬ㅎ고, 하자의 음을 상하자에 분속ㅎ며, 書書不同ㅎ고 人人異用ㅎ여, 一言을 수십 종으로 기ㅎ며, 문자를 未解ㅎ는 弊가 語音에 及ㅎ고, 어음을 未辨ㅎ는 害가 문자에 至ㅎ여, 文言이 不同ㅎ며, 漢音의 變을 我音이 被ㅎ고, 前人의 謬를 후인이 襲ㅎ여, 苟且相因ㅎ고 混亂無稽ㅎ니, 이에 깊이 연구ㅎ여, 크게 證淸ㅎ지 안이치 못홀 바로다."

미가 있다. 또한 그 취지를 창간 논설로 널리 알려 운동 효과를 극대화시켰다.

우리가 『독립신문』을 오늘 처음으로 출판하는데, 조선 속에 있는 내외국인민에게 우리 주의(으뜸 되는 주장)를 미리 말씀하여 아시게 하노라.

(…줄임…)

우리 신문이 한문은 아니 쓰고 다만 국문으로만 쓰는 것은 상하 귀천이 다 보게 함이라. 또 국문을 이렇게 구절을 띄어 쓴즉 아무라도 이 신문 보기가 쉽고 신문 속에 있는 말을 자세히 알아보게 함이라.

각국에서는 사람들이 남녀 물론하고 본국 국문을 먼저 배워 능통한 후에야 외국 글을 배우는 법인데, 조선에서는 조선 국문은 아니 배우더라도 한문만 공부하는 까닭에 국문을 잘 아는 사람이 드묾이다.

조선 국문하고 한문을 비교하여 보면, 조선 국문이 한문보다 나은 것이 무엇인고 하니, 첫째는 배우기가 쉬우니 좋은 글이요, 둘째는 이 글이 조선 글이니, 조선 인민들이 알아서 백사(온갖 일)를 한문 대신 국문으로 써야 상하귀천이 모두 보고 알아보기 쉬울 터이라, 한문만 늘 써 버릇하고 국문은 폐한 까닭에, 국문만 쓴 글을 조선 인민이 도리어 잘 알아보지 못하고 한문을 잘 알아보니 그게 어찌 한심치 아니하리요.

또 국문을 알아보기가 어려운 것, 다름이 아니라 첫째로 말마디를 떼지 아니하고 그저 줄줄 내리쓰는 까닭에 글자가 위에 붙었는지 아래 붙었는지 몰라서, 몇 번 읽어 본 후에야 글자가 어디에 붙었는지 비로소 알고 읽으니, 국문으로 쓴 편지 한 장을 보자 하면, 한문으로 쓴 것보다 더디 보고, 또 그나마 국문을 자주 아니 쓰는 고로 서툴러서 잘못 봄이라. 그런고로 정부에서 내리는 명령과 국가 문적을 한문으로만 쓴즉, 한문 못하는 인민은 남의 말만 듣고 무슨 명령인 줄 알고, 이 편이 친히 글을 못 보니 그 사람은 무단히 병신이 됨이라. 한문 못한다고 그 사람이 무식한 사람이 아니라 국문만 잘하고 다른 물정(세상의 형편이나 인심)과 학문이 있으면, 그 사람은 한문만 하고 다른 물정과 학문이 없는 사람보다 유식하고 높은 사람이 되는 법이라.

조선 부인네도 국문을 잘하고 각색 물정과 학문을 배워 소견이 높고 행실이 정직하면 물론, 빈부귀천 간에 그 부인이 한문은 잘하고도 다른 것 모르는 귀족 남자보다 높은 사람이 되는 법이라. 우리 신문은 빈부귀천을 가리지 아니하고 이 신문을 보고 외국 물정과 내지(나라 안) 사정을 알게 하려는 뜻이니, 남녀노소·상하 귀천 간에 우리 신문을 하루걸러 몇 달간 보면 새 지식과 새 학문이 생길 걸 미리 아노라.

_『독립신문』 창간 논설

4.4. 항일투쟁으로서의 한글운동기(1910~1945)

일제강점기 한글운동의 성격과 흐름에 대해서는 『동아일보』 사설 '한글운동의 의의와 사명'(1927.10.27)이란 제목 아래 역사적 맥락과 함께 다음과 같이 세 가지로 명쾌하게 정리된 바 있다.

일(一)
정음반포 제사백팔십일주14) 기념회 석상(正音頒布第四百八十一週紀念會席上)에서 토의(討議)된 한글운동(運動)에 대(對)한 제반 문제(諸般問題)는 이를 이대별(二大別)하야 관찰(觀察)할 수 잇스니 즉(卽) 일(一) 그의 정치적 의의(政治的意義) 이(二) 민중교양(民衆敎養) 또는 문맹타파(文盲打

---

14) 1927년.

破)의 기구(器具)로서의 한글 삼(三) 조선 문화(朝鮮文化)의 일부분(一部分)으로 본 조선문(朝鮮文)의 발달(發達)이 이것이다 이가치 그 영향(影響)밋는 범위(範圍)의 큰 것으로 보아 한글운동(運動)은 과거(過去) 학구적 토론(學究的討論)에서 뛰어나와 민중화(民衆化)하고 실제화(實際化)하는 계단(階段)에 이르른 것이라고 볼 것이다

한글의 적(敵)은 한자(漢字)이엇다 함은 누구나 부인(否認)치 못할 사실(事實)이다 한문학(漢文學)의 절대(絶大)한 세력(勢力)이 반도(半島)의 문화(文化)를 지배(支配)하고 잇슬 때에 "한글"이 출현(出現)하엿다 하는 사실(事實)만도 기이(奇異)에 속(屬)하는 일이엇다 할 수 잇고 그발달(發達) 또는 보급(普及)이 급속(急速)히 진전(進展)되지 못하고 아까운 보패(寶貝)가 오백년간(五百年間) 흙에 무친 것은 무리(無理)가 아니라 할 것이다 다행(多幸)으로 조선 전체(朝鮮全體)의 갱생 운동(更生運動)의 일부(一部)로서 민중(民衆)의 손으로 차저내게 된 금옥(金玉)이다시 일본어(日本語)라는 강인(强忍)한 적수(敵手)를 맞나게 되엇스니 그 전도(前途)에 대(對)한비관(悲觀)을 금(禁)키 어렵게 되엇다 그러나 또한 이러한 적수(敵手)의 출현(出現)에 의(依)하여 한글은 그 내재적 력량(內在的力量)의 경중(輕重)을 증(證)할 시기(時期)를 만낫고 또 한글운동 자체(運動自體)가 정치적 중요(政治的重要)한 의의(意義)를 띄게 된 것이다 쇠퇴(衰退)하엿던 민족(民族)이 재흥(再興)하려는 때에 잇서서 언어급문자적부흥운동(言語及文字的復興運動)이 그 민족(民族)의 소생력(甦生力)과 정비례(正比例)함을 애란유태등(愛蘭猶太等)의 예(例)로 볼 수 잇는 것이니 한글운동(運動)은 조선민족운동(朝鮮民族運動)의 일부(一部)로서 중대(重大)한 역할(役割)을 가지게 된 것이다 비단(非但) 일본어(日本語)에 대(對)한 조선어(朝鮮語)의 생존경쟁(生存競爭)으로만 아니라 한글의 정리보급 개량(整理普及改良)등이 국가적 권력(國家的權力)에 의(依)하지 아니면 아니 될 것이 대부분(大部分)임을 생각할 때에

그 정치적 의미(政治的意味)는 더욱 농후(濃厚)하여지는 것이다

이(二)

한글운동(運動)의 제이의(第二義)로 우리는 그 민중교양운동(民衆教養運動) 또는 문맹타파운동(文盲打破運動)의 무기(武器)로서의 가치(價値)를 들고저한다 "가갸날" 기념(紀念)의 의의(意義)를 문맹타파(文盲打破)에 존(存)케하려 함은 식자(識者)들의 주장(主張)하는 바어니와 전기(前記)의 정치적 의의(政治的意義)와 병시(並視)하야 그에 떨어지지아니하게 중대(重大) 한 사명(使命)이라 할 것이니 민중(民衆)의 각성(覺醒)이 업시 사회(社會)는 재생(再生)치 못할 것이오 문자(文字)의 힘을 아니 가지고 민중(民衆)을 각성(覺醒)케 못 할 것이니 인방중국(隣邦中國)가튼데서는 그 문자(文字)의 난해(難解)로 인(因)하야 민중운동(民衆運動)의 급속(急速)한 진전(進展)이 극난(極難)한 것 자타(自他)가 가치통탄(痛嘆)하는 바가 아닌가 작년(昨年)의 한글기념(紀念)을 계기(契機)로 하야 각지(各地)에서 성인급미취학아동(成人及未娶學兒童)의 강습소(講習所)가 봉기(蜂起)한 것은 오인(吾人) 의의(意)를 강(强)케하는 바 단(單)히 문자(文字)를 해(解)한다는 정도(程度)의 교양운동(教養運動)은 한글이란 무기(武器)를 가진 우리로서 극(極)히 단기간 내(短期間內)에 성공(成功)할 가능성(可能性)이 잇스니 중국(中國)의 그 운동(運動)에 비기여 볼 때 한글이 출생(出生)되여 잇섯다는 사실(事實)에 대(對)하여 스스로감사(感謝)하지 아니치 못 할 일이다

삼(三)

그러면 여하(如何)히 하야 한글을 단기간내(短期間內) 민중화(民衆化)할까 함에 이르러 일방(一方)으로 문맹타파(文盲打破)의 운동(運動)이 그 규모(規模)가 거대(巨大)하야 국가적경영(國家的經營)이 아니면 불가능(不可能)

할 것을 살필 때에 제일(第一)에 말한 정치적(政治的) 한글운동(運動)의
필요(必要)를 한번 더 깨닷게 되는 동시(同時)에 타방(他方)으로 한글자체
(自體)를통일(統一)하고 개선(改善)해야 배우기 쉽게 닑기 쉽게 인쇄(印刷)
하기 쉽게 할 필요(必要)로서생각할 때는 다음 말하고저 하는 한글정리운동
(整理運動)에 문제(問題)가 귀착(歸着)되여 이를떠나서 민간(民間)으로서의
강습소 야학운동(講習所夜學運動)의 추진(推進)은 아니함보다는 낫다는 견
지(見地)에 잇서서 맹렬(猛烈!) 한 기세(氣勢)로 이를 일으키게 할 필요(必要)
를 오인(吾人)은 감(感)한다 지방(地方)의 부분적운동(部分的運動)에 그칠
것이 아니라 각교파(各校派)의 주일학교급하기(主日學校及夏期)아동학교
(兒童學校)의 예(例)에 의(依)하야 전국적 통합기관(全國的統合機關)의 조직
(組織)을 필요(必要)로 하며 이를 위(爲)한 재단(財團)의 출현(出現)을 우리
는 절규(絶叫)한다 종종(種種)의 의미(意味)에 잇어서는 이 운동(運動)이야
말로　정규(正規)의"고등보통학교(高等普通學校)"나"보통학교(普通學校)"
보다도 더욱 필요(必要)하고 중대(重大)한사업(事業)이라 하지 아닐 수 업슬
것이다("한글이란 용어(用語)는"언문(諺文)"의 대용(代用)으로 쓰게 된 것
으로 순연(純然)히 조선문자(朝鮮文字)라는 뜻이다 논자중(論者中)에는 혹
(惑) "정리(整理)된 조선문(朝鮮文)" 또는"문법적조선문(文法的朝鮮文)" 고
전적조선문(古典的朝鮮文)"심지어(甚至於)" 주시경파적철자법(周時經派的
綴字法)"인 것처럼 오해(誤解)하는 이가 잇는 듯하다 "정음(正音)"이라 함은
"조선문자(朝鮮文字)" 또는 언문(諺文)"이란 말과 똑가튼의미(意味)로 사용
(使用)한 것이다 웨 재래(在來)의 용어(用語)를 버리고 그러한 신어(新語)를
사용하는가하는 이유(理由)는 여긔서 진술(陳述)키를 기(忌)한다

이 사설은 먼저 절대 권력의 한자와 한문학 속에서 한글이 나온
것이 기적이지만 그것을 보배로 인식하려는 차에 일본어의 지배를

받는 안타까운 역사를 지적하고 있다. 그래서 한글운동 자체가 정치적 의의를 지녀 민족 소생력과 연관된 조선민족운동의 일부로서 중대한 역할을 하게 되었다고 밝히고 있다. 둘째는 민중교양운동 또는 문맹타파운동의 무기로서의 가치를 들었다.

셋째는 조선 문화의 일부분으로 본 조선문의 발달로 한글 자체를 통일하고 개선해서 배우기 쉽게 읽기 쉽게 인쇄(印刷)하기 쉽게 해놓았음을 밝히고 있다.

일제강점기 한글운동의 핵심은 한글 보급과 지키기 운동, 우리말 사전 편찬, 한글 맞춤법 통일안 제정 등을 들 수 있다.

개화기에서 일제강점기로 이어지는 이러한 한글운동의 의미와 가치에 대해서는 교육과정과 교과서에서도 매우 중요하게 다루고 있다.

본격적 국어운동사와 수난사는 개화기 이래 나타났으므로 유길준, 서재필, 주시경 등의 국어와 국문에 대한 사상과 '독립신문' 등 각종 신문 잡지의 국어 계몽, 개화기 '국문연구소'의 국어 연구와 '국문연구의정안'의 의의, 근대 문학을 통해 나타난 언문일치 운동을 다룰 수 있다.

일제 총독부에서는 민족 말살의 동화정책, 일본어 상용(常用) 정책을 추진해 왔는데, 총독부가 맞춤법을 제정할 당시의 '조선어학회'의 역할을 다루도록 한다. 주시경(周時經)의 '국문동식회(國文同式會)', '조선어학회'의 창립, '조선말대사전' 편찬회 결성, '한글맞춤법통일안'과 '사정(査定)한 조선어표준말 모음' 등의 어문 규범 제정의 배경과 취지를 이해하고, 조선어학회 사건의 전개와 광복 후 국어교육의 재건, '조선말큰사전' 편찬에 이르는 과정을 알아본다. 특히 국어 연구에 일생을 헌신한 주시경 선생, 조선어학회 사건으로 잡힌 33인과 그 중에 옥사한 한징(韓澄), 이윤재(李允宰) 선생 등의 자료를 학생들이 능동적으로 수집하고 탐구하여 개화기

이래 어문 운동과 선열들의 국어 사랑의 정신을 오늘에 되살리는 학습이
되도록 지도한다.

__2007 개정 교육과정 문법 과목 해설(교육과학기술부ㄴ, 2008: 371~372)

일제강점기 한글운동의 핵심 영역은 조선어학회 주도로 이루어진
맞춤법 제정, 사전 편찬, 우리말 연구와 한글 교육 등으로 나타난다.
조선총독부는 조선을 강점하자 조선총독부를 통해『보통학교용언
문철자법(普通學校用諺文綴字法)』(1912) 등을 직접 주도하여 조선말글
을 마음대로 조정하고 지배하려고 하였다.

　　1912년 조선총독부 학무국 '언문철자법'
　　ㄱ. 緒言
一, 本 諺文綴字法은 囊에 本部가 照査 囑託員에게 命하야 照査 決定하게
　　한 것이다.
一, 本 諺文綴字法은 從來 諺文綴字法이 區區하야 敎授上 不便이 不少하므로
　　普通敎育上에 使用하게 할 目的으로 特히 此를 一定하야 普通學校用 敎
　　科書에 採用한 것이다.
一, 本 綴字法은 大體 左의 方針에 依함
　　(1) 京城語를 標準으로 함.
　　(2) 表記法은 表音主義에 依하고 發音에 遠한 歷史的 綴字法 等은 此를
　　　　避함.
　　(3) 漢字音으로 된 語를 諺文으로 表記하는 境遇에는 特히 從來의 綴字法
　　　　을 採用함.
一, 本 綴字法에는 參考로 國語(일본어: 연구자 주)의 五十音·濁音·長音 等
　　의 表記法도 倂記함.

ㄴ. 綴字法

一, 正格인 現代 京城語를 標準으로 하고, 可及的 從來 慣用의 用法을 取하야
　　發音대로의 書法을 取함. 예) 가르친다(敎) 하야서(爲) …

二, 純粹 朝鮮語에 對하야는 "를 使用하지 아니하고, 'ㅏ'로 一定함.

三, 純粹 朝鮮語에 對하야는 ㄷ行 及 ㅌ行은 ㅏ列·ㅓ行·ㅗ列·ㅜ列에만 使用
　　하고 其他列에는 ㅈ行 及 ㅊ行을 使用함.

四, 精髓 朝鮮語로서 從來 ㅏ·ㅑ·ㅓ·ㅕ·ㅗ·ㅛ·ㅜ·ㅠ 兩樣의 書法이 잇는 것
　　은 ㅏ·ㅓ·ㅗ·ㅜ로 一定함. 예) 쉰(五十) 적다(小) 하야서(爲) 조흔(好)

五, 二·三·四의 三項은 漢字音으로 된 말을 諺文으로 表記하는 境遇에는
　　適用하지 아니함. 이는 그 韻을 紊亂히 할 憂慮가 잇슴으로써임.

六, 活用語의 活用語尾는 可及的 本形과 區別하야 書함.
　　예) 먹엇소(食) 들어간다(入) …
　　但, 左와 如한 語는 例外로 함.
　　(1) 어를 더로 書할 경우 예) 바덧소(受)
　　(2) 어즐 저로 書할 경우 예) 바지가 저젓소(袴濕 고습)

七, 左와 如한 境遇에는 助辭 은·을 혼·흘로 書하야 實際의 發音을 表記함
　　예) 갓혼 갓흘 놉혼 놉흘 …

八, 形容詞를 副詞로 할 째에 用하는 接尾語 히는 그대로 히로 表記함
　　예) 깁히 급히 가벼히 부즈런히

九, 從來 二種의 書法이 잇는 助辭 는·는, 를·룰은 는·를로 一定함.

十, 助辭 이·을·에·으로는 上에 來하는 語에 依하야 左의 書法을 取하야
　　實際의 發音을 表記함.
　　(1) 이를 히·시·치·기로 書할 경우 예) 압히 나히
　　(2) 을을 흘·슬·츨·글로 書할 경우 예) 나흘 압흘 갑슬 삭슬
　　(3) 은을 혼·슨·츤·근으로 書할 경우 예) 나혼 압혼 갑슨 삭슨

(4) 에를 헤·세·체·게로 書할 경우 예) 압헤 싯헤 갑세

(5) 으로를 호로·스로·츠로·그로로 書할 경우 예) 압호로 밧호로 갑스로
但 낫(書)·곳(處)은 낫이·곳이 등으로 書함

十一, 된시옷의 記號에는 ㅅ만 使用하고 ㅽ·ㅺ 등과 如한 書法은 取하지 아니함

十二, 五十音은 別表대로 表記함.

十三, 國語 濁音을 諺文으로 記하는 境遇에는 別表대로 國語와 同樣으로 '·'를 字의 右肩에 打함.(濁音 表記에 對하야는 從來 ㅽ·ㅋ·아 가 등의 書法이 잇스나 어느 것이든지 國語 濁音에 近한 發함에 不過하지, 正確히 國語 濁音에 合하지 아니함, 요컨대 純濁音은 古來 朝鮮語에 無한 音인 故로 차라리 新記號를 定함을 可하다고 認함)

十四, 國語 及 外國語의 長音을 標示함에는 고·기·지 等과 如히 字의 左肩에 '·'를 施함.

十五, 普通學校의 漢文에는 吐(諺文의 送假名)를 付함. 但 吐는 可及的 古經書에 準據하야 其綴字法은 前諸項에 記한 바에 依함.

十六, 漢字音은 甚한 俗音이 아닌 限에서 時音을 採用함. (일어 오십음의 한글 표기는 입력하지 아니하였음)

일본은 1911년 9월 1일 공표된 '제1차 조선교육령'을 통해 일본 동화정책을 가시화하였고 언문철자법 역시 자신들 편의에 의해 발음 위주의 맞춤법을 제정한 것이다. 조선어학회의 어문 규범 제정은 이러한 일제의 간교한 술책을 저지하고 우리말과 글을 독립 정신의 중심에 놓이게 하였다는 데 있다.

조선어학회는 1930년 12월 13일부터 1933년 10월까지 만 3년 동안 433시간에 125차례 회의를 하여 한글 맞춤법통일안을 1933년 한글날

에 반포하였다.

다음으로는 사전 편찬이다. 사전은 민족 언어의 보고이자 삶과 문화의 총체이므로 우리식대로 사전을 만드는 것 자체가 독립 운동이었다. 1929년 10월 31일 조선어사전편찬회가 결성되고 사전편찬을 발의한 이극로가 위원장에 선임되었다. 이극로는 사전편찬운동을 위해 좌우익과 관계없이 108명의 발기인을 구성하였다.

1936년 표준말 제정이 마무리되자 사전 편찬 작업에 속도를 가했다. 표준말 제정이 발표된 1936년은 무척 중요한 해였다. 왜냐하면 이로부터 2년 후인 1938년 일제가 조선말 사용을 전면 금지하고 일본 말만을 사용하게 하는 일본말(국어) 상용 정책이 시작되었기 때문이다. 그래도 조선어학회 동지들은 일본의 감시망을 피해 똘똘 뭉쳐 조선어 사전 원고를 1940년에 완성하였다. 1942년 일제는 조선어학회 사건을 일으켜 조선어학회 핵심 일꾼 모두를 잡아 들였다.

사전 편찬 작업이 중요한 것은 제작 과정에서 편찬위원뿐 아니라 전 국민의 참여를 유도하였다는 것이다. 범국민 운동이었던 것이다. 1937년부터 본격적으로 이루어진 어휘 수집 단계에서 50명의 전문위원 외 사투리 수집을 위하여 5천여 명의 중등학생과 소학교원이 동원되었다.

조선어학회에서는 1940년 3월 7일에 조선총독부 도서과에 조선어사전 출판허가원을 제출하였고 일제로부터 많은 부분의 삭제와 정정을 조건으로 1940년 3월 12일 조선총독부 도서과의 출판 허가를 받았다.[15] 그러나 1942년 '조선어학회 사건'으로 사전 편찬 작업은 중단되었다.

---

15) 「朝鮮語學의 金字塔, 朝鮮語辭典出版認可, 먼저 〈가〉字部 七券이 나온다」, 『동아일보』, 1940. 03.13.

다음은 언론 주도 한글보급운동을 주목해야 한다. 조선어학회가 맞춤법 제정과 우리말 연구 등으로 우리말글 교육의 바탕을 제공했다면 동아일보·조선일보 등은 한글보급운동에 각종 기사와 실제 교재를 통한 강습회 개최로 큰 기여를 하였다. 강습회의 강사는 주로 조선어학회 회원들이었으므로 일종의 상생 운동을 편 것이다.

〈표 1〉 언론사 간행 한글 보급 교재

지은이	발행일	제목	간행처
장지영 (편집 겸 발행인)	1930.07.10	한글원본	조선일보사
이윤재	1933.07.01	한글공부	동아일보사 (발행인: 송진우)
방응모 (편집 겸 발행인)	1934.06.22	겉: 문자보급교재 속: 한글원본	조선일보사
방응모 (편집 겸 발행인)	1936.12.13	겉: 문자보급교재 속: 한글원본	조선일보사

4.5. 국권 회복 차원의 한글운동기(1945~1960): 우리말 되찾기 운동

33인이나 구속되었던 조선어학회 사건은 두 명이나 옥사하고 핵심 인사들은 해방 후 풀려났다. 조선어학회는 1948년 이극로가 월북하면서 한글학회로 이름이 바뀌기 전까지 한글운동의 주체로서 큰 역할을 하였다. 비록 미군정기로서 국권의 실질적 주체는 아니었지만 미군정 당국은 우리말 회복 운동의 주체로 조선어학회 인사들을 중용하여 최현배·장지영 등이 핵심 역할을 하게 된 것이다.

조선어학회의 우리말 도로 찾기 운동은 문교부의 국어 정화 정책으로 추진되었고 문교부에 관여한 최현배·장지영의 역할이 컸던 것이다. 최현배는 『한글』지에 실린 '인사하는 말'(『한글』 95, 조선어학회,

1946, 29쪽)에서 "이제 우리 조선 겨레는 제가 가진 온갖 재주와 능력을 마음껏 부리어서, 우리말을 갈고 다듬어서, 훌륭한 말을 만들 것이요, 또 나아가아 이 말과 이 글로써, 영원 발달할 조선의 새 문화를 세우지 아니하면 안 된다."라고 하였다. 우리말 다듬기가 조선의 새로운 문화 건설의 핵심 문제임을 설파하고 있다.

일제강점기의 피해와 영향은 컸다. 일제는 1940년 이후로는 조선말 교육 자체를 금지하였으므로 일본 동화정책으로 인한 피해는 심각한 것이었다. 해방 공간에서 이루어진 '11가지 하지 말자' 운동 가운데 대부분은 우리 삶속 깊숙이 스며 있는 일본 잔재를 몰아내자는 것이 었다. 이응호(1974: 48)에 의하면, "1. 일본말을 하지 말자. 1. 일본식 이름을 부르지 말자. 1. 일본 노래를 부르지 말자. 1. 일본 사람 물건을 사지 말자. 1. 일본 인형이나 노리개를 갖지 말자." 등 다섯 가지나 되었다. 따라서 미군정기인 1946년 정부는 '우리말 정화'에 대한 방침 을 세우고 우리 사회에서 흔히 쓰는 일본어투 용어를 대신에 쓸 만한 우리말 목록을 만들도록 하였다. 이 과정을 거쳐 나온 것이 문교부의 『우리말 도로 찾기』(1948)이다. 이 책 머리말에서는 일본 잔재 없애기 의 전략을 네 가지로 정리하고 있다.

(1) 우리말이 있는데 일본말을 쓰는 것은, 일본말을 버리고 우리말을 쓴다.
(2) 우리말이 없고 일본말을 쓰는 것은, 우리 옛말에라도 찾아보아 비슷한 것이 있으면, 이를 끌어다가 그 뜻을 새로 작정하고 쓰기로 한다.
(3) 옛말도 찾아낼 수 없는 말이, 일본어로 씌어 온 것은 다른 말에서 비슷 한 것을 얻어 가지고 새 말을 만들어, 그 뜻을 작정하고 쓰기로 한다.
(4) 한자로 된 말을 쓰는 경우에도 '일본식 한자어를 버리고 우리가 전부터 써오던 한자어로 쓰기로 한다.'고 밝혔다.

이처럼 우리말 도로 찾기는 민족어의 회복, 언어 주체성 확립, 문화의 독립 등을 목표로 한 것이었다. 『우리말 도로 찾기』는 이런 운동의 구심점 역할을 하였다. 이 책에서 943개의 일본식 용어에 대한 대체어를 제시하였다.

〈표 2〉 일어 국어 맞댐표

일어	국어	일어	국어
ア		運	수, 운수
アイマイ	모호, 모호하다	オ	
アキラメ	단념, 단념하다	惜シイ	아깝다
明渡	내어주다, 비어주다	オチツキ	가라앉음. 침착하다
当る	맞다, 當하다	大勢	여럿, 여러 사람
宛名	에게, 받을이	尾土産	선물, 선사
相手	적수, 맞은편, 상대자	オモハズ	뜻밖의, 불의의, 무심코
アヤシイ	수상하다	思イヤリ	동정심
有様	형편	カ	
案内	인도, 전도, 인도하다	階段	층대, 층층대
イ		交際	상종
鑄型	거푸집	構内	울안
椅子	교의	交番	번갈음, 번바꿈
一生	평생, 한평생	家計	가세, 형세
言訳	변명, 핑계, 말막음	シ	
色色	여러 가지, 갖갖으로	仕上	손질, 잔손질
インチキ	협잡, 사기, 속임수	事故	연고, 사고
ウ		叱咤	꾸짖음
受付	접수, 접인	失敗	낭패, 낭패하다, 낭패보다
打合	의논, 협의, 타협	ス	
上衣	저고리, 양복저고리	衰弱	쇠약
噂	소문	進ンデ	나아가서, 自進해서
裏切	배반, 배신, 배약	スリ	소매치기

*출처: 『한글』 98호(1946.11)와 100호(1947.5)에서 요약; 정재환(2013) 참조.

장지영과 최현배는 문교부 편수국의 국장과 부국장으로 재직하고 있었고 동시에 학회의 이사로서 한글운동을 주도하였다. 이런 흐름 속에서 조선어학회는 각계의 우리말 도로 찾기 운동을 지도하거나 자문 구실을 하면서 운동을 전개하였다. 대표적인 경우가 체육 분야 용어였다.

제정취지

1945년 8월 15일, 조선이 해방되자 본 연맹은 체조구령법과 체조용어를 시급히 우리말로 제정할 필요를 통감하야 해방 직후인 8월 17일 우제정위 원회를 설치하고 위원을 선출하여 수차 심의를 거듭한 결과 원안을 작성한 후 조선어학회의 수정을 얻어 다음과 같이 발표하였다.[16]

〈표 3〉 체조구령법과 용어(體操口令法及用語)

구령법(口令法)		체조용어(體操用語)	
국어(國語)	일어(日語)	국어(國語)	일어(日語)
차려	気ヲ着ヶ	가슴	胸
쉬어	休メ	다리	下肢
오른편으로 돌아	右向ヶ右	발	足
왼편으로 돌아	左向ヶ左	발목	足先
뒤로 돌아	廻ハレ右	고개	頭
걸음 높여	歩調取レ	어깨	肩
걸음 낮춰	歩調止メ	허리	腰
뛰어	駆ヶ歩進メ	배	腹
바로	直レ	위로	上方
모여	集レ	아래	下
해산	解散	다시	元ヘ
경례	敬礼	일, 이	一、二

---

16) 우제정위원회는 지면 배치상 조선체조연맹을 가리키는 것으로 보인다. 그렇다면 조선체조 연맹 안에 제정위원회를 설치했다는 뜻이 되지만, 조선체조연맹이 결성된 것은 1945년 9월 23일이므로 제정위원회의 설치는 조선체조연맹 태동기에 만들어진 것일 텐데, 제정취 지문에서는 그 시기를 구분하지 않고 소급해서 설명한 것으로 봐야 할 것이다(「조선체조연 맹 결성」, 「매일신보」, 1945.9.28; 국사편찬위원회 한국사데이터베이스, 『자료대한민국사』 제1권).

제정 취지에 조선어학회의 도움으로 목록이 수정 작성되었음을 밝히고 있다.

이런 식의 운동은 매우 긍정적인 운동의 양상을 보여준다. 각계 전문가와 국어 전문가가 연합하여 각 분야의 전문성과 대중성을 주체성 차원에서 복원했기 때문이다.

물론 이런 식의 운동에 대한 반발도 만만치 않았다. 특히 국어 술어 용어에 대해 조선어학회 회원이었던 서울대 문리대 교수 이숭녕은 '말소리갈'과 같은 최현배식 문법 용어의 사용은 억지라고 다음과 같이 반박하였다.

해방 이전에 조선어가 일본어의 침식을 당한 것은 당연하다. 그런 것을 조선어로 바로 잡으면 지당하다. 그러나 조선어로 되어 있는 게 한자 기원의 말까지 〈풀어짓기〉로 고 리듬과 어감이 맞지 않는 옛말 비슷한 것은 국어의 아순(雅純)을 죽이는 것이다. 예를 들면 음성학은 조선말로 음성학이라 할 것이지 이것을 〈말소리갈〉이라고 고쳐야만 될 이유가 어디 있는가. 이러한 것은 문학자에게 결정의 헤게모니를 주어야 한다. 나도 조선어 학도이지만 요새 조선의 학자가 옛 지식이 많다고 술어 제정의 헤게모니를 잡어서는 아니 된다.

＿「국어술어제정에 물의 일부교수진서 반대궐기」, 『경향신문』, 1949.4.25

이희승 또한 1947년 11월 출판한 『조선어학논고』에서 "첫째, 신어는 대부분 기성어와 아무런 관련이 없는 의식적 강작(强作)적 인조어이므로 생존권을 획득할 수 없다. 둘째, 기성어와 관련이 있다 하더라도 일개인의 해석으로 강작(强作)한 것이어서 대중의 언어 심리의 공명을 얻지 못한다. 셋째, 언어의 생멸소장은 자연의 이법에 의하여

되는 것이요, 결코 인위적으로 좌우하지 못하는 것이다. 넷째, 이미 기성어가 있는데 동일한 뜻을 가진 신어를 만드는 일은 배우는 이로 하여금 이중의 노력을 과하게 한다."(이희승, 1947.7, 「신어 남조 문제」, 『조선어학논고』, 을유문화사, 104~105쪽)라고 비판하였다. 이러한 이승녕·이희승 등의 비판은 주시경식 한글운동에 대한 정면 비판이었다.

『우리말 도로 찾기』의 운동성과를 정재환(2013: 221~224)에서는 오늘날 시각으로 평가하였다. 곧 문교부의 『우리말 도로 찾기』에는 순화 대상어 943개의 대체어를 2012년 현재 표준국어대사전 어휘와 비교하여 다음과 같은 결과를 얻었다.

〈표 4〉 『우리말 도로찾기』 순화 결과 분석

유형	어휘 수	비율(%)
1. 순화가 된 경우	808	85.7
2. 순화가 되지 않고 순화 대상어와 대체어가 둘 다 쓰이는 경우	13	1.4
3. 순화가 됐지만, 일본어 한자어에서 한자가 살아남아 대체어와 함께 쓰이는 경우	308	32.7
4. 한자만 쓰이는 경우	62	6.6
5. 순화 대상어와 대체어가 둘 다 쓰이지 않는 경우	59	6.2
6. 순화에 실패한 경우	1	0.1

*출처: 정재환(2013: 221)

이러한 분석을 바탕으로 정재환(2013: 223)은 다음과 같이 평가하였다.

우리말 도로 찾기 운동이 거둔 성과는 결코 적지 않았다. 아직 새 나라가 서지는 않았지만 수도 이름을 서울로 되돌렸고, 조선성명복구령을 통해 창씨개명의 치욕도 씻었다. 우리말 도로 찾기를 통해 식민 지배의 상징이었던 일본말과 일본식 용어를 폐지하고자 노력함으로써 일제 청산이라는 민족적 과제 해결의 목표를 제시했으며, 우리말 도로 찾기라는 하나의 목표 아래 언중들을 결집시킴으로써 사회 통합에도 기여했다.

우리말 도로 찾기 운동이 시작되고 불과 3년 동안에 우리말 교과서 편찬, 새 학술 용어의 정비,『우리말 도로 찾기』발행 등등 많은 성과를 냈으며,『우리말 도로 찾기』는 2012년 현재 98.5%의 성공률을 기록했다. 1960년대에도 학회는 어려운 한자말과 외래어 등을 쉬운 우리말로 다듬는 사업을 계속하여 그 결실로서 1967년 1월 30일『쉬운 말 사전』을 펴냈으며,[17] 그 후로도 우리말 도로 찾기 운동의 정신은 후대에 계승되어 국어순화운동의 형태로 학회, 정부, 언중의 공감 속에서 펼쳐지고 있다.

4.6. 한글전용 중심 운동기(1960~1969)

한글전용은 한글 글씨를 한자보다 크게 하여 펴낸 세종의『월인천강지곡』에서 그 정신이 비롯되었고 조선시대 내내 한글 전용 가사, 편지, 소설 등을 통해 지속적으로 구현되어 왔다. 그러나 일제강점기를 거치면서 그러한 역사 발전은 일부 후퇴하기도 했다. 1988년에 와서야 한글전용 신문인 '한겨레신문'이 나올 정도였다. 1986년의 독립신문의 정신은 제대로 계승발전 되지 못하고 90년이 지나서야 다시 그 정신이 구현된 것이다.

1948년 10월 9일 한글전용법이 공포 되었다. 이는 한글학회 100년사에 의하면, 1948년 5월 31일부터 200명의 제헌 의원들이 겨레의 자유와 복리를 영원히 누릴 나라의 기본법인 헌법을 토의하기 시작하

---

17) 한글학회 50돌 기념 사업회(1971),『한글학회 50년사』, 한글학회, 44쪽; 한글학회(1999), 「머리말」(처음판),『깁고 더한 쉬운말 사전』, 한글학회.

면서 조선어학회를 비롯하여, 전국 각처에서 '헌법은 한글로 써서 공포하라'는 건의서를 내는 운동에 의해 촉진된 것이다.

〈한글전용에 관한 법률안〉

대한민국의 공용문서는 한글로 쓴다. 다만 필요한 때에는 한자를 협서(脇書)할 수 있다.

―부칙: 본법은 공포한 날부터 시행한다.

그러나 이런 법률에도 불구하고 국한문 혼용문이 공용문서의 주요 양식으로 자리 잡을 정도로 역사는 후퇴하였다. 같은 해 7월 17일에 제정 공포된 대한민국 헌법은 한글과 국한문의 두 정본으로 작성하였다. 마치 1894년의 고종의 국문 칙령을 50년이 지나서도 똑같이 반복하고 있는 것과 같다.

1960년대의 본격적인 한글전용 정책과 운동은 가까이는 해방 직후의 조선어학회 노력에 힘입은 것이다. 조선어학회는 1945년 10월 중순 숙명고녀(숙명여고)에서 모임을 갖고 장지영을 위원장으로 하는 한자폐지실행회발기준비회(이하 준비회)를 설립하였다. 모임에 참가한 준비위원은 30명으로 토론을 거쳐 '민족 문화의 기초인 우리말의 발전'을 위해 노력할 것을 결의하고 다음과 같은 강령과 실행조건을 발표하였다.[18]

◇ 강령

---

18) 「한자폐지실행회발기준비회 결성」, 『매일신보』, 1945.10.16; 국사편찬위원회 한국사데이터베이스, 『자료대한민국사』 제1권.

一. 우리는 삼천만 동포 하나하나가 눈뜬 봉사가 없게 하자

一. 우리는 우리말과 우리 글로 새 문화를 건설하자

一. 우리는 우리말과 우리글이 세계문화를 지도하는 데까지 이르도록 힘쓰자

◇ 실행조건

一. 초등교육에서 한자를 뺄 것(다만 중등교육 이상에서 한자를 가르치어 동양고전연구의 길을 열기로 할 것)

一. 일상생활문에 한자를 섞지 아니할 것 다만 취미에 따라서 순한문을 쓰는 것은 개인 자유에 맡길 것

一. 신문 잡지는 그 어느 면 무슨 기사임을 물론하고 한자를 아니 섞을 것

一. 편지 겉봉, 명함, 문패도 모두 한글을 쓸 것

一. 동서고금의 모든 서적을 속히 한글로 번역할 것

한글학회는 1958년 한글전용에 관한 성명서를 발표하면서 한글전용 운동을 더욱 드높였다.

한글전용 촉진 성명서(1956.10.28)[19]

한글은 배달겨레의 정신적 창조력의 자랑이오 실제적 행활의 무기이다.

한글은 쉽고 가장 편리한 과학스런 글자로서, 세종대왕이 배달겨레의 문화의 독립과 생활의 발전을 위하여, 무한한 고심으로써 지어내어준 것 이어늘, 시대가 너무도 일렀고, 또 국민의 각성이 지극히 늦어서, 오로지 한자·한학에만 심취하고, 한글을 등한히 버리어 돌아보지 아니한 지 400

---

19) 한글학회 편(1999), 『겨레의 글자살이는 한글만으로!!』, 정음문화사, 18~19쪽. 『한글학회 100년사』, 673쪽에는 일부가 실려 있다.

여 년에, 대중의 무식과 가난이 갈수록 더하고, 나라의 쇠퇴와 암흑이 갈수록 심하여, 드디어 국권을 잃고 다른 겨레의 노예가 되어 갖은 고초와 압박을 당하였던 것이다.

8·15 해방으로 잃었던 조국을 도로 찾아, 국가 생활의 백방 경륜을 차릴 새, 국회에서는 한글전용법을 통과시키고, 정부는 이를 공포하여, 방금 이를 시행하고 있다는 온 국민이 다 아는 바이다.

그러나 광복 및 재건의 모든 사업이 다 미완성의 상태에 있음과 같이, 한글의 국자로서의 확립도 완성의 지경에 이르기에는 아직도 까맣게 멀어 있다. 관공청 공문서의 한글 전용도 극히 불철저하여 있고, 민간의 한글 전용은 극히 국한되어, 특수한 소수의 개인이나 겨우 한글만을 깨친 대중에게서나 이를 볼 수 있을 뿐이오, 소학교를 제외한 일반 교육계와 언론계가 옛 모습 그대로 한자를 숭상 사용하고 있어, 한글 본래의 사명의 완전한 달성은 언제나 기약할 수 있을는지, 까마득히 나라를 잃고, 멍에를 메고, 울고 허덕이던 그 쓰라린 경험을 어느덧 깜빡 잊어버리고, 태연히 낡은 생각 그대로 가지고, 깊은 반성과 용감한 혁신을 꾀하지 않고 있는 이냐라 오늘의 형편, 적이 나라를 걱정하고 겨레를 사랑하는 사람들의 마음을 아프게 함이 심히 크더니, 근자에 와서 이 대통령은 거듭 한글만 쓰기로 하여야만 우리나라의 민주주의가 발전하여 나라가 잘 되어 가고, 백성이 잘살 수 있겠음을 강조하고, 특히 언론계에서 신문을 한글로만 찍어 내도록 권고하였고, 또 최규남 문교부 장관은 전국 각 학교에 통첩을 보내어, 모든 학교의 기록과 교육에 한글을 전용하기를 지시하였으니, 이는 참 반갑고 기쁘고 고마운 일로서, 온 국민이 크게 환영하지 아니하면 안 될 것이라고 생각한다.

한글은 그 출생의 사명부터가 본디 모든 백성에게 섬김이 되고자 함에 있었을 뿐 아니라, 글자 및 문화의 문제는 결코 국회의 것, 정부의 것만이 아니라, 국민 전체의 것이다. 국회가 법을 마련하고, 정부가 이를 시행한다고 일이 다 된 것이 아니라, 국회·정부·백성이 셋이 한마음 한뜻이 되어서 한가지로 한글만 쓰기로 힘쓰지 아니하면 안 된다. 한 걸음 더 나아가 말하자면, 국회보다도, 정부보다도, 국민대중이 이를 사랑하고 이를 이용하여, 십분 그 공효를 거두어야만 비로소 한글의 과학성·우수성이 발휘되는 것이 오늘날 민주주의 시대의 떳떳한 이치라 하겠다. 민간에서 경엔하는 모든 신문·잡지가 순한글로 발간되고 학교의 교육이 순전히 우리말·우리글로써 운영되어야만, 비로소 국회의 법과 정부의 시정이 그 효과를 낼 수 있는 것이다. 오늘의 광복된 조국 대한민국은 백성의 나라다. 백성은 나라의 주인인 동시에 한글—널리는 문화의 주인이다.

나라의 흥왕과 문화의 발달은 곧 국민 된 이, 더구나 잃었던 나라를 도로 찾은 우리나라 백성들의 철천 소원이 아닐 수 없음은 두말할 필요가 없겠다. 그러므로, 속으로 들어가 살피건대, 한글 전용은 우리 사회 지도자들의 속 깊은 관심을 모으고 있는 지 이미 오래다. 언론계에서 순한글 신문의 발간을 뭇고, 교육계에 서는 한달 전용을 많이들 실시하고 있음도 또한 사실인지라, 이제 벌써 『서울신문』사에서는 이 소망스런 시세에 호응하여, 그 실현을 시작하였음은 참 치하할 일이다.

한글전용의 일은 국회나, 정부나 또 어떤 정당의 일이 아니요, 국가적 민족적 대사업이니만큼, 누구에게 미루고 누구에게 맡길 것이 아니라, 어떤 개인이거나 어떤 언론 기관이거나 다 같이 떨치고 일어나서, 이 일의 성취를 위하여 협력하지 아니하면 안 된다. 협력은 인간 사회의 최강의 역량이다. 협력이 아니고는 인간의 모든 일은 하나도 될 수 없다. 온갖 좋은 일은 다 협력으로만 이루어지는 것임을 우리는 명념하여야 한다.

한글은 배달겨레의 정신적 창조력의 자랑이오 실제적 생활의 무기이다. 우리 한글학회가 한글만 쓰는 것 이 우리 겨레의 생명의 길임을 굳이 믿고,

높이 외쳐온지 이미 오래다. 한글 반포 오백십 주년이 지난 이제, 늦기는 늦었으나마 국회와 정부가 한가지로 한글만 쓰기를 장려하고 있는 이때에, 이 나라의 주인인 국민 전체, 특히 언론인과 교육자들이 용맹 과감하게 낡은 껍질을 벗어버리고 일치 협력으로써 탄탄한 생명의 길로 막 달아나기를 바라 마지아니하오니, 이리하는 것만이 우리의 자손을 영구한 자유와 무궁한 행복으로 인도함이 되는 것이다.

11월 4일 한글학회는 '한글전용 적극 추진 방안'을 담은 건의서를 대통령과 국회에 제출했다. 그 결과 이승만 대통령 지시로 다음과 같은 실천 요강이 나왔다.

한글전용 실천 요강(국무원 사무처, 1957.12.29)

1. 공문서는 반드시 한글로 쓴다. 그러나 한글만으로써 알아보기 어려운 말에는 괄호를 치고 한자를 써넣는다.
2. 각 기관에서 발행하는 간행물은 반드시 한글로 한다.
3. 각 기관의 현판과 청내 각종 표지는 모두 한글로 고쳐 붙인다. 특히 필요한 경우에 한하여 한자나 다른 외국어로 쓴 현판 표지를 같이 붙일 수 있으되, 반드시 한글로 쓴 것보다 아래로 한다.
4. 사무용 각종 인쇄 및 등사물도 한글로 한다.
5. 각 기관에서 사용하는 관인, 기타 사무용 각종 인은 한글로 하고 이에 필요한 경비는 각 부에서 부담한다. 관인 조처의 상세한 것은 따로 정한다.
6. 각 관공서는 그 소할 감독 밑에 있는 시사 단체에 대하여서도 위의 각 항목에 따르도록 권한다.

1961년 군사 정변이 일어나고 1961년 6월 10일의 한글학회 이사회의 결의로 한글전용에 대한 건의서를 국가재건 최고회의에 제출하여 12월 초에 이르러서는 "한글전용에 관한 법률을 강화하여, 1962년 3월부터 신문·잡지, 기타의 모든 간행물에 한글을 전용시키도록 하겠다."고 발표하였다. 곧 문교부는 1962년에 한글 전용을 실시할 목적으로 '한글 전용 특별 심의회'를 설치하여 일반 용어, 언어 문학, 법률 제도, 경제 금융, 예술, 과학 기술의 6개 분과 위원회를 두어 한자어로 된 용어를 쉬운 우리말로 바꾸는 작업을 추진하였다. 또한 정부는 '한글 전용 촉진 7개 사항'을 내각에 지시하고 '한글 전용 연구 위원회'를 구성하였다.

이런 흐름에 힘입어 1965년에는 한글전용에 관한 법률 개정안(총무처, 1965.11.28)이 공포되었다.

한글전용에 관한 법률 개정안(총무처, 1965.11.28)

제1조(목적) 이 법령은 한글을 전용하기 위한 절차를 규정함을 목적으로 한다.

제2조(용어의 정의) 이 법에서 사용하는 용어의 정의는 다음과 같다.

　① 한글이라 함은 한글·아라비아숫자 및 국제적으로 널리 쓰이는 기호, 또는 부호를 말한다.

　② 문서라 함은 공용문서·민원 문서·신문·잡지·출판물, 기타 글자로써 표시하는 모든 것을 말한다.

제3조(적용)

　① 우리나라에서의 모든 문서는 한글을 풀어서 가로 쓴다.

　　(가) 학술적인 연구를 위할 때

　　(나) 우리나라 이외의 말을 쓸 때

　② 전 항의 시행은 1970년 10월 9일부터 실시한다.

(가) 한글을 모아서 가로쓰기는 1966년 10월 8일까지

(나) 한글을 풀어서 가로쓰기는 1970년 10월 8일까지

제4조(심사 위원회)

① 한글을 전용하게 하기 위한 시행 절차와 시행 방법을 연구하고, 심사하게 하기 위하여, 국무총리 소속 하에 한글전용심사위원회를 둔다.

② 전 항의 한글전용심사회의 구성과 기능은 따로 대통령으로 정한다.

제5호(특별 규정)

① 국가 기관 및 공공 단체와 국가 및 공공 단체가 감독하는 모든 기관은 제3조 제2항의 기간에 불구하고, 다음 기간에 한글전용을 시행한다.

(가) 한글을 모아서 가로쓰기 1966년 1월 1일부터

(나) 한글을 풀어서 가로쓰기 1968년 10월 9일부터

② 전 항의 기간 이후에 전 항의 기관에 제출하는 모든 문서는 전 항의 기관에서는 받아서는 아니 된다.

제6조(특허법의 배제) 이 법에 정한 한글전용에 관한 사항은 특허법에 의한 특허를 배제한다.

제7조(시행령 등) 이 법 시행을 위한 절차와 방법은 따로 대통령령으로 정한다.

부칙

이 법은 공포한 날로부터 시행한다. 제2조, 제3조 및 제5조의 기간 이전에 이미 쓰여진 문서는 그대로 사용할 수 있다. 그러나 점차적으로 이것을 한글전용으로 바꾸어야 한다.

이러한 한글전용 정책에 대한 반발도 심하여 박정희 대통령은 다음과 같은 흥미로운 지시를 내린다.

한글전용 추진에 관한 지시 사항(박정희 대통령, 1967.11.16)

첫째, 한글 '완전 전용'을 최종 목표로 한다.

둘째, 한글전용은 '즉시 시행'으로 하지 않고 연차적 계획으로 한자를 절 감한다.

셋째, '한글전용'은 '운동'으로 전개하지, 법적 강제 조치로 하지 않는다.

완전 전용을 명시화했지만, 법이 아닌 운동에 맡긴다는 논리로 반 발을 피해가려 하였다. 이에 대해 한글학회는 1968년 4월 6일, 민족문 화협회(대표: 이은상)·새싹회(대표: 윤석중)·세종대왕기념사업회(대표: 이세정)·배달문화연구원(대표: 안호상)·한글전용추진회(대표: 주요한)· 한국어문학연구회(대표: 박영준)·한국음성학회(대표: 정인섭)·한글타 자연구회(대표: 공병우) 등 21개 단체와 공동으로, 다음과 같은 성명서 를 발표하였다.

한글전용의 계단적 실시에 대한 성명(1968.04)

한글전용의 계단적 실시는 국민의 생활권을 보장하여 주는 것이며, 민 주주의 사회의 실현을 촉진시키며, 우리나라 근대화의 기초 작업이다. 이 일이 이미 500년이나 늦었으며 20여 년이나 준비되었으니, 이제 다시 5년 간 준비 시일이 필요할 까닭이 없다. 모름지기 재빨리 서둘러서 박 대통령 재임 기간 안—1970년에는 완전 실시하기를, 중흥하는 겨레의 이름으로 간절히 바라 이에 성명한다.[20]

이런 노력에 힘입어 한글전용 5개년 계획이 발표되었다.

---

20) 성명서 결론 부분으로 전문은 『한글학회 100년사』(한글학회, 2009, 943~945쪽)에 실려 있다.

한글전용 5개년 계획(국무회의, 1968.05.02)

상용한자는 1968년도에는 2,000자, 1969년도에는 1,300자로 줄여, 1972년까지 한자를 단계적으로 완전히 없애고, 1973년부터 전면적인 한글전용을 하기 위하여 다음과 같은 한글전용 5개년 계획 세부 지침도 발표한다.

① 공문서는 특수한 것은 1968년까지 한자 병용을 허용, 1969년부터 한글을 전용하고,

② 법령문은 1972년도까지 뜻의 전달이 곤란한 것만 괄호 안에 한자를 덧붙이며,

③ 호적·등기·주민 등록은 1970년도부터 한글을 전용하며,

④ 각급 교과서, 정부 간행물 및 일반 정기 간행물은 1973년도부터 한글을 전용토록 한다.

그리고, 이 계획 실천을 위하여 '한글전용 연구 위원회'를 설치한다.

이리하여 같은 해에 박정희 대통령은 다음과 같은 한글전용 촉진 지시 7개항을 공포하였다.

한글전용 촉진 지시 7개 항(박정희 대통령, 1968.10.25)

세종대왕이 한글을 반포한 지 520년이 넘도록 한글을 전용하지 않고 주저하는 것은 비주체적 전근대적 사고방식이며, 한문을 모르는 많은 국민을 문화로부터 멀리하려는 행위다.

1. 1970년 1월 1일부터 행정·입법·사법의 모든 문서뿐만 아니라, 민원 서류도 한글을 전용하며, 국내에서 한자가 든 서류를 접수하지 말 것.

2. 문교부 안에서 '한글전용 연구 위원회'를 두어, 1969년 전반기 내에 알기 쉬운 표기 방법과 보급 방법을 연구·발전시킬 것.

3. 한글 타자기의 개량을 서두르고, 말단 기관까지 보급·사용할 수 있도록 할 것.

4. 언론·출판계의 한글전용을 적극 권장할 것.

5. 1948년에 제정된 〈한글전용에 관한 법률〉을 개정하여, 1970년 1월 1일부터는 전용토록 할 것("다만 얼마 동안 필요한 한자를 병용한다."는 단서를 뺀다.)

6. 각급 학교 교과서에서 한자를 없앨 것.

7. 고전의 한글 번역을 서두를 것.

이 담화문에서 "세종대왕이 한글을 반포한 지 520년 넘도록 한글을 전용하지 않고 주저하는 것은 비주체적 전근대적 사고방식"이라는 말이 한글전용의 정신과 가치를 보여주면서도 언어 개혁이 얼마나 어려운지를 보여준다.

오히려 한글전용을 가로막았던 1948년의 한글전용법의 '다만' 조항이 1981년 5공화국이 출범하면서도 삭제되지 않았기 때문이다.

대통령에게 드리는 건의서(1981.10.09)

우리는 우리나라 역사에서, 민족의 자주정신과 민주 정신이 대두될 때는 반드시 우리말과 우리글에 대한 관심이 높아진다는 사실을 발견하게 됩니다.

세종대왕의 한글을 만드신 정신이 바로 그것입니다. 1895(고종 32)년, '법률·명령은 다 국문(한글)으로써 본으로 삼는다'라는 칙령을 내리게 된 것은, 중국의 종주권을 부인하고, 사민평등의 원칙을 세운 갑오경장(1894)의 정신이 그 밑바닥에 깔려 있습니다. 1896년 4월에, 독립협회를 만든 분들이 독립신문을 낼 때, 한글은 우리글이니 우리가 써야 하며, 상하 귀천이 다 알아볼 수 있도록 하기 위해서도 한글만으로 적어야 한다고 그 논설에서 밝힌 것도 그러한 정신의 발로입니다. 1948년, 해방된 우리나라 국회에서 한글전용의 법률을 제정하고, 계속하여 그 정책을 밀고 나가는 것도 민족 자주정신과 민주 정신에서 우러나온 일로 생각됩니다.

한편, 세계 문자의 역사를 보면, 처음에는 뜻글자에서 출발해서 소리글자로 발달해 온 사실을 발견하게 됩니다. 그것은 뜻글자가 가진 근본적인 결함 때문입니다. 뜻글자는 귀족 특권의 글자이지 민주주의적 글자는 되지 못하기 때문입니다.

그런데도 불구하고 우리나라에서 아직 한글전용이 이루어지지 않고 있는 것은, 1948년에 제정된 법령에서 '다만 당분간 한자를 병용할 수도 있다'라는 단서를 붙여 놓았기 때문입니다.

민족의 자주정신과 민주 정치의 토대를 굳건히 하기 위해서는 한글만의 글자 생활이 이루어져야 할 것이며, 그러기 위해서는 한글전용법의 '다만' 조항이 빨리 없어져야 할 것입니다.

이러한 건의에도 불구하고 6공화국 때조차 삭제되지 않다가 2005년 1월 27일, 법률 제7368호인 〈국어기본법〉—그 부칙 "제2조(다른 법률의 폐지) 한글전용에 관한 법률은 폐지한다."라는 조항이 제정되면서 1948년의 한글전용 악법은 폐기되었다.

4.7. 다양한 목적으로서의 한글운동기(1970~현재)

1970년대 이후는 이전의 한글전용 운동도 지속되었지만 국어순화운동, 민주화운동, 통일 운동과 연계한 한글운동, 정보화 한글운동 등 다양한 운동이 전개되었다.

4.7.1. 국어순화운동으로서의 한글운동

국어순화운동은 한글학회를 중심으로 각종 한글운동 단체들이 끊임없이 벌여온 운동이다. 이 운동은 8·15 광복 직후의 '우리말 도로 찾기'를 이은 것으로 볼 수 있다. 왜냐하면 순화한다는 것은 결국 대부분 어렵거나 생소한 외래어를 없애거나 줄이는 것을 의미하기 때문이다. 순화의 기준이나 목표는 최현배(1953: 124)에서 명시적으로 정리한 바 있다.

동서고금을 막론하고, 국어운동의 목표에는, 다섯 가지가 있으니: 첫째는 깨끗하게 하기, 둘째는 쉽게 하기, 셋째는 바르게 하기, 넷째는 풍부하게 하기, 다섯째는 너르게 번지도록 하기가 곧 그것이다.

이러한 논지를 바탕으로 한글학회는 국어순화운동의 목표를 "고운 말 쓰기, 쉬운 말 쓰기, 바른 말 쓰기"로 제시하였다. 1972년 9월에 창간한 『한글 새소식』을 통하여 그런 운동을 본격적으로 펼치고 있다. 1974년에는 한글문화협회를 조직하여 운동을 더욱 널리 폈다.

이런 영향 때문인지 1976년 4월 16일, 박정희 대통령은 국무회의에서 일상생활에 외국어가 너무 많이 쓰이고 있는 점을 지적하고 국어정화 운동을 벌이도록 지시하였다. 이에 따라 문교부는 1976년 '국어순화운동 협의회'를 조직하였고 민간단체도 많이 설립되었다. 국어 심의 기구로 '국어 심의회'를 만들고 그 안에 '국어순화분과 위원회'를 신설하고, '국어순화 자료'를 발간하여 『국어순화 자료』(1977)를 내는 성과를 내었다.

드레스 살롱(dress salon) → 양장점

닉네임(nick name) → 별명

디스카운트(discount) → 에누리, 할인

라이벌(rival) → 경쟁자, 적수

로비(lobby) → 복도, 휴게실

밸런스(balance) → 균형, 조화

한글학회는 국어순화운동을 더욱 적극적으로 펼 것을 다짐하고, 대중을 직접 상대하는 국어순화 강연회를 크게 열었다. 한글학회 100년사에서 밝힌 주요 강연 내용은 다음과 같다.

때	지역	곳	연사	청중	후원/ 주관
05.03.	서울	경기여고	김정실 이경복 한갑수	초등·중등학교 국어순화 지도 교사 1,200명	서울교육위원회
05.04.			이덕호 허웅		
05.07.	부산		박지홍	중등학교 국어순화 담당 교사	부산교육위원회
05.21.	전북	(전주)	허웅 김성배	중등학교 교감, 시·군 학무과장 등 260명	전북교육위원회
05.29.	충북	충북교위(청주)	허웅 황희영	각급 학교 국어순화 지도 교사, 장학 직원 160명	충북교육위원회
06.13.	전남	광주시민회관	허웅 황희영	중등학교 국어과 교사, 초등학교 교장·교감·중견교사 등 800명	전남교육위원회
06.24.	충남	충남공무원교육원 (대전)	이강로 황희영	공무원과 시민 500명	충청남도
06.29.	강원	춘천시 문화관	허웅 황희영	도청과 그 산하 공무원 600여 명	강원도
07.08.	경기	수원시민회관	한갑수 허웅	도청·시청 공무원, 800여 명, 중등 교원 100여 명	경기도
07.25.	경남	마산학생과학관	이강로 허웅	고등학생을 중심으로 마산시 공무원, 중등교원 등 700여 명	경상남도

이러한 순화운동에 대한 반발도 적지 않았다. 순화어가 억지조어라는 것이다. 1992년에 발표한 '전산기 용어'의 순화어에 대한 반발이 대표적이다.

어셈블러(assembler) → 짜맞추개

소프트웨어(software) → 무른모

커서(cursor) → 깜박이, 반디

하드웨어(hardware) → 굳은모

스페이스바(space bar) → 사이띄우개

컴퓨터 프로그램(computer program) → 전산 풀그림

위와 같은 순화어는 대중들에 의해 자연스럽게 거부되었다.

4.7.2. 민주화운동으로서의 한글운동

민주화운동 차원의 한글운동은 대학생 한글운동에서 주로 이루어졌다. 1980년대 대학생 한글운동에서 다뤄왔던 핵심 언어 문제는 다음과 같다. 이 내용은 대학생 한글운동의 기반 이론 구실을 했던 『국어운동의 뜻』(옥에티(1980), 『불꽃』 1호, 전국국어운동대학생연합회 자료집)을 바탕으로 한 것이다.

첫째, 언어문화의 얽매임(종속화)이다. 지식인들이 말과 글에서 필요 이상의 외국어를 섞어 쓰는 것을 볼 수 있다. 이런 현상의 주체인 지식인들은 대부분 고등학교 때까지 모국어로만 생각을 한다. 그러나 대학에 진학하면서 영어 몰입에 빠져들고 대학교의 상당수 수업이 원서 읽기라 하여 외국어 중심으로 생각을 전개하거나 훈련을 받는

다. 그러다 보니 모국어보다는 외국어가 더 개념이 정확한 듯 느낀다. 물론 근본적으로 아직 학문이 토착화되지 못한 경우가 많고 또한 서구, 일본의 논리를 수용 번역하다 보니 그러한 학문의 용어는 우리의 삶과 동떨어진 말이 대부분이기 때문이다.

이런 실정은 부끄러운 학문의 역사에 토대를 둔다. 고려, 조선시대의 지식인들은 '과거'라는 틀 속에서 유교 경전의 해석과 사장술의 갈닦기(연마), 중국 역사의 파악에만 열을 올려 알갱이다운 제 생각을 창조하고 추수를 여유를 갖지 못하였다. 우리나라가 과거 제도가 없었던 일본보다 문자 창조가 600년이나 늦었고 그나마 한글을 지식인들이 주류 문자로 인정하지 않았다. 주체 의식을 강조했던 실학자들조차 그들의 사상을 한문으로 나타낸 것은 중국 문화 문자에 얽매임이 어느 정도인가를 느낄 수 있다. 해방 후에도 식민지 구조를 제대로 청산하지 못하고 40년 가까이 식민지 잔재를 뿌리 뽑지 못하고 식민지적 제도와 의식이 많이 남아 있었고 지금도 상당 부분 유지되고 있다.

둘째, 언어 계층화 현상이다. 생활환경과 문화 환경에 따라 사용하는 언어가 다른 것은 당연하다. 여기서 문제가 되는 것은 이해와 비판의 앞선 틀(전제)이 될 수 있는 삶의 형식으로서의 언어 형식이 무너지는 경우이다. 즉 권위의식과 사용하는 언어의 허구성으로 인하여 계급 차별 의식이 형성되어 한민족의 공동체가 대립 분열화되는 경우이다.

지식의 권위와 권력에 의해 알 권리와 말할 권리가 지켜지지 않는 경우가 많다. 노동법, 노사협약, 헌법, 경찰서의 안내문, 담화문, 신문 사설 등이 어려운 한자로 되어 있는 경우가 그런 경우이다. 공동체 의식이 없이 무책임하게 말을 쏟아놓고 못 읽는 자의 무식으로 몰고

가는 식이다. 누구를 위한 말인지 토착어를 멸시하는 자기학대가 빚어주는 언어 계층 의식은 심각하다. 초등학교에서는 자연스러운 '더하기'·'빼기'가 중학교에서 '플러스'·'마이너스'로 바뀌고, '큰골'·'핏줄'이 '대뇌'·'혈관' 등으로 바뀌면서 은연중에 뜬구름 같은 의식 세계가 형성되고 따라서 모국어는 낮은 언어로 된다.

문자를 독점하는 자가 바로 귀족이요 인간이라는 봉건 시대의 잔재가 너무 뿌리 깊다. 세계 문화사에서 볼 때 14, 15세기에 문예 부흥을 거치면서 인간 개개인의 존엄성(자아 동일성)이 회복되기 시작하였다. 언어 또한 특정 언어(대부분 라틴어, 러시아에서는 프랑스어)가 특정 계급의 권위를 나타내는 것에서 탈피하여 누구나 모국어로 말할 수 있는 언어의 보편화가 이루어졌다. 그런 15세기에 과학적이고 자연스러운 한글이 창제·반포됐다.

이러한 귀중한 문화유산을 계승 발전시키지 못하여 인간성의 뒤틀림을 오래도록 유지하고 있다고 한글운동가들은 보고 있다. 따라서 대부분의 지식인들이 제도 교육 속에서 배운 현학적 용어, 자기 과시적 언어, 서구적 문체 등을 아무 생각 없이 쓰고 있어 민족 언어 공동체를 훼손하고 있다는 것이다.

우리 사회의 언어 문제는 우리의 역사적, 정치. 경제적 모순만큼이나 깊을 뿐만 아니라 정신적, 도덕적 가치를 등한시하는 물질주의 위주의 비리와 이를 구조적으로 부채질하는 대중문화의 병폐는 더욱 우리말의 모습을 추하게 만들었다고 보았다.

4.7.3. 정보화 시대의 한글운동[21]

정보화시대에 따른 한글운동이 본격화된 것은 1990년대이다. 컴퓨터 생활이 본격화됨에 따라 코드 문제, 자판 문제 등을 둘러싼 정보시대 한글운동이 전개되었다.

이 분야에서는 주로 대학생들 모임을 중심으로 그동안 일반적으로 국어순화로 인식되고 있는 한글운동의 한계성을 극복하고자 큰 노력을 기울여 왔다. 바른말 고운 말 쓰기로 상징되고 있는 국어순화운동이 우리의 삶의 현장에서 부르짖기에는 그것이 비과학적이고 비현실적인 측면이 많았다. 과학적 인식이 전제되지 않는 운동은 반대 논리를 더욱 강화해주거나 구호에 그치는 경우가 대부분이어서 우리의 삶을 질적으로 발전시키지 않는다는 것을 우리는 깊이 명심할 필요가 있다.

컴퓨터의 한국화는 결국 한글(한국어) 특성에 맞는 컴퓨터와 그 환경 개발에 있다. 한국어의 특성은 문자, 음운론적으로 보면 세 가지로 요약될 수 있다. 첫째는 글자 만든 원리의 치밀함이며 둘째는 중국의 이분법적 음운(성모, 운모) 구분과는 달리 삼분법에 따른 초성, 중성, 종성의 구분이다. 셋째는 초성과 종성의 기본 문자를 같게 하여 최소한의 문자로서 최대한의 글자를 생성해낼 수 있다는 점이다. 이러한 점은 한글이 과학적 글자라는 증거도 된다. 이밖에 형태·통사적 특징으로 토씨와 씨끝(어미)의 발달과 풀이말(서술어) 중심 구조를 들 수 있다. 이러한 특성이 한국어 정보처리에 얼마나 충실하게 반영되는지

---

21) 김슬옹(1992), 「정보화 시대에서의 한글 운동의 방향」(『한글새소식』 236)을 운동사 차원에서 재구성하였다.

의심스럽다. 코드 문제와 자판 문제에서는 한글의 과학성이 부정되고 있는 실정이다. 이러한 문제점들에 대해서는 상당히 논의됐던 것이나 여기서는 다시 한번 문제의식을 갖는 차원에서 중요한 골자만을 언급하기로 한다.22)

(1) 한국어 입출력에 따른 문제: 세벌식 운동

자판은 정보시대 글쓰기와 정보 입력의 핵심 도구이다. 스캐너나 음성 인식이 발달하고 손으로 쓰는 최첨단 컴퓨터까지 개발되고 있지만 그렇다고 자판의 중요성이 감소하는 것은 아니다. 자판이 어떻게 설계되었느냐에 따라 정보 생산성의 속도와 양이 결정되고 건강문제 (키펀치병 따위)까지 좌우되기 때문이다. 자판은 그 물질성과 습관성의 강고한 결합으로 한 번 정해지면 바꾸기 어렵다는 점을 함축하고 있다. 그래서 표준화가 중요했고 이에 따른 글쇠판 운동이 1990년대에 첨예하게 대립되어 벌어졌다.

〈표 5〉 자판 벌식 구별

갈래	네벌식	세벌식	두벌식
초성 자음	한 벌	한 벌	한 벌
종성(받침) 자음	한 벌	한 벌	
받침없는 모음(가)	한 벌	한 벌	한 벌
받침있는 모음(각)	한 벌		

그러니까 우리나라 자음은 초성에 쓰이는 자음과 종성에 쓰이는

---

22) 이 분야는 한국인지과학회, 한국정보과학회에서 매해 행사를 통해 발간하고 있는 '한글 및 한국어정보 처리' 논문집의 많은 논문들이 참고 되었다. 일반적인 논의이므로 특별한 것 외는 참고 문헌을 밝히지 않는다.

자음 두 가지가 있다. '각'에서 초성 'ㄱ'과 종성의 'ㄱ'을 자판에서 서로 다른 글자로 따로 배치하면 세벌식이 되고 한 글자로만 배치하면 두벌식이 된다. 남한 최초의 표준 자판은 박정희 정권 때 만든 네벌식이었다. 이 네벌식은 세벌식에서 중성 모음을 종성이 있을 때의 모음(각)과 없을 때의 모음(가)를 구별해서 네벌식이었는데 너무 불편하고 비합리적이어서 없어지고 두벌식이 표준으로 된 것이다. 그러면 왜 거의 모든 소프트웨어에서 국가 표준인 두벌식 외 세벌식을 지원하는 것일까. 필자도 지금 이 글을 세벌식으로 치고 있다. 그것은 세벌식이 비록 국가 표준화 과정에서 탈락하긴 했지만 두벌식과는 차원이 다른 장점을 지니고 있기 때문이다.

자판은 정확성과 속도를 얼마나 최대한 실현할 수 있느냐가 관건이다. 그러기 위해서는 글자의 사용 빈도수와 그에 따른 왼손, 오른손 그리고 각각의 손가락 부담률, 연타수, 운지거리(손가락이 움직이는 거리) 등이 세부적인 평가 기준이 되고 그러한 기준에 의한 실험 결과가 근거가 돼야 된다. 이밖에 한국어의 특수성에 따라 한글의 구성 원리에 얼마나 부합하느냐를 따질 수 있다. 한글 구성 원리에 따르면 현행 2벌식은 역시 한글의 구성 원리에 위배 된다. 왜냐하면 종성을 따로 인식하지 못할 뿐 아니라(받침을 홀로 찍을 수 없음) 컴퓨터 화면에 글자가 제 때, 제 자리에 찍히지 않는다. 정확성과 속도 면에서도 세벌식이 유리한 위치에 있다. 현행 두 벌식이 자주 치는 자음이 왼쪽에 있고 모음이 오른쪽에 있어서 왼손에 지나친 부담을 주어 균형 타자(왼손과 오른손을 사용빈도에 따라 적절히 사용하는 것)가 힘든데 세벌식은 초성 자음은 오른쪽에 종성 자음은 왼쪽에 모음은 왼쪽에 있어 균형 리듬 타자(왼손과 오른손을 골고루 사용하는 것)가 가능하다. 따라서 세벌식이 타자를 많이 칠 때 생기는 키펀치 병 예방에 유리하다. 두벌식이 좋은

- 한국 두벌식 표준 자판(1982) -

- 북한의 임시 표준 자판(1993) -

- 옛글자와 쌍자음까지 표시한 남북 공동 자판(1996) 시안 -

- 정희성 교수의 86년안(두벌식) -

- 한국의 세벌식(공병우) 자판 -

〈그림 1〉 주요 자판 모음

것은 자판 개수가 작으므로 일찍 배울 수 있다는 점이다. 마지막으로 오타율에 대해서는 논쟁이 분분하다. 두벌식은 자판 글쇠수가 작고 세 줄에 걸쳐 배열되어 있어 유리한 반면 어느 한쪽 부담이 높아 불리하다. 세벌식은 두 손 부담률이 공평해 한 손에만 부담을 지우는 두벌식보다 오타율이 적을 수 있으나 세벌식은 네 줄에 걸쳐 있어 운지거리가 길어 불리하다.

이런 논란에도 불구하고 남북한 모두 두벌식을 국가 표준으로 하고 있어 1996년 남북한이 합의한 공동자판은 두벌식이 채택되었다.

합의안의 핵심은 두벌식, '자왼모오(자음 왼쪽 모음 오른쪽)' 배치로 결과적으로 보면 조선의 임시 표준안과 비슷한 방식이 되었다. 이 합의안의 문제가 없는 것은 아니다. 첫째는 훨씬 빈도수가 많은 자음을 꼭 왼쪽에 배치했어야 하는 점이다. 둘째는 한국의 표준 자판이 모순투성이라면 그 대안 제시에 소홀하지 않았나 하는 점이다. 결과적으로 세벌식의 장점을 제대로 수용하지 못한 점도 있다. 물론 합의안에서 특수 목적용으로 세벌식을 사용할 수 있다는 단서를 단 것은 그나마 그동안 세벌식주의자들의 끊임없는 운동이 있었기에 가능했다.

그리고 여기서 자세히 논의하지 못한 분야가 있다면 정보 시대의 표준화 문제이다. 북한과 남한의 국어정보 전문가들이 중국 조선족 동포들과 함께 1994년부터 3년에 걸쳐 표준안을 마련한 바 있다. 합의가 이루어진 뒤 북한의 경제적 어려움과 남한 쪽의 정부 미협조로 제대로 후속조치가 이루어지지 않았다. 1996년도 합의한 합의안 전문은 다음과 같다.23)

---

23) 이 행사에 필자도 직접 참여하여 총무 간사로 실무를 맡았다.

『'96 Korean 컴퓨터처리 국제학술대회』 합의문

『'96 Korean 컴퓨터처리 국제학술대회』가 중국 길림성 연변조선족자치주과학기술협회의 주최로 8월 12일부터 14일까지 연길시에서 성황리에 개최되었다.

이번 대회에서는 95년 대회에서 달성된 합의사항에 대하여 4개 분과별 연구내용을 기초로 토론을 진행하고 관련 분야 논문 40여 편이 발표되었다.

이번 대회에서는 우리 글 컴퓨터처리국제표준화를 실현해야 한다는 공동의 염원으로부터 출발하여 분과토론을 거쳐 아래와 같이 합의하였다.

1. 정보처리용어통일안

   가. 합의사항

   1) ISO 2382를 기본으로 한 2, 100개의 용어를 통일안 대상용어로 선정하였다.

   2) 이중에서 개념상 차이가 있는 10% 정도의 용어는 복수안으로 인정하도록 하였으며 나머지 90%의 용어는 단일안으로 확정하였다. (부록 1을 참조)

   3) 합의된 용어는『정보처리용어표준사전』이라는 이름으로 1997년 5월까지 공동으로 출판하여 보급한다.

2. 자판배치공동안

   가. 합의사항

   ―구조문제

   1) 2벌식을 기준으로 한다.

   2) 옛 글자를 고려하되 현대 글자와는 분리하여 처리한다.

   3) 26개의 우리 글 자소를 배치하되 24개 홑글자와 2개의 겹글자로

한다.

4) 5개의 쌍자음의 입력은 사용자선택으로 하되 대응되는 단자음위치
에 배치한다.

*사용자선택이라 함은 쌍자음타건을 사용하지 않고도 자동생성규칙이 성립하는

방안(예를 들면 치환타건방법, 쉬프트키방법 등)을 말한다.

5) 자소배치는 원칙적으로 왼쪽에 자음, 오른쪽에 모음으로 한다.

ㅡ배치문제

1) 26개의 자소는 아래와 같이 배치한다.

ㅁ ㅂ	ㅃ ㄷ	ㄸ ㄷ	ㅉ ㅈ	ㅎ	ㅕ	ㅜ	ㅓ	ㅐ	ㅔ	[	]
	ㄹ	ㄲ ㄱ	ㅇ	ㄴ	ㅆ ㅅ	ㅗ	ㅡ	ㅏ	ㅣ	:	'
		ㅋ	ㅊ	ㅍ	ㅌ	ㅠ	ㅛ	ㅑ	,	.	/

- 남북 공동 시안 (두 벌식) -

이 배치는 보다 충분한 평가기준과 객관성 있는 자료에 기초하여
더 발전시킨다.

2) 옛글자의 경우 아래 아(ㅇ)는 아(ㅏ). 여린 이응(ㆁ)은 이응(ㅇ). 여린
히읗(ㆆ)은 히읗(ㅎ) 우에 배치하며 반시웃(ㅿ)은 쌍시웃(ㅆ)을 고려
하여 미음(ㅁ) 우에 배치한다.

나. 앞으로의 연구과제

1) 4개의 특수기호(, ./:)는 영문 모드에서 입력하고 우리 글 자소를
추가하는 방안을 연구한다.

2) 2벌식을 3벌식으로 활용하는 경우와 그 이외의 자소를 추가하는
다른 3벌식의 경우에 대하여 연구한다.

3. 우리 글자 배열순서 공동안

가. 합의사항

1) 현대 글자 배열순은 다음과 같다.

    —자음: ㄱ, ㄳ, ㄴ, ㄵ, ㄶ, ㄷ, ㄹ, ㄺ, ㄻ, ㄼ, ㄽ, ㄾ, ㄿ, ㅀ, ㅁ, ㅂ,

           ㅄ, ㅅ, ㅇ, ㅈ, ㅊ, ㅋ, ㅌ, ㅍ, ㅎ, ㄲ, ㄸ, ㅃ, ㅆ, ㅉ

    —모음: ㅏ, ㅑ, ㅓ, ㅕ, ㅗ, ㅛ, ㅜ, ㅠ, ㅡ, ㅣ, ㅐ, ㅒ, ㅔ, ㅖ, ㅘ, ㅙ,

           ㅚ, ㅝ, ㅞ, ㅟ, ㅢ

2) 옛 글자 배열순은 다음과 같다

    —자음: ㅸ, ㅅ, ㅆ, ㅅ, ㅆ, ㅿ, ㆁ, ㅈ, ㅉ, ㅈ, ㅉ, ㅊ, ㅊ, ㆆ

    —모음: ·(아래 아)

3) 옛 글자 배열순은 현대 글자 배열순에 따르면서 일부는 자형의 유사성에 따라 배열한다(부록2를 참조).

4) 각기 이 순서에 따르는 입출력 변환 프로그람을 개발한다.

나. 앞으로의 연구과제

리두자와 구결자는 앞으로 연구한다.

—설명

① 본 합의문의 우리 글자 배열순서는 컴퓨터처리 부호계의 사용에 국한한다.

② 옛글자는 훈민정음 28자와 그에 기초하여 조합된 글자 가운데에서 현대 맞춤법에 쓰이지 않는 글자를 가리킨다.

4. 부호계 공동안

1) 현재 각기 사용되고 있는 2바이트 완성형과 2바이트 조합형 부호계는 그대로 둔다.

2) ISO 2022를 따르면서 우리 글을 제대로 지원할 수 있는 1바이트 조합형 부호계를 만들고 우리 글 정보 교환용으로 쓰기로 한다.

3) 각측의 부호계 변환 프로그람은 각기 만들어쓰기로 한다.

4) 우리 글을 좀더 폭넓게 지원할 수 있는 부호계를 지속적으로 공동 연구해 나가기로 한다.

5) 합의된 우리 글자 배열순서에 따라 ISO 10646-1을 재배열하는 문제 와 공동 명칭 문제는 구체적으로 연구 검토하여 제기한다.

*음성인식, 자동번역 등 최신 언어문자 처리에 관련된 새로운 과제와 각 분과에서 제기된 과제에 대하여 공동으로 연구 노력하고 결과에 따라 주최측이 다음 대회를 마련할 수 있다.

1996. 8. 14 전체 참가자를 대표하여

한국국어정보학회 회장 서정수

조선과학기술총련맹 중앙위원회 서기장 최기룡

연변조선족자치주과학기술협회 주석 김영철

(2) 조합형 코드 운동

한글은 모아쓰기로 인하여 음절문자다운 모습을 보이지만 근본적으로 음소문자이다. 곧 초성과 중성, 종성이라는 세 음소 체계가 서로 조화를 이루어 음절을 형성해 나가는 것이다. 그러므로 한글의 이러한 특성을 그대로 반영한 조합형 코드 체계라야 우리말의 다양한 음절을 표현할 수 있다.

그런데 전두환 정권은 한글을 음절 문자화시킨 정보 통신용 완성형 부호(KSC5601-1987)를 표준으로 삼았다. 개정 코드를 내놓았지만 그것이 완성형인 이상 핵심 문제는 여전히 남는 것이다. 물론 이런 완성형이 정보 통신용이라는 것이 원칙이지만 많은 소프트웨어 제작에 영향을 끼칠 뿐 아니라 초등학교에 보급된 교육용 컴퓨터 대부분이 완성형으로 되어 있어 당시 많은 혼란을 불러일으켰다.

완성형 코드는 한글의 기본 조직 원리에 어긋나 한국어를 제대로 표현할 수조차 없었다. 곧 '입겿'의 '겿'자나 '뽥다'('붉다'의 센말)의 '뽥', '똠방각하'에서의 '똠' 자 등을 쓸 수 없는 표현의 절대 모순에 직면했었다. 또한 음소, 형태소 분석 등이 불가능하므로 한글 문장 인식, 자동 번역 시스템, 한글 패턴인식 등의 인공지능 분야에서의 활용이 어렵게 된다(김충회, 1989, 「현행 KS 완성형 한글 코드의 문제점」, 『국어생활』 18, 국어연구소 참고). 이런 코드에 의하면 한글은 아주 비과학적인 글자가 되는 것이다. 이를 개선하기 위한 노력이 대학생 한글 운동 모임과 전산학자를 중심으로 전개되었다.

이상의 내용을 표로 정리하면 다음과 같다.

〈표 6〉 한글운동사의 시기별 내용과 의미

시대 구분	운동 주체	운동 내용	역사적 의미
한글운동 태생기 (1443~1450)	• 세종 • 일부 집현전 학사들	• 문자생활 모순 해결 • 하층민 중심의 소통 문제 해결 • 제도적 한글 보급 (관청, 시험 등)	• 우리말글 절대 모순 해결 • 글말정체성과 가치 의미 생성 • 언문일치 기반 마련
한글운동 잠복기 (1450~1894)	• 지배층(임금) • 사대부 • 지배층 여성들	• 지배층의 공적 사용 • 언해서 보급	• 문자혁명 정신 일부 유지 • 한글 비주류 공식문자 명맥 유지 • 비공식 분야 자생적 발전
근대적 한글운동 전개기 (1894~1910)	• 주시경 외 • 국문동식회	• 조직을 통한 운동 • 우리말 문법 과학화 • 언문일치	• 근대적 한글운동 전개 • 일제강점기 저항의 기반 마련
항일투쟁으로서의 한글운동기 (1910~1945)	• 조선어강습소 문학생들 • 조선어학회 회원 • 언론인	• 한글보급운동 • 맞춤법 제정 • 사전 편찬	• 일본 동화정책 극복 • 근대적 언어사용 기반 마련 • 항일저항운동

국권 회복 차원의 한글운동기 (1945~1960)	• 조선어학회 • 미군정기와 　문교부 • 한글운동 단체	• 일본말 잔재 없애기 • 한자 사용 줄이기 • 한글전용법 제정	• 일제 흔적 없애기 일부 성공 • 말다듬기 기틀 마련 • 언어주체성 회복
한글전용 중심 한글운동기 (1960~1969)	• 한글학회 등 운동 　단체 • 박정희 정권	• 한글전용: 언론과 　교과서	• 한글전용 일부 성과 • 민간 운동과 국가 정책의 　상생적 공조
다양한 목적으로서의 한글운동기 (1970~현재)	• 한글학회 등 • 한글운동 각종 　단체 • 학생운동 단체	• 국어순화 • 민주화 언어운동 • 정보화 언어운동	• 다방면의 한글운동 성과 • 한글전용 전면화 • 국어기본법 제정으로 　한글전용법 한계극복

5. 한글운동은 한글 가치를 나누는 한글진흥운동

한글운동은 한글과 관련된 언어 문제를 바로잡으려는 운동이므로 문자 중심의 언어운동을 말한다. 언어운동은 언어문제의 해결이나 개선을 위한 것이므로 이런 노력을 국가나 제도 차원에서 이루어지는 언어정책·언어계획 등과 닮아 있다.

국어운동은 한글뿐만 아니라 한국어 전반에 걸친 포괄적인 운동으로 문자, 한글 중심의 한글운동보다는 의미와 내용이 넓다. 그러나 한국어에서 차지하는 '한글'의 위상과 상징성 때문에 핵심 내용과 목표는 같은 것으로 본다. 한글운동이나 국어운동의 범위를 좁게 보면 언어 문제를 해결하는 운동이고 넓게 보면 언어 문제 해결이라는 과정을 통해 또 다른 목적 달성을 하는 운동이 될 것이다.

국어운동은 국어의 문제나 모순을 개선하기 위한 사회적 실천운동이다. 주로 운동 단체나 동아리가 주도하는 것이 보통이다. 국어운동은 국어를 통한 사회운동이지만 국어순화운동은 국어 그 자체에 초점을 둔 운동이다. 국어운동의 국어는 일종의 사회적 문제 해결을 위한 과정이나 수단이나 국어순화운동의 '국어'는 그 자체가 목표이자 목적이다. 국어운동의 국어는 목적이 아닌 목표이다.

'한글운동'은 국어의 모순을 극복하는 운동이면서 한글의 역사적 정신을 강조한 운동이다. 한글운동은 언어의 사회성을 강조하면 단순한 말글운동이 아니라 운동으로 민주운동, 또는 정치운동, 사상운동 등의 성격을 띤다.

한글운동에 논의와 한글운동사를 대략 큰 흐름만 정리해 보았다. 한글운동사 부분만 시대별로 압축 요약하면 다음과 같다.

첫째, 한글운동 태생기(1443~1450)는 운동이라기보다 정책 확산 시기로 이때의 주체는 세종과 일부 집현전 학사들이었으며, 정책 내용은 (1) 문자생활 모순 해결, (2) 하층민 중심의 소통 문제 해결, (3) 제도적 한글 보급(관청·시험 등) 등이었다. 따라서 이 시기의 역사적 의미는 (1) 우리말글 절대 모순 해결, (2) 글말정체성과 가치 의미 생성 (3) 언문일치 기반 마련 등이었다.

둘째, 한글운동 잠복기(1450~1894)로 이 시기도 정책 또는 운동 주체는 지배층(임금)과 사대부와 지배층 여성들이었고 정책과 운동 내용은 (1) 지배층의 공적 사용, (2) 언해서 보급 등이었다. 따라서 이 시기의 역사적 의미는 (1) 문자혁명 정신 일부 유지, (2) 한글 비주류 공식 문자 명맥 유지, (3) 비공식 분야 자생적 발전 등으로 정리할 수 있다.

셋째, 근대적 한글운동 전개기(1894~1910)로 주시경 등의 근대적 운동가들의 등장으로 (1) 조직을 통한 운동, (2) 우리말 문법 과학화, (3) 언문일치 운동을 전개한 시기다. 따라서 이때의 역사적 의미는 (1) 근대적 한글운동 전개, (2) 일제강점기 저항의 기반을 마련했다는 데 있다.

넷째, 항일 투쟁으로서의 한글운동기(1910~1945)로서 이 시기는 조선어강습소 문학생들과 조선어학회 회원, 언론인 등이 한글운동의 주체가 되어, (1) 한글보급운동, (2) 맞춤법 제정, (3) 사전 편찬 등의 업적을 남겼다. 따라서 이 시기의 역사적 의미는 (1) 일본 동화정책 극복, (2) 근대적 언어사용 기반 마련, (3) 항일저항운동 등으로 집약할 수 있다.

다섯째, 국권 회복 차원의 한글운동기(1945~1960)에는 조선어학회 와 미군정기와 문교부, 한글운동 단체 등이 주체가 되어, (1) 일본말 잔재 없애기, (2) 한자 사용 줄이기, (3) 한글전용법 제정 등의 운동을 전개하였다. 따라서 이 시기의 역사적 의미는 (1) 일제 흔적 없애기 일부 성공, (2) 말다듬기 기틀 마련, (3) 언어주체성 회복 등으로 정리 할 수 있다.

여섯째, 한글전용 중심 한글운동기(1960~1969)에는 한글학회 등 운 동 단체와 박정희 정권 등의 노력이 함께 이루어져 언론과 교과서 등의 일부 한글 전용 성과를 거두었다. 따라서 이 시기의 역사적 의미 는 (1) 한글전용 일부 성과, (2) 민간 운동과 국가 정책의 상생적 공조 등의 의미를 부여할 수 있다.

일곱째, 다양한 목적으로서의 한글운동기(1970~현재)에는 한글학 회 등 한글운동 각종 단체, 학생 운동 단체 등이 주체가 되어 (1) 국어 순화, (2) 민주화운동으로서의 언어운동, 3) 정보화 언어 운동 등의 성과를 거두었다. 따라서 이 시기의 역사적 의미로는 (1) 다방면의 한글운동 성과, (2) 한글전용 전면화, (3) 국어기본법 제정을 통한 한글 전용법 한계극복 등으로 그 의미를 부여할 수 있다.

▣ 국어순화 관련 신문·잡지 기사 목록

건설 전문용어 쉽게 바꾼다/ 건설부. 550개 〈순화 대상〉 지정. 한국경제
　　　 0526: 21(1992).

건설 현장 392개 일본어투 용어 순화/ 문화부 1차 순화안 발표, 한국경제
　　　 0514: 17(1992).

경어법과 방송 언어, 방송언어순화자료 35, KBS 한국어연구회(1991).

공공 기관 게시판 방송 안내문 알기 쉬운 우리말로 다듬는다/ 문화부 국어
　　　 순화운동, 동아 0416, 동아일보사(1991).

광고 방송 언어에 대한 일 고찰, 방송언어순화자료 39, KBS 한국어연구회
　　　 (1992).

남북 언어 차이 알아보기 쉽게 정리/ '국어순화 자료집' 출간, 동아 0607,
　　　 동아일보사(1991).

드라마에 나타나는 호칭, 지칭과 경어법 사용에 관하여, 방송언어순화자
　　　 료 39, KBS 한국어연구회(1992).

문법, 의미와 관련한 방송 언어, 방송언어순화자료 33, KBS 한국어연구회
　　　 (1991).

문법과 관련한 방송 언어, 방송언어순화자료 34, KBS 한국어연구회(1991).

문법과 관련한 방송 언어, 방송언어순화자료 35, KBS 한국어연구회(1991).

문법과 관련한 방송 언어, 방송언어순화자료 36, KBS 한국어연구회(1992).

문법과 관련한 방송 언어, 방송언어순화자료 37, KBS 한국어연구회(1992).

문법과 관련한 방송 언어, 방송언어순화자료 38, KBS 한국어연구회(1992).

문법과 관련한 방송 언어, 방송언어순화자료 39, KBS 한국어연구회(1992).

미술 용어 쉽게 고친다/ 문화부, 7개 분야 7백 38개 순화안 마련, 중앙
　　　 0601: 14(1992).

미술·건축 외래 용어 우리말로 바꾼다/ 문화부 순화안 확정 발표, 한겨레 0528: 10(1992).

발음 관련 방송 언어, 방송언어순화자료 33, KBS 한국어연구회(1991).

발음과 관련한 방송 언어, 방송언어순화자료 34, KBS 한국어연구회(1991).

발음과 관련한 방송 언어, 방송언어순화자료 35, KBS 한국어연구회(1991).

발음과 관련한 방송 언어, 방송언어순화자료 36, KBS 한국어연구회(1992).

발음과 관련한 방송 언어, 방송언어순화자료 37, KBS 한국어연구회(1992).

발음과 관련한 방송 언어, 방송언어순화자료 38, KBS 한국어연구회(1992).

발음과 관련한 방송 언어, 방송언어순화자료 39, KBS 한국어연구회(1992).

방송 언어 순화 시급하다/ 원로 연출가 이원경 씨 기고, 동아 0622: 11, 동아일보사(1991).

'방송 언어 순화 필요' 지적 잇따라, 한겨레 1030: 16(1991).

방송 언어와 외래어, 방송언어순화자료 33, KBS 한국어연구회(1991).

새 한글 맞춤법 용례와 방송 언어, 방송언어순화자료 33, KBS 한국어연구회(1991).

서울시, 조경 용어 순화키로/ 전문가 도움 받아 쉬운 우리말로 바꿔, 한겨레 1222: 13(1992).

세종대왕 탄신 594돌 기념 국어 문제 대토론회 개최/ 5월16일, 국어순화 국산품 애용 추진회 주최로, 국어교육월보 1204: 2(1991).

어려운 행정 용어 쉽게 풀어 쓴다/ 정부 순화안 구성 딱딱한 한자−외래어 등 없애, 한국 1127: 2(1991).

오용 사례, 방송언어순화자료 31, KBS 한국어연구실(1991).

오용 사례, 방송언어순화자료 32, KBS 한국어연구회(1991).

외국어가 우리글에 끼친 영향①: 영어 번역에 따른 표현 형태를 중심으로, 방송언어순화자료 37, KBS 한국어연구회(1992).

외래어 약어의 한국어 표기 및 발음, 방송언어순화자료 36, KBS 한국어연 구회(1992).

외래어 약어의 한국어 표기 및 발음, 방송언어순화자료 38 별책부록, KBS 한국어연구회(1992).

일제 행정 용어 개선/ 정부, 국어순화운동 전개키로, 중앙 0726: 2(1991).

잘못 쓰이고 있는 방송 언어, 방송언어순화자료 31, KBS 한국어연구실 (1991).

잘못 쓰이고 있는 방송 언어, 방송언어순화자료 32, KBS 한국어연구회 (1991).

KBS 한국어 연구회 '91년 사업 계획 발표/ 방송을 통한 한국어순화에 앞장, 국어교육월보 0501: 1(1991).

한국어의 발성과 발음, 방송언어순화자료 34, KBS 한국어연구회(1991).

행정 용어 9천여 개 순화/ 국립국어연(研) 검토 거쳐 11월 시행, 중앙 0606: 2(1992).

행정 용어 쉬운 말 쓴다/ 총무처 9천여 개 학계에 순화 의뢰, 세계 0607: 2(1992).

행정 용어 쉽게 고쳐 쓴다/ 내달부터 순화 작업 추진키로, 한겨레 1127: 14(1991).

행정 용어 쉽게 고친다/ 정부 '순화위' 구성 한자―외래어 등 우리말로, 경향 1127: 2, 경향신문사(1991).

국립국어연구원(1991). 국어순화 자료집(1977~1991).

국립국어연구원(1991). 지하철 내 방송 순화,『새국어생활』1~2, 국립국어 연구원.

국립국어연구원(1991). 국어순화자료집1977~1991, 국립국어연구원.

국립국어연구원(1991). 상호, 상품이름, 아파트이름등의광고에나타난국어사용의실태조사연구. 국립국어연구원

국립국어연구원(1994). 국어순화자료집.

국립국어연구원(1994). 국어순화자료집1993. 국립국어연구원

국립국어연구원(1994). 국어순화자료집1994. 국립국어연구원

국립국어연구원(1995). 국어순화자료집.

국립국어연구원(1995). 국어순화자료집1995.

국립국어연구원(1996~99). 국어의 시대별 변천·실태 연구 1~4. 국립국어연구원.

국립국어연구원(1999). 국어순화 자료집.

국립국어연구원(2000). 국어순화 자료집.

국립국어연구원(2000). 언론 외래어 순화 자료집.

국립국어연구원(2001). 국어순화 자료집 2001, 국립국어연구원.

국립국어연구원(2001). 언론 외래어 순화 자료집, 국립국어연구원.

국립국어연구원(2003). 국어순화실천방안마련을 위한 학술대회. 국립국어연구원

국립국어연구원(2003). 국어순화정책연구보고서. 국립국어연구원

국립국어연구원(2003). 우리말글의 위기, 이대로 둘 것인가?(국어순화 실천방안 마련을 위한 학술대회). 문화관광부 국립국어연구원

문교부(1948). 『우리말 도로 찾기』. 조선교학도서.

문교부(1977). 『국어순화자료 제1집』. 문교부.

문교부(1978). 『국어순화자료 제2집』. 문교부.

문화관광부(1995). 『일본어 투 생활 용어 순화집』. 문화관광부.

문화관광부(1988). 『국어 어문 규정집』. 대한교과서주식회사.

문화체육부(1997). 『국어순화용어자료집』. 문화체육부.

문화관광부·국립국어연구원(2001). 운동 경기 용어 순화집.

문화체육부(1994). 생활 외래어 순화집.

문화체육부(1995). 일본어투 생활 용어 순화집.

문화체육부(1996). 국어순화 용어 자료집.

문화체육부(1996). 임업 용어 순화 자료집.

문화체육부(1996). 국어순화용어자료집. 문화체육부

문화체육부(1997). 국어순화 용어 자료집.

문화체육부(1997). 국어순화용어자료집 1997. 문화체육부

교육부(1997ㄱ). 국어과 교육과정, 교육부 고시 제1997-15호.

교육부(1997ㄴ). 7차 고등학교 국어과 해설.

교육인적자원부(2007). 고등학교 교육과정(Ⅰ). 교육인적자원부 고시 제
    2007-79호.

교육과학기술부(2008ㄱ). 중학교 교육과정 해설(Ⅱ).

교육과학기술부(2008ㄴ). 고등학교 교육과정 해설2 국어, 교육인적자원부
    고시 제2007-79.

교육과학기술부(2009). 고등학교 교육과정 해설 국어, 교육과학기술부 고
    시 제2009-41호.

교육과학기술부(2010). 국어과 교육과정, 교육과학기술부 고시 제2010-41호.

교육과학기술부(2011). 국어과 교육과정, 교육과학기술부 고시 제2011-
    361호.

14장 한글 중시조론

: 헐버트, 「The Korean Language」(1889)의 한국어사·한국어학사적 의미

1. 헐버트 재평가 필요성

이 장에서는 헐버트(Homer B. Hulbert)가 1889년에 미국『뉴욕트리뷴 (New York Tribune)』에 실은 「The Korean Language」라는 글이 한국어 사와 한국어 연구사에서 차지하는 의미와 가치를 밝히는 데 목표가 있다.[1]

이 자료에 대해서는 헐버트, 김동진 옮김(2016: 219~227)에서 전문 번역이 처음 소개되고, 원문 복사본 사진은 김동진 제공 기사인 "〈모든

---

[1] 이 장은 김슬옹(2022), 「헐버트(Hulbert), "The Korean Language(1889)"의 한국어사·한국어 학사적 의미」(『한글』 83(3), 한글학회, 929~962쪽)로 발표한 바 있다. 원문 판독과 입력 교열에 많은 도움을 주신 (사)헐버트기념사업회 김동진 회장님과 한글학회 김주원 회장님 께 감사드린다. 세 분 심사위원의 날카로운 심사평도 큰 도움이 되었다. 헐버트 평전으로 김동진(2010)·김권정(2015)·김동진(2019) 등이 나와 있다.

소리 표기하는 완벽한 문자〉한글 우수성 알린 헐버트 박사"라는 제목으로 동아일보(2018.10.15, 조종엽 기자)에 처음 공개됐다. 이 논문에 수록한 원본 사진은 헐버트 박사 71주기 추모 특집 자료집(2020: 19)에 따른다. 김동진(2019: 75~78)에서는 이 글의 의미가 평가되었다.[2]

김동진 옮김(2016)에서는 원문에 대한 정확한 서지정보가 밝혀지지 않아 "게재 신문 및 발행 일자 미상"으로 소개되었는데, 동아일보(2018)와 김동진(2019)에서 정확한 서지정보를 "Hulbert, H. B.(1889), THE KOREAN LANGUAGE. New York Tribune"으로 밝혔다. 게재지의 구체적인 쪽수는 밝혀지지 않았다. 헐버트(Hulbert, 1889)의 번역은 헐버트, 김동진 옮김(2016)을 역주와 더불어 좀 더 다듬은 김동진 옮김(2020: 17~18)에 따른다.

김동진(2019: 75)에서는 헐버트(1889)[3]에 대해 "헐버트는 외국인이지만 조선의 말과 글을 과학적으로 고찰한 최초의 근대적 언어학자이다."라고 평가했다. 황우선(2020: 45)에서는 "한글의 언어학적 우수성과 개념화된 가치가 국제 사회에 공식적으로 처음 공개"한 것으로 사회학적 관점에서 그 의미를 밝혔다.

그러나 황우선(2020: 46)에서 "최초의 한글 연구 결과"라고 본 것은 오해의 여지가 있다. 한글(훈민정음) 연구는 17~19세기에 최석정(1678)·신경준(1750)·정동유(1806)·유희(1824) 등 여러 학자들의 연구

---

2) 김동진 회장은 이 자료를 헐버트 박사의 손자 브루스 헐버트 씨로부터 2009년 스크랩된 형태로 넘겨받았다고 한다. 그러나 기고 시점을 정확히 알 수 없었는데 헐버트가 1889년 6월 9일 어머니에게 보낸 편지에서 'The Korean Language'라는 글을 써서 신문사에 보낸다는 구절을 확인하고 기고 연도를 특정할 수 있었다고 한다.
조종엽(2018), www.donga.com/news/Culture

3) 원문 인용할 때만 '헐버트(Hulbert, 1889)'라 하고 본문 설명에서는 '헐버트(1889)'로 칭하기로 한다.

가 남아 있다. 다만 그들은 훈민정음 자체에 대한 연구보다는 한자음 관련 연구이고 연구 결과를 한글문이 아닌 한문으로 기술했다. 물론 헐버트(1889)도 영문 표기이기는 하나 이는 영문 신문에 투고한 것이 므로, 연구 결과를 한글이 가능함에도 한문으로 번역 기술한 최석정·신경준·정동유·유희 등과는 그 맥이 다르다.

이 글에서는 헐버트(1889)를 문자학, 언어학적 관점에서 조명하기로 한다. 헐버트(1889)는 200자 원고지 기준 36장, 김동진(2019) 번역문 기준 32장의 소논문 분량의 글이지만, 그 비중은 세계 언어학사, 문자학사를 다시 써야 할 만한 가치가 있는 글임을 밝히고자 한다.[4]

헐버트(1889)는 그가 만 23살 때인 1886년에 한국에 와서 3년 동안 한국어를 배운 뒤 26살 때 직접 투고한 글로 오늘날 학술 논문 형식의 글이 아닌 에세이 형식의 글이지만, 소논문으로 자리매김할 만한 논증은 충분히 이루어진 글이다('붙임' 전문 내용 참조). 더욱이 이때는 한글(훈민정음)이 반포(1446)된 지 무려 443년이 지난 해였지만, 이런 식의 체계적인 한글·한국어 평가는 처음으로 그것도 외국인이 쓴 글이라는 점을 감안하여 맥락적으로 평가해야 한다.

헐버트는 「The Korean Language」(1889) 외에도 한국 말글과 관련하여 언어학사와 한국어학사에 의미 있는 많은 글들을 남겼다. 헐버트의 대표적인 글을 번역 소개한 헐버트, 김동진 옮김(2016)에 따르면 헐버트는 「The Korean Language」(1889) 외 「Korean Alphabet」(1892) 등 19편의 글을 남겼다. 또한 『사민필지』(1891), 『한국어와 드라비다어의 비교 연구(A Comparative Grammar of The Korean and The Dravidian

---

4) 이를테면 한글의 과학성과 우수성에 대한 대표적 논저인 Sampson, G.(1985)의 "Writing Systems: A Linguistic Introduction. Stanford University Press."에서 헐버트(1889)를 언급하고 있지 않으므로 개정판을 낸다면 헐버트 관련 내용을 추가 기술하여 수정해야 한다.

Language)』(1905)라는 두 권의 단행본도 남겼다.5) 그 밖에도 그는『한 국사(The History of Korea)』(1905)와『한국의 종말(The Passing of Korea)』 (1906)이라는 역사서에서 한국 말글과 관련한 많은 기록을 남겼다.

이러한 대부분의 글은 1889년부터 1906년 사이에 쓴 글로서 한국어 학사에서 매우 중요한 글들이다. 헐버트의「The Korean Language」 (1889)는 그런 저술의 출발이 되는 글이라 더욱 의미가 있다.6)

외국학자의 훈민정음 연구에 대한 논저로는 문화체육부(1993), 송 민(1995), 이기문(1996), 김민수 외(1997), 고영근(1989/ 1998), 이기문 (2000), 김정대(2004) 등이 있다. 이들 논저들은 헐버트(1889)가 발견되 기 전이므로 이 문헌을 아예 언급하지 않았다. 최현배(1942)·김석득 (2009) 등과 같은 한글 역사, 우리말 연구사, 국어학사에서 언급된 적 이 전혀 없다.7)

서양 쪽 한글 연구사에 관한 연구로 송민(1995)에서는 호프(Hope, 1957)부터 살피고 있고, 이기문(1996)에서는 라이샤워(E. O. Reischauer) 와 페어뱅크(J. K. Fairbank, 1960)부터 다루었으나, 이기문(2000)에서 이 를 수정 보완하여 17세기부터 외국인의 한글·한국말 연구를 가장 체 계적으로 밝혔으나 헐버트(1889)는 다루지 않았다.

김민수 외(1997)에서는 외국인의 연구를 모두 4기로 나누고 1기(여

---

5) Hulbert, H. B.(1906), *A Comparative Grammar of the Korean Language and the Dravidian Languages of India*; 김정우 옮김(1998),『한국어와 드라비다어의 비교 연구』, 경남대학교 출판부.

6) 헐버트는 한국 말글 연구뿐만 아니라 한민족의 역사·문화·문학·예술 등을 종합적으로 연구하여 글로 발표한 한국학의 개척자이다. 뿐만 아니라 그는 일본의 침략주의에 항거하 며 50년 동안 한국 독립운동에 헌신함으로써, 김동진(2019)에서의 평가처럼 '한국인보다 한국을 더 사랑한 사람'이다.

7) 학술 논문은 아니지만, 외국인의 한글 연구에 대해 다룬 글로는 정희준(1938)·이현복 (1986)·이광호(1996)·박양춘(1998)·김슬옹(2013ㄱ) 등이 있다.

명기: 19세기 전반부터 1910년까지)에서 아벨 레뮈자(Abel-Rémusat, J. P., 1820)의 연구를 최초로 보고, 헐버트(1892, 1896)를 다루었다. 김정대(2004)에서는 이기문(2000)을 참고로, 외국인 한글 연구를 3기로 잡고 로시(Rossy, 1864; 1866)를 최초 연구로 다루고 헐버트는 헐버트(Hulbert, 1902)만을 언급했다.

이상의 연구 결과를 종합해 보면, 서구 학계에서 한글에 대해 언급한 것은 아벨 레뮈자(1820)에서였지만, 헐버트(1889)와 같은 체계적인 평가가 이루어진 것은 아니다.[8]

2. '한글'에 대한 헐버트(1889) 평가와 의미

헐버트의 한글 평가는 다음 네 문장에 압축되어 있다.

(1) Korea has a true alphabet, each articulate sound being expressed by means of its own letter. (조선에는 모든 소리를 자신들이 창제한 고유 글자로 표기할 수 있는 진정한 문자가 존재한다.[9])

(2) …the Korean is, to say the least, fully equal to that language in the qualities which go to make up a perfect alphabet. (…한글은 완벽한 문자가 갖춰야 하는 충분한 조건을 갖추고 있다.) (헐버트, 1889)

(3) Every advantage of the phonetic system is here conserved. (표음문자 체계의 모든 장점이 여기 한글에 녹아 있다.) (헐버트, 1889)

---

8) 헐버트(1889) 이전의 외국인의 한글 연구는 Hulbert(1902), 김민수 외(1997), 이기문(2000: 114~116), 김정대(2004) 등에서 다루었다.

9) 번역은 헐버트, 김동진 옮김(2016: 219~227)에 따른다.

(4) The Korean alphabet has not its equal for simplicity in the construction of its letters. (글자 구조상 한글에 필적할만한 단순성을 가진 문자는 세상 어디에도 없다.) (헐버트, 1889)

이러한 평가는 단순한 평가와 찬사가 아니라 인류의 문자사와 표음문자의 언어학적 분석을 통해 내린 주장들이다. 네 가지 항목으로 나눠 자세히 살펴보기로 한다.

2.1. 표음문자(음소문자)로서의 효율성

헐버트는 비교 문자학적 상대평가와 문자과학적 절대 평가를 통해 한글을 평가하고 있다. 비교 문자학을 위해 일본 문자, 중국 한자, 로마자 알파벳, 산스크리트 문자와 비교하고 있다.

이때만 하더라도 조선 안에서 산스크리트 문자 기원설 또는 모방설이 성현[1439(세종 21)~1504(연산군 10)]의 『용재총화(慵齋叢話)』(1504), 이수광(1563~1628)의 『지봉유설(芝峯類說)』(1614) 등의 주장을 근거로 내려오고 있었다. 이를 의식해서인지는 모르지만, 헐버트는 "조선 문자인 한글을 산스크리트 문자와 비교하기도 하지만, 세밀히 연구해보면 한글은 완벽한 문자가 갖춰야 하는 조건을 충분히 갖추고 있다(The Korean alphabet has been compared with the Sanskrit, but it will appear, upon examination, that the Korean is, to say the least, fully equal to that language in the qualities which go to make up a perfect alphabet.)"(헐버트, 1889)라고 하여 "완벽한 문자(perfect alphabet)"라는 표현으로 산스크리트 문자와 질적(the qualities) 수준이 다르다는 것으로서 모방설을 반박하고 있다.

다음과 같이 완벽한 문자가 갖춰야 할 보편적 특성이 한글에 있다고 본 것이다.

(5) A good alphabet must be simple and, at the same time, must be able to express different shades of sound with accuracy and without confusion. (훌륭한 문자는 간단해야 하고 소리의 미묘한 차이를 정확하게 혼란 없이 표현할 수 있어야 한다.) (헐버트, 1889)

곧 완벽한 문자가 되려면, 모든 소리를 모호함 없이 표현할 수 있을 정도의 충분한 글자 수가 있어야 하고, 그렇다고 글자 수가 많아서는 안 되고 최소의 글자 수로 최대의 표현력을 발휘해야 한다는 것이다. 산스크리트 문자도 음소문자이지만, 이러한 기존의 음소문자와는 달리 한글은 음소문자의 보편적 조건이나 기능에서 완벽하다는 것이다.

1889년은 『훈민정음』 해례본이 세상에 드러나기 전이었다. 다만 해례본에서 세종이 직접 저술한 정음편과 맨 뒷부분의 '정인지서'는 실록과 언해본을 통해 유통되던 때였다. 물론 헐버트가 1889년 무렵 그러한 글을 실제 읽었는지, 보았다면 어떻게 보고 참고했는지는 알 수 없지만, 훈민정음에 대한 세종과 집현전 학사들이 강조한 뛰어난 문자 기능을 정확하게 소개하고 있다.

(6) 凡于文字及本國俚語, 皆可得而書, 字雖簡要, 轉換無窮, 是謂'訓民正音'. (무릇 한자에 관한 것과 우리말에 관한 것을 모두 쓸 수 있고, 글자는 비록 간결하지만 요점을 잘 드러내고, 바꿔쓸 수 있는 것이 끝이 없으니 이것을 훈민정음이라고 일렀다.) (『세종실록』, 1443(세종 25)년 12월 30일)

(7) 故愚民有所欲言, 而終不得伸其情者多矣. 予爲此憫然, 新制二十八字, 欲使

人人易習便於日用耳. (이런 까닭으로 글모르는 백성이 말하려고 하는 바가 있어도 끝내 제 뜻을 실어 펼 수 없는 사람이 많다. 내가 이것을 가엾게 여겨 새로 스물여덟 글자를 만들어서, 모든 사람들이 쉽게 익혀서 날마다 편안하게 쓸 수 있게 할 따름이다.) (『세종실록』, 1446(세종 28)년 9월 29일)

(8) 以二十八字而轉換無窮, 簡而要, 精而通. (스물여덟 자로 바뀜이 끝이 없어, 간결하면서도 요점을 잘 드러내고, 정밀한 뜻을 담으면서도 두루 통할 수 있다.) (『세종실록』 세종 28(1446)년 9월 29일;『훈민정음』, 정음해례28ㄱ: 1~2_정인지서)

(9) the minimum of characters and the maximum of expressing power. (최소의 글자 수로 최대의 표현력을 발휘해야 한다.) (Hulbert, 1889)

(6)은 훈민정음 최초 기록인 세종실록 기록이며, (7)과 (8)은『세종실록』과『훈민정음』해례본 기록으로 훈민정음의 생성 표현의 역동성을 일관되게 보여주고 있다. (9)의 헐버트 표현은 해례본의 관련 내용을 보고 기술한 것처럼 같은 맥락을 담고 있다.

2.2. 글자 구조 특성의 우수성

헐버트의 한글 평가에서 빼놓을 수 없는 것이 한글의 기하학적인 디자인의 간결성과 효율성이다. 바로 다른 문자와 비교를 할 수 없게 만드는 세종의 탁월한 창의적이면서도 효율적인 문자 도형을 헐버트는 강조하고 있다.

(10) The Korean alphabet has not its equal for simplicity in the construction

of its letters. The vowels are, with one exception, made either by a short horizontal line, or a perpendicular one, or a union of the two. Thus ㅏ represents the broad sound of a, ㅗ the broad sound of o, ㅣ the continental sound of i, ㅜ the sound of u. These can all be instantaneously distinguished and all the endless difficulty in regard to illegible writing avoided. (글자 구조상 한글에 필적할 만한 단순성을 가진 문자는 세상 어디에도 없다. 모음은 하나만 빼고 모두 짧은 가로선과 세로선 또는 둘의 결합으로 만들어진다. 'ㅏ'는 'a'의 긴 발음, 'ㅗ'는 'o'의 긴 발음, 'ㅣ'는 'i'의 대륙식 발음, 'ㅜ'는 'u' 발음과 같다. 이렇게 글자를 모두 쉽게 구별할 수 있기에 읽기 어려운 글자 때문에 발생하는 끝없는 골칫거리가 한글에는 없다.) (Hulbert, 1889)

(11) M is shaped like a small square, k like the upper right hand angle of a square, n like the lower left hand angle. The consonants are almost as simple. ('m(ㅁ)'은 작은 정사각형, 'k(ㄱ)'는 정사각형의 오른편 위쪽 에서 각을 이루고, 'n(ㄴ)'은 왼편 아래쪽에서 각을 이룬다. 자음도 거의 비슷하게 단순하다.) (Hulbert, 1889)

(10)에서는 모음자가 아래아(·)만 빼고 수평선(horizontal line)과 수 직선만으로 이루어진 효율성을 지적하고 이렇게 꼴의 단순함이 주는 효율성은 낱글자 구별의 효율성으로 이어지므로 이를 "이렇게 글자를 모두 쉽게 구별할 수 있기에 읽기 어려운 글자 때문에 발생하는 끝없 는 골칫거리가 한글에는 없다(These can all be instantaneously distinguished and all the end difficulty in regard to illegible writing avoided)"(Hulbert, 1889) 라고 분석했다. 김동진(2019: 77)은 이 부분에서 한글 모음자(ㅏ, ㅗ, ㅣ, ㅜ)를 직접 보여준 것은 "국제사회에서 최초로 한글 자모를 소개한

것"으로 높이 평가하였다.

(11)의 자음자 설명에서도 결국은 기하학적 단순성이 적용됨을 밝히고 있다. 다만 이때는 『훈민정음』 해례본 발견(1940) 전이었고 헐버트는 해례본에만 나오는 발음기관 상형설을 모르고 있었을 것이므로 'ㄱ ㄴ'을 'ㅁ'을 대칭으로 갈라낸 도형 구조로 설명하고 있다. 분명한 것은 자음자와 모음자 도형의 간결함, 자음자와 모음자가 도형 차이에 따른 구별 효율성, 거기다가 자음자와 모음자를 결합했을 때의 생성 결과의 놀라움을 "이 글자들을 결합하여 단어를 만들면 훨씬 더 흥미로운 사실이 나타난다(But far more interesting facts come to light, as we examine into the union of letters into words)"라고 표현하고 있다.

문자는 발음 표기를 위해 존재하므로 '일자일음주의'는 인류 문자의 꿈인데 그런 꿈이 15세기부터 조선에는 이미 이루어져 내려오고 있으므로 헐버트는 다음과 같이 평가하고 있다.

(12) In Korean the spelling is entirely phonetic. What so long has been desired in our own land, and what has received the earnest attention of learned men without success, has been in use here for centuries. Each letter has one unvarying sound. (조선어 철자법은 철저히 발음 중심이다. 영국이나 미국에서 그토록 오랫동안 갈망하고 식자들이 심혈을 기울였으나 그다지 성공을 거두지 못한 과제가 이곳 조선에서는 수백 년 동안 현실로 존재했다. 즉, 글자 하나당 발음이 딱 하나씩이다.) (헐버트, 1889)

단순한 평가가 아니라 투고 매체가 미국 신문임을 의식해서인지 영어 알파벳의 비효율성과 꼼꼼하게 비교하는 데 많은 지면을 할애하고 있다.

외국인들이나 국내 학자들은 헐버트의 이런 치밀한 평가를 모른 채 무려 70여 년이나 지난 뒤에 주목했다는 것은 아쉬운 일이다. 특히 19세기 외국인 학자들의 한글 연구나 언급을 체계적으로 정리하였으나 여기서도 헐버트(1889)는 빠져 있다. 이런 맥락을 보여주면서 아주 많이 인용되고 있는 이기문(1996)을 길게 인용해 보면 다음과 같다.

(13) 한글의 우수성과 독창성이 국제 학계, 특히 歐美 학계에서 인정받기 시작한 것은 지난 '69년대에 들어서의 일이다. 여기서 우선 큰 몫을 한 것이 미국 하바드 대학의 교과서로 출판된 라이샤워(E. O. Reischauer)와 페어뱅크(J. K. Fairbank)의 共著(1960)였다. 이 책의 한국에 관한 부분(제10 장)에서 라이샤워는 15세기 한국의 문화에 대해 논하면서 "한글은 아마도 오늘날 사용되고 있는 모든 문자 중에서 가장 과학적인 체계일 거(Han'gul is perhaps the most scientific system of writing in general use in any country)" 라고 하였다.

이보다 4년 뒤(1964)에 네덜란드 라이덴 대학의 포스(Frits Vos)가 향가, 이두, 한글을 포함한 우리나라 문자의 역사와 언어를 다룬 3편의 논문을 발표하였다. 이 논문들은 미국 중부의 11개 대학이 참여한 위원회(Committee on Institutional Cooperation, CIC)가 1963년 여름에 연 세미나에서 발표된 중국, 일본, 한국의 언어와 문자에 관한 논문들을 모은 책(J. K. Yamagiwa 편, 1964) 속에 포함되어 있는데, 그중 '한국 문자: 이두와 한글'(Korean Writing: Idu and Han'gul)에서 "한국인들은 세계에서 가장 좋은 알파벳을 발명하였다(They invented the world's best alphabet!)."(31쪽)라고 했던 것이다. 이것은 그 당시의 구미 학계의 분위기에서는 매우 대담한 발언이었다. 라이샤워의 글에 나오는 '아마도(perhaps)'가 없어진 대신 감탄 부호가 있음이 우리의 눈길을 끈다.

__이기문(1996: 6~7)

인용문에서 언급한 외국 논저뿐만 아니라 일반적인 논저에서도 헐버트(1889)는 언급되지 않았다. 이기문(2000)에서는 결국 이런 맥락을 수정하여 19세기 외국인 학자들의 한글 연구나 언급을 체계적으로 정리하였으나 여기서도 헐버트(1889)는 빠져 있다.

이기문(2000)에서는 헐버트(1889) 이전의 한글에 대한 언급이나 연구를 치밀하게 밝히고 있다. 한글 우수성이나 실용성에 대한 최초 언급은 하멜(Harmel, ?~1692) 표류기(1668)10)에서이고, 이 밖에 여러 학자들의 한글 소개나 평가를 기술했지만, 한글과 한국말만을 대상으로 한 체계적인 연구나 기술은 아니었다.

이제 헐버트(1889)가 발견되고 후속 연구가 어느 정도 이루어졌으니 서양과 한국 등 전 세계 문자사, 문자학사 기술은 다시 수정되고 보완되어야 한다. 쿨마스(Coulmas, F., 2003), 겔브(Gelb, I. J., 1952; 1963), 레드야드(Ledyard, G., 1966; 1998), 맥콜리(McCawley, J. D., 1966), 샘슨(Sampson, G., 1985), 보스(Vos, F., 1964) 등의 문자사나 문자학사 또는 한글 관련 주요 논저에서 헐버트의 한글 관련 논저를 다룬 적이 없기 때문이다.

---

10) 네덜란드인 하멜은 1668(현종9)년, 『하멜 표류기(난선제주도난파기)』의 「문자와 인쇄: 조선국에 관한 기술」(헨드릭 하멜, 김태진 옮김(2003), 『하멜표류기』, 136~137쪽)이라는 제목으로 '훈민정음'·'언문' 등의 용어는 사용하지 않았지만 "일반 백성들이 사용하는 문자로 배우기가 매우 쉽고, 어떤 사물이든지 쓸 수 있다. 전에 결코 들어보지 못한 것도 표기할 수 있는, 더 쉽고 더 나은 문자 표기 방법이다. 그들은 이 글씨들을 붓으로 매우 능숙하게 빨리 쓴다."라고 하여 그 당시 언문(한글)이 배우기가 매우 쉽고 어떤 사물이든지 쓸 수 있다고 그 우수성을 진술한 바 있다.

3. '한국말'에 대한 헐버트(1889) 평가와 의미

헐버트의 한글과 한국말 업적을 발굴하고 소개한 김동진(2019: 167)에서는 헐버트를 "최초의 한국어 학자"라고 평가하고 있다. 헐버트의 한국 말과 글에 대한 폭넓은 연구 성과를 보면 쉽게 판단이 되지만, 헐버트(1889) 논문만 보더라도 그런 평가는 가능하다.

'syntax(구문론, 통사론)'란 전문 용어를 써 가면서 헐버트는 한국말의 주요 특징을 기술하고 있다. 헐버트는 먼저 영어 어순과 다른 한국말 어순 특징을 다음과 같이 소개하고 있다. 객관적 비교와 더불어 한국말 문장 표현의 효율성에 대한 가치 평가까지 내리고 있다.

(14) This sounds uncouth enough, and does not seem to be more concise than the English, but whereas the Englishman uses twenty words to express that thought, the Korean uses only thirteen. (상당히 어색하게 들리고 영어보다 간결하게 보이지도 않지만, 이 생각을 표현하는 데 영국인들은 스무 단어를 써야 하지만 조선인들은 열세 단어만 쓰면 된다.) (헐버트, 1889)

이는 단순히 문장 길이에 대한 평가가 아니다. 이러한 문장 구조에 대한 언급은 다음 (15), (16)에서 보듯 1990년대 이후에나 발달한 격이론(case theory)을 100년 앞서 적용하여 한국말에서 격에 해당되는 조사의 발달과 그에 대한 한국말 표현의 특징과 장점을 "조선어의 구조적 아름다움과 단순성(Let me use the above sentence as a fair sample to show the structural beauty and simplicity of the Korean language)"(Hulbert, 1889)이라는 가치 평가를 과감하게 내리고 있다.

한국말의 조사 체계는 인류 언어의 차원 높은 발달을 보여준다. 곧 격조사는 문장 성분이 문장에서 갖는 자격을 보여주는 것으로 주어의 자격을 보여주는 '주격조사' 등과 같이 격조사가 문장 성분의 짜임새에 맞추어 체계화되어 있다. 물론 문화 상대주의 관점에서는 어떤 언어든, 문자든 우열 비교는 불가능하며 할 필요도 없다. 다만 여기서는 보편 언어학적 관점에서 기능성 위주로 평가하는 것이다. 한국말에서 가장 발달되어 있는 조사와 어미는 문장 단위의 낱말과 문장 성분의 짜임새를 매우 치밀하고 정밀하게 이어주고 표현해주는 구실을 한다.

(15) In English we have case endings and prepositions, but in Korean all case distinctions and distinctions of number and the relation of nouns to verbs are expressed by post positions. There is one invariable ending for nouns in the nominative case, and for the genitive, dative, accusative, vocative, ablative, instrumental and many ⋯ The accusative of specification has its own invariable ending. (영어에는 격 어미(case ending)와 전치사가 있지만, 조선어는 격의 구분, 숫자의 구분, 명사와 동사의 관계 등을 후치사로 표현한다. 주격 명사를 만드는 데는 한 종류의 불변 어미만 필요하며, 또한 속격(屬格)·여격(與格)·대격(對格)·호격(呼格)·탈격(奪格)·조격(造格) 등은⋯ 대격은 자체적으로 불변 어미를 지니는 특성이 있다.) (Hulbert, 1889)

(16) But look at the Korean verb briefly. It is by far the most important part of Korean grammar. There are no distinctions of number or person. In fact, since every verb must have a subject, what is the utility in repeating the signs of number and person in the body of the verb itself.

(조선어 동사를 잠깐 살펴보자. 이는 조선어 문법에서 가장 중요한 부분이다. 조선어는 수(단수, 복수) 또는 인칭의 구분이 없다. 생각해 보면 모든 동사에 주어가 있는데도 불구하고, 동사 자체에 숫자와 인칭의 구별 부호를 반복적으로 사용할 이유는 무엇인가.) (Hulbert, 1889)

헐버트는 외국인들이 어려워하는 한국말의 조사 변화에 대해 오히려 영어가 라틴어보다 앞서 있는 만큼, 한국어가 영어보다 앞서 있다고[11] 하면서 다음과 같이 영어, 독일어, 프랑스, 라틴어, 히브리어와 비교하여 평가를 내리고 있다.

(17) After once learning the endings, any one could immediately write the paradigm for any verb from the stem alone. To show the tremendous saving effected right here, I have only to call your attention to the long list of irregular verbs in our own tongue. Any one who has wrestled with the irregular verbs in French and German, and especially in Hebrew, will bless a language that does not contain a single one. (어미를 한번 배우고 나면 누구든지 곧바로 모든 동사의 어형 변화표를 어간만 가지고 만들어낼 수 있다. 바로 여기에서 나타나는 조선어의 엄청난 장점을 이해하기 위해 필자는 영미인들에게 영어에 불규칙 동사가 얼마나 많은지를 떠올려보라고 말하고 싶다. 프랑스어와 독일어, 특히 히브리어의 불규칙 동사들과 씨름해본 사람이라면 누구나 불규칙

---

11) "In this respect the Korean is as far in advance of the English as the English is in advance of the Latin"(헐버트, 1889).

동사가 전무한 언어를 찬양하지 않을 수 없을 것이다.)

＿헐버트(1889); 김동진 옮김(2016: 18)

　헐버트는 21세기에 와서야 발달하는 통합언어학적 관점으로 한국말을 분석하고 있다. 곧 일반언어학뿐 아니라 사회언어학, 화용론까지 동원하여 한국어를 분석하고 있다.12)

(18) Indirect discourse, in Korea, avoids all those snares and pitfalls which are found in the Latin, German, French and English. It is really not indirect discourse proper, as will be seen from this example. Instead of saying, "He said that he would go, if it did not rain", the Korean would say, "He if it does not rain will go made." In other words, "He made the statement, 'If it does not rain I will go.'" It is a very peculiar construction, but it is far simpler than our own and, so far as I have been able to discover, is applicable to every form of indirect discourse. (조선어 간접화법에는 라틴어, 독일어, 프랑스어, 영어에서 접할 수 있는 덫이나 함정이 없다. 사실 다음의 예에서 볼 수 있듯이 조선어 간접화법은 엄밀히 말해서 간접화법이 아니다. 조선인들은, 'He said that he would go if it did not rain(그는 말했다 그는 갈 것이라고 만약 오지 않는다면 비가)'이라고 하지 않고, 'He if it does not rain will go made(그는 만약 비가 오지 않는다면 갈 것이라고 했다)'라고 말한다. 바꾸어 말하면, "He made the statement, 'If it does not rain I will go'(그는 말을 했다, '만약 비가 오지 않는다면 나는 갈 것이다')"가

---

12) 통합언어학(담론학)에 대해서는 김슬옹(2009) 참조.

된다. 이는 매우 특이한 구조이지만 영어보다 훨씬 간단하고, 필자가 지금까지 연구한 바로는 모든 형태의 간접화법에 적용할 수 있다.) (Hulbert, 1889)

이와 같은 분석을 보면, 헐버트는 화용론과 문체론, 통사론을 결합하여 매우 정밀하게 한국어의 간접화법을 분석하고 평가하고 있음을 알 수 있다.

헐버트는 한발 더 나아가 외국인들이 어려워하는 한국어의 높임법에 대해서도 문화적인 관점보다는 언어학적 관점으로, 한국어의 높임법이 매우 규칙적으로 이루어지고 있으므로 교육적으로 보면 큰 문제가 아니라고 언급하고 있다.

(19) Almost every honorific in Korean is formed by adding to the stem the syllable "si", or the two syllables "opsi", and then making the necessary euphonic changes. If one takes up the language in a superficial way the honorifics will be something of a stumbling block, but a few hours of patient work at the foundation of the honorific system will make it comparatively easy. (조선어 높임말은 대부분 동사 어간에 한 음절인 '시' 또는 두 음절인 '옵시'만 추가하고, 필요에 따라 음조를 부드럽게 해주면 끝이다. 조선어를 수박 겉핥기식으로 공부하면 존댓말이 큰 장벽처럼 느껴지겠지만, 높임말 체계의 기초에 관해 몇 시간만 끈기 있게 공부하면 비교적 쉽다고 느낄 것이다.) (헐버트, 1889)

이와 같은 평가를 종합해 보면 헐버트는 한국어를 문법적 분석과 응용언어학적 분석 등을 통합적으로 적용해 나름대로의 평가를 내리고 있는 셈이다.

혼히 근대언어학의 효시를 1916년 출판된 소쉬르(Saussure Ferdinand de)의 『일반언어학 강의(Course in General Linguistics)』로 보고 있다. 언어의 과학적 연구 방법론을 정립했기 때문이다. 헐버트(1889)의 「The Korean Language」가 그런 연구 방법론을 가시적으로 보여주는 것은 아니지만, 근대 언어과학적 관점과 방법론으로 한글과 한국어를 과학적으로 분석하고 평가한 것만은 분명하다.

소쉬르(1916)가 소쉬르 사후 출판이기는 하나, 이때를 기준으로 삼는다면 헐버트(1889)는 무려 27년 전의 업적이다. 이는 한글과 한국어 연구사뿐 아니라 세계 문자사 연구나 언어학사 연구에서도 헐버트(1889)를 중요하게 다뤄야 함을 의미한다.

4. 헐버트(1889)의 한국어사와 연구사적 의미

헐버트(1889)는 한글과 한국어를 동시에 언급하고 있어 한글 연구사와 한국어 연구사 모두와 연관된다. 헐버트(1889)는 한글과 한국어의 특징과 가치를 비교 언어학적, 통합언어학적 관점에서 세계에 최초로 알린 글이다. 헐버트는 외국인으로서 한국어를 직접 배워, 한국에 온 지 3년 만인 1889년에 한글의 과학성과 우수성, 한국어만의 정체성과 가치를 통합적으로 알려서 더 큰 의미가 있다.

헐버트의 한글 평가는 한글 창제자인 세종의 훈민정음 관점과 취지를 그대로 이어받고 있다. 헐버트는 언어학과 문자학을 바탕으로 한글의 기하학적인 과학성과 효율성에 주목하여 한글이 음소문자로서 완벽한 문자라고 평가했다. 헐버트의 한국어 평가는 21세기에나 발달하는 통합언어학 방법론을 무려 100년 앞서 적용한 것으로, 곧 일반언어학·화용론·사회언어학·한국어교육학 등의 융합 적용을 통해 한국어의 정체성과 특성을 높이 평가했다. 따라서 헐버트는 김동진(2019)의 평가대로 세종 이후 한글과 한국어를 직접 사용하고 연구한 최초 한글학자이자 한국어학자이다.

헐버트(1889)는 최초의 한글 전용 교과서인 『사민필지』(1891)의 가치론적 근거가 되었다.13) 곧 『ᄉᆞ민필지』(1891)는 헐버트가 한글의 실용성과 우수성에 대한 확고한 학문적 신념을 바탕으로 저술한 것임을 알 수 있다. 『사민필지』는 교과서로서뿐만 아니라 대중 교양서로도 인기를 끌었으므로 이런 교과서에 끼친 소논문의 의미가 얼마나 큰 것인지를 미루어 짐작할 수 있다.14)

헐버트(1889)는 한국어만의 조사와 어미 특성을 외국인으로서 긍정적으로 평가한 최초 문헌이기도 하다. 이런 맥락으로 볼 때 한글 또는 한국어에 대한 외국인 연구에 대한 논저인 김민수 외(1997), 이기문(2000), 김정대(2004) 등에서 헐버트(1889)는 언급되지 않았으므로 모두 수정할 필요가 있다.

한글에 대한 객관적 평가와 가치론적 평가, 그리고 한글 사용 실천까지 융합적으로 본다면, 한글 창제, 보급자인 세종 이후 헐버트(1889)가 처음이고, 그런 측면에서 세종이 한글의 시조라면 헐버트는 세종의 한글 반포 정신과 한글 가치를 온전히 이어가고 생활 속에 실천한 〈한글 중흥의 선구자〉이다.

---

13) 『사민필지』(1891)의 최초 한글 전용 교과서로서의 의미에 대해서는 이대로(2010), 김슬옹(2013ㄴ)에서 언급한 바 있다.

14) "헐버트는 육영공원의 학생뿐만 아니라 일반인에게도 한글본 『사민필지』를 널리 보급하기 위해 약 2천 부에 달하는 수량으로 초판본을 간행하였다. 초판본은 육영공원의 교과서로도 사용되었고, 일반 대중에게 세계 지리 교양서로 널리 애독되었다."(안솔잎, 2020: 372)

5. 외국인 헐버트가 한글 중시조가 된 역사적 맥락 새기기

이 장에서는 헐버트(Hulbert)가 1889년에 미국 『뉴욕트리뷴(New York Tribune)』에 실은 「The Korean Language」라는 글이 한국어학사에서 차지하는 의미와 가치를 밝혔다.

헐버트(1889) 이전 외국인들의 한글 관련 연구나 언급이 꽤 있었으나(이기문, 2000), 한국어를 직접 배우고 경험한 뒤 해외에 소개한 글은 헐버트(1889)가 처음이라 더욱 가치가 있다. 또한 한글과 한국어에 대한 통합적 평가라 더욱 의미가 있다. 다만 헐버트의 기고가 그 당시 미국의 언어학자나 전문가들에게 어떤 영향을 끼쳤는지는 밝혀진 바가 없다. 이 점은 좀 더 실증적인 연구가 필요한 부분이기도 하다.

김동진(2010, 2019)의 헐버트에 대한 소개 및 평가 이전에는 국어사나 한국어학사에서 헐버트(1889)의 언어학적 업적은 거의 언급이 되지 않았다. 외국인 한글 연구를 다룬 이기문(2000)·김정대(2004) 등에서는 아예 언급이 안 되었을 정도다. 이는 이제부터라도 한글 역사와 연구사, 국어 역사와 국어 연구사 등에서 헐버트(1889)를 중요하게 다루고 반드시 내용 기술에 반영되어야 함을 의미한다.

THE KOREAN LANGUAGE[15]

BY PROF. H. W. HULBERT, SEOUL, KOREA.[16]

[1] Korea has a true alphabet, each articulate sound being expressed by means of its own letter. It differs widely from the Japanese, which has not an alphabet, but a syllabary, each character representing a combination of consonant and vowel sounds. I need hardly say that it differs as widely from the Chinese as our own alphabet does. For in the Chinese the characters bear no relation to the sounds of the words. We find, then, placed between the two great Asiatic powers, a written language radically different from either, and bearing in its orthographical structure a strong resemblance to our own.

[2] The Korean alphabet has been compared with the Sanskrit, but it will appear, upon examination, that the Korean is, to say the least, fully equal to that language in the qualities which go to make up

---

15) 앞선 연구에서는 일부만 인용되거나 원문 사진으로만 소개되었으나 현대 활자로서의 전문을 여기에 처음으로 소개한다. 원문 판독문 검증의 효율성을 위해 들여쓰기 기준의 문단 변화에 대괄호 번호를 부여하였다. 헐버트 박사 71주기 추모 특집 자료집(2020: 19)의 원본 사진은 스크랩 자료이므로 글자 판독이 어려운 일부 문단이 신문 원문과 일치하지 않을 수 있으나 확인이 불가능하다. 그렇다고 그것이 김동진(2020: 17~18) 번역에서 확인할 수 있듯이 본문 내용의 논리 전개에 지장을 주지는 않는다.

16) 김동진(조종엽 기자, 2018 보도기사 인터뷰)의 해석에 따르면, 헐버트가 이 글을 한국에서 미국의 형 집으로 보냈는데, 신문사가 전달한 형 이름(H. W. HULBERT)으로 싣다 보니 H. B. HULBERT에서 B가 W로 바뀌었다고 한다.

▲ 헐버트(1889)가 실린 미국 『뉴욕트리뷴』

(헐버트 박사 71주기 추모 특집 자료집, (사)헐버트기념사업회, 19쪽.)

a perfect alphabet. A good alphabet must be simple and, at the same time, must be able to express different shades of sound with accuracy and without confusion. That is, there must be just enough characters to express all sounds without ambiguity: the minimum of characters and the maximum of expressing power. Consider, a moment, a problem in combinations and permutations:

[3] Take the twelve consonants, b, d, g, k, l[17], m, n, p, s, t, v, and z, and we find, by simply applying the formula, that with those letters we can form 4,905,332 words containing more than one and less than eight letters. Add four vowels, with which to join the consonants together, and you have an alphabet of sixteen distinct sounds with which millions of words can be formed. The most lavish waste which we can discover in any human institution is right here. Think of the lifetimes which have been wasted in the writing of superfluous consonants, and in the pronunciation of pollysyllable words,

[4] But we are dealing not with what might have been, but what is. The Korean alphabet has not its equal for simplicity in the construction of its letters. The vowels are, with one exception, made either by a short horizontal line, or a perpendicular one, or a union of the two. Thus ㅏ represents the broad sound of a, ㅗ the broad sound of o, ㅣ the continental sound of i, ㅜ the sound of u. These can all be instantaneously distinguished and all the endless difficulty in regard to illegible writing avoided. The consonants are almost as

---

17) 판독 주: l(L).

simple M is shaped like a small square, k like the upper right hand angle of a square, n like the lower left hand angle. T is like a square with the right perpendicular omitted. P is like a square with the two sides prolonged above. S is like an x with the upper left hand stroke omitted.

[5] These, to give no further examples, show the general style of the characters, and their adaptability to the uses for which they are intended. But far more interesting facts come to light, as we examine into the union of letters into words. In Korean the spelling is entirely phonetic. What so long has been desired in our own land, and what has received the earnest attention of learned men without success, has been in use here for centuries. Each letter has one unvarying sound. There are no silent letters whatever, although the omission of a consonant at the beginning of a syllable is denoted by a circle. It follows then that the____(일부 판독 불가)[18]

[6] Every advantage of the phonetic system is here conserved: a system which will never be applicable to the English language, so long as each of her five vowels has several distinct sounds, However lavish English may be of her consonants, she is most parsimonious with her vowels, making therm do double, triple and quadruple duty. The Korean has as many vowels as consonants, entailing more work upon the child in the act of memorizing them, but in the end saving him from an untold amount of work. I venture to say that a child could

---

18) 판독 주: 김동진 옮김(2020: 17)의 '주석 3'에서는 "한 줄이 보이지 않는다."라고 하였다.

learn the whole Korean alphabet, and get a fair start in the language, in fewer hours than he could learn the rules and the exceptions for the pronunciation and use of the single letter e in our own.

[7] But let us now look at some of the devices used to avoid superfluous consonants. In English the letter y, unless followed by a vowel, is always silent. There being no silent letters in the Korean language, the sound of y is always followed by a vowel, but instead of writing a letter each time to express that sound they simply add one more stroke to the vowel. For instance, the sound of a (long) is ㅏ[19] and of ya(long)is ㅑ, of o(long)is ㅗ, and of yo(long)is ㅛ, a remarkably simple device which, without complicating the language seriously, adds greatly to its conciseness. What dignity or value does the letter q add to our alphabet, always hanging upon the skirts of the already overworked u, a veritable parasite! To write the sound of the word "quick" otherwise than "kuik" would be as absurd to the Korean as it would for us to write the word "fun" "phugn."[20] In Korean, when a consonant is to be aspirated (and only three or four of them are) a short dash or a diacritic point over the letter indicates the change. In the matter of euphonic changes the Korean is markedly similar to the English. Two labials in conjunction often become the same, or two dentals, or gutterals.

---

19) 판독 주: 'ㅏ'의 독립 글꼴 구현이 어려웠던 듯하다. 원문은 'ㅣ'와 'ㅡ'의 결합식으로 구현해 놓았다. 'ㅑ, ㅗ, ㅛ'도 마찬가지다. 'ㅓ, ㅕ' 예가 없는 것은 발음 표기가 어려워 뺀 듯하다.

20) 판독 주: "phugn."의 온점은 마침표이므로 쌍따옴표 바깥에 놓여야 하나 원문에서는 쌍따옴표 안에 있다. 쉼표도 따옴표 안에 있는 것으로 보아 이 당시 관습인 듯하다.

[8] But I pass to the subject of syntax, where the difference between Korean and English is most marked. The general structure or the Korean sentence is much like the Latin, the verb at the end. All the modifiers of the subject come before the subject, and all the modifiers of the verb come before the verb. Temporal, conditional, causal, or concessive clauses modifying the predicate come before the subject. Allow me to give an English sentence, and then put it in the Korean order. Take the sentence, "If there is anything to be done, I think the servant who is at the gate, had better do it." The Korean would put it in this order, "Any to-be-done work is if, my opinion-in the gate-at being servant it do-if[21] will-be-good"

[9] This sounds uncouth enough, and does not seem to be more concise than the English, but whereas the Englishman uses twenty words to express that thought, the Korean uses only thirteen. Let me use the above sentence as a fair sample to show the structural beauty and simplicity of the Korean language. You will notice in the first place that the prepositions are (to use a paradox) all post positions. In English we have case endings and prepositions, but in Korean all case distinctions and distinctions of number and the relation of nouns to verbs are expressed by post positions. There is one invariable ending for nouns in the nominative case, and for the genitive, dative, accusative, vocative, ablative, instrumental and many ······[22] The

---

21) 판독 주: 김동진 옮김(2020: 18)의 '주석 7'에서는 if를 it의 오류로 보았으나 영어 문장을 한국어식으로 배열한 것이므로 원문은 if가 맞다.

22) 판독 주: 김동진 옮김(2020: 17)의 '주석 9'에서는 "한 줄 정도가 보이지 않는다."라고 하였다.

accusative of specification has its own invariable ending. More than this, in spite of some euphonic changes, we may say that there is but one declension for all nouns. This great number of post positions renders the language very unambiguous, To be sure, there are many to learn, but each one only means one thing and is easy as compared with English particles. Look at the different uses of the word "that", or of the word "to." I submit that it is a great deal easier to learn three separate words, than to learn three distinct uses of the same word, so as to be able always to distinguish them. Did you ever count the different meanings of the word "up" in conjunction with a verb? After counting twenty or more you will agree. I think, that there is something left to be desired in our language.

[10] But look at the Korean verb briefly. It is by far the most important part of Korean grammar. There are no distinctions of number or person. In fact, since every verb must have a subject, what is the utility in repeating the signs of number and person in the body of the verb itself. In this respect the Korean is as far in advance of the English as the English is in advance of the Latin. There is no such thing as an irregular verb in Korean. After once learning the endings, any one could immediately write the paradigm for any verb from the stem alone.

[11] To show the tremendous saving effected right here, I have only to call your attention to the long list of irregular verbs in our own tongue. Any one who has wrestled with the irregular verbs in French and German, and especially in Hebrew, will bless a language that does

not contain a single one. I have had occasion to go through the complete paradigm of the verb, but I can here give only a hint as to its form and structure. The word "chu" is the root of the verb meaning to give. It alone forms the root of the present tense. Add the syllable "ke" and we have "chuke" the root of the future tense. Add the syllable "au" and we have "chuau" the root of the past tense. The termination of all indicative forms is "ta", but between the stem and ending comes the syllable "nan"-so we have "chunanta", contracted to "chunta"=I give: "chukenanta", contracted to "chuketta"=I will give: "chuaunanta", contracted to "chuautta"=I give.

[12] When the stem ends in a consonant, of course the "nan" is kept entire in the present. The present participle is formed by simply adding "nan" to the present stem. The future participle, by adding the letter l[23] I to the present stem: the past, by adding n. The participles are used in a very unique and interesting way, in place if relative clauses. For instance, "Kal saram" means "the man who will go." "Ka" is the stem of the verb go and the simple addition of l[24] makes it equivalent to "who will go." It is like saying "the about to go man." In like manner "kan" means "who went." A Korean, instead of saying "Bring the large book which is in the house, in the study, on the floor behind the table." would say "The house in, study in, floor on, table behind being large book bring."

---

23) 판독 주: l(L).
24) 판독 주: l(L).

[13] Concessive, causal and conditional clauses are formed by simply adding to the verb the following endings respectively: "do", "nika" and "myun." The verbal nouns are formed by adding "ki", or "mi", or "chi", to the stem: thus "poki chota"="It is good to see." But each of the three endings gives a particular shade of meaning.

[14] Indirect discourse, in Korea, avoids all those snares and pitfalls which are found in the Latin, German, French and English. It is really not indirect discourse proper, as will be seen from this example. Instead of saying, "He said that he would go, if it did not rain", the Korean would say, "He if it does not rain will go made." In other words, "He made the statement, 'If it does not rain I will go.'" It is a very peculiar construction, but it is far simpler than our own and, so far as I have been able to discover, is applicable to every form of indirect discourse.

[15] A great deal has been said about the difficulty of understanding the honorific forms in the Japanese and Korean tongues, but it simply resolves itself to this. Almost every honorific in Korean is formed by adding to the stem the syllable "si", or the two syllables "opsi", and then making the necessary euphonic changes. If one takes up the language in a superficial way the honorifics will be something of a stumbling-block, but a few hours of patlent work at the foundation of the honorific system will make it comparatively easy.

15장 '한글학'의 세움과 나눔

'한글학'이라는 학문을 세우기 위해 먼 길을, 오랜 시간을 달려왔다. 그러나 그 길은 홀로 이룩한 길이 아니었다. 한글(훈민정음, 언문)을 창제하고 반포한 이가 터 잡아 놓은 튼튼한 바탕길이 있었고, 최석정·신경준·유희·헐버트·주시경 등 선구자들이 만든 길이 있었다. 가장 어두운 일제강점기에 나온 최현배의 『한글갈』은 든든한 이정표가 되었고, 한글에 대한 수많은 담론을 만들어 온 각종 저술들, 실제 한글을 사용해 온 이들의 소중한 역사는 튼실한 학문 탐구의 거름이 되었다.

한글학의 필요성과 구성 원리, 특성, 내용 등을 모두 14장으로 구성하였다.

1장부터 3장까지는 한글학의 기본이 되는 개념과 특성, 내용 구성 원리 등을 규명하였다. 1장에서는 '한글' 특성 자체에 한글학의 필요성이 내재되어 있고 이를 통해 한글학의 개념과 '한글학' 연구사를 규명하였다.

2장에서는 한글학의 역사적 배경과 특성을 규명하고 맥락 중심 분석론에 따라 한글학의 내용을 구성하였다.

3장에서는 한글학의 가장 기본인 한글 명칭과 한글 관련 용어들의 정확한 개념과 유래, 구별 등을 논하였다.

한글학의 구성에서 한글 창제 주체에 대한 규명과 논의는 매우 중요하므로 이를 4장에서 다루었다. 세종 단독 창제는 두루 논의되고 학계의 합의가 이루어진 바지만 아직도 소수 의견으로 친제를 부정하는 논의가 많은 만큼 비친제설의 다양한 맥락을 정확히 규명하고 비판하였다. 이런 반증을 통해 세종 친제론의 핵심을 논증하였다.

한글학의 학문적 가치와 비중을 위해 한글에 대한 창제자(세종)의 한글 철학 또는 한글(훈민정음)에 담긴 철학은 한글학의 근본 원리와 가치에 해당한다. 5장에서 다룬 한글 철학론에서는 동양의 보편 철학이기도 한 음양오행론이 훈민정음에 어떻게 적용되었는지를 맥락 중심으로 규명하였다. 사실 한글 철학보다 더 중요한 것은 한글 과학이지만 한글 과학론은 이 책 저술 전반에 걸쳐 기술되거나 논증되었으므로 따로 다루지는 않았다.

7장, 8장, 9장에서는 한글의 글꼴 미학에 따른 맵시론, 한글 문화를 종합적으로 논증한 한글 문화론, 한글의 경제적 가치를 확산하기 위한 한글 산업화론을 다루었다.

7장 한글 맵시론에서는 한글 글꼴론, 한글 서체론, 한글 디자인론 등으로 나누어 분석하였다. 한글 기호를 꼴·소리·뜻·실체 등의 사분법을 통해 한글 기호의 속성을 체계적으로 규명하였다.

8장에서는 한글문화의 개념, 가치와 더불어 확산 전략을 분석했다. 9장 한글 산업화론에서는 한글 산업화의 기반인 한글의 예술성과 서사성을 바탕으로 한글산업의 효용성과 한글의 브랜드 가치 높이기, 디지털 중심의 한글 산업화 전략과 방안을 알아보았다.

10장 한글 역사론에서는 주시경보다 앞선 헐버트의 초기 업적을 규명했다. 근대 한글 역사를 새롭게 규명했다.

11장 한글 세계화론에서 저술 과정에서 새롭게 개발한 외국인용 한글 음절표 중심의 한글 교육 바탕 한글 세계화 전략을 살펴보고 15세기 훈민정음을 철저히 적용하고 확장하는 전략으로서의 세계화 방안을 세워 보았다.

마지막으로 12장, 13장에서는 정부 중심의 정책론과 민간 중심의 운동론을 살펴 실천과 실행 중심의 한글학 구성 내용을 따져보았다. 14장에서는 한글 중시조론으로 한글 역사의 한글 연구사를 재조명하였다. 한글정책론에서 국어기본법의 역사적 맥락을 적극 실행하는 전략을 알아보았다.

장별 핵심 결론은 다음과 같다.

1장 한글학의 개념과 필요성, 주요 특성

한글학은 문자학이다. 다만 모든 문자가 문자학의 내용 요소가 될 수 있지만, 독자적인 문자학으로 성립할 수 있는가는 별개의 문제다. 한글은 문자 과학으로서 문자의 보편적 가치를 갖고 있다. 글말을 통한 소통에서 한글은 문자 학습과 기회의 평등성을 전제로, 쉽고 과학적인 문자의 기능성, 도구성이 매우 뛰어나 독자적인 문자학으로 구성될 수 있는 다양한 조건을 갖추고 있다.

한글학은 소통학이다. 글말을 통한 소통에서 한글은 신분 질서를 뛰어넘게 하고, 쉽고 과학적인 문자의 기능성, 도구성이 소통 측면에서 매우 뛰어나기 때문이다.

한글학은 글꼴학이다. 한글은 꼴의 미학의 다양한 측면을 간직하고 있다. 한글학을 통해 이러한 글꼴학을 더욱 드높여야 한다.

한글학은 융합학이다. 한글은 언어학 분야에 속하기도 하지만 음악적 요소와 미술적 요소 과학적 요소 등을 모두 가지고 있으므로 융합 접근을 통해 그 실체를 제대로 밝힐 수 있다. 최근 융합·통섭 등이 시대의 화두이기도 하고 이와 관련 융합학이 더욱 존중받고 있는데 한글은 융합학 그 자체이기 때문이다. 한글은 음악 문자로 세종은 음악가들과 더불어 기본 표준음을 만들고 그 표준음들이 서로 어울리어 무궁무진한 소리를 빚어내는 이치를 문자에 그대로 담았다. 한글은 철학의 문자이기도 해 음양오행의 동양 전통 철학뿐 아니라 하늘과 땅과 사람이 두루 조화되는 천지조화의 철학을 담았다.

한글은 수학과 과학의 문자로 한글은 점과 원과 선만으로 이루어진 간결한 기하학적인 문자이면서도 발음기관을 관찰하고 분석한 과학을 반영한 과학의 문자이다. 과학은 보편적인 진리나 법칙의 발견을

문자학	한글은 문자 과학 + 문자의 보편적 가치
소통학	다계층+ 과학적인 문자의 기능성 · 도구성
글꼴학	꼴의 미학 풍부 + 글꼴학을 더욱 드높이기
융합학	언어학 + 음악학 + 미학 + 철학 + 과학

〈그림 1〉 한글학의 다중 특성

목적으로 한 체계적인 지식으로서의 과학, 자연 현상을 연구 대상으로 하는 과학, 자연 현상 그 자체의 법칙을 탐구하는 수학·물리학·화학·생물학·지구과학 따위, 이런 과학을 실생활에 응용하는 실용과학 등으로 나눌 수 있는데 이런 다양한 과학의 속성과 실체가 실제 한글에 반영되어 있다.

이러한 한글학을 통해 한글의 융합적 가치 드러내기를 해야 함을 밝혔다. 먼저 '한글'을 '한글학'이라는 학문으로 더 깊이 연구하고 발전시켜야 한다. 거꾸로 한글학을 세움으로써 한글은 제대로 된 가치를 드러낼 것이다.

한글은 한국어를 적는 문자이자 사람의 말소리뿐만 아니라 자연의 소리를 가장 잘 적을 수 있는 인류의 문자이다. 문자가 어려워 생기는 불평등 문제를 없애주는 평등 문자이며, 또한 창조성이 뛰어난 예술품이기도 하고 온갖 문화를 녹여내는 문화콘텐츠이며 상업용 글꼴과 디자인 등으로 경제 가치를 새로 마련해내는 문화 상품이기도 하다.

한글의 보편적 우수성과 가치를 한글학이라는 학문으로 제대로 규명하고 드러내야 한다. 따라서 한글학은 철저한 이론을 세움으로써 한글의 가치와 한글학의 의미를 더욱 드높일 수 있다. 이를 위해 융합 학문 노력이 필요하다. 최근 융합·통섭 등이 시대의 화두이기도 하고 이와 관련 융합학이 더욱 존중받고 있는데 한글은 융합학 그 자체이기 때문이다.

이를 위해 총체적 노력이 필요하다. 그간 한글에 대한 역사와 문제의식, 실용적 현상 등 다양한 분야를 집약해주는 한글학 정립을 통해 총체적으로 노력하자는 것이다. 이 모든 것을 통해 한글학은 한글의 가치 실현에 이바지해야 한다. 한글사랑의 최종 지향점이나 바탕은 한글학이란 학문 정립을 통해 제대로 이룩할 수 있다.

2장 한글학의 특성과 내용 구성원리

학문은 진리를 탐구하는 과정이 중요하므로 진리를 향한 치열한 논쟁이 이루어질 때 학문의 역동성이 이루어진다. 따라서 우리는 객관적 진리를 목표로 삼고 보편적 방법론을 추구하지만, 그러한 과정은 다양한 관점과 맥락 속에서 이루어진다. '한글학'이란 학문 또한 그런 범주 안에 있다. 오히려 그런 긴장이나 관점의 치열함 때문에 특정 학문으로서의 생산성과 탐구 가치가 있을 것이다. 이 글은 바로 한글에 대한 민족주의적 담론과 세계화 또는 보편화 담론이 치열하게 전개되고 있는 현시점에서, '한글학'이라는 학문 담론을 통해 한글과 문자에 대한 또 다른 문제를 제기한 것이다.

한글은 한국(북한 포함)이나 한국어를 전제로 한 개별 문자이면서도 인류의 문자 이상을 담고 있는 보편 문자이기도 하다. 그래서 문자학이라는 보편 학문의 틀 속에서 '한글학'을 세워야 한다는 것이며, 더불어 한글학이란 특수 학문을 통해서 문자학의 지형을 더욱 넓혀야 한다는 것이다. 이러한 한글과 한글학의 다중 맥락을 위해 그 의미 또한 다양한 관점에서 구성하였고 그에 따른 한글학의 특성도 내적 특성과 외적 특성으로 나눠 살펴보았다.

개념과 관점, 특성의 복합성과 중층성을 전제로 한글학을 세우고 그런 복합성과 중층성을 밝히는 것이 한글학의 목표이기도 하다. 이런 흐름을 밝히기 위해 맥락 중심 방법론을 통해 다채로운 내용 구성의 흐름을 짚어 보았다. 한글학의 다양한 내용 탐구를 통해 한글의 역사와 가치는 다시 한번 제대로 논의되어야 할 필요성을 확인할 수 있었다.

한글학에는 이미 한글 창제, 반포 그리고 보급의 주체인 세종부터 열악한 조선시대의 한글학의 맥을 이은 최석정·신경준·유희 등과 근대 한글학의 길을 연 헐버트, 주시경과 이를 더욱 넓힌 최현배 등의 흐름이 있었다. 따라서 '한글학'을 문자학의 주요 분야로 세우는 일은 이러한 역사적 전통을 미래지향적 관점에서 더욱 살려가자는 것이다.

3장 한글 명칭론과 한글 관련 용어론

한글학이 독자적 학문으로 성립하기 위해서는 한글 관련 각종 명칭들의 개념이 정립되어야 한다. 그런 측면에서 '한글' 작명과 의미, 한글 관련 명칭들, 한글 낱글자 명칭론을 살펴보았다.

문자 명칭은 아니므로 문자 명칭을 아우르는 '국어·한국어' 관련 명칭들의 사용 맥락을 따져 보았다. 이밖에 우리 말글 구별 문제를 집중적으로 분석했다. 곧 한글과 토박이말의 혼동, 한글과 우리말의 혼동, 한자와 한자어의 혼동, 한글 전용에 대한 오해 등을 집중적으로 분석해 보았다.

'국어'의 뜻넓이의 여러 계열로는 국가·국민 계열, 공식·공용·공통 계열, 겨레·민중 계열이 있다.

'국어' 관련 용어로는 공용어·공통어·표준어·일상어·방언·사투리·모국어·모어·토박이말 등이 있다. 한국어를 가리키는 다양한 명칭으로는 입말만의 명칭, 글말만의 명칭, 총칭 등이 있다.

일반적인 입말 중심 '국어'의 범위는 고유어와 외래어로 나눌 수 있다. 한글 관련 명칭으로는 훈민정음·언문·한글·국문·조선글 등이 있다. 훈민정음은 문자 창제 동기와 목적을 담은 이상적인 명칭이다. 조선시대에는 주로 '언문(諺文)'이라 불렀고, 일제강점기 이후에는 '한글', 북한은 '조선글'이라 부른다. '언문'은 통칭으로도 비칭으로도 쓰였다.

'한글'은 '오직 하나의 큰 글, 한나라 글'이라는 의미로 1910년 이후에 주시경 선생에 의해 널리 퍼졌다.

4장 한글 창제 주체론

창제 주체 문제의 의의는 한글에 얽힌 역사적 진실을 담는 것이다. 협찬설(세종 단독 창제 부정) 배경에는 1차 자료에 대한 불신과 민중사관에 의한 편견 등이 반영되어 있다.

세종 단독 친제설의 가장 중요한 근거는 세종이 직접 지은 서문에서 "내가 이것을 가엾게 생각하여 새로 스물여덟 글자를 만드니"라는 말에 잘 드러나 있다. 한글 창제 사실을 최초로 알린 세종실록 기록(1443.12.30)에서는 "1443년 겨울에 우리 전하께서 친히 정음 스물여덟 자를 창제하여"라고 되어 있다. 훈민정음 해례본에도 실록 기록과 같은 기록이 나와 있다. 최만리 반대상소문에서는 세종 창제를 인정하고 있고, 또한 쉬운 책과 문자를 통한 교화 의지가 실록에 자세히 나와 있다. 협찬설은 공개 프로젝트를 의미하지만, 훈민정음 창제 과정은 비밀 프로젝트였다.

한글은 언어학·음악·철학·천문학 등 여러 학문을 두루 잘 아는 사람이, 더욱이 사람들 사이의 소통을 중요하게 여기는 사람이 오래 연구해야 만들 수 있는 문자이지 여럿이 함께 만들 수 있는 문자가 아니었다. 역사가 세종을 만들었고 세종은 역사를 다시 썼다.

5장 한글 철학론

음양오행론은 존재론이자 관계론이며 생성론이다. 천지자연의 삼라만상이 어떻게 존재하며 어떤 관계를 맺고 어떻게 끊임없이 바뀌어 가는가에 대한 동양의 보편철학이다. 음양오행론을 수많은 철학자들이 논하고 이론화하고 다양한 실천의 논리로 내세웠으나 15세기 훈민정음이라는 문자를 통해, 『훈민정음』해례본을 통해 온전한 꽃을 피웠다.

해례본은 천지자연의 이치를 그대로 담고 있는 훈민정음을 제대로 사용할 때 우리는 누구나 천지자연의 주체가 될 수 있다고 선언하였다. 그동안 음양오행 훈민정음론을 많은 학자들이 발전시켜 온 덕에 우리는 이제 그 실체를 드러내는 값진 성과를 얻어냈다. 하지만 해례본에 담긴 사람 중심 융합적 문자관, 음성과학적 보편성 그리고 역학적 보편성을 균형 있게 바라보고 분석한 논저는 그다지 많지 않았다.

천지자연에 살아 있는 것들은 음양을 피해서 살 수 없다. 사람으로 따진다면 양반이든 평민이든 노비든 모든 생명체는 음양을 본체로 하여 존재하고 살아간다는 것이다. 음양의 이치 앞에는 그 어떤 차별도 차이도 없다. 생명 그 자체가 그러하니 사람의 말소리에는 당연히 음양의 이치가 담겨 있다. 정음은 그러한 음양 이치가 담겨 있는 소리를 그대로 재현한 것뿐이다. 그렇다면 정음을 쓰는 자는 모두가 음양의 이치를 그대로 실천하는 것이다. 더욱 중요한 것은 "천지가 만물을 낳고 이룩해도, 그것이 쓸모 있게 돕는 것은 반드시 사람에게 힘입음과 같다."라고 하여 천지자연의 음양 이치는 사람의 역할이 중요하고 그런 음양 이치를 실천하는 사람은 신분과 관계없이 누구나 똑같은 역할을 부여받는다. 그래서 양반이든 누구든 이런 정음의 이치를 깨닫고 정음 문자 생활을 실천하여 음양의 가치를 실현하라는 것이다.

따라서 『훈민정음』(1446)에 적용된 삼재 오행 음양오행 역학 원리는 배경이론이자 실제 구체적인 방법론이기도 하다. 훈민정음은 민본주의와 음성과학과 삼재 음양오행론의 결합 때문에 탄생한 문자이며 『훈민정음』해례본은 그런 문자의 융합적 특성을 매우 치밀하고 다층적으로 기술하고 있다.

훈민정음 제자원리나 속성에 하도 낙서가 매우 중요한 바탕으로 작용하고 있는 것은 맞지만 그것을 절대시하는 것은, 일종의 환원론으로 훈민정음의 인문적 가치와 융합적 가치를 제대로 드러내 주지 못한다.

초성자의 '후아설치순' 배열은 발음기관 또는 발음 작용의 조음생리학적 특성과 역학적 특성을 철저히 결합하고자 하는 전략이지 한쪽을 강조할 필요는 없다. 중성자 배열은 하도 낙서 원리를 따르되 초출자와 재출자의 음성 과학적 특성을 반영하여 이루어진 것이다.

6장 한글 융합교육론

이 장에서는 한글의 과학성과 우수성에 대한 지식을 바탕으로 학생들로 하여금 한글 홍보 역량을 키우게 하기 위하여 한글 융합 교육에 대한 '교수-학습' 과정 안을 제시한 것이다. 이러한 교육을 통해 학생들이 한글에 대한 자존감을 키우고 한글 홍보대사로서의 역량을 발휘하게 하기 위한 것이다.

한글은 문자 특성에 음악·과학·수학 등 다양한 융합 요소가 들어 있다. 따라서 이런 융합 요소를 살려 학생들의 다양한 소질을 발휘하게 하는 '한글 홍보대사 되기' 수업은 기본 3차시로 구성하였다.

이 수업의 핵심 교육 목표는 학습자가 한글의 보편적 가치를 말할 수 있고, 한글 창제 동기와 목표를 표현할 수 있으며, 이러한 내용을 바탕으로 한글을 홍보하는 능력을 기르게 하는 것이다. 이런 능력을 위해 7가지의 인문 핵심역량을 맥락에 따라 발휘하게 하며 "한글학자, 한글 디자이너, 한글 공학자, 웹 기획자" 등의 진로를 탐색하게 한다.

이 수업은 국어과 융합 수업으로 설계되어 있지만 다양한 교과 연계가 되어 있으므로 교과 통합 수업도 가능하다. 한글날 특별 수업용으로 활용할 수 있다.

한글의 융합적 특성에 대한 체계적 이해를 바탕으로 그러한 다양한 특성이 잘 드러나는 홍보물을 만드는 전략이 중요하다. 따라서 홍보물 만드는 과정이나 실제 결과물에 다양한 교과 특성, 내용 특성이 잘 드러나도록 하는 것이 중요하다.

7장 한글 맵시론

이 장에서는 한글 맵시론이라는 틀 속에서 한글 글꼴론, 한글 서체론, 한글 디자인론으로 나눠 살펴보았다. 한글 맵시론은 한글 맵시를 체계적으로 논증하거나 정리한 것으로 한글 글꼴을 중심으로 실용적, 미적 특성을 제대로 드러낼 것이다.

한글 글꼴론에서는 먼저 한글 문자 기호론의 기본 특성을 알아보았다. 일반 문자는 네 가지 구성 요소인 문자의 꼴·소리·뜻·실체 등으로 나눠 '한글'이라는 문자 기호의 주요 특성을 규명했다. 뜻을 '내용뜻·꼴뜻·소리뜻·복합뜻'으로 나누어 꼴의 의미와 맥락적 특성을 규명했다.

한글 글꼴 기원은 1446년 『훈민정음』 해례본에 따르면 세종의 애민 정신을 반영한 글자 정신을 반영한 글꼴이어야 한다는 맥락에서 배려와 소통 측면에서의 사람 중심의 글꼴 방향을 제시했다.

한글 글꼴은 낱자 구성과 도형, 글꼴 표현, 맵시 네 가지 측면에서 기술할 수 있다. 한글 제자원리나 한글 그 자체에 이미 글꼴이 갖춰야 할 과학적, 미학적 특성을 모두 갖추고 있다. 낱자 구성은 음절자 이내의 언어 단위로 한정한다. 그렇다면 낱자 자소별로는 초성자, 중성자, 종성자, 그리고 이들을 합친 음절자가 있다. 〈그림 3〉은 이러한 한글 글꼴의 낱자와 음절자 구성을 한눈에 보이게 필자가 디자인한 것이다.

한글 디자인은 한글이라는 문자 또는 한글이라는 글꼴의 예술성을 살려 상업이나 산업 분야에서 활용하는 것으로 문자는 미적, 실용적 이미지로 그 기호성을 발휘하는 것이므로 문자 자체가 이미 디자인이라는 것이다. 중요한 것은 그런 보편적인 디자인 요소를 맥락에 따라 창의적으로 응용 발전시켜 좀 더 아름답고 좀 더 실용적인 디자인을 어떻게 만드느냐가 관건이다. 한글은 한글 나름의 글꼴 미학과 철학으로 다른 문자와 구별되는 한글 디자인 요소를 갖고 있다.

첫째는 한글은 누구나 디자이너가 되게 하는 사용자 중심의 문자라는 것이다. 둘째는 한글 디자인만의 특성과 가치를 들 수 있다. 그것은 바로 다음과 같은 한글의 최소주의와 최대주의의 절묘한 결합, 그에 따른 한글 디자인만의 독창성과 확장성에 있다. 최소 문자소 단계의 단순함과 간결함은 역설적으로 디자인의 무한 창조성을 내포하고 있기에 더욱 의미가 있다.

셋째는 나름 체계적이고 특색 있는 자소들의 규칙적인 조합에 의한 조화의 아름다움이다. 조화롭다는 것은 여러 요소가 만나 또 다른 세계를 만들되 여러 요소가 제 색깔을 더욱 살리는 것이다. 서로 다른 꼴로 디자인된 자음자와 모음자의 조화, 초성자, 중성자, 종성자가 어울리되 종성자가 다시 초성자가 되는 순환에 따른 조화의 아름다움이 한글만의 아름다움이다.

이런 취지에 따라 실제 한글 맵시 교육을 어떻게 할 것인가를 실제 사례를 중심으로 알아보았다. 이런 전시 활동을 통해 의류학과 학생들이 한글의 가치를 새롭게 알았다. 더불어 한글의 융합적 가치를 드러내고 나누었다. 설명문과 이야기를 결합하여 정보의 객관성과 작품의 감수성을 함께 드러냈고, 전시를 통해 한글 맵시꾼으로서의 자신감을 얻었다.

8장 한글문화론

'한글문화'는 '한글'이라는 문자를 매개로 하는 문자문화 또는 기호문화이다. 다만 문자는 말과 삶과 문화를 담는 그릇이기도 하므로 다양한 관점에서 개념을 정의내릴 수 있다. 첫째, 한글로 표현된 언어문화를 가리킨다. 둘째는 한글에 담긴 정신문화를 가리킨다. 셋째는 한글로 이룩한 생활문화를 가리킨다.

이러한 한글문화의 가치는 소통성과 미학성, 그리고 이 모든 것이 융합되어 있는 융합적 가치에서 찾았다. 이때의 소통성과 미학성은 단순한 소통과 아름다움이 아니라 누구나 더불어 지식과 정보를 나누고 삶의 문제를 함께 해결해 나가는 인문주의적 소통이요 과학적 소통 정신이었고 그것은 가장 간결하면서도 풍부한 미적 감수성을 포함하는 융합적 아름다움이었다.

이러한 한글문화의 가치를 확산하는 전략으로 전통 계승론자 관점에서의 확산 전략과 정신문화 가치 실천론자 관점에서의 확산 전략, 문화콘텐츠 전문가 관점에서의 전략, 나눔 공동체주의자 관점에서의 전략을 찾아보았다.

한글문화는 단순한 표현문화가 아니라 한글의 가치를 통해서, 한글을 창제 반포한 세종 정신이 우리 삶과 문화 속에서 꽃피어온 문화요 더욱 꽃피워야 할 문화이다.

9장 한글 산업화론

한류가 한글을 견인하는 것 같지만 실제로는 한글이 한류를 견인하고 있다. 이런 흐름에 힘입어 우리는 한글 산업화를 적극적으로 추진할 필요가 있다. 이제는 한글의 문화적, 역사적, 정신적 가치를 더욱 살리기 위해서라도 한글 산업화가 필요한 시점이다.

한글 산업화는 다양한 매체와 결합하여 쓰이는 한글이라는 문자와 문화콘텐츠로서의 한글을 산업화하는 것으로 디지털 기기와 연계시킨 유형산업과 문화콘텐츠와 무형산업, 그리고 디자인과 같은 융합 분야도 있다. 이 장에서는 한글산업의 실체를 좀 더 분명히 하기 위해 한글산업 분야를 한글을 직접 대상으로 삼는 분야와 간접적으로 이용하는 분야로 나눠 보았다. 직접 분야도 '한글 글꼴산업'과 같은 〈직접 1〉 분야와 '한글문화 상품'과 같은 〈직접 2〉 분야로 나눴다. 간접 분야도 의도적인 한글 디자인 상품과 같은 〈간접 1〉 분야와 비의도적이지만 한글문화산업에 이바지하는 비의도적 한글 디자인 상업 분야로 나눴다.

한글 산업화의 기반은 역시 한글이라는 문자 특성에서 비롯된다.

이는 곧 한글의 기하학적인 확장성과 그에 따른 미적 가치, 문자 미학, 문자 조형의 아름다움 그리고 문자를 통한 상상과 이야기의 생산성, 문자와 다른 요소와의 융합의 무한성, 사람 중심의 인문학적인 포용성 등이다. 실제 한글 산업화에 영향을 끼치는 것은 한글의 예술성과 서사성이다.

결국, 한글산업은 경제적 측면, 한글과 한국어 보급 측면, 한류 확장, 국가 브랜드 상승이라는 효과를 가져온다. 이를 위해 한국의 정체성과 주체성의 기호이자 상징인 한글의 브랜드 가치를 높여 국가 경쟁력의 핵심으로 삼아야 한다.

따라서 한글 산업화 전략은 첫째, 한글과 한국어의 브랜드 가치를 높이는 것이고 둘째는 한글과 한국어 생태계를 확장하는 것이다.

10장 한글 역사론

이 장에서는 국어사 시기 구분 전략으로 한글 역사를 살펴보았다. 문법사 중심의 국어사 교육은 국어사 교육을 지나치게 어렵게 만든다. 매우 흥미롭고 진지한 국어생활사를 덮어버리는 문제까지 더한다면 이는 매우 심각한 문제다.

국어사 또는 국어생활사 교육을 위해서 근대국어 시기를 갑오경장(1894)부터 광복(1945) 때까지로 설정하자는 것은 근대국어를 임진왜란 이후부터 19세기 개화기까지로 보는 학교문법에 대한 비판의식에서 비롯되었다. 학교문법의 국어사 설정 문제는 국어생활사 용어인 '근대'를 국어문법사에 단순 적용해서 생긴 문제로 보았다.

그리고 근대사에서의 근대는 인간 주체의 자유와 평등이 기본 속성이므로 언어사에서도 언어생활의 불평등 모순 극복이 주된 관점이 되어야 한다. 이렇게 보았을 때 근대국어 설정은 구어가 아닌 문어 중심으로 보아야 하며 언어생활의 평등성 문제를 담고 있는 언문일치가 근대국어 설정의 핵심 잣대가 되어야 한다. 따라서 언문일치의 본격적인 가시적 사건이 된 고종의 국문 칙령(1894: 내각지시, 1895: 전국 반포)과 독립신문(1896) 발간 계기인 갑오경장(1894)이 근대국어의 시발점이 되어야 한다. 그리고 해방(1945)은 한국인이 한국어의 온전한 주체가 되고 한글전용법(1948) 공포의 계기가 되었으므로 해방을 근대국어와 현대국어를 가르는 잣대로 삼아야 한다.

그래서 국어사 시대 구분은 국어생활사 중심이어야 하고 언어사와 일반사가 어느 정도 맞물려 설정되어야 한다. 또한 구어보다는 문어 위주의 변화를 반영해야 한다. 중세 이후는 언문일치체 변화가 시대 구분의 핵심이어야 한다. 언문일치의 바탕을 마련한 훈민정음 반포(1446)와 언문일치 태동기인 임진란 이후의 언어변화, 언문일치의 전면화의 계기가 된 고종의 국문 칙령(1894), 독립신문(1896), 온전한 언문일치의 시대를 연 해방(1945), 한글전용법(1945) 등이 핵심 기준점이 되어야 한다. 근대시대는 일제강점기와 겹치므로 일제강점기를 병기하여 역사적 실태를 그대로 드러내야 한다.

국어사의 시대 구분은 거시적인 역사의 자리매김이지만 미시적 역사 인식을 규정하는 매우 중요한 문제이다. 따라서 국어생활과 국어교육 관점에서 국어사 시대 구분은 이제 전면 개정되어야 한다.

11장 한글 세계화론

이 장에서는 한글 음절표를 이용하여 한글 교육의 확산으로서의 한글 세계화 전략과 훈민정음 적용과 확장을 통한 한글 세계화 전략을 알아보았다.

한글 음절표는 한글의 과학성을 바탕으로 한 것으로 한글 교육의 획기적 표임은 조선시대 역사가 입증하거니와 이제 세계인의 한글 교육 도구로 적극적으로 활용할 필요가 있다.

훈민정음을 통한 확장한글이 성립되기 위한 조건으로 16가지를 상정하여 세부적인 검증을 해보았다. 어떤 형식의 한글 확장표기법이라도 위 16가지 성립조건 가운데 어느 하나라도 결여하게 되면, 그 방식은 확장 한글로 채택하기 어려울 것이다.

외국어 발음을 확장 한글로 표기하는 방법은 절대전사와 상대전사 2가지로 나눌 수 있다. '절대전사(絶對轉寫)'는 '국제음성기호(IPA)'처럼 해당 발음과 기호가 '1 : 1'로 대응하도록 구성된 표기체계로서, 발음마다 유일한 기호와 대응시킨 것이고, '상대전사(相對轉寫)'는 언어별로 각각 별도의 대응체계를 만들어 사용하는 것을 말하는데, 만약 여기서, 절대 전사법으로 모든 국제음성기호에 대응하도록 표기해야 한다면, '변형식'에서는 국제음성기호에 대응시킬 변형된 글꼴을 음성기호의 수만큼 만들어야 한다. 그러한 이유 때문에, '변형식'에서는 새 글자를 계속 만들어내야 하는 압박을 감당하기 어렵다.

또한, '방점식'도 마찬가지로, 대응시킬 국제음성기호의 개수만큼 방점의 모양을 정의해야 한다. 국제음성기호 각각에 방점의 모양을 대응시켜 정의했다고 해서 그것으로 일이 끝난 것이 아니라, 사용자가 그러한 각양각색의 방점 모양을 변별—숙지해야 하는 것이 더 큰 문제가 될 수 있다.

한글 확장표기법에서 그 무엇보다도 중요한 사항은, 한글이 가장 발달한 '음소문자'라는 위상과 정체성에 어긋나는 일이 없어야 한다는 점이다. '방점식'은 이미 음가가 고정된 현대 한글 음절의 상하좌우에 부가기호(방점)를 찍어 음가를 확장하는 방식으로서, 음가를 확장하는 역할을 '방점'이 맡은 셈이다. 이렇게 되면, 확장 한글의 음가를 결정하는 역할을 '음소'가 담당하는 것이 아니라, '방점'이 담당하는 것이 됨으로써, 한글이 '음소문자'라는 고정불변의 정체성에 크게 어긋나게 된다.

이와 같은 이유로, 현대 한글 주위에 방점을 찍어 한글의 표현 범위를 확장하는 '방점식'과 현대 한글 자모의 모양을 변형하여 새로운 자모를 만들어내는 '변형식'은 한글확장표기법으로서 온전히 성립되지 않는 것으로 판단된다. '변형식'은 어쨌거나 자모의 모양을 새로 창안했으므로, 한글 확장 방안이라기보다는 한글 문자개혁 방안에 해당하는 것으로 볼 수 있다.

'한음치성식'은 손글씨로 쓸 때와 한음 치성으로 표기된 음절에서 초성을 추출하여 나열했을 때, 글자끼리 변별이 쉽지 않은 치명적인 문제가 있다. 이러한 결과는 한음치성식 제안자가 확장한 글을 고안할 때, 실제 경험에 의하지 않고 사변적으로 판단하여 결정했기 때문에 일어나는 문제이다.

'연서식'은 자모를 상하로 결합하는 형태이므로, 손글씨로 쓸 때 자연스럽지 못하고, 또 세로쓰기 형식이 될 경우, 음절 글꼴의 모양이 상하로 길게 늘어나 상하 폭의 압박감이 심할 것이다. 게다가, 전광판에 적용할 때는 공간적인 제약 때문에 16×16형식 전광판 모듈에서 연서형 글자를 수용하지 못하는 문제가 발생한다.

'합용병서식'은 일상적인 생활문자로 쓰이는 형식은 아니지만, '옛한글' 입력에서 무리 없이 실시되고 있어 워드프로세서에서 바로 입력할 수 있을 뿐만 아니라, 합용병서식 한글자모의 정렬순서와 그 조합 알고리즘까지도 이미 정립된 상태여서, 이 장의 본론 부에서 한글 확장표기법에 대한 세부 검증조건으로 상정한 16가지를 모두 통과할 수 있는 유일한 방법론이라 할 수 있다.

국제적으로 사라질 위기에 처한 소수 언어를 위한 노력에는 로마자 중심의 바벨 계획(Babel Initiative)이 있다. '바벨 계획'은 사라질 위기에 처한 소수 언어의 자료를 수집하고 문서로 만들어 보존하려는 작업으로 이 계획은 유네스코의 후원을 받아 국제단체인 하계 언어 학교가 로마자 기반의 문자를 보급하는 데 주력하고 있다.

이에 반해 훈민정음이나 한글을 이용한 무문자 또는 난문자 언어 표기 노력은 유엔의 공식 차원에서 시행되지 않고 있다. 다만 한국 독자적으로 또는 현지와의 협력 때문에 시행되었거나 시도 되고 있는 유형으로는 보급된 곳도 있고(인도네시아 찌아찌아족 언어 적기), 시도한 곳(라후족), 시도하고 있는 곳(남아메리카 소수 민족 언어 등) 등 있지만, 훈민정음 확장 방안에 관한 좀 더 체계적인 공동 연구가 이루어져 이와 같은 노력이 제대로 성과를 맺도록 해야 한다.

12장 한글정책론

이 장에서는 국어기본법의 의미를 『훈민정음』(1446) 해례본 정신으로 본 역사적 의미, 조선어학회 정신으로 본 국어운동사적 의미로 나눠 보았다. 첫째, 『훈민정음』(1446) 해례본 정신을 '소통' 정신과 '가치' 정신으로 보았다. 소통 정신으로는 '유통' 정신, '맘껏 표현하기' 정신, '쉽고 편안하게 쓰기' 정신, '맥락적 소통' 정신 등으로 보았다. 가치 정신으로는 '다름(차이)'과 '자주'의 가치, '자존감'의 가치, '효율성'의 가치, '보편성' 가치 등으로 보았다.

둘째, 조선어학회 정신은 국어운동사적 정신으로 구체적으로는 언문일치 정신으로 보았다.

이런 의미로 볼 때 국어기본법은 하나의 법령문이기 이전에 국어와 한글의 가치를 담고 국어생활의 현재와 미래를 자리매김해주는 또 다른 현대의 '해례본'이 되어야 한다. 따라서 국어기본법을 어문생활과 직접 연관된 조항과 해외 한국어 보급과 교육, 그리고 이를 뒷받침하기 위한 정책적 장치 부분으로 나눠 그 의미를 짚어 보았다.

이런 검토를 바탕으로 '훈민정음' 정신과 '조선어학회' 정신을 명문화하여 국어기본법의 가치와 의미를 더 강화해야 함을 밝혔다. 더불어 국어책임관을 별정직으로 할 것을 제안하였다. 그리고 모든 교과서와 지도서에 국어기본법을 실어 의무교육으로 하고 국어 문장사 제도와 교육 프로그램을 국가 공인 자격증 제도로 하며 정부와 민간의 협업 운동, 국어진흥운동으로 '국어기본법' 전면 개정과 보급화가 필요함을 밝혔다.

다시 요약하자면, 첫째, '훈민정음' 정신과 '조선어학회' 정신을 명문화하고 둘째, 국어책임관을 별정직으로 하기, 셋째, 모든 교과서와 지도서에 국어기본법을 싣기, 넷째, 국어 문장사 제도와 교육 프로그램을 국가 공인 자격증 제도로 하기, 다섯째, 정부와 민간의 협업 운동, 국어진흥운동으로 '국어기본법' 전면 개정과 보급하기 등이다.

이제 국어기본법을 21세기 한글 해례본으로 만들고 함께 누리도록 힘써야 한다.

13장 한글운동론

한글운동은 한글과 관련된 언어 문제를 바로잡으려는 운동이므로 문자 중심의 언어운동을 말한다. 언어운동은 언어문제의 해결이나 개선을 위한 것이므로 이런 노력은 국가나 제도 차원에서 이루어지는 언어정책·언어계획 등과 닮아 있다.

국어운동은 한글뿐만 아니라 한국어 전반에 걸친 포괄적인 운동으로 문자, 한글 중심의 한글운동보다는 의미와 내용이 넓다. 그러나 한국어에서 차지하는 '한글'의 위상과 상징성 때문에 핵심 내용과 목표는 같은 것으로 본다. 한글운동이나 국어운동의 범위를 좁게 보면 언어 문제를 해결하는 운동이고 넓게 보면 언어 문제 해결이라는 과정을 통해 또 다른 목적 달성을 하는 운동이 될 것이다.

국어운동은 국어의 문제나 모순을 개선하기 위한 사회적 실천 운동이다. 주로 운동 단체나 동아리가 주도하는 것이 보통이다. 국어운동은 국어를 통한 사회운동이지만 국어순화운동은 국어 그 자체에 초점을 둔 운동이다. 국어운동의 '국어'는 일종의 사회적 문제 해결을 위한 과정 또는 수단이나 국어순화운동의 '국어'는 그 자체가 목표이자 목적이다. 국어운동의 '국어'는 목적이 아닌 목표이다.

'한글운동'은 국어의 모순을 극복하는 운동이면서 한글의 역사적 정신을 강조한 운동이다. 한글운동은 언어의 사회성을 강조하면 단순한 말글운동이 아니라 민주운동, 또는 정치운동, 사상운동 등의 성격을 띤다.

이러한 '한글운동' 관점에서 한글운동에 대한 논의와 한글운동사를 대략 큰 흐름만 정리해 보았다. 한글운동사 부분만 시대별로 압축 요약하면 다음과 같다.

첫째, 한글운동 태생기(1443~1450)는 운동이라기보다 정책 확산 시기로 이때의 주체는 세종과 일부 집현전 학사들이었으며, 정책 내용은 (1) 문자생활 모순 해결, (2) 하층민 중심의 소통 문제 해결, (3) 제도적 한글 보급(관청, 시험 등) 등이었다. 따라서 이 시기의 역사적 의미는 (1) 우리말글 절대 모순 해결, (2) 글말정체성과 가치 의미 생성 (3) 언문일치 기반 마련 등이었다.

둘째, 한글운동 잠복기(1450~1894)로 이 시기도 정책 또는 운동 주체는 지배층(임금)과 사대부와 지배층 여성들이었고 정책과 운동 내용은 (1) 지배층의 공적 사용, (2) 언해서 보급 등이었다. 따라서 이 시기의 역사적 의미는 (1) 문자혁명 정신 일부 유지, (2) 한글 비주류 공식 문자 명맥 유지, (3) 비공식 분야 자생적 발전 등으로 정리할 수 있다.

셋째, 근대적 한글운동 전개기(1894~1910)로 주시경 등의 근대적 운동가들의 등장으로 (1) 조직을 통한 운동, (2) 우리말 문법 과학화, (3) 언문일치 운동을 전개한 시기다. 따라는 이때의 역사적 의미는 (1) 근대적 한글운동 전개, (2) 일제강점기 저항의 기반을 마련했다는 데 있다.

넷째, 항일 투쟁으로서의 한글운동기(1910~1945)로서 이 시기는 조선어강습소 문학생들과 조선어학회 회원, 언론인 등이 한글운동의 주체가 되어, (1) 한글보급운동, (2) 맞춤법 제정, (3) 사전 편찬 등의 업적을 남겼다. 따라서 이 시기의 역사적 의미는 (1) 일본 동화정책 극복, (2) 근대적 언어사용 기반 마련, (3) 항일저항운동 등으로 집약할 수 있다.

다섯째, 국권 회복 차원의 한글운동기(1945~1960)에는 조선어학회와 미군정기와 문교부, 한글운동 단체 등이 주체가 되어, (1) 일본말 잔재 없애기, (2) 한자 사용 줄이기, (3) 한글전용법 제정 등의 운동을 전개하였다. 따라서 이 시기의 역사적 의미는 (1) 일제 흔적 없애기 일부 성공, (2) 말다듬기 기틀 마련, (3) 언어주체성 회복 등으로 정리할 수 있다.

다섯째, 한글전용 중심 한글운동기(1960~1969)에는 한글학회 등의 운동 단체와 박정희 정권 등의 노력이 함께 이루어져 언론과 교과서 등의 일부 한글 전용 성과를 거두었다. 따라서 이 시기의 역사적 의미는 (1) 한글전용 일부 성과, (2) 민간 운동과 국가 정책의 상생적 공조 등의 의미를 부여할 수 있다.

여섯째, 다양한 목적으로서의 한글운동기(1970~현재)에는 한글학회 등 한글운동 각종 단체, 학생 운동 단체 등이 주체가 되어 (1) 국어 순화, (2) 민주화운동으로서의 언어운동, 3) 정보화 언어 운동 등의 성과를 거두었다. 따라서 이 시기의 역사적 의미로는 (1) 다방면의 한글운동 성과, (2) 한글전용 전면화, (3) 국어기본법 제정으로 한글전용법 한계극복 등으로 그 의미를 부여할 수 있다.

14장 한글중시조론

이 연구는 헐버트(Hulbert, H. B.)가 1889년에 미국 『뉴욕트리뷴(New York Tribune)』에 실은 「The Korean Language」라는 글이 한국어사와 한국어학사에서 차지하는 의미와 가치를 밝혔다.

헐버트(Hulbert 1889)는 비교 언어학적 관점에서 한국 말글의 특징과 가치를 세계에 최초로 알린 글이다. 외국인으로서 한국어를 직접 배워, 한글의 과학성과 우수성, 한국어만의 정체성과 가치를 통합적으로 알려서 더 큰 의미가 있다. 헐버트의 한글 평가는 한글 창제자인 세종의 훈민정음 관점과 취지를 그대로 이어받고 있다. 헐버트는 언어학과 문자학을 바탕으로 한글의 기하학적인 과학성과 효율성에 주목하여 한글이 음소문자로서 완벽한 문자라고 평가했다. 헐버트는 의사소통 기능 면에서 한국말의 조사와 어미 효율성을 높게 평가했으므로 헐버트(1889)는 외국인으로서 한국말의 첨가어적 특성을 긍정적으로 평가한 최초 문헌이기도 하다. 헐버트는 세종 이후 한국 말글을 연구하고 직접 사용한 최초 한글학자이자 한국어학자이다. 헐버트(Hulbert 1889)는 최초의 한글 전용 교과서 『ᄉ민필지』(1891)가 헐버트의 한글과 한국말에 대한 확고한 학문적 신념에 근거한 것임을 드러내준다.

이상 논의에서 한글학은 단순한 개별 문자학을 넘어 일종의 융합학문으로서 독자적 학문 체계로 구성될 수 있음을 알 수 있었다. 한글학은 융합학 관점에서 다양한 학문 담론은 풍성해져야 한다. 이 책이 그런 학문 담론을 조성하는 기반이 되었으면 한다.

한글학은 한글의 융합적 가치를 드러내고 나누는 것이기도 하다. 우리는 한글학을 세움으로써 한글의 제대로 된 가치를 규명할 수 있다. 이제 한글은 한국어를 적는 고유 문자를 넘어 인류의 꿈을 담은 문자로서 보편적 학문으로 더욱 확산되어야 한다.

이번 연구 결과는 다양한 분야에서 활용될 수 있다.

첫째, 학문 분야에서 그동안 축적해 온 한글에 대한 다양한 연구와 담론을 학문 체계를 통해 더욱 발전시킬 수 있는 기틀이 될 수 있다. 한글은 500년이 넘는 역사를 간직하고 있지만, 주류 문자로서 제 기능을 온전히 발휘해 온 역사는 짧다. 따라서 한글에 대한 각종 연구와 학문적 탐구에 본 저서가 마중물 역할을 할 수 있다.

둘째, 실용 분야에서 이번 연구 결과가 유용하게 쓰일 수 있다. 한글은 현재 한류 열풍을 타고 다양한 분야에서 한국어와 더불어 더욱 주목받고 있다. 특히 한글의 예술적·융합적 가치를 바탕으로 한글산업을 더욱 발전시키는 학문적, 실제적 기초자료로 활용할 수 있다.

셋째, 정신적, 문화적 측면에서 이번 연구 성과가 한글과 한글학의 보편적 가치와 내용을 더욱 확산하는 데 이바지할 것이다. 한글에 담겨 있는 보편적 과학, 철학 가치뿐만 아니라 인문적 가치는 한국의 자존감을 넘어 인류애의 보편적 가치의 자존감이 될 수 있다.

참고문헌

가리타니 고진, 박유하 역(1997), 『일본근대문학의 기원』, 민음사.

간송미술문화재단 편(2015), 『訓民正音』, 교보문고(해제: 김슬옹).

강규선(1985), 「訓民正音과 性理學·韻學과의 關係」, 『어문논총』 4, 청주대학교 국어국문학과, 1~17쪽.

강길부 편(2017), 『한글 어떻게 가르치고 활용할 것인가?』(5.19 학술세미나 자료집), 국회의원 강길부·국립국어원·국립한글박물관.

강길운(1981), 「국어순화운동의 방향」, 「국어순화운동의 허와 실」, 『어문연구』 29, 일조각.

강길운(1993), 『국어사정설』, 형설출판사.

강내희(2000), 「종결어미 '-다'와 한국 언어의 근대성의 형성」, 『근대성의 충격』, 한국예술종합학교 영상원, 78~108쪽.

강동일 역(1995), 『문자의 역사』(Gaur, 1984), 새날.

강동희(2002), 「'우리말다듬기'와 '국어순화'를 통한 남북언어 동질성 회복에 대해」, 『말과글』 93(겨울호), 한국어문교열기자협회, 62~65쪽.

강만길(1977), 「한글 창제의 사적 의미」, 『창작과비평』 44, 창작과비평사; 강만길(1978), 『분단시대의 역사 인지』, 창작과비평사(세부 항목 제목 새로 붙임, 재수록); 김동언 편(1993), 『국어를 위한 언어학』, 태학사, 261~272쪽(1977년판 재수록).

강만길(1984), 『한국 현대사』, 창작과비평사.

강만길(1994), 『고쳐 쓴 한국 현대사』, 창비.

강만길(1996), 「역사란 무엇인가」, 『강만길 역사에세이: 역사를 위하여』, 한길사.

강병인(2012), 「캘리그래피로 표현된 한글글꼴의 의미적 상형성이 수용자의 인지 반응과 기억에 미치는 영향 연구」, 홍익대학교 석사논문.

강병인(2019), 『오롯 한글: 글맛, 글씨맛 나는 한 글자의 세계』, 유유.

강복수(1974), 「『한글갈』한글 발전의 역사」, 『나라사랑』 14, 외솔회, 98~107쪽.

강상원(2005), 『세종대왕 창제 훈민정음 주역 혜각존자 신미대사』, 한국세종한림원.

강성욱(2009), 「印尼 찌아찌아족, 한글 표기문자 채택 1년의 기록: MOU 체결 후 1년간 대외 비밀로 철저한 준비: 문화우월주의 경계, 향후 5년간 현지화 여부가 관건」, 『문학사상』 443(9월), 문학사상사.

강승혜(2015), 「한국어 교원 자격 제도 10년의 회고」, 『새국어생활』 25(3), 국립국어원, 107~122쪽.

강신항(1976), 「국어순화의 길: 일본어의 잔재와 새로운 일본한자어의 유입」, 『어문연구』 12, 일조각.

강신항(1987/ 증보 1990/ 수정 증보 2003), 『훈민정음연구』, 성균관대학교 출판부.

강신항(1993), 「『한글갈』의 훈민정음」, 『새국어생활』 3(3), 국립국어연구원, 100~113쪽.

강신항(2006), 「역학과 훈민정음해례 이론」, 『태동고전연구』 22, 한림대학교 태동고전연구소, 1~28쪽.

강태진(1995), 「한글 정보산업의 현황과 발전 전망」, 『제7회 한글 및 한국어 정보처리 학술대회』(발표 자료집), 한국정보과학회언어공학연구회, 327

~329쪽.

강현숙(2004), 「TV교양프로그램 진행자의 방송언어 오용사례 연구: 발음을 중심으로」, 청주대학교 석사논문.

강현웅(2013), 「외국어 발음 한글표기 방법」, 확장한글표준화위원회, 『한글 세계화와 한글확장』(증보판), 미래형 한글문자판 표준포럼, 355~357쪽.

강현철(2011), 「법률용어 순화의 실태와 문제점」, 『새국어생활』 21(2), 국립국어원, 99~103쪽.

강현화(2011), 「전문용어의 국어화」, 『새국어생활』 21(2), 국립국어원.

강현화(2021), 「세계 속에 약진하는 한국어와 한글, 그리고 그 미래」, 『한글과 박물관』 창간호, 국립한글박물관, 85~103쪽.

강희숙·양명희(2011), 「청소년의 욕설사용의 심리적 기제 및 순화방안」, 『한국언어문학』 79, 한국언어문학회.

고길섶(1998), 「채팅, 자유의 새로운 영토?」, 『문화과학』 10, 문화과학사.

고길수 역(2002), 「『한불ㅈ뎐(韓佛字典)』 서문」, 『형태론』 4-2, 박이정, 403~411쪽.

고성환(2011), 「국어순화의 역사와 전망」, 『새국어생활』 21(2), 국립국어원, 5~18쪽.

고영근(1983), 「'한글'의 유래에 대하여」, 『백석 조문제 교수 화갑기념 논문집』, 간행위원회, 31~42쪽; 고영근(1994), 『통일시대의 어문문제』, 길벗 재수록.

고영근(1983/ 1994), 『통일시대의 어문문제』, 길벗.

고영근(1989), 「지볼트(Fr. von Siebold)의 한국 기록 연구」, 『동양학』 19(1), 단국대학교 동양학연구원, 1~64쪽.

고영근(1990), 「한반도 공통어의 성립과 분화」, 『이중언어학회지』 6, 이중언어학회.

고영근(1998), 『한국어문운동과 근대화』, 탑출판사.

고영근(1999), 『최현배의 학문과 사상』, 집문당.

고영근(2003), 「'한글'의 작명부는 누구일까: 이종일·최남선 소작설과 관련하여」, 『새국어생활』 13(1), 국립국어연구원, 131~159쪽.

고영근(2008), 「우리의 언어·문자의 명칭에 관련된 자료(1880~1908)」, 『민족어의 수호와 발전』, 제이름씨, 175~177쪽.

고영근(2010), 『민족어학의 건설과 발전』, 제이앤씨.

고영근(2012), 「조선어학회 수난과 민족어 수호 운동: 일제강점기의 한글 운동은 국권회복 운동이었다」, 『새국어생활』 22(3), 국립국어원.

고영근(2022), 『우리 언어철학사』, 집문당.

고영진(2009), 「음양오행설의 언어이론 가능성 모색」, 『한민족문화연구』 29, 한민족문화학회, 33~60쪽.

고영훈(2013), 「한글 합용병서에 관한 의견」, 확장한글표준화위원회, 『한글 세계화와 한글확장』(증보판), 미래형 한글문자판 표준포럼, 245~246쪽.

고제윤(2005), 『새한글』, 새한글.

고제윤(2008), 「한글 세계화의 필요성과 그 실증적 방법」, 『경영학연구』 37(7), 한국경영학회, 75~98쪽.

고창수(1998), 「정보시대의 한글」, 『한국어학』 7, 한국어학연구회.

고창수(2013), 「정음음운학파에 대하여」, 『한국어학』 60, 한국어학회, 43~61쪽.

고창식(1966), 「국어교육과 주체성문제」, 『교육평론』 92, 교육평론사.

고형일(1996), 『근대화 정보화 그리고 한국교육』, 교육과학사.

고황경(1973), 「민족주체성과 국어순화운동」, 『문교월보』 49('73.12), 문교부 중앙교육행정연수원.

곽경(2011), 「외국어 표기를 위한 방점한글 및 세 방점한글 글꼴」, 『한국어정보학』 13(2), 한국어정보학회.

곽경(2012), 「로마니제이션 vs 코리아니제이션: 한글은 세계어의 표현에 부적합한 문자인가」, 『한국어정보학』 14(2), 한국어정보학회.

곽경(2013), 「방점 방식 한글확장안」, 확장한글표준화위원회, 『한글 세계화와 한글확장』(증보판), 미래형 한글문자판 표준포럼, 545~580쪽.

곽경(2013), 「백년 전의 한글세계화 운동과 그 진정한 방향」, 확장한글표준화위원회, 『한글 세계화와 한글확장』(증보판), 미래형 한글문자판표준포럼, 45~57쪽.

곽경(2013), 「점 하나로 모든 세계어를 한글로 표현하자」, 확장한글표준화위원회, 『한글 세계화와 한글확장』(증보판), 미래형 한글문자판 표준포럼, 359~367쪽.

곽경 외(2013), 「한글확장안의 사례별 조사 연구」, 확장한글표준화위원회, 『한글 세계화와 한글확장』(증보판), 미래형 한글문자판 표준포럼, 229~242쪽.

곽노봉(2007), 「한글 서체 명칭통일 방안 모색」, 『한글서체명칭통일 방안 모색』. 한글 서체 명칭통일추진위원회.

곽노봉·홍우기(2007), 『서론용어소사전』, 다운샘.

곽신환(1991), 『주역의 이해』, 서광사.

곽신환(2014), 『조선유학과 소강절 철학』, 예문서원.

곽신환(2016), 「훈민정음 해례에 반영된 성리학과 『주역』의 영향: 태극·음양·오행·삼재론을 중심으로」, 『儒學硏究』 37, 충남대학교 유학연구소, 29~59쪽.[1]

곽신환·윤원현·추기연 역주(2009), 『태극해의(太極解義)』, 소명출판.

---

[1] 곽신환(2016), 「훈민정음 해례에 반영된 성리학과 『주역』의 영향: 태극·음양·오행·삼재론을 중심으로」, 『훈민정음의 현대어 번역을 위한 종합적 검토』, 국립한글박물관, 21~41쪽.

교열기자회 편(1999), 『보도 용어 순화 자료집 7(1999 신문·방송)』, 한국교열
　　기자회.

교육과학기술부(2010), 『고등학교 교육과정 해설 4. 사회(역사)』, 미래엔컬처
　　그룹.

교육부(2001), 「정보 통신 언어의 순화 및 정보 윤리 교육의 학교 교육 활용
　　방안 연구」, 교육부 연구보고서.

구인모(1998), 「국문운동과 언문일치」, 『국어국문학논문집』 18, 동국대학교
　　국어국문학과, 67~80쪽.

구현정·전영옥(2005/ 2009), 『의사소통의 기법』, 박이정.

국립국어연구원(1997), 『국어의 시대별 변천·실태 연구 2: 근대국어』, 국립국
　　어연구원.

국립국어원 편(2008), 『알기 쉽게 풀어 쓴 훈민정음』, 생각의나무.

국립국어원·강신항·김주원·신상순·이상억(2008), 『(알기쉽게 풀어 쓴) 훈민
　　정음』, 생각의나무.

국립한글박물관 편(2014), 『세종대왕, 한글문화 시대를 열다: 국립한글박물관
　　개관기념 특별전』, 국립한글박물관.

국립한글박물관 편(2015), 『디지털 세상의 새 이름__코드명 D55C AE00』,
　　국립한글박물관.

국립한글박물관 편(2018ㄱ), 『훈민정음의 확장성 활용, 함께 생각합시다』(2018년
　　국립한글박물관·훈민정음학회 학술대회 발표자료집), 국립한글박물관.

국립한글박물관 편(2018ㄴ), 『훈민정음의 활용 확대 방안 검토 결과 보고서』,
　　국립한글박물관.

국사편찬위원회(1996), 『한국사 25·26·27』, 국사편찬위원회.

국어단체연합 국어문화원2)(2013), 『누구나 알아야 할 한글 이야기 10+9』,
　　문화체육관광부.

국어단체연합 국어문화원(2014), 『누구나 알아야 할 한글 이야기 3+5(A4 12단 접이형)』, 문화체육관광부.

국어단체연합 국어문화원(2015), 『누구나 알아야 할 한글 이야기(8단 접이형)』, 문화체육관광부.

국어단체연합 국어문화원(2016), 『누구나 알아야 할 한글 이야기(ㄴ폴더형)』, 문화체육관광부.

국어순화추진회(1985), 『나라글 사랑과 이해: 국어순화의 길』, 종로서적.

국어순화추진회(1989), 『우리말순화의 어제와 오늘』, 미래문화사.

국어순화추진회(1996), 『한글과 겨레문화』, 과학사.

국어연구소(1988), 『국어순화자료집』, 국어연구소.

국어정보학회 편(1996), 『세계로 한글로』(한글 반포 550돌 기념 기록영화 도록), 국어정보학회.

권근(1425년, 세종 7년), 『入學圖說』, 연세대 소장본; 권덕주 역(1974), 『入學圖說』, 을유문화사.

권보드래(2000), 『한국 근대소설의 기원』, 소명출판.

권상오(1995), 「국민학교 저학년의 언어 순화를 위한 지도 방안 연구」, 인하대학교 석사논문.

권은선(2007), 「『洪武正韻譯訓』 중국어 성모의 정·속음 대응 양상」, 『韓中言語文化硏究』 12, 韓國現代中國硏究會, 39~65쪽.

권재선(1988/ 1995년 깁고 고친판), 『깁고 고친 훈민정음 해석 연구』, 우골탑.

권재선(1992ㄱ), 『한글 연구 I』, 우골탑.

권재선(1992ㄴ), 『한글 연구 II』, 우골탑.

권재선(1994), 『바로잡은 한글: 국문자론』, 우골탑.

---

2) 2019년부터 '국어단체연합 국어문화원'은 '세종국어문화원'으로 변경.

권재선(1999), 『한글 국제음성기호 연구』, 우골탑.

권재선(2000), 「유희의 『언문지』 고찰」, 『한힌샘 주시경연구』 13, 37~68쪽.

권재선(2002), 『한글의 세계화』, 우골탑.

권재선(2013), 「한글 국제음성기호 연구」, 확장한글표준화위원회, 『한글 세계화와 한글확장』(증보판), 미래형 한글문자판 표준포럼, 493~494쪽.

권재일 외(2012~2015), 『아이마라어 한글 표기법 제정을 위한 기초자료 수집 및 DB 구축』, 한국연구재단.

권재일(1998), 『한국어 문법사』, 박이정.

권재일(2003), 「국어기본법과 국어생활 향상을 위한 제도」, 『새국어생활』 13(2), 국립국어연구원.

권재일(2018), 「주시경 선생의 우리 말글 사랑과 학문」, 『남북을 잇는 한말글 거인, '주시경·김두봉·최현배' 통합 조명 학술대회 학술 자료집』, 국어단체연합 국어문화원·외솔회, 15~28쪽.

권종성(1987), 『문자학 개요』, 평양: 과학백과사전출판사.

권혁채(1995), 「국어순화」, 『새국어생활』 5(4), 국립국어연구원, 183~189쪽.

김갑수(2003), 「국어정책과 국어기본법의 방향: 국어기본법 제지와 시안의 얼개」, 『새국어생활』 13(2), 국립국어연구원.

김경림(2020), 「다국어 표기를 위한 하이브리드 한글 디자인 가능성 연구: 영어음성기호를 기반으로 한 타이포그래피를 중심으로」, 부산대학교 석사논문.

김경석(1995), 『컴퓨터 속의 한글이야기』, 영진출판사.

김경탁(1961), 「훈민정음을 통하여 본 생성철학」, 『원광문화』 3, 원광대학교, 67~72쪽.

김경탁(1965), 「訓民正音을 通하여 본 易의 思想」, 『中國學報』 4, 한국중국학회, 59~72쪽; 김경탁(1977), 『中國哲學槪論』, 범학도서 재수록.

김경한(1977), 「국어순화 630단어에 대한 검토」, 『어문연구』 15~16, 일조각, 125~139쪽.

김경한(1981), 「국어순화에 대한 관견」, 『어문연구』 29, 일조각.

김경현(1994), 「역사연구와 시대구분」, 『한국학연구』 1, 단국대학교 한국학연구소, 25~61쪽.

김계곤(1994), 『우리말·글은 우리얼을 담는 그릇이니』, 어문각.

김광수(2016), 「중국의 훈민정음 연구 성과와 전망: 중국에서의 훈민정음 연구사」, 『훈민정음 연구의 성과와 전망 II』(2016년 국립한글박물관 훈민정음 연구 학술대회 자료집), 국립한글박물관, 69~100쪽.

김광옥(1999), 「소리 말의 문자화와 한글의 국제정음기호로서의 가능성」, 『한국커뮤니케이션학』 7, 한국커뮤니케이션학회, 357~373쪽.

김광해(1991), 「훈민정음과 불교」, 『인문학보』 12, 강릉대학교 인문과학연구소.

김광해(1993), 「국어사의 시대구분과 국어 어휘사」, 국어사 자료와 국어학의 연구, 『안병희 선생 회갑기념 논총』, 문학과지성사.

김광해 외(1999), 『국어지식탐구: 국어교육을 위한 국어학개론』, 박이정.

김구룡(2015), 「훈민정음 28자모를 이용한 일본어 발음 정밀표기 방안 연구」, 『한국어정보학회 세미나 자료집』, 한국어정보학회.

김구룡(2016), 「훈민정음 28자모를 이용한 한국어 발음 정밀표기 방안 연구」, 『한국어정보학회 추계학술세미나 자료집』, 한국어정보학회.

김구룡(2017), 「확장한글을 이용한 영어발음 정밀표기 방안 연구」, 『한국어정보학회 2017 전반기학술대회 자료집』, 한국어정보학회.

김구룡(2017), 「훈민정음 28자모를 이용한 한글국제음성문자」, 『한국어정보학회 추계학술세미나 자료집』, 한국어정보학회.

김구룡·김슬옹(2018), 「발음기호로서의 훈민정음 활용 방안 검토: 자음자 KPA 관련 기존 업적을 중심으로」, 『훈민정음의 확장성 활용, 함께 생각합

시다』(2018년 국립한글박물관·훈민정음학회 학술대회 발표논문집), 국
　　립한글박물관·훈민정음학회, 31~64쪽.

김국(2009), 「한글 문자 집합 및 개선 방향」, 『한국어정보학』 11(1), 한국어정
　　보학회, 35~47쪽.

김국(2012), 「정보화 시대의 진전에서 세계문자를 위한 한글확장 표기」, 『한국
　　어정보학』 14(1), 한국어정보학회.

김국(2013), 「세계문자화를 위한 한글확장 표기」, 확장한글표준화위원회, 『한
　　글 세계화와 한글확장』(증보판), 미래형 한글문자판 표준포럼, 85~102쪽.

김국(2013), 「연서와 정치음 방식에 의한 한글확장 표기」, 확장한글표준화위
　　원회, 『한글 세계화와 한글확장』(증보판), 미래형 한글문자판 표준포럼,
　　247~253쪽.

김권정(2015), 『헐버트: 한국인보다 한국을 더 사랑한 미국인』, 역사공간.

김근수(1961), 『국어학 신강』, 청록출판.

김기택(2000), 「방송언어의 오용 실태와 언어교육: 음운과 어휘를 중심으로」,
　　인천대학교 석사논문.

김낙중 편(2019), 『한글 디자인: 형태의 전환』(3회 한글실험프로젝트 전시용
　　도록), 국립한글박물관.

김남돈(1999), 「훈민정음 창제 동기와 목적에 관한 국어학사적 고찰」, 『한국초
　　등교육』 41, 서울교육대학교, 27~51쪽.

김대영(2013), 「발성기관 모양따기에 따른 최소한의 확장한글안」, 확장한글
　　표준화위원회, 『한글 세계화와 한글확장』(증보판), 미래형 한글문자판
　　표준포럼, 417~419쪽.

김대영·안재영(2013), 「한글확장자모 제안」, 확장한글표준화위원회, 『한글
　　세계화와 한글확장』(증보판), 미래형 한글문자판 표준포럼, 369~371쪽.

김대행(2002), 「방송언어문화의 현황과 대안」, 『방송언어 사용 실태 및 개선방

안 연구』, 방송위원회.

김동빈(2010), 「창제 당시 한글 디자인 철학에 나타난 숭고미」, 『디자인학연구』 91, 한국디자인학회, 347~356쪽.

김동빈(2019), 「미와 도덕성의 관계 개념으로 본 한글의 디자인적 공공성」, 『우리어문 연구』 63, 우리어문학회, 221~249쪽.

김동소(1997), 「한국어 역사의 시대구분에 관한 연구」, 『국어국문학』 118, 국어국문학회, 19~31쪽.

김동소(2007), 『한국어의 역사』, 정림사.

김동언 편(1993), 『국어를 위한 언어학』, 태학사.

김동언(2021), 『한글문화사』, 박이정.

김동진(2010), 『(파란 눈의 한국 혼) 헐버트』, 참좋은친구.

김동진(2011), 「개화 초창기 한글문화 자강 활동에서 헐버트(1863~1949) 박사의 역할과 업적」, 『한국어정보학』 13(1), 한국어정보학회, 1~15쪽.

김동진(2019), 『(헐버트의 꿈) 조선은 피어나리!』, 참좋은친구.

김동진(2020), 「헐버트의 생애와 『사민필지』」, 『한글로 세계를 바라보다, 지리 교과서 사민필지』, 국립한글박물관, 360~371쪽.

김두식(2008), 『한글 글꼴의 역사: 15세기~19세기 활자본 및 목판본을 중심으로』, 시간의물레.

김만곤(1991), 「교통 외래어 순화 공감」, 조선 0711: 9.

김만태(2011), 『한국 사주명리 연구』, 민속원.

김만태(2012), 「훈민정음의 제자원리와 역학사상: 음양오행론과 삼재론을 중심으로」, 『철학사상』 45, 서울대학교 철학사상연구소, 55~94쪽.

김명수(2013), 「유니코드와 확장한글」, 확장한글표준화위원회, 『한글 세계화와 한글확장』(증보판), 미래형 한글문자판 표준포럼, 255~261쪽.

김명자(1997), 「한글 서예자, 서체 명칭에 관한 연구」, 단국대학교 석사논문.

김명호(2005), 『한글을 만든 원리: 누구나 아는 한글 아무나 모르는 음양오행』, 학고재.

김무림(1991), 「洪武正韻譯訓의 音韻論的 연구」, 고려대학교 박사논문.

김무림(1995), 「국어사의 시대구분과 격음·경음의 발달」, 『태릉어문연구』 5· 6. 서울여자대학 국어국문학회, 43~60쪽.

김무림(2004), 『국어의 역사』, 한국문화사.

김문구·박종현(2012), 『주요국의 IT융합정책 현황과 우리나라의 대응방향 IT R&D 정책동향』, 정보통신산업진흥원.

김문오(2001), 「국어 순화: 법령문의 순화(1~5)」, 『새국어소식』 37~41, 한국어 세계화재단·국립국어연구원.

김문오 외(2013), 「'11년~'12년 국어 발전과 보전에 관한 시책 및 시행 결과 보고서」, 문화체육관광부.

김문창(1998), 「외래어 표기와 언어 순화」, 『어문회보』 26, 한국어문회.

김미형(2004), 「한국어 언문일치의 정체는 무엇인가?」, 『한글』 265, 한글학회, 171~199쪽.

김민겸(2013), 「한글고어(옛한글)을 이용한 확장표기 방법 및 표시방법」, 확장 한글표준화위원회, 『한글 세계화와 한글확장』(증보판), 미래형 한글문자 판 표준포럼, 263~272쪽.

김민배(1993), 「정치판 언어 순화합시다」, 조선 0410: 3.

김민수(1964), 『신국어학사』, 일조각.

김민수(1973/ 1984), 『국어정책론』, 탑출판사.

김민수(1982), 『新國語學史(全訂版)』, 일조각.

김민수(1988), 「국어순화의 현실과 전망」, 『국어생활』 14, 국어연구소.

김민수(2004), 「훈민정음 창제와 최항: 그 새로운 사실의 규명을 위하여」, 『새국어생활』 14(3), 국립국어연구원, 105~114쪽.

김민수 외(1997), 『외국인의 한글 연구』, 태학사.

김병국(2001), 『서포 김만중의 생애와 문학』, 서울대학교 출판부.

김병만(1976), 「국어순화운동의 필요성」, 『전남교육』 74, 전남교육사.

김병욱(2009), 「위기의 언어들과 저항, 그리고 유네스코」, 『한국프랑스학논집』 67, 한국프랑스학회, 1~40쪽.

김병제(1946), 「한글운동의 새과제」, 『한글』 11(2), 한글학회.

김보근(2002), 「韓國과 日本의 言文一致運動: 근대의 언문 일치 운동을 중심으로」, 『日本學報』 50, 한국일본학회, 1~12쪽.

김상규 외(2010), 「방송언어 오남용 실태개선을 위한 모범적 방송사례발굴과 제안」, 방송문화진흥회.

김상근(2013), 「합자 방식 한글확장안」, 확장한글표준화위원회, 『한글 세계화와 한글확장』(증보판), 미래형 한글문자판 표준포럼, 581~617쪽.

김상근(2013), 「확장한글용 미래형 한글문자판」, 확장한글표준화위원회, 『한글 세계화와 한글확장』(증보판), 미래형 한글문자판 표준포럼, 529~544쪽.

김상돈(1984), 「국어사의 시대구분론」, 『논문집』 2, 부산외국어대학교, 457~472쪽.

김상준(2002), 「방송언어 연구: 해방 이후의 보도언어 변천 과정」, 『방송 21』, 방송위원회.

김상현(1996), 「인터넷 영어 독점을 깨라」, 『NEWS+』, 동아일보사, 7월 18일자.

김석득(1973), 「한국어 研究史에 나타난 東洋哲學: 18世紀를 中心으로」, 『성곡논총』 4, 성곡학술문화재단, 111~150쪽.

김석득(1974), 「『한글갈』・없어진 글자의 상고: 음운론적 입장에서」, 『나라사랑』 14, 외솔회, 127~151쪽.

김석득(2002), 『외솔 최현배 학문과 사상』, 연세대학교 출판부.

김석득(2009), 『(개정판) 우리말 연구사』, 태학사.

김석득(2009), 『우리말 연구사: 언어관과 사조로 본 발전사』, 태학사.

김석득(2011), 「최소의 최대 생성의 끈 이론: 한글의 우리 있음과 국제화에
　　관련하여」, 『인문논총』 21, 서울여자대학교 인문과학연구소, 5~33쪽.

김석연(1993), 「정음 사상의 재조명과 부흥」, 『한글』 219, 한글학회, 155~217쪽.

김석연(1997), 「한국 문화의 삼자산: 세종·훈민정음·정음사상(그 문화사적
　　위상의 바른 이해와 문화적 공헌을 위해서)」, 『제6회 국제 한국어 학술대
　　회 발표 논문집』, 한글학회, 281~287쪽.

김석연(1997), 「훈민정음의 음성과학적·생성적 보편성에 대하여: 한국어교
　　육의 세계화 시대는 훈민정음의 재조명과 부흥책을 촉구한다」, 『교육한
　　글』 10, 한글학회, 181~207쪽.

김석연(2007), 「훈민정음이 누리글이다」, 『한글』 272, 한글학회, 5~60쪽.

김석연(2013), 「21세기 전지구적 표기체계: 누리글」, 확장한글표준화위원회,
　　『한글 세계화와 한글확장』(증보판), 미래형 한글문자판 표준포럼, 273~
　　297쪽.

김석연(Sek Yen Kim-Cho, 2001), *The Korean Alphabet of 1446*, Seoul: Asea
　　Culture Press.

김석연·송용일(2000), 「훈민정음의 재조명과 조음 기관의 상형 관계」, 『한국
　　어 정보학』 2, 한국어정보학회, 57~66쪽.

김석향(2005), 「북한의 우리말 다듬기 어떻게 보아야 하는가?」, 『새국어생활』
　　15(1), 국립국어원, 59~74쪽.

김석환(2010), 『훈민정음의 이해』, 박이정.

김선기(1932), 「한글학의 선구 주시경선생」, 『동광』 35, 동광사, 50~53쪽.

김선기(1977), 「국어운동 한글학회의 발자취」, 『나라사랑』 26, 외솔회.

김선영(2009), 『창의성 개발을 위한 디자인교육 콘텐츠: 융합집중형 디자인교
　　육과 디자이너의 창의성』, 집문당.

김선철(2009), 「국어순화의 개념과 방향 설정에 대하여」, 『사회언어학』 17(2), 한국사회언어학회, 1~23쪽.

김성대(1977), 「국어운동과 사전의 문제」, 『나라사랑』 26, 외솔회.

김성배(1976), 「국어교육과 주체성교육: 국어의 현실과 순화방안」, 『교육평론』 211, 교육평론사.

김성배(1977), 「우리말의바른표기와국어순화」, 『정훈』 38, 국방부 정훈국.

김성배(1978), 「한글의우수성과국어순화」, 『정훈』 58, 국방부.

김성배(1980), 「국어순화교육의당면과제」, 『교육문제연구』 1, 동국대학교 교육문제연구소, 11~35쪽.

김성배(1981), 「국어순화교육의 현황과 진단」, 『수도교육』 66, 서울특별시 교육연구원.

김성배(1981), 「어문정책과 국어순화운동」, 『나라사랑』 38, 외솔회, 14~36쪽.

김성범(2003), 「훈민정음 창제 원리에 관한 易哲學的 고찰」, 충남대학교 석사논문.

김세한(1974), 『주시경전』, 정음사.

김세환(2013), 「새 정음 해설」, 확장한글표준화위원회, 『한글 세계화와 한글확장』(증보판), 미래형 한글문자판 표준포럼, 421~429쪽.

김세환(2017), 『바른 소리 글』, 백암.

김송원(1985), 「訓民正音易理의 言語學的 資質論: 중성의 제자원리를 중심으로」, 건국대학교 석사논문.

김수업(2000), 『국어교육의 길』, 나라말.

김수업(2002), 『배달말꽃: 갈래와 속살』, 지식산업사.

김수열(2005), 「'국어'의 뜻넓이와 유래」, 『자하어문논집』 19, 상명어문학회.

김슬옹(1985), 「우리식 한글화와 제2의 의식혁명」, 『한글새소식』 151, 한글학회, 23~25쪽.

김슬옹(1992), 「정보화 시대에서의 한글 운동의 방향」, 『한글새소식』 236, 한글학회.

김슬옹(1995), 「통신언어 담론」, 『성대 신문』 1174, 1995년 10월 23일, 5쪽.

김슬옹(1996ㄱ), 「한국인의 훈민정음과 삼성전자의 훈민정음」, 『함께여는 국어교육』 29, 전국국어교사모임.

김슬옹(1996ㄴ), 「우리말 컴퓨터처리 국제학술대회 3년 결산」, 『등불』 10, 국어정보학회.

김슬옹(2003), 「학생 한글운동의 회고」, 『말과 글』 97, 한국어문교열기자협회.

김슬옹(2004ㄱ), 「조선시대 諺文의 비칭성과 통칭성 담론」, 『겨레어문학』 33, 겨레어문학회, 5~30쪽.

김슬옹(2004ㄴ), 「통일시대 코리안 내부 명칭 제안, ICMIP 2004」, 조선과학기술총연맹·중국조선어신식학회·(사)국어정보학회·중국 심양 금화원 호텔(12.19~12.23).

김슬옹(2005ㄱ), 「『조선왕조실록』의 한글 관련 기사를 통해 본 문자생활 연구」, 상명대학교 박사논문.

김슬옹(2005ㄴ), 『조선시대 언문의 제도적 사용 연구』, 한국문화사.

김슬옹(2005ㄷ), 「언어 분석 방법론으로서의 담론학 구성 시론」, 『사회언어학』 13(2), 한국사회언어학, 43~68쪽.

김슬옹(2006ㄱ), 「고종의 국문에 관한 공문식 칙령 반포의 국어사적 의미」, 『우리글에 스민 외래·번역 말투』(한겨레말글연구소 2회 학술발표회 자료집), 한겨레말글연구소(www.hanmalgal.org), 33~54쪽; 목원대학교 편(2006), 「해방 60년」, 『한국어문과 일본』, 보고사, 215~255쪽 재수록.

김슬옹(2006ㄴ), 「'훈민정음'의 명칭 맥락과 의미」, 『한글』 272, 한글학회, 165~196쪽.

김슬옹(2007), 「'훈민정음' 문자 만든 원리와 속성의 중층 담론」, 『한민족문화연구』 21, 한민족문화학회, 95~135쪽.

김슬옹(2008), 「세종과 소쉬르의 통합언어학적 비교 연구」, 『사회언어학』 16(1), 한국사회언어학회, 1~23쪽; 김슬옹(2010), 「11장 세종과 소쉬르의 통합언어학적 비교」, 『세종대왕과 훈민정음학』, 지식산업사, 404~439쪽 재수록.

김슬옹(2008), 「외래어 표기법의 된소리 표기 허용에 대한 맥락 잡기」, 『새국어생활』 18(4), 국립국어원.

김슬옹(2009), 『담론학과 언어분석: 맥락·담론·의미』, 한국학술정보(주).

김슬옹(2010ㄱ), 『세종대왕과 훈민정음학』, 지식산업사.

김슬옹(2010ㄴ), 「국어교육 내용으로서의 '맥락' 연구」, 동국대학교 박사논문.

김슬옹(2010ㄷ), 「세종의 '훈민정음' 관점으로 본 외솔의 한글운동론: 외솔의 한글운동은 정음운동이다」, 『나라사랑』 118, 외솔회, 152~172쪽.

김슬옹(2011ㄱ), 「국어교육을 위한 근대국어 시대 구분론」, 『사회언어학』 19(2), 한국사회언어학회, 85~106쪽; 김하수 엮음(2014), 『문제로서의 언어』 4, 커뮤니케이션북스, 90~116쪽 재수록.

김슬옹(2011ㄴ), 「다목적 통합형 '또물또' 발문 모형 설정론」, 『국어교육』 134, 한국어교육학회, 303~332쪽.

김슬옹(2011ㄷ), 「조선시대 문학 텍스트가 훈민정음 사용과 발달에 끼친 영향과 의미: 국어생활사 기술을 위하여」, 『교과서 텍스트에 대한 통시적 이해』(한국텍스트언어학회 2011년도 춘계학술대회 자료집), 한국텍스트언어학회, 80~122쪽.

김슬옹(2012/ 2015), 『조선시대의 훈민정음 발달사』, 역락.

김슬옹(2012ㄱ), 『맥락으로 통합되는 국어교육의 길찾기』, 동국대학교 출판부.

김슬옹(2012ㄴ), 「조선시대의 훈민정음 공식문자론」, 『한글』 297, 한글학회, 205~234쪽.

김슬옹(2012ㄷ), 「한글 우수성, 과학성, 독창성에 대한 통합 연구」, 『문법교육』 16, 문법교육학회, 37~82쪽.

김슬옹(2013ㄱ), 『한글 우수성과 한글 세계화』, 한글파크.

김슬옹(2013ㄴ), 「쉬운 언어 문제는 소통과 인권과 경제와 정치의 문제」, 피터 로드니·에바 올롭손·베네딕트 마다니에·이건범·이상규·김슬옹·김혜정 ·이현주·김영명, 『쉬운 언어 정책과 자국어 보호 정책의 만남』, 피어나, 95~114쪽.

김슬옹(2013ㄷ), 「최초의 한글 전용 교과서를 펴낸 외국인 헐버트」, 『말과 글』 134, 한국어문기자협회.

김슬옹(2013ㄹ), 「한글 세계화의 세종식 전략」, 확장한글표준화위원회, 『한글 세계화와 한글확장』(증보판), 미래형 한글문자판 표준포럼, 467~489쪽.

김슬옹(2013ㅁ), 『한글을 지킨 사람들』, 아이세움.

김슬옹(2014ㄱ), 「세종의 '정음 문자관'의 맥락 연구」, 『한말연구』 35, 한말연 구학회, 5~45쪽.

김슬옹(2014ㄴ), 「세종과 들뢰즈의 언어관」, 『세계문자심포지아 2014: 문자생 태계, 그 100년 후를 읽는다』(세계문자연구소 1회 국제학술대회(10.24~ 26) 발표자료집), 세계문자연구소.

김슬옹(2014ㄷ), 「한글학의 특성과 내용 구성 원리」, 『한국어학』 64, 한국어학 회, 35~58쪽.

김슬옹(2014ㄹ), 「〈한글의 풍경〉(최범)에 대한 토론문」, 『나라사랑』 123, 외솔 회, 124~133쪽.

김슬옹(2015ㄱ, 강수현 그림), 『누구나 알아야 할 훈민정음』(한글이야기 28), 글누림.

김슬옹(2015ㄴ), 『훈민정음(훈민정음 해례본 간송본 해제)』, 교보문고.

김슬옹(2016ㄱ), 「훈민정음 해례본에 나타난 삼조화 문자관」, 『44회 한말연구학회 전국학술대회 자료집(7.15)』, 한말연구학회, 1~12쪽.

김슬옹(2016ㄴ), 「『훈민정음』 해례본에 나타난 융합 문자관」, 『Korean, Corpus and Complex Knowledge(한국어, 말뭉치 그리고 복합지식』, August 12, 2016 Yanbian University, Information Center of the Korean Language and Characters Conference Room(한중 공동 학술대회), 93~116쪽.

김슬옹(2016ㄷ), 「신경준, 『운해훈민정음[邸井書]』의 정음 문자관」, 『한말연구』 39, 한말연구학회, 5~40쪽.

김슬옹(2016ㄹ), 「천 개의 강에 떠오른 부처님 말씀과 세종의 꿈: 『월인천강지곡』의 불교사적 의미와 가치」, 『훈민정음(한글)과 불교』(훈민정음 반포(1446) 570주년 특별기획 세미나 자료집), (사)한국불교학회·대한불교조계종교육원불학연구소, 한국불교역사문화기념관 국제회의장(10.5), 135~176쪽.

김슬옹(2017/ 2023), 『훈민정음 해례본 입체강독본』(개정증보판), 박이정.

김슬옹(2017ㄱ), 「『훈민정음』 오행 방위와 수리 배치에 대한 통합적 연구」, 『2016년도 겨울 국어사학회 전국학술대회 자료집(1.11)』, 국어사학회, 53~76쪽.

김슬옹(2017ㄴ), 『한글혁명』, 살림터.

김슬옹(2017ㄷ), 「세종, 수학으로 문화·과학 강국의 초석을 놓다」, 『영웅』 22, 꼬레아우라, 88~98쪽.

김슬옹(2018ㄱ), 「『훈민정음』 한글 표기 문자론」, 『한국문법교육학회 28차 전국학술대회 자료집』, 한국문법교육학회, 132~173쪽.

김슬옹(2018ㄴ), 「국어기본법의 역사적 의미와 과제」, 『국어기본법 13년, 그 성과와 과제』(2018 국립국어원 국어 정책 관련 학술행사자료집), 국어단체연합국어문화원, 8~29쪽.

김슬옹(2018ㄷ), 「서울특별시 차별어 순화의 발전적 확산을 위하여」, 『2018

한글주간행사 차별적 언어 학술토론회』, 이화여자대학교 국어문화원, 9~23쪽.

김슬옹(2018ㄹ), 「한글 융합교육 '교수－학습' 안에 대한 연구」, 『한글』 320, 한글학회, 459~498쪽.

김슬옹(2018ㅁ), 「한글날 배포 소책자 제작 과정과 교육적 의의」, 『문법 교육』 33, 한국문법교육학회, 31~70쪽.

김슬옹(2019ㄱ), 『한글교양』, 아카넷.

김슬옹(2019ㄴ), 「서울특별시 차별어 순화어의 확산을 위한 주요 방안: 국어 진흥운동 차원에서」, 『공공언어학』 1, 한국공공언어학회.

김슬옹(2020ㄱ), 「『훈민정음』 해례본체와 언해본체의 기원성과 명명의 가치」, 『부산외솔회지』 11, 부산외솔회.

김슬옹(2020ㄴ), 『조선시대 여성과 한글 발전』, 역락.

김슬옹(2020ㄷ), 「『훈민정음』 해례본의 역주 방법론 정립에 관한 연구」, 연세 대학교 박사논문.

김슬옹(2021ㄱ), 「'훈민정음은 한자의 발음기호' 주장에 담긴 불순한 의도」, 『오마이뉴스(ohmynews.com)』, 2021.10.29.

김슬옹(2021ㄴ), 「세계 한글문학과 한글교육의 방향: 문학과 한글교육의 만남」, 『PEN』 164(11·12월호), 국제PEN한국본부.

김슬옹(2022ㄱ), 「한글 융합적 가치에 기반한 한글 산업화 특징과 전망」, 『한 글 한류시대 한글 산업화 전략 모색 학술대회』(자료집), (사)국어문화원 연합회, 10~39쪽.

김슬옹(2022ㄴ), 「헐버트(Hulbert), "The Korean Language(1889)"의 한국어사· 한국어학사적 의미」, 『한글』 337, 한글학회.

김슬옹(2023), 『길에서 만나는 한글』, 마리북스.

김슬옹 글, 이승원 그림(2022), 『아빠가 들려주는 한글이야기』, 한솔수북.

김슬옹 엮음(2015), 『훈민정음(언문·한글) 논저·자료 문헌 목록』, 역락.

김슬옹·강수현 글, 강혜숙 그림(2021), 『위대한 세종 한글 1~5』, 한울림어린이.

김슬옹·김응(2016), 『역사를 빛낸 한글 28대 사건』, 아이세움.

김슬옹·김응(2017), 『한글 대표 선수 10+9』, 창비.

김승권(2015), 『사람이 하늘과 땅을 품는다: 훈민정음 해례본』, 한울벗.

김승일 옮김(1997), 『세계의 문자』, 범우사.

김승호(1993), 「국어순화의 새 모습과 생각할 점」, 『말과글』 54, 한국교열기자회.

김양동(1993), 「관인에 나타난 한글의 문자 형태에 대한 고찰」, 『한글 서예
큰잔치 학술강연회 자료』.

김양진(1999), 「일제하 한글 보급운동의 전개 양상」, 『순국』 101, 순국선열유
족회.

김양진(2015), 「일음양오행(一陰陽五行)과 훈민정음(訓民正音)」, 『국어학』 74,
국어학회, 57~102쪽.

김양진(2016), 「'象形'과 '訓民正音'」, 『우리말연구』 46, 우리말학회.

김영미(2015), 「훈민정음·정음·언문의 명칭 의미」, 『인문과학연구』 44, 강원
대학교 인문과학연구소.

김영욱 외(2019), 『한글문화 지식 사전 편찬 계획 수립』, 국립한글박물관.

김영준(2013), 「실용적인 왜국어한글표기법」, 확장한글표준화위원회, 『한글
세계화와 한글확장』(증보판), 미래형 한글문자판 표준포럼, 507~508쪽.

김영채 외(2003), 『교과문제 중심의 창의력 개발 프로그램: 모형의 개발과
현장적용』, 한국 학술진흥재단 연구 보고서 2002-030-B00007.

김영환(1987), 「'해례'의 중세적 언어관」, 『한글』 198, 한글학회.

김영환(1995), 「말다듬기, 무엇이 문제인가」, 『말과글』 63, 한국교열기자회.

김영환(2000), 「한글만 쓰기 운동을 어떻게 볼 것인가」, 『말과 글』 84, 한국교
열기자협회.

김영환(2007), 「한글 사랑 운동의 역사적 성격과 그 앞날」, 『한글』 276, 한글
학회.

김영환(2008), 「한글 사랑운동과 한자교육은 조화를 이룰 수 있는가: 민현식
님의 '교과서 개발자들께 드리는 긴급제언'에 대한 반론」, 『말과 글』 117,
한국어문교열기자협회.

김영황(1978), 『조선민족어발전력사연구』, 평양: 과학·백과사전출판사.

김영황(1997), 『조선어사』, 평양: 김일성종합대학출판사.

김영희(1976), 「중학교 국어순화운동의 실제」, 『어문연구』 12, 일조각.

김영희(2006), 「한글 서체 분류 체계 연구」, 경기대학교 석사논문.

김오식(2013), 「한글발음 문자의 훈글 계발과 한글 세계화의 기반구축」, 확장
한글표준화위원회, 『한글 세계화와 한글확장』(증보판), 미래형 한글문자
판 표준포럼, 103~121쪽.

김완진(1972), 「세종대의 어문정책에 대한 연구」, 『성곡논총』 3, 성곡학술재
단, 185~215쪽.

김완진(1983), 「한국어 문체의 발달」, 이기문 외, 『한국어문의 제문제』, 일지
사, 229~254쪽.

김완진(1984), 「훈민정음 제작의 목적」, 김민수·고영근·이익섭·심재기 공편,
『국어와 민족문화』, 집문당, 261~268쪽.

김완진(1996), 「세종대의 언어 정책에 대한 연구」, 『음운과 문자』, 신구문화사,
335~337쪽.

김용성(2013), 「복합 방식 한글확장안」, 확장한글표준화위원회, 『한글 세계화
와 한글확장』(증보판), 미래형 한글문자판 표준포럼, 619~653쪽.

김용성(2013), 「태극한글이 우리 고유의 진짜 한글」, 확장한글표준화위원회,
『한글 세계화와 한글확장』(증보판), 미래형 한글문자판 표준포럼, 431~
437쪽.

김우석(1991), 「일본어투 행정 용어 고친다/ 문화부 '행정 용어 순화위' 설치 운영」, 중앙 0805: 157.

김우성(2012), 「볼리비아 아이마라어 표기법의 변천 과정에 관한 고찰」, 『스페인라틴아메리카연구』 5(2).

김윤경(1938/ 1948), 『한국문자급어학사』, 동국문화사; 『한결 김윤경전집 1: 조선문자급어학사』, 연세대학교 출판부, 1985.

김윤경(1955), 「훈민정음의 장점과 단점」, 『자유문학』 1(2), 자유문학자협회, 89~97쪽.

김윤경(1985), 『한결 김윤경전집 5: 한글 운동 그 밖』, 연세대학교 출판부.

김윤현(2006), 「우리시대 한글 지킴이: 한글학회 선도…90년대후 시민이 주도: 국어순화연구소 이수열 소장·작고한 이오덕 헌신, 으뜸 지킴이는 '백성'」, 『주간한국』 2143, 한국일보사.

김은미 외(2014), 「공공외교와 해외 한국어교육: 인도네시아 사례를 중심으로」, 한국정책학회 동계학술대회 발표논문집.

김은재(2019), 「제3회 한글실험프로젝트 〈한글디자인: 형태의 전환〉을 기획하며」, 김낙중 편, 『한글디자인: 형태의 전환』(3회 한글실험프로젝트 전시도록), 국립한글박물관, 8~19쪽.

김응현(1983), 『동방 국문서법』, 동방 연서회.

김익수(1986), 「朱子의 易學과 訓民正音 創制와의 關聯性 硏究」, 『경기어문학』 7, 경기대학교 인문대학 국어국문학회, 271~295쪽.

김인선(1991), 「갑오경장 전후 개화파의 한글 사용: 독립신문에서의 한글전용 배경」, 『주시경학보』 8, 주시경연구소.

김인선(1994), 「갑오경장 전후의 국문 사용 논쟁: 그 논의를 시작한 인물들을 중심으로」, 『새국어생활』 4(4), 국립국어연구원, 3~32쪽.

김인선(1999), 「개화기 이승만의 한글 운동 연구」, 연세대학교 박사논문.

김인호(2005), 『조선인민의 글자생활사』, 과학백과사전출판사.

김인화(1992), 「정서 순화와 발표력 신장을 위한 독서 지도 방안」, 『봉죽헌박
　　봉배선생정년기념논문집』, 교학사.

김일권(2015), 「주역과 천문의 결합, 괘기상수역론 고찰」, 『도교문화연구』
　　43, 한국도교문화학회, 371~399쪽.

김일근(1959), 『이조어필언간집』, 신흥출판사.

김일근(1961), 「仁穆大妃 述懷文의 紹介와 몇 가지 問題」, 『국어국문학』 23,
　　국어국문학회.

김일근(1986), 「政法文書의 한글 實用攷: 한글 古文書學 序說」, 『諺簡의 研究:
　　한글書簡의 研究와 資料集成』, 건국대학교 출판부, 306~332쪽.

김일근(1991), 「한글 서체 변천의 개관」, 『한국 서예 변천전 도록』, 예술의전
　　당, 161~163쪽.

김일환(1976), 「국교생의 국어 순화 방안: 학교에서의 국어순화 교육」, 『교육
　　평론』 213, 교육평론사.

김재순(1995), 「일제의 공문서 제도 장악과 운용의 실제」, 『한국문화』 16,
　　서울대학교 한국문화연구소.

김재원(2010), 「세계 속의 한글의 위상을 위한 몇 가지 고찰」, 『영상문화』 15.

김재찬(2013), 「스마트한글」, 확장한글표준화위원회, 『한글 세계화와 한글확
　　장』(증보판), 미래형 한글문자판 표준포럼, 439~443쪽.

김정대(2004), 「외국 학자들의 한글에 대한 평가 연구: 서구학자들을 중심으
　　로」, 『국어학』 43, 국어학회, 330~348쪽.

김정수(1982), 「한글의 개발을 위한 연구: 한글 풀어쓰기와 한글 음성 기호」,
　　『한글』 177, 한글학회, 133~177쪽.

김정수(1990), 「글틀 〈한글〉에서 정밀 구제 음성 기호 쓰기」, 『말소리』 19~20,
　　대한음성학회, 29~32쪽.

김정수(1990), 『한글의 역사와 미래』, 열화당.

김정수(2006), 「1443년에 세종이 손수 훈민정음을 만들었다」, 『주간조선』 1925, 조선일보사, 70~74쪽.

김정수(2016), 「한글 닿소리 낱자 이름의 남북 통일안」, 『한글새소식』 527, 한글학회, 8~9쪽.

김종덕(2001), 「전자음성사전 구축을 위한 한글에서 IPA 기호로의 자동전사 연구」, 『사전편찬학 연구』 11(2), 연세대학교 언어정보개발연구원, 127~ 145쪽.

김종락(2001), 「토착언어의 소멸」, 『녹색평론』 58, 녹색평론사.

김종미(2009), 「한글, 한국말, 한국 교육의 세계화에 대한 실용주의 언어교육 론 소고」, 『한국어정보학』 11(1), 한국어정보학회, 8~11쪽.

김종택(1975), 「선조대왕 언교고」, 『국어교육논지』 3, 대구교육대학교 국어교 육연구회.

김종택(1976ㄱ), 「한글의 문자론적 위상: 그 개선점을 중심으로」, 간행위원회 편, 『한국어문논총』(우촌 강복수 박사 회갑 기념 논문집).

김종택(1976ㄴ), 「현대국어의 제반 병리와 그 치유: 국어순화와 언어교육」, 『교대춘추』 10, 대구교육대학.

김종택(1985), 「한글은 문자 구실을 어떻게 해왔나」, 『건국어문학』 9·10(覓南 金一根 博士 華甲紀念 語文學論叢), 형설출판사, 859~868쪽.

김종훈 외(1998), 『韓國語의 歷史』, 대한교과서.

김주원(2009), 「한글 나눔의 진정한 의미」, 『중앙일보』, 2009.10.19.

김주원(2013), 『훈민정음: 사진과 기록으로 읽는 한글의 역사』, 민음사.

김주필(2007), 「19世紀 末 國漢文의 性格과 意味」, 『震檀學報』 103, 震檀學會, 193~218쪽.

김주필(2012), 「'訓民正音'의 性格과 '轉換'의 意味」, 『어문학논총』 31, 국민대

학교 어문학연구소, 1~30쪽.

김주필(2013), 「'한글'(명칭) 사용의 역사적 배경과 특징」, 『泮橋어문연구』 35, 泮橋語文學會, 35~64쪽.

김중섭(2009), 『한글의 세계화: 그 가능성과 미래』(박선영의원 주최 18회 정책 세미나 자료집), 박선영 의원실.

김지우(2004), 「방송 언어에 나타난 오용 사례와 개선 방안」, 홍익대학교 석사 논문.

김진우(1988), 『言語小典: 김진우 論文集 Sojourns in Language Ⅰ~Ⅱ』, 탑출판사.

김진평(1983/ 1998/ 2019 재발행), 『한글의 글자표현』, 미진사.

김창섭(1991), 「북한의 '말다듬기' 이론과 '다듬은 말'」, 『주시경학보』 7, 주시 경연구소.

김충현(1973), 『서예 완성』, 시청각교육사.

김충회(1989), 「현행 KS완성형 한글 코드의 문제점」, 『국어생활』 18, 국어연구소.

김하수(2005), 「국어순화의 문제점과 극복의 길」, 『새국어생활』 15(1), 국립국 어원, 19~35쪽.

김하수(2010), 「한글의 사회문화사적 함의」, 『인문과학』 91, 연세대학교 인문 학연구원, 109~123쪽.

김하수(2011), 「국어순화의 비판적 대안」, 『새국어생활』 21(2), 국립국어원, 123~136쪽.

김하수 엮음(2014), 『문제로서의 언어 4』, 커뮤니케이션북스.

김하진(2013), 「한글 자판의 국제 표준 제정」, 확장한글표준화위원회, 『한글 세계화와 한글확장』(증보판), 미래형 한글문자판 표준포럼, 79~84쪽.

김하진(2013), 「한글의 국제 표준화와 자판의 표준화」, 확장한글표준화위원 회, 『한글 세계화와 한글확장』(증보판), 미래형 한글문자판 표준포럼, 69~77쪽.

김현 외(2008), 『한글문화관 건립 방향』, 한국문화관광연구원.

김현(1977), 「한글 운동의 문학적 의미」, 『나라사랑』 26, 외솔회.

김형규(1962), 『국어사연구』, 일조각.

김형규(1975), 『國語史槪論』, 일조각.

김형길(2005), 「한국인의 관점에서 본 프랑스의 국어운동」, 『국어교육』 117, 한국어교육학회, 69~92쪽.

김형주(1996), 『우리말 발달사』, 세종출판사.

김혜숙(1992), 『언어와 삶』, 태학사.

김혜숙(1995), 「성봉 김성배 박사의 '국어교육': 한글 전용과 국어 순화에 대하여」, 『동국어문학』 7, 동국대학교, 1~14쪽.

김혜숙(1996), 「성봉이 이룬 국어교육의 이론과 실제: 한글전용과 국어순화를 중심으로」, 『교육한글』 9, 한글학회, 25~42쪽.

김홍련(1980), 『한글문자 디자인』, 미진사.

김홍렬(2006), 「訓民正音의 易學的 解釋」, 충북대학교 석사논문.

김효경(2010), 「국어순화 방안 연구: 고등학교 국어과 교과서 속 일본어투 문장표현을 중심으로」, 충북대학교 석사논문.

김효정 외(2013), 『융복합시대의 한글 산업화 수립방안』(보고서), 문화체육관광부.

김훈·임진욱(2008), 『한글 디지털 타잎그래피』, 성신여자대학교 출판부.

김희숙(2003), 「한국어의 세계화 대 한글의 세계화: 더 나은 전략은?」, *Journal of Korean Studies*, 4, Central Asian Association for Korean Studies, pp. 147~164.

김희숙(2008), 「한글의 신 세계화: 복잡계적 사고가 필요한 이유」, 『한글새소식』 433, 한글학회, 19~22쪽.

김희숙(2011), 『21세기 한국어정책과 국가경쟁력』, 소통.

나라사랑 편집부(1999), 「한글 전용법이 걸어온 발자취」, 『나라사랑』 98, 외솔회, 24~26쪽.

나미수 외(2011), 『방송프로그램 언어 건전성 평가지수 개발 연구』, 방송통신심의위원회.

남광우(1989), 「훈민정음의 재조명」, 간행위원회 편, 『수여 성기열 박사 환갑기념논총』, 인하대학교 출판부, 595~606쪽.

남광우 외(1977), 「국어순화의 구체적 실천방안에 관한 연구」, 『인문과학연구소논문집』 3, 인하대학교 인문과학연구소.

남궁준(2013), 「'보조 한글'에 관한 소고」, 확장한글표준화위원회, 『한글 세계화와 한글확장』(증보판), 미래형 한글문자판 표준포럼, 373~390쪽.

남성우(1979), 「중국 운학과 성리학이 훈민정음 창제에 미친 영향」, 『중국연구』 4, 한국외국어대학교, 159~187쪽.

남영신(2000), 「국어 순화 정책 방향 모색」, 『21세기의 국어 정책』, 국립국어연구원·한국어문진흥회.

남영신(2005), 「바른말 지켜줄 〈국어상담소〉의 활약을 기대한다」, 『주간조선』 1874, 조선일보사, 30~31쪽.

남영신(2015), 「국어문화원 제도와 공공 언어」, 『새국어생활』 25(3), 국립국어원, 53~75쪽.

남영신(2017), 「바른 우리 말글 쓰기 한평생 남영신 회장[인터뷰]」, 『한글새소식』 535, 한글학회, 8~9쪽.

남택승(2011), 「국어의식 향상 방안 연구: 외래어·외국어 사용문제를 중심으로」, 경북대학교 석사논문.

남풍현(1996), 「언어와 문자」, 한국고문서학회 편, 『조선시대 생활사』, 역사비평사.

노대규(1990), 「국어순화에 대한 연구」, 『매지론총』 7(인문사회과학 편), 연세대학교 매지학술연구소, 1~59쪽.

노승관(2007), 「한글과 애니메이션: 한글의 생명을 불어넣다」, 『나라사랑』 123, 외솔회, 285~296쪽.

노연숙(2007), 「개화계몽기 국어국문운동의 전개와 양상: 언문일치를 둘러싼 논쟁을 중심으로」, 『한국문화』 40, 서울대학교 규장각한국학연구원, 59~99쪽.

노은유(2007), 「일본어 음성 표기를 위한 한글 표기 체계 연구」, 홍익대학교 석사논문.

도수희(1971), 「한글 자모 명칭의 연원적 고찰」, 『어문연구』 7, 어문연구학회, 109~126쪽.

동아일보(1925), 「한글 운동의 의의와 사명(사설)」, 『동아일보』 1925.10.27~28.

렴종률(1980), 『조선어문법사』, 평양: 김일성종합대학출판사; 렴종률, 1989, 탑출판사 영인.

로버트 매크럼, 이수경 옮김(2011), 『글로비시: 세 번째 밀레니엄을 위한 세계 언어: 영어는 어떻게 세계 언어가 되었는가』, 좋은책들.

류렬(1992), 『조선말력사 1·2』, 평양: 사회과학출판사.

류은종(2009), 「훈민정음과 음양오행설」, 『동방학술논단』 14, 한국학술정보, 159~164쪽.

류준필(2003), 「구어의 재현과 언문일치」, 『문화과학』 33, 문화과학사, 161~177쪽.

류탁일(1981), 『완판 방각소설의 문헌학적 연구』, 학문사.

리득춘(1989), 「훈민정음 기원의 이설, 하도기원론」, 『중국 조선어문』 5, 중국 조선어문잡지사, 11~17쪽.

리득춘 외(2006), 『조선어발달사』, 역락.

리의도(1996), 「현대 한글의 낱자와 글자에 대한 고찰」, 『교육연구』 14, 춘천교원대학교 초등교육연구소.

리의도(2003), 「한글 낱자에 관한 통시적 고찰」, 『한글』 259, 한글학회, 65~114쪽.

리의도(2006), 「'한글날' 발전사」, 『한글』 273, 한글학회, 7~47쪽.

리의도(2007), 「무돌 김선기 선생의 한글운동과 말글정책론 연구」, 『한국학논집』 42, 한양대학교 출판부.

리의도(2012), 「한글 관련 용어 '자모·낱자'와 '글자'의 사용 실태: 초등학교 국어과 교육을 중심으로」, 『한국초등국어교육』 54, 101~157쪽.

리의도(2022), 『우리 말글에 쏟은 정성과 노력』, 박이정.

리의재(2007), 『우리말 지어쓰기와 외국어휘의 한글표기』, 일월산방.

리의재(2013), 「한글확장 자판 표준화와 한글세계화의 길」, 확장한글표준화위원회, 『한글 세계화와 한글확장』(증보판), 미래형 한글문자판 표준포럼, 123~128쪽.

리의재(2013), 「한글확장: 자판의 실용적 측면」, 확장한글표준화위원회, 『한글 세계화와 한글확장』(증보판), 미래형 한글문자판 표준포럼, 299~306쪽.

리하준(1992), 「항일기 야학 운동과 국어교육에 관한 연구」, 『세명논총』 1, 세명대학교.

리홍매(1997), 「훈민정음 친제설과 비친제설」, 『중국조선어문』 6, 길림성민족사무위원회, 28~30쪽.

릭커슨·배리 힐튼 엮음, 류미림 옮김(2013), 『언어학에 대한 65가지 궁금증』, 경문사; E. M. Rickerson & Barry Hilton(2012), *The Five-Minute Linguist: bite-sized essays on language and languages*(2nd ed.), Eqinnox Publishing Ltd. E.M.

마크 포스터, 김성기 옮김(1994), 『뉴미디어의 철학』, 민음사.

문관효(2015), 『(세종대왕 얼을 살려 청농 문관효 쓴) 훈민정음의 큰 빛』, 이화문화출판사.

문교부 편(1948), 『우리말 도로 찾기』, 문교부.

문철영(1994), 「한국사의 시대구분 논의」, 『한국학연구』 1, 단국대학교 한국학
연구소, 63~77쪽.

문화체육부(1993), 『외국 학자가 본 훈민정음과 북한의 훈민정음 연구』, 문화
체육부·국어학회.

문효근(1974), 「정음 초기 문헌의 역리적(易理的) 직관적 성점(聲點)」, 『인문
과학』 31, 연세대학교 인문과학연구소, 1~45쪽.

문효근(1993), 「훈민정음 제자 원리」, 『세종학 연구』 8, 세종대왕기념사업회,
3~282쪽.

문효근(1995), 「김윤경의 학문의 세계와 이를 계승 발전시키기 위한 하나의
시론」, 『동방학지』 89·90, 연세대학교 국학연구원, 1~43쪽.

민현식(2004), 「국어문화에 나타난 종교문화의 요소」, 『한국언어문화학』 1(2),
국제한국언어문화학회, 89~118쪽.

민현식(2005), 「매체 변화 시대의 국어 정책 및 교육의 방향」, 『새국어생활』
15(2), 국립국어원.

민현식(2016), 「한글문화의 정신사」, 『한국언어문화학』 13(3), 국제한국언어
문화학회, 93~118쪽.

박갑천(1976), 「오염된 국어: 그 순화를 위한 길: 국민정신의 형성을 위한
국어순화의 중요성」, 『세대』 155, 세대사.

박경윤·양상열(2005), 「한글정보산업의 현황과 과제」, 『한국어정보학』 7(3),
한국어정보학회.

박경윤·양상열(2013), 「한글정보산업의 현황과 과제」, 확장한글표준화위원
회, 『한글 세계화와 한글확장』(증보판), 미래형 한글문자판 표준포럼,
135~141쪽.

박경윤·황재룡(2013), 「확장한글의 범위 및 위원회간 협조 방법에 대한 제언」,

확장한글표준화위원회, 『한글 세계화와 한글확장』(증보판), 미래형 한글 문자판 표준포럼, 129~133쪽.

박광무 외·한국문화관광연구원(2013), 『융복합시대의 한글 산업화 수립방안』, 문화체육관광부.

박광현(2000), 「언어적 민족주의 형성에 관한 再考: '국문'과 '조선어'의 사이」, 『한국문학연구』 23, 동국대학교 한국문학연구소, 247~261쪽.

박대종(2009), 「용비어천가의 국언」, 『한글+한자 문화』 123(10월호), 88~90쪽.

박동규(2001), 「샤오 용의 사상이 한글 제정에 끼친 영향」, 『한글』 253, 한글학회, 103~133쪽.

박동근(1993), 「훈민정음에 나타난 禮樂과 正音·正聲 사상과의 관계」, 춘허 성원경 박사 화갑 기념 논총 간행위원회 편, 『한중음운학논총』 1, 서광학술자료사, 279~294쪽.

박동근(2013), 「매체 변화에 따른 언어 사용 방식의 변화」, 『새국어생활』 23(1), 국립국어원.

박병채(1967), 「한국문자 발달사」, 『한국문화사 대계』 5. 고려대학교 민족문화연구소.

박병채(1977), 「국어순화운동의 실천방안에 대한 고찰」, 『민족문화연구』 11, 고려대학교 민족문화연구소.

박병채(1988), 「국어운동의대상과 방향」, 『나라사랑』 66, 외솔회.

박병채(1989), 『국어발달사』, 세영사.

박병천(1976), 『(바르고 쉬운) 한글서예: 한글 기초이론·실기편』, 시청각교육사.

박병천(1983), 『한글 궁체 연구』, 일지사.

박병천(1997), 『한글궁체서법: 흘림 문장 쓰기편』, 일지사.

박병천(2000), 『(조선 초기)한글 판본체 연구: 훈민정음·동국정운·월인천강지곡』, 일지사.

박병천(2004), 「한글 서체의 분류 방법과 용어 개념 정리에 대한 논의 제안」, 『서예 학술 주요용어의 한국적 개념정립과 그 통일방안의 모색』, 성균관대학교 서예문화연구소.

박병천(2007), 『조선시대 한글 서간체 연구』, 다운샘.

박병천(2014), 「조선시대 한글 필사본 서체의 조형성 탐색과 현대의 확산적 개발실태」, 『나라사랑』 123, 외솔회, 62~108쪽.

박병천(2014), 『한글서체학연구』, 사회평론아카데미.

박병천(2021), 『훈민정음 서체연구』, 역락.

박병천 외(2003), 『(21세기 세종계획)옛 문헌 한글 글꼴 발굴·복원 연구: 19·20세기 문헌을 중심으로』, 문화관광부.

박병천·김완서(2002), 『(21세기 세종계획)옛 문헌 한글 글꼴 발굴·복원 연구: 17·18세기 문헌을 중심으로』, 문화관광부.

박봉재(1990), 「우리말 글펴기의 일반과 실제: 국어순화를 중심으로」, 『국어교육논지』 16('90.2), 대구교육대학교 국어교육과.

박부자 외(2015), 『한글이 걸어온 길』(전시 도록), 국립한글박물관.

박상미 외(2015), 『'한글' 무형문화재 지정 방안 연구 보고서』, 한국외국어대학교 연구산학협력단.

박서형(2011), 「텔레비전 방송언어의 오용 사례 연구: 1박2일과 드림하이를 대상으로」, 전남대학교 석사논문.

박선우(2009), 「음성부호로서의 훈민정음: 훈민정음과 일반적 음성부호의 비교」, 『한국어학』 43, 한국어학회, 125~150쪽.

박선우(2010), 「한글 문화 상품을 위한 제언: 도자문화를 중심으로」, 『나라사랑』 117, 외솔회, 270~305쪽.

박성의(1970), 『일제하의 언어 문자 정책』, 민중서관.

박성의(1977), 「국어순화운동의 이념」, 『민족문화연구』 11, 고려대학교 민족문화연구소.

박송이(2013), 「국제음성기호와 국제한글음성기호의 비교 연구」, 경희대학교
　　석사논문.

박수자(1988), 「한글 서체의 변천과 특성에 관한 연구」, 단국대학교 석사논문.

박순운(1991), 「알고 써야 바른글 고운말: 국어순화운동」, 『말과글』 48, 한국
　　교열기자회.

박승빈(1935), 「朝鮮語學會 査定 '한글마춤법통일안'에 대한 批判 (1)」, 『正音』
　　10, 朝鮮語學硏究會, 25~44쪽.

박양춘(1994/ 1996), 『한글을 세계문자로 만들자』, 지식산업사.

박양춘(1998), 「외국에서 본 한글」, 『한글 새소식』 313, 한글학회, 12~15쪽.

박양춘(2013), 「한글 새발음부호」, 확장한글표준화위원회, 『한글 세계화와
　　한글확장』(증보판), 미래형 한글문자판 표준포럼, 495~496쪽.

박영규(2013), 『세종으로 훈민정음을 보다』, 미간행본.

박용규(2008), 「1930년대 한글운동에서의 이극로의 역할」, 『사학연구』 92,
　　한국사학회.

박용규(2008), 「일제강점기 한글운동에서의 신명균의 위상」, 『민족문학사연
　　구』 38, 민족문학사학회 민족문학사연구소.

박용규(2009), 「일제강점기 이극로의 민족운동 연구: 한글운동을 중심으로」,
　　고려대학교 석사논문.

박용규(2009), 「해방 후 한글 운동에서의 이극로의 위상」, 『동양학』 45, 동양학
　　연구소.

박용규(2016), 「우리나라 교과서에서 헐버트의 『사민필지』가 가지고 있는
　　위상」, 『헐버트의 내한 초기 활동과 한국 독립운동』(헐버트 내한 130주년
　　국제학술대회 자료집), (사)헐버트기념사업회, 83~87쪽.

박용찬(2005), 「'·우리말다듬기'사이트의 운영 내용 및 성과」, 『새국어생활』

15(1), 국립국어원, 37~57쪽.

박용찬(2011), 「누리꾼 참여형 국어순화방식의 성과와 개선 방향」, 『새국어생활』 21(2), 국립국어원, 19~59쪽.

박재현(2015), 「국어능력 신장을 위한 국어능력 평가의 나아갈 길」, 『새국어생활』 25(3), 국립국어원, 36~52쪽.

박정우(2001), 「일제 하 언어 민족주의: 식민지시기 문맹퇴치 한글 보급운동을 중심으로」, 서울대학교 석사논문.

박제가, 안대회 옮김(2003), 『북학의: 조선의 근대를 꿈꾼 사상가 박제가의 개혁 개방론』, 돌베개.

박종국(1996), 『한국어 발달사』, 문지사.

박종국(1996/ 2009 증보판), 『한국어발달사』, 세종학연구원, 624~653쪽.

박종국(2006), 『훈민정음 종합연구』, 세종학연구원.

박종국(2012), 『우리 국어학사』, 세종학연구원.

박종덕(2006), 「문화콘텐츠로서의 훈민정음의 활용 방안」, 『한민족문화연구』 18, 한민족문화학회, 49~62쪽.

박지원, 박희병 옮김(2005), 『고추장 작은 단지를 보내니(연암 박지원이 가족과 벗에게 보낸 편지)』, 돌베개.

박지홍(1981), 「훈민정음 제자해의 연구」, 『송천 김용태 선생 회갑 기념 논문집』, 소문출판사.

박지홍(1983), 「국어운동의 새방향 모색: 일선대학생들을 위해」, 『한글새소식』 128, 한글학회.

박지홍(1988), 「훈민정음에서 나타나는 역학적 배경」, 신상순·이돈주·이환묵 편, 『훈민정음의 이해』, 한신문화사.

박지홍(1991), 「훈민정음 '제자해'의 짜임 분석: 결의 '음양오행상시종(陰陽五行相始終)'의 뜻을 밝히기 위해」, 『들메 서재극 박사 환갑기념 논문집』,

간행위원회.

박지홍(1993), 「우리는 왜 국어 순화를 해야 하나?」, 『말과 글과 더불어 50년』, 과학사.

박지홍(1999), 「훈민정음을 만든 원리」, 『한글 새소식』 322, 한글학회.

박진수(2007), 「한국·일본의 소설과 '언문일치체': 근대적 시점과 서술양식의 형성과정」, 『일본학연구』 21, 단국대학교 일본연구소, 135~152쪽.

박진호(2019), 「한글디자인을 위한 스토리텔링」, 김낙중 편, 『한글디자인: 형태의 전환』(3회 한글실험프로젝트 전시도록), 국립한글박물관, 184~193쪽.

박찬룡(2013), 「내가 만났던 확장한글, 내가 바라는 확장한글」, 확장한글표준화위원회, 『한글 세계화와 한글확장』(증보판), 미래형 한글문자판 표준포럼, 391~392쪽.

박창원(2005), 『훈민정음』, 신구문화사.

박창원(2015), 「'국어기본법' 10년을 되돌아보면서」, 『새국어생활』 25(3), 국립국어원, 3~35쪽.

박철주(2011), 「한글 수출을 통한 국가 브랜드 위상의 정립」, 『담화인지언어학회·한국사회언어학회 공동학술대회 학술자료집』 별지(1~17), 담화인지언어학회·한국사회언어학회.

박태권(1970), 「이조 실학파 학자들의 학설이 국어학에 미친 영향: 신경준의 어학설을 중심으로」, 『논문집』 11, 부산대학교, 1~23쪽.

박한상(2018), 「훈민정음 표기 적용 사례 검토(1): 남아메리카 소수 민족 언어」, 국립한글박물관 편, 『훈민정음의 확장성 활용, 함께 생각합시다』(2018년 국립한글박물관·훈민정음학회 학술대회 발표자료집), 국립한글박물관.

박현모(2016), 「세종의 한글 디자인경영 리더십」, 『한글, 소통과 배려의 문자』, 한국학중앙연구원 출판부, 296~309쪽.

박형우(2020), 「한글 관련 내용에 대한 학생 인식 조사」, 『문법교육』 40, 한국 문법교육학회, 153~181쪽.

박혜인(2018), 「BTS 노래를 떼창… 한글 전도사 된 K팝」, 한국일보, 2018.1.11, 2쪽.

반재원(2002), 『한글의 세계화 이대로 좋은가: 한글 국제화를 위한 제언』, 한배달.

반재원·허정윤(2007), 『한글 창제 원리와 옛글자 살려 쓰기: 한글 세계 공용화 를 위한 선결 과제』, 역락.

반재원·허정윤(2008), 「옛글자의 음가복원과 일·영어 표기의 예」, 『한국어정 보학』 10(2), 한국어정보학회.

방석종(2008), 『훈민정음의 세계 문자화: ㅸ 제자원리와 국제음성기호 실용화』, 전통문화연구회.

방석종(2013), 「가획자(加劃字) ㅇ과 ·의 의미에 대한 소고」, 확장한글표준화 위원회, 『한글 세계화와 한글확장』(증보판), 미래형 한글문자판 표준포 럼, 393~401쪽.

방석종(2013), 「조합된 가획자와 경세정운 도설」, 확장한글표준화위원회, 『한 글 세계화와 한글확장』(증보판), 미래형 한글문자판 표준포럼, 317~328쪽.

방종현(1946), 『해석원본 훈민정음』, 진학(辰學)출판협회.

방종현(1948), 『훈민정음 통사』, 일성당서점.

방종현, 이상규 주해(2013), 『훈민정음 통사』, 올재.

배대온(2000), 「훈민정음 창제와 관련하여」, 『경상어문』 5·6, 경상대학교 국어 국문학과 경상어문학회, 11~23쪽.

배범수 외(2019), 『한류의 패러다임 전환을 위한 신한류 확산 전략 연구』(연구 보고서), 한국콘텐츠진흥원.

백두현(2001), 「조선시대의 한글 보급과 실용에 관한 연구」, 『진단학보』 92,

진단학회, 193~219쪽.

백두현(2004), 「우리말(한국어) 명칭의 역사적 변천과 민족어 의식의 발달」, 『언어과학연구』 28.

백두현(2004), 「조선시대 여성의 문자생활 연구: 한글 편지와 한글 고문서를 중심으로」, 『어문논총』 42, 한국문학언어학회, 39~85쪽.

백두현(2004), 「한국어 문자 명칭의 역사적 변천」, 『문학과 언어』 26, 문학과언어학회, 1~16쪽.

백두현(2005), 「한글을 중심으로 본 조선시대 사람들의 문자 생활」, 『국어국문학 학문 후속세대를 위하여: 현재와 미래』(제48회 전국 국어국문학 학술대회), 국어국문학회.

백두현(2007), 「한글을 중심으로 본 조선시대 사람들의 문자생활」, 『서강인문논총』 22, 서강대학교 인문과학연구소, 157~203쪽.

백두현(2009), 「훈민정음을 활용한 조선시대의 인민 통치」, 『진단학보』 108, 진단학회, 263~297쪽.

백두현(2009), 「『訓民正音』 해례본의 텍스트 구조 연구」, 『국어학』 54, 국어학회, 75~107쪽.

백두현(2011), 『한글 편지로 본 조선시대 선비의 삶』, 역락.

백두현(2012), 「융합성의 관점에서 본 훈민정음의 창제 원리」, 『어문론총』 57(10), 한국문학언어학회, 115~156쪽.

백두현(2013), 「작업 단계로 본 훈민정음의 제자 과정과 원리」, 『한글』 301, 한글학회, 83~124쪽.

백락준(1953), 「한글운동의 방향: 한글날을 맞이하여」, 『사상계』 1(7), 사상계.

백승정(2007), 『문화콘텐츠 시대의 디자인』, (재)한국공예문화진흥원.

백승정(2013), 「한글 산업화의 현황 및 과제」, 『새정부 문화정책 연속 토론회 제4차 토론회 자료집』, 한국문화관광연구원·한국문화정책학회.

변정용(1996ㄱ), 「한글의 과학성」, 『함께여는 국어교육』 29, 전국국어교사모임.

변정용(1996ㄴ), 「훈민정음 원리에 따르는 우리글 코드 제정 방안」, 『ICCKL 국제학술대회 발표논문집』.

변정용 외(2015~2018), 『훈민정음 창제 원리에 따른 유니코드 정비와 조합폰트 기반 정음 IME 연구』(보고서), 교육부.

변정용·이형준(2013), 「완전조합 음절 지원 훈민정음 웹 입력기」, 『컴퓨팅의 실제 및 레터』 19(6).

변정용·임해철(1991), 「훈민정음의 창제원리와 한글부호계의 제정원리 연구」, 『한국정보과학회 언어공학연구회 학술발표 논문집』.

변정용·홍성범·김호영(2016), 「훈민정음용 조합음절의 상형자꼴 설계」, 『한국정보과학회 학술발표논문집』.

빅터 파파넥, 현용순·조재경 옮김(2009/ 2014), 『인간을 위한 디자인』, 미진사.

司馬彪 撰, 渡邊義浩·小林春樹 編(2004), 『全譯後漢書 第3冊, 志 1: 律曆』, 東京: 汲古書院.

사재동(2010), 「訓民正音 創製·實用의 佛教文化學的 考察」, 『국학연구론총』 5, 택민국학연구원, 105~207쪽.

사회과학원 역사연구소(1988), 『조선문화사』, 사회과학원 역사연구소(미래사 영인: 1988).

사회문화연구소 편(1993), 『사회운동론』, 사회문화연구소.

샘슨(Sampson, 1985), 신상순 역(2000), 『세계의 문자 체계』, 한국문화사.

서병국(1964), 「훈민정음 해례본의 '제자해' 연구: 제자원리를 중심으로」, 『논문집』 8, 경북대학교, 13~32쪽.

서울대학교 국어교육연구소(2000), 『고등학교 문법 교과서』, 교육인적자원부.

서재극(1974), 「『한글갈』·'훈민정음'의 두루풀이: 외솔 선생의 학문」, 『나라사랑』 14, 외솔회, 118~126쪽.

서정범(1976), 「잘못 알고 잘못 쓰고 있는 말들: 학교에서의 국어순화교육」, 『교육평론』 213, 교육평론사.

서정수(1994), 「남북 전산 용어 순화 현황 및 통일 방안에 관하여」, 『Korean 컴퓨터 처리 국제 학술대회 자료집』, 중국 연길.

서정수(1999ㄱ), 「(한글에 대한) 해외 학자들의 평가를 중심으로」, 세종성왕육 백돌기념문집위원회 편, 『세종성왕육백돌』, 세종대왕기념사업회, 140~ 153쪽.

서정수(1999ㄴ), 「말과 글이 일치하는 새로운 국제 음성 기호 체계」, 『세종 탄신 602주년 기념 학술 강연록』, 국어정보학회.

서정수 외(2003), 『한글 전자 발음기호』, 한글문화세계화운동본부(한세본).

서정수·이현복(2000), 「국제정음기호의 제정과 그 유용성」, 『한국어 정보학』 2, 한국어정보학회, 67~85쪽.

서정수·정달영(2000), 「국제 음성 한글 기호(IPH)의 제정(시안)」, *Proceedings of the 12th International Conference on Korean Linguistics*, July 13-15, 2000, Prague, Czech Republic. International Circle of Korean Linguistics.

서한태(2016), 『訓民正音·解書本』, 해드림출판사.

서현정·김슬옹(2019), 「공공언어 정확성 진단 기준에 대한 비판적 검토 및 제언」, 『공공언어학』 2, 한국공공언어학회.

서호수·성주덕·김영 편저, 이은희·문중양 역주(2004/ 2006), 『국조역상고』, 소명출판.

선우종성 외 9인(1999), 『국제정음기호(IPH) 표준 제정의 타당성 연구』, 한국 전산원.

聶寶梅(니에 바오메이, 2016ㄱ), 「한글 자형의 하도낙서 역리 연구」, 『한국어문 교육연구회 205회 전국학술대회 논문집』, 한국언어교육학회, 13~31쪽.

聶寶梅(2016ㄴ), 「훈민정음 초성의 배열과 음양오행 원리」, 『한글』 312, 한글학회, 67~94쪽.

聶寶梅(2016ㄷ), 「『훈민정음』의 역학적 연구」, 원광대학교 박사논문.

성순모(1975), 「한글文化運動을 通해 본 한글학회」, 성신여자대학교 석사논문.

성원경(1971), 「東國正韻과 洪武正韻譯訓音의 比較研究」, 『학술지』 12, 建國大學校學術院, 별책부록.

성원경(1974), 「훈민정음 제자해 초성고」, 『문리논총』 3(1), 건국대학교, 26~38쪽.

성혜련(2010), 「방송 언어 위반 실태 분석과 대안에 관한 연구」, 중앙대학교 석사논문.

세종대왕기념사업회 한국글꼴개발원(2000), 『한글글꼴용어 사전』, 세종대왕기념사업회.

세종대왕기념사업회(1998), 『세종별과 세종국제공항』, 세종대왕기념사업회.

세종대왕기념사업회(1999), 『세종문화사대계 4: 윤리·교육·철학·종교』, 세종대왕기념사업회.

세종대왕기념사업회(2000), 『한글의 세계화』(554돌 한글날 기념 발표 자료집), 세종대왕기념사업회.

세종학연구소·국어정보학회(2000), 『국제정음기호의 세계화와 정보화 Project '99 수행보고서』, 대통령 자문기구 새천년 준비위원회 위탁과제.

소강춘(2018), 「훈민정음 표기 적용 사례 검토(2): 아프리카 소수 민족 언어」, 국립한글박물관 편, 『훈민정음의 확장성 활용, 함께 생각합시다』(2018년 국립한글박물관·훈민정음학회 학술대회 발표자료집), 국립한글박물관.

소강춘 외(2001), 『언어 능력 향상의 길잡이』, 박이정.

소강춘·박상업(2015), 「훈민정음의 안정적 음소 분할 원리의 과학적 탐색: 합리적 대화모형을 중심으로」, 『한국언어문학』 94, 한국언어문학회, 31~67쪽.

소대화(2011), 「훈민정음 창제 이후 외국음소 표기를 위한 변형 정음의 고찰」, 『한글 세계화를 위한 2011년도 한국어정보학회 동계학술대회 자료집』, 한국어정보학회, 19~29쪽.

소대화(2013), 「한글 세계화를 위한 표기확장」, 확장한글표준화위원회, 『한글 세계화와 한글확장』(증보판), 미래형 한글문자판 표준포럼, 153~162쪽.

소대화(2013), 「한글의 활용 동향」, 확장한글표준화위원회, 『한글 세계화와 한글확장』(증보판), 미래형 한글문자판 표준포럼, 143~151쪽.

손수민(2007), 「한글을 이용한 문화상품에 관한 연구」, 서울여자대학교 석사논문.

손유석·강정수(2004), 「訓民正音의 制字背景과 易學的 原理」, 『동의생리병리학회지』 18(1), 대한동의생리학회, 28~38쪽.

손인식(1995), 「한글 서예 서체 분류와 명칭에 대한 연구」, 『월간 서예』 3월호, 52~59쪽.

손인식(1999), 「한글 서예 서체 분류와 명칭에 대한 연구」, 『월간 서예』 4월호, 100~105쪽.

손지영(2003), 「국어순화교육에 관한 연구: 그 현황과 대안을 중심으로」, 동국대학교 석사논문.

손진성(2013), 「온누리 한글」, 확장한글표준화위원회, 『한글 세계화와 한글확장』(증보판), 미래형 한글문자판 표준포럼, 329~334쪽.

손희하(1995), 「전산기 문서 작성과 한글 맞춤법」, 『국어와 국어교육』, 박이정.

송기중(1999), 「언어정책」, 국어학회 편, 『세계의 언어정책』, 태학사.

송기중(2003), 「세계의 문자와 한글」, 송기중 외 편, 『한국의 문자와 문자 연구』, 집문당.

송민(1995), 「국어사의 시대구분: 음운사 방면」, 『국어학』 25, 국어학회.

송민(1995), 「외국학자의 훈민정음 연구」, 『어문학 논총』 14, 국민대학교 어문학연구소, 27~44쪽.

송철의(1998), 「외래어의 순화 방안과 수용 대책」, 『새국어생활』 8(2), 국립국어연구원.

송철의(2001), 「한국 근대 초기의 어문운동과 어문정책」, 『한국문화』 33.

송철호(2023), 「[한글의 권리] 한글날을 왜곡으로 물들였던 '독학사' 교재 사태」, 『주간한국』 2979(온라인판), 2023.5.22.

송필순(2013), 「한글확장에 대한 소고(小考)」, 확장한글표준화위원회, 『한글 세계화와 한글확장』(증보판), 미래형 한글문자판 표준포럼, 335~337쪽.

송현(1982), 『한글기계화운동』, 인물연구소.

송현(1985), 『한글 자형학』, 월간 디자인 출판부.

수기요노(2012), 「인도네시아의 언어 다양성 보호」, 『세계화 시대의 자국어 진흥 정책』(국립국어원 2012 국제학술대회 자료집), 국립국어원, 165~178쪽.

시정곤·최경봉(2018), 『한글과 과학문명』, 들녘.

신경준(1750), 『훈민정음운해(訓民正音韻解)』, 한양대학교 부설 국학연구원 영인(1974, 강신항 해제).

신경준(1750), 『훈민정음운해(訓民正音韻解)』; 학선재 편집부(2007), 『訓民正音圖解』, 학선재.

신계식(1976), 「국어순화의 길: 덕수상고 '우리말 지켜쓰기회'의 활동을 중심으로」, 『수도교육』 22, 서울특별시 교육연구원.

신부용(2007), 「한글의 기계화와 세계 문자화」, 『나라사랑』 123, 외솔회, 150~167쪽.

신부용(2008), 「IT 시대 한글의 사명과 도전」, 『한글 세계화 추진을 위한 정책 토론회 자료집』(주최: 국회의원 김재경 의원실, 주관: 한글 세계화 추진 모임), 7~50쪽.

신부용(2013), 「한자사용 4개국 공용 한자발음 표기법 제안」, 확장한글표준화
위원회, 『한글 세계화와 한글확장』(증보판), 미래형 한글문자판 표준포
럼, 163~169쪽.

신부용(2021), 「한글 세계화로 가는 고속도로」, 『한글 새소식』 591, 한글학회,
6~7쪽.

신부용 외(2013), 『제2회 한글 세계화를 위한 정책토론회』(발표 자료집), 김재
경 의원·KAIST 한글공학연구소.

신상일(2002), 「방송언어문화 관련 의식 조사: 방송관계자와 시청취자를 대상
으로」, 방송위원회.

신승일(2010), 「문화산업으로서의 한글디자인: 전망과 과제」, 『나라사랑』 117,
외솔회, 354~406쪽.

신승일 외(2006), 『한글이미지화 및 산업화를 위한 전략』, 국립국어원.

신영철(1988), 「국어순화교육방안」, 『국어교육』 63·64, 한국국어교육연구회,
453~464쪽.

신은주 외(2016), 「한글 입력 키보드를 이용한 훈민정음 기반 중국어 및 외국
어 입력 방법」, 『한국전자출판연구』 6.

신준(2013), 「한글 가점표기법을 사용한 새한글 두루글」, 확장한글표준화위
원회, 『한글 세계화와 한글확장』(증보판), 미래형 한글문자판 표준포럼,
403~410쪽.

신준(2013), 「합용병서를 사용한 외국어 발음 표기법의문제점」, 확장한글표
준화위원회, 『한글 세계화와 한글확장』(증보판), 미래형 한글문자판 표준
포럼, 171~181쪽.

신지영·정희창(2012), 「방송언어의 품격 논란과 그 지향점」, 『방송언어의 품
격. 어떻게 해야 하나?』, 방송통신심의위원회·SBS.

신희삼(1995), 「우리말의 어휘 단순화 현상에 관하여」, 『한국언어문학』 35,

한국언어문학회.

심소희(1999), 「정음관의 형성 배경과 계승 및 발전에 대하여」, 『한글』 234, 한글학회, 191~224쪽.

심재기(1985), 『한국 사람의 말과 글』, 지학사.

심재기(2001), 「서재필과 한글발전운동」, 『관악어문연구』 26, 서울대학교 국어국문학과.

심지연(2006), 「국어순화어의 생성과 정착에 대하여」, 『한국어학』 30, 한국어학회, 159~180쪽.

안대회(2004), 「조선후기 이중언어텍스트와 그에 관한 논의들」, 『대동한문학회 2004 하계 발표대회 자료집』, 대동한문학회.

안대회(2010), 『조선을 사로잡은 꾼들』, 한겨레출판사.

안마태(2009), 「안마태 소리글판의 한글과 중국어 입력방식」, 『한국어정보학』 11(2), 한국어정보학회, 40~46쪽.

안병학(2007), 「한글 창제 철학에 담긴 공공정보디자인적 특성」, 『디자인학연구』 72, 한국디자인학회, 285~296쪽.

안병학(2014), 「읽는다는 것과 본다는 것: 타이포그라피에서 글자꼴의 문제」, 『나라사랑』 123, 외솔회, 191~209쪽.

안병희(1973), 「중세국어 연구자료의 성격에 대한 연구: 번역양식을 중심으로 하여」, 『어학연구』 9, 서울대학교 어학연구소.

안병희(1979), 「중세어의 한글 자료에 대한 종합적인 고찰」, 『규장각』 3, 109~147쪽.

안병희(1983), 「한자교육과 한자정책」, 『한국어문의 제문제』, 일지사.

안병희(1985), 「방송교재 '朝鮮語講座'에 대하여」, 『語文硏究』 46·47, 한국어문교육연구회, 297~302쪽.

안병희(1985), 「훈민정음 사용에 관한 력사적 연구: 창제로부터 19세기까지」,

『동방학지』 46·47·48, 연세대학교 국학연구원, 793~821쪽; 안병희(1992)에 재수록.

안병희(1992), 『국어사 연구』, 문학과지성사.

안병희(2003), 「안확의 생애와 한글 연구」, 『어문연구』 117, 한국어문교육연구회, 321~344쪽.

안병희(2004), 「世宗의 訓民正音 創制와 그 協贊者」, 『國語學』 44, 국어학회, 3~38쪽; 안병희(2007), 『訓民正音 硏究』, 서울대학교 출판부, 119~159쪽 재수록.

안병희(2005), 「국어사연구와 한글자료」, 『국어사 연구 어디까지 와 있는가』(연세대학교 국학연구원 국어사 학술 발표대회 발표 요지), 연세대학교 국학연구원.

안병희(2007), 『훈민정음연구』, 서울대학교 출판부.

안병희(2009), 『국어사 문헌 연구』, 신구문화사.

안상수(1996), 「현대의 한글 글자꼴」, 『새국어생활』 6(2), 국립국어연구원, 120~137쪽.

안상수(2004), 「한글 디자인과 '어울림'」, 『디자인학연구』 57, 한국디자인학회, 383~392쪽.

안상수(2007), 「한글-어울림-멋짓」, 『디자인학연구』 71, 한국디자인학회, 335~344쪽.

안상수·노은유(2014), 『한글 디자이너 최정호』, 안그라픽스.

안상수·한재준(1999/ 2002), 『한글 디자인』, 안그라픽스.

안상수·한재준·이용제(2009), 『한글 디자인 교과서: 시대 정신을 반영한 한글을 디자인하다』, 안그라픽스.

안솔잎(2020), 「『사민필지』의 간행에 관한 연구: 국립한글박물관 소장본 『사민필지』를 중심으로」, 국립한글박물관 역주, 『한글로 세계를 바라보다,

지리교과서 사민필지』, 역락·글누림, 372~387쪽.

안승덕(1981), 「국어순화와 한자 교육」, 『어문연구』 29, 일조각.

안자산(1938), 「언문명칭론」, 『정음』 26, 조선어학연구회, 4~5쪽.

안호은(2014), 「한글의 시각적 표현과 기호」, 『나라사랑』 12, 외솔회, 15~40쪽.

양창섭(2009), 「세계 언어 표기를 위한 훈민정음 사용법」, 『한국어정보학』 11(2), 한국어정보학회, 73~83쪽.

양해승(2012), 「『훈민정음』의 象形說과 六書의 관련에 대한 연구」, 『冠嶽語文研究』 37, 서울대학교 국어국문학과, 179~210쪽.

어문교육연구회(1976), 「국어순화의 기본 방안: 국어순화 교육 방안」, 『교육평론』 212, 교육평론사.

엘빈 토플러, 이규행 역(1995), 『제3물결의 정치』, 한국경제신문사.

여찬영(2001), 「운동 경기 용어의 순화 연구」, 『한국말글학』 18, 한국말글학회.

오구탁(2013), 「한글확장에 대한 오구탁의 우견」, 확장한글표준화위원회, 『한글 세계화와 한글확장』(증보판), 미래형 한글문자판 표준포럼, 411~412쪽.

오길록·최기선·박세영 편저(1994), 『한글공학』, 대영사.

오남렬(1993), 「방송 보도 용어 순화 방안」, 『말과글』 57, 한국교열기자회.

오동춘(1980), 「국어순화에 대하여」, 『신문과 방송』 120, 한국신문연구소.

오미영(2003), 「방송 진행언어 모델 확립방안 연구」, 『방송·통신 언어 개선 방안』, KBS.

오봉협(1950), 「한글河圖起源論」, 『敎育通信』 3(2)~3(5), 延邊敎育出版社.

오새내·이영제(2015), 「21세기 신문 말뭉치로 분석한 '한국어(Korean language)' 명칭 어휘의 실제 사용 양상」, 『한국어 의미학』 47, 한국어의미학회, 83~106쪽.

오은진(2012), 「국어순화를 위한 교수·학습방법연구: 고등학생을 대상으로」, 충북대학교 석사논문.

오지호(1976), 「국어순화, 어떻게 할 것인가: 국어순화운동은 원인치료부터 해야 한다」, 『세대』 156, 세대사, 230~243쪽.

오현아(2004), 「국어순화 태도형성을 위한 교육내용연구」, 서울대학교 석사 논문.

옥에티(이장원, 1980), 「국어운동의 뜻」, 『불꽃』 1, 전국국어운동대학생 연합회.

옥파기념사업회 편(1984), 『沃坡 李鍾一先生 論說集』 권1·권2, 옥파기념사업 회.

와 오데 나훌라 누르히다야(2013), 「한글을 통한 찌아찌아 어린이들의 세상과 의 소통」, 『한글새소식』 486, 한글학회, 6~7쪽.

와타나베 다카코(2002), 「훈민정음 연구사: 일본인 학자들의 연구를 중심으로」, 연세대학교 석사논문.

왕문용(2002), 「한글 자음의 명칭 개정을 제안함」, 『국어교육』 108, 한국국어 교육연구학회, 241~262쪽.

왕여, 김호 옮김(2003), 『신주 무원록』, 사계절출판사, 559~561쪽.

외솔회 편(2009), 『한글, 한글의 정보화, 산업화』(563돌 한글날 기념 집현전 학술대회 자료집), 외솔회.

우한용 외(2012), 『핵심역량 중심의 창의·인성교육 국어영역 수업모델 개발 연구』, 한국과학창의재단.

유구상(1976), 「대중전달에서의 외래어: 국어의 현실과 순화 방안」, 『교육평 론』 211, 교육평론사.

유기준(2005), 「문화의 상품화와 문화상품의 시장구조에 관한 연구」, 『문화산 업연구』 5(2), 한국문화산업학회, 169~185쪽.

유리나(2004), 「한글을 수출한다구요?」, 『미디어오늘』, 2004년 1월 16일.

유만근(1977), 「국어순화를 위한 국어발음의 중요 문제 연구, 장모음과 ' 사이 된소리를 중심으로」, 『응용언어학』 9(1), 서울대학교 어학연구소.

유목상(1973), 「국어순화의 길: 민족어의 보전을 위한 식자에의 제언」, 『문리대학보』 32, 중앙대학교 문리과대학.

유목상(1976), 「국어순화의 방향과 전망」, 『어문연구』 12, 일조각.

유석훈(2007), 「한글 수출 안 될 이유 없다」, 『주간조선』 1975(10.15).

유승국(1980), 『한국의 유교』, 세종대왕기념사업회.

유원명(1976), 「국어순화를 위한 사투리 교정 방법」, 『문교경북』 54, 경상북도 교육위원회.

유재원(2005), 「국어순화, 왜 그리고 어떻게 해야 하나?」, 『새국어생활』 15(1), 국립국어원, 7~17쪽.

유정기(1968), 「訓民正音의 哲學的 體系」, 『동양문화』 6·7, 영남대학교 동양문화연구소, 179~197쪽.

유정기(1970), 「哲學的 體系에서 본 訓民正音考」, 『현대교육』 3(2), 현대교육사, 28~40쪽.

유정숙(2008), 「한글 옛 글자꼴의 변천 및 조형성 고찰: 15~18세기 연대별 대표 한 문헌만을 중심으로」, 『한국어학』 41, 한국어학회.

유정숙·김지현(2010), 『한글공감: 김진평의 한글 디자인과 타이포그래피』, 안그라픽스.

유종호 외(1988), 「내가 생각하는 국어순화」, 『국어생활』 14, 국어연구소.

유창균(1974), 「『한글갈』·국어학사」, 『나라사랑』 14, 외솔회, 108~117쪽.

유창균(1989), 「황극경세서가 국어학에 끼친 영향」, 『석당 논총』 15, 동아대학교 석당전통문화연구소, 69~102쪽.

유현경 외(2019), 『한국어 표준 문법』, 집문당.

유형선(2009), 「한글 자모의 명칭과 순서에 관한 연구」, 『(순천향)인문과학논총』 23, 순천향대학교 교수학습개발센터, 75~102쪽.

유희(1824), 『언문지(諺文志)』, 한양대학교 부설 국학연구원 영인(1974, 강신항 해제).

윤국한(2005), 「훈민정음 친제설에 대하여: 문법교과서의 진술을 중심으로」,
　　『한국어문교육』 14, 한국교원대학교 한국어문교육연구소, 193~218쪽.

윤기호(1997), 「남북한의 국어순화에 관한 비교연구」, 중앙대학교 석사논문.

윤사순(2012), 『한국유학사: 한국유학의 특수성 탐구』(상·하), 지식산업사.

윤양희(1984), 『바른 한글 서예』, 우일출판사.

윤양희(2005), 「한글서체의 분류와 판본체의 표현원리」, 『2005년도 한국서예
　　학회 춘계 학술 발표회』, 한국서예학회.

윤영미(2000), 「방송언어 오용 사례의 장르·채널·직업별 분석 연구」, 경희대
　　학교 석사논문.

윤의순(1995), 「일어의 잔재와 국어순화: '우리말 도로 찾기'의 실상」, 『국어교
　　육연구』 7, 인하대학교 사범대학.

윤지환 외(2018), 『한글과 한글문화에 관한 국민의식 기초조사 연구』, 국립한
　　글박물관.

윤진혜(2005), 「방송언어의 오용 실태 연구」, 동국대학교 석사논문.

은희철(2015), 「전문용어 정비와 표준화의 실제 방향: 의학 분야를 중심으로」,
　　『새국어생활』 25(3), 국립국어원, 76~106쪽.

이가원(1994), 「훈민정음의 창제」, 『열상고전 연구』 7, 열상고전연구회, 5~24쪽.

이강노(1976), 「국어순화의 기본 이론」, 『광장』 38, 세계평화교수아카데미사
　　무국, 28~31쪽.

이강로(1976), 「국어순화교육의 기본 방향」, 『교육경기』 262, 경기도 교육위
　　원회.

이건만(2010), 「한글의 글로벌 패션 브랜드화: (주)이건만AnF를 중심으로」,
　　『나라사랑』 117, 외솔회, 306~344쪽.

이건범(2017), 『언어는 인권이다』, 피어나.

이경복(1976), 「외국어가 판치는 국어의 현실: 국어의 현실과 순화 방안」, 『교육평론』 211, 교육평론사.

이경화(2008), 「창의력 이해하기: 창의성 발달의 이론과 과제」, 『영재아이』 24, KAGE영재교육 학술원, 16~23쪽.

이경희(2007), 「八思巴字와 訓民正音의 공통특징: 편찬배경과 표음문자 중심으로」, 『중국어문학논집』 43, 중국어문학회, 169~186쪽.

이관규(1991), 「고등학교 '옛말의 문법'에 대한 검토」, 『한국어문교육』 5, 고려대학교 국어교육과, 78~118쪽.

이관규(2005), 「한국의 국어정책과 국어교육, 그리고 국어운동」, 『국어교육』 117, 한국어교육학회.

이광린(1969/ 1974), 『한국개화사 연구』, 일조각.

이광석 편(2007), 『국어책임관제도의 활성화 및 한국어진흥재단 설립방안』, 국립국어원.

이광우 외(2008), 『미래 한국인의 핵심역량 증진을 위한 초·중등학교 교육과정 비전 연구(Ⅱ)』, 한국교육과정평가원 연구보고 RRC 2008-7-1.

이광제(2011), 「한국における 국어순화운동と 일본어계 차용어」, 『한림일본학』 19, 한림대학교 일본학연구소, 187~214쪽.

이광호(1996), 「외국인이 보는 한글은」, 『한글 사랑』 2, 한글사, 53~62쪽.

이극로(1932), 「중국은 표의문자에서 표음문자로」, 『한글』 1(3), 한글학회.

이극로(1932), 「訓民正音의 獨特한 聲音 觀察」, 『한글』 5, 조선어학회, 198~201쪽; 1948, 『國語學論叢』, 정음사 재수록.

이극로(1935), 「한글운동」, 『신동아』 5(1), 84~86쪽.

이근수(1978), 「조선조의 어문정책 연구」, 고려대학교 박사논문; *단행본으로 출판: 이근수(1979), 『조선조 어문정책 연구』, 개문사.

이근수(1979), 「조선조의 국어정책사」, 『논문집』 3, 한성대학교.

이근수(1987), 『조선조의 어문정책 연구(개정판)』, 홍익대학교 출판부.

이근수(1988), 「국어와 언어의식: 고대에서의 모태의식을 중심으로」, 『홍익어문』 7, 홍익대학교 사범대학 홍익어문연구회.

이근수(1994), 「훈민정음의 언어철학적 분석」, 『인문과학』 1, 홍익대학교, 83~102쪽.

이근수(1995), 『훈민정음신연구』, 보고사.

이기문(1961/ 1972 개정 2판), 『國語史槪說』, 塔出版社.

이기문(1963), 「국어운동의 반성: 『국어백서』의 준비를 제의한다」, 『사상계』 11(1), 사상계.

이기문(1970), 『개화기의 국문연구』, 일조각.

이기문(1974ㄱ), 「훈민정음 창제에 관련된 몇 문제」, 『국어학』 2, 국어학회, 4~5쪽.

이기문(1974ㄴ), 「한글의 창제」, 『한국사』, 국사편찬위원회.

이기문(1976), 「국어순화와 외래어 문제」, 『어문연구』 12, 일조각.

이기문(1980), 「訓民正音 創制의 基盤」, 『동양학』 10, 단국대학교 동양학연구소, 388~396쪽.

이기문(1984), 「개화기의 국문 사용에 관한 연구」, 『韓國文化』 5, 서울大學校 韓國文化硏究所, 65~84쪽.

이기문(1992), 「訓民正音 親制論」, 『韓國文化』 13, 서울대학교 한국문화연구소, 1~18쪽.

이기문(1995), 「훈민정음과 관련된 사업들」, 『한국사 26: 조선 초기의 문화 Ⅰ』, 국사편찬위원회.

이기문(1996), 「현대적 관점에서 본 한글」, 『새국어생활』 6(2), 국립국어연구원, 3~18쪽.

이기문(2000), 「19세기 서구 학자들의 한글 연구」, 『학술원 논문집』 39(인문·

사회과학 편), 107~155쪽.

이기문(2008), 「訓民正音 創制에 대한 再照明」, 『한국어연구』 5, 한국어연구회, 5~45쪽.

이기문 외 3인(1990), 『한국어의 발전 방향』, 민음사.

이기문 편(1977), 『文字』(國語學 論文選) 7, 민중서관, 153~179쪽.

이기문·장소원(1994), 『국어사』, 한국방송대학교 출판부.

이기백(1976), 「국어개발과 언어순화」, 『문교경북』 54, 경상북도 교육위원회.

이기백(1981), 「국어순화와 국어의 효용」, 『어문연구』 29, 일조각.

이기성(2008), 『타이포그래피와 한글 디자인』, 한국학술정보(주).

이기성(2009), 『한글디자인 해례와 폰트디자인』, 한국학술정보(주).

이길록(1977), 「국어학 연구와 국어운동의 관계」, 『나라사랑』 26, 외솔회, 16~25쪽.

이길표·최배영(1996), 「규합총서의 내용구성 분석」, 『생활문화연구』 10, 73~88쪽.

이남덕(1973), 「훈민정음과 '방격규구사신경(方格規矩四神鏡)'에 나타난 고대 동방사상: 이정호 해설역주 훈민정음 훈민정음의 역학적 연구에 붙임」, 『국어국문학』 62·63, 국어국문학회, 221~239쪽.

이남호(2005), 「국어순화는 국어풍요가 되어야 한다」, 『새국어생활』 15(1), 국립국어원, 89~101쪽.

이대로(2008), 『우리말글 독립운동의 발자취: 배달말 힘 기르기의 어제와 오늘』, 지식산업사.

이대로(2010), 「세계에서 가장 먼저 한글로만 쓴 교과서 헐버트가 쓴 'ᄉ민필지'의 의미와 가치」, (사)헐버트박사기념사업회 편, 『한국인보다 한글을 더 사랑한 미국인 헐버트』(한글 주간 2010 한글날 564돌 기념 학술대회 자료집), (사)헐버트박사기념사업회, 59~64쪽.

이대로 외 6인(2018), 『2018년 방송언어 사용 실태 조사 평가: 케이비에스(KBS)·엠비시(MBC)·에스비에스(SBS)·엠비엔(MBN)·제이티비시(JTBC)·티브이조선(TVChosun)·채널에이(Channel A)』(방송언어 실태 조사 및 학술대회 자료집), 한글사용성평가위원회.

이돈주(1988), 「訓民正音의 中國音韻學的 背景」, 신상순·이돈주·이환묵 편, 『훈민정음의 이해』, 한신문화사, 199~238쪽.

이동림(1970), 『東國正韻 研究』 상(연구편)·하(재구편), 동국대학교 국어국문학연구실.

이동석(2011), 「국어순화 결과 분석 및 방법론 제언」, 『새국어생활』 21(2), 국립국어원.

이동준(1981), 「세종대왕의 정음 창제와 철학 정신」, 『세종문화』 47(8월)·48(9월)·49(10월), 세종대왕기념사업회.

이동철(1981), 『꼬방동네 사람들』, 서울미디어; 이철용(1989), 『이철용 전집』, 동광출판사 재수록.

이동환(1992), 「정보화 사회에 있어서의 한국어 경제론」, 『등불』 5호, 국어정보학회.

이동훈(2007), 「한글의 시각적 우수성 증명: 인식 능력 측면에서 영어, 한자와 비교한 한글의 자모 및 모아쓰기 우수성 증명」, 경희대학교 석사논문.

이만기(1993), 「고등학교 문법 '옛말의 문법' 유감」, 『새국어교육』 48·49합집, 한국국어교육학회, 135~138쪽.

이만열(임마누엘)·이연실(2021), 『지구별 가슴에 품다』, 행복에너지.

이명구(1976), 「한국인의 언어실태와 국어순화운동」, 『국민회의보』 14, 통일주체국민회의사무처.

이명구(2007), 『이야기 한국고전문학사』, 박이정.

이명수 편(2010), 『'한글의 세계공용문자화 지원에 관한 법률안' 제정을 위한 정책토론회 자료집』, 국회의원 이명수(자유선진당) 주최.

이병주(2018), 『달고 짠 아이디어들: 이 시대에 중요한 여러 분야의 제안서』, BOOKK.

이병찬(1988), 「독일의 국어 순화 운동」, 『국어생활』 14, 국어연구소.

이병효(2014), 「한글, 세종대왕이 직접 만들었다: '친제설 vs 협찬설' 부질없는 논란」, 『Magazine N』 8, 아자미디어앤컬처, 27~27쪽.

이보경(2003), 『근대어의 탄생, 중국의 백화문운동』, 연세대학교 출판부.

이상규(2008), 「한글, 무문자 언어의 공동표기법으로」, 『동북아포럼』, 2008년 1월, 18~19쪽.

이상규(2009), 「디지털시대에 한글의 미래」, 『우리말연구』 25, 우리말학회, 2~62쪽.

이상규(2013), 「『세종실록』 분석을 통한 한글 창제 과정의 재검토」, 『韓民族語文學』 65, 한민족어문학회, 5~56쪽.

이상규(2014), 『한글공동체』, 박문사.

이상규(2017), 『직서기언』, 경진출판.

이상규(2022), 『성운학적 관점에서의 훈민정음 연구사』, 경진출판.

이상규·천명희(2022), 『훈민정음 정독』, 경진출판.

이상규·천명희(2023), 『한글의 발전』, 한국문화사.

이상길(2007), 「전근대의 사회문화사」, 유선영·박용규·이상길·김학재, 『한국의 미디어 사회문화사』, 커뮤니케이션북스, 1~96쪽.

이상억(2014), 『디자이너 세종의 독창성: 한글의 숨은 코드』, 역락.

이상열(2012), 『전통문화산업 융복합 활성화 방안』, 한국문화관광연구원.

이상태(1978), 『국어교육의 길잡이』, 한신문화사.

이상혁(1997), 「우리 말글 명칭의 역사적 변천과 의미」, 일암 김웅모 교수 화갑 기념 논총 간행위원회 엮음, 『한국어학의 이해와 전망』, 박이정,

793~812쪽.

이상혁(2000), 「애국 계몽기의 국어의식: 당대 연구자들의 국어관을 중심으로」, 『어문논집』 41, 안암어문학회.

이상혁(2004ㄱ), 『조선 후기 훈민정음 연구의 역사적 변천』, 역락.

이상혁(2004ㄴ), 『훈민정음과 국어연구』, 역락.

이상혁(2006), 「훈민정음·언문·반절, 그리고 한글의 역사적 의미: 우리글 명칭 의미의 어휘적 함의를 중심으로」, 정광 외, 『역학서와 국어사 연구』(솔미 정광 교수 정년퇴임 기념 논문집), 태학사, 444~487쪽.

이상혁(2007), 「훈민정음에 대한 문화콘텐츠적 접근과 그 방향」, 『한국어학』 36, 한국어학회, 195~220쪽.

이상혁(2008), 「훈민정음과 한글의 언어문화사적 접근: 문자, 문자 기능의 이데올로기적 속성을 중심으로」, 『한국어학』 41, 한국어학회, 61~81쪽.

이상혁(2009), 「'한국어' 명칭의 위상 변천과 그 전망: 언어 환경 변화에 따른 'Korean language' 명칭 변화를 중심으로」, 『國際語文』 46, 국제어문학회, 165~188쪽.

이상혁 외(2017), 『한글 창제, 사용의 사회 경제적 효과』, 국립한글박물관.

이상현(1999), 「포스트모더니즘 시대의 역사학: 역사학의 실용성 문제」, 『역사교육』 70, 역사교육연구회.

이선경(2008), 「학산 이정호의 훈민정음(訓民正音)의 역리연구(易理硏究)에 대하여: 『훈민정음의 구조원리』를 중심으로」, 『유교문화연구』 13, 성균관대학교 동아시아학술원 유교문화연구소, 229~251쪽.

이선근(1969), 「토이기의 문자개혁과 언어정화운동」, 『한글』 143, 한글학회.

이선영(1997), 「상호·상표 분야의 외래어 사용 실태와 순화 방안」, 『외래어 사용 실태와 국민 언어 순화 방안』, 국어학회.

이선영(2010), 「중학생의 국어순화를 위한 『생활국어』 교과서의내용구성연구」, 서울시립대학교 석사논문.

이성(2003), 「프로그램 유형별 방송 자막의 활용 현황과 그 문제점에 관한
연구: 공중파 방송 3社의 프로그램을 중심으로」, 단국대학교 석사논문.

이성구(1983), 「訓民正音과 太極思想」, 『蘭臺 李應百 博士 回甲紀念論文集』,
보진재, 188~202쪽.

이성구(1983), 「訓民正音의 哲學的 考察: 해례본에 나타난 제자원리를 중심으
로」, 성균관대학교 석사논문.

이성구(1984), 「訓民正音 解例의 哲學思想에 관한 研究: 易理와 性理學을 중심
으로」, 명지대학교 박사논문.

이성구(1984), 「訓民正音의 哲學的 考察: 解例本에 나타난 制字原理를 中心으
로」, 『논문집』 8, 명지실업전문대학, 7~53쪽.

이성구(1985), 『訓民正音 研究』, 동문사.

이성구(1986), 「국어학계의 동양철학이론 적용 및 해석의 문제점」, 『국제어문』
6·7, 국제대학 국어국문학과, 351~368쪽.

이성구(1986), 「『訓民正音解例』에 나타난 河圖 原理와 中聲」, 『국어국문학』
95, 국어국문학회, 422~423쪽.

이성구(1987), 「훈민정음 초성체계와 오행」, 한실 회갑 기념 논총 간행위원회
편, 『한실 이상보 박사 회갑기념논총』, 형설출판사.

이성구(1987), 「『훈민정음해례』의 河圖 理論과 中聲」, 『열므나 이응호 박사
회갑 기념 논문집』, 한샘, 281~304쪽.

이성구(1993), 「『訓民正音解例』에 나타난 '天'과 '地'의 의미」, 『論文集』 17,
명지실업전문대학, 1~21쪽; 춘허 성원경 박사 화갑 기념 논총 간행위원
회(1993), 『韓中音韻學論叢』 1, 123~140쪽 재수록.

이성구(1994), 「『訓民正音解例』의 取象과 取義」, 『논문집』 18, 명지실업전문
대학, 1~17쪽.

이성하(2017), 「범언어적으로 본 문자 표기 방식의 변화와 한글 전용」, 『한글』 315, 한글학회.

이수열(1995), 「국어사전과 국어순화」, 『말과글』 64, 한국 교열기자회, 64~70쪽.

이수정(2011), 「상품이름 실태조사를 통한 국어순화방안연구」, 충북대학교 석사논문.

이숭녕(1953), 「訓民正音 研究의 新提唱」, 『자유세계』 12, 홍문사.

이숭녕(1958), 「世宗의 言語政策에 關한 研究: 特히 韻書編纂과 訓民正音 制定과의 關係를 中心으로 하여」, 『아세아연구』 1·2, 고려대학교 아세아문제연구소, 29~84쪽.

이숭녕(1966), 「세종대왕의 개성의 고찰」, 『대동문화연구』 3, 성균관대학교 대동문화연구원, 19~82쪽; 이숭녕(1978), 『국어학 연구』, 형설출판사 재수록.

이숭녕(1966), 「한글制定의 時代環境」, 『교육평론』 96, 교육평론사, 14~69쪽.

이숭녕(1967), 「세종대왕 연구에의 의의 제기」, 『김석재 신부 금양 경축 기념 논총』.

이숭녕(1967), 「한국어 발달사(어휘사)」, 『한국문화사 대계 Ⅴ』, 고려대학교 민족문화연구소.

이숭녕(1974), 「세종의 언어정책과 그 은밀주의적 태도에 대하여」, 『한국학논총』(이선구 박사 고희기념논문집); 이숭녕(1981)에 재수록.

이숭녕(1975), 「世宗大王과 訓民正音 制定」, 『어문연구』 10, 한국어문교육연구회, 665~666쪽.

이숭녕(1976), 『革新國語學史』, 박영사.

이숭녕(1979), 「한글 제정의 배경과 해석」, 『수도교육』 49, 서울시 교육연구원, 2~7쪽.

이숭녕(1981), 『世宗大王의 學問과 思想: 學者들과 그 業績』, 아세아문화사.

이숭녕(1982), 世宗大王の言語政策とその業績上: 世宗大王の業績と思想, 『ア
　　ジア公論』 118, 한국국제문화협회, 103~116쪽.

이슬기(2011), 「위기에 빠진 찌아찌아 한글교육」, 『한겨레 21』 887, 한겨레신
　　문사.

이승후(2003), 「한글 字母의 명칭에 대하여: 자모 명칭에 대한 인식 정확도
　　조사 결과를 중심으로」, 『새국어교육』 66, 한국국어교육학회, 211~235쪽.

이연숙(1987), 「근대일본의 '국어' 개념의 성립」, 『일본학보』 19.

이연숙(2005), 「일본에서의 언문일치」, 『역사비평』 70, 역사비평사, 323~345쪽.

이연숙, 고영진·임경화 옮김(2006), 『국어라는 사상』, 소명출판.

이영월(2008), 「훈민정음 제자원리 재고」, 『중국언어연구』 27, 한국중국언어
　　학회, 453~473쪽.

이영월(2009), 「훈민정음에 대한 중국운서의 영향 관계 연구: 삼대 어문정책
　　을 중심으로」, 『중국학연구』 50, 중국학연구회, 255~274쪽.

이영은(2010), 「방송언어의 외래어 사용 실태 조사와 순화 방안 연구」, 인하대
　　학교 석사논문.

이오덕(1992), 『우리글 바로쓰기 1』, 한길사.

이옥재(2013), 「가점(방점)을 사용한 새한글 문자제안」, 확장한글표준화위원
　　회, 『한글 세계화와 한글확장』(증보판), 미래형 한글문자판 표준포럼,
　　413~414쪽.

이용제(2019), 「봉인된 신묘한 소리글자, 한글이 꿈꾸는 유희」, 김낙중 편,
　　『한글디자인: 형태의 전환』(3회 한글실험프로젝트 전시도록), 국립한글
　　박물관, 224~233쪽.

이우성(1976), 「조선왕조의 훈민정책과 정음의 기능」, 『진단학보』 42, 진단학
　　회, 182~186쪽; 이우성(1982), 『한국의 역사상: 이우성 역사논집』, 창작과
　　비평사, 223~230쪽 재수록.

이원태(2008), 『한글상징물 조성 방안 연구』, 한국문화관광연구원.

이원태 외(2015), 『국가브랜드 개발을 위한 기초 연구』, 한국문화관광연구원.

이유(2023), 『한글새움: 한글이 새로움 트다』, 한글새움.

이윤숙·이달원(2010), 「음양오행 원리로 만든 한자와 한글」, 『왜 周易이고 孔子인가?』, 경연학당, 21~47쪽.

이윤재(1929), 「한글강의, 1강: 한글의 말뜻」, 『신생』 11, 14쪽.

이윤재(1932ㄱ), 「한글운동의 회고(1)」, 동아일보, 1932.10.29, 5쪽.

이윤재(1932ㄴ), 「한글운동의 회고(2)」, 동아일보, 1932.10.30, 5쪽.

이윤재(1932ㄷ), 「한글운동의 회고(3)」, 동아일보, 1932.11.1, 5쪽.

이윤재(1932ㄹ), 「한글운동의 회고(4)」, 동아일보, 1932.11.2, 5쪽.

이윤표(1991), 『북한의 국어 순화사』, 녹진.

이은정(1995), 「남북한의 국어 순화 사업 고찰」, 『말과글』 65, 한국교열기자회.

이은정 편(1991), 『국어 순화 자료집』, 국어문화사.

이을환(1978)」 「한국인의 의식구조와 국어순화 방안 연구」, 『논문집』 18, 숙명여자대학교.

이응백(1976), 「언어생활의 새로운 방향: 국어순화 교육 방안」, 『교육평론』 212, 교육평론사.

이응백(1980), 「국어辭典 語彙의 類別 構成比로 본 漢字語의 重要度와 敎育問題」, 『語文硏究』 25·26호 합본, 一潮閣, 136~141쪽.

이응백(1982), 「국어순화의 길: 방송에서 흘러나온 말들을 중심으로」, 『수도교육』 72, 서울특별시 교육연구원.

이응호(1974), 『미군정기의 한글운동사』, 성청사.

이응호(1975ㄱ), 「개화기 한글운동사 연구: 민족적 자각과 그 역사적 배경을 중심으로」, 명지대학교 박사논문.

이응호(1975ㄴ), 『개화기의 한글 운동사』, 성청사.

이응호(1977),「광복 이후의 한글운동」,『나라사랑』 26, 외솔회, 44~52쪽.

이응호(1992),「'한글운동' 분야에 대하여」,『한글』 216, 한글학회.

이응호(1995),「한글 성경 번역사」,『교화와 한국문제』 26, 기독교한국문제연구회, 59~64쪽.

이의도(1991),「말다듬기의 가능성과 방법」,『국제어문』 12·13, 국제어문학연구회.

이익섭(1992),『국어 표기법 연구』, 서울대학교 출판부.

이익섭(2000),『국어학 개설』, 학연사.

이익섭·이상억·채완(1997),『한국의 언어』, 신구문화사.

이익수(1986),「주자의 역학과 훈민정음 창제와의 관련성연구」,『경기어문학』 7, 경기대학교.

이인(1974),『반세기의 증언』, 명지대학교 출판부.

이인철(2013),「사용자 입장에서 본 한글의 현황과 확장원칙」, 확장한글표준화위원회,『한글 세계화와 한글확장』(증보판), 미래형 한글문자판 표준포럼, 445~449쪽.

이장원(옥에티, 1988/ 2000),「〈옥에티〉일지언정 나다움을…」, 교육출판기획실 엮음,『아픔을 먹고 자라는 나무』(거꾸로 읽는 책2), 푸른나무, 210~241쪽.

이재정(2008),『조선출판주식회사』, 안티쿠스.

이재형(2004),「세종의 훈민정음 창제와 신미의 역할」,『불교문화연구』 4, 한국불교문화학회, 137~156쪽.

이전문(1993),「언론의 사회화 기능과 보도 용어 순화 방안」,『말과글』 56, 한국교열기자회.

이정복(1997),「컴퓨터 통신 분야의 외래어 및 약어 사용 실태와 순화 방안」,『외래어 사용 실태와 국민 언어 순화 방안』, 국어학회.

이정복(2003), 「사회언어학에서 본 국어순화의 문제점」, 『사회언어학』 11(2), 한국사회언어학회, 187~214쪽.

이정복(2014), 『한국 사회의 차별 언어』, 소통.

이정식(1994), 「한글자음체계 개선연구」, 『언어학』 2, 한국언어학회, 101~111쪽.

이정호(1972/ 1986), 『(개정판)국문·영문 해설 역주 훈민정음』, 보진재.

이정호(1975), 『訓民正音의 構造原理 그 易學的 硏究』, 아세아문화사.

이정호(1976), 『正易硏究』, 국제대학 출판부.

이정호(1979), 「한국역학의 인간학적 조명: 특히 훈민정음과 금화정역에 대하여」, 『국제대학논문집』 7, 국제대학, 305~326쪽.

이제식(2014), 『타이포그래피 도대체 뭐지?』, 미담북스.

이준석(2008), 「한글의 국제적 활용에 대한 정책적 고찰」, 『제2회 한국어학회 국제학술대회 논문집』 별지, 한국어학회.

이준석(1994), 「외솔과 조선어학회의 한글 운동」, 『현상과 인식』 62, 한국인문사회과학원.

이준희·정내권(1991), 『컴퓨터 속의 한글』, 정보시대.

이판정(2017), 「언어(한글)는 21세기 자원」, 『나라사랑』 126, 외솔회, 188~208쪽.

이하준(1989), 「항일기 민족운동으로서의 국어교육에 관한 연구」, 명지대학교 박사논문.

이현복(1971), 「한글 음성 문자 시안」, 『한글학회 50돌 기념 논문집』, 한글학회, 11~18쪽.

이현복(1981), 「외국의 국어운동의 양상」, 『수도교육』 66, 서울특별시 교육연구원.

이현복(1981), 『국제음성문자와 한글음성문자: 원리와 표기법』, 과학사.

이현복(1986), 「외국인은 한글을 이렇게 본다」, 『한글 새소식』 170, 한글학회, 4~5쪽.

이현복(1992), 「한글 음성 문자」, 『말소리와 음성과학』 21~24, 대한음성학회, 123~143쪽.

이현복(1999), 『국제한글음성문자』, 대한음성학회.

이현복(2003), 「태국 고산지대의 라후족에게 한글을 보급하다」, 『월간조선』 4월호, 조선일보사, 381~387쪽.

이현복(2010), 「헐버트 박사의 조선 말글에 대한 선구적 연구와 소개 활동」, (사)헐버트박사기념사업회 편, 『한국인보다 한글을 더 사랑한 미국인 헐버트』(한글 주간 2010 한글날 564돌 기념 학술대회 자료집), (사)헐버트박사기념사업회, 65~77쪽.

이현복(2011), 「국제한글음성문자의 일본어·중국어·태국어 표기」, 『동아문화』 49, 서울대학교 동아문화연구소.

이현복(2013), 「국제한글음성문자」, 확장한글용 미래형 한글문자판·확장한글표준화위원회, 『한글 세계화와 한글확장』(증보판), 미래형 한글문자판 표준포럼, 497~503쪽.

이현복(2014), 「국제한글음성문자」, 『말소리와 음성과학』 6(1), 대한음성학회, 126~127쪽.

이현복(2016), 「한글은 국보 특1호이며 인류 공통의 문자이다: 15세기 언문에서 21세기 온누리 글자로」, 『펜文學』 133, 국제펜클럽한국본부.

이현복·김선희(1991), 『한국어 발음검사』, 국제출판사.

이현희(1996), 「중세 국어 자료(한글 문헌)」, 『국어의 시대별 변천·실태 연구 1』, 국립국어연구원, 210~524쪽.

이혜구 역주(2000), 『신역악학궤범』(영인본 수록), 국립국악원.

이혜령(2004), 「한글 운동과 근대미디어」, 『대동문화연구』 47, 성균관대학교 동아시아학술원 대동문화연구원.

이혜령(2005), 「한글 운동과 근대어 이데올로기」, 『역사비평』 71, 역사비평사.

이혜령(2009), 「식민지조선의 한글운동이 던지는 현재적 물음」, 『현대문학』 656, 현대문학.

이혜숙(2005), 「디자인으로서의 한글과 디자이너로서의 세종」, 국민대학교 석사논문.

이호권(1993), 「『한글갈』의 문헌 연구」, 『새국어생활』 3(3), 국립국어연구원, 114~132쪽.

이호권(2008), 「조선시대 한글 문헌 간행의 시기별 경향과 특징」, 『한국어학』 41, 한국어학회.

이호영·황효성·아비딘(2009/ 2011), 『바하사 찌아찌아 1』, 훈민정음학회.

이홍식(2003), 「한국어 어미 '-더라'와 소설의 발달」, 『텍스트 언어학』 14, 텍스트언어학회, 167~190쪽.

이희호(2015), 「일제강점기와 미군정기의 한글 교육 맥락 연구: 민간 발행 교재를 중심으로」, 수원대학교 박사논문.

인니훈민정음학회(2011), 『바하사 찌아찌아 1』(한국어번역본), (주)신명시스템즈.

일성자(一聲子, 1938), 「'한글', '정음' 대립 소사」, 『사해공론』 39, 7쪽; 『歷代韓國文法大系』 3부 11책: 하동호 편(1986), 『한글 논쟁 논설집』 하, 탑출판사, 767~768쪽.

임군택(1999), 「어문사상 철학사적 고찰: 왜곡 해석된 훈민정음 철학적 조명」, 『대동철학』 6, 대동철학회.

임규(1936), 「주시경론」, 『정음』 15, 조선어학연구회, 34~36쪽.

임규홍(2000), 『우리말 올바로 공부하기』, 한국문화사.

임규홍(2022), 『소리·글꼴·뜻』, 경상대학교 출판부.

임두학(1994), 「국어 순화와 관련된 일간 신문 기사 분석」, 『어문논집』 23, 중앙대학교 국어국문학과.

임선하(1998), 『창의성에의 초대』, 교보문고.

임용기(1991), 「훈민정음의 삼분법 형성 과정」, 연세대학교 박사논문.

임용기(1997), 「세종대왕과 훈민정음의 창제」, 문화체육부 편. 『세종대왕: 탄신 600돌 기념』, 문화체육부.

임용기(2006), 「훈민정음의 제자 원리와 음양·오행」, 『진리·자유』 62, 연세대학교.

임용기(2008), 「세종 및 집현전 학자들의 음운 이론과 훈민정음」, 『한국어학』 41, 한국어학회, 115~156쪽.

임용기(2010), 「초성·중성·종성의 자질과 훈민정음」, 『국어학』 57, 국어학회, 75~106쪽.

임용기(2016), 「『훈민정음』의 우리말 음절짜임새와 초성·중성·종성의 자질 체계」, 『2016년 훈민정음학회 전국학술대회 발표논문집: 훈민정음 연구의 깊이와 외연』, 사단법인 훈민정음학회, 국립한글박물관.

임형택(2006), 「소설에서 근대어문의 실현 경로: 동아시아 보편문어에서 민족 어문으로 이행하기까지」, 『대동문화연구』 12(58), 성균관대학교 대동문화연구원, 9~42쪽.

임홍빈(1996), 「주시경과 '한글' 명칭」, 『한국학논집』 23, 계명대학교 한국학연구소, 21~41쪽.

임홍빈(1999), 「훈민정음의 명칭에 대한 한 가지 의문」, 세종성왕육백돌기념문집위원회 편, 『세종성왕육백돌』, 세종대왕기념사업회, 283~288쪽; 임홍빈(2005), 『우리말에 대한 성찰』 1, 태학사, 745~753쪽 재수록.

임홍빈(2006), 「한글은 누가 만들었나: 한글 창제자와 훈민정음 대표자」, 편집위원회, 『國語學論叢: 李秉根先生 退任紀念』, 태학사, 1347~1395쪽.

임홍빈(2007), 「'한글' 명명자와 사료 검증의 문제: 고영근(2003)에 답함」, 『어문연구』 135, 한국어문교육연구회, 7~33쪽.

임홍빈(2013ㄱ), 「정음 창제와 관련된 몇 가지 문제」, 훈민정음학회 편, 『훈민 정음학회, 제2회 전국학술대회 발표논문집』, 훈민정음학회, 1~39쪽.

임홍빈(2013ㄴ), 「정음 창제와 세종조 유교와 불교의 구도」, 『2013년 한글날 기념 전국학술대회 불교와 한글』, 동국대학교 불교학술원·인문한국(HK) 연구단, 13~49쪽.

장경희(1991), 『신문, 잡지, 방송의 국어 오용 사례 조사 보고서, 국어순화문화 가족』, 국립국어연구원.

장소원(2010), 『방송 언어 이용환경 개선 방안 연구』, 방송통신심의위원회.

장소원·남영신(2011), 『방송언어 개선을 위한 방송글쓰기 교육 프로그램 개 발 연구』, 방송통신심의위원회.

장영길(2008), 「한글의 문자학적 우수성」, 『국제언어문학』 17, 국제언어문학 회, 79~99쪽.

전광진(2002), 「중국 내 소수민족(55)의 서사체계 및 새로운 문자 창제」, 『중국 언어연구』 15, 한국중국언어학회, 195~228쪽.

전규태(1981), 「국어순화운동의 어제·오늘·내일」, 『나라사랑』 38, 외솔회, 37 ~48쪽.

전몽수·홍기문(1949), 『訓民正音 譯解』(조선어문고 1책), 평양: 조선어문연구 회, 38~81쪽.

전재호(1961), 「'한국자모' 명칭에 대한 몇 가지 문제」, 『국어국문학』 24, 국어 국문학회.

전태현(2010), 「인도네시아의 언어정책: 찌아찌아어 한글 표기 문제와 관련하 여」, 『한국언어문화학』 7(2).

전태현(2011), 「찌아찌아족 한글 도입의 배경의 의의」, 『문화권에 따른 한국언 어문화 교육 방안』(2011년도 추계학술대회 자료집), 국제한국언어문학 회·서울대학교 국어교육연구소, 55~68쪽.

전태현·조태영(2012), 「찌아찌아족 한글 사용의 미래: 문자사의 관점에서」,
『한글』 298, 한글학회, 107~134쪽.

전택부(1954), 「독립투쟁사상에서 본 한글운동의 위치」, 『사상계』 2(6), 사상계.

전택부(1980), 「기독교와 한글」, 『나라사랑』 36, 외솔회, 130~144쪽.

정광(1992), 「근대국어 연구에 대한 반성과 새로운 연구방법의 모색」, 『語文論
集』 31, 고려대학교 국어국문학연구회, 99~116쪽.

정광(2006), 「새로운 자료와 시각으로 본 훈민정음의 創製와 頒布」, 『언어정보』
7, 고려대학교 언어정보연구소, 5~38쪽; 정광(2006), 『훈민정음의 사람들』,
제이앤씨, 20~36쪽 재수록.

정광(2015), 『한글의 발명』, 김영사.

정달영(2002), 「국제 정음 기호의 제정에 관한 연구」, 『한민족문화연구』 권10,
한민족문화학회.

정달영(2007), 「세종 시대의 어문정책과 훈민정음 창제 목적」, 『한민족 문화연
구』 22, 한민족문화학회, 7~30쪽.

정대림(1991), 「고전문학과 언문일치 노력」, 『논문집』 18, 세종대학교, 13~38쪽.

정대현(1985), 『한국어와 철학적 분석』, 이화여자대학교 출판부.

정덕영(2011), 『찌아찌아 마을의 한글 학교: 첫 번째 찌아찌아 한글 교사의
아주 특별한 일년』, 서해문집.

정동유(1806), 『書永編(주영편)』; 안대회 외 옮김(2016), 『주영편: 심심풀이로
조선 최고의 백과사전을 만들다』, 휴머니스트.

정두희(2003), 「정약종의 『주교요지』가 한국 사상사에 미친 영향」, 『교회사연
구』 22, 한국교회사연구소, 221~235쪽.

정보통신산업진흥원(2016), 『초연결사회 창조문화산업 확산을 위한 훈민정
음 기반 다언어 입력플랫폼 및 교육콘텐츠 개발』, 미래창조과학부.

정선영(1996), 「역사교육에서 시대구분의 의미와 과제」, 『역사교육』 59, 역사

교육연구회, 197~226쪽.

정수현(2013), 「외국어 발음부호 제안」, 확장한글표준화위원회, 『한글 세계화와 한글확장』(증보판), 미래형 한글문자판 표준포럼, 509~510쪽.

정우상(1999), 「언어·사고와 국어순화」, 『어문연구』 27(4), 한국어문교육연구회.

정우식 외(2018), 『한글문화 확산을 위한 중장기 전략 계획 수립』, 국립한글박물관.

정우영(2005), 「국어 표기법의 변화와 그 해석: 15세기 관판 한글문헌을 중심으로」, 『한국어학』 26, 한국어학회, 293~326쪽.

정우영(2008), 「『訓民正音』 해례본(해설)」, 『문화재 사랑』 47, 문화재청, 32~35쪽.

정우영(2014), 「『훈민정음』 해례본의 '예의편' 구조와 '해례편'과의 상관 관계」, 『국어학』 72, 국어학회, 103~153쪽.

정우영(2016), 「훈민정음 초성 제자원리의 '이체자(異體字)' 관련 문제점 분석」, 『국어학』 80, 국어학회, 35~76쪽.

정원수(2007), 「중국어 운모의 한글 표기 방안 연구」, 『한글』 278, 한글학회.

정원수(2008), 「온누리한글 중국어 표기 및 그 적용 사례」, 『한글 세계화 추진을 위한 정책 토론회 자료집』(주최: 국회의원 김재경 의원실, 주관: 한글 세계화 추진 모임), 53~119쪽.

정원수(2008), 「한글의 세계화 방안 연구: 중국어의 제2한어병음자모로서의 한글의 위상 정립」, 『국제비교한국학』 16(2), 국제비교한국학회.

정원수(2010), 「한글표기를 통한 한국어·중국어·일본어·영어 등 4개 외국어의 효율적인 교육 방안」, 이명수 편, 『'한글의 세계공용문자화 지원에 관한 법률안' 제정을 위한 정책토론회 자료집』, 국회의원 이명수(자유선진당) 주최, 45~104쪽.

정원수(2010), 「한중 양어의 음운체계 비교 및 중국어 발음의 한글 표기」,

『가슴이 쿵쿵 뛰는 온누리한글 중국어 그림 단어카드 1』, 박이정, 274~300쪽.

정원수(2013), 「한글과 중국어의 세계화 전략」, 확장한글표준화위원회, 『한글 세계화와 한글확장』(증보판), 미래형 한글문자판 표준포럼, 339~344쪽.

정인섭(1976), 「국어순화의 바른 길: 오지호씨의 국어순화론을 반박한다」, 『세대』 157, 세대사, 192~205쪽.

정인섭(1988), 「국어운동과 외솔의 위치」, 『나라사랑』 66, 외솔회.

정인승(1973), 「한글 운동과 이윤재 선생: 교육·한글 운동을 통한 애국 활동」, 『나라사랑』 13, 외솔회.

정인승(1977), 「국어운동사에서 본 외솔」, 『나라사랑』 26, 외솔회.

정인지 외(1447), 『龍飛御天歌』, 대제각 영인본; 박창희 역주(2015), 『역주 용비어천가』(상·하), 한국학중앙연구원 출판부.

정재도(1976), 「아직도 남아 있는 왜식말」, 『교육평론』 211, 교육평론사.

정재영(2000), 『정조대의 한글 문헌』, 문헌과해석사.

정재완(2019), 「레터링을 통해서 본 한글의 이미지성」, 김낙중 편, 『한글디자인: 형태의 전환』(3회 한글실험프로젝트 전시도록), 국립한글박물관, 194~215쪽.

정재환(2013), 『한글의 시대를 열다: 해방 후 한글학회 활동 연구』, 경인문화사.

정재훈(1976), 「문교부 국어순화 교육 지침」, 『교육평론』 211, 교육평론사.

정주리·박영준·시정곤·최경봉(2006), 『역사가 새겨진 우리말 이야기』, 고즈윈.

정주리·시정곤(2011), 『조선언문실록』, 고즈윈.

정진배(1995), 「한·중 근대 언어 운동과 보편성 논리의 재고」, 『말』 20, 연세대학교 연세어학원 한국어학당.

정현선(2005), 「디지털 매체 시대 의사소통 방식의 변화」, 『새국어생활』 15(2), 국립국어원.

정혜리(2011), 「텔레비전 오락 프로그램의 비표준어 방송자막에 대한 연구: 제3자 효과를 중심으로」, 중앙대학교 석사논문.

정호성(2000), 「『표준국어대사전』 수록 정보의 통계적 분석」, 『새국어생활』 10(1), 한국국어교육학회.

정희성(1989), 「수학적 구조로 본 훈민정음의 창제 원리」, 『1989년도 한글날 기념 학술 대회 논문집』, 한국인지과학회·정보과학회.

정희성(1994), 「훈민정음의 창제 원리를 위한 과학 이론의 성립」, 『한글』 224, 한글학회.

정희원(2003), 「공공부문언어의 문제점과 개선방안」, 『새국어생활』 13(2), 국립국어연구원.

정희준(1938), 「에카르트와 한글」, 『한글』 59, 조선어학회, 6~7쪽.

조규태(2000), 「한글의 우수성」, 『번역하고 풀이한 훈민정음』, 한국문화사, 171~177쪽.

조규태(2006), 『용비어천가』, 한국문화사.

조규태(2007), 「배달말이란 무엇인가」, 『배달말』 41, 배달말학회, 1~32쪽.

조규태(2010), 『번역하고 풀이한 훈민정음』(개정판), 한국문화사.

조남욱(1999), 『세종조의 철학 사조와 세종의 철학 사상』(세종문화사 대계 4), 세종대왕기념사업회, 339~495쪽.

조남호(2009), 「우리는 한글을 얼마나 알고 있을까」, 『쉼표, 마침표』 44(6월호), 국립국어원.

조동일(1992), 『한국문학통사 1』(제2판), 지식산업사.

조동일(1993), 『우리 학문의 길』, 지식산업사.

조병상(1983), 「국어순화와 그 실천지도의 방안」, 조선대학교 석사논문.

조선어학회 편(1935), 「한글 통일운동에 대한 반대 음모공개장」, 『한글』 3(3), 조선어학회.

조성산(2009), 「18세기 후반~19세기 전반 조선 지식인의 어문 인식 경향」, 『한국문화』 47, 서울대학교 규장각 한국학연구원, 177~202쪽.

조운일(2001), 「음성기호 연구: IPA와 IKPA를 중심으로」, 서울대학교 박사논문.

조윤경 외(2014), 『영역별 핵심역량 함양 위한 융합형 수업모델 개발연구 인문영역 결과보고서』, 한국과학창의재단.

조일영(1998), 「중국의 한글학」, 『순천향 어문논집』 5, 순천향어문학연구회, 505~524쪽.

조재승(2008), 「한글을 소재로 한 문화예술 및 문화상품 디자인 활용 방안 연구」, 『과학과 문화』 5(4), 서원대학교 미래창조연구원, 51~62쪽.

조종엽(2018), 「〈모든 소리 표기하는 완벽한 문자〉 한글 우수성 알린 헐버트 박사」, 동아일보, 2018.10.15.

조종현(1930), 「한말·한글」, 동아일보, 1930.11.19.

조태린(1998), 「일제강점기의 언어 정책과 언어 운동에 관한 연구: 언어관 및 이데올로기와의 관계를 중심으로」, 연세대학교 석사논문.

조태린(2006), 「'국어'라는 용어에 대한 비판적 고찰」, 『국어학』 48, 국어학회.

조태린(2009ㄱ), 「근대 국어의식 형성의 보편성과 특수성: 언어와 국민사이의 관계인식을 중심으로」, 『한국언어문화』 39, 한국언어문화학회.

조태린(2009ㄴ), 「언어 정책에서 법적 규정의 의미와 한계: 국어기본법 다시 보기」, 『한말연구』 24, 한말학회.

조태린(2009ㄷ), 「한글의 개선·활용·수출(세계화) 논의에 대한 비판적 고찰」, 『한국어학』 42, 한국어학회, 257~289쪽.

조태린(2012), 「인문학으로서의 국어 연구의 대중화·실용화: 언어 정책과의 관계를 중심으로」, 『어문학』 115, 한국어문학회.

조태영(2012), 「문기(文氣) 전통과 한글 전파」, 『교수신문』, 2012.9.3. 6쪽.

조항록(2007), 「국어기본법과 한국어교육: 제정의 의의와 시행 이후 한국어교

육계의 변화를 중심으로」, 『한국어교육』 18(2), 국제한국어교육학회, 401
~422쪽.

조혜정(1996), 「인터넷 언어 한글은 왜 안되나」, 『NEWS+』, 동아일보사, 3월
14일.

주경희·김슬옹·이승연·김일환(2013), 『국어진흥운동의 이론적 기반 연구』
(국립국어원 2013-01-06), 국립국어원.

주경희·김슬옹·이승연·김일환(2015), 『국어진흥운동의 이론적 기반 연구』,
휴먼컬처아리랑.

주성일(2009ㄱ), 「『사성통해』 범례고1」, 『중국문학연구』 38, 한국중문학회.

주성일(2009ㄴ), 「『사성통해』 범례고2」, 『중국문학연구』 39, 한국중문학회.

주시경(1905), 『國文文法』(필사본)(역대문법대계 영인본 ① 107), 박이정.

주시경(1907), 『高等國語文典』(역대문법대계 영인본 ① 13), 박이정.

주시경(1908), 『國語文典音學』(역대문법대계 영인본 ① 10), 박이정.

주시경(1908), 『말』(필사본)(역대문법대계 영인본 ① 08), 박이정.

주시경(1909), 『高等國語文法』(유인본)(역대문법대계 영인본 ① 09), 박이정.

주시경(1910), 「한나라말」, 『보중친목회보』 1.

주시경(1910), 『國語文法』(역대문법대계 영인본 ① 11), 박이정.

주시경(1910), 『한나라말』(역대문법대계 영인본 ① 110), 박이정.

주시경(1911), 『朝鮮語文法』(역대문법대계 영인본 ① 111), 박이정.

주시경(1912), 『소리갈』(유인본)(역대문법대계 영인본 ① 109), 박이정.

주시경(1913), 『朝鮮語文法』(역대문법대계 영인본 ① 12), 박이정.

주시경(1914), 『말의 소리』(석판본)(역대문법대계 영인본 ① 13), 박이정.

주영하·옥영정·전경목·윤진영·이정원(2008), 『조선시대 책의 문화사』, 휴머
니스트.

주종진(1999), 「초등학교 교과서에 사용하는 용어 조사: 국어순화 대상 용어

를 중심으로」, 『청람어문학』 21, 청람어문학회.

쥬시경3)(1906), 『대한국어문법』(油印)(역대문법대계 영인본 ① 07), 박이정.

쥬시경4)(1909), 『국문』(역대문법대계 영인본 ① 108), 박이정.

지상현(2019), 「한글! 문양을 넘어 구성원리로」, 김낙중 편, 『한글디자인: 형태의 전환』(3회 한글실험프로젝트 전시도록), 국립한글박물관.

진용옥(1999), 「세종 시대의 정보과학화 세계화 전략」, 『세종 탄신 602주년 기념 학술 강연록』, 국어정보학회.

진용옥(2004), 「악률에 기초한 다국어 정음 표기와 정보화 문제」, 『우리의 소리와 말은 어떻게 만났는가』(세종 탄신 607돌 기념 학술대회 자료집), 한국국악학회·한국어정보학회.

진용옥(2009), 「봉화에서 전화기 쪽글판까지 – 정음: 한글의 부호들과 입력장치 표준의 향후 과제」, 『한국어정보학』 11(2), 한국어정보학회, 57~72쪽.

진용옥·안정근(2001), 「악리론으로 본 정음창제와 정음소 분절 알고리즘」, 『음성과학』 8(2), 한국음성과학회, 49~60쪽.

진용옥·최희수(1996), 「간이형 국제음성기호에 의한 외국어 전사방식 공동연구」, 『한국어정보학회 국제학술대회 자료집』, 한국어정보학회, 67~69쪽.

최경봉(2012), 「조선어학회의 수난과 현대 한국어의 발전」, 『조선어학회 수난 70돌 기념 학술대회 자료집』, 121~137쪽.

최경봉(2012), 『한글민주주의』, 책과함께.

최경봉·시정곤·박영준(2008), 『한글에 대해 알아야 할 모든 것』, 책과함께.

최국봉(2015/ 2016 개정판), 『최국봉의 太中설』, 태중출판사.

최기호(1965), 「한글 운동의 사적 고찰: 한글 전용을 위한 투쟁을 중심으로」,

---

3) 원문 표기임.
4) 원문 표기임.

『연세어문학』 1, 연세대학교 국어국문학과.

최기호(1994), 『한국어 변천사』, 토담.

최기호·김미형(1998), 『언어와 사회』, 한국문화사.

최남선(1946), 『조선상식문답』, 동명사; 최상진 해제(2007), 『조선의 상식(원제: 조선상식문답)』, 두리미디어.

최범(2014), 「한글의 풍경: 한글의 '시각적 화용론'을 위하여」, 『나라사랑』 123, 외솔회, 113~123쪽.

최범훈(1985/ 1990), 『한국어 발달사』, 경운출판사.

최병수(2005), 『조선어글자공학』, 평양: 사회과학출판사.

최상진(1994), 「훈민정음 음양론에 의한 어휘의미 구조 분석」, 『국어국문학』 111, 국어국문학회, 109~132쪽.

최상진(1997), 「훈민정음의 언어유기체론에 대하여」, 『논문집』 26, 경희대학교, 79~96쪽.

최석정(1678), 『經世正韻』(經世訓民正音圖說); 김지용 해제(1990), 『經世訓民正音圖說』(영인본), 연세대학교 인문과학연구소.

최성(2009), 「표준 남북한 언어 지원을 위한 훈민정음 사용법」, 『한국어정보학』 11(2), 한국어정보학회, 84~95쪽.

최성철(2013), 「훈민정음(訓民正音)과 한글」, 확장한글표준화위원회, 『한글세계화와 한글확장』(증보판), 미래형 한글문자판 표준포럼, 345~352쪽.

최세화(1980), 「국어순화운동의 반성」, 『교육문제연구』 1, 동국대학교 교육문제연구소, 37~42쪽.

최영애(2003), 「『蒙古字韻』과 그 음운특징: 15, 6세기의 한국자료를 통하여」, 『중국어문학논집』 24, 중국어문학연구회, 89~115쪽.

최용기(2001), 「광복 이후 외래어투 순화 실태와 문제점」, 『세계 속의 한국어어휘 구성의 특징과 어휘 사용 실태에 관한 연구』, 중국 중앙민족대학·조선학연구소.

최용기(2001), 「문화재 용어 순화: 건축사 용어」, 『새국어소식』 34, 한국어세
　　계화재단·국립국어연구원.

최용기(2001), 「문화재 용어 순화: 고고학 분야」, 『새국어소식』 32, 한국어세
　　계화재단·국립국어연구원.

최용기(2001), 「문화재 용어 순화: 미술사 용어」, 『새국어소식』 35, 한국어세
　　계화재단·국립국어연구원.

최용기(2001), 「문화재 용어 순화: 민속학 용어」, 『새국어소식』 33, 한국어세
　　계화재단·국립국어연구원.

최용기(2002), 「통일시대의 국어순화」, 『한말연구』 11, 한말연구학회.

최용기(2010), 「세종의 문자 정책과 한글 진흥 정책의 미래」, 『국어국문학』
　　49, 국어국문학회, 39~64쪽.

최용기 편(2003), 『국어순화 자료집 합본: 1991년부터 2002년까지』, 국립국어
　　연구원.

최재경(2013), 「한글의 국제화, 세계 문자화를 위한 제언」, 확장한글표준화위
　　원회, 『한글 세계화와 한글확장』(증보판), 미래형 한글문자판 표준포럼,
　　451~453쪽.

최정후·박재수(1999), 『주체적 언어리론 연구』, 평양: 사회과학출판사(박이
　　정 영인본 2000년).

최종민(2003), 「훈민정음과 세종악보의 상관성 연구」, 상명대학교 박사논문.

최종민(2013), 『훈민정음과 세종악보』, 역락.

최현배(1927), 「우리 한글의 세계문자상의 지위」, 『한글』 1(동인지 창간호),
　　조선어학회, 54~56쪽.

최현배(1937), 『한글의 바른 길』, 조선어학회.

최현배(1942/ 1982 고친판), 『한글갈』, 정음문화사.

최현배(1953/ 1976/ 1984), 『우리말 존중의 근본 뜻』, 정음사.

최현배(1954), 『한글의 투쟁』, 정음사.

최현배(1962), 「한글과 문화혁명」, 『현대문학』 8월호; 최현배(1968), 「한글과 문화혁명」, 『최현배 박사 고희 기념논문집』, 정음사, 113~123쪽 재수록.

최현배(1971), 『고친 한글갈』, 정음사.

최현배(1976), 「국어운동의 기본목표: 국어순화 교육 방안」, 『교육평론』 212, 교육평론사.

최현배(1976), 「국어운동의 기본목표: 학교에서의 국어순화교육」, 『교육평론』 213, 교육평론사.

최현배(1979), 「한글 운동의 바른 길은 과연 어떠한 것인가」, 『나라사랑』 35, 외솔회.

최현정(1997), 「미시사의 방법론과 그 가능성」, 서강대학교 석사논문.

최희(1935), 「자형에 대하야」, 『한글』 25, 조선어학회, 15쪽.

크리스다 챔사이통·김슬옹(2021), 「훈민정음 해례본의 한글 가치와 세종 정신: 한류 한글용 한글 홍보 영문 소책자 발간 배경」, 『한류시대의 빛, 한글』(학술 발표 자료집), 국어문화운동본부(사), 3~38쪽.

크리스타 튀르사이트(2004); 김종수 옮김(2007), 『문자언어학』, 유로.

파울루 프레이리, 남경태 역(2002), 『페다고지』, 그린비.

편석훈(2020), 『한글 디자인 품과 격』, 윤디자인.

夏國强(2009), 「『漢書·律曆志』'六觚' 考」, 『동아문헌연구』 5, 충주대학교 동아시아연구소, 127~140쪽.

하멜, 김태진 옮김(2003), 『하멜표류기』, 서해문집.

하영휘(2008), 『양반의 사생활』, 푸른역사.

하중호(2011), 『상식으로 꼭 알아야 할 한국의 명품문화』, 삼양미디어.

한갑수(1976), 「국어순화의 길」, 『새농민』 178, 농업협동조합중앙회, 22~24쪽.

한국교열기자회(1982), 『국어순화의 이론과 실제』, 일지사.

한국교육과정학회(2008), 「미래의 학교, 무엇을 가르칠 것인가?」, 『2008 국가 교육과정 포럼 자료집』.

한국사회언어학회(2012), 『사회언어학 사전』, 소통.

한국어학회(2008), 『한글』(제2회 한국어학회 국제학술대회 논문집), 한국어 학회.

한국전산원(2013), 「국제정음기호 IPH 표준제정의 타당성연구」, 확장한글표 준화위원회, 『한글 세계화와 한글확장』(증보판), 미래형 한글문자판 표준 포럼, 505~506쪽.

한국정신문화연구원 편(1979), 『국어의 순화와 교육』, 한국정신문화연구원.

한국정신문화연구원 편(1982), 『世宗朝 文化의 再認識』, 한국정신문화연구원.

한국정신문화연구원 편(1982), 『世宗朝文化研究 I · II』, 한국정신문화연구원.

한국정신문화연구원 편(1984), 『국어순화 교육』, 고려원.

한국학중앙연구원 세종리더십연구소(2012), 『세종의 한글 창제와 출판의 국 가경영』(제4회 세종학학술회의), 한국학중앙연구원.

한글 자·서체명칭 통일추진위원회 편(2006), '한글 자·서체명칭 분류 시안'(제 1회 한글 자·서체 명칭 통일을 위한 공청회 자료), 한글 자·서체명칭 통일추진위원회.

한글 자·서체명칭 통일추진위원회 편(2007), '한글서체 분류와 명칭 통일에 관한 제2차 공청회', 한글서체명칭 통일추진위원회.

한글문화연대 편(2013), 『쉬운 언어 정책과 자국어 보호 정책의 만남』, 피어나.

한글문화연대 편(2018), 『훈민정음, 누가 어떻게 만들었나?』(세종대왕 즉위 600돌 기념 학술 강연회 강연 자료집, 주최: 국회의원 서영교·한글학회· 세종대왕기념사업회·한글문화연대), 서영교 의원실.

한글학회 편(1999), 『겨레의 글자살이는 한글만으로!!』, 정음문화사.

한글학회 편(2009), 『한글학회 100년사』, 한글학회.

한글확장자판표준화위원회(2011), 『한글 세계화와 한글확장: 한글확장자판 표준화 위원회의 2011년 연구 성과 총람』, 미래형 한글문자판 표준포럼 한글확장자판 표준화위원회.

한길(1991), 「국어순화의 이유와 방법」, 『강원교육』 135, 강원도 교육청.

한역대역판, 최봉수 엮음(1996), 『譯版 性理大全 天·人·地』, 이화문화출판사.

한영목(1996), 「우리 말과 글의 순화」, 『충대신문』 773, 충남대학교 신문사.

한재영(2017), 「훈민정음에 관한 연구의 회고: 창제 배경과 동기 및 목적 그리고 창제자를 중심으로」, 『어문론집』 72, 중앙어문학회, 71~124쪽.

한재준(1984), 「기계화를 위한 한글 디자인 연구」, 홍익대학교 석사논문.

한재준(1996), 「훈민정음에 나타난 한글의 디자인적 특성에 관한 연구」, 『디자인학연구』 17, 한국디자인학회, 57~58쪽.

한재준(2001), 「한글의 디자인 철학과 원리」, 『디자인학연구』 42, 한국디자인학회, 235~244쪽.

한재준(2006), 「공병우 3벌식 타자기 활자꼴의 발상과 구조에 대한 가치와 의미」, 『나라사랑』 112, 외솔회, 105~118쪽.

한재준(2007), 「탈네모틀 세벌식 한글 활자꼴의 핵심 가치와 의미」, 『기초조형학연구』 8(4), 한국기초조형학회, 753~765쪽.

한재준(2009), 「지속가능한 한글의 가치」, 『글짜씨』 1(1), 한국타이포그라피학회, 120~131쪽.

한재준(2010), 「한글에서 디자인의 미래를 발견하다: 디자인과 문자」, 『세종대왕과 한글창제와 리더십 승계』(2회 세종학 학술회의 훈민정음 564돌 기념), 한국학중앙연구원, 61~73쪽.

한재준(2013), 「더 좋은 한글, 어떻게 이룰 것인가?」(현장이 원하는 '새정부 문화정책' 연속 토론회, 4차 토론회 주제1: 문화의 국제기여와 경쟁력 강화), 『한글과 산업』(자료집), 21~28쪽.

한재준·김슬옹(2017), 「훈민정음 교육을 위한 도구, 도형 제작론과 실제」, 『571돌 한글날 기념 학술대회 훈민정음 제자 원리에 대한 과학과 수학 융합 연구 학술대회 자료집』(10.20, 토론: 곽경, 국립한글박물관 강당), 97~140쪽.

한정자(2001), 「간판어 실태 분석을 통한 국어 순화 방안 연구」, 충북대학교 석사논문.

한태동(1983), 「훈민정음의 음성 구조」, 『537돌 한글날 기념 학술 강연회 자료집』, 세종대왕기념사업회; 한태동(1985), 「훈민정음의 음성 구조」, 국어 순화추진회 엮음, 『나라글 사랑과 이해』, 종로서적, 214~266쪽 재수록.

한태동(1998/ 2003), 『세종대의 음성학』, 연세대학교 출판부.

함진규(1993), 「보도 용어 순화: 신문과 방송인이 함께」, 『말과글』 57, 한국교열기자회.

허경무(2006), 「조선시대 한글 서체의 연구」, 부산대학교 박사논문.

허경무(2014), 『한글 서체의 이론과 실제』, 부산출판사.

허경무·김인택(2007), 「조선시대 한글 서체의 유형과 명칭」, 『한글』 275, 한글학회, 193~226쪽.

허경진(2003), 『사대부 소대헌 호헌재 부부의 일대기』, 푸른역사.

허만길(1976), 「중고등학생의 국어순화 방안: 학교에서의 국어순화교육」, 『교육평론』 213, 교육평론사.

허만길(1981), 「이름말로 본 국어순화 실태」, 『수도교육』 66, 서울특별시 교육연구원.

허소정(2015), 「소통의 관점에서 본 한글의 문화코드 분석과 활용 방안」, 『철학과 문학』 32, 93~113쪽.

허웅(1974), 『한글과 민족 문화』, 세종대왕기념사업회.

허웅(1976), 「말의 잡초를 뽑아내자: 국어순화교육 방안」, 『교육평론』 212, 교육평론사.

허웅(1977), 「국어순화는 왜 해야 하며, 어떻게 해야 하나?」, 『민족문화연구』 11, 고려대학교 민족문화연구소.

허웅(1979), 「훈민정음의 우수성과 그 나아갈 길」, 『정훈』 70, 국방부, 52~56쪽.

허웅(1980), 「세종의 언어정책과 국어순화정신」, 『교육문제연구』 1, 동국대학교 교육문제연구소.

허웅(1983), 『국어학: 우리말의 오늘-어제』, 샘문화사.

허웅(1985), 『국어음운학』, 샘문화사.

허웅(1991), 「외솔 선생의 정신세계와 그 학문」, 『동방학지』 70·71, 연세대학교 국학연구원.

허웅(1996), 「훈민정음의 형성 원리와 전개 과정」, 『세계의 문자』, 예술의전당, 27~69쪽.

허재영(1994), 『국어교육과 말글운동』, 서광학술자료사.

허재영(2002), 「어문 정책과 어문 운동의 개념과 대상」, 『겨레어문학』 29, 겨레어문학회, 201~223쪽.

허재영(2003), 「근대 계몽기의 어문문제와 어문운동의 흐름」, 『국어교육연구』 11, 서울대학교 국어교육연구소.

허재영(2004), 「근대 계몽기 이후 문맹퇴치 및 계몽운동의 흐름」, 『국어교육연구』 13, 서울대학교 국어교육연구소.

허재영(2008), 「어문생활사 연구 대상과 방법」, 『우리말글』 42, 우리말글학회, 135~153쪽.

허재영(2008), 『국어의 변화와 국어사 탐색』, 소통.

허재영(2019), 「"ᄉ민필지(士民必知)"에 나타난 어문 의식과 근대 지식의 변화」, 『한국언어문학』 109, 한국언어문학회, 61~91쪽.

허재영(2020), 「『사민필지』의 국어사적 의미」, 『한글로 세계를 바라보다, 지리
　　교과서 사민필지』, 국립한글박물관, 388~407쪽.

허철구(1993), 「남북한 국어 순화의 비교」, 『말과글』 54, 한국교열기자회.

헐버트(Homer B. Hulbert), 김동진 옮김(2016), 『헐버트, 조선의 혼을 깨우다』
　　(헐버트 내한 130주년 기념 '헐버트 글' 모음), 참좋은친구.

헐버트기념사업회 편(2021), 『사민필지 현대어판』, (사)헐버트기념사업회.

玄龙云(2009), 「中国朝鲜语信息技术标准化的 国内, 国际紧要问题」, 『한국어
　　정보학』 11(2), 한국어정보학회, 117~127쪽.

홍경표(1982), 「국어순화운동의 허실」, 『민족통일』, 민족통일촉진회, 21~27쪽.

홍기문(1946), 『정음발달사』(상·하 합본), 서울신문사 출판국.

홍기문 원저, 이상규 주해(2016), 『증보정음발달사』, 역락.

홍기원(2004), 『인목대비의 서궁일기』, 민속원.

홍순숙(1983), 「국어순화의 실태와 그 지도 대책: 중학교 2학년 표현력 지도를
　　중심으로」, 『교육연구논문집』 5, 서울특별시 교육연구원.

홍승오(1988), 「불어의 순화운동」, 『국어생활』 14, 국어연구소.

홍윤기·서희정(2010), 「한국어교육에서 고유어의 위상과 등급화: 고유어 용
　　언을 중심으로」, 『국어교육』 132, 국어교육학회.

홍윤표(1989), 「한글 자형(字形)의 표준화(標準化)에 대하여」, 『국어생활』 18,
　　국립국어연구원, 2~21쪽.

홍윤표(1993), 『국어사 문헌자료 연구: 근대편 1』, 태학사.

홍윤표(1994), 「국어사의 시대구분」, 『한국학연구』 1, 단국대학교 한국학연구
　　소, 31~142쪽.

홍윤표(1995), 「국어사 시대구분의 문제점과 문법사의 측면에서 본 시대구분」,
　　『국어학』 25, 국어학회, 319~333쪽.

홍윤표(2000), 「조선 후기 한글 고문서 석독」, 『고문서연구』 16·17, 한국고문

서학회, 101~111쪽.

홍윤표(2003), 「훈민정음 명칭과 제자 원리에 대한 새로운 해석」, 『북경 국제 학술대회 발표문』, 이중언어학회.

홍윤표(2004), 「한글 서예 서체의 명칭」, 『서예학술 주요 용어의 한국적 개념 정립과 그 통일 방안의 모색』(서예 학술대회 발표집), 성균관대학교 유학 동양학부 서예문화연구소, 1~13쪽.

홍윤표(2008), 「한국 어문생활사」, 『제2회 한국어학회 국제학술대회 논문집』, 한국어학회, 336~359쪽.

홍윤표(2011), 「종교와 관련된 한글 문헌에는 어떤 것이 있을까요?」, 『쉼표. 마침표』 64(국립국어원 소식지), 국립국어원.

홍윤표(2013), 『한글 이야기』 1·2, 태학사.

홍윤표(2014), 「한글에 대한 연구 과제」, 국립한글박물관 편, 『국외 학자가 이야기하는 한글, 한글 자료』(국립한글박물관 개관 기념 국제학술대회 자료집), 국립한글박물관, 9~11쪽.

홍윤표(2016), 『한글』, 세창출판사.

홍종선(1995), 「국어사의 시대구분 Ⅰ」, 『태릉어문연구』 5·6. 서울여자대학 국어국문학회, 405~417쪽.

홍종선(2005), 「국어 문법사의 시대구분」, 『한국어학』 29, 한국어학회, 285~ 308쪽.

홍종선(2008), 「한글문화의 발전과 세계화」, 『한국어학』 41, 157~182쪽; 홍종 선 외(2008), 『세계 속의 한글』, 박이정 재수록.

홍현보(2012), 「우리 사전의 왜곡된 '언문' 뜻풀이에 관한 연구」, 『한글』 298, 한글학회, 51~105쪽.

홍현보(2019), 『언문』, 이회.

홍현보(2020), 「신미대사 한글 창제설의 진실」, 『한글새소식』 573, 한글학회,

6~7쪽.

홍현보(2022), 『세종과 한글 이야기』, 이회.

확장한글표준위원회(2012), 『한글세계화와 한글확장』(2012 증보판), 미래형 한글문자판 표준포럼.

확장한글표준화위원회(2013), 『한글 세계화와 한글확장』(증보판), 미래형 한글문자판 표준포럼.5)

황경수(2006), 「訓民正音 制字解와 初聲의 易學思想」, 『새국어교육』 72, 한국국어교육학회, 373~395쪽.

황경수(2007), 「훈민정음 중성의 역학사상」, 『언어학 연구』 11, 한국중원언어학회, 207~226쪽.

황병순(1997), 「국어정책의 문제점과 개선방안: 국어순화와 세계화의 두 가지 과제」, 『말과글』 70, 한국교열기자회, 85~103쪽.

황선엽·이진호 외(2019), 『훈민정음을 활용한 외국어 표기의 역사적 연구(1): 기초 계획 수립』, 국립한글박물관.

황성규(2003), 「언어생활의 혼란을 줄이기 위한 제도적 장치의 필요성」, 『새국어생활』 13(2), 국립국어연구원.

황우선(2020), 「헐버트(H. B. Hulbert)의 한글 커뮤니케이션 활동: 최초의 조선어 연구와 글로벌 퍼블리싱 New York Tribune 기고」, 『사회과학논집』 51(1), 연세대학교 사회과학연구소, 29~53쪽.

황재통(2013), 「전문용어 표준화와 한글확장」, 확장한글표준화위원회, 『한글 세계화와 한글확장』(증보판), 미래형 한글문자판 표준포럼, 217~226쪽.

황호덕(2002), 「한국 근대 형성기의 문장 배치와 국문 담론: 타자·교통·번역·에크리튀르」, 『근대 네이션과 그 표상들』, 성균관대학교 박사논문.

---

5) 공식 명칭이 '한글확장표준화위원회'에서 바뀜.

훈민정음연구소(2012), 『홍사한은』, 한배달.

小倉進平(1920), 『朝鮮語學史』, 경성: 大阪屋號書店.

小倉進平(1940), 『增訂 朝鮮語學史』, 동경: 刀江書院.

宋濂 외(1973), 『洪武正韻』(영인본, 1973), 아세아문화사.

野間秀樹(2010), 『ハングルの誕生: 音から文字を創る』, 平凡社; 노마 히데키, 김진아·김기연·박수진 옮김(2011), 『한글의 탄생:『문자』라는 기적』, 돌베개.

揚雄 選, 范望 注(1990), 『太玄經』(영인본), 上海: 上海古籍出版社.

熊忠(1297), 『古今韻會擧要』(영인본, 1975), 아세아문화사.

魏伯陽·朱熹·兪琰(1441), 『周易參同契』; 임명진 영인·역주(2013), 『주역참동계』, 인쇄향.

河野六郎(1955), 「朝鮮語」, 『世界言語概說』 下, 東京: 硏究士.

胡廣(명나라)(1858), 『周易傳義大全』, 연세대학교 중앙도서관 소장본.

胡廣 편(1994), 『性理大全』(영인본, 1984), 보경문화사.

Abel-Rémusat, J. P.(1820), *Recherches sur les Langues Tartares*, Paris.

Abidin(2015), "Expectation and challenge on using Cia Cia script adapted from Hangeul in Cia Cia Laporo Sorawolio community Baubau city", 『한글과 한국문학의 세계화, 한글 문학을 노래하다』(세계한글작가대회 발표자료집, 2015.9.15~18), 경주화백컨벤션센터, 192~196쪽; 아비딘, 김슬옹 번역(2017), 「찌아찌아 한글 사용의 진실」, 『말과 글』 150, 한국어문기자협회, 70~75쪽.

Albertine Gaur(1984), *A History of Writing*, The British Library; 앨버틴 가우어, 강동일 옮김(1995), 『문자의 역사』, 새날.

Bell, E. C.(1867), *Visible Speech*, Knowledge Resources Inc.

Benedict Anderson(1983), *Imagined Communities-Reflection on the Origin and Spread of Nationalism*, London: Verso; 앤더슨, 윤형숙 옮김(1991), 『민족주의의 기원과 전파』, 나남.

Chao, Y. R.(1968), *Language and Symbolic Systems*, Cambridge University Press.

Claude Hagege(2000), *Halte a la mort des langues*, Paris: Les editions odile jacop; 김병욱 옮김(2011), 『언어들의 죽음에 맞서라』, 나남.

Coulmas, F.(2003), *Writing Systems: An Introduction to their Linguistic Analysis*, Cambridge University Press.

E. M. Rickerson & Barry Hilton(2012), *The Five-Minute Linguist: bite-sized essays on language and languages*(2nd ed.), Eqinnox Publishing Ltd. E.M.; 릭커슨·배리 힐튼 엮음, 류미림 옮김(2013), 『언어학에 대한 65가지 궁금증』, 경문사.

EBS(2011), 〈(한글날 특집)찌아찌아족 한글도입 2년, 그 후〉, 비디오녹화자료.

Eckardt, P. A.(1928), "Der Ursprung der Koreanischen Schrift, Mitteilungen der Deutschen Gesellschaft fur Naturund Volkerkunde Ostasiens", Band XXII, Teil c.

Edward O. Wilson(1999), *Consilience: The Unity of Knowledge*, New York: Vintage Books A Division of Random House, INC.; 최재천·장대익 옮김(2007), 『통섭』, 사이언스북스.

el-Remusat, J. P.(1820), *Recherches sur les Langues Tartares*, Paris.

Ferdinand de Saussure, Wade Baskin(tr.)(1959), *Course in General Linguistics*, New York: Philosophical Library; 페르디낭 드 소쉬르, 최승언 옮김(1990), 『일반언어학 강의』, 민음사.

G. Sampson(1985), *WRITING Systems: A linguistic introduction*, London:

Hutchinson Publishing Group; 신상순 역(2000), 『세계의 문자체계』, 한국문화사.

Gale, J. S.(1894), *Korean Grammatical Forms*(과지남), Seoul: Trilingual Press.

Gale, J. S.(1903), *Korean Grammatical Forms*(사과지남)(2nd edtion), Seoul: Methodist Publishing House.

Gale, J. S.(1912), *The Korean Alphabet, Transactions of the Korea Branch of the Royal Asiatic Society*, Vol. IV, Part I.

Gelb, I. J.(1952/ 1963), *A Study of Writing*(revised edition), University of Chicago Press.

Hulbert, H. B.(1889), *The Korean Language*, New York Tribune; 김동진 옮김(2020), 『*The Korean language*』(헐버트 박사 71주기 추모 특집 자료집), (사)헐버트기념사업회 재수록(영인).

HULBERT, H. B.(1889), *THE KOREAN LANGUAGE*, New York Tribune; 『The Korean language』(헐버트 박사 71주기 추모특집 자료집), (사)헐버트기념사업회, 19쪽 재수록; 김동진 옮김(2020), 「조선어(THE KOREAN LANGUAGE)」, 『The Korean language』(헐버트 박사 71주기 추모특집 자료집), (사)헐버트기념사업회, 18쪽 재수록.

HULBERT, H. B.(1891), 『사민필지』; 고석주·김형태 역주(2020), 『국문본 역주 "사민필지"』, 소명출판.

Hulbert, H. B.(1891), 『ᄉ민필지』; 국립한글박물관 역주(2020), 『한글로 세계를 바라보다, 지리교과서 사민필지』(소장자료 총서 8), 역락·글누림.

Hulbert, H. B.(1892a), "THE KOREAN ALPHABET 1", *The Korean Repository*, 1.

Hulbert, H. B.(1892b), "THE KOREAN ALPHABET 2", *The Korean Repository*, 3.

Hulbert, H. B.(1895), "THE Origin of the KOREAN People", *The Korean Repository*, June, July.

Hulbert, H. B.(1896a), "The Korean Alphabet", *The Korean Repository*.

Hulbert, H. B.(1896b), "The Korean Alphabet", *The Korea Review*, 2(5).

Hulbert, H. B.(1902), "Remusat on the Korean Alphabet", *The Korea Review*, 2(5).

Hulbert, H. B.(1906), *A Comparative Grammar of the Korean Language and the Dravidian Languages of India*; 김정우 옮김(1998), 『한국어와 드라비다어의 비교 연구』, 경남대학교 출판부.

Hulbert, H. B.(1906), *The passing of Korea*; 신복룡 역주(1984), 『대한제국 멸망사』, 평민사.

Jared Diamond(1974), "Writing right", *Discover*, 6, pp. 107~113.

John Man(2001), *ALPHA BETA: How 26 Letters Shaped The Western World*, John Wiley & Sons, Inc.; 남경태 역(2003), 『세상을 바꾼 문자 알파벳』, 예지.

KBS아나운서실 한국어연구회 편(1998), 『방송 언어 순화 자료집』, KBS.

KBS한국어연구회(1987), 『방송과 표준 한국어 1987』, 한국방송공사.

KBS한국어연구회(1988), 『방송과 표준 한국어 1988』, 한국방송공사.

Ledyard, G.(1966/ 1998), *The Korean Language Reform of 1446*, Ph. D. Dissertation, University of California, Berkeley(신구문화사에서 다시 발간, 1998).

Lee, Iksop and S. R. Ramsey(2000), *The Korean Language*, Albany: State University of New York Press.

Margaret Thomas(2011), "King Sejong the Great(1397~1450)", *Fifty Key Thinkers on Language and Linguistics*, London and New YorK: Routledge;

마가렛 토마스(2011), 김슬옹 옮김(2017), 「세종대왕(1397~1450)」, 『언어와 언어학 분야의 50대 주요 사상가』, 『세종학연구』 16, 세종대왕기념사업회, 189~198쪽.

MBC(2001), 〈(한글날 특집) 한글 라후 마을을 가다〉, 10월 9일 특집방송.

McCawley, J. D.(1966), "Review of Yamagiwa(1964)", *Language*, 42(1), pp. 170~175.

Ramstedt, G. J.(1939), *A Korean Grammar*, Helsinki: Suomalais-Ugrilainen Seura.

Reischauer, E. O. and J. K. Fairbank(1958), *East Asia: The Great Tradition*, Boston: Houghton Mifflin Company.

Rosny, L. de.(1864), *Apercu de la langue coreenne, Journal Asiatique*(Sixieme Serie), Tome III, pp. 287~325.

Ross, J.(1882), *Korean Speech*, Shanghai & Hongkong: Kelly & Walsh, Yokohama: Kelly & Co..

Saussure, Ferdinand de(1916/ 1959), *Course in General Linguistics*, Wade Baskin (tr.), New York: Philosophical Library; 소쉬르(1916), 최승언 옮김(1990), 『일반언어학 강의』, 민음사.

Sek Yen Kim-Cho(2001), *The Korean Alphabet of 1446: Exposition. OPA. the Visible Speech Sounds, Annotated Translation*, Future Applicability Hwun Min Ceng Um, Humanity Books & AC Press(아세아문화사).

Vos, F.(1964), *Korean Writing: Idu and Han'g.l*, in Yamagiwa(ed.).

W. J. T. Mitchell(1942), *Iconology*, Chicago and London: The University of Chicago Press.

http://ko.wikipedia.org/wiki/국제음성기호, 위키피디아

http://ko.wikipedia.org/wiki/낱소리, 위키피디아

http://ko.wikipedia.org/wiki/음운론, 위키피디아

http://www.korean.go.kr/08_new/data/rule03_0101.jsp,

국제음성기호와 한글 대조표, 외래어 표기법, 국립국어원.

http://www.phonetics.ucla.edu/course/chapter1/flash.html,

A Course in Phonetics, Ladefoged, P.

http://www.tta.or.kr/한국정보통신기술협회

⟨기사⟩

연합뉴스(1993.10.09), 「문체부, 돋움체 한글 폰트 개발」,

　　http://news.naver.com/main/read.nhn?mode=LSD&mid=sec&sid1=103&
　　oid=001&aid=0003715694

전자신문(2007.10.01), 「글꼴, 알고보니 돈되는 콘텐츠」,

　　http://www.etnews.com/news/contents/contents/2017417_1487.html

머니투데이(2013.01.14), 「北글씨체 논란으로 살펴본 '한글 서체 역사'」,

　　http://www.mt.co.kr/view/mtview.php?type=1&no=20130114095720606
　　66&outlink=1

전자신문(2013.03.29), 「서체 폰트 사용 빌미로 합의금 요구 논란」,

　　http://www.etnews.com/news/economy/education/2741810_1491.html

KBS TV 보도(2006.01.30), 「뜨는한글, 상품은 없다」,

　　http://blog.naver.com/lejoo84?Redirect=Log&logNo=40021570009

이투데이(2013.10.4), 「문화콘텐츠산업 파죽지세…8년간 2배 성장 불황도 비
　　켜갔다—2017년 100억 달러 수출 목표」,

　　http://www.etoday.co.kr/news/section/newsview.php?idxno=799888

아시아 경제신문(2013.10.09), 「鄭 총리 "한글/ 한류, 국가품격 높여"…567돌
　　한글날」,

http://view.asiae.co.kr/news/view.htm?idxno=2013100909371652781

한국일보(2013.10.09), 「패션에 담긴 이상봉 디자이너의 한글사랑, "소중한 가치 일깨우고 싶어"」,

http://beauty.hankooki.com/news/articleView.html?idxno=13404

OSEN(2006.11.24), 「동방신기 자필 바탕으로 글씨체 탄생」,

http://news.naver.com/main/read.nhn?mode=LSD&mid=sec&sid1=106&oid=109&aid=0000056634

동아일보(2011.09.02), 「金쌀 '연아 옷'입다… 김연아 의상 만든 이상봉씨, 쌀 포장지 디자인」,

http://news.donga.com/3/all/20110902/40003468/1

뉴스다임(2013.10.03), 「한글날 기념한 동심화전 '한글꽃피다' 워싱턴서 열려」,

http://www.newsdigm.com/sub__read.html?uid=3826

아이뉴스(2013.10.22), 「국내 SW와 HW산업 '통계가 없다'」,

http://news.inews24.com/php/news_view.php?g_serial=779684&g_menu=020200&rrf=nv

창업경영신문(2010.12.21), 「중소기업청-문화체육관광부 포괄적 MOU 체결」,

http://sbiznews.com/news/?action=view&menuid=44&no=24890

유니온 프레스(2013.06.04), 「문화부/미래부 '창조경제 실현' MOU 체결」,

http://www.unionpress.co.kr/news/articleView.html?idxno=207170

문화체육관광부(2013.04.15), 「우리 문화의 핵심 자산 '한글과 한국어'로 문화 융성의 토대 구축, 보도자료」,

http://www.mcst.go.kr/web/s_notice/press/pressView.jsp?pSeq=12662&pMenuCD=0302000000&pCurrentPage=60&pType=&pSearchType=01&pSearchWord=

메디컬 월드뉴스(2013.10.08), 「[한글날 특집 다큐멘터리] 글꼴 전쟁」,

http://www.medicalworldnews.co.kr/news/view.php?news=3020&newsid
=1381155309

〈외신 기사〉

BTS Release Special-Edition Logo Collectible for Korean 'Hangul Day'

https://www.rollingstone.com/product-recommendations/lifestyle/bts-ha
ngul-day-collectible-merch-1239340/

BTS release merch featuring Korean language to celebrate Hangul Day

https://koreajoongangdaily.joins.com/2021/10/08/entertainment/kpop/BT
S-Hangul-Day/20211008184239197.html

McDonald's to introduce uniform with Hangeul characters for BTS meal

http://www.koreaherald.com/view.php?ud=20210514000553

BTS Hangul Message Chocolate Bisa Dibeli di Indonesia

https://www.republika.co.id/berita/r0sgki463/bts-hangul-message-choco
late-bisa-dibeli-di-indonesia

Timezone Rewards Hadirkan BTS Hangul Message Chocolate Sebagai Merchandise

https://jakarta.tribunnews.com/2021/12/01/timezone-rewards-hadirkan-
bts-hangul-message-chocolate-sebagai-merchandise

McDonald's staff members worldwide to wear Hangul T-shirts for BTS campaign

https://www.allkpop.com/article/2021/05/mcdonalds-staff-members-wo
rldwide-to-wear-hangul-t-shirts-for-bts-campaign

Korean-learning textbook package released featuring K-pop stars BTS

https://en.yna.co.kr/view/AEN20200824007700315

<국내 기사>

독도에서 '한글·아리랑의 세계화' 꿈꾼다

　　http://www.hidomin.com/news/articleView.html?idxno=479091

광흥사 주지 범종스님 "BTS 통해 '훈민정음도' 노래로 한글 세계에 알리자"

　　http://news.bbsi.co.kr/news/articleView.html?idxno=3062360

인천공항에 전시된 샤넬 한글 재킷

　　https://www.yna.co.kr/view/PYH20220330195200013?input=1196m

아름다운 글자가 예술이 되다, '한글디자인 특별전'

　　http://www.ikoreanspirit.com/news/articleView.html?idxno=67170

印度 유력매체, '현지 최고 인기' 방탄소년단 지민 '한국어 열풍' 주역 집중보도

　　http://m.segye.com/view/20190716503102

한글날 575돌, BTS 필두로 한류 타고 퍼지는 우리 한글

　　https://www.newspim.com/news/view/20211008000859

BTS의 '한글 노래'가 빌보드 1위라니!

　　http://munhaknews.com/?p=37257

한글 전용 AI 기술 나온다..정부 디지털화 맞춘 한국어 세계화 속도

　　https://news.mt.co.kr/mtview.php?no=2022012614501563673

BTS, 블랙핑크, 오징어게임...세계가 주목하는 '한글문화유산'

　　https://news.g-enews.com/ko-kr/news/article/news_all/20211005131913
　　6878e250e8e188_1/article.html?md=20211026172441_S

'한글의 세계화' 세종학당, BTS 이어, 1:1화상까지 확대

　　http://news.heraldcorp.com/view.php?ud=20210812000733

세종한글사랑봉사단, 한국기념품 〈한글모양자〉 교보재 기획

　　http://edu.donga.com/?p=article&ps=view&at_no=20210915103233173327

방탄소년단(BTS) 응원 받으며 한글 첫걸음…초급용 한국어 교재 출시

http://www.ikoreanspirit.com/news/articleView.html?idxno=63133

"Bro 아닌 오빠"…세종은 한글을 만들었고, BTS는 한글을 알렸다

https://news.mt.co.kr/mtview.php?no=2021100617290035983

오리온 제주용암수, 러시아 수출…제품명 한글표기

https://newsis.com/view/?id=NISX20200806_0001120034&cID=13001&pID=13000

한글로 찌아찌아어 배우는 학생들 "세종대왕님 감사합니다"

https://www.yna.co.kr/view/AKR20211008099700104?input=1195m

SR, 한글날 맞아 천지인 기초 디자인 굿즈 '한글슈퍼피스가방' 선보여

https://www.job-post.co.kr/news/articleView.html?idxno=36511

독일서 떼창, 프랑스에선 한글 공부…방탄소년단에 빠진 유럽

https://news.jtbc.joins.com/article/article.aspx?news__id=NB12026908

하이브, 한글날 맞아 BTS 한글 서체 상품 발매

https://news.kbs.co.kr/news/view.do?ncd=5296877

BTS·오징어 게임…한류 타고 한글 인기 터졌다!

https://www.ytn.co.kr/_ln/0106__202110090538090057

전 세계 맥도날드 직원, BTS '한글 티셔츠' 입게 된 이유

https://www.hankookilbo.com/News/Read/A2021051317210001022

"쌩큐 오징어게임 기생충 BTS" 하버드 프린스턴 예일 학생 한국어 배운다

https://www.mk.co.kr/news/world/view/2021/10/957748/

방탄 때문에 'ㅂ' 배운다… 한류 탄 한글 [뉴스+]

https://m.segye.com/view/20211010506864

'AMA'에 띄워진 한글 가사, BTS·콜드플레이 꿈같은 합동 무대

https://www.hankyung.com/entertainment/article/202111224601H

레이디 가가, 블랙핑크 '신 사탕' 티셔츠 판매…굿즈 공개

https://www.xportsnews.com/?ac=article_view&entry_id=1286657

[자막뉴스] BTS·오징어 게임…'한글' 인기가 이렇게 많다고요?

https://www.ytn.co.kr/_ln/0134_202110101430224418

BTS가 내 이름 불러주니 한글 공부 재미있어지네

https://zdnet.co.kr/view/?no=20210427181604

방탄소년단, 美 콘서트서 '한글 자막' 송출…한국어 떼창까지

https://news.mt.co.kr/mtview.php?no=2021120111154590624

BTS와 대화하며 한국어 공부…외국인 위한 교재 출시

https://m.yna.co.kr/view/AKR20211207047400005

BTS 보며 한글 '열공'…KBS 특집 '#방탄_때문에_한글_배웠다'

https://www.yna.co.kr/view/AKR20211007120500005

[카드뉴스, 고운우리말] BTS, 블랙핑크, 오징어게임 좋아해! … 세계가 주목하
는 '한글문화유산'

https://news.g-enews.com/article/Distribution/2021/10/20211008180012

5375ce2cf03261_1?md=20211008192603_S

BTS LA 공연장 갔더니…한글 현수막에 춤 파티 [쿡리뷰 in LA]

https://www.kukinews.com/newsView/kuk202111280034

오징어 게임과 BTS, 그리고 한글

http://www.ikoreanspirit.com/news/articleView.html?idxno=65215

美 맥도널드 들어서니 BTS·한글이 반기네

https://www.mk.co.kr/news/world/view/2021/05/520243/

콜드플레이 만난 방탄소년단, 한글로 노래하고 손글씨 쓰고

https://news.jtbc.joins.com/article/article.aspx?news_id=NB12024706

NHK 드라마에 한국어 대사… 한글도 '한류 콘텐츠'

https://www.donga.com/news/Opinion/article/all/20211124/110445068/1

한국어 블랙핑크와 함께 배운다… 한국어 학습 교재 'BLACKPINK IN YOUR KOREAN' 출시

https://moneys.mt.co.kr/news/mwView.php?no=2022030317028042936

블랙핑크 한국어 교재 오늘 출시..5개 언어 학습 서비스 지원

https://www.chosun.com/entertainments/entertain_photo/2022/03/07/DQ6R3UNA3BHRCFKKXOWHU255JU/

'오징어게임'에 반해 한국어 배우기 시작한 영·미 사람 크게 늘어

https://www.mk.co.kr/news/world/view/2021/10/964685/

'보라해'…BTS 뷔, 한글 표어가 여기에?

https://m.sportsworldi.com/view/20210516505537

[ㄱ의 순간] 한글에 꽂힌 'BTS의 그녀'… 아미의 상징이 보이나요?

https://www.chosun.com/culture-life/art-gallery/2020/11/20/A4EJTF6ZZJAEVJDSUINFHV6TA4/

세계 49개국에…맥도날드, 한글 입힌 'BTS 세트' 소스 출시한다

https://www.dispatch.co.kr/2142119

'한글의 세계화' 세종학당, BTS 이어, 1:1화상까지 확대

http://mbiz.heraldcorp.com/view.php?ud=20210812000733

인도서도 한국어 공부 열풍…한국어능력시험 접수 5분만에 마감

https://www.yna.co.kr/view/AKR20220104132800077

반크, 한글날 계기 세계 언어사전에 '한글 단어' 등재 운동 "BTS·오징어 게임이 불러온 한국어 학습 열풍 살려야"

http://www.ksilbo.co.kr/news/articleView.html?idxno=915031

〈영상〉

'Squid Game' spurs interest in learning Korean

https://youtu.be/eV8uEZEy_7M

Learn from Squid Game ●▲■: Korean Expressions and Culture + Listening

https://youtu.be/OHy7csmtMXY

"솔직히 요즘은 한국밖에 안 보여요"—미국 대학 강의 중에 터져 나온 대학생들의 깜짝 고백

https://youtu.be/Vkvx0BGNZzY

[비정상회담] [ENG][169-5] 한글의 특징과 우수성☞ 세계에서 한글만 유일하게! (Abnormal Summit)

https://youtu.be/19b9ziXvbZE

KR[한글날 특집] 세계 문자 역사와 한글이 특별한 이유?

https://youtu.be/LgiPu_5Zq3s

#방탄_때문에_한글_배웠다♥전세계 아미들에게 부는 한글 열풍 | 한글날 특집 KBS 211009 방송

https://youtu.be/AuxaHe13NEk

찾아보기

지은이 김슬옹

1977년 철도고 1학년 때 최현배 선생의 『우리말 존중의 근본 뜻』, 『한글갈』을 읽고 한글운동가와 한글학자의 길을 걷기 위해 연세대 국어국문학과에 입학하여 학사, 석사, 박사를 마쳤고 38회 외솔상을 받았다.

현재 세종국어문화원 원장, 한글닷컴연구소 소장으로 봉사하며 한국외국어대 교육대학원 객원교수로 후학을 양성하고 있다.

한글운동 공로로 문화체육부장관상(2013), 한글학 공로와 박사학위 세 개 받은 학술 연구 업적 공로로 세종문화상 대통령상(2022)을 받았다. 세계 한류문화에 이바지 한 공로로 대한민국 한류대상(2019), 세계한류문화공헌대상(2022) 등을, 시각장애인 소리책 제작 봉사로 연세봉사상과 국가대표 33인상을, 20여 년간의 독서논술운동으로 독서문화출판진흥대상을 받았다.

연세대 재학시절(1984) '동아리'라는 말을 전국에 최초로 보급하였으며, 간송미술문화재단 요청으로 『훈민정음』해례본 원본을 최초로 직접 보고 해설하였으며 한글, 우리말 관련 108권을 저술하였고(공저 70권) 140여 편의 학술 논문을, 대중 칼럼 천여 편을 발표하였다.

교보 코칭센터 조사 가장 듣고 싶은 강사 1위에 선정되었고, 강사 신분으로 대학강의 평가 1위상을 2회 받았다.

한글학

©김슬옹, 2023

1판 1쇄 인쇄__2023년 09월 30일
1판 1쇄 발행__2023년 10월 09일

지은이__김슬옹
펴낸이__양정섭

펴낸곳__경진출판
　　　　등록__제2010-000004호
　　　　이메일__mykyungjin@daum.net
　　　　사업장주소__서울특별시 금천구 시흥대로 57길 17(시흥동) 영광빌딩 203호
　　　　전화__070-7550-7776　팩스__02-806-7282

값 45,000원
ISBN 979-11-92542-68-3 93710